U0810055

●盐城市盐都区人民政府 主办

盐都年鉴

YANDU YEARBOOK

《盐都年鉴》编纂委员会 编

2022

（总第24卷）

方志出版社
Publishing House of Local Records

图书在版编目（CIP）数据

盐都年鉴. 2022 /《盐都年鉴》编纂委员会编.—
北京：方志出版社, 2022.10
ISBN 978-7-5144-5356-0

Ⅰ. ①盐… Ⅱ. ①盐… Ⅲ. ①区（城市）—盐城—
2022—年鉴 Ⅳ. ①Z525. 34

中国版本图书馆CIP数据核字（2022）第226669号

责任编辑：李志瑜
责任校对：刘玉霞
责任印制：梅中英
出 版 者：方志出版社
地　　址：北京市朝阳区潘家园东里 9 号（国家方志馆4层）
邮　　编：100021
网　　址：http://www.zgfzcb.cn
发　　行：方志出版社图书营销中心（010-67110500）
印　　刷：南京新世纪联盟印务有限公司
开　　本：889毫米 × 1194毫米 1/16
印　　张：23.25
字　　数：885千字
版　　次：2022年10月第1版
印　　次：2022年10月第1次印刷
定　　价：228.00元

• 版权所有 侵权必究 •
（如有印装质量问题，请与我社图书营销中心联系）

《盐都年鉴》编纂机构及人员名单

编纂委员会

主　　任　罗时荣　周　昉

副 主 任　万光清　李天青　李庆銮　杨正茂

　　　　　李　刚　童正宇　王长江

委　　员　周　浩　刘　林　许建新　刘　菲

编　辑　部

主　　编　王长江

副 主 编　许建新（兼执行主编）　刘　菲

编　　辑　花晨明　尹　馨　沈　丹

《盐都年鉴》编辑部地址：盐城市新都路618号盐都行政中心一楼

电话：0515—88426071

邮箱：yddsb123@126.com

邮编：224005

《盐都年鉴（2022）》　《盐都年鉴（2021）》　《盐都年鉴（2020）》

《盐都年鉴（2019）》　《盐都年鉴（2018）》　《盐都区志（1983~2005）》

荣誉盐都

- 全国农民合作社质量提升整县推进试点单位
- 全国农作物病虫害“绿色防控示范县”
- 全国县域农业农村信息化发展先进县
- 全国“儿童守护行动”试点地区
- 全国美好环境与幸福生活共同缔造试点县
- 2021中国美丽乡村休闲旅游心（夏季）精品景点路线
- 农村人居环境整治工作获省政府督查激励
- 2020年度全国“平安农机”示范市、县
- 连续3次获评全国群众体育先进单位

赋能稳增长
奋勇争排头

数字盐都

- 总面积：1016.2平方千米
- 年末总人口：70.04万人
- 地区生产总值：682.59亿元
- 社会消费品零售总额：275.3亿元
- 人均地区生产总值：111125元
- 一般公共预算收入：42.52亿元
- 城镇居民可支配收入：47369元
- 农民人均纯收入：28521元

3月，台创园花卉种植基地　　台创园 供

4月，大纵湖镇湖塘花海　　农业农村局 供

5月，盐渎街道花吉村新型示范社区　　农业农村局 供

6月，大冈镇佳富村一角　　住建局 供

6月，秦南镇泾口村新型示范社区　　农业农村局 供

9月，秦南镇千秋村外景　　农业农村局 供

3月，少先队员开展党史学习教育实境教学　　教育局 供

4月，举行庆祝建党100周年“全民共舞”舞蹈骨干培训　　教育局 供

6月,《为你绽放》剧组参加盐都区庆祝中国共产党建党100周年献礼演出　　文广旅局 供

6月，举办"礼赞百年 童心向党"红色故事宣讲比赛　　教育局 供

11月，召开中国少年先锋队盐城市盐都区第三次代表大会　　团区委 供

6月，盐都革命陈列馆开馆　　党史办 供

6月，组织新四军后人盐都行活动　　党史办 供

6月，组织迎建党百年盐都党史座谈会　　党史办 供

12月，“串场河畔党旗红”党史巡回宣讲活动现场　　融媒体中心 供

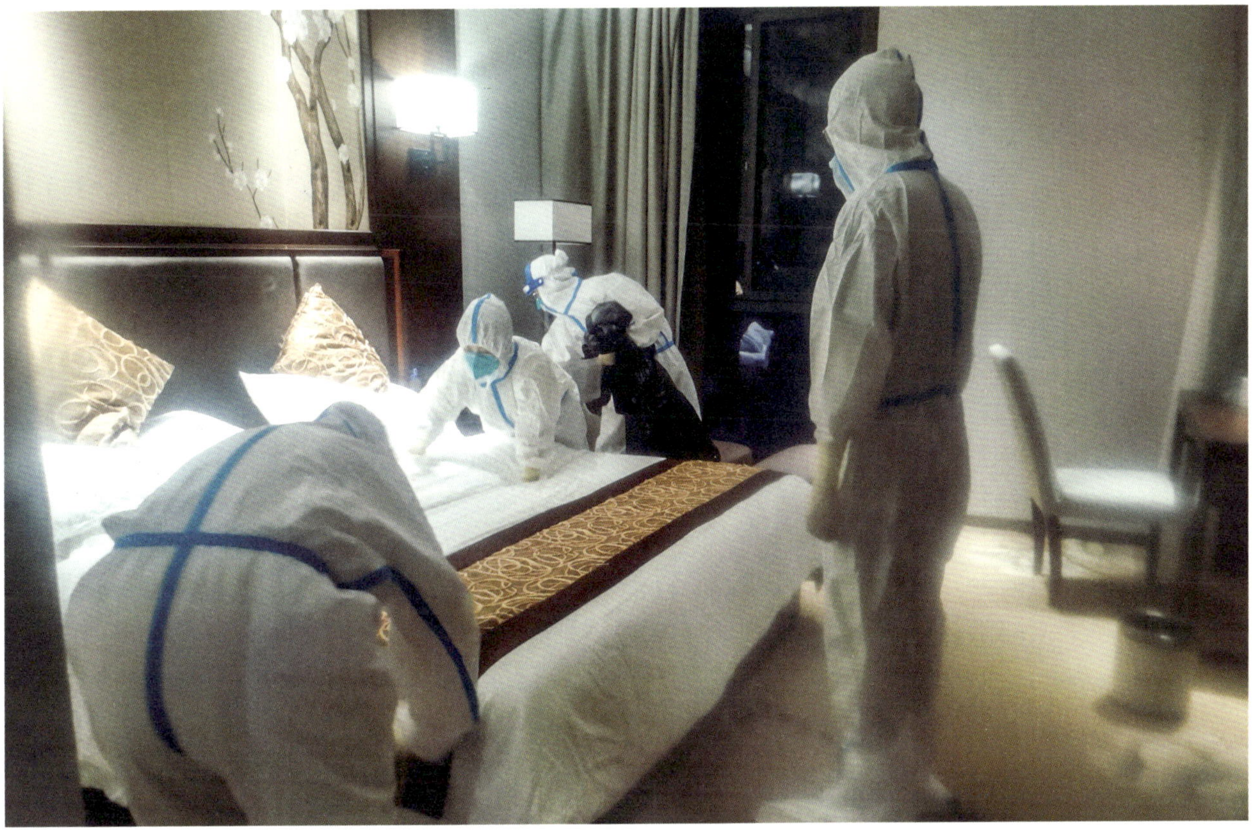

8月，抗疫一线医护人员在隔离点工作场景　　融媒体中心　供

8月，抗疫医护人员研究部署下一步疫情工作　　融媒体中心　供

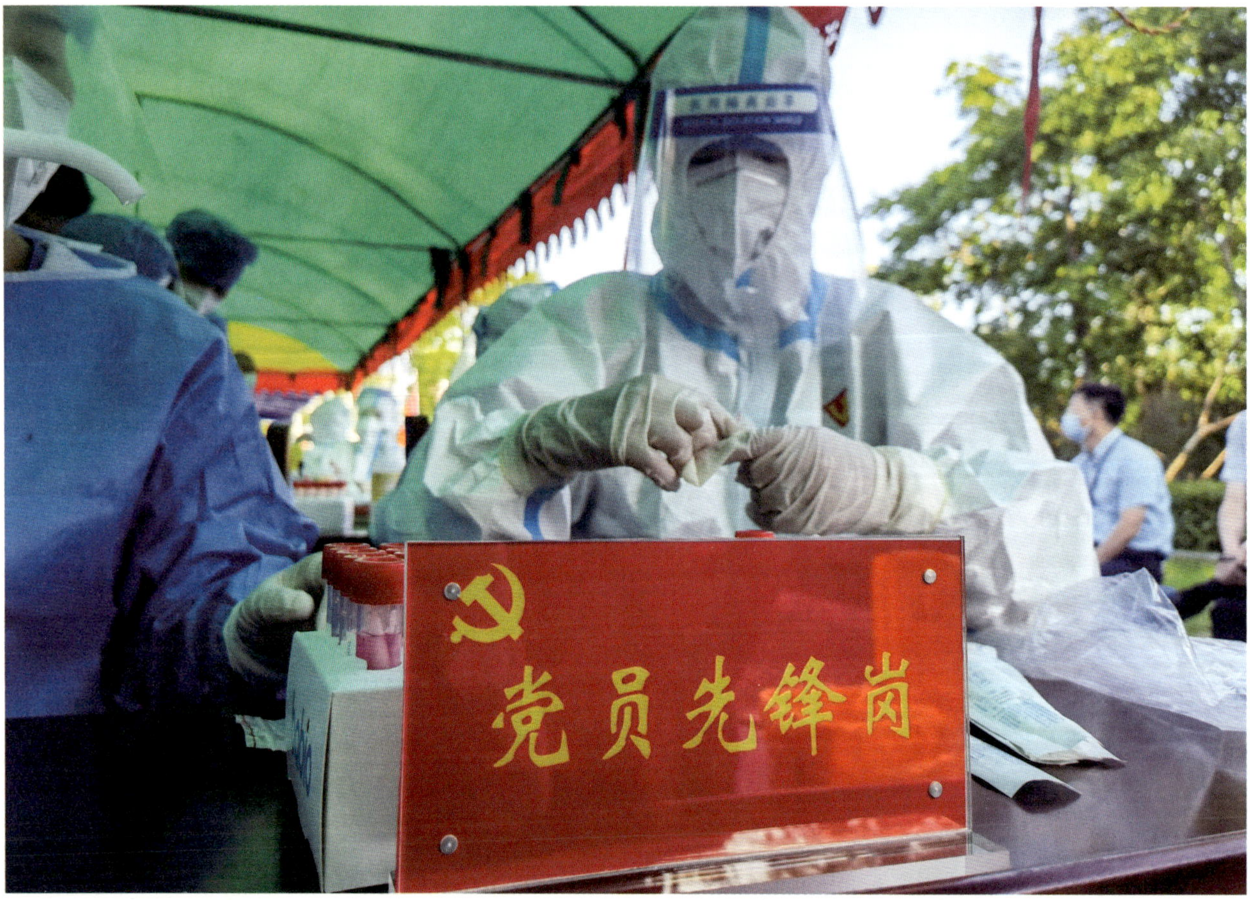

8月，组织核酸检测演练　　融媒体中心　供

4月，举办中国国际人才交流大会　　盐龙街道 供

8月，举行创新创业大赛　　组织部 供

12月，举行百名在沪盐城籍博士盐都行　　组织部 供

12月，举办第二届中国电子信息行业创新创业大赛总决赛　　盐龙街道 供

12月，举行“华创苑”揭牌仪式　　盐龙街道 供

12月，举办中国电子信息行业发展大会　　政府办 供

3月，执勤民警为游客指引路向

盐都公安分局 供

5月，组织干警在盐都革命陈列馆开展党史学习教育实境教学 检察院 供

6月，举行“猎鹰突击队”命名授旗仪式　　盐都公安分局 供

7月，开展夜巡防控守护百姓平安　　盐都公安分局 供

7月，开展“上门入户”活动　　盐都公安分局 供

8月，在“盐之e警”综合窗口为群众服务　　盐都公安分局 供

10月，公安民辅警开展日常警体训练
盐都公安分局 供

10月，举行“警民携手、盐之无诈”防范电信网络诈骗宣传　　盐都公安分局 供

12月，国家宪法日现场宣传活动　　司法局 供

6月，草房子乐园开园　　　　政府办 供

8月，举办”新时代文明实践在盐都系列活动“ 宣传部 供

10月，渎上·老西门民国风情街开街运营　　政府办 供

9月“多彩盐都 欢乐水乡”2021第七届畅游盐都金秋行开幕　　大纵湖旅游度假区 供

9月，举办大纵湖大闸蟹开捕节　　大纵湖旅游度假区 供

10月，举办“庆国庆”系列群众体育赛事活动　　教育局 供

10月，启动网络安全宣传周活动　　宣传部 供

11月，举行中国盐城黄海湿地公路自行车赛盐都分站赛　　教育局 供

12月，举办第十一届老年文化艺术节　　卫健委 供

6月，志愿者为东进路社区老人包粽子　　红十字会 供

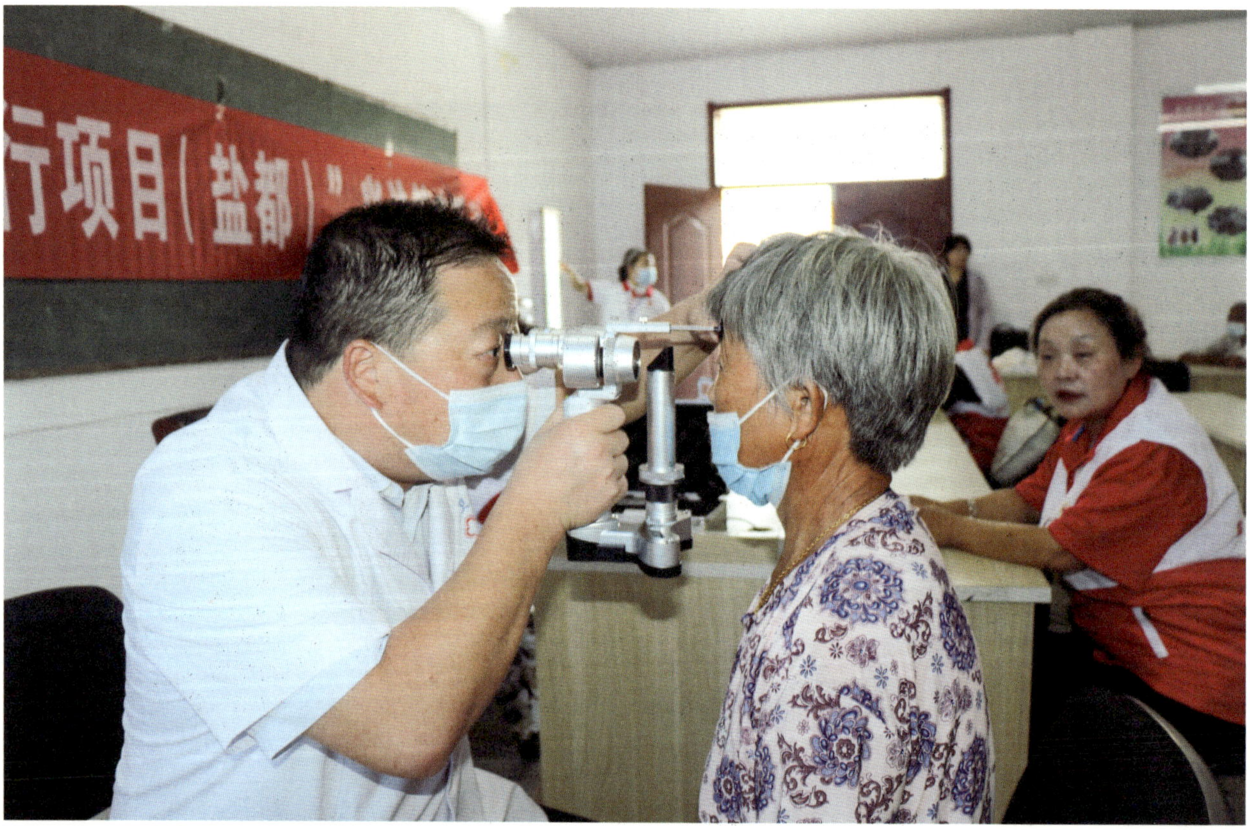

9月，在葛武社区开展博爱光明行项目筛查　　红十字会 供

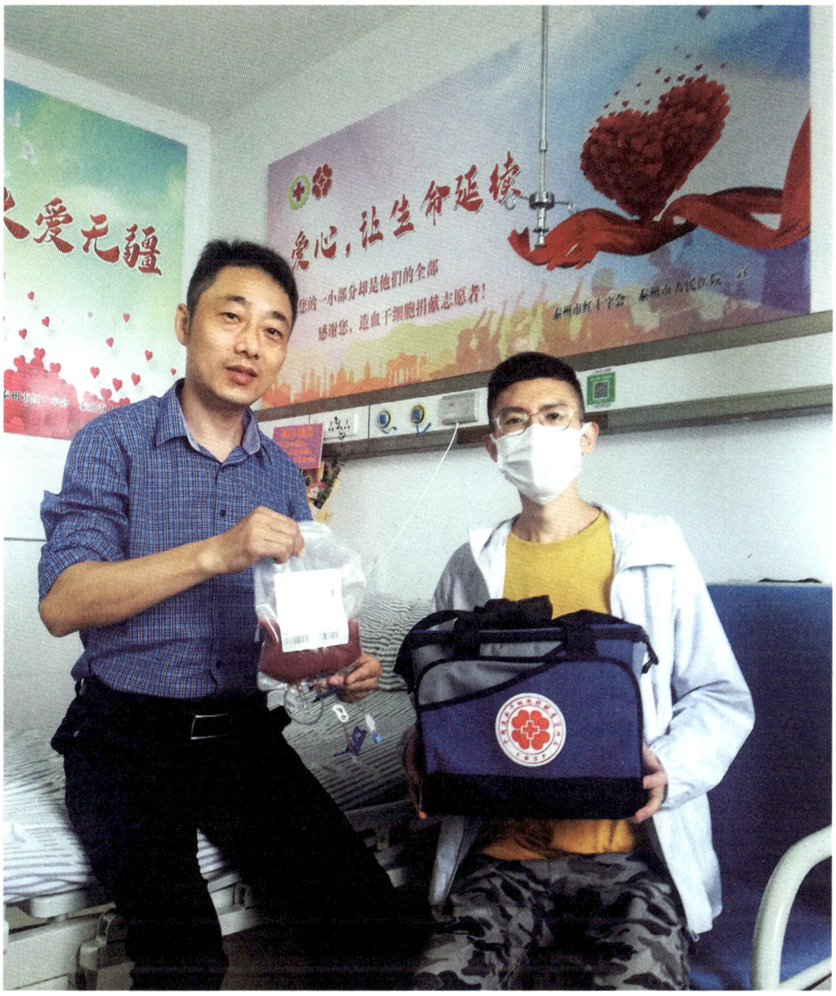

10月，志愿者卞伟伟在泰州市人民医院成功捐献造血干细胞

红十字会 供

12月，欢送潘黄街道新民村仇万东赴泰州捐献造血干细胞 红十字会 供

中国好人——孙益海

2021年8月，获评“中国好人”

工作一线

向少年儿童宣讲先进事迹

编辑说明

一、《盐都年鉴(2022)》以马克思列宁主义、毛泽东思想、邓小平理论、“三个代表”重要思想、科学发展观、习近平新时代中国特色社会主义思想为指导,坚持辨证唯物主义和历史唯物主义的立场、观点和方法,全面、系统地记载2021年盐城市盐都区政治、经济、文化、社会、生态等方面取得的新成就、新经验和需要解决的新问题,为各界人士了解盐都、研读盐都、建设盐都,提供一部信息量大、准确度高的地情材料,为各级领导决策提供参考依据,为开展对外交往、招商选资以及全民创业提供窗口和桥梁,为广大干部群众和青少年提供乡土教材,为续修地方史志积累资料。

二、全书采用分栏法编辑,条目式纪事体。按事业、行业性质设立栏目,分栏目、分目、条目3个结构层次,共设个33栏目,256个分目,1699个条目,25个表格。正文中共有227张图照,图照根据情况适当上溯下延。

三、组织机构及负责人名录,收录中共盐城市盐都区委、区人大、区政府、区政协及其列入党政序列(含直属单位、人民团体和双管单位)副科(局)级以上机构的党政领导班子成员;镇(区、街道)领导人名录对象为党委(党工委)、人大、政府(管委会、办事处)正副职,纪委书记,以及组织委员、宣传委员、统战委员、政法委员。凡任职时间2021年1月至12月的,一律不标明时间。各村(居)书记、主任均为2021年年底在职人员。

四、人物栏目收录盐都籍或在盐都境内工作的中共十九大代表、全国人大代表、全国五一劳动奖章获得者、省(部)级授予的劳动模范、先进工作者和表彰的先进个人。同时,本鉴将在社会上有较大影响的盐都籍(或在盐都工作和学习过)的个人代表也收录在“新闻人物”中。以前年鉴已经收入的人物,该年鉴只作简述。荣誉栏收录受省(部)、市(厅)级表彰的先进单位和市(厅)级表彰的先进个人。

五、年鉴中所使用的资料由全区各部门、各单位、各镇(区、街道)专人撰稿和提供,并经单位负责人审定,撰稿人姓名统一在条目、资料后署名。年鉴中出现“区、区内、区属、区某某局”的“区”都指“盐城市盐都区”,“镇(区、街道)”中的“区”专指“盐城国家高新技术产业开发区”或者“大纵湖旅游度假区”,“市三院”指“盐城市第三人民医院”,“市二小”指“盐城市第二小学”。

六、统计资料由区统计局提供。因统计口径不尽相同,有些数据稍有差异。文件选编栏目中的重要文件摘录基本保持原状,对有关数据未作改动。数据中的计量单位除耕地、地域等面积部分使用亩或公顷,其余一律使用国际单位。数字用法执行国家标准《出版物上数字用法》(GB/T 15835—2011),标点符号用法执行国家标准《标点符号用法》(GB/T 15834—2011)。

七、《盐都年鉴》由盐城市盐都区人民政府主办,盐都年鉴编纂委员会编纂。《盐都年鉴(1983—1996)》和《盐都年鉴(1996—1999)》为综合年鉴,2001年起一年一鉴,2010年采用四色印刷,2018年将分目“讲话和报告摘要”放入附录中,分目“大事记”调整为栏目。《盐都年鉴(2022)》是《盐都年鉴》第24卷。

总　目

目　录

特　载

2021年盐都十大新闻

乡村振兴

盐都革命陈列馆

新冠肺炎疫情防控

区情总貌

区情概要

国民经济和社会发展计划执行情况

民主法治建设

精神文明建设

大事记

改革开放　园区建设

改革开放

园区建设

·盐城国家高新技术产业开发区·

·大纵湖旅游度假区·

·台湾农民创业园·

·七星现代化农场·

中共盐城市盐都区委员会

综　述

重要会议

重要工作

重要活动

组织工作

盐城市盐都区妇女联合会

盐城市盐都区科学技术协会

盐城市盐都区归侨侨眷联合会

盐城市盐都区工商联(总商会)

盐城市盐都区残疾人联合会

盐城市盐都区红十字会

军　事

人民武装

人民防空

双拥优抚退伍安置

法　　治

综　　述

平安盐都创建

法治建设

公　　安

检　　察

法　　院

城乡建设

城市管理

新农村建设

交通运输

供　电

信息化建设

电子政务管理

邮　政

电　信

农　业

综　述

农业产业化

种植业

畜牧业

水产养殖业

果蔬园艺业

林果特产业与蚕桑种植

农副产品加工与销售

农业科学研究

农业机械化与招商引资

农业综合执法

水利建设

防汛抗旱

工　　业

综　　述

镇村工业

棉纺工业

私营个体工业

建筑和房地产业

建筑业

房地产业

商贸服务业

综　　述

商业流通

石油销售

沐浴休闲

物　　流

供销合作商业

医药经营

粮食购销

目　录

教　育

综　述

学前教育

义务教育

高中教育

职业教育与社会教育

开放大学(社区学院)

青少年体育

老年体育

体育产业

人民生活　社会事务

就业再就业工作

创业盐都建设

劳动关系

劳动监察

劳动人事争议调解仲裁

气象服务

老区建设工作

老龄协会工作

慈善工作

殡葬工作

镇　街道

盐龙街道

盐渎街道

潘黄街道

龙冈镇

大冈镇

先进个人

先进集体

附　录

讲话和报告摘要

文件选编

统计资料

索　引

表格目录

特　载

◆2021年盐都十大新闻

◆乡村振兴

◆盐都革命陈列馆

◆新冠肺炎疫情防控

2021年盐都十大新闻

1.隆重庆祝中国共产党成立100周年,持续唱响爱党爱国时代主旋律

6—7月,按照党中央统一部署,全面启动“光荣在党50年”纪念章颁发工作。集中收听收看庆祝中国共产党成立100周年大会,盐都区广大干部群众以多种形式隆重庆祝建党百年,深入学习宣传贯彻习近平总书记“七一”重要讲话精神,推动学深悟透、入脑入心。聚焦“党的盛典、人民的节日”主题,举办庆祝中国共产党成立100周年座谈会暨“两优一先”表彰会议、大型原创现代淮剧《为你绽放》献礼演出等活动,全面营造盐都区上下同庆党的百年华诞浓厚氛围,共产党好、社会主义好、伟大祖国好的时代主旋律响彻盐都大地。

2.省委理论学习中心组来佳富村开展现场集中学习,党史学习教育不断走深走实

6月10日,省委理论学习中心组来盐都区开展现场集体学习。强调要深入学习贯彻习近平新时代中国特色社会主义思想,从新四军精神中汲取奋进力量,更好地感悟初心、砥砺初心、赓续初心,在现代化新征程上跑好实现共同富裕的历史性一棒,带领人民群众过上高品质的现代化生活,把总书记殷殷嘱托全面落实在江苏大地上。盐都高标准、高质量推动党史学习教育走深走实。充分利用盐都革命陈列馆及境内的22个烈士命名镇村和80多处红色遗存加强红色教育,融合推进“两在两同”建新功行动和“我为群众办实事”实践活动,真正使党员受教育、群众得实惠。

3.盐城市盐都区第十五次党代会胜利召开,科学谋划未来五年经济社会发展蓝图,选举产生新一届区委班子

中国共产党盐城市盐都区第十五次代表大会于7月17日举行。会议坚持以习近平新时代中国特色社会主义思想为指导,认真总结五年工作成绩,研究确定目标任务,选举产生中共盐城市盐都区第十五届委员会和纪律检查委员会,动员盐都区上下从党的百年辉煌历史中汲取奋斗伟力,扛起新使命,建设示范区,奋力谱写盐都现代化崭新篇章。

4.“重大项目突破年”成效显著,经济发展迈上新台阶,“十四五”实现良好开局

年内,总投资50亿元的东山IC载板、长盈精密等重大项目签约落户,总投资10亿元的得润电子、博盛新材料等项目开工建设,总投资20亿元的康佳存储芯片封测等项目建成投产。成功举办中国电子信息行业发展大会,电子信息产业规模超200亿元,高端装备产业规模突破100亿元。商务商贸、电商快递、汽车消费实现营业总额350亿元。

6月,举办庆祝中国共产党成立100周年演出　　　融媒体中心　供

5. 获评国家创新型产业集群，创新动能实现新提升

年内，盐城高新区获评国家创新型产业集群。上硅所新能源创新中心竣工运营，中科院半导体集成技术研究院、国家超算盐城中心落地开建，盐城大学科技园获批国家级大学科技园。新增国家级“专精特新”小巨人企业4家、总量7家、位居盐城市第一，新增省级示范智能车间3家、省星级上云企业96家、潜在独角兽企业1家，累计获评省首台(套)重大装备44个、总数盐城市第一。

6. 获得第十届世界草莓大会举办权，现代农业产业示范园获评全国农业农村信息化示范基地

年内，乡村振兴亮点纷呈，获评全国美好环境与幸福生活共同缔造试点县，创成省级特色田园乡村和传统村落6个、总数位列盐城市第一。现代农业高质高效，粮食、生猪保供有力，建设高标准农田3733公顷，获得第十届世界草莓大会举办权，现代农业产业示范园获评全国农业农村信息化示范基地。

7. 新城总体规划基本完成，城北改造成效显著，“一主一副”发展格局全面拉开

至年底，盐都新城总体规划基本完成，科技广场中央商务区、智创小镇中小学等项目开工建设；城北改造实施两周年成效显著，征迁任务基本完成，小马沟绿廊全线开放，实施建成一批基础设施、城市更新项目；副中心发展布局基本确定，镇区、园区、景区实现联动开发。

8.“在盐都，遇见美！”盐都城市品牌体系发布

2021年12月30日，在盐都文旅发展大会暨城市品牌发布会上，DUDUFAMILY——盐都小精灵家族城市品牌IP形象，“在盐都，遇见美”盐都文旅形象宣传语等全新盐都城市品牌体系正式发布。2021年，盐都绿色基底更加厚实。大纵湖旅游度假区被评为中国优秀旅游景区，草房子创成国家AAAA级旅游景区，同力糖果获评盐城市唯一省工业旅游区。盐都区接待游客总人数约550万人，总收入约62亿元，休闲农业与乡村旅游综合发展实力进入全国50强。

9. 民生福祉交出新答卷，群众有了更多获得感、幸福感

年内，区委、区政府聚焦群众“急难愁盼”，扎实推进民生工程。教育“双减”政策有序落实，与市鹿鸣路初中教育集团和聚亨路小学教育集团合作创办科创城中小学，建成投用东进路中小学、朗达幼儿园等3所学校；市三院与上海九院共建口腔颌面外科联合病房开诊运行；养老服务绩效评价位列江苏省第一，连续3次获评全国群众体育先进单位，“军旅荣归”一件事改革江苏省推广，第七次人口普查工作荣获全国表彰。

10. 孙益海当选“中国好人”，盐都区精神文明建设成果丰硕

郭猛派出所民警孙益海当选2021年8月“中国好人”，2021年度，盐都1人当选“江苏好人”，7人(组)获评“盐城好人”，3人获评“新时代盐城好少年”。6个乡镇、10个村、3个社区、22个单位、2个学校荣获2019—2021年度省级精神文明创建先进集体，6个乡镇、37个村、4个社区、41个单位、10个学校荣国2019—2020年度市级精神文明创建先进集体。村居(社区)新时代文明实践站全覆盖，创新构建“15分钟志愿服务圈”，全年新增志愿服务站点220个，做到群众有需求“15分钟”内有站点、“15分钟”内有服务，打通服务群众“最后一公里”。

乡村振兴

【概况】 2021年，盐都区贯彻落实中央和省委、市委决策部署，坚持把实施乡村振兴战略作为新时代“三农”工作的总抓手，并于6月成立乡村振兴局，创新思路，系统谋划，创成全国“平安农机”示范县、全国农作物病虫害绿色防控示范县，获评全国农业农村信息化发展先进县，获2020年度全省乡村振兴实绩考核县级综合排名第一等次，农村人居环境整治获省政府督查激励，区政府扶贫工作办公室获省委、省政府表彰，全区农业农村高质量发展取得良好成效，实现“十四五”良好开局。获得2025年第十届世界草莓大会举办权，创成全国“一村一品”示范村1个、全国农业农村信息化示范基地1个，新增国家级农民合作社示范社4家、省级农业龙头企业3家、省级示范家庭农场8家。尚庄番茄成功注册国家地理标志证明商标，盐都食品加工产业园入选全省农产品加工集中区示范典型案例。

【稳产保供成效明显】 全区全年粮食种植面积64460公顷、总产4.71亿公斤。生猪产能逐步提升，全年生猪饲养量14.66万头，同比增加6.1%。其中栏存5.38万头，同比增加5.9%，出栏9.28万头，同比增加6.2%。

6月，盐城市盐都区乡村振兴局成立　　农业农村局　供

【科技装备支撑】 年内，加快优质新品种培育，区农科所培育的24个“盐粳”系列水稻新品种和“盐麦1号”小麦、神农大丰种业公司选育的“南粳5718”“农麦88”等新品种获得市场青睐，成为全省稻麦品种新名片。神农大丰、呈祥园艺、三创农业、区水产养殖场、区蚕种场入选第一批江苏特色优势种苗中心名录。加快设施农业、渔业等特色农机具推广，加快作业条件“宜机化”改造，全区农业综合机械化水平达89%。强化农民手机应用技能培训，助力智慧农业。

【推进农房改善】 至年底，共建成新型农村社区22个，新改善农房3803户，累计1.17万户。台创园三湾村、学富周伙村新创成省级特色田园乡村，累计达11个，创成省级传统村落11个，建成美丽宜居乡村157个。大冈镇佳富村为省委理论学习中心组集体学习提供现场。

【人居环境提升】 6月，启动农村人居环境整治提升五年行动，推进农村厕所革命、农村生活污水处理等重点工程，至年底，全区无害化户厕普及率达97.05%，61个行政村农村生活污水处理设施建成并投入使用，建有污水处理设施的行政村占比达100%，农村生活垃圾无害化处理率达100%，实现“日产日清”，新创成市级农村人居环境整治提升示范村3个。

【推广清洁生产】 年内，开展药肥减量增效行动，通过精准测报、绿色防控、宣传培训、统防统治等措施，持续培肥地力，每年建设各类绿色防控示范区50个以上。推进水产养殖尾水排放备案制度，建立达标排放示范点4个，全年完成池塘生态化改造1180公顷。抓好养殖污染治理，规模畜禽养殖场治理率达100%。加强秸秆综合利用，新规划实施秸秆离田匡口57个、4533公顷，累计秸秆还田4267公顷。

【开展帮促行动】 年内，下发《开展富民强村帮促行动实施意见》，新选派29名驻村第一书记，构建低收入农户增收和乡村振兴重点帮促村发展长效机制。促进农民创业就业，新支持农民自主创业2206人，安排低收入农户就业526人、设

6月，培训农民手机应用技能　　农业农村局　供

点加工项目17户，全年实现农村居民人均可支配收入28521元、同比增长9.7%，增幅高于城镇居民。

【村级经济提速发展】 年初，启动实施村级集体经济发展三年行动计划，探索实施发展特色产业、盘活资产资源等村级增收模式，全年实现村级经营性收入2.03亿元、村平82.63万元，所有村（社区）经营性收入均达28万元以上。

【农村改革加快突破】 年内，推进农村产权交易，全年成交1657宗、成交额1.81亿元，累计8322宗、17.7亿元，为村集体和农户增收3388.68万元。“三资”管理“盐都模式”入选全省农村改革试验典型案例。审慎推进农村宅基地改革，全年共受理审批1965宗；试点农村集体经营性建设用地入市改革，共成交集体经营性建设用地8宗、30.47公顷，出让金总额8421.5万元。

【建强基层组织】 年内，开展党史学习教育，区委中心组来到盐都革命陈列馆进行实境教育。赓续红色血脉，在19个烈士命名村建设烈士展陈室或红色村史馆，打造尚庄北堡抗日民主旧址等红色项目。完成区镇村三级党组织换届，实现村（社区）书记、主任“一肩挑”。

【推进四治融合】 年内，坚持党建引领、自治法治德治智治融合，创新开展社会治理“四好村居”建设活动，典型做法获得中央政法委、省委推介。加快推进平安乡村建设。建成省定乡村社会治理标准网格1016个，创成“省级民主法治示范村（社区）”123个，获评“全省创新网格化社会治理机制专项工作先进集体”，尚庄镇塘桥村获评第二批全国乡村治理示范村。

【弘扬文明风尚】 年内，巩固全国文明城市创建成果，同步推进区镇村三级文明实践中心（所、站、点）建设，年内，建成5000平方米的区级实践中心，建成挂牌镇级新时代文明实践所14个，村级新时代实践站建成覆盖率达90%、实践点220个以上，被列为第二批省级新时代文明实践中心试点区。组织开展“欢歌笑语走基层”文化惠民巡演等活动，举办全国乡村优秀曲艺节目交流展演活动。开展“最美盐都人”评选，评选表彰“十佳文明新事”。孙益海入围8月“中国好人”候选人，5人获评“盐城好人”，3人获评“新时代盐城好少年”，13人（组）当选“盐都好人”。

【部署乡村振兴工作】 年内，区委常委会专题学习中央和省市农村工作会议精

神，听取“三农”工作思路、乡村振兴实绩考核工作情况；区政府常务会定期研究高标准农田建设、老村庄改造、富民强村帮促行动等重点工作。区委、区政府主要负责人在年初全区农村工作会议上对实施乡村振兴战略进行全面部署；区委主要负责人主持召开全区乡村振兴工作座谈会，系统谋划发展布局和重点任务，督促推动各项工作抓细抓实。区委农村领导小组集体学习《中华人民共和国乡村振兴法》，定期督查推进农业农村重点工作，推进“三农”工作。

【完善政策措施】 年内，区委、区政府专门印发《全面推进乡村振兴加快农业农村现代化建设的实施意见》，明确工作重点。同时，将乡村振兴实绩水平纳入区委、区政府年度绩效综合考核，强化责任落实，层层传递压力，形成区镇联动、部门协作、齐抓共管的工作格局。

【攻坚重大项目】 年内，将农业农村重大项目建设作为“红黄旗排座次”的重要事项，实行月检查、季通报，提高项目推进效率。至年底，列省农业农村重大项目18个，年度计划投资6.8亿元，完成6.8亿元，进度100%；列市5000万元以上农业重大项目8个，年度计划投资5.12亿元，完成5.12亿元，进度100%。草房子乐园、嘉士伯啤酒、益商源花卉等一批亿元项目建成运营，展现乡村加快振兴的良好形象。

【优化“三农”干部】 年内，加强村党组织带头人队伍建设，累计举办村书记论坛12期，每年评选表彰“十佳”和“双强”村党组织书记各10名。配强村“两委”后备力量，累计培养“定制村干”6批、128人，已毕业的77名“定制村干”、公开选聘的退役士兵全部到村任职。

【加大资金投入】 年内，加大财政扶持，预算安排乡村振兴年度资金16.16亿元、同比增长14.77%，保障重点工作有序推进、重大项目实施。强化进城入镇购房农户就业和社保政策激励，落实村级组织运转经费正常增长机制，保障标准提高到38万元/村。

【优化要素配置】 年内，坚持规划引领，编制获批楼王等5个镇控规、周伙村等26个村村庄规划。保障用地需求，单独争取18个农民集中居住区用地指标56公顷，争取补充耕地指标交易40公顷，收益1.55亿元，优先用于改善农民住房条件和生态环境综合提升。强化金融支持，苏州银行盐城分行新发放涉农贷款8.2亿元，农商行盐都支行为草房子投资公司提供四年授信3.08亿元，区6家农村小额贷款公司新发放涉农贷款2.8亿元，缓解融资难、贷款贵的问题。

【提升公共服务设施】 年内，编排实施市、区为民办实事项目23项，推进教育惠民，东进路小学、初中建成开班，实施的更换课桌椅、安装直饮水机等四项工程。加强医疗惠民，市三院与上海九院建立医联体，建成省农村区域性医疗卫生中心、省社区医院各2家，全区累计接种新冠疫苗近130万剂次，接种率位居全市前列，保障群众生命安全。完善便民设施，新实施的方向农贸市场、前进合心花苑小区等改造提升和规范化管理项目，提升群众的幸福指数。 （唐亚东）

盐都革命陈列馆

【项目背景】 盐都区前身为盐城县，是一方红色热土，一座英雄城市。五四爆发后，全县人民掀起反帝反封建热潮。大革命时期，一批在上海、南京等地的盐城籍中共党员返回家乡，传播革命思想，发展党员，点燃革命火种。1926年，随着盐城县第一个基层中共党组织的建立，境内革命活动星火燎原，风起云涌。抗战时期，特别是新四军军部在盐城县重建，以及中共中央华中局在盐城县建立，盐城一度成为华中敌后抗战的指挥中心，地位凸显，影响远及。盐城名字也因此被镶嵌在中国革命历史的巍巍丰碑上。解放战争时期，盐城县军民坚持原地斗争，开展土地改革和解放区建设。尤其是在对敌反攻阶段，全县军民倾其所有，全力以赴，支援淮海战役和渡江战役，汇聚成人民解放战争的雄厚伟力，为新中国诞生做出重要贡献。盐都革命陈列馆，即是以上历史的重要载体和浓缩再现。习近平总书记指出：“要把红色资源利用好、把红色传统发扬好、把红色基因传承好。”盐都区建设革命陈列馆，将红色历史资源转化为建设美好家园的精神动力和力量源泉，发扬光荣传统，弘扬铁军精神。

【基本情况】 为全面系统再现盐都人民革命斗争史，2019年7月起，盐都区筹划建设盐都革命陈列馆，盐都党史办以此为契机，系统整理盐都的红色资源，搜集征集革命历史遗存、文物、史料，深入挖掘革命时期的战斗故事、红色文化，建立盐都红色资源库。经过两

6月，盐都革命陈列馆开馆仪式 陈雁程 摄

年的精心筹备建设，2021年建成开放盐都革命陈列馆。盐都革命陈列馆位于盐龙体育公园南侧，由盐都区潘黄街道投资建设，盐都区文化广电和旅游局为主管单位，盐都区博物馆负责日常管理工作。是盐城唯一、全省不多的县级综合题材党史馆。盐都革命陈列馆建筑面积2800平方米，总投资3000万元。由序厅、前言厅、第一展厅·风起云涌（建党与大革命时期1919—1927）、第二展厅·星火燎原（土地革命时期1928—1937）、第三展厅·中流砥柱（抗日战争时期1937—1945）、第四展厅·天翻地覆（解放战争时期1945—1949）、结语七个部分组成。展厅内利用文字、图片、主题雕塑、大型浮雕、场景复原等手段，运用现代声光电效果，以及《二十世纪盐都市井生活》《叶挺与盐都》《盐城反清剿游击战术演示》等多个专题片的展示学习，再现重要历史事件，呈现历史人物及盐都本地杰出革命代表的光辉形象，客观真实地反映盐都人民在中国共产党领导下的革命史、斗争史、英雄史，集中再现盐都军民听党指挥、坚定信念、艰苦奋斗的精神风貌，是盐都区传承红色基因、打造红色文化品牌、凝聚城市精神、进行革命传统教育的场馆阵地和展示平台，也是走进盐都、了解盐都和提升盐都地域影响力的重要窗口。

【举办开馆仪式】 6月26日上午，盐都革命陈列馆举行开馆仪式，向建党100周年献礼。省委党史工办副主任缪毅出席并讲话。盐都区委书记、高新区党工委书记王娟致辞。市委党史学习教育第一巡回指导组组长张瑞卿等出席开馆仪式。区委副书记、副区长刘源主持。开馆仪式还邀请部分曾经在盐都战斗过的老革命后代、学生及各界人士参加及进馆参观。缪毅在讲话中指出，盐都革命陈列馆的建成，再现盐都人民在党的领导下，进行革命斗争的光辉历程，是推动党史学习教育走深走实的务实举措，将凝聚起上下同心、团结奋进的磅礴力量，推动盐都各项事业发展再上新台阶。王娟在致辞中代表区委区政府向盐都革命陈列馆的建成开馆表示祝贺，向出席活动的各位领导和来宾特别是革命先辈亲

7月，革命陈列馆内景图　　融媒体中心　供

属表示欢迎和感谢。并指出，不忘峥嵘岁月，方能砥砺前行。要发挥盐都革命陈列馆在党史学习教育、革命传统教育、爱国主义教育中的重要作用，引导党员干部和广大群众，升华理想信念、滋养初心使命，奋力谱写盐都现代化建设崭新篇章。

【强化党史教育】 盐都革命陈列馆内一楼大厅布置两面图书墙，购置党史学习材料近2000册，可供参观群众免费借阅。6月，为庆祝中国共产党成立100周年，讴歌党的辉煌历程和丰功伟绩，深入学好党史，发扬革命传统和优良作风，激发群众爱党爱国爱社会主义的巨大热情，在盐都革命陈列馆一楼临展厅举办“奋斗百年路　启航新征程——中国共产党建党100周年党史图片展”。展览以中国共产党百年光辉历史为主题，分为中国共产党党史、红色遗存、中共党史研究人胡乔木三个篇章，图文并茂地展现中国共产党的百年奋斗历程。9月，在二楼举办《中国共产党在盐城》图片展，展览以“铿锵印记初心永恒”为主题，分为“红色热土、英雄盐城”“巩固政权、探索道路”“解放思想、改革潮涌”“两海两绿、四新盐城”四个部分，展示100年来，在党的领导下，盐城人民浴血奋战、艰苦创业、改革创新，夺取革命、建设和改革的伟大胜利的光荣历程。图文并茂地展现中国共产党的百年奋斗历程，激发起群众爱党爱国爱社会主义的巨大热情。

【受教人员众多】 6月，盐都革命陈列馆正式开馆，成为盐都区进行革命传统教育、开展宣传思想文化工作的场馆阵地和展示平台。至年底，共接待省、市、县党政机关、事业单位、学校等单位团体近200个，接待参观观众约5万人次。其中包括江苏省委党史学习教育第四巡回指导组、盐城市委党史学习第一巡回指导组、盐城市党史办、盐城市纪委巡察办、江苏科技大学马克思主义学院、中国人民解放军73106部队、南京师范大学附属实验学校、盐城市神州路小学、盐城市腾飞路小学等。通过参观展览、聆听讲解、重温入党誓词等，引领观众了解党的光荣历史，接受革命传统教育，厚植爱党爱国爱社会主义的情感，让红色基因、革命薪火代代传承。

【阶段性成效】 盐都革命陈列馆为盐城市党史教育基地、盐都区廉政教育示范基地、被评为江苏省2021年度“弘扬优秀传统文化、培育社会主义核心价值观”主题展览推介项目，申报江苏省博物馆研学基地项目。发挥“党性锻炼、党员教育”的功能，突出“不忘初心、牢记使命”主题主线，集中展示宣传盐都区党史事件、党史人物和党员风采，锤炼党员干部党性修养，弘扬清风正气，陶冶道德情操。使广大干部

群众更深刻领会"铸牢中华民族共同体意识",激发广大干部群众的爱国热情,增强民族凝聚力向心力。盐都革命陈列馆将加强党史教育基地的建设管理和开发利用,面向全省、全市、全区党员干部、普通群众、青少年学生,发挥以史鉴今、资政育人作用,为推动盐都高质量发展注入党史精神动力。（赵 娜）

新冠肺炎疫情防控

【防控能力建设】 2021年,全区共有PCR扩增仪38台,日检测能力2000管的流动检测车1台,核酸提取仪22台,全区目前日检测能力2.93万管,大冈中心卫生院核酸检测实验室建成后,日检测能力将达到3.44万管,同时与第三方检测公司上海润达实业有限公司达成协议,可派移动检测车进驻盐龙科技广场,2天可检测3万管,按照以上的检测力量配置,可2天内完成全人群检测,确保做到"即采、即送、即检、即报"。

【流调能力建设】 年初,组建5个区级、30个镇级流调溯源战队,4小时完成核心流调信息调查,24小时完成流调,做到精准找人、迅速管人。

8月,盐都交警为抗疫车辆保驾护航　　盐都公安分局 供

【隔离点建设】 至年底,隔离点可用房间总数1412间,达到"20间/万人"的省定标准要求。在用的两个集中隔离点均按"一长七组"配备工作人员,严格实行1个月轮转、闭环管理,轮转结束后落实"7天集中+7天居家"健康管理;涉外隔离点实行提级管理。

【开展应急演练】 年内,组织开展全员核酸检测演练、"都康1号"新冠肺炎疫情处置实战演练、秋冬季新冠肺炎聚集性疫情处置等实战演练,检验测试专业力量配备、流调溯源能力和实战应急处置等能力。

【支援核酸采集工作】 2021年,市三院派遣58名医护人员支援南京、扬州核酸采集、检测等工作任务途中,有盐都交警一直为抗疫车辆保驾护航;派出140余名医师参加全区68万人口的核酸筛查工作,以及医学隔离观察点和疫苗接种保障工作。

【落实院感防控】 市三院全年共计各级各类人员培训163场次,30242人次。根据省卫健委《关于建立并实施江苏省医疗机构医院感染防控长效工作机制的通知》精神,贯彻落实"长效机制"的管理要求,全院感染例次率0.66%,较2020年下降0.13%;感染漏报率为0.25%、较上年同期下降0.39%。

7月,市三院医务人员支援南京、扬州开展核酸检测工作　　卫健委 供

【加强发热门诊和预检分诊管理】 年内,按照《医疗机构新型冠状病毒感染的肺炎预检分诊、发热门诊和定点医院隔离病区设置规范》的要求开设预检分诊、发热门诊、隔离留观病区,发挥"哨卡"功能。对市三院北院发热门诊进行改造,设置在相对独立的区域,配备专用设备设施。抽调重症医学科、急诊科、呼吸科、感染科等相关科室的骨干医生到发热门诊,2021年,市三院发热门诊共接诊发热等新冠肺炎十大症状患者20389名,留院观察患者5974名。（陈志龙）

区情总貌

区情概要

【位置面积】 盐城市盐都区位于江苏省中部偏东，地理坐标：北纬33°07′52″～33°25′22″，东经119°40′49″～120°13′22″，紧临盐城市亭湖区，最大纵距33.4千米，最大横距50.2千米，北、东北、东、东南与盐城市亭湖区相连，南隔兴盐界河与兴化市相望，西、西北与宝应、建湖两县毗邻。全区土地面积1016.2平方千米，人口70.04万人（不含住亭湖区人口），区人民政府驻盐渎街道，距省会南京260千米。

【地形地貌】 盐都区地形东西宽，南北窄，呈不规则的长条形。全区地势平坦，河网稠密。由于河流、海洋堆积程度的差异及人类开挖河道、兴修水利、改良土壤等经济活动影响程度的不同，地面呈现出一些低冈和洼地，形成局部微小的起伏。境内略呈东高西低，地面高程一般在1.8～2.2米之间。串场河沿岸是全区最高处，地面高程2.8米以上；朱沥沟、仇垛河、直挺河以东为次高地，地面高程均在2米左右；西部湖荡地区是全区最低点，地面高程1.5米左右。区境属里下河平原地貌单元。平原上还分布有残存的古沙堤，俗称“沙冈”。

【土壤】 境内土壤分为水稻土、沼泽土两大类，其中水稻土分布面积最广，占耕地面积的90%以上，由于长期开发，土壤得到改造，有利于种植业、养殖业的发展。

【河流】 区境河网纵横交错，所有河流均属淮河流域。所有河流均属于里下河水系。客水从西南入境，向东北流出。境内主要河流为蟒蛇河，边缘河流为串场河。蟒蛇河源于区境西南大纵湖，到九里窑与新洋港相连，干流为自然河流，支流主要有朱沥沟、东涡河、冈沟河等，流域面积约640平方千米，覆盖区境西、中部大部分区域。区境河流水位变化受降水量和上游来水量以及新洋港等闸启闭的影响，汛期大致为每年6—9月，年最高水位一般出现在7月中旬—9月上旬，年最低水位，通常出现在冬、春或6月上、中旬，一般在1.5米左右，也有超过1.6米警戒线水位的年份。兴盐界河古殿堡站历年平均水位为1.9米，历年最高水位3.22米，大纵湖北宋庄站历年平均水位1.06米，历年最高水位为2.8米，串场河盐城站历年平均水位为0.98米，历年最高水位为2.66米。

【气候】 2021年全年气温偏高；降水量正常；日照时数正常。冬季（2019年12月—2020年2月）平均气温正常，降水量偏少，日照正常；春季（3—5月）平均气温正常，降水量正常，日照正常；夏季（6—8月）平均气温正常，降水量正常，日照正常；秋季（9—11月）秋季平均气温偏高，降水量偏多，日照正常。全区极端最高气温37.4℃，出现在6月7日；极端最低气温-11.1℃，出现在1月8日。全年降水总量为1024毫米，与常年相比多18.7毫米。全年总雨日95天。

重要天气事件及其影响：

（1）强冷空气、寒潮：1月5—7日受强冷空气影响，有一次大范围的寒潮降温天气过程，大部分地区最低气温48小时降幅达12℃～14℃，最低气温出现在7—8日早晨，大部分地区降至-10℃～-12℃，有严重冰冻。冷空气影响期间，还伴有5～7级的偏北大风。3月1日、5日后期到6日受两次冷空气影响，全区出现大风降温天气，其中受1日冷空气影响，出现寒潮天气。3月21日有一次冷空气影响，最低气温下降4℃～6℃。4月3—4日有一次冷空气过程，受其影响，48小时最低气温下降5℃～8℃。11月6—9日受强冷空气影响，7—9日48小时最低气温下降12℃左右，同时伴有阵风6～7级的西北大风。11月20—21日受强冷空气影响，风力增大，气温明显下降。21—23日早晨最低气温下降14℃左右。11月29日夜里到30日白天本区出现大风降温天气，48小时最低气温下降10℃。12月24—25日受强冷空气影响，盐都区出现寒潮天气，并伴有5～8级偏北大风，48小时最低气温降幅10℃左右。

（2）大风：2月7日下午到8日受北

方冷空气影响，全区地面风力较大4~6级。2月22—23日受冷空气影响，出现5~7级的大风。2月24日夜间到26日白天，受江淮气旋影响，阴雨的同时伴有6~8级的东南转东北大风。3月5—6日全区出现大风天气，风力4~6级。5月6日和8日受北方气旋的影响，盐都区出现5级阵风6~7级的偏南大风。5月28—30日全区晴到多云。同时受北方气旋影响，25日凌晨到早上，盐都区出现短时6级大风，27—28日出现短时7级大风。10月9—10日出现6~7级大风。10月14—16日受高空槽影响，出现稳定性降水，同时伴有6~7级的东北大风。10月15日夜里到16日受高空槽影响，出现6~7级的东北大风。11月7—9日出现寒潮天气，伴有阵风6~8级的西北大风。11月29日夜里到30日白天盐都区出现大风降温天气，冷空气影响时西北阵风6~7级。12月16—17日受较强冷空气影响，出现6~7级的阵风。12月24—25日受强冷空气影响，伴有5~7级的偏北大风。

（3）暴雨：7月2—9日出现持续暴雨天气：7月2日夜里到3日白天受梅雨锋北抬的影响，全区出现中到大雨（最大盐都龙冈镇39毫米）；7月4日夜里到5日受江淮切变线影响，区内出现暴雨到大暴雨，最大雨量出现在葛武街道，降水量109.7毫米。7月5—9日连续强降水过程。7月14—17日区内大部分地区出现雷阵雨天气，局部雨量达暴雨到大暴雨，同时伴有短时强降水、8~9级雷暴大风。7月26—29日受第6号台风“烟花”影响，全区出现强降水和大风天气，雨量大到暴雨，同时连续出现8级以上大风，最大风力18.2米/秒（8级）出现在滨湖街道。9月28日夜里到29日上午，受高空槽影响，全区为大到暴雨局部大暴雨，同时伴有雷电、7级雷暴大风和短时强降水。2021年10月14—15日白天受低层倒槽北伸和副高南退的影响，区内出现对流性降水，雨量大到暴雨，局部大暴雨。

（4）雾霾：2021年全区大雾天气频繁出现，霾天气较上年同期明显减少。1月21日夜里到22日上午和23日夜里到24日上午，大部分地区出现雾或浓雾。1月27日早晨盐都区大部分地区出现大雾。2月5日后半夜到6日早晨，全区出现能见度低于300米的浓雾。3月5日凌晨到早上，全区大部分地区出现大雾天气。3月10日早晨和13日早晨，大部分地区出现大雾。3月28日凌晨到早上，区内大部分地区出现大雾天气。4月2日夜间到3日凌晨全区部分地区出现大雾天气。4月13日早晨，大部分地区出现大雾。4月23日早晨出现雾或浓雾。4月28日凌晨到早上，全区大部分地区出现大雾天气。5月5日凌晨到早上，盐都区出现大雾天气。6月15日凌晨到早晨，盐都区大部分地区出现能见度低于500米的大雾天气。8月29日部分地区出现大雾天气。9月29日凌晨到早上全区大部分地区出现大雾或浓雾天气。10月31日早上盐都区大部分地区出现大雾或浓雾天气。11月17—20日全区大部分地区早晨有雾或浓雾，局部能见度不足50米。11月26日和27日早晨盐都区大部分地区出现大雾或浓雾天气。12月10—11日全区大部分地区早晨有雾或浓雾，局部能见度不足50米，10—12日有霾。12月15日与16日早晨盐都区部分地区出现雾或浓雾。12月22日和23日早晨全区大部分地区出现能见度低于100米的浓雾，且浓雾持续时间较长。

（5）大雪：2月14—15日盐都区受深厚冷涡系统与西南暖湿气流共同影响，全区出现大风降温和雨雪天气，累计降雪量7.4毫米，最大积雪深度7厘米，并出现道路结冰，16日随着系统东移入海，天空状况好转，但北方仍有冷空气不断补充南下，风力较大，全区出现7~8级阵风，同时气温降幅较大，达寒潮标准。受冷暖气流交汇影响，12月28—29日受寒潮带来降雪天气，全区28日夜里出现小到中雨，于29日上午开始自北向南逐渐转为雨夹雪再转雪的天气，大部分地区出现积雪，29日14时至30日14时盐都区本站纯雪量为5.7毫米，最大积雪深度为3厘米，日极大风为17.2米/秒。

（6）雷暴：汛期强对流天气较多，降水量大，给交通出行、人民财产安全等各方面带来不利影响，4月22日白天出现雷阵雨天气，雨量中到大雨。5月14—16日受西南急流和低空切变线影响，有一次明显雷暴天气，过程雨量大部分地区达到大到暴雨，局部大暴雨。6月3日阴有阵雨或雷雨。6月9日夜里到10日盐都区出现对流性降水。14—15日白天受高空槽和低空切变线的共同影响，全区有大雨到暴雨。25日全区多云转阴有阵雨或雷雨。26日全区大部分地区出现阵雨或雷雨。27日受低空切变线影响，全区云系偏多，局部有阵雨或雷雨。7月4日夜里到5日受江淮切变线影响，区内出现暴雨到大暴雨，最大雨量出现在葛武街道，降水量109.7毫米。7月5—9日连续强降水过程。7月10—11日副高西伸北抬，局部出现分散性雷阵雨。降水期间伴有局地短时强降水、雷电和雷暴大风等强对流天气。7月14—17日，盐都区大部分地区出现雷阵雨天气，同时伴有短时强降水、8~9级雷暴大风，最大风力24.0米/秒（9级）出现在葛武街道。7月26—29日受第6号台风“烟花”影响，该区出现强降水和大风天气，大暴雨，局部特大暴雨，同时连续出现8级以上大风，最大风力18.2米/秒（8级）出现在滨湖街道。8月20日受高空槽、低涡切变和地面气旋的共同影响，盐都区出现小到中雨。8月23日盐都区出现小到中雨局部大雨，并伴有雷电、短时强降水和雷暴大风天气。9月4—5日又出现一次明显雷阵雨天气，雨量中到大雨。9月20日受西风带低槽东移和黄淮气旋北上影响，盐都区出现对流降水，雨量小到中等，同时出现6—7级阵风。9月28日夜里到29日上午，受高空槽影响，全区出现阵雨或雷雨，雨量大到暴雨局部大暴雨，同时伴有雷电和短时强降水。

（7）台风：第6号台风“烟花”，于7月18日2时在西北太平洋洋面上生成，25日12时30分在浙江省舟山市普陀沿海登陆，26日9时50分前后在浙江省平湖市沿海再次登陆。26日17时左右进入苏州市吴江区、经过吴中、宜兴、溧阳、高淳、溧水、江宁、浦口，28日1时左右进入安徽滁州市境内，烟花以“热带风暴”强度在江苏省停留32个小时。“烟花”于28日3时减弱为热带低压，29日10时前后进入山东，逐渐远离盐都区，对盐都区强降水影响基本结束。25日05时—28日20时，受台风“烟花”影响，盐都区过程雨量普遍达到100毫米以上，盐都降水量为130.4毫米，乡镇站点中最大降水量为北龙港街道161.3毫米。盐都区普遍出现7级以上大风，盐都本站最大风力17.2米/秒（8级），出现在27日20时29分，最大风速为大纵湖度假区18.2米/秒（8级），出现在27日22时12分。乡镇站点中有2个站达到8级以上大风。

（8）梅雨：1.入梅正常、出梅偏晚，梅期偏长。6月13日入梅，入梅略偏早（常年6月18日）；7月11日出梅，出梅正常（常年7月10—12日）。梅长29天，梅期略偏长（常年23～24天）。2.梅雨量偏少。梅雨量288.6毫米，与常年相比偏多27%。3.梅雨期气温明显偏低。梅雨期平均气温24℃～26℃，与常年同期相比，平均偏低1.0℃。4.梅雨期间呈过程性、间歇性特点。梅雨期盐都区共经历5次较强降水过程（6月14—15日、7月2—3日、7月4—5日、7月5—6日、7月6—7日）。7月1日之前降水强度总体不大，仅在6月14—15日出现一次大雨到暴雨，6月19—24日、6月27日—7月1日降水间歇。梅雨期后期7月2—9日降水较前期明显增强，连续出现暴雨天气过程。5.强对流性天气多发，局地短时降水强度大。梅雨期多短时强降水、雷电和雷暴大风等对流性天气。最大日雨量出现在7月4—5日葛武街道（109.7毫米）。局地短时降水强度大，最大小时雨强48.4毫米，出现在葛武街道。

（9）高温：受暖低压影响，2021年6月6—7日盐都区出现高温天气，最高温度达到37.4℃。

（10）极端暖事件：2021年2月19—21日全区气温迅速回暖，21日盐都区基本站最高气温26.6℃，突破2月历史极值。

（徐　凯）

【自然资源】　全区土壤分为水稻土、沼泽土两大类，其中水稻土分布面积最广，占耕地面积90%以上，土壤改良有利于种植业、养殖业发展。全区共有湿地面积14253.12公顷，其中自然湿地面积4213.67公顷，自然湿地主要为河流湿地和湖泊湿地两种类型，其中河流湿地面积为3462.4公顷，占自然湿地面积的82.17%，湖泊湿地占17.83%。至年底，受保护的自然湿地面积2528.2公顷，自然湿地保护率达60%。境内野生动物资源中，鱼纲类有鲤鱼、鲫鱼、乌鱼、鳊鱼等30多种；爬行纲类有龟、鳖、蛇等20多种；鸟纲类有野鸡、野鸭、鹰、雀等30多种；哺乳纲类有野兔、刺猬、鼠等10余种。野生植物资源有数十科几百个品种，分布在田间、河边、滩边，用于农牧渔业生产、手工业编织及治疗疾病。建立自然资源档案制度、自然资源许可制度等，对自然资源的开发、利用、进出口等都进行规范。尤其在土地资源方面，有“农村土地承包经营权证”；在森林资源方面，有林木采伐许可证；在渔业资源方面，有水域滩涂养殖证、捕捞许可证；在水资源方面，有取水许可证等。以上，有利于对自然资源实行有效的监督、管理和保护。

（吴德标）

【建置沿革】　区境在商周时为“淮夷地”。春秋时始属吴，后属越，战国时属楚。西汉元狩四年（前119年），始设盐渎县（一说元狩四年前置）。东晋安帝义熙七年（411年），改盐渎县为盐城县。北齐于此设射阳郡，陈时改为盐城郡。隋末，韦彻起义据此置射州。民国22年（1933年），江苏省于盐城设行政督察区，后改为盐城区。1936年，又改为第六督察区，盐城县先后隶属之。1940年10月，盐城县成立抗日民主政府。1946年4月，改盐城县为叶挺县。1949年4月复名为盐城县。自1940年10月后，盐城县先后隶属盐阜区、盐阜分区、苏皖边区第五行政区、苏北盐城行政区、苏北盐城专区、江苏省盐城专区、江苏省盐城地区。1983年初，实行市管县（区）体制，盐城为省辖市，盐城县撤销，盐城镇成立盐城市城区，其余乡镇为盐城市郊区。1996年9月，国务院批准撤销盐城市郊区，设立盐都县，隶属盐城市。2004年初，国务院批准撤销盐都县，设立盐城市盐都区，仍隶属盐城市。

【行政区划】　2021年底，全区共有建制镇8个、4个街道、1个国家级高新区、1个省级度假区和台创园，拥有250个村（居）。

【交通】　区行政中心以西4千米有宁靖盐高速公路，90千米有京沪高速公路；以南4千米有盐徐高速公路；以西2千米有204国道，以东6.6千米有盐城高铁站、新长铁路，10千米有盐通、盐连高速公路，19千米有盐城机场，50千米有大丰港、80千米有射阳港，204国道东侧还有国家三级航道通榆河。经高速公路驱车到达南京只需2.5小时、上海3.5小时、北京10小时，铁路南接京沪线和宣杭铁路，北接陇海线，除开通货运外，还开通南通至淮安、连云港至南京、泰州至成都、兰州、哈尔滨、青岛，南通至北京、太原以及扬州至四方、成都的往返客运列车。国内航线开通北京、广州、温州、南通往返航班，国际航线开通韩国首尔航班。除此，境内还有盐淮、盐兴、盐金省道公路和盐邵、盐宝线和兴盐界河等级航道。镇村公路普遍实施黑色和硬化工程，公路网四通八达。

【旅游景点和人文景观】　境内主要旅游景点和人文景观有：大纵湖旅游度假区、东晋水城、龙冈华都森林公园、盐渎世纪公园、郭猛杨侍欢乐水上乐园、学富草房子乐园、大纵湖三官农庄、秦南泾口湿地风情园、潘黄仰徐乡村乐园、大纵湖清代书法家宋曹祖居、北龙港明代翰林院大学士朱升墓、潘黄名人徐铎园、大纵湖名人郑板桥教书馆、郭猛名人沈拱山墓、秦南宋泽夫烈士塑像园和墓园、龙冈三胡纪念馆和胡乔木故居。

【土特产品】　境内土特产品主要有：大纵湖清水大闸蟹，北龙港青虾、荷藕、无铅松花皮蛋，龙冈茌梨、鸭梨、柳编制品，葛武嫩姜片，学富腊香鹅，秦南水牛肉，潘黄龙须粉丝、豆制品，义丰慈姑，尚庄番茄，台创园花卉，张庄绿田牌葡萄，大冈黄桃等。

【区划地名管理】　围绕推进城乡一体化进程目标，全方位做好区划调整后的地名梳理和规范命名工作，推动区域经济社会全面、协调、可持续发展。加强界线界桩巡查与管理。年内，完成盐泰线（兴化—盐都）第四轮行政区域界线联合检查，与涉及镇街签订界桩委托保管责任书。推动全区不规范地名清理整治工作。年内，完成印刷《盐都区历史地名志》《盐都区地名录》300套，并下发相关部门、各镇（街）。（万明珠）

国民经济和社会发展计划执行情况

【概况】 2021年，有效应对疫情散发、能耗双控、能源保供等突发因素带来的短期波动影响，巩固拓展疫情防控和经济社会发展成果，较好完成全年目标任务。全区实现地区生产总值682.6亿元，增长7.7%，三次产业增加值占GDP比重分别为8.6∶44.7∶46.7，二、三产业增加值占GDP比重达91.4%。

【提升生产规模】 全区全年开票销售超亿元企业达176家，其中东山科技产业园销售规模超百亿元，新增中恒宠物、悦达棉纺、复汉海志、凝艺建设等销售超10亿元企业4家。全年实现全口径工业开票510亿元、规上工业开票402亿元，分别增长16.8%、16.1%。

【强化项目投资】 年内，组织全市高质量发展项目观摩推进会和区“家家到”项目观摩会，推进省重大项目、列市“两重一实”以及区“三重一实”项目建设，完成重点项目投资185.06亿元。全年组织各类招商活动15场次，签约产业项目80个，协议总投资超400亿元；两个投资均超50亿元的长盈精密、东山IC载板成功落户盐都。

【优化消费市场】 年内，联合盐城电视台开展“约‘惠’盐都、乐享消费”宣传造势，举办促销活动30场次。携手鹤鸣亭进行“约‘惠’盐都·首届‘双十一’购游节”活动宣传，实现网络零售额2.45亿元，列全市第二。全区实现货物贸易额619.1亿元，增长23.9%；实现社会消费品零售总额275.27亿元，增长19.3%。

【推进农业经济发展】 年内，粮食、生猪、果蔬稳产保供，建设高标准农田3733公顷，创成全国农村创业园区1个、全国“一村一品”示范村1个、国家农业农村信息化示范基地1个、省乡村休闲农业“一园两基地”4个，新增国家级农民合作示范社4家、省级农业龙头企业3家、省级示范家庭农场8家，夺得第十届世界草莓大会举办权，尚庄番茄、楼王鲫鱼获批国家地理标志证明商标，盐都食品加工产业园入选全省农产品加工集中区示范典型案例，乡村产业发展成果获央视报道。150个绿色有机农产品通过国家认证，盐都入选国家农产品质量安全县创建名单。

12月，举办中国电子信息行业发展大会　　盐龙街道　供

【壮大工业经济】 年内，电子信息、高端装备、新能源三大主导产业实现开票销售300亿元，占全区规上工业开票的75%。全年认定市三星级以上企业31家，维信电子、东山精密迈入市五星企业行列。创成国家“专精特新”小巨人企业4家，总数列全市第一。新增省服务型制造示范企业1家、省工业设计中心7家、省“专精特新”小巨人企业5家、省示范智能车间3家，签约“5G+应用”项目5个，创成国家绿色产品1项、省绿色工厂2家。高新区获评省“互联网+先进制造业”培育基地，维信电子创成省工业互联网标杆工厂。

【提升服务业经济】 全区全年实现服务业增加值319.02亿元，增长8.8%。154家规上服务业企业实现营收79.4亿元，增长27.2%。城西南现代物流园区、东方汽车广场、大纵湖旅游度假区三大服务业集聚区实现销售218.13亿元，增长16.13%。编制《盐都区“十四五”现代服务业发展规划》，出台《加快现代服务业项目招引扶持政策》。盐城电商快递产业园创成盐城首家“跨境电子商务产业园”，杨侍旅游基地、盐都智慧养老综合服务基地创成首批“市级康养基地”。

【激发创新活力】 12月，盐都举办中国电子信息行业发展大会，全区获批国家高新技术企业107家，新认定国家科技型中小企业648家，建立11家高企上市后备资源库、30家“高升规”重点企业培育库，新认定省星级上云企业96家，新增高企发明专利授权200件。新签约产学研合作项目204项，完成技术合同成交额20.63亿元，新增省级以上研发机构32家。

【提升载体平台能级】 年内，推进盐城高新区“去行政化”体制机制创新，初步形成高新区“一区五园”发展格局。中科院上硅所新能源创新中心竣工运营，中科院半导体所半导体集成技术研究院、国家超级计算无锡中心盐城分中心项目签约落地，盐城大学科技园获批国家级大学科技园，高新区获评中国（江苏）自由贸易试验区联动创新发展区、国家创新型产业集群。推进资源高效利用，新盘活闲置土地、厂房、楼宇项目11个，再利用厂房和楼宇12.3万平方米。

【品牌创建工作】 年内，全区推进“优质品牌创建年”行动，创成全国平安农机示范县、大学科技园、创新型产业集群等国家级品牌22项，省工业旅游区、省乡村旅游重点村、省金牌劳动人事争议调解组织等省级品牌23项。两个创建省级特色小镇通过年度考核，智能终端小镇获省政府100亩土地指标和200万元专项资金奖励。“双创”、内贸、殡葬改革、农村人居环境整治等4项工作获省政府真抓实干督查激励政策表彰。

【深化对外合作】 年内，盐都融入国家“一带一路”、长三角一体化等战略，编制《盐都区“十四五”沿海发展规划》。举办盐都（上海）产业招商暨合作共建推介会，现场签约产业项目21个、科创人才项目12个，总投资80多亿元。全区完成外贸进出口总额13.53亿美元，增长9.3%；外资到账1.2亿美元，增长16.8%。

【优化营商环境】 年内，盐都深化“放管服”改革，推进“一章审批”，推出拿地即开工、交房即发证、军旅荣归一件事、跨省通办、省内通办、一业一证等多项在省市领先的改革经验。实施“证照分离”改革，企业开办实现“0.5个工作日”办结常态化，发放首张“一照多址”执照，新发展企业3854户。赋予镇（街道）24项区级审批权限，编制12类87项镇级为民服务中心应进必进事项清单，开设盐城高新区审批服务专区。出台《盐城市盐都区国有资金投资建设工程项目工程变更管理办法（试行）》，建立“一哨联办”12345办理工作机制，放大“都满意”品牌效应。

【开展“暖企行动”】 年内，盐都组织百名人社专员结对服务企业，举办直播带岗、现场招聘等各类招聘活动42场。全年兑现各类惠企政策资金9.2亿元；组织开展银行机构“进园区”“进企业”“进村居”专项对接活动11次，新增授信（投

3月，区顺丰电商园外景　　发改委　供

放）企业130家7.85亿元；省综合金融服务平台线上累计解决企业资金需求1144项53.61亿元，解决需求数和金额数均列全市第二；探索开展知识产权质押融资达2.77亿元，总额列全市第一。成立能源电力保供工作专班，完成省、市交办的102家重点企业能耗双控和800多家企业有序用电任务。

【城乡面貌更新】 年内，盐都新城总体规划基本完成，大纵湖副中心发展布局基本确定，“一主一副”城乡发展格局初步形成。完成棚改搬迁4025户，建设安置房4011套，建成口袋公园19个，新增城市绿地38公顷，配合市住建局新建城市污水管网22千米。完成农房改善3800户，接通管道天然气32个村，完成卫浴一体化“厕所革命”4000余户，整治老村庄10个，创成省级特色田园乡村2个、省级传统村落4个、美丽宜居乡村157个。

【完善基础设施】 年内，全区改造农村公路危桥项目139座，建设2号和5号旅游公路延伸段36千米，改造升级农村公路24条58千米，完成农村公路安全生命防护工程（一期）80千米，整治完成等级航道桥梁碰撞设施59座，拆除取缔非法码头13座。实施大纵湖旅游度假区湖塘花海、蟒蛇河风光带、环城高速圈生态廊道、生活污水治理等生态环境十大工程，建成大纵湖生态缓冲带、生态岸线和湿地生态景隔离带、涵养林带。

【改善人居环境】 年内，统筹推进城乡生活垃圾分类，城乡垃圾分类集中处理率达90%，全年新建及改造提升公厕42座，建设遮阳挡雨棚18座；改造老旧小区11个，潘黄酒厂社区创成省宜居示范居住小区。国家“两山”实践基地在学富镇蒋河村揭牌，完成减污降碳约束性指标，空气质量优良天数比例达86.82%，饮用水水源地水质达标率100%。率先建立跨镇河湖协同共治机制、“河湖长+检察长”协作机制，疏浚整治村庄河塘256条，创成生态河道15条。

【推进社会事业】 2021年，东进路小学初中和朗达幼儿园项目建成投用，与市鹿鸣路初中教育集团和聚亨路小学教育集团合作创办科创城中小学，省智慧校园创成率100%；新建区级“四有好教师”重点培育团队10个，新增省优质园3所，省特级教师2人，正高级教师2人，四项惠民工程任务全面完成。新建健身步道14千米，改造提升县级体育公园4个，大纵湖体育旅游获评国家体育产业示范项目，建成无人抚养儿童群体“梦想小屋”95户。入选第二批全国儿童青少年近视防控适宜技术试点县（区），市三院入选全国首批神经介入建设中心和国家级脑出血外科诊疗中心，市三院卒中中心再次获评国家级“高级卒中中心”。新建乡镇卫生院标准化中医馆11家，新建农村区域性医疗卫生中心基本建成单位2个和省社区医院2家，新增市基层医疗卫生机构特色科室8个，镇级医疗机构

市基层医疗卫生机构特色科室覆盖率100%。

【完善文化建设】 全区全年共新建百姓大舞台8个，大型现代淮剧《送你过江》入选省文旅厅庆祝建党100周年舞台艺术精品创作工程，全省首部曲艺剧《盐阜往事》获中国文联2021年度青年文艺创作扶持计划资助项目、江苏艺术基金2021年度大型舞台资助项目，开展“欢歌笑语走基层”村村到文化惠民演出活动，送戏下乡560余场。

【完善民生保障】 年内，市政府13个为民办实事项目完成投资15.72亿元，10个区政府为民办实事项目完成投资13.58亿元，民生实事全部兑现。城乡居民人均可支配收入分别达47369元、28251元，分别增长8.3%、9.7%。基本养老保险新增参保2.3万人，城镇新增就业8500人，城镇登记失业率2.3%。全区新冠肺炎疫苗两针接种人数占常住人口比例达91.55%，18岁以上常住人口两针接种率达93.64%。安全生产“三年大灶”有序推进，出台《进一步深化安全生产三年专项整治工作的实施意见》，全区安全生产事故起数、死亡人数分别下降28.6%、50%。 （潘　凡）

民主法治建设

【推进民主政治进程】 年内，完成区镇人大换届选举工作，当选代表较好体现先进性、代表性和广泛性要求。补强基层人大工作“短板”，试点建立街道议政代表会，探索城市社区落实全过程人民民主的有效途径，为全市街道推行议政代表会制度提供观摩现场。监督指导村委会换届和居委会建设工作，助力完善“四议四公开一监督”等各项制度，推动民主法治示范村居创建，促进基层治理水平新提升。参与民主立法，依托市民主立法联系点，配合市人大开展立法调研，做好地方性法规草案征求意见工作。

【推进依法行政实践】 年内，拓展部门工作评议监督，落实调研掌握实情、评议指出问题、督查推进整改、测评检验成效等步骤，推动政府组成部门依法行政、查纠不足、改进服务、提升效能，届内基本实现政府重点部门工作评议全覆盖。推进备案审查制度性安排，把开展规范性文件备案审查作为监督抽象行政行为的有效手段，做到有件必备、有备必审、有错必纠，进一步强化政府部门厉行法治、履行职责的权限和程序。专题调研全区依法行政工作和行政首长出庭应诉情况，促使各级干部增强法治观念、规范行政行为、提升执法水平，共同推动法治政府建设。

【推进法治环境优化】 年内，审议开展“七五”普法情况，作出实施“八五”普法决议，举办《宪法》修正案、各级人民代表大会常务委员会《中华人民共和国监督法》《中华人民共和国监察法》等法律讲座，组织《中华人民共和国民法典》领学、研学、赛学活动，带动形成学法尊法守法用法的社会氛围。开展国家宪法日宣传活动，推行拟任职人员《中华人民共和国宪法》宣誓及任前法律知识考试制度，视察社会治安、行政审判、公益诉讼等工作，支持促进“一府一委两院”弘扬宪法精神、树牢法治信仰、推进依法行权。落实“法律巡视”工作要求，开展旅游法、传染病防治法、安全生产“一法一条例”等执法检查，推动落实主体责任、规范执法行为。策应司法体制改革，开展员额法官、检察官履职评议，压实评议环节、加强任后监督，促进“两官”群体规范办案，让群众从每一个司法案件中感受到公平正义。 （马云洁）

精神文明建设

【深化文明城市创建】 年初，按照盐城市努力争创全国文明典范城市的目标，启动新一轮文明城市创建。对住宅小区、农贸市场、主次干道等重点点位，开展私拉乱接、卫生死角、垃圾乱堆、污水乱倒等问题集中整治，累计清除城市“蜘蛛网”700余处，出新店招店牌800余块，增设垃圾分类箱8300余个。推进电动自行车上牌工作，编印发放宣传折页5万册，提升市民文明交通意识。区创文办组成7个督查小组，以市季度测评和市创文督查组日常反馈问题为导向，实行网格化、高密度、全覆盖、拉网式督查，开设“创建面对面”专栏，下发《督查通报》14期，累计交办整改问题1800余条，年度组织开展第三方综合测评、农贸市场等专项测评8次。以网格化管理服务为抓手，开展文明进社区、进校园、进企业等“七进”活动，走访入户，提高居民知晓率、参与率和满意度。

【推动志愿服务品牌化】 年内，依托网络平台，推进志愿服务线上线下联动。开展“学雷锋践初心　向建党百年献礼”主题志愿服务活动，结合学雷锋志愿服务日、“我们的节日”、清明节、公民道德宣传日、国际志愿者日等组织各专业志愿服务队走进广场、走进社区、小区，邀请市文明巡访团、身边好人、抗疫典型参

3月，开展学雷锋志愿服务月活动　　宣传部　供

与活动，更好地宣传群众、教育群众、关心群众、服务群众。王兵、文明旅游志愿服务队、郭猛民乐村等获评全市2020年学雷锋志愿服务“四个10”先进典型，全区表彰50个2020年志愿服务先进典型。推动志愿服务典型培树，“红色故事伴成长”百人百场红领巾宣讲志愿服务项目获评江苏省第六届志交会项目大赛金奖；杨长春获评江苏省优秀志愿者；李莺歌获评江苏省第八批“岗位学雷锋标兵”。

【推荐评选道德典型】 孙益海当选8月“中国好人”；王寿宏当选12月“江苏好人”；王明华、王正清、王寿宏、胡成忠、潘国胜等8人（组）等获评“盐城好人”，评选周龙香、纪景斌等“盐都好人”18人（组）；孙益海、宋红浩当选第七届盐城市道德模范；表彰“奋不顾身救村民善行义举暖民心——黄刘社区见义勇为”等10件2019—2020年度“十佳文明新事”。组织“好人宣讲团”走进基层、走近群众开展宣讲报告现场交流会，发挥好人示范引领作用，传递崇德向善的正能量。区新时代文明实践中心邀请好人典型孙益海、抗疫典型陈海娟、红领巾宣讲团等举办7期道德讲堂好人专场，在潜移默化中提升广大群众的文明素质，推动社会文明新风尚。

【提升新时代文明实践工作】 3月，区新时代文明实践中心建成并对外开放，文明实践“云平台”建成运行，创新构建“15分钟志愿服务圈”，纳入盐都区首批“我为群众办实事”项目清单，全年新增志愿服务站点220个，做到群众有需求“15分钟”内有站点、“15分钟”内有服务，项目获评盐城市宣传思想文化工作创新奖。组织对全区14个实践所和250个实践站全面摸底测评、排名反馈，交办问题830条，督促各所、站全面对标整改提升、提质增效。依托区新时代文明实践中心的云平台，每月发布重点实践活动170多项，实现组织活动网上审核、志愿服务网上对接，文明实践活动网上网下同频共振。

1月，盐都区礼遇道德模范，身边好人　　宣传部　供

【开展群众性精神文明创建活动】 年内，组织各级文明单位、文明社区、文明村镇推荐评选，组织文明创建专题培训，通过文明单位在线加强精神文明创建集体动态管理，全区共6个镇、10个村、22个单位、3个社区、2个学校获2019—2021年度省精神文明创建先进集体；6个镇、37个村、41个单位、4个社区、10个学校荣获2019—2020年度市精神文明创建先进集体；组织2020—2021年区文明创建先进集体申报工作，评选区级先进集体310个，区级文明村镇占比达65.9%。推进家庭文明建设，评选第四届区文明家庭35户，应伟家庭获评第四届市文明家庭。

【实施乡风民风培育行动】 年内，开展“移风易俗、弘扬新风”行动，坚持破立结合、德法并举，常态长效整治农村大操大办、盲目攀比、高额彩礼、厚葬薄养等不良习俗。开展身边好人、好儿媳、好公婆等道德典型推选宣传及美德善行系列活动，因地制宜建设好人文化园、长廊、广场、场馆等，在镇村广泛设立善行义举榜，建立完善礼遇帮扶各类先进典型、道德模范的常态长效机制。组织修订完善《村规民约》《居民公约》，提倡婚事新办、丧事简办、喜事小办或不办、“恶俗”陋习禁办，反对铺张浪费、攀比炫富、封建迷信，深化农村殡葬改革，倡导丧葬新风。组织“推进移风易俗　弘扬时代新风——文明集市”镇村行活动，以寓教于乐的方式取得良好的宣传效果。发挥村规民约和“四会”群众组织自治作用，开展乡风评议，用乡贤引领、民间舆论、群众评价的力量，褒扬社会新风，批评不良现象，常态化对村民红白喜事的开展情况进行记录、监督，遏制并逐渐改变大操大办、厚葬薄养、人情攀比等陋习。

【开展道德实践活动】 年内，以庆祝建党100周年为主线，组织“开展革命传统教育，培育新时代接班人”、“请党放心强国有我”开学第一课、“颂建党百年做时代新人”等系列活动。组织参与“童声里的中国”“童真里的色彩”“童心向党党的故事我来讲”等“童”字系列竞赛活动，多部作品获省、市各类奖项。选送盐城市二小《我的2035》、盐城市神州路小学《阅读带我去远方》参加“童心向党，强国有我”盐城市青少年庆祝建党百年主题活动汇报展演获好评。开展乡村“复兴少年宫”试点建设，全年共建成14个市、区级试点乡村“复兴少年宫”并对外开放。加强未成年人心理健康教育，多渠道关爱留守儿童。孙萌、徐梓娴、蔡国豪获评“新时代盐城好少年”，评选刘子优等20名“新时代盐都好少年”，儿童剧《草房子》在盐都试演。　（王　萍）

大事记

1月

1日　盐城市2021年庆祝元旦长跑活动在潘黄街道盐龙体育公园举行。市委书记戴源、市长曹路宝为长跑活动鸣枪发令。

5日　国务院办公厅发文，盐城高新区获列第三批国家双创示范基地。

5—7日　中国人民政治协商会议盐城市盐都区第十四届委员会第五次会议开幕。区委书记、区长王娟发表讲话。区政协主席张建洋代表区政协第十四届委员会常务委员会向大会作工作报告。7日下午，会议闭幕。

6—8日　盐城市盐都区第十六届人民代表大会第五次会议开幕，8日下午，会议闭幕。会议通过《关于盐城市盐都区人民政府工作报告的决议》《关于盐城市盐都区国民经济和社会发展第十四个五年规划和二〇三五年远景目标纲要的决议》《关于盐城市盐都区2020年国民经济社会发展计划执行情况和2021年国民经济社会发展计划的决议》《关于盐城市盐都区2020年财政预算执行情况与2021年财政预算的决议》《关于盐城市盐都区人大常委会工作报告的决议》《关于盐城市盐都区人民法院工作报告的决议》和《关于盐城市盐都区人民检察院工作报告的决议》。

7日　政协盐都区第十四届委员会第五次会议举行建言献策大会。区委书记、区长王娟等领导，曾担任过区政协领导职务的老干部及相关部门主要负责人出席会议。区政协主席张建洋主持会议。

12日　国家卫生健康委员会、全国老龄工作委员会办公室联合印发《关于表彰2020年全国“敬老文明号”和全国“敬老爱老助老模范人物”的决定》，盐都区老龄协会被授予全国“敬老文明号”称号。

14日　全国妇联在北京召开第十二届全国五好家庭暨家庭工作先进集体、先进个人表彰和2020年全国最美家庭揭晓电视电话会。盐都区乐华泽、张小凤夫妇家庭入选“全国五好家庭”。

同日　市第二综合考核组在盐都区开展现场集中考核工作，并召开2020年度综合考核工作汇报会。市委副秘书长苏冬出席并讲话。区委书记、区长王娟汇报工作。

同日　在收听收看全国疫情防控工作电视电话会议后，江苏省召开疫情防控工作电视电话会议，深入学习贯彻党的十九届五中全会和习近平总书记重要指示批示精神，对冬春季特别是春节期间疫情防控进行部署。盐都区设分会场组织收听收看，区委书记、区长王娟在区分会场收听收看。

同日　盐都区召开全区镇村志编纂工作现场推进会。市委党史办副主任王海燕、副区长肖乐农出席会议。

16日　省水利厅对全省新创建的8家水利风景区进行授牌，盐都大马沟水利风景区正式通过省级考评，被认定为2020年度江苏水利风景区。

18日　省委召开全省领导干部警示教育大会，省委书记娄勤俭在大会上讲话。盐都区设立分会场组织收听收看。

19日　在高新区潘黄街道社区卫生服务站接种点，盐都区为寄递从业人员接种全市寄递行业首针新冠疫苗。

同日　江苏省第六届草莓文化旅游节暨第七届江苏“紫金杯”优质草莓评比活动在东海县举行，盐都区选送的草莓脱颖而出，取得“三金一银”的佳绩。

同日　教育部公布2020年全国青少年校园足球特色学校名单，盐都区腾飞路小学、区实验小学、盐城高新区小学、北龙港初中、中兴实验学校、市第一初中、南京师范大学盐城实验学校7所学校被命名为2020年全国青少年校园足球特色学校，龙冈凤凰幼儿园、区实验幼儿园被命名为2020年全国校园足球特色幼儿园。

20日　郭猛镇申报的“红石榴家园”，经过省民宗委严格评审、优中选优，最终确定入选全省首批民族工作“红石榴家园”名单。

同日　省委召开全省农村工作会议，省委书记娄勤俭出席会议并讲话。

省委副书记、省长吴政隆主持会议。会议以电视电话会议形式召开。盐都区设分会场组织收听收看，区委书记、区长王娟参加。

21日　盐城高新区江苏中恒宠物用品股份有限公司在国内宠物用品行业首家通过海关AEO高级认证。

23日　全国安全生产电视电话会议和省、市安全生产暨疫情防控工作电视电话会议召开。盐都区设立分会场组织收听收看。

25日　区委常委会召开民主生活会，区委书记、区长王娟主持会议并作总结讲话。市纪委第八监督检察室副主任顾春、市委组织部公务员二处处长周昱全程参会指导。

26日　江苏盐粮集团被中国粮食行业协会评为全国放心粮油示范工程第九批示范企业。

同日　2020年江苏"味稻小镇"推介名单公布，盐都区七星现代化农场(大纵湖镇)获评2020年江苏"味稻小镇"称号。

同日　盐都15个区、镇两级退役军人服务中心(站)在全市率先全部创建成全国"示范型退役军人服务中心(站)"，实现创建目标"满堂红"。

同日　省公安厅党委副书记、常务副厅长尚建荣在盐都区调研指导社会治安防控体系建设，看望慰问一线基层民警、辅警。副市长、市公安局长张镇，区委书记、区长王娟等陪同。

28日　农业农村部发布关于公布国家级水产健康养殖示范场(第十五批)名单的通知，盐都江苏田盛源生态农场和盐城市海浪大闸蟹养殖有限公司被评为国家级水产健康养殖示范场。

同日　区委、区政府召开全区加快改善农民群众住房条件工作现场推进会议，区委书记、区长王娟出席会议并讲话。

30日　工信部公布第二批专精特新"小巨人"企业名单，盐都区境内的盐城市兰丰环境工程科技有限公司、江苏盐电阀门有限公司、江苏苏力机械股份有限公司获国家级专精特新"小巨人"称号。

同日　全区"双招双引"暨"重大项目突破年"行动动员会召开。会议通报全区"双招双引"工作情况，对2020年度"双招双引"工作先进单位、重点项目招引先进单位和招商选资先进个人进行表彰。

2月

3日　盐都区召开全区深化安全生产三年专项整治暨2021年安全生产工作推进会议。区委书记、区长王娟出席会议并讲话。

4日　省供销总社发出《关于2020年度供销合作社系统综合业绩评价结果的通报》，经综合业绩评价，区供销合作总社被评为2020年江苏省供销合作社系统"二十强县级供销合作社"。

同日　江苏省放心消费创建活动办公室、江苏省市场监管局，通报并表彰2020年度全省放心消费创建先进示范单位，东晋水城荣获"江苏省放心消费创建示范街区"称号。

同日　江苏省"扫黄打非"工作领导小组公布2020年全省"扫黄打非"先进集体和先进个人名单，学富镇党委为盐都区唯一入选先进集体。

5日　副区长王珏在高新区盐龙街道碧水嘉园小区，将二等功喜报、"二等功臣之家"牌匾和慰问金送到现役军人韩桂明家中。

同日　盐都区在盐都康年颐养院开展养老机构疫情防控演练观摩活动，各镇(区、街道)民政办和养老机构负责人参加活动。

6日　省长吴政隆在盐都区走访慰问困难党员、困难群众、老党员、老同志。省人大常委会副主任、省总工会主席魏国强，省政府秘书长陈建刚参加，市委书记戴源，区委书记、区长王娟陪同。

8日　市委书记戴源在区农贸市场、农村，检查指导疫情防控和市场供应等工作，市委常委、秘书长崔浩，副市长费坚，区委书记、区长王娟陪同。

9日　省农业农村厅发布关于公布2020年度全省数字农业农村基地名单的通知，盐都区康农牧家庭农场入选省新型农业经营主体。

同日　纪录片《印记乡镇——大纵湖》在"学习强国"学习平台推出。这是继1月份在江苏省广播电视总台播出后，该片又一次在主流媒体上亮相。

同日　市长曹路宝率队在客运站、企业车间、城市综合体、建筑工地等处，检查节日安全生产和市场保供工作。区委书记、区长王娟陪同。

16日　由区融媒体中心采制的新闻"古城民俗年味足　欢天喜地贺新年"被央视《晚间新闻》《今日环球》《中国新闻》收采。

18日　区委、区政府召开2020年度全区目标任务综合考核总结表彰大会。区委书记、区长王娟出席会议并讲话。

19日　盐城军分区政委马小军，区委书记、区长王娟等在高新区盐龙街道丁晏社区一等功臣曹波家，举行一等功喜报送达仪式。

同日　省打好污染防治攻坚战指挥部视频会议召开。盐都区设分会场组织收听收看。区委副书记、副区长刘源等在区分会场参加会议。

22日　区委书记、区长王娟就重大项目建设情况进行视察。区委副书记、副区长刘源等陪同。

23日　部分在盐城全国人大代表在盐都，围绕"河道治理"主题开展集中视察活动。全国人大代表、市委书记、市人大常委会主任戴源率队。市委常委、秘书长崔浩，市人大常委会常务副主任、党组副书记张礼祥，市人大常委会秘书长肖汝宏，区委书记、区长王娟等参加。

25日　市委、市政府公布2020年度全市开发园区"等级创建"考核结果，盐城高新区上榜。

26日　国务院安委办、应急管理部召开视频会议，部署元宵节和节后复工复产安全防范工作。区委常委、常务副区长吴军，副区长、公安分局长于宽在区分会场收听收看。

27日　全区重点工业项目集中开竣工暨招商人员授牌出征仪式在盐城高新区富能宝储能项目现场举行。区委书记、区长王娟出席仪式并讲话，区委副书记、副区长刘源主持仪式。

同日　区委书记、区长王娟主持召开区四套班子月度工作例会。区委副书记、副区长刘源总结2月工作完成情况，并部署3月重点工作。

3月

1日　巡视指导督导工作专题培训会议在南京召开。省委书记娄勤俭主持会议并讲话。会议以视频形式召开，盐都区设立分会场组织收听收看，区委书记、区长王娟等在区分会场参加。

2日　全省党史学习教育动员会议在南京举行，省委书记、省委党史学习教育领导小组组长娄勤俭作动员讲话，省委副书记、省长吴政隆主持会议。会议以视频形式召开，区委书记、区长王娟等在区分会场收听收看。

同日　全省政法队伍教育整顿动员部署会议在南京举行，省委书记娄勤俭出席会议并讲话。省委副书记、省长吴政隆主持会议。会议以视频形式召开，区委书记、区长王娟等在区分会场收听收看。

3日　苏州银行入驻盐城暨政银企合作项目签约仪式举行，市委常委、常务副市长羊维达，苏州市副市长王飏，区委书记、区长王娟，苏州银行股份有限公司董事长王兰凤出席签约仪式并为苏州银行盐城分行揭牌。

4日　盐城大纵湖国家湿地公园被省生态环境厅、文明办、教育厅、文旅厅四部门共同评选为首批"江苏省生态文明教育实践基地"。

5日　省政协人口资源环境委员会主任王奇率队在盐都区就"关注森林活动"开展专题调研。市政协副主席沈洪清等参加活动。

8日　第111个"三八"国际劳动妇女节，区委书记、区长王娟走访慰问一线妇女代表，为她们送上鲜花和问候，并向全区妇女同胞致以节日的美好祝愿。区委常委、组织部长王铁根陪同。

9日　2020年度设区市和县（市、区）政务诚信评价结果发布，盐都区政务诚信评价荣获全省一等次。

同日　市长曹路宝率队在盐都区调研内河航道建设工作，副市长吴本辉，市政府秘书长刘光球，区委书记、区长王娟等参加。

10日　区委常委会召开会议，传达学习中央和省市重要会议精神，审议重要工作文件，研究部署相关工作。区委书记、区长王娟主持会议。

同日　市长曹路宝率队在盐都区，就盐城高新区"一区多园"管理体制改革工作进行专题调研，副市长陈卫红，市政府秘书长刘光球，区委书记、区长王娟等参加调研。

11日　盐都区举办新任职村（社区）党组织书记"任期第一课"专题培训班。区委书记、区长王娟作开班动员并为学员上党课。区委常委、组织部长王铁根主持开班仪式。

同日　江苏省教育厅公布新一批体育特色学校名单，盐都区实验幼儿园入选2017—2019年度江苏省体育（篮球）特色幼儿园，盐城市高新区实验小学、盐城市大冈小学、盐城市冈中小学、盐城市北蒋实验学校、盐城市高新区实验初中入选江苏省体育特色（中小学）学校。

同日　省发改委公布2021年全省重大项目名单，盐城高新区普天5G智慧储能项目入选。

13日　全区"作风效能提升年"暨"正风肃纪镇村行、看机关"专项行动推进会召开。区委书记、区长王娟在会上发言。区委副书记、副区长刘源主持会议。

同日　全区党建工作会议召开。区委书记、区长王娟出席会议并讲话。她强调，全区上下要切实增强政治自觉，履行政治责任，纵深推进全面从严治党，为建设"四个示范区"提供坚强政治保障。

15日　全市党史学习教育动员会议召开，市委书记、市委党史学习教育领导小组组长戴源作动员讲话，市委副书记、市长曹路宝主持会议，会议以视频会议形式举行。区委书记、区长王娟等在区分会场收听收看。

16日　省农村人居环境整治联席会议办公室发布《关于2020年度农村人居环境整治工作评估情况的通报》，盐都区获评2020年度全省农村人居环境整治工作第一等次。

同日　司法部、民政部联合印发《关于命名第八批"全国民主法治示范村（社区）"的决定》，秦南镇泾口村入选第八批"全国民主法治示范村（社区）"名单。盐都区共有仰徐村、三官村、泾口村3个村入选全国民主法治示范村（社区）名单。

17日　盐都区人民对外友好协会成立大会暨第一届理事会全体会议召开。省友协秘书长周卫东出席并宣读省友协贺信。市友协会长李驰，区委书记、区长王娟共同为"盐城市盐都区人民对外友好协会"揭牌。

20日　以"'莓'好盐都、魅力潘黄"为主题的第七届江苏（盐都）草莓文化旅游节暨盐城·美丽仰徐第十届草莓节在高新区潘黄街道仰徐农民休闲广场正式启幕。省农业农村厅总农艺师唐明珍，副市长顾云岭，区委书记、区长王娟等出席开幕式。

同日　上硅所盐城新能源创新中心暨江苏中科兆能新能源科技有限公司启动仪式在高新区创新中心举行。省科技厅二级巡视员景茂出席并讲话。中科院上海硅酸盐研究所所长宋力昕与区委书记、区长王娟共同为江苏中科兆能新能源科技有限公司揭牌。

同日　全区党史学习教育动员会议召开。区委书记、区长、区委党史学习教育领导小组组长王娟作动员讲话。区委副书记、副区长刘源主持会议。

22日　党史学习教育中央宣讲团宣讲报告会在南京举行。中央宣讲团成员、中央党史研究室原副主任李忠杰作宣讲报告。省委书记娄勤俭主持报告会并讲话。报告会以电视电话会议形式召开。区委书记、区长王娟等在区分会场收听收看。

同日　全国、省、市新冠病毒疫苗接种工作电视电话会议相继召开。盐都区设分会场组织收听收看，区委副书记、副区长刘源在盐都区分会场收听收看，并主持召开续会。区委常委、常务副区长吴军，副区长肖乐农出席会议。

23日　区委书记、区长、区政法队伍教育整顿领导小组组长王娟为全区政法干警上主题党课。区委常委、政法委书记陈育群主持。

同日　区委书记、区长、区政法队伍教育整顿领导小组组长王娟为全区政法干警上主题党课。区委常委、政法委书记陈育群主持。

27日　农业农村部、应急管理部联合公布2020年度全国“平安农机”示范市、县名单，盐都区确定为2020年度全国“平安农机”示范市和示范县。

同日　由区政府主办，区文旅局和大纵湖旅游度假区共同承办的2021第五届“花开盐都、春游水乡”暨湖塘花海、螺蛳美食节拉开帷幕。区委常委、宣传部长葛建华出席开幕式。

30日　省水利厅公布2020年度生态河道建设示范样板名单，蟒蛇河获评。

同日　省委、省政府召开全省2020年度高质量发展总结表彰大会。盐都区设立分会场组织收听收看，区委书记、区长王娟等出席。

31日　省领导在盐都调研“三农”工作，省委副秘书长赵旻，市委书记、市人大常委会主任戴源，市委副书记、市长曹路宝，省住房和城乡建设厅副厅长张钧，省农业农村厅副厅长季辉，市委常委、秘书长崔浩，副市长顾云岭参加。区委书记、区长王娟等陪同。

4月

1日　上海交通大学医学院附属第九人民医院与市第三人民医院医联体揭牌和联合病房开诊仪式举行，副区长肖乐农参加揭牌和开诊仪式。

同日　盐都区举行“家家到”项目观摩暨新型农村社区项目集中开工仪式，集中展示全区深入开展“重大项目突破年”行动和加快新型农村社区建设成果。区委书记、区长王娟等参加活动。

6日　市长曹路宝率队督查推进小马沟宜居组团开发建设工作，副市长吴本辉，市政府秘书长刘光球，区委书记、区长王娟等参加。

7日　农业农村部社会事业促进司副司长侯曜禹在盐都区开展加强传统村落保护利用专题联合调研。市委常委、秘书长崔浩等陪同。

9日　党史学习教育省委宣讲团宣讲报告会在盐城举行。省委宣讲团成员、省政协文化文史委副主任刘德海作宣讲报告。市委书记戴源主持报告会并讲话。报告会以电视电话会议形式召开，王娟等在区分会场参加收听收看。

11日　辽宁省政协副主席高科一行在盐都考察城市更新。市政协主席陈红红、副主席沈洪清，区委书记、区长王娟等陪同。

13—14日　康佳集团董事局主席刘凤喜率队在盐都区考察。市委书记、市人大常委会主任戴源会见刘凤喜一行。市委常委、秘书长崔浩，区委书记、区长王娟等参加活动。

14日　盐都区“都智汇”引才活动在盐城工学院举办专场招聘会。

15日　盐都区在苏州成功举办智造盐都（苏州）投资说明会。区委副书记、副区长刘源出席并致辞。江苏省工商联副主席李晓林等100多名嘉宾和企业家代表应邀出席。

21日　中国好人乐绍琪举办新书《好人书屋》首发分享活动，市网络作家协会的10余名作家和媒体记者等应邀参加活动。

22日　省委党史学习教育第四巡回指导组组长方标军一行，在盐都区调研指导党史学习教育工作。市委常委、宣传部长吴晓丹，区委书记、区长王娟等陪同。

26日　省政府召开全省安全生产电视电话会议。盐都区设分会场组织收听收看。

同日　盐都在全国农技中心发布第二批全国农作物病虫害“绿色防控示范县”创建中获“绿色防控示范县”称号。

同日　全市高质量发展项目观摩推进会在盐都区举行，市委书记戴源，市长曹路宝率队。区委书记、区长王娟等参加。

同日　国务院第四次廉政工作会议结束后，省政府接着召开廉政工作会议。盐都区设分会场组织收听收看。

29日　区委书记、区长王娟在区信访接待中心，与来访群众面对面零距离交谈，现场研究会办群众诉求。区委常委、政法委书记陈育群参加。

30日　区委书记、区长王娟带队开展节前安全生产检查。区委常委、常务副区长吴军陪同。

同日　第二届中国长三角（大纵湖）微电影大赛颁奖盛典在大纵湖东晋水城举行。国内众多著名影视导演、明星和文学、艺术界知名人士相聚大纵湖，参与此次艺术展示交流盛会。区委常委、宣传部长罗时荣出席活动。

5月

1日　第九届世界草莓大会中国·盐城分会场开幕式在盐城高新区科技广场隆重举行。全国政协委员、北京市农林科学院院长李成贵，副市长顾云岭，区委副书记、副区长刘源等出席并共同为本届盛会启动开幕。

4日　盐都区获得2024年第十届世界草莓大会举办权，区委副书记陈霞，副区长王珏参加活动

10日　“你的身影从未走远——传承红色基因”系列红色微电影第二期开机仪式在张庄街道举行。区委常委、宣传部长罗时荣出席活动。

同日　市委召开全市领导干部“510”警示教育大会，会议以视频会议形式召开，区委书记、区长王娟，区委副书记、副区长刘源在主会场出席会议，区人大常委会主任顾其斌、区政协主席张建洋在分会场收听收看。

11日　盐都区召开全区领导干部“510”警示教育大会，区委书记、区长王娟出席并讲话，区委副书记、副区长刘源主持。

12日　上海市宝山区人大常委会主任李萍在盐都区考察代表工作创新、文旅融合发展等相关工作。市人大常委会常务副主任、党组副书记张礼祥，区委书记、区长王娟等陪同。

13日　陕西省铜川市委书记樊维斌率铜川市党政代表团一行在盐都区考察，现场观摩智能终端产业园展示馆和盐城东山精密制造有限公司。市委书记戴源，市委常委、常务副市长羊维达，市委常委、秘书长崔浩，区委书记、区长王娟等陪同考察。

同日　浙江省金华市政协副主席、党组成员石骁敏一行在盐都区考察“有事好商量”协商议事工作。市政协副主席、党组成员姜友新，区政协党组书记王铁根陪同。

15日　区委常委会召开会议，研究部署相关工作。区委书记、区长王娟主持会议。

同日　区委书记、区长王娟带领相关街道、部门负责人在龙冈镇、高新区盐龙街道和潘黄街道等板块，开展学党史为民办实事专题调研。区委常委、宣传部长罗时荣等陪同。

同日　区疾控中心在龙冈镇卫生院启动国家人体生物第二轮监测项目现场工作。

16日　淮剧《为你绽放》在区文化艺术中心举行首场演出，作为“庆祝中国共产党成立100周年”的新创剧目。

19日　得润电子华麟电路项目开工仪式暨全区重点项目集中开(竣)工活动在高新区盐龙街道得润电子项目现场举行。副市长汤如军，区委书记、区长王娟出席仪式并讲话。深圳市得润电子股份有限公司董事长邱建民等企业家代表应邀出席。

同日　盐都区成功举办“科创盐都·智启未来”投资说明会暨科创城招商大会。副市长汤如军，区委书记、区长王娟出席并致辞。区委副书记、副区长刘源作盐都科创服务业招商推介。

同日　省委统战部副部长、省工商联党组书记顾万峰在盐都区调研民营经济统战工作。市委常委、组织部长、统战部长勾凤诚，市委统战部副部长、市工商联党组书记陈湘珍，区委书记、区长王娟等陪同。

21日　盐都(上海)长三角招商推介会成功举办，现场集中签约项目15个，总投资近20亿元，涵盖了人工智能、智能装备和服务外包等领域。同时，举行上海盐都商会揭牌仪式。

同日　区委书记、区长王娟，副区长肖乐农赴上海交通大学医学院附属第九人民医院考察交流进一步深化合作事宜。上海九院党委书记郭莲，副院长马延斌、张金宁接待王娟一行。

22日　大型曲艺剧《盐阜往事》在区文化艺术中心成功首演，开创了江苏省创排曲艺剧先河。区委常委、宣传部长罗时荣在现场观看演出。

25日　市委书记戴源在盐都区察看安置房建设和棚改工作推进情况。

26日　中国共产党盐城市盐都区第十四届委员会第十一次全体会议召开。会议就召开盐都区第十五次党代会作出决定。区委书记、区长王娟主持会议并讲话。

同日　江苏省庆祝中国共产党成立100周年“百年百场”优秀群众文艺作品巡演盐都专场在学富镇草房子乐园举行。

27—28日　省安全生产第十三巡查组副组长喻鸿斌率队在盐都区巡查安全生产工作，并召开会议听取工作汇报。区委副书记、副区长刘源作安全生产工作汇报。

28日　省委宣传部副部长、省文明办主任葛莱在盐都区调研新时代文明实践工作。市委常委、宣传部长吴晓丹，区委书记、区长王娟等陪同调研。

同日　省市县三级中心组安全生产学习交流会在南京召开。会议以视频形式召开。区委书记、区长王娟在区分会场收听收看。

29日　盐都区举办第十一期“村书记讲坛”暨2020年度“十佳”“双强”村(社区)书记表彰大会。区委书记、区长王娟出席并讲话。

同日　盐都区山东大学(青岛)招才引智暨产学研合作对接会成功举行。山东大学(青岛校区)副校长韩明涛致辞，区委常委、组织部长周达虎作盐都区情介绍和区人才政策介绍，副区长、科技镇长团长谢戎主持会议。

6月

1日　市委书记、市人大常委会主任戴源在草房子乐园，与广大少年儿童共同庆祝“六一”国际儿童节。

同日　2021年江苏省乡村旅游重点村名录拟入选单位名单公示，潘黄街道仰徐村成功入选。

2日　楼王获评首批江苏省绿色蔬菜产业特色镇。

同日　国务院和省政府相继召开深化“放管服”改革着力培育和激发市场主体活力电视电话会议。盐都区设分会场组织收听收看，区委副书记、副区长刘源等出席会议。

同日　国务院和省政府相继召开深化“放管服”改革着力培育和激发市场主体活力电视电话会议。就贯彻落实好全国、全省会议精神，市政府随即召开深化“放管服”改革着力培育和激发市场主体活力电视电话会议，盐都区设分会场组织收听收看，区委副书记、副区长刘源等出席会议。

3日　省驻盐指导组组长、省政协社会法制委员会副主任沈伟新一行在盐都调研指导政法队伍教育整顿查纠整改环节和建党100周年安保维稳工作。市委政法委常务副书记韦应生，区委书记、区长王娟等陪同。

8日　科技部、教育部联合发文，公布第十一批国家大学科技园认定结果，位于盐城高新区的盐城大学科技园被认定。盐城高新区成功打造一个国家级公共技术服务平台，也是全市唯一获得此项认定的园区。

10日　省自由贸易试验区工作办公室发文，公布中国(江苏)自由贸易试验区联动创新发展区名单。盐城高新区榜上有名，享受在支持复制推广自贸试验区经验做法、支持加快构建现代产业体系、支持建设高水平开放平台等5大类、20个方面的相关政策措施。

同日　省委书记、省委党史学习教育领导小组组长娄勤俭带领省委理论学习中心组在盐都区开展现场集体学习。

省委副书记、省长吴政隆，省政协主席黄莉新参加学习。市委书记戴源，市长曹路宝，市政协主席陈红红，区委书记、区长王娟陪同并介绍有关情况。

同日 副省长胡广杰在盐都区调研低收入人口认定工作。省政府副秘书长、办公厅主任谢润盛，省民政厅长吕德明等参加调研。市长曹路宝，副市长费坚，市政府秘书长刘光球，区委书记、区长王娟，副区长王珏陪同。

11日 省、市“大棚房”问题专项清理整治行动“回头看”工作推进视频会议召开。盐都区设立分会场组织收听收看，区委副书记、副区长刘源出席。

16日 中国共产党盐城市盐都区第十四届委员会第十二次全体会议召开。会议就中国共产党盐城市盐都区第十五届委员会、纪律检查委员会组成原则作出决定。区委书记王娟主持会议。区委十四届委员、候补委员出席会议。

同日 省人大常委会副秘书长袁功民率部分中央和省级媒体记者在盐都区采访人大特色亮点工作。市人大常委会副主任郭玉生，区人大常委会主任顾其斌等陪同。

17日 长三角“六市一区”政协主席第三次联席会议代表团在盐都区考察，市政协主席陈红红，市人民对外友好协会会长李驰，市政协副主席姜友新，市政协秘书长殷勇，区委书记、区长王娟等陪同。

18日 市长曹路宝在盐都区检查安全生产工作，市政府秘书长刘光球，区委书记、区长王娟等参加。

19日 农业农村部公布第三批全国农业综合行政执法示范单位，区农业农村局榜上有名，是全市唯一一家获此荣誉的单位。

22日 盐城市首批研学旅游实践教育基地名单公布，盐都区大纵湖旅游景区、草房子乐园成功入选。

同日 区委书记、区长王娟走访慰问部分获得党内功勋荣誉表彰的党员、中华人民共和国成立前老党员、先进模范、生活困难党员和离休干部，并为党龄满50年的老党员佩戴“光荣在党50年”纪念章，转达党中央的关怀和温暖，代表区委、区政府致以亲切问候和崇高敬意。

24日 省委常委、省委统战部长杨岳在盐都区调研民营经济发展工作。市委书记戴源，省委统战部副部长、省工商联党组书记顾万峰，市委常委、组织部长、统战部长勾凤诚陪同，区委书记、区长王娟等参加调研。

26日 盐都区举行盐都革命陈列馆开馆仪式，向建党100周年献礼。省委党史工办副主任缪毅出席并讲话。区委书记、区长王娟致辞。市委党史学习教育第一巡回指导组组长张瑞卿等出席开馆仪式。

同日 2021“苏韵乡情”乡村休闲旅游农业（扬州）专场推介暨江苏休闲旅游农业精品展在扬州仪征举行，盐都区的龙冈柳编、北龙港剪纸荣获省休闲旅游农业创意精品“金奖”。

28日 农业农村部、国家发展改革委、财政部、水利部、税务总局、市场监管总局、国家林草局、供销合作总社等8个部门联合发布《关于公布2020年国家农民合作社示范社和全国农民用水合作示范组织名单的通知》，秦南镇农业综合服务专业合作社、盐都区加兵农机专业合作社等盐都区4家农民合作社入选。

29日 区人大常委会举行“光荣在党50年”纪念章颁发仪式，区人大常委会主任、党组书记顾其斌，副主任葛永良、郝汉金、徐永生出席。

同日 区文化艺术中心大型原创现代淮剧《为你绽放》——盐都区庆祝中国共产党成立100周年大型献礼演出圆满举行。市人大常委会副主任邹毅实，市政协副主席唐伯平，区委书记、区长王娟，市委党史学习教育第一巡回指导组组长张瑞卿，区领导刘源、顾其斌、张建洋、王铁根、陈霞等，与现场500多名观众共同观看演出。

7月

1日 庆祝中国共产党成立100周年大会在北京天安门广场隆重举行，中共中央总书记、国家主席、中央军委主席习近平发表重要讲话。区委书记、区长王娟，区委副书记、副区长刘源等领导集中收听收看大会实况直播。

5日 大纵湖入选江苏省生态环境厅颁发的全省6个“美丽河湖、美丽海湾优秀案例”称号。

6日 省公安厅二级巡视员平立伟带领全省“情指勤舆+N”实战运行工作现场会筹备组在盐都区观摩。副市长、市公安局长张镇，区委书记、区长王娟，副区长、公安分局长王柱军陪同。

8日 盐都区召开领导干部会议，宣布省委、市委有关决定：马正华任盐都区委副书记，提名为盐都区长候选人，王娟不再担任盐都区长职务。

同日 江苏省工业互联网县区行暨2021盐城制造业数字化转型论坛举行。省工信厅副厅长胡学同，副市长陈卫红出席并致辞。

12日 党史学习教育中央第五指导组组长孙永春在大冈镇佳富村，对区党史学习教育开展情况进行调研指导。市委书记、市委党史学习教育领导小组组长戴源，市委常委、宣传部长、市委党史学习教育领导小组副组长吴晓丹，区委书记、区委党史学习教育领导小组组长王娟等陪同。

同日 盐都区入选农业农村部公布全国农民合作社质量提升整县推进试点单位名单。

14日 区委书记王娟在东山精密公司，围绕“弘扬建党精神、践行初心使命”这一主题，结合个人学习和工作体会，作党史学习教育专题党课。

15日 中共盐城市盐都区第十四届委员会第十三次全体会议召开。会议就召开中共盐城市盐都区第十五次代表大会研究决定有关事项。会议听取关于区十五次党代会筹备工作情况；听取并审议通过区委、区纪委工作报告；酝酿通过了十五届区委委员、候补委员、区纪委委员候选人建议名单。

16日 盐都区召开第十五次党代会代表团召集人会议。区四套班子成员中的党员代表和各代表团召集人出席会议。

17日　中国共产党盐城市盐都区第十五次代表大会隆重开幕。

同日　区委书记王娟会见颐高集团董事长翁南道一行，双方就深化务实合作进行洽谈交流。浙江省江苏商会会长祝斌，区委副书记、代区长马正华，区委常委、统战部长张素东出席。

18日　中国共产党盐城市盐都区第十五届委员会举行第一次全体会议，通过中国共产党盐城市盐都区第十五届纪律检查委员会第一次全体会议选举结果的报告，选举产生新一届区委常委、书记和副书记。王娟主持会议。中国共产党盐城市盐都区第十五次代表大会圆满完成各项议程，在区文化艺术中心胜利闭幕。

20日　2021年全国医改工作电视电话会议召开。盐都区设立分会场组织收听收看，区委书记王娟，区委副书记、代区长马正华等出席会议。

同日　市委书记曹路宝在盐都区调研党史学习教育工作，市委常委、宣传部长吴晓丹，市政府秘书长刘光球等参加，区领导王娟陪同调研。

21日　工业和信息化部公布第三批专精特新“小巨人”企业名单，盐都区境内的盐城市新永佳石油机械制造有限公司、江苏博拓新型建筑材料股份有限公司、江苏中联电气股份有限公司、盐城市金洲机械制造有限公司入选。

24日　区委常委议军会议暨区国防动员委员会会议召开。区委书记王娟主持会议，区委副书记、代区长马正华等参加会议。

27日　由省文明办、省委老干部局、省关工委、省广播电视总台主办，江苏教育频道承办的“颂建党百年、做时代新人”江苏省庆祝中国共产党成立100周年老少同台节目展演活动在江苏教育频道举行。高新区盐龙街道关工委代表队排演的情景剧《铁军城新传》参加展演。

28日　区委书记王娟以普通党员身份，参加区委办公室党总支第一支部专题组织生活会，区委副书记、副区长刘源参加会议。

同日　盐都区召开2021年上半年经济形势分析会。区委书记王娟出席会议并讲话。区委副书记、代区长马正华主持会议。

8月

1日　市委书记曹路宝以“四不两直”方式，深入盐都区高速公路出口、社区小区等地检查疫情防控工作，并向冒着高温酷暑奋战在一线的防疫人员表示慰问。区委书记王娟参加检查。

3日　中央电视总台CCTV-17农业农村频道《我的美丽乡村》摄制组走进大纵湖旅游度假区，对乡村振兴、产业富民等进行重点宣传报道。

4日　全国疫情防控工作电视电话会议召开，省、市相继召开续会，对各项防控措施进行再细化再落实。4日晚，盐城市再次召开视频调度会，对全员核酸检测实战演练工作进行分析部署。市委书记曹路宝主持会议。盐都区设分会场组织收听收看，区委书记王娟参加。

同日　市委书记曹路宝在盐都区调研政协工作。市政协党组书记、主席陈红红，市委常委、秘书长薛盛堂，区委书记王娟等陪同调研。

16日　中国共产党盐城市第七届委员会第十三次全体会议在盐都举行。全会由市委常委会主持，市委书记曹路宝代表市委常委会作工作报告并就相关文件作说明。会议以视频会议形式召开。区委书记王娟，区委副书记、代区长马正华在盐城主会场参加会议。盐都区设分会场组织收听收看。

17日　省农业农村厅公布《2021年江苏农业品牌目录名单》，盐都区鼎绿蔬菜专业合作社“范得珍”品牌成功入选产品品牌名单。

18日　盐都区召开服务扬州专班疫情防控视频点调会，区委书记王娟出席会议并讲话。区委常委、政法委书记曹志伟主持会议。

19日　市委副书记、代市长周斌在盐都区调研城建重点工程建设工作，市委常委、副市长吴本辉，市政府秘书长刘光球等参加。区委书记王娟，区委副书记、代区长马正华等陪同调研。

同日　盐渎街道花吉文化大院入选省文化和旅游厅公布的2021年度省“最美公共文化空间”打造对象名单。

同日　省文化和旅游厅公布2021年度优秀群众文化团队培育对象名单，盐都区的潘黄街道春晖艺术团、乡韵淮腔艺术团、盐龙街道新时代艺术服务队榜上有名。

21日　区教育局（体育局）入选国家体育总局对2017—2020年度全国群众体育先进单位拟表彰名单。

25日　市委书记曹路宝在盐都区调研乡村振兴和农房改善工作，市委常委、常务副市长羊维达，区委书记王娟陪同调研。

26日　盐都区“客货同网”服务品牌入选交通运输部确定并公示第二批35个农村物流服务品牌。

30日　省农业农村厅官网发布关于公布新增省级示范家庭农场和家庭农场典型案例名单的通知，盐都区8家家庭农场被评为省级示范、1个家庭农场入选典型案例。

9月

1日　市委书记曹路宝在盐都区检查开学及常态化疫情防控工作。市委常委、秘书长薛盛堂，区委书记王娟等参加。

2日　市委副书记、代市长周斌在盐都区调研。市政府秘书长刘光球，区委书记王娟，区委副书记、代区长马正华等陪同。

3日　省农业农村厅公布2021年江苏省乡村休闲旅游农业“一园两基地”（主题创意农园、农耕实践基地和康美基地）推介名单，大纵湖湖塘花海主题创意农园上榜。

同日　省农业农村厅发布《关于公布全省农村改革试验典型案例名单的通知》，从10年来全国和江苏省农村改革试验区共107项改革试验任务中优选出30个典型案例，盐都区《强化农村集体

"三农"精细监管　全面打造"盐都模式"》案例成功入选。

4日　区委常委会召开会议，传达学习省委全会精神、全市乡村振兴工作座谈会精神、全市国有企业党建工作座谈会精神和中央纪委国家监委关于纠治"四风"有关问题的工作提示，审议相关工作实施方案，听取有关工作情况汇报，研究部署相关近期工作。区委书记王娟主持会议。

6日　省政府印发有关《决定》，赋予中国（江苏）自由贸易试验区第二批30项省级管理事项、赋予54个开发区（自由贸易试验区联动创新发展区）14项省级管理事项。这是江苏首次将省级权限赋予开发区，盐城高新区入选。

7日　省科技厅公布2021年第七批入库科技型中小企业名单，盐都区的江苏鑫利来机械有限公司、江苏清禄机械科技有限公司、迈亚机械（江苏）有限公司等97家企业成功入围。

8日　区委书记王娟会见中科院半导体所党委副书记樊志军、河海大学副校长郑金海、清华大学长聘教授朱纪洪等在盐城参加西伏河创新大会嘉宾。区委常委、高新区党工委书记李晓明，副区长吕杨等参加会见。

9日　住苏全国政协委员召集人、省政协主席黄莉新率部分住苏全国政协委员，就"坚持陆海统筹、突出向海发展，推动构建新发展格局"开展调研，视察盐都区"有事好商量"协商议事工作调度中心。全国政协委员洪慧民、麻建国、朱永和等，省政协秘书长黄继鹏参加活动。市委书记曹路宝介绍有关情况，市政协主席陈红红，市委常委、秘书长薛盛堂，区委书记王娟等陪同。

12日　上海盐都商会在上海正式成立。区政协主席张建洋等出席成立大会。

13日　全市美丽宜居乡村建设暨农房改善工作推进会在盐都区召开，并观摩盐都区农房改善现场。市委常委、秘书长薛盛堂出席会议，副市长吴本辉参加观摩，区委书记王娟等陪同。

同日　中国儿童福利和收养中心党委书记、主任倪春霞率队在盐都区就"儿童守护行动"——儿童主任服务体系能力建设项目试点工作进行调研。区委副书记、代区长马正华等陪同。

15日　长三角地区体育产业协作会发布2021年长三角地区精品体育旅游目的地、线路、赛事和汽车自驾运动营地名单，盐城大纵湖旅游景区成功入选精品体育旅游目的地。

16日　省水利厅、省财政厅联合发文通报2020年度农村河道长效管护、农村生态河道建设、农村饮水安全巩固提升、农田水利管护和生态清洁小流域绩效评估结果，在全省75个涉农县（市、区）中，盐都区农村河道长效管护工作获评第一等次。

17日　市委副书记、代市长周斌以"四不两直"方式，检查节日安全生产和市场保供工作。市委常委、常务副市长羊维达，区委副书记、代区长马正华陪同。

同日　2021盐城科技招商推介会暨第二届中国电子信息行业创新创业大赛选拔赛在京圆满结束。中国电子信息行业联合会会长、信息产业部原部长王旭东，副市长汤如军，中国电子信息行业联合会副会长兼秘书长高素梅等，与音王集团、中兴通讯、中软国际、奇安信科技集团等150名在京央企和科技型企业、创新型企业代表齐聚一堂，共谋发展。区委常委、高新区党工委书记李晓明，副区长吕杨参加活动。

同日　2021年第七届畅游盐都金秋行开幕式在大纵湖东晋水城举行。区政协主席张建洋，区委常委、宣传部长罗时荣，副区长周昉出席开幕式。

同日　盐都区举行名校优生（选调生）中秋茶话会，16位名校优生与选调生代表参加座谈，交流经验，分享感悟。区委书记王娟出席并讲话，区委常委、组织部长周达虎主持会议。

同日　江苏省知识产权局公布《2021年度江苏知识产权强省建设示范县（市、区）创建单位名单》，盐都区成为此次入选的12个县（市、区）之一。

18日　盐都区举行悦虎晶芯项目开工暨全区三季度重点项目集中开竣工活动。区委书记王娟出席活动并讲话，区委副书记、代区长马正华主持。区人大常委会主任顾其斌、区政协主席张建洋等区四套班子领导参加。

19日　盐都区举办"逐梦上海·回报家乡"百名在沪盐城籍博士盐都行活动。区委书记王娟致辞。区委副书记、代区长马正华为10位博士颁发盐都"招才大使"聘书。市政府驻上海联络处主任王胜，市委组织部副部长袁加珍为"在沪盐城籍博士之家"揭牌。

19—20日　盐都区成功举办"逐梦上海、回报家乡"百名在沪盐城籍博士盐都行活动。

23日　中国共产党盐城市第八次代表大会召开。出席市第八次党代会的盐都区代表集中审议市委工作报告、市纪委工作报告和党费收缴、管理及使用情况的报告。市领导勾凤诚、薛盛堂、张礼祥、费坚参加盐都代表团审议。区委书记王娟主持会议并讲话。

同日　国务院第七次全国人口普查领导小组决定授予全国494个单位"第七次全国人口普查先进集体"荣誉称号，区统计局入选，全市唯一。

26日　盐城市第五届草房子国际儿童阅读周系列活动在盐都区草房子乐园开幕。著名儿童文学作家、北京大学教授曹文轩，副区长周昉出席活动。

同日　第二十四届中国农产品加工业投资贸易洽谈会在河南驻马店市举办，盐都区的盐城市北京庄园生态农业有限公司"百年京宁"牌盐水鸭获评优质产品，全省唯一。

27日　《新华日报》以《破墙，新生——盐城市盐都区首推八个老旧小区连片改造启示录》为题，大篇幅报道盐都区积极探索老旧小区的改造、新生之路。

28日　农业农村部公布2021年度农业农村信息化示范基地名单，盐都现代农业产业园发展有限公司入选农业农村信息化示范基地（生产型）。

29日　省政协副主席王荣平率省政协调研组，在盐都区考察"有事好商量"协商议事工作，调研全面实施乡村振兴战略落实情况。市委书记曹路宝，市政协主席陈红红，省政协农业和农村委员会副主任苏慧军，区委书记王娟等陪同调研。

同日　中国施工企业管理协会公布了2021年度工程建设诚信典型企业名单，盐都区的江苏明华建设有限公司成功入选。

10月

8日　交通运输部发布拟确定的全国第二批城乡交通运输一体化示范创建县公示名单，盐都成功入选。至此，盐都交通实现国家级示范创牌大满贯。

9日　省农业农村厅公布2021年园艺作物标准园建设单位，盐都区的盐城市瑞尚鲜农民专业合作社和盐城三创农业开发有限公司入选。

10日　市委书记曹路宝在盐都区专题调研文明城市创建工作，市委常委、宣传部长陈卫红，区委书记、高新区党工委书记王娟陪同。

11日　全省秋播麦田杂草防除暨绿色防控观摩培训会在盐都区召开。来自全省各市、县植保植检站（农技推广中心）负责人共120多人参加观摩培训。

12日　盐都区首张农村危旧房置换空关房不动产权证书在盐都行政审批局发放，在全省尚属首次。

13日　市委书记曹路宝在盐都区养老服务机构，调研养老事业发展情况，看望慰问老年人。市委常委、秘书长薛盛堂，副市长顾云岭，区委副书记、代区长马正华陪同。

18日　市委书记曹路宝在盐都区督查地表水国省考断面污染防治工作，市委常委、秘书长薛盛堂，区委书记、高新区党工委书记王娟，副区长吕杨陪同。

20日　市委副书记、代市长周斌调研小马沟绿廊建设和城北地区改造工作。市委常委、副市长吴本辉，市政府秘书长刘光球，区委副书记、代区长马正华陪同。

21日　盐都区举行2021中国·盐都海外人才创新创业大赛颁奖仪式。省科协二级巡视员杨文新，市委常委、组织部长费坚，区委常委、组织部长周达虎参加活动。

22日　农业农村部公示第十一批全国“一村一品”示范村镇及2021年全国乡村特色产业十亿元镇亿元村名单，盐都区潘黄街道新民村入选第十一批全国“一村一品”示范村镇和2021年全国乡村特色产业亿元村、楼王镇入选2021年全国乡村特色产业十亿元镇。

22—24日　中国纺织工程学会第十一届中国纺织学术年会在山东青岛召开。盐都区的江苏神鹤科技发展有限公司获评中国纺织工程学会“超高分子量聚乙烯纤维工程技术科研基地”。

23日　2021年全国轮滑大联动——全国青少年体育俱乐部联赛暨“轮动·冰感”轮滑巡回赛（盐城站）在盐龙体育公园成功举行。

25日　农业农村部发布第一批全国农作物病虫害绿色防控示范县和统防统治百强县名单，盐都区喜获全国农作物病虫害“绿色防控示范县”称号。

26日　盐都（上海）产业招商暨合作共建推介会在沪成功举办。上海市政协副主席周汉民、同济大学原副校长金正基出席推介会。区委副书记、代区长马正华致辞。

同日　农业农村部公布2021年中国美丽休闲乡村名单和2010—2017年中国美丽休闲乡村监测合格名单，盐都区郭猛镇杨侍村纳入2010—2017年中国美丽休闲乡村监测合格名单。

27日　2021盐都（苏州）产业招商推介会成功举办。现场共签约项目23个，总投资额超70亿元。省工商联二级巡视员、会员处处长李晓东出席，区委副书记、代区长马正华致辞。

29日　中国施工企业管理协会公布了2021年度工程建设诚信典型企业名单，盐都区的江苏明华建设有限公司成功入选。

同日　农业农村部公布第二批全国乡村治理示范村镇名单，尚庄镇塘桥村获评全国乡村治理示范村。

30日　省委副书记、代省长许昆林在盐都区潘黄街道新民村进行调研，省政府秘书长陈建刚参加调研。市委书记曹路宝，市委副书记、代市长周斌陪同并介绍有关情况。市委常委、秘书长薛盛堂，市政府秘书长刘光球，区领导王娟等陪同。

11月

2日　省科技厅发布2021年度省级工程技术研究中心建设项目名单，盐城维信电子有限公司、江苏吉能达环境能源科技有限公司、江苏博拓新型建筑材料股份有限公司等16家企业获批省级工程技术研究中心。至此，盐都区省级工程技术研究中心达41家。

同日　省科技厅公布2021年度培育的省研发型企业名单，盐都区境内的江苏中贵重工有限公司作为盐城唯一入选企业荣登榜单。

9日　国家卫生健康委发布第二批全国儿童青少年近视防控适宜技术试点县（区）名单，盐都区入选。

11日　省委、省政府正式对外公布全省脱贫攻坚暨对口帮扶支援合作先进集体和先进个人表彰名单，区政府扶贫工作办公室获全省脱贫攻坚暨对口帮扶支援合作先进集体表彰，区委农村工作领导小组办公室副主任祁国成获先进个人表彰。

同日　农业农村部办公厅印发《关于推介第三批全国农民合作社和家庭农场典型案例的通知》，公布2021年农业农村部择优遴选确定的第三批52个农民合作社、47个家庭农场典型案例。盐都区秦南镇农业综合服务专业合作社“开展农业综合服务、助力乡村产业振兴”的做法入选全国农民合作社典型案例。

13日　省水利厅、省委宣传部、省财政厅、团省委、省科协联合印发了《关于公布2021年度江苏省省级水情教育基地名单的通知》，大纵湖—蟒蛇河成功创成全省首批、盐城首个省级水情教育基地。

16日　第十一届中国粮油榜开榜，江苏盐粮控股集团荣获“中国高质量发展粮油集团”称号。至此，盐都区连续十一届获中国粮油榜奖项。

25日　省课题调研组在高新区开展科技创新专题调研。

同日　2021年度江苏省“名特优”食品小作坊评定结果正式出炉，盐都区的鑫名肴藕粉圆加工厂、秦南镇雨清油坊、红果子食品有限公司等3家食品小作坊入选。

29日　学习贯彻党的十九届六中全会精神中央宣讲团宣讲报告会在南京举行。中央宣讲团成员、全国人大财政经济委员会副主任委员娄勤俭作宣讲报告。省委书记吴政隆主持报告会。省委副书记、代省长许昆林，省委副书记张义珍出席。报告会以视频会议形式召开，盐都区设立分会场组织收听收看，区委书记、高新区党工委书记王娟等在区分会场参加。

同日　区委常委会召开会议，传达学习中组部加强换届风气监督工作电视电话会议及省推进会主要精神，听取疫情防控、食品安全工作情况汇报，研究部署相关工作。区委书记、高新区党工委书记王娟主持会议。

12月

1日　省住建厅公示第五批江苏省传统村落名录，尚庄镇古殿村古殿堡上榜。至此，盐都区拥有11个省级传统村落。

2日　省文化和旅游厅网站发布《关于2021年江苏省工业旅游区认定结果的公示》，公布2021年新认定的16家省级工业旅游区公示名单，盐城同力糖果工业旅游区入选，全市唯一。

7日　全国疫情防控工作电视电话会议召开。区委副书记、代区长马正华等在盐都区分会场收听收看。

13日　省文旅厅发布江苏省2021年国家AAAA级旅游景区的公告，盐都区草房子乐园景区成功创成国家AAAA级旅游景区。

同日　人力资源和社会保障部网站发布公示拟认定387个社区为第五批国家级充分就业社区，盐都区潘黄街道宝才社区成功入选。

13—14日　区委书记、高新区党工委书记王娟率队拜访科技部火炬中心，汇报盐城国家高新区发展情况。科技部火炬中心主任贾敬敦，副主任李有平参加座谈会。

15日　盐都区区、镇两级人大代表换届选举投票日。

同日　苏州东山精密制造股份有限公司董事长袁永刚率队，对接项目投资建设事宜。市委副书记、代市长周斌会见袁永刚一行，并共同见证项目落户盐城签约仪式。区委书记、高新区党工委书记王娟参加。

16日　省医疗保障局长周英带队在盐都区调研为民服务中心“15分钟医保服务圈”示范点建设工作。区委书记、高新区党工委书记王娟，副区长肖乐农陪同。

17日　区委常委会召开会议，听取全区污染防治攻坚战工作情况汇报，研究部署相关工作。区委书记、高新区党工委书记王娟主持会议。

21日　省人社厅认定盐都区的江苏华跃纺织新材料科技股份有限公司、盐城科奥机械有限公司、盐城天驰汽配有限公司3家企业获准设立江苏省博士后创新实践基地，开展博士后工作，获批数量位居全市第一。

同日　盐都食品未来科技园（泉州）投资恳谈会在福建泉州顺利举行。泉州市原市委常委、宣传部长宋长青应邀出席，区委副书记、副区长刘源等参加

22日　副市长唐敬在盐都区调研重点企业项目。副区长吕杨陪同调研。

27日　2021中国电子信息行业发展大会举行平行论坛。

同日　2021年度中国电子信息行业“企业家之夜”暨创新创业大赛颁奖仪式在盐都区举行。中国电子信息行业联合会顾问王旭东，区委书记、高新区党工委书记王娟出席并为获奖代表颁奖。

同日　由中国电子信息行业联合会和盐城市人民政府共同主办，盐城市工信局、盐城国家高新区具体承办的“2021年度中国电子信息行业发展大会”在盐都区召开。

30日　中国共产党盐城市盐都区第十五届委员会第三次全体会议在区文化艺术中心举行。全会由区委常委会主持，区委书记、高新区党工委书记王娟代表区委常委会向全会报告工作，并作总结讲话。

31日　据统计，盐城市盐都区2021年实现地区生产总值682.59亿元，增长7.7%。财政一般公共预算收入42.52亿元，同口径增长10.7%。城镇常住居民人均可支配收入47369元，同比增长8.3%；农村常住居民人均可支配收入28521元，同比增长9.7%。

改革开放
园区建设

改革开放

·开放型经济·

【概况】 2021年，全区实际利用外资1.2008亿美元，完成全年目标，同比增长16.8%。新设2个重点外资项目。从投资结构看，香港仍然是盐都区外资的第一来源地，2021年利用港资1.16亿美元，占总量96.74%，同比增长111.7%。从产业类别看，2021年地产项目成为服务业引资的主体，3个重点外资项目中有2个属于服务业地产（江苏隽达房地产、特锐格），协议注册外资1.57亿美元，实际使用外资1.04亿美元，占全市服务业比重19.26%，占全区比重86.18%，同比增长46.01%。（祁晓红）

【提升为企服务能力】 年内，联合中信保走访华阜玩具、盐电阀门等企业，主动上门送关怀、送政策。协调宝鼎工具、森福地毯等10余家企业参加广交会、华交会和“江苏优品·畅行全球”机械和日用品的线上展会。组织悦达摩比斯、世钟汽配等8家企业及30家采购商参加第三届中韩博览会，组织恒力机床、艾斯特体育等22家企业参加第四届进博会。帮助同力食品等8家企业办理进出口经营权备案登记，组织风驰车轮等5家小微企业申请加入省级信保平台，帮助维信电子、中恒宠物等40家企业兑现省、市商务发展资金近500万元。（宋　健）

【参加全市对外开放大会】 11月1日，全市对外开放大会召开，会议以视频会议形式召开，区设分会场收听收看，东山精密产业园作交流发言。区委书记、高新区党工委书记王娟在市主会场出席会议，区委副书记、代区长马正华，区人大常委会主任顾其斌，区政协主席张建洋，区人大常委会党组书记季晓春，区政协党组书记王铁根等区四套班子负责人在区分会场参加收听收看。（刘　楷）

·招商引资·

【重点外资项目】 2021年，全区在建重点项目3个，隽达青年路商业综合体项目，总投资10575万美元，注册外资10575万美元，实现外资到账10348万美元。至年底，商业楼主楼封顶，2幢高层办公楼主楼完成10层；超高层建筑主楼完成7层；1幢办公楼北地下室顶板模板安装，主楼东侧基础施工，主楼砖胎模砌筑完成；1幢酒店基础开挖施工，塔吊基础完成。金铢芯片封测项目，总投资5000万美元，注册外资5000万美元，实现外资到账969万美元。一期新上存储芯片封装测试项目，二期征地3.33公顷，自建多层厂房（不低于4万平方米）吸引

5月，聚力成半导体（盐城）有限公司外景　　发改委　供

3~5家半导体封测厂入驻。至年底竣工投产。特锐格东进路科创人才服务综合体项目，总投资3000万美元，注册外资3000万美元。至年底，北部五层屋面浇筑完成，西部四层屋面正在浇筑。

【开工项目情况】 1—10月，全区新开工亿元以上项目29个，5000万元项目18个。其中，工业25个，农业3个，服务业19个；各镇(区、街道)新开工亿元以上项目28个，5000万元项目15个，分别为：盐渎街道亿元以上项目8个，5000万元项目3个；盐龙街道亿元以上项目7个，5000万元项目2个；潘黄街道亿元以上项目5个，5000万元项目1个；龙冈镇亿元以上项目2个，5000万元项目2个；大纵湖镇亿元以上项目2个；张庄街道、秦南镇亿元以上项目各1个、5000万元项目各1个；郭猛镇、台创园亿元以上项目各1个；大冈镇、学富镇5000万元以上项目各2个；尚庄镇5000万元项目1个。区直部门新开工亿元以上项目1个，5000万元项目3个，分别为：工信局1个亿元以上项目，发改委、交通局和商务局各1个5000万元项目。

【竣工项目情况】 1—10月，全区新竣工亿元以上项目25个，5000万元项目11个。其中工业23个，农业4个，服务业9个；分别为：盐龙街道亿元以上项目7个，5000万元项目2个；潘黄街道亿元以上项目6个；盐渎街道亿元以上项目4个，5000万元项目1个；龙冈镇、大纵湖镇亿元以上项目各2个；郭猛镇亿元以上项目1个，5000万元项目1个，大纵湖旅游度假区、台创园、张庄街道亿元以上项目各1个；大冈镇5000万元项目3个，秦南镇、楼王镇、学富镇和尚庄镇5000万元项目各1个。

【开展招商活动】 年初，盐都举办盐都(深圳)智能终端产业推介会、智造盐都(苏州)投资说明会、盐都投资环境说明会、科创盐都投资说明会、盐都(上海)长三角招商推介会、盐都(上海)产业招商暨合作共建推介会、盐都(苏州)产业招商推介会。7场活动共有870多名客商参加，签约项目117个，协议总投资400多亿元。其中，新签约总投资超30亿元项目4个，总投资超10亿元项目7个，总投资超5亿元项目8个。

【优化招商队伍】 年初，高新区牵头在北京、上海、深圳和苏州四个城市组建11个招商局驻点招商，公开选拔7名招商局长和14名招商人员；盐渎街道、秦南镇、学富镇、楼王镇、尚庄镇等板块挑选学历层次高、业务能力强的年轻班子成员担任招商局长。区直部门中，发改委、工信局、交运局、住建局等部门成立专职招商小组，明确一名班子成员专职招商。一批熟悉经济政策，掌握招商业务，有激情、能吃苦，人际交往和信息捕捉能力较强的年轻人员走上招商一线。

【优化招商环境】 9月10日，组织召开全区“重大项目突破年”暨招商选资推进大会。随后，区发改委、科技局、工信局等6个重点经济部门主要负责人、行业专家和招商实绩突出的招商局长对招商一线人员进行业务指导；区重大项目服务中心每天通报14个板块党政主要负责人和32个招商局长外出招商情况、每周公布全区一周招商工作动态。

【重大项目落地】 1—10月，全区新签约1个总投资50亿元的长盈精密项目；1个总投资37亿元的城市书香项目；1个总投资30亿元的悦虎晶芯高阶电路板项目；1个总投资30亿元的小马沟西商业街项目；7个总投资10亿~30亿元项目，分别为：智度智能音响、京泉华电子元器件、舜元半导体、东山LED封装二期、临港人工智能盐城基地、光大集团战略合作项目、龙创智能驾驶项目；8个总投资5亿~10亿元项目。新开工得润电子、博盛新材料等5亿元以上项目6个，新竣工康佳芯片封测、金铢芯片封测等5亿元以上项目5个；至年底，在手跟踪白色家电产业园、集成电路、晶圆制造、智能驾驶等5亿元以上重大项目信息12个。

【项目进程与跟踪】 2021年，全区共实施省重大项目1个、列市“两重”项目16个、列市重点领域关键项目1个、列市5000万元以上投资项目125个、区“三重”项目82个、区500万元以上投资项目275个。至12月底，省重大项目完成投资15亿元，占年度投资计划投资15亿元的100%；列市“两重”项目累计完成投资75.72亿元，占年度计划65.4亿元115.79%；列市重点领域关键项目完成投资10亿元，占年度计划投资的100%；列市5000万元以上投资项目累计完成投资260.57亿元，占年度投资的103.68%；区“三重”项目累计完成投资185.07亿元，占年度计划188.47亿元的98.19%。

【全市高质量发展项目观摩推进会召开】 4月，盐都市高质量发展项目观摩推进会在盐都区召开，集中观摩盐都康佳存储芯片封装测试、香港金铢芯片封测、维信二期FPC柔性线路板、乐谱3C精密金属结构件、上硅所盐城新能源创新中心、普洛斯智能仓配中心、盐都现代农业产业示范园、心思源高档糕点、草房子乐园、盐龙体育公园等10个项目。

(祁晓红)

·对外经济贸易·

【概况】 2021年，全区实现进出口总额13.54亿美元，占全年目标13亿美元的104.2%，同比增长9.3%。其中，出口5.66亿美元，同比下降10.1%；进口7.88亿美元，同比增长29.3%。盐城维信电子有限公司、江苏中恒宠物用品股份有限公司分别完成进出口5.8亿美元、1.3亿美元，在全市进出口前30强中分列第4位、第18位。

【盐城维信电子有限公司】 盐城维信电子公司于2017年8月成立，项目总投资60亿元，占地36.67公顷，建筑面积25万平方米。公司引进美国、法国、德国、日本、韩国等国际领先的生产设备，用工减少50%。与美国加州大学达成合作，引进国际高端人才，采用业内最先进的25微米激光光速打孔、连续卷对卷等技术，生产效率提升80%。运营体系完备。投入亿元打造中央数据管理系统，建立EAP(早期预警系统)、MES(制造执行系统)、MRP(物料管控系统)，注重在生产与管理的协同效应，形成全方位、立体化的制造服务体系，有力提升核心竞争力。发展前景广阔，公司产品广泛应用于手

10月，盐都区跨境电商园外景　　　　发改委　供

机、平板电脑、医疗、汽车等消费类电子领域，80%为苹果公司配套，同时也是华为、OPPO、VIVO、谷歌、微软、特斯拉等国际知名企业的供应商，业务增量逐年递增。在研发各智能制造方面，公司每年为研发部门编制1～2亿人民币的预算支持。在全世界范围，维信电子拥有近300项各类专利。公司以“无人工厂”和“关灯工厂”为终极目标推进和优化生产线的自动连线和一贯化生产方式。AGV系统和AVI/AOI检查也在实质性铺开运用。

【江苏中恒宠物用品股份有限公司】 公司是从事宠物消费用品研发、生产制造、销售和服务的国家高新技术企业，是国内宠物用品制造行业领军企业。公司技术力量雄厚，并与国内多家高校、科研院所长期合作，建有省级企业技术中心、省级工业设计中心、省级工程技术研究中心。至年底，公司获得境内外有效授权专利450多件。公司先后获得第15届、16届、21届中国专利优秀奖各1项，并被认定为国家知识产权优势企业、国家电子商务示范企业、江苏省科技小巨人企业、江苏省创新型企业。“法瑞特”商标被认定为“驰名商标”，是江苏省重点培育和发展的国际知名品牌。公司通过ISO质量管理体系、环境管理体系认证、OHSAS职业健康安全管理体系认证和中华人民共和国海关AEO高级认证。项目总投资10亿元，占地19.13公顷，建筑面积9.65万平方米。至年底，共有员工1450多人，其中研发人员150多人。公司自主研发生产的80多个系列，1000多种规格的宠物消费用品畅销欧美、东南亚、日本等50多个国家和地区，年出口量连续多年位居国内同行前列。2021年，实现开票销售10.4亿元，税收4326万元。

【盐城宝鼎电动工具有限公司】 公司成立于1998年，由企业法人独立投资。主要生产台式砂轮机、石材切割机、木工台锯、劈木机、水槽切割机、水磨机、曲线锯、开榫机等系列电动工具产品，产品全部外销往欧洲、美洲、澳洲、非洲和亚洲等世界各地。项目总投资1亿元，其中设备投资2000万元，占地面积8.5万平方米，建筑面积5.3万平方米。现有员工680多人，各类技术人员90多名，其中高级工程师4名，高级经济师2名。公司通过ISO 9001质量管理体系认证及GS、UL、CE和韩国认证，满足所有进口国客户的要求。为加快企业转型升级，公司加大技术改造的力度，通过新产品、新工艺、新材料、新设备来实现产品的转型升级，通过采用科学管理方法、先进的管理理念和和谐团结的团队来提升管理水平。被评为江苏省出口工业产品一类企业、国家高新企业、江苏省民营科技企业、出口创汇骨干企业、商检绿色通道企业、重合同守信誉企业、盐城市信息化与工业化融合试点企业、江苏省信用管理贯标企业以及盐城市名牌产品企业。2021年实现开票销售4.3亿元，税收1543万元。　（陈小青）

园区建设

·盐城国家高新技术产业开发区·

【概况】 盐城高新区成立于2006年，前身为盐都经济开发区，2012年获批省级高新区，2015年2月升格为国家高新区，与盐都区实行“区政合一”体制，是盐城市委、市政府重点打造的创新高地、人才高地和产业高地。1月，市委、市政府公布2020年度全市开发园区“等级创建”考核结果，盐城高新区继2017年、2018年、2019年获评经济技术园区类别“AAAAA级园区”后第四次上榜。5月28日，盐城高新技术产业开发区获批江苏自贸区联动创新发展区。

综合实力迈上新台阶。自2017年起，连续5年获评全市“AAAAA级园区”，营商环境位列全市第一，入园项目平均容积率1.2以上，连获“省国土资源节约集约利用模范区”。2021年，园区主要经济指标保持良好增长态势，全年实现地区生产总值146.9亿元，同比增长8.2%；一般公共预算收入7.94亿元，同比增长20.3%；全口径工业开票销售259亿元，同比增长23.3%；规上工业开票销售242.9亿元，同比增长19.8%；规上工业增长面为60%；实现到账外资11708万美元，同比增长78.18%；外贸进出口总额12.78亿美元，同比增长20%。创成国家双创示范基地、国家级大学科技园、国家新型电子元器件及设备制造创新型产业集群、获批江苏省自贸区联创区等“金字招牌”，成为全区经济最具活力的重要增长极。

产业培育取得新突破。紧扣主攻长三角、深耕大湾区、拓展环渤海导向，构建北京、上海、深圳、苏州驻点招商网络，完善产业图谱，发力精准招商，新签约总投资50亿元的东山IC载板、总投资50亿元的长盈精密、总投资30亿元的悦虎晶芯电路板、总投资10亿元的京泉华逆变器、总投资10亿元的龙创智能驾驶等亿元以上项目31个，新开工得润电子软硬结合板、聚力成半导体、普亚5G智慧储能等亿元以上项目15个，新竣工维信线路板二期、康佳存储芯片封装测试、金铼芯片封装测试等亿元以上项目14个，形成智能终端龙头牵引，电子电路、精密器件、新型显示、封装测试四轮驱动的“1+4”产业新优势。产业规模达200亿元，全年完成市三星级以上企业7家，其中东山精密、维信电子达到工业五星标准。神鹤科技、东九重工、亚一智能被认定为省级工业设计中心。维信电子获批全市唯一省互联网标杆工厂，同时获批省小巨人企业。7家企业获批省四星级上云企业，1家企业获批省智能示范车间。

科技创新获得新成效。坚持围绕产业链部署创新链、围绕创新链打造人才链，推进三链深度融合，聚力打造全市科技创新策源地。中科院半导体集成技术研究院、无锡超算中心合作共建盐城超级计算中心相继落户，中科院高通量研究院累计实现技术服务收入7500万元，吉大盐城研究院挂牌本科生、研究生实践基地；开展“科技创新突破年”活动，推进主体培育、载体建设等重点工作，国家高企总数达281家，873家国家科技中小企业评价，汉印、吉能达等6家企业获市瞪羚培育入库，盐西孵化器、伦科技孵化器分别获得省市级认定；制定“南北创新组团”发展目标，明确载体定位、入驻标准，注重对科技、人才类项目招引和本科从业人员的考核，逐步规范项目评审机制和入驻流程，初步构建起大院大所引领、高新企业主导、孵化平台支撑的创新创业格局。举办电子信息行业发展大会、第二届电子信息创业大赛、盐城（北京）科创推介会等双创活动40余场及10次专场人才活动，签约落户科技项目15个、10个项目入选市领军人才项目、36个项目晋级总决赛，万名本科及以上比例达20%，双创氛围日益浓厚。

产城融合彰显新面貌。坚持以产兴城、以城促产、产城共融，参与盐都新城顶层规划方案编制，完成“生态之城、智创盐都”的初步设计成果。举办新城项目开工活动，科技广场商业中心、创享街区、港府君澜大酒店、锦江都城酒店相继投入使用；高新嘉园安置小区一期1298套安置房建成交房，碧水嘉苑老旧小区面貌得到改造提升；体育公园西延滨河景观带对外开放，青年路两侧街头节点口袋公园建成投运；完成503户拆迁，保障大庆路西延、青年路高架三期、高速生态廊道等基础设施工程建设；推进科技广场中央商务区、合景泰富商业综合体二期、智创小镇学校等重点项目，城市发展能级攀升。

【新增3家省级示范智能车间】 1月，省工信厅发布2020年江苏省示范智能车间名单的通知，高新区江苏德联达智能科技有限公司通信终端贴片车间，盐城东山通信技术有限公司5G滤波器制造车间，江苏聚泰科技有限公司芯片邦定车间3家企业的智能车间榜上有名。

【入选全国制造业单项冠军】 12月，工业和信息化部与中国工业经济联合会正式发布《关于印发第五批制造业单项冠军及通过复核的第二批制造业单项冠军企业（产品）名单的通知》，高新区江苏神鹤科技发展有限公司“超高分子量聚乙烯纤维生产技术及成套装备”获评国家第五批制造业单项冠军产品。

【被认定为省首台（套）重大装备】 年内，江苏省工信厅公布2020年江苏省首台（套）重大装备认定名单，盐城高新区江苏恒力组合机床有限公司XKA202012 F型钢轨数控加工智能成套设备、江苏神鹤科技发展有限公司SHHRHC-Ⅰ耐热抗蠕变高强高模聚乙烯纤维生产线2家企业的产品入选。

【重大项目集中开竣工】 2月27日上午，盐都区20个重点工业项目集中开（竣）工仪式在盐城国家高新区举行，总投资额达106亿元。5月19日上午，得润电子华麟电路项目开工仪式暨全区重点项目集中开（竣）工活动在高新区盐龙街道得润电子项目现场举行。集中开竣工共计20个项目，总投资额达105亿元，包括博盛新材料、乐谱3C精密金属结构件等补链强链项目和上硅所新能源研究院等科创服务业项目。

【入选省重大项目】 1月，江苏省发展和改革委员会正式公布《2021年江苏省重大项目清单》，盐城高新区普天5G智慧储能项目入选。

【优质项目签约】 3月24日下午，2021盐都（深圳）智能终端产业推介会在深圳举办，推介会现场新签约项目10个，总投资近60亿元。

【获批盐城首家国家级大学科技园】 6月1日，科技部、教育部联合公布第十一批国家大学科技园名单，盐城高新区的盐城大学科技园成为盐城首家国家级大学科技园。

【省级工业设计中心】 省工信厅公布2021年度江苏省工业设计中心（示范园区）认定及复核结果，高新区神鹤科技、亚一智能装备、东九重工3家企业获评2021年度省级工业设计中心。

【打造创新示范基地】 9月9日，第二届盐城西伏河创新大会举办。会上，盐城国家高新区获评国家火炬盐城高新区智

5月，得润电子华麟电路项目开工　　盐龙街道　供

能终端特色产业基地、盐城高新区国家新型电子元器件及设备制造创新型产业集群、盐城工学院国家大学科技园、国家大众创业万众创新示范基地，并在活动现场举行授牌仪式。

【百名在沪博士“团聚”盐城高新区】 9月19日，为接轨上海，吸纳以在沪盐城籍博士为主的高层次人才回盐创新创业，盐都区在盐城高新区科技广场举办“逐梦上海·回报家乡——百名在沪盐城籍博士盐都行”活动，上海近百名盐城籍博士在盐都，为建设家乡美好明天建言献策。

【举办产业招商推介会】 10月26日下午，盐都(上海)产业招商暨合作共建推介会在上海举办。活动现场，共签约产业项目21个，人才项目5个，总投资80多亿元。10月27日下午，2021盐都(苏州)产业招商推介会举办，现场共签约项目23个，总投资额超70亿元。

【入选省研发型培育企业】 11月17日，江苏省科技厅公布2021年度培育的省研发型企业名单，江苏中贵重工有限公司作为盐城唯一入选企业入选。

【举行“华创苑”揭牌仪式】 12月16日下午，盐城“华创苑”揭牌仪式在高新区中小企业创业园举行。省委统战部侨务经科处处长胡敏弟，市委统战部副部长、市侨办主任张慧娟出席活动。

【拟认定省工程研究中心】 12月21日，省发展和改革委员会发布2021年江苏省工程研究中心拟认定名单公示，位于高新区的江苏神鹤科技发展有限公司江苏省超高分子量聚乙烯纤维工程研究中心入选。

【东山精密IC载板项目落户】 12月，苏州东山精密制造股份有限公司董事长袁永刚率队到盐城，对接项目投资建设事宜，市委副书记、代市长周斌会见袁永刚一行，并共同见证项目落户盐城签约仪式。该次东山精密在盐投资建设的IC载板项目，首期投资15亿元，注册资本1亿美元。

【入选创新能力百强榜单】 12月，由德本咨询、eNet研究院、互联网周刊、投研电讯四家智库机构联袂推出的“中国高新区创新能力百强”榜单发布，盐城高新区入选。

【召开2021中国电子信息行业发展大会】 12月27日，由中国电子信息行业联合会与盐城市人民政府共同举办的“2021年度中国电子信息行业发展大会”在盐城高新区召开。全国各地的业内专家学者、企业家代表等走进盐都、共谋发展，谱写新时代全球电子信息产业发展的华彩篇章。 （张荣峰　桂　杰）

·大纵湖旅游度假区·

【概况】 2021年，度假区实现地区生产总值6.12亿元，同比增长7.1%；服务业增加值5.15亿元，同比增长8.3%；固定资产投资同比增长8.4%；城镇乡村居民可支配收入分别为47166元、27609元，同比分别增长8.6%、9.5%；一般公共预算收入1888万元，同比增长29.6%。

景区建设进中提质，旅游产业高质量发展。品牌创建成果丰硕。度假区被国家体育总局授予国家体育产业示范基地、获国家级服务标准化试点；大纵湖景区被国际旅游联合会评为“中国优秀旅游景区”；大纵湖国家湿地公园被省命名为“江苏省生态文明教育实践基地”；湖鲜产品通过国家有机产品认证；东晋水城开元观堂酒店获“中国最佳酒店”等。景区改造提档升级。完成大纵湖景区入口、停车场、游客中心、红色大礼堂等多处景点项目设施改造。创建柳堡学院红色教育基地、二妹子菜馆沉浸式场馆。打造“北宋党支部——孙兰生平陈列馆——芦荡迷宫——柳堡村”红色文化路线。优化东晋水城景区业态。清退商铺46家，引进十二乐坊、小莹春等一批优质品牌商铺，提高业态集聚水平。实施影视城酒店改造。项目建设取得新业绩。完成5000万元风聆酒吧竣工项目，固投达0.25亿元。签约康养娱乐项目1个，总投资5000万元。建成湖塘花海农旅景区项目。培育“四上企业”2家、“个转企”2家。

坚持绿色低碳发展，生态治理取得新成效。以“水体治理”为重点，开展湖河清理、养殖污染整治、散乱污治理“三大”环保行动，获中央生态扶持资金8700万元。大纵湖创成江苏省最美湖泊。过冬候鸟数量比上年增长25%。对景区、集镇实施绿化提升，2021年新增绿化面积24公顷。

社会事业进步。集镇面貌提升。完成集镇陈琳路、平湖南路和农贸市场等项目的改造提升；完成宋曹路东侧棚户区170户的拆迁等项目建设。改善农民住房条件。改造农房92户，完成土地复垦6.8公顷，推进进城入镇62户。关爱困难群众。全民参加养老保险“三年行动计划”提前完成。巩固脱贫成果，对脱贫的276户进行回头看，将26户纳入低收入人口。“农旅”融合发展加快。打造集农耕体验、农事教育、旅游观光、亲子和特色民宿等功能为一体的农旅融合的湖塘花海景区。完成镜湖、陈庄、迎湖3个行政村污水管网建设，实现村村有污水处理设施。打造倪杨市级美丽宜居乡村，并创建省级新型农村示范社区，通过省级验收。教育教学水平提升。在2021年中考中，大纵湖初中创建校以来最

10月，盐都(上海)产业招商暨合作共建推介会　　盐龙街道　供

好成绩。大纵湖初中被江苏省教育厅评为“十三五”期间江苏校园足球工作先进学校。发展与安全统筹兼顾。常态化抓好疫情防控，无一病例发生。安全生产平稳发展。开展“百团进百万企业千万员工”“安全发展示范城市创建”等安全生产宣讲活动，强化安全隐患督查和专项整治。强化社会治理，社会大局和谐稳定。

强化党建引领，党的建设得到新加强。创新“两新组织”党建+旅游项目，制作特色党建微视频；完成党建示范点创建暨基层党建品牌建设工作，东晋水城党支部活动案例被区委组织部评为“两新”组织党组织“十佳”示范案例。完成村（社区）“两委”班子换届。开展党史学习教育，融合推进“两在两同”建新功行动和“我为群众办实事”实践活动。意识形态工作加强。平湖居委会获评“盐都区最美村居”称号；“文明旅游伴我行志愿服务队”被评为盐城市“最佳志愿服务组织”、盐都区“十佳文明新事”；刘磊、薛培阳被评为“盐都好人”。

3月，湖塘花海开幕式　　大纵湖旅游度假区　供

【举办微电影大赛颁奖盛典】 4月30日，第二届中国长三角（盐城大纵湖）微电影大赛颁奖盛典在东晋水城举行。共评选出最佳微电影作品奖、纪录片奖等13个奖项。大赛由长三角电影联盟、澎湃新闻网、江苏省电影家协会、中共盐城市盐都区委、盐城市盐都区人民政府等联合主办；长三角微电影网、澎湃新闻网长三角新闻中心、盐都区委宣传部、盐都区文化广电和旅游局、盐城大纵湖旅游度假区管委会等单位共同承办。《红色旗袍》等10部影片获得大赛最佳微电影作品奖，《惊蛰》等影片获得最佳短视频奖，《骑兵团在岔河》等10部影片获最佳纪录片奖，宋捷英、徐天雨等导演获最佳导演奖。江苏省委原副书记顾浩、著名表演艺术家陶玉玲为获奖者颁奖。中国电影家协会原秘书长饶曙光、澎湃新闻网副总编辑胡宏伟、中共盐城市盐都区委宣传部长罗时荣在会上致辞。

【获国家级服务业标准化试点】 12月8日，盐城大纵湖旅游国家级服务业标准化试点在盐都质量驿站正式授牌，项目是盐城市创建的首个国家级服务业标准化试点。盐城大纵湖旅游国家级服务业标准化试点工作2013年12月正式启动，通过7年的试点建设，大纵湖旅游度假区建立服务标准190项，实现在旅游公共基础、餐饮、住宿、旅游购物、诚信服务等环节标准覆盖率90%以上，在旅游产品质量、服务管理水平和游客满意度方面标准实施率95%以上，项目最终以高分通过国家标准化专家组的验收评估。

【首届大纵湖芦花艺术节开幕】 12月18日，“2021盐城首届大纵湖芦花艺术节”在大纵湖国家湿地公园开幕，吸引市民游客感受芦花之美，欣赏水鸟飞翔。上午9时半，活动在舞蹈《汉仪雅韵·芦花仙子》中开幕。首届大纵湖芦花艺术节共为期三周，依次推出民谣歌舞表演、芦雪飞鸟摄影大赛、少儿手作大赛、水乡诗情诗歌朗诵、萌宠逗乐、芦花文创市集等13项主题活动。盐城大纵湖旅游度假区坚持党建引领，践行“两山”理论，依托自然生态禀赋，旅游开发与生态保护齐头并进，发展“生态”经济，旅游产业呈较好发展态势，实现经济效益、社会效益、生态效益融合发展。

【入选江苏省美丽河湖优秀案例】 7月，江苏省生态环境厅授予盐城大纵湖“美丽河湖案例”称号。大纵湖实施引江入湖、生态修复、污水处理、湖区清淤等四大生态保护工程。开展围网围垦清退行动，实现全域生态治理、水质标准优于Ⅲ类、集镇内居民污水零排放，提升生态服务功能，维护生物多样性。水生植被覆盖率高达95%，珍稀动植物种类达到378种。同时打造集旅游、度假、康养、科普宣教于一体的湖荡湿地，探索“绿色转型，绿色跨越”的发展新路径。

【大纵湖白壳螺蛳】 盐城市的大纵湖位于江苏省里下河腹地，盛产多种名贵的水生产品，大纵湖白壳螺蛳就产于此，为稀有淡水产品。大纵湖生态优美，湖水清冽甘甜，水草丰茂，水质清净，是稀有、色白、肉嫩的大纵湖白壳螺蛳定居生长的理想“水中宫殿”。大纵湖白壳螺蛳雌雄异体，

2021年大纵湖旅游度假区村（居）主要负责人一览表

表1

村（居）名	村（居）书记、主任
北宋居委会	刘顺志
平湖居委会	徐德华
迎湖村	王爱荣
镜湖村	徐　勇
倪杨村	宋孝亮
陈庄村	季志余

胎生，卵在母体的育儿室中受精发育，待生长成幼体以后才排出体外，一般将幼体产于水草头上面，春、夏、秋、冬整年繁殖，主要靠水中的浮游植物和淤泥中的微生物及腐殖质为生，因此，含有丰富的蛋白质、无机盐、维生素A、硫黄素和尼克酸等营养成分。为了保证大纵湖白壳螺螄的美味，打捞上来的螺螄先要进行筛选、浸泡和吐污，再进行泡、剪、洗等工序，方可进行烹饪。大纵湖白壳螺螄肉质肥美鲜香，让人回味无穷。明代诗人伦文叙有诗云："炒螺奇香隔巷闻，羡煞神仙下凡尘。田园风味一小菜，远胜珍馐满席陈。"远胜珍馐的大纵湖白壳螺螄充满着人间烟火气，征服了人们的味蕾。（胡为兵）

·台湾农民创业园·

【概况】 盐都台创园区域面积50平方千米，下辖12个村（社区），3.39万户籍人口，2867公顷耕地，形成107公顷设施果蔬、400公顷花卉苗木、733公顷畜禽水产养殖、1600公顷优质稻麦四大主导产业。

【经济运行平稳】 全年实现地区生产总值3.89亿元，同比增长7%；一般公共预算收入735万元，同比增长12.6%；服务业增加值7680万元，同比增长8.2%；规模企业增加值增幅12.5%，全社会固定资产投资增幅8.6%，全体居民人均可支配收入39590元；果蔬、花卉苗木、畜禽等农产品销售8.44亿元；新增"四上"企业1家；益商源花卉富民基地7万平方米连栋温室大棚上半年全部竣工投产；呈祥园艺育苗有限公司入选"国家高新技术企业"和"江苏省农业龙头企业"。

【推动乡村振兴】 年内，建设完成新杨、袁邵、程实、董伙4个村农村生活污水治理设施工程；畜禽粪污处理中心实质化运转；疏浚整治村级河道3.22公里，土方3.59万立方米；桃花源家庭农场、翡翠湾花木专业合作社被认定为省级示范家庭农场；台海花卉港入选"省农耕实践基地"和省乡村休闲旅游农业"一园两基地"；申报2万亩"省绿色优质农产品（稻谷）基地"；12个村（社区）集体经济收入全部超过28万元，其中6家超过32万元。

【镇村环境焕新】 年内，完成人民路、育才北路、大葛村路提档升级3千米；新建三湾新型农村社区三期62户、李庄新型农村社区146户；完成C、D级危房整治135户；完成城乡建设用地增减挂钩3.68公顷、土地整理4.67公顷；三湾村创成省级"特色田园乡村"，李庄村、三湾村被评为市生态文明建设示范村；郝荣村入选省级传统村落、市级特色田园乡村。

【社会事业发展】 年内，葛武、袁邵等5个村（社区）建成居家养老、儿童关爱之家；完善就业保障，带动就业494人次；派出所新营房（占地面积0.33公顷，建筑面积2074平方米）建成使用；实施农村危桥改造15座；户厕改造250户；宗凌村、李庄村被评为"省级卫生村"。

【疫情防控工作】 园区全年坚持"外防输入、内防反弹"总策略和"动态清零"总方针不动摇，构建群防群治网络体系。疫苗接种应种尽种，常住人口接种率98%以上，二针全程接种率99.38%，三针接种率87.15%，场所码注册使用310个，新增应急储备志愿者391名，保持社会面清零态势，织密扎牢疫情防控网，奋力夺取疫情防控和经济社会发展"双胜利"。

（孙晓东　周春斌　陈俊晔）

2021年台创园各村（居）主要负责人一览表

表2

村（居）名	村（居）书记、主任
袁邵村	袁　兵
三湾村	陈　楼
李庄村	商文荣
民强村	成汉忠
宗凌村	宗永江
程实村	程　贵
新杨村	浦玉广
董伙村	陈建标
富王社区	程　亮
葛武社区	葛富荣
郝荣村	郝瑞荣
育才社区	朱得军

·七星现代化农场·

【概况】 盐都区七星农场围绕"创新经营机制、开展综合服务、集成技术展示、引领绿色发展"目标，培植能示范带动农业规模经营的种养大户，引进高新技术充实、带动农业发展。2021年，在巩固原有成果的基础上，引进量子农业的试验，并取得好收成。

【引进量子水试验】 发挥农场的试验示范职能，做好"新品种试验、新技术推广、新模式示范"工作，在核心区内建设一个食味品质、外观品质俱优的水稻品种及特色品种（特殊香味、特殊颜色、特殊功能）展示基地，示范推广"稻鸭共作""稻虾套养"、配套太阳能杀虫灯和性诱剂诱杀等系列集成有机水稻生产模式。2021年，引进量子水对农业节水节能以及对稻米品质影响的试验。

【坚持引领绿色发展】 年内，农场建立投资主体考核机制，通过在合同约定和政策扶持的方法，明确要求和鼓励农场的投资主体进行有机绿色种植，在农业生产过程中完全按照绿色标准，禁止使用高毒农药化肥，以新技术、新模式代替原有的普通种植。对农场范围内的水沟，河道实行投资主体包干制，要求各投资主体做好其承租土地的田容田貌，将农场建设成"农民富裕、田园秀美、生态文明"的现代化农场。（陈树芳　宋长峰）

中共盐城市盐都区委员会

综　　述

【概况】　2021年是中国共产党成立100周年，是全面开启现代化建设的起步之年，是"十四五"发展的开局之年。面对严峻复杂的宏观形势，全区上下坚持以习近平新时代中国特色社会主义思想定向领航，落实中央和省市委决策部署，统筹疫情防控和经济社会发展，统筹发展和安全，推进"四个示范区"建设，创成国家级品牌22个、省级品牌23个，改革发展稳定和党的建设各项事业取得新进步，高质量发展迈出坚实步伐。

【提升经济发展水平】　年内，应对疫情散发、能耗双控、能源保供等因素影响，稳定经济基本盘，10项主要经济指标全部完成年度计划。开展"重大项目突破年"行动，列省、列市重大项目超额完成年度任务，总投资50亿元的东山IC载板、长盈精密等重大项目签约落户，总投资10亿元的得润电子、博盛新材料等项目开工建设，总投资20亿元的康佳存储芯片封测等项目建成投产。中国电子信息行业发展大会举办，智能终端产业规模超200亿元，高端装备产业规模突破100亿元。星级企业成为盐都区经济发展的"四梁八柱"，获评市三星级以上企业31家、较上年新增7家，市五星级企业达10家，其中维信电子、东山精密获批市五星级工业企业。商务商贸、电商快递、汽车消费实现营业总额350亿元，盐城电商快递产业园创成全市唯一省级跨境电商产业园。

【提升创新动能】　年内，国家高新区"一区多园"改革成效凸显，示范引领和辐射带动作用进一步发挥，获评中国（江苏）自由贸易试验区联动创新发展区、国家创新型产业集群。上硅所新能源创新中心竣工运营，中科院半导体集成技术研究院、国家超算盐城中心落地开建，盐城大学科技园获批国家级大学科技园。新增国家级"专精特新"小巨人企业4家、总量7家、位居全市第一，新增省级示范智能车间3家、省星级上云企业96家、潜在独角兽企业1家，累计获评省首台（套）重大装备44个、总数全市第一，维信电子成为省级工业互联网标杆工厂，中恒宠物主板上市通过省证监局验收。实施"都智汇"优才计划，推进名校优生"汇盐行动"，全年招引领军人才82人、高层次人才创业项目22个。"放管服"改革深入推进，"拿地即开工"项目审批全面推开。

【完善城乡建设】　年内，"一主一副"发展格局初步形成，盐都新城总体规划基本完成，科技广场中央商务区、智创小镇中小学等项目开工建设；城北改造实施两周年成效显著，征迁任务基本完成，小马沟绿廊全线开放，实施建成一批基础设施、城市更新项目；副中心发展布局基本确定，镇区、园区、景区实现联动开发。乡村振兴亮点纷呈，获评全国美好环境与幸福生活共同缔造试点县，创成省级特色田园乡村和传统村落6个、总数位列全市第一。现代农业高质高效，粮食、生猪保供有力，建设高标准农田1.04万公顷，获得第十届世界草莓大会举办权，现代农业产业示范园获评全国农业农村信息化示范基地。绿色基底更加厚实，大纵湖旅游度假区被评为中国优秀旅游景区，草房子创成国家AAAA级旅游景区，同力糖果获评全市唯一省工业旅游区。

【扩大民生福祉】　年内，常态化抓好疫情防控，率先启动全员核酸检测演练，完成扬州来盐人员隔离任务，重点场所达标、疫苗接种等工作均居全市前列。城镇新增就业0.85万人，基本养老保险新增参保2.3万人，城乡居民人均可支配收入分别增长9%、10%，获评省脱贫攻坚先进集体。社会事业稳步提升，与市鹿鸣路初中教育集团和聚亨路小学教育集团合作创办科创城中小学，建成投用东进路中小学、朗达幼儿园等3所学校；市三院获批国家级脑出血外科诊疗中心，与上海九院共建口腔颌面外科联合病房开诊运行；养老服务绩效评价位列全省第一，连续3次获评全国群众体育先进单位，"军旅荣归"一件事改革全省推广，第七次人口普查工作获全国表彰。本质安全水平持续增强，"三年大灶"有序推进，省级安全发展示范城市创建通过专家组现场评议,安全生产事故起数、死亡人数连年实现“双下降”。扫黑除恶专项斗争纵深推进,网格化社会治理工作走在全省前列。

【加强党的建设】 年内,区委开展党史学习教育,融合推进“两在两同”建新功行动和“我为群众办实事”实践活动。理论武装持续深化,意识形态工作加强,主流舆论宣传巩固壮大,精神文明水平提升,获评全省基层党员冬训工作示范区。盐都革命陈列馆建成开放,孙益海获评“中国好人”。完成区、镇党委换届和村(社区)“两委”班子换届,建成基层党建示范带7条,新改扩建党群服务中心131家,党的组织体系更加巩固。十四届区委巡察实现全覆盖,“巡察+审计”联动模式得到上级肯定,政法队伍教育整顿、涉粮、投融资等领域专项治理成效明显,巩固风清气正的政治生态。坚持党委总揽全局、党政齐心协力,人大监督工作有力加强,政协参政议政水平提高,党管武装工作持续强化,民主法治建设深入推进,群团、双拥、老干部、关心下一代等工作取得新进步,爱国统一战线日益壮大。

重要会议

【区委常委会召开民主生活会】 1月25日,区委常委会召开民主生活会,区委书记、区长王娟主持会议并作总结讲话。市纪委第八监督检察室副主任顾春、市委组织部公务员二处处长周昱全程参会指导。会议通报《2019年度区委常委会民主生活会整改措施落实情况》和民主生活会征求意见情况。

【盐都区第十五次代表大会开幕】 7月17日上午,中国共产党盐城市盐都区第十五次代表大会开幕。王娟代表中共盐城市盐都区第十四届委员会向大会作题为《扛起新使命 建设示范区 奋力谱写盐都现代化崭新篇章》的报告。报告共分三个部分:一是担当实干、迎难奋进,高水平全面建成小康社会;二是抢抓机遇、接续奋斗,高质量走好现代化新征程;三是党要管党、从严治党,高标准推进党的建设。大会的主要任务是:以习近平新时代中国特色社会主义思想为指导,认真总结“十三五”工作成绩,研究确定“十四五”目标任务,选举产生中共盐城市盐都区第十五届委员会和纪律检查委员会,动员全区上下从党的百年辉煌历史中汲取奋斗伟力,扛起新使命,建设示范区,奋力谱写盐都现代化崭新篇章。

【全区疫情防控工作调度会召开】 7月22日下午,区委区政府召开全区疫情防控工作调度会。区委书记王娟出席会议并讲话,区委副书记、代区长马正华,副区长肖乐农、王柱军、徐启楼参加会议。王娟指出,各板块各部门思想上要高度重视,贯彻落实习近平总书记关于疫情防控的重要讲话指示精神,按照省委、省政府、市委、市政府最新部署要求,坚持人民至上、生命至上,迅速调整状态,坚决打好疫情防控阻击战,以高度的责任心守护好全区人民群众生命财产安全。会后,王娟、马正华一行先后到神龙格林豪泰酒店、瑞庭智选酒店、格林豪泰世纪大道店和格林豪泰高新区店集中隔离点,详细了解人员收纳、物资储备和医疗保障等情况,看望慰问一线医护人员,肯定隔离工作成效,叮嘱在服务保障好隔离对象的同时,做好自身防护、做到劳逸结合。

【全区上半年经济形势分析会召开】 7月28日,2021年上半年经济形势分析会召开。区委书记王娟出席会议并讲话。区委副书记、代区长马正华主持会议。会上,区统计局通报全区上半年经济运行情况,参会部门分别汇报上半年目标任务完成情况,分析存在问题并提出具体化、项目化的推进措施。各镇(区、街道)汇报亿元以上项目招引情况。

【全区融合发展示范区推进会】 8月2日,全区融合发展示范区推进会召开,区委书记王娟出席会议并讲话。强调全区上下要坚持把新型城镇化作为走好现代化新征程的关键抓手,顺应“四化”同步发展规律,做优发展空间布局,做强基础设施配套,探索出一条彰显盐都特色的融合发展之路。

【区委十五届三次全会举行】 12月30日,中国共产党盐城市盐都区第十五届委员会第三次全体会议在区文化艺术中心举行。全会高举习近平新时代中国特色社会主义思想伟大旗帜,深入贯彻党的十九大和十九届历次全会、中央和省市委经济工作会议精神,按照省第十四次党代会、市第八次党代会部署要求,动员全区上下扛起光荣使命,昂扬争先激情,勇当沿海地区高质量发展排头兵,加快谱写“强富美高”新盐都现代化建设新篇章。全会由区委常委会主持,区委书记、高新区党工委书记王娟代表区委常委会向全会报告工作,并作总结讲话。

重要工作

【王娟调研宣传和纪检监察工作】 1月27日下午,区委书记、区长王娟走访调研宣传和纪检监察部门,对全区宣传、纪检监察工作给予肯定并强调,要强化思想引领,从严正风肃纪,努力为建设“四个示范区”提供坚强思想和作风保障。区委常委、区纪委书记、监委主任朱金南,区委常委、宣传部长葛建华陪同调研。

【曹路宝调研内河航道建设工作】 3月9日,市长曹路宝率队调研盐都内河航道建设工作,强调要深入贯彻“交通强国”战略,以“内河航运网络化、海河联运一体化”为目标,加快水运体系建设,调整优化运输结构,统筹推进生态保护、城乡建设等各项工作,为高质量发展提供支撑。

【党史学习教育中央第五指导组在佳富村指导】 7月12日下午,党史学习教育中央第五指导组组长孙永春率队在盐都区佳富村,对全区党史学习教育开展情况进行调研指导。市委书记、市委党史学习教育领导小组组长戴源,市委常委、宣传部长、市委党史学习教育领导小组副组长吴晓丹，区委书记、区委党史学习教育领导小组组长王娟，区委常委、宣传部长、区委党史学习教育领导小组副组长罗时荣等陪同调研。佳富村通过农房集中改善，村民住上好房子，公共设施配套齐全；通过发展桃果产业，村集体和村民收入持续增加。孙永春参观后，与当地党员干部深入交流，详细了解村党史学习教育及“我为群众办实事”实践活动开展情况。

【曹路宝检查盐都疫情防控工作】 8月1日，市委书记曹路宝以“四不两直”方式，在盐都高速公路出口、社区小区等地检查疫情防控工作，并向冒着高温酷暑奋战在一线的防疫人员表示慰问。曹路宝强调各地各部门要时刻绷紧防控之弦，查漏洞堵缺口除盲区，抓实全员核酸检测演练，构筑群防群治的严密防线。各级党员干部要采取“四不两直”方式深入基层、冲锋在前，以实际行动践行“两在两同”要求，团结带领广大群众齐心协力、众志成城，坚决打赢疫情防控阻击战。区委书记王娟参加检查。

【周斌调研城建重点工程建设工作】 8月19日下午，市委副书记、代市长周斌调研盐都城建重点工程建设工作，强调要牢固树立以人民为中心的发展思想，按照市委七届十三次全会部署要求，增强为民意识、攻坚意识、市场意识，强化城建基础设施支撑作用，为提升城市能级奠定更加坚实基础。

【曹路宝调研乡村振兴和农房改善工作】 8月25日，市委书记曹路宝率队调研盐都乡村振兴和农房改善工作，强调要学习贯彻习近平总书记关于“三农”工作的重要论述，准确把握乡村振兴战略总要求，坚持系统思维、整体布局，因地制宜、精准发力，以农房改善工作为抓手，把握乡村振兴丰富内涵，促进农业高质高效、乡村宜居宜业、农民富裕富足，推动乡村振兴走在全省前列，加快实现农业农村现代化。

【曹路宝检查学校开学及常态化疫情防控工作】 9月1日，市委书记曹路宝检查盐都开学及常态化疫情防控工作。他强调要细化疫情防控措施，确保开学安全有序，全面落实“双减”政策，推进“我为群众办实事”实践活动，推动教育优质均衡发展，努力办好人民满意教育。

重要活动

【全市迎新年长跑活动举行】 1月1日上午，盐城市2021年庆祝元旦长跑活动在高新区潘黄街道盐龙体育公园举行。迎新年长跑活动以“乐跑盐城、奋进2021”为主题，比赛起点和终点均设在盐龙体育公园西入口，分为5千米健身跑和10千米健身跑两个组别进行。

【首个“中国人民警察节”庆祝活动举行】 1月9日，盐都区庆祝首个“中国人民警察节”活动在盐城市公安局盐都分局举行。区委书记、区长王娟出席并讲话。区人大常委会主任顾其斌，区政协主席张建洋，区委常委、政法委书记陈育群，副区长、公安分局长于宽出席相关活动。

【吴政隆在盐都走访慰问】 2月，省长吴政隆在盐都区走访慰问困难党员、困难群众、老党员、老干部，代表省委、省政府送去亲切关怀和新春祝福。走访过程中，他叮嘱有关负责人，要坚守人民情怀，尽责尽力、用心用情为群众解难题送温暖，特别要针对失能、半失能人员较多的家庭精准施策，增强群众获得感幸福感安全感。

【戴源看望慰问坚守一线工作人员】 2月8日，市委书记戴源在盐都农贸市场、农村，检查指导疫情防控和市场供应等工作，看望慰问坚守岗位的工作人员，向春节期间奋战在一线的广大劳动者致以新春的美好祝福。

【顾万峰调研盐都统战工作】 5月19日，省委统战部副部长、省工商联党组书记顾万峰一行调研盐都民营经济统战工作。市委常委、组织部长、统战部长勾凤诚，市委统战部副部长、市工商联党组书记陈湘珍，区委书记、区长王娟，区委常委、高新区党工委书记李晓明，区委常委、统战部长张素东，副区长谢戎陪同。

【葛莱调研新时代文明实践工作】 5月28日上午，省委宣传部副部长、省文明办主任葛莱一行调研盐都新时代文明实践工作。要求全区深刻领会新时代文明实践工作的重要意义，把握正确政治方向，以群众需求为根本，以志愿服务为主要活动方式，把新时代文明实践中心、所、站建成凝聚群众、引导群众、以文化人、成风化俗的综合性

1月，庆祝首个“中国人民警察节”活动　　盐都公安分局　供

服务平台，做到让群众满意、让党和政府满意。

【娄勤俭开展现场集体学习】 6月10日，省委书记、省委党史学习教育领导小组组长娄勤俭带领省委理论学习中心组在盐都开展现场集体学习。他强调要学习贯彻习近平新时代中国特色社会主义思想，从新四军精神中汲取奋进力量，更好地感悟初心、砥砺初心、赓续初心，在现代化新征程上跑好实现共同富裕的历史性一棒，带领人民群众过上高品质的现代化生活。省委副书记、省长吴政隆，省政协主席黄莉新参加学习。市委书记戴源，市长曹路宝，市政协主席陈红红，区委书记、区长王娟陪同并介绍有关情况。

【举办庆祝中国共产党成立100周年大型献礼演出】 6月29日晚上，区文化艺术中心举行盐都区庆祝中国共产党成立100周年大型献礼演出——大型原创现代淮剧《为你绽放》，现场500多名观众共同观看演出。

【悦虎晶芯项目开工活动】 9月18日，举行悦虎晶芯项目开工暨全区三季度重点项目集中开竣工活动。区委书记王娟出席活动并讲话，区委副书记、代区长马正华主持。区人大常委会主任顾其斌、区政协主席张建洋等区四套班子领导参加。该次集中开竣工共计20个项目，涵盖先进制造业、现代服务业等多个领域，总体呈现质态优、关联紧、效益好等特点。其中，主会场开工的悦虎晶芯项目总投资30亿元，新上MSAP（载板）、5G高阶HDI等项目，提升盐都区在智能终端领域的影响力和话语权，为“十四五”打造千亿级产业集群奠定坚实基础。

组织工作

【概况】 至2021年底，全区共有基层党组织2682个，其中39个一级党（工）委，49个二级党委，24个党组，374个党总支，2220个党支部。党员总数47350人，其中女党员10362人，35岁及以下党员8013人，农村党员36504人，中华人民共和国成立前农村老党员83人。全年发展党员930人，其中女性党员405人。

【开展庆祝中国共产党成立100周年系列庆祝活动】 年内，谋划打造盐都区“初心百年，使命‘盐’续”庆祝活动主题，开展“百佳案例谋发展”“百堂党课传精神”等系列活动，开展党龄50年以上老党员摸排工作，研究制定《关于做好“光荣在党50年”纪念章颁发管理工作的通知》，形成一整套纪念章颁发的程序流程，明确发放对象的“正反清单”，全区颁发“光荣在党50年”纪念章4586枚，确保每一位坚守初心的老党员都能享受到此项殊荣。

6月，开展学党史演讲比赛　　陈 诚 摄

【村（社区）“两委”换届】 年内，完成250个村（社区）“两委”换届，组织开展“开门七件事”（学党史守初心、交接棒明职责、访村情问民意、亮承诺绘蓝图、办实事暖民心、建制度促规范、评实绩比作为）；统一建立村（社区）书记档案库，实现“一人一档”精准管理；做好每月报酬收集、汇总，对全区村（社区）“两委”报酬实行按月打卡发放。

【镇（街道）党委换届工作】 年内，坚持把党的领导贯穿始终，建立区委党员领导干部挂钩联系机制，督促各镇（街道）党委成立“一办六组”换届工作专班。学习落实《基层组织选举工作条例》，选出高质量的党员代表1146名。编印《镇党委换届工作安排》《工作手册》，3次组织开展换届工作业务培训会，对党员代表推选、党员代表大会召开等操作流程、时间节点和各类文件材料进行辅导培训，确保换届工作高标准高质量推进。

【区委换届工作】 年内，成立以区委王娟为组长的区十五次党代会筹备工作领导小组，下设7个工作小组，确保筹备工作和大会召开的稳妥有序。运用“三项机制”，审查过堂区党代表，选举产生出席区十五次党代会代表388人，代表结构类型和构成比例符合规定要求。

【推进“两在两同”建新功行动】 年内，制定盐都区《实施方案》，创新实施“设岗、划区、建队、领项目”一线工作法。按照“10+1+N”的模式，排定区领导352个基层联系对象，督查镇（区、街道）和区直部门班子成员建立走访1383个基层联系对象，摸排491项问题需求。围绕就业、教育等民生实事和食品药品安全、安全生产等风险隐患，常态化开展“两在两同”建新功行动问题大摸排和需求大征集。在全区征集典型案例、民情日记、微调研等形式的专刊约稿32篇，在“盐都党员e站”编发“两在两同看盐都”专刊连载46篇。全区“两在两同”工作经验的专题宣传信息，2篇被省市党史学习教育专刊采用、1篇被“江苏先锋”刊登推广。

【完善村后备干部培养】 年内，做好第二批"百千万"工程人选、"百名头雁"人选的推荐、选拔、上报、结对共建工作。拓宽选用渠道，加强"定制村干"、退役士兵村干部等年轻后备干部培养。2019—2021届有11名"定制村干"进入村"两委"班子。对在校"定制村干"，组织"红色盐都、绿色发展"暑期实习。以"四全"社区工作者职业队伍建设为着力点，将优秀社区工作者培养为社区党群服务站党支部书记，将优秀服务站党支部书记培养为社区党组织书记后备人选。在"两新"组织，以提升出资人党建工作意识为重点，保证区"两新"组织党组织书记由党员主要出资人(负责人)担任和由中层及以上管理人员担任比例动态保持在100%。

【选派"第一书记"】 年内，对软弱涣散村、乡村振兴任务重的村、省"十四五"乡村振兴重点帮促村选派全覆盖，向29个乡村振兴重点帮促村派驻区委富民强村第一书记，向11个省定乡村振兴任务重的村、2个党组织软弱涣散村派驻驻村第一书记。按照区委办"五兴四美三治理"实施方案要求，结合4个示范镇、20个示范村实际情况，制定组织兴乡专项行动实施方案、组织兴乡示范创建任务清单。

【办好村书记讲坛】 年内，以"人居环境整治""村集体收入"等为主题举办村书记讲坛，强化村书记能力提升。有形讲台展形象，无形擂台传压力。每期8名优秀村书记走上讲坛，交流经验、展示形象，营造比学赶超浓厚范围。在第十一期书记讲坛中，表彰2020年度"十佳""双强"村(社区)党组织书记20名，并在党员e站推送书记发言稿。在市委党校举办全区新任职村(社区)党组织书记"任期第一课"专题培训班，区委书记王娟在开班仪式上作专题党课；组织村(社区)"两委"班子大学堂开班仪式暨"开班第一课"。

【推进党建引领城市基层治理】 年内，结合农民住房条件改善、城市老旧小区改造等重点工作，在城乡社区中开展"四美小区·共同缔造"活动，打造以合心花苑为典型的城市老旧小区改造样板工程。通过坚持党建引领，激发群众的积极性、主动性、创造性，人居环境明显改善。

【党员教育管理】 年内，制定《关于在发展党员工作中全面推行全程纪实、终身负责的通知》，通过列举负面清单把好发展党员的"入口关"。提前谋划全年发展党员计划数，建立2021年度拟发展党员信息库，比对校验各党(工)委阶段发展目标完成情况。开通区级拟发展对象公示渠道，分两批次，每批次公示5个工作日，有效发动党员群众对发展党员工作进行监督。参与全市新时代党员教育工作体系化建设课题研究，撰写《盐都区落实〈2019—2023年全国党员教育培训工作规划〉情况自查报告》，通过调查问卷、实地走访等形式，起草盐都区承担的"个人自学"方式子课题，加强党员教育工作理论与实践的结合。创建"都来学"党员学习教育品牌，以"盐都党员e站"为前沿阵地，推出"学词知句讲故事"224余期，展现盐都区广大党员干部学习氛围。

【塑造新时代先锋典型】 年内，从科教文卫、农水、党群、政法等行业系统推荐表彰市"两优一先"对象各30名(个)。开展"先锋90后"展评活动，推荐报市7名，重点打造出"白衣执甲赴荆楚"的"先锋90后"典型陈玉丹，在"盐都党员e站"率先展评"先锋90后"风采，激发全区"90后"干群的创业活力。开展区"两优一先"评选表彰活动，100名优秀共产党员、30名优秀党务工作者和30个先进基层党组织获表彰。

【关怀生活困难党员】 年内，制定出台《关于建立激励关怀帮扶机制开展党内暖心工程的实施办法》，对中华人民共和国成立前老党员、党龄50年以上的老党员等10类重点对象构建"平时有人访、惑时有人解、难时有人帮、老时有人养、病时有人问"的长效机制，覆盖党员人生"入党后、进退时、困难时、退休后、临终时"等5个关爱节点，每月常态化开展关怀帮扶50年以上党龄、生活特别困难党员工作，"一对一"签约的85位家庭医生，累计上门送医送药246次，党组织工作专班上门走访、志愿服务累计392次。各镇(区、街道)会同区直职能部门，协调救助资金197人、达33.55万元，适老化改造完成率达94%，提升困难群体的生活质量。

【干部队伍建设】 年内，选用优秀年轻干部，针对年龄结构老化问题，分别选拔5名80后区直部门负责人和5名35岁以下乡镇党政正职。提拔5名人员进乡镇领导班子，其中乡镇事业编1名、优秀村书记2名、到村任职过的选调生2名。有计划地把年轻干部放到艰苦复杂一线中磨炼，累计选派近百名年轻干部到招商选资、城北建设、疫情

3月，新任职村(社区)党组织书记"任期第一课"　　组织部　供

防控等一线岗位进行交流锻炼，加速年轻干部成长成才。

【规范股级干部管理】 年初，研究制定出台《关于进一步规范全区股级干部选拔任用管理的暂行办法》，规范股级干部选任资格条件、动议、任职资格审查、民主推荐考察等程序，统一政策标准，规范工作程序，提高选人用人水平。结合盐都实际，其中针对机关、事业、国企、村居等不同类型干部，细化正负面20条清单。

【抓实党员干部政治、履职监督】 年内，出台《关于进一步做好受处分党员和干部教育管理使用工作的意见》。开展选人用人专项检查，结合区委第十三轮巡察对区政法委、区委编办、区退役军人事务局、区金融局四家单位开展常规巡察同步开展选人用人专项检查。结合区政法队伍建设专项巡查工作组对区司法局、区法院、区检察院、市公安局盐都分局四家单位开展选人用人工作巡查。配合区委第一轮巡察，对区水务局、区农业农村局、楼王镇和张庄街道四家单位开展选人用人工作巡查。加强换届期间干部提名推荐、考察、公示和换届选举等环节的监督检查，核查个人有关事项，严查信访举报，了解提名人选遵纪守法和生活圈、社交圈情况，尤其是8小时以外的情况。做好51名新任职前公示干部的个人事项查核工作；会同区纪委做好新任职前公示干部的廉政考试，配合各干部考察组做好干部任职前公示信访举报的调查核实工作。

【做好教育培训】 年内，出台《关于进一步加强干部教育培训工作推动政治能力、专业能力"双提升"的实施办法》，对培训对象、内容、时长、师资等作详细规定。围绕服务发展急需的应急管理、社会信用、乡村振兴、智能制造等关键领域、关键环节开展培训，挖掘红色资源，讲好红色故事，用身边的事来教育引导党员干部坚定理想信念，筑牢初心使命。按照结构合理、素质优良、专兼结合、动态管理原则，建立培训师资库。建设"市委党校主会场+终端站点分会场"在线培训模式，开设"党课开讲啦"、百年党史"学词·知句·讲故事"等系列活动，刊载党史知识、经典原著中的名句，推广红色资源数字展厅在线参观，向基层推送一批优秀党课微视频，让知识时时可学、处处能学。

【打造公务员成长"闭环"】 年内，将新分配的6名选调生和19名乡镇公务员安排到"吃劲"岗位任职。统筹近期需求和长远需要，通过年轻公务员座谈、年度考核推荐、培训学习跟踪等方式，分层次、分领域建立公务员后备库，重点掌握一批优秀年轻公务员名单。一线"育苗"搭建历练培养"成才梯"。将实践锻炼作为公务员素质能力提升的"第一跑道"，结合成长经历、学历背景、工作实际，选派50多名优秀年轻公务员赴重点工程、重大项目、基层村（居、社区）等实践锻炼。一线"墩苗"树立选拔使用"风向标"。注重在招商、安全生产、维稳、扶贫、创文、防疫等"六个一线"中考察识别优秀公务员，对优秀年轻公务员优先晋升职级、大胆使用。

【做好名校优生引培工作】 年内，制定名校优生"汇盐行动"相关政策实施细则，成立名校优生服务联络组，细化有关工作流程，提供"一站式"精准化服务，解决个性化问题，帮助名校优生办理入职手续，兑现政策待遇。对人才公寓进行提档升级，配齐空调、冰箱、热水器等必备生活设施，实行拎包即住，做好跟踪服务，让名校优生们体会到盐都的"高效率、暖温度"。规范健全管理制度，突出实绩实干导向，探索畅通交流渠道，让想干事的有机会，让能干事的有舞台，让干成事的有待遇。

【优化出台人才政策】 年内，出台《2021年度全区招才引智工作考核办法》，将年度考核指标分解到部门乡镇，明确任务目标、推进措施，完成情况纳入领导班子和领导干部年度综合绩效考核，同时制定全区招才引智重点活动计划表，为推进年度人才工作制定路线图、排出时间表。出台"都智汇"优才计划，明确人才招引的目标，制定"都智汇"优才计划项目责任清单，在人才引培、创新载体建立、人才环境打造、人才服务优化等方面拟定详细措施。出台《盐城市盐都区"十四五"人才发展规划》，阐明盐都区"十四五"时期人才工作的指导思想、工作思路、目标要求、主要任务和保障措施。

【丰富人才活动】 年内，举办"中国国际人才交流大会盐都专场"系列活动。在深圳国际会展中心搭建展厅宣传推广市"黄海明珠人才计划"。邀请130多名国内外专家学者参加专场推介会，科技部中国国际人才交流中心一级巡视员刘永志、中国工程院院士郭仁忠参会，共和国勋章获得者、"两弹一星"元勋、中国科学院院士孙家栋现场连线致辞，会上成立"盐都杰出人才联盟（深圳）"。举办"黄海明珠人才计划"盐工学子盐都行活动，组织近百名2021届毕业生赴盐城国家高新区考察参观并开展招聘。举办盐都区山东大学（青岛）招才引智暨产学研合作对接会，现场揭牌成立盐城黄海明珠人才计划山东大学（青岛）引才工作站，盐城国家高新区与山东大学共同签订校地合作协议，4位专家教授受聘担任盐都区招才引智大使。举办百名在沪盐城籍博士盐都行活动。聘任10位博士为盐都"招才大使"，揭牌"在沪盐城籍博士之家"。举办中国·盐城海外人才创新创业大赛，开展产业招商推介及人才政策情况介绍并进行"江苏省海外人才离岸创新创业基地"授牌。

【做好人才项目申报】 2021年，申报国家级人才项目6个，省"双创计划"20个，其中16个项目进入市推荐答辩，6个项目进入省答辩，入选2人、苏北专项1人，申报数、进省答辩数均列全市第一。2021年盐城市"黄海明珠人才计划"领军人才项目，共申报46个项目，其中创新类28个、创业类15个、团队类3个，共有32个项目进入现场考察环节，占五个区85个人才项目的37.6%，入选项目32个，列全市第一。申报省第六期"333工程"第二层次培养对象7人，第三层次培养对象24人。

【做好人才服务】 年内，对汇文人才公寓外部环境进行整体改造和提升，打造两幢专家楼，配建人才驿站和人才公园。新建新城商务中心人才公寓，规划配套商务办公、政务服务、商业休闲、人才公寓等功能，为高层次创业人才提供设施一流的科研办公场所和拎包即住的舒适居住条件。组建第十四批科技镇长团，所有团员均来自双一流高校及中科院直属科研院所。成立电子信息产才融合创新中心，在高新区创新中心建成办公场所，所有团员统一办公。拍摄完成“智汇盐都”人才政策宣传片，从人才引培、科技创新、人才服务等多个当面生动展现盐都区人才工作新面貌，推介“都智汇”优才计划。兑现各类人才资金2276.9万元，其中人才项目及配套资金1438.8万元，人才新政奖补资金838.1万元。

【注重媒体宣传】 年内，制作一批有特色有影响的党员教育课件，其中《无名之碑》《景佳村富慰忠魂》《沉默的炽热》和文创产品分别获“百年风华”全省党员教育全媒体作品创作大赛一等奖、二等奖、三等奖，另策划制作30余部基层需要、党员喜欢，针对性强、指导性广的视频课件、微党课。拍摄制作的《在田野间建起文化绿洲》专题视频稿件被省委组织部党建栏目《领航新时代》采用，并在江苏卫视播出；策划摄制《盐都区多措并举力促干部政治、业务能力“双过硬”》的专题新闻稿件被市委组织部党建栏目《沿海先锋》采用，并在市电视台播出。

（童　智）

宣传教育

【概况】 2021年，盐都宣传思想文化战线紧紧把握新形势新任务，围绕建党百年华诞，开展好党史学习教育，启动串场河畔党旗红——盐城市党史宣讲成果汇报展示暨巡回宣讲仪式。举办“文明健康始于心”科普宣传活动，提升宣传思想文化工作水平，为担当“争当表率、争做示范、走在前列”重大使命、推动“四个示范区”建设提供思想保证和精神力量。

【开展理论学习】 区委中心组示范引领，全区全年开展专题学习和交流研讨12次，被表彰为全市县处级党委（党组）理论学习中心组示范点。基层党员冬训工作特色鲜明，获评全省基层党员冬训工作示范县。举办“盐都大讲堂”41讲，持续筑牢高质量发展“思想堡垒”。

【理论宣传工作】 年内，在各镇（区、街道）普遍设立县级“百姓名嘴”工作室，党的创新理论“飞入寻常百姓家”。组织“红领巾”宣讲团开展“四史”宣讲，红色基因植根于青少年心灵。创办理论学习口袋书《都读》，选编收录习近平新时代中国特色社会主义思想、上级决策部署、党史国史和学习交流文章等，为党员干部提供高效学习载体。

【开展党史学习教育】 6月26日，盐都建成全省率先、全市唯一的县级综合题材党史馆盐都革命陈列馆。命名16家区级“红色课堂”现场教学点，设置“参观红色基地、聆听革命故事、重温入党誓词”三位一体实境课堂。绘制《盐都红色文化地图》，线上线下推出3条红色参观线路，打响“红色文化教育周”品牌，一体推进“两在两同”建新功行动和“我为群众办实事”实践活动，党史学习教育走深走实。

【强化主题宣传】 全年开设建设“四个示范区”等50多个专题专栏，组织实施“纪录小康工程”，反映盐都高质量发展强劲势头。围绕疫情防控、项目推进、文明创建、安全生产等主题，及时推送有高度、有力度、有温度的新闻作品，全年累计在省级以上主流媒体平台用稿1500余篇。开展“传承红色基因　追寻红色足迹”全媒体新闻行动，推出红色足迹等十个红色系列宣传，党史学习教育和共庆建党百年华诞氛围浓厚。

【加强对外宣传】 年内，策划盐都（上海）长三角推介会、世界草莓大会、“美丽盐都”强国·新江苏拍客行等主题性集中采访采风活动，新华社等10多家主流媒体跟进报道，提升盐都对外影响力和美誉度。承办“Show Jiangsu”外媒摄影采风活动，来自法新社、奥地利《新闻报》、哈萨克斯坦通讯社、德国电视台等多家海外新闻媒体用生动的镜头语言描绘盐都生产生态的独特魅力。

【扩大融合传播影响】 2021年，区融媒体中心顺利通过省级验收。“盐都人”公众号、抖音号、视频号共发布图文信息、原创短视频1800余条，其中“一等功之家　军地领导登门送喜报”在抖音平台播放量超700万次、点赞超15万人次，“盐都发现神秘大鸟”抖音平台播放量超348万次。“盐都人”APP新增用户近5万人，微信公众号新增粉丝3万人，盐都融媒宣传覆盖面和影响力扩大。

12月，“串场河畔党旗红”党史宣讲成果汇报　　宣传部　供

9月，全国第十九个"公民道德宣传日"活动　　宣传部　供

【加强理想信念教育】 9月，开展庆祝中国共产党成立100周年十大项活动和"永远跟党走"群众性主题宣传教育，拍摄《幸福都是奋斗出来的》等红色系列微电影，并在学习强国平台发布。组织开展烈士命名镇村用好红色资源讲好党史"第一课"，从先辈先烈的先进事迹中汲取前进力量，激发牢记使命的时代感和责任感。

【树立道德典型】 年内，坚持"月申报、季评选、年表彰"的好人推选机制，孙益海获评"中国好人"，王明华等5人(组)获评"盐城好人"，孙萌等3人获评"新时代盐城好少年"，韩立芹等5人获评"最美盐城人"。王兵等3人(组)获评市学雷锋志愿服务"四个10"先进典型。

【开展系列创建活动】 年内，保持进位争先、高位运转的文明城市创建态势，在全市四次综合测评中均列第二位。建成开放区新时代文明实践中心，2021年，依托云平台每月发布实践活动170多项，实现文明实践活动网上网下同频共振。组织省、市文明单位、文明社区、文明村镇推荐评选活动，加强文明单位在线动态管理，社会文明程度提升。创新构建"15分钟志愿服务圈"，全年新增志愿服务站点220个，打通服务群众"最后一公里"。开展公民道德宣传活动，提升公民道德水准、文明素养。

【开展全民阅读】 年内，建成开放腾飞书局等4个全民阅读新空间，举办全民阅读"春风行动"等活动，打响盐都全民阅读"中国梦·都读"品牌。以"全国乡村阅读榜样"乐华泽为典型的300多名阅读推广志愿者常年活跃在城乡，实现阅读服务全覆盖。至年底，盐都参与"百种红色经典听书"活动访客数达15万人次，浏览量达33万次。盐渎书城网络直播活动近2500人次到书城现场，超40万人次在线观看。

【提升公共文化服务效能】 年内，依托新时代文明实践中心(所、站)、公共图书馆、农家书屋等阵地，共建共享广大群众喜爱的文化"打卡地"，全年更新村级文化服务中心出版物28000余册。打通市版权登记服务站与盐都站的区域限制，强化版权登记服务，拓展著作权登记资源。统筹推进"护苗2021"专项行动，发放绿书签3000张，保护未成年人健康成长。

【巩固文化事业成果】 全区全年共有3个公共文化空间获评省"最美公共文化空间"，3支群众文化团队获省优秀群众文化团队培育对象。《送你过江》《为你绽放》《盐阜往事》3部红色题材现代淮剧广受好评，入选多项国家和省级艺术基金资助项目。《爱在大数据时代》获省第五届曲艺、喜剧小品二等奖。"百片千村万场"公益电影展映2600场次，全年送戏下乡400余场，群众文化幸福感显著提升。

【强化意识形态建设】 年内，做好省委巡视发现意识形态领域问题的整改，把落实意识形态工作责任制情况纳入执行党的纪律监督检查范围，对8家部门单位开展意识形态工作专项检查，对盐城高新区党工委、大纵湖旅游经济区党工委开展市委巡察发现意识形态领域问题整改落实情况专项督查。强化阵地建管。做好做实阵地建设和管理工作，开展意识形态工作联系点培育提升专项行动，坚持点位创新和上级指导相结合、巩固提升和发现培育相结合、示范引领和总结推广相结合，潘黄街道红色大讲堂被列为市第二批意识形态工作联系点。（陈丽云）

统战工作

【概况】 2021年，区委统战部坚持赋能中心，着力打特色牌、塑影响力，致力擦亮"都同心"统战工作品牌，各项工作亮点纷呈。

6月，全区统战系统"爱党爱国爱盐都"演讲比赛　　统战部　供

【加强思想引领】 年内，举办十九届六中全会精神和《中国共产党统一战线工作条例》专题宣讲，举办《风雨苍黄百年路高歌奋进新征程》讲座，组织全区统战条线“爱党爱国爱盐都”主题演讲等活动，从思想、能力、素质力促全面提升。全力搭舞台、架云梯，对全区党外年轻干部调查摸底，建立动态数据库，并对党外年轻干部进行精细化入库管理。

【开展阵地建设】 全年统战条线共创成2个国家级品牌和8个省级品牌。区工商联获评全国“五好”工商联、省“构筑民营经济舆论阵地”先进单位，民进盐都总支获民进全国反映社情民意信息工作先进集体；盐城首家省级华创苑顺利挂牌，郝氏故居和高新区智创园新阶层实践创新基地被认定为省级党外人士现场教学基地，大冈镇红石榴家园被认定为省级红石榴家园，东山精密有限公司获评江苏省民营企业文化建设示范单位，三胡故里、高新区智创园新阶层实践创新基地等2个统战阵地入选江苏百家统战基地。建成“民营经济人士理想信念教育基地”“民族团结进步教育基地”等市级阵地19个。

【赋能民营经济】 年内，实施“创二代”打铁能力提升行动，激发年轻一代创业激情，组织40多名年轻一代民营经济人士开展学习张謇企业家精神培训班。召开“都同心·赋能未来”年轻一代民营企业家早餐会，举办“之音”民营企业家下午茶暨青年企业家“区块链”和人工智能专题培训班。邀请上海智能制造领域30多名在沪企业家回乡为民营企业数字化转型把脉问诊。举办“暖暖的草房子——企业家捐资助学”活动。

【建言献策】 年内，制定并落实年度政党协商计划，组织举办专题协商座谈会、征求意见座谈会、党外人士建言献策座谈会等活动十余场，增进政治共识。开展“不忘合作初心　继续携手前进”主题教育，协助民进市委、九三学社市委、民革市支部开展专题调研活动3场。发挥党外知识分子智力优势，围绕智能终端产业首位度不动摇、融入长三角一体化、打造盐都副中心等经济社会发展重点、难点问题进行考察调研，形成高质量调研报告3篇。推动党外知识分子建言献策工作常态化，聚焦行业重点难点问题深入调研、积极建言，党外代表人士撰写的4篇建言建议被评为区优秀提案、重点提案。民建会员王金海撰写的《提升党派民主监督实效　提升政党服务发展质量——关于增强参政党思想政治引领和作为的思考》获全市统战理论研究成果三等奖；九三社员何飞撰写的《论统一战线在疫情防控工作中发挥的作用》获省委统战部主题征文三等奖。（曾　慧）

机构编制管理

【概况】 2021年，盐都区机构编制工作围绕中心、服务大局，开拓创新、锐意进取，在深化行政管理体制改革，加快推进政府职能转变，优化执政资源配置，规范机构编制管理等方面取得明显成效。

【基层“三整合”改革】 年内，基层审批服务综合执法一体化平台全面建成，与全要素网格、12345等平台数据共享，初步实现可视化、信息化、智能化镇域管理，形成智能化管理平台；年初，出台《盐城市盐都区赋予镇（街道）经济社会管理权限（第一批）的通知》，首批赋予基层109项管理权限，通过精准对接、定期培训、专项督查等方式，实现“放得下接得住管得好”；市级试点尚庄镇顺利通过验收，其一体化平台对接端口数全市第一，为民服务中心入选全省“15分钟医保服务圈”首批示范；塘桥村入选全省基层“三整合”改革示范案例，获评“第二批全国乡村治理示范村”，成为基层治理体系的全国样板。

【综合行政执法体制改革】 7月，会同区城管局出台《城市管理执法规范化建设标准实施办法》，提升综合行政执法能力；推进跨领域跨部门综合执法，在市场监管和城市管理领域申请跨部门相对集中111项行政处罚权和行政强制措施权；区农业农村局作为盐城市唯一入选单位，成为全国农业综合行政执法示范单位。

【园区管理体制机制】 年内，推动高新区与盐龙街道“区街分设”、职能分离，将安全环保、拆迁安置、城市管理、民生保障、信访维稳等社会事务管理工作交由属地承担，理顺职责关系；确立高新区为

11月，村级智能化管理平台　　编办　供

核心区，大冈、郭猛、冈中3个特色园区和义丰、龙冈2个市级工业园为拓展区，推进形成规划一体、产业互补、资源共享的“一区五园”联动发展格局；推动功能园区“扩权赋能”，在大纵湖旅游度假区、台创园建立起“三镇两园区”运行服务、专用公章和承接平台“三位一体”的赋权委托运行保障体系，实现审批服务执法“园区事园区办”。

【机构编制保障发展】 6月，调整优化扶贫工作机构设置，在区农业农村局挂牌设立区乡村振兴局，建立健全乡村振兴工作体制机制；加强文物保护体系建设，在区文广旅局挂牌设立区文物局；完成行政复议体制改革，实现“一级政府一个复议机关”。统筹资源设立未成年保护、职工服务、事业单位登记、民族宗教等一批公益性事业机构。央视《新闻1+1》栏目对盐都区通过成立未成年人救助保护中心关爱、保护留守儿童和困境儿童做法进行专题报道。创新设置“过桥编制”，打破编制资源使用壁垒，加强对重点领域、关键环节、基层一线等方面的机构编制保障力度。

【编制资源下沉】 年初，推动镇（街道）“三定”实质运行，完成原镇属中心、站所等事业单位法人注销登记、公章回收和综合服务中心事业人员职称评定等配套工作。向基层下沉编制和人员，下达2021年度退役士兵安置事业岗位，基层岗位独占6席。公开招聘基层事业单位岗位数达62个，占公开招录岗位计划数近53%。提请区委、区政府新增面向基层招录基层安监岗位20个，保障省级安全示范城市创建。为解决基层消防“短腿”“无腿”问题，在全市唯一一家向基层下沉30名全额事业编制。

【教育卫生体系建设】 2021年，落实教育、卫生优先战略，保障“学位”“床位”不缺位。市东进路小学初中、区教育人才储备中心、中医院相继成立，市三院升格为正处级。联合纪委、人社、教育等部门，对全区中小学（含公办幼儿园）学生、教职工情况进行“家家到”调研，摸清全区师生配置总体情况，为区委、区政府科学决策提供可靠依据。创新试行“承兑编制”，在不突破中小学教职工编制总量的前提下，对新设立的中小学，试行“编制一次核定，分期分批下达”管理模式。教育卫生领域共入编538名，核定的事业编制数超全区总量的75%，最大程度保障义务教育、公共卫生等基本公共服务的编制急需。

【建立机构编制大数据库】 年内，按照“一户一号一档”模式，实行档案“双轨制”管理，建立全区党政群机关、事业单位机构编制电子信息库。全面实施机构编制简报制度，按季度列明机构、编制、人员等动态信息，形成全流程、全周期、全方位的机构编制“大数据”，在实现可追溯、精细化管理的同时，加强数据研判、开发利用，发挥机构编制统计的基础性作用。11月20日，在全市率先召开第二次机构编制核查工作部署暨业务培训会，高质量完成机构编制核查，提高数据真实性、准确性、完整性和规范性。

【科学评估机构编制使用效益】 年内，围绕部门履职、权力清单、机构运行、编制使用、内部管理、机构编制执行六个维度，细化形成“三定”履职、工作均衡度、编制使用饱和度等25项二级指标，对党政机关“三定”规定落实情况开展系统科学评估。以机构改革落实情况“家家到”为契机，开展机构编制使用效益“沉浸式调研”，将结果作为优化资源配置的重要依据，推动机构编制动态高效精准配置。将机构编制使用效益纳入全区综合考核，建立以评促管、以评促优的常态化、全覆盖评估管理机制，发挥机构编制资源正向激励和反向约束作用。

【加强机构编制全周期管理】 年内，加强“事前”评估，建立机构编制事项调整事前绩效评估机制，凡涉及机构编制动议事项，一律按照“走访调研、信息核查、周边比对、领导审议”程序评估，倒逼部门内部机构编制和职能配置优化；加强“事中”指导，强化“服务+”意识，提供编制手册登记、实名制信息库维护、事业单位法人即时登记等全链条服务，为服务对象提供便利；加强“事后”规范，开展权力清单动态调整，事业单位“双随机一公开”检查，机构编制常态化监督检查，提升机构编制管理规范化水平，维护机构编制工作严肃性。

（王慧敏　华映嘉）

巡察工作

【概况】 2021年，组织开展2轮常规巡察、1轮巡察“回头看”、2轮对村（社区）巡察，全年共巡察8家单位党组织、巡察“回头看”4家单位党组织和巡察40个村（社区）党组织。

【推进巡察高质量全覆盖】 3月，十四届区委开展第十三轮巡察，对区委政法委、区委编办、区地方金融监管局、区退役军人事务局4家单位党组织进行常规巡察，对区发改委、区人社局、区文旅局、区信访局进行巡察“回头看”，十四届盐都区委确定的62个常规巡察对象实现巡察全覆盖。组织对村（社区）巡察，开展两轮对村（社区）巡察，分别对秦南镇、楼王镇所辖40个村（社区）党组织开展巡察，对村（社区）巡察覆盖率达93.6%。

【开展问题和线索“双清零”行动】 树立“本届问题本届清、本届线索本届结”理念，推动巡察工作形成“发现问题——问题整改——完善制度——制度执行——推动发展”闭环效应，对区委巡察反馈意见整改和移交问题线索处置情况进行全面起底，完成“双清零”任务。年内，十四届区委巡察共反馈问题1820个，移交问题线索277条，全部办结，推动给予提醒或诫勉谈话101人、党纪政务处分113人。盐都“双清零”经验做法在被中央纪委、国家监委网站在全国宣传推荐。

【谋划十五届区委巡察工作】 年内，总结十四届区委巡察工作经验，科学谋划新一届区委巡察工作，研究确定巡察覆盖对象、监督重点、组织方式、成果运用等重点事项，8月，经区委常委会通过出台《中共盐城市盐都区第十五届委员会巡察工作规划》，并确定66个巡察对象。9月，十五届区委启动第一轮巡察，对区农业农村局、区水务局、张庄街道、楼王镇等四家党组织开展常规巡察，12月，形成巡察报告4份，提交专题报告6份，监督立行立改问题15个，移交问题线索23件，挽回经济损失3000多万元。

【探索盐都“巡察+审计”联动模式】 年内，为深入贯彻落实党中央关于推进巡视巡察与其他监督贯通融合的部署要求，探索巡察监督与审计监督贯通融合的有效路径，作为市巡审联动的试点，区委巡察机构围绕“发挥巡审联动叠加效应”创新“以巡带审、以审促巡”的巡审联动模式，提高发现问题力度、精度和深度，实现政治巡察与依法审计“无缝衔接”，推动巡察工作高质量发展。撰写的两篇经验文章《积极探索巡审联动　实现叠加效应》被中央纪委、国家监委网站上刊用，《双轮驱动增合力——盐都区积极探索“巡察+审计”联动模式》被市纪委信息专刊转发。

【配合巡视巡察上下联动工作】 年内，贯彻中央《关于加强巡视巡察上下联动的意见》，配合省委巡视工作，参与市县联动巡察，形成上下联动的良好格局。10月，为配合省市涉粮问题专项巡视巡察，选优配强9名由巡察干部、纪检干部、业务骨干组建的巡察队伍参加市县联动巡察。同时，在市委第四联动巡察组巡察盐都期间，配合涉粮专项巡察工作，做好联络协调工作。

（纪晶晶）

12月，区委第一巡察组反馈会　　　巡察办　供

农村工作

【概况】 2021年，盐都实现农村居民人均可支配收入28521元，增长9.7%，自2013年起，增幅连续9年高于城镇居民收入，城乡居民收入差距继续缩小。连续2年获省乡村振兴实绩考核县级综合排名第一等次，农村人居环境整治获省政府督查激励，获评市乡村振兴促进奖。

【开展帮促行动】 年内，下发《开展富民强村帮促行动实施意见》，选派29名驻村第一书记，构建低收入农户增收和乡村振兴重点帮促村发展长效机制。设立区防贫基金，加大兜底保障，持续巩固脱贫成果。拓宽增收渠道，新安排低收入农户就业526人，扶持设点加工17户，落实补助资金260.52万元。区政府扶贫工作办公室和市医保中心盐都分中心获省脱贫攻坚先进集体。

【发展村级经济】 启动实施村级集体经济发展三年行动计划，探索实施发展特色产业、盘活资产资源等村级增收模式，全区全年实现村级经营性收入2.03亿元、村平82.63万元，所有村(社区)经营性收入均达28万元以上。

【推进农村改革】 全区全年成交1657宗，成交额1.81亿元，累计8322宗、17.7亿元；审慎推进农村宅基地改革，受理审批1965宗；试点农村集体经营性建设用地入市改革，共成交集体经营性建设用地8宗、30.47公顷，出让金总额8421.5万元。

（唐亚东）

对台事务

【概况】 2021年，全区对台经济工作围绕中央、省市区委的部署要求，围绕打造“沿海台资集聚新高地”的目标，依托盐城高新区和盐都台湾农民创业园两个国家级平台，通过线上线下、驻点拜访、委托招商、集中推介等方式方法，加大对台项目招引力度，走访进典控制阀有限公司、聚力成半导体(盐城)有限公司、复汉海志(江苏)科技有限公司等企业，疫情防控之年逆势突破，取得较好成绩。

【对台招商工作】 12月，聚力成半导体项目落户高新区，总投资10亿元，征地6公顷，新上第三代半导体材料氮化镓外延片，建成后实现年产值20亿元，税收超亿元。项目厂房建成，设备进场试生产。康佳集团芯片项目。项目落户高新区，投资20亿元，征地百亩，新上新一代存储芯片研发生产。项目引进台湾顶尖团队，有10余名台湾半导体专业技术人才担纲研发，实现量产，建成盐城首家全自动化“黑灯”工厂。美青花卉组培中心项目。项目落户台创园，占地85.3公顷，投资5000万元。

9月，走访进典控制阀有限公司　　台办　供

【对台交流交往工作】 郝柏村孙女郝汉祥在上海工作，每年回盐都祭拜祖先、观光旅游和商务考察，为盐都介绍台湾籍科技、经贸、教育、人文等方面的人士到盐都考察交流。5月17—18日，上海市台湾同胞投资企业协会副会长陈定宗一行6人在盐都参访交流，对盐都的自然环境、人文资源、经济发展给予好评。11月，与闵行台办台协法律顾问——上海市熊兆罡律师事务所建立联系，引进开设盐城分所，并聘请该所为常年法律顾问；12月上旬，协调该所在盐都召开年会暨涉台法律服务研讨会。7月5日至8月5日，台湾大学生一行3人在市第三人民医院进行为期一个月的实习培训，在盐都期间组织他们参加"相约鹤乡·筑梦盐城"——2021台湾大学生盐城实习就业特训营。

【对台宣传调研工作】 年初，制定对台信息报送工作计划、工作重点和目标任务，明确专人负责。加大惠台政策宣传力度。对国家"31条"、省"76条"、市"50条"和农林"22条"等惠台政策进行深度宣传，并将相关材料编印成册，专程送至在盐都的每一个台商和每一家台企手中。加大涉台信息报送力度。全年共向上级单位和网站报送各类信息、调研文章30余篇。加大对台资料编撰力度。2021年初，制定编撰计划，编印《盐都对台工作志》《盐都春秋——台海人物》《风范长存——纪念郝柏村先生》等对台工作资料。

【助力做好疫情防控】 年内，针对新冠疫情严峻形势，会同有关部门走访全区十多家台资企业，为他们提供防疫指导，并为回盐都的台商做好防疫宣传和政策咨询。主动与区卫健部门联系协调，为30余名在盐都工作生活的台商台胞注射疫苗，为在盐都暑期实习的7名台湾籍大学生进行核酸检测、发放防疫用品。

【帮助解决难题纠纷】 年内，台创园美青花卉公司与连云港农发集团中荷花卉公司发生经济纠纷，区台办第一时间了解具体情况及相关诉求，并将有关情况向市台办汇报，问题得到较好解决。高新区复汉海志公司反映企业进出口量大，手续烦琐，不能及时到位，影响生产经营，区台办第一时间与相关板块和部门协调沟通，及时办理，顺利通关，企业销售首次突破10亿元大关。

【聘请常年法律顾问】 11月，与顾问律师走访江苏进典控制阀有限公司、盐城九和通商汽车服务有限公司、江苏聚能橡塑科技有限公司、江苏复海汉志等台企，向台商进行法律知识宣传，并针对台企提出的签订商业合同、追讨货款、办理工伤保险和商业保险等方面的问题，进行解答。同时，通过"以案说法"的形式向台企台商宣传法律知识，引导台企加强对法律法规的学习研究，强化法律风险防范意识。（许　燕）

机关党建

【概况】 2021年，在全区范围内组织开展模范机关创新，首批完成11家单位创建，通过规范机关党建组织、阵地、活动流程制度，打造契合单位实际的机关党建示范点。完善机关党组织统一活动日制度，明确五项具体操作流程。实施党务干部"素质能力提升工程"，按照"干什么学什么、缺什么补什么"要求，举办党务干部专题讲座。规范范党组织资料档案，实现工作安排有清单、工作落实规范有纪实、工作兑现有台账的党建工作格局。

【"两新"党建成效初显】 4月，在全省基层党建工作重点任务推进会上，以"抓住关键人　干好专业事　以一项制度激活'两新'党建一池春水"为题，进行交流发言。承办市"两新"组织党务工作者专业化建设推进会，介绍盐都区试点经验《四专四定点燃红色薪火》，召开"两新"领域表彰大会，进行为期一个月的先进事迹展播。至2021年底，共认定"两新"组织初级党务工作者47名、中级党务工作者11名、市高级党务工作者3名。（童　智）

老干部工作

【概况】 2021年，在区委的正确领导和市委老干局的精心指导下，坚持以习近平新时代中国特色社会主义思想为指导，紧扣建党100周年主线，主动对标市委老干局全年重点工作分解任务，结合区情实际，坚持“四聚焦四着力”统筹推进党的建设、服务管理、作用发挥、素能提升等项工作，各项工作取得一定成效。

【开展党史学习教育】 年内，组织引导全区广大离退休干部和党组织通过“学、讲、做”开展好党史学习教育。依托“三会一课”、党组织统一活动日等，组织老干部对照党史原文原著认真“学”，开展“党史原著原文大家读”“我学党史有心得”活动。利用区老干部党性教育共享基地——盐都革命陈列馆和以烈士命名的镇村及红色纪念设施，开展实境课堂教学。组织引导广大老干部坚持每日参加“江苏老干部系统党史知识竞答”活动。成立区级老干部“百姓名嘴”党史宣讲团1个，发挥老干部熟悉党史优势积极“讲”。中国火炬杂志社、江苏交汇点新闻、盐阜大众、盐城老干部网站对盐都区老干部开展党史学习教育给予介绍。组织部分离退休干部走进“红色课堂”，开展“学党史、守初心、显担当”党史学习教育活动，追忆革命历史，缅怀革命先烈，接受红色教育，推动党史学习走深走实。

【为民办实事】 年内，引导老干部围绕“夕阳正红新风采”办实事，组织引导老干部充分发挥优势和特长，为“四个示范区”建设献智出力，影响和带动周边群众，真正做到离岗不离党，退休不褪色。组织开展离退休干部“两在两同”建新功。区“不老松”科技服务队的老专家坚持边学习边实践，开展“我为群众办实事”活动，指导广大养殖户进行科学养殖，帮助解决技术难题。

【党组织规范化建设】 年内，推动全区离退休干部党支部达标创建，按照不低于10%的标准，开展市、区两级示范党支部创评活动，加大离退休干部党组织规范化建设力度。全区所有老干部党支部基本达到省市创优达标标准。学富镇老干部党支部被省表彰为“百佳离退休干部党支部”。探索离退休干部党建融入基层党建措施，完善新都路社区党建联盟工作机制，推动5个基层社区服务站“夕阳红”党组织与服务站工作较好的融合。放大省级示范党支部和市级示范党支部的带动效应，培育和打造全区离退休干部党建工作“示范点”。

【开展庆祝建党100周年主题系列活动】 9月，区委组织部、区委离退休干部工委、区退休干部协会联合举办“百年风华路 银发映初心”全区退休党员干部庆祝党的百年华诞主题活动。百名退休党员干部代表登上舞台，通过“重温入党誓词”“永远跟党走”等十个篇章，展示演讲、歌曲、舞蹈、书法、诗朗诵等表演。组织区四套班子离退休老干部开展以“颂党恩、感党情、助力新征程”为主题的考察调研活动，参观盐龙体育公园、盐都革命陈列馆、高新区智能终端产业园等。开展建党100周年主题征文征集活动，组织老干部紧扣建党百年主题，以回忆历史、记述现实、写人写事为主要方面内容和以回忆录、散文、学习心得等体裁撰写征文，共收到各类征文87篇，报省3篇获得省三等将1篇。七一前夕，开展走访慰问老党员老干部活动。

【打造志愿者品牌队伍】 年内，提升6支有一定影响的志愿者团队，志愿者人数150多人，增强“银发生辉、辉耀盐都”品牌的成色。加强志愿者工作室建设，引导老干部、老志愿者在社区、家庭、有代表性的教育基地等设立志愿者工作室。建立“金牌调解”“安俊悦读”2个志愿者工作室。大纵湖镇退休干部郭玉龙退休后成立民调工作室，自成立起共调解纠纷651件，成功率100%，被群众誉为“金牌调解”。举荐宣传先进典型，8名离退休干部，被授予盐城市离退休干部第二届“正能量之星”称号。与区融媒体中心合作，在电视台分期播放正能量事迹。

【配合做好关心下一代工作】 10月，为加强与区关工委的工作联系，区退休干部、区“夕阳红”法制宣传队队长邵洪波在省关工委成立30周年纪念会上作题为《十八年坚守做新时代普法引路人》发言。与区关工委、区教育局等单位联合举办中小学“颂建党百年、做时代新人”主题教育活动。

【提升离退休干部服务管理水平】 年内，对离休干部的各项政策进行回头看，查看执行情况。为每位居家养老的离休干部提供家庭签约医生服务，自愿签约率达100%，兑现家庭签约医生服务费用。落实《关于在建党100周年之际提高离休干部生活补贴标准的通知》和《关于在建党100周年之际提升离休干部高

4月，组织老干部走进革命陈列馆开展“红色课堂”教育 老干部局 供

龄护工补贴标准的通知》,结合庆祝建党百年华诞,为全体离休干部增发生活补贴等,将中央和省市区委对离休干部的特殊关爱全部及时落实。

【注重服务细节】 年内,从老干部关心的健康教育、预防保健、疾病诊治、康复护理等"小问题"入手,开展送健康进社区、进学校、进家庭活动,将以老干部为本、以服务为本体现到老干部工作的全过程。为党员离退休干部颁发"光荣在党50年"纪念章获得者颁发纪念章。全覆盖走访慰问中华人民共和国成立前入党的离休干部46人,共发放慰问金9.2万元。区委书记王娟走访看望91岁的离休干部乐武成,为其戴上"光荣在党50年"纪念章,送上慰问金。

【推进信息化建设】 年内,完善江苏省离退休干部服务管理系统、大数据库,建好用好老干部信息库,推进老干部档案数字化管理,推动工作提质增效。召开离退休干部服务管理系统应用和完善工作业务培训会,对新负责离退休干部服务管理系统的人员进行业务培训。引导、指导更多的老同志订阅、关注"离退休干部""江苏老干部""盐城老干部"微信公众号。利用上级老干部网站、公众号及其他媒体宣传推介盐都老干部工作,被省、市老干部局媒体采用稿件达24篇,其他国家、省、市级媒体7篇。

(杨友鸿)

·退休干部协会·

【概况】 2021年,坚持以习近平新时代中国特色社会主义思想为指导,以党史学习教育为主线,以开展"两在两同"建新功行动为抓手,充分发挥退休干部独特优势和作用,为"强富美高"新盐都建设和全区疫情防控做出新贡献,退协工作取得新成效。

【考察红色基地】 年内,就近挖掘党史馆、革命博物馆、纪念馆、烈士陵园等红色基因库,组织参观考察,把这些红色资源作为加强党性修养的生动教材。七一前夕,组织老干部前往盐城新四军纪念馆、盐都革命陈列馆等红色传统教育基地,参观盐城县抗日民主政府旧址和刘少奇、陈毅在盐城张庄仓头的革命陈列馆,赴东台三仓烈士陵园凭吊,向烈士敬献花篮。

【关爱退休干部】 1月30日,区直机关分会组织部分退休干部自筹资金在亮月街小区举办"情系空巢老人,关爱祖国花朵"迎新春主题活动,给35位老人赠送物品,为10名贫困学生送上慰问金和学习用品。8月25日,郭猛分会部分退休干部对本镇12名困难学生,发钱发物,结对帮扶。8月,盐渎分会在福才社区举办"贫困学生救助手牵手"行动,市电视台进行播报。潘黄分会的老干部志愿者全年共结对30名经济困难学生。为支持抗疫,大冈分会95岁老干部沈文龙一次性交纳党费5000元。冈中分会的几名退休干部11年间向社会捐款近8万元。

6月,"百年风华路 银辉映初心"建党百年主题活动　　退休干部协会 供

【主题活动开展】 6月12日下午,与区委组织部、区离退休干部工委在毓龙路实验学校联合举办"百年风华路、银辉映初心"主题活动,围绕庆祝建党百年华诞主题,百名退休党员干部代表登台演出,分"重温誓词、回顾征程、荣耀奉献、自愿服务、书写丹心、永跟党走"等十个篇章。全区近400任观看节目表演。各分会结合自身实际开展"学党史、感党恩、跟党走"主题活动,通过集中举办"光荣在党50年"纪念章颁发仪式,观看大型爱国主义影片《长津湖》,重温入党誓词等多样形式,增强党史学习教育效果。12月17日,区退协组织分会长等40余人,举办学习党的十九届六中全会精神专题座谈会,盐都电视台、盐城晚报进行专题报道。

【"两在两同"行动】 7月22日,省委决定在全省党员干部中开展"同人民想在一起、干在一起,风雨同舟、同甘共苦,在现代化新征程上建新功"行动(简称"两在两同"建新功行动)。全区广大退休干部响应省、市、区委号召,主动践行党的宗旨,与全区人民齐奋斗、共奋进,为"强富美高"新盐都现代化建设做贡献。

【法制课程】 由退休老干部组成的盐都区"夕阳红"法治宣传队,12名党员,平均年龄66岁,这支"银发队伍"18年内累计为青少年开设法治讲座600余场,获得"全省离退休干部先进集体"称号。区政法系统39名老干部志愿者成立社区矫正队,对全区35岁以下300名矫正对象进行帮教,通过集中学习、培训交流、单独测试、播放录音、个别互动等方式,增强法制教育效果,使得帮教对象无一人重新犯罪、无一人重新收监。注重加强法治文化建设,通过举办讲座、个别谈心、读书活动等形式普及法律常识,引领地方和单位法制教育拓展阵地，教育引导青少年远离黄、赌、毒，潜移默化传播法治精神。

【盘活银发资源】 年内，潘黄、龙冈、张庄、盐渎、盐龙等镇（街道）等分会的退休干部为地方发展，参与拆迁方面的宣传和解释工作，与当事人谈心交流。不少分会能够主动参与地方人民调解工作，调处基层大小矛盾纠纷，为地方做到"小事不出村，大事不出镇，矛盾不上交"发挥较好作用。部分有余力的退休干部进行专题工作调研，就如何加快推进乡村振兴、改善农村人居环境等民生实事工作向地方党委政府或相关部门提出合理化建议。年内，"不老松"农业科技志愿服务团分别到学富、楼王、郭猛、大冈等镇开展"送科技下乡"系列活动，与农民朋友进行面对面交流，开展技术咨询答疑。

【节日活动常态化】 国庆、中秋和重阳节期间，举办多项活动。10月12日上午，组织近50名退休干部举办"庆重阳美丽乡村行"活动，老干部们在盐龙体育公园、盐渎街道花吉村等地方观摩，体验盐都区全民健身实事工程建设成果和美丽乡村建设成就。组织部分女退休干部观看盐都区新农村建设成果。重阳节期间，通过观摩书法绘画展、举办老年文化艺术节、举行老年体育运动会等活动形式，增强节日氛围。

（陆海桐）

11月，党的六中全会精神座谈会　　退休干部协会　供

档案管理

【概况】 2021年，区档案馆以习近平新时代中国特色社会主义思想为指导，围绕中心、服务大局，档案事业取得新进展、新成效，获全省档案宣传工作二等奖，区内3家单位档案工作通过省四星级验收。

4月，盐都区档案馆室一体化平台培训会　　档案馆　供

【档案基础业务】 4月，盐都区档案馆室一体化平台培训会。2021年全区共收集归档文件材料19275件，其中永久保存的文件10704件，30年保存的文件3436件，10年保存的文件5135件。90%的立档单位使用档案馆（室）一体化平台，微机化检索使用率达100%。修订完善《盐都区档案馆收集档案范围实施细则》，档案收集范围满足应收尽收要求，一级机构全部列入接收名册，兼顾具有典型性、代表性的二、三级单位。区交通运输局、学富财政所和资产管理局、潘黄财政所等3家单位档案工作通过省四星级验收。开展实物征集、名人董加耕档案征集及非物质文化遗产档案征集，丰富、优化馆藏，构建更具地域文化特色的馆藏档案资源体系。建立健全鉴定工作组织，根据馆藏制定鉴定工作计划，组织业务熟悉人员对1990年前的87个全宗15675卷档案进行全面鉴定，9624卷档案提升保管期限，并在中国盐都网站上发布公告。

【服务群众工作】 2021年，共接待查档8000多人次，调阅档案6000多卷1万多件，查档满意率始终保持100%。为工作性查考、退伍老兵享受国家补助、办理房产过户、户口迁移、特殊工种提前退休等提供档案利用服务。对接长三角民生档案一体化服务平台，提供知青、独生子女、婚姻等民生档案在长三角地区范围内异地查档服务。实施残疾人通道工程，为残疾人查阅档案提供方便。加强查档服务窗口建设，在查档大厅配置同步显示屏、老年用品等设施设备，改善查阅场所环境。优化档案查询流程，开通电话、信函、传真等查档途径，满足各类查阅需求。

【档案信息化建设】 年内，加快推进档案资源数字化、信息管理标准化、信息服务网络化。重视档案数字化工作，利用信息化专项经费，细化目标，分步实施，对馆藏的110万多页档案进行全文数字化。调研各应用科室的需求，优化升级软件功能6项，招标购置磁盘阵列、KVM、精密空调等软硬件设备，保障档案信息系统安全、持续、可靠运行。谋划数据备份方案，选择大容量加密移动硬盘拷贝复制的方式进行档案电子数据备份，共备份完整数据2套，JPG全文数据库1套，保障档案数据完整安全及长期可读性。

【档案安全管理】 年内，贯彻落实国家档案局《关于进一步加强档案安全工作的意见》的精神和要求，把握“安全第一、严格管理、以防为主、防治结合”的方针，把档案安全工作落到实处。在库房内增设监控视频，实现档案馆区域监控无死角。安排资金对屋顶渗漏进行维修。对馆藏档案进行普查，核对数量，检查案卷质量，形成记录归入全宗卷。对各类台账、登记簿进行续登续统，做到账账相符、账物相符。严格落实《盐都档案馆档案安全责任制》，逐层逐级签订《安全工作责任书》，修订《档案接收进馆制度》《档案库房管理制度》《档案开放利用制度》《未开放档案利用制度》等一系列档案安全保密制度，做好档案出入库登记、档案日常检查、库房温湿度记录等台账工作，修改完善规章制度和应急预案，邀请专家到区档案馆开展消防安全讲座，提高干部职工的安全防范能力。

（陈天妹）

党史编研

【概况】 2021年，围绕全年工作计划，以党史学习教育为重点，提升党员党性修养，转变工作作风，做好史志业务工作。

【开展党史学习教育】 3月29日，党史办召开党史学习教育动员会，学习贯彻习近平总书记在党史学习教育动员大会上的重要讲话精神，贯彻落实省市区委部署要求，对党史办开展党史学习教育进行动员，研究并通过《盐都区委党史办关于开展党史学习教育的实施方案》，对重点工作进行分工，落实责任。在基层开展党史宣讲，“七一”前后，开展两场党史学习教育专题宣讲，受众人数300余人，宣讲方向明确、重点突出，受到与会干群的高度赞扬与肯定。

【开展专题学习研讨】 年初，创新党史学习手段，开展线上学习，坚持用好“学习强国”“党史学习教育”“江苏先锋”“江苏党史”“盐都人”等网络平台；开展党史实境教学。3月30日，在尚庄镇北堡村的盐城县委、县抗日民主政府旧址，开展党史学习教育“第一课。6月30日，联合团区委开展“学党史、强信念、跟党走”活动，组织全区青联委员代表在盐都革命陈列馆、胡乔木故居和佳富红色纪念馆等地学习革命历史，扩大党史学习教育在青年中的影响力。

【协助盐都革命陈列馆开馆】 6月26日上午8:15，盐都革命陈列馆举行开馆仪式，邀请省委党史工办副主任缪毅、市委党史办主任吴云等人员参加开馆仪式，缪毅在开馆仪式上致辞。盐都革命陈列馆项目自立项起，党史办克服疫情不利影响，全国各地征集资料，形成展陈脚本8万余字，图片2500余张。陈列馆试开馆后，多次邀请全国、省、市党史专家，历史事件亲历者以及后人到馆参观，听取他们的意见和建议，完善展陈内容和设计。陈列馆建成后，配合做好开馆工作。将盐都革命陈列馆申报为全省党史教育基地，提高陈列馆的影响力。

【开展新四军后人盐都行系列活动】 6月，利用盐都革命陈列馆开馆之机，邀请省委党史工办副主任缪毅、市委党史办主任吴云以及曾经在盐都战斗过的新四军后代到盐都，开展新四军后人盐都行系列活动，重走红色线路，参观新四军纪念馆及“三胡”故里、孙兰生平陈列馆等红色文化场馆，受到新四军后人的好评。

6月，戴星明子女捐赠革命藏品仪式　　党史办　供

盐都行活动之后，举办盐都革命陈列馆捐赠活动，新四军后人戴星明子女向陈列馆捐赠一批珍贵文物，充实陈列馆展陈资料。

【编纂党史书籍】 年内，启动编纂《辉煌征程——新时期盐都党史专题》一书，全面记录改革开放以来党领导盐都人民在各个领域取得的辉煌成就，打造本土党史学习教材，发挥党史以史鉴今、资政育人功用。全区各个部门单位基本都参与编纂工作，党史办对稿件进行多轮校核修改，最终形成100个篇目约百万字的定稿，10月，该书正式出版发行，并赠送给区四套班子领导、区各部委办局、各镇（区、街道）及文稿撰写者，扩大全书影响。另外，党史三卷本完成第一、二部分撰写，进入1992—2002第三部分资料收集撰写工作。

【挖掘红色资源】 年内，为配合党史学习教育的深入推进，挖掘盐都的红色资源，启动19个以烈士命名的村居志书编纂工作。《丁晏村志》在编纂过程中挖掘出抗战时期的文艺宣传队资料，《张本村志》在编纂过程中挖掘出盐都第一个军械所资料，《健仁居志》挖掘出金剑仁烈士发表的作品，《北堡村志》挖掘出盐都的“卢沟桥”——北堡东桥战斗故事等一批红色资源，形成盐都红色村居三个一（一部志书、一个标识牌、一个烈士纪念场馆）的品牌效应，打造盐都红色文化品牌。6月，先后接待省市党史办负责人参观胡乔木生平陈列馆及潘留璜故居。

（刘　菲）

关心下一代工作

【概况】 2021年，在区委、区政府的坚强领导下，在相关部门的支持配合下，通过各级关工委和广大“五老”的努力，全区关心下一代工作较好地完成全年的各项工作任务。区关工委被《中国火炬》杂志社授予“先进单位”、徐文彬获“优秀通讯员”称号。盐龙街道关工委编排的《铁军城新传》，代表盐城市参加省关工委、文明办、电视台联合举办的“老少同台颂建党百年”展演比赛，获一等奖。

6月，参加“礼赞百年　童心向党”红色故事”宣讲　　关工委　供

【迎庆建党百年活动】 3月23日，在盐都实验初中举行党史学习教育主题教育活动启动仪式。区关工委编写“讲好党的故事，争做时代新人”的辅导报告，全区各镇（区、街道）都结合自身实际，采取进村入校，线上线下，开展主题教育集中宣讲活动，全区共有4万多青少年受到党史教育。各地突出迎庆建党百年，组织学生走进烈士陵园，参观党史陈列室、红色文化广场。举行红歌大赛、党史知识有奖竞答活动。教育局关工委在实验小学举办中小学生红色故事演讲比赛。5月，《盐都日报》出刊“颂建党百年，做时代新人”主题教育活动专版，国家、省级网络媒体、省市报刊对盐都主题教育活动多次进行报道，用稿300多篇，由中国关工委主办的《中国火炬》官网用稿161篇。组织参加省关工委“童声齐颂建党百年”主题征稿活动，全区有33名学生获奖。

【帮扶青年农民】 2021年，区关工委和农业农村局关工委、镇关工委配合，以促进青年农民创业就业和增收致富为重点，运用“热线式”“集中式”“挂钩式”等服务方式，加大与青年创业农民的对接力度。区“不老松”服务团核心成员12人，集中开展送科技下乡活动，分别到乡镇种养基地开展调研、传技解惑。举办农业技术培训班，参训青年农民380多人次。各镇农业服务中心80多名专家在田间地头，为创业青年农民种养项目把脉支招、对症开方。传授实用新技术，还对农产品质量安全、市场产销信息等环节进行服务指导。3月，区关工委与区农业农村局联合印发《关于评选青年农民创业之星、创业示范基地和“最美老科技”的通知》，通过创评活动，2个创业基地，2名创业之星、2名最美老科技受市表彰。据统计，全区参与创建的青年农民示范基地42个、参与帮扶的青年农民创办新型经营组织24个，参评创业之星的青年农民28人。全区的“三扶两创”工作受到肯定。区农业农村局关工委受到省关工委、省文明办的联合表彰。在省关工委、农业农村局召开的“三扶两创”现场推进会上，盐都区关工委做“夯实‘三扶两创’，助力乡村振兴”的经验介绍。

【关爱弱势群体】 年内，做好《扬子晚报》阳光助学行动，全区有25名新入学的贫困大学生获《扬子晚报》阳光助学金每人5000元的资助。全区各级关工委多渠道筹集扶贫助学金超过50万元，资助贫困学生近千名。春节前，区关工委专门下发开展“寒冬送温暖”活动的通知，要求基层关工委对辖区内的孤弃儿童、病残儿童、困境儿童、留守儿童等逐

7月，参加省庆祝中国共产党成立100周年老少同台展演　　关工委　供

一建卡登记，赠送资助金并发放书包及学习用品。

【加强法制教育】　年内，开展法制宣传教育。区“夕阳红”法制宣传队“坚持18年送法进校园”。联合区检察官宣讲团分春秋两学期，对全区46所中小学计54000余名中小学生进行《中小学教育惩戒规则》的法律宣传。“夕阳红”法制宣传队长邵洪波被全国关工委表彰为先进工作者，在全省召开的纪念关工委成立30周年大会上，邵洪波做事迹介绍。区政法关工委老年志愿者社区矫正帮教队39名队员，3次集中走基层，对全区近300名矫正对象宣讲矫正法，对近100名35岁以下矫正对象集中宣传2次，并进行单个交谈帮教，对50多名矫正对象进行结对帮教，取得良好的效果。区检察院关工委打造“草房子”盐都未检工作品牌，开办“家长课堂”，开展亲职教育。制作的未保法专题宣传片《包小未的一天》被学习强国平台采用。区公安分局的14个派出所全部建成关爱工作站。区法院在楼王中学、神州路初级中学建立“青少年法制教育”和“审判进校区”实践基地。区司法局关工委组织全区12个司法所关工组在各自辖区内选择一个村居指导开展“双零”(零犯罪、零伤害)创建活动。另外，全区还有80多名“五老”参加网吧义务监督工作，优化校园周边环境。

【推进站点建设】　年内，在教育部门实施“双减”政策的新形势下，盐都区贯彻落实市关工委等五部门关于加强校外辅导站建设工作的意见，站点建设又有新变化。镇(区、街道)的“校外教育辅导站”和“关爱之家”实现融合发展，基础设施水平得到提升。抓住创建市级示范站契机，提升办站质量。各镇(区、街道)关工委对照标准。区关工委召开全区辅导站工作专题会议。在郭猛中心站组织集体观摩活动，并联合区文明办、教育局对镇(区、街道)上报的示范辅导站进行评审。对上报的29个示范站创建情况进行逐一检查。至年底，盐都区上报的创建市级示范辅导站，接受市关工委的抽查验收，获得好评。创建市级示范辅导站，巩固提升全区校外辅导站的活动阵地，提升办站水平。

【加强自身建设】　年内，区“夕阳红”法制宣传队队长邵洪波18年坚守，做新时代普法引路人，被全国关工委表彰，市关工委再次发出向邵洪波学习的号召。11月4日，区关工委下发《关于深入开展学习邵洪波先进事迹活动的意见》。全区各级关工委组织全体关工人员学习邵洪波先进事迹，激发工作热情。

【加强网上关工委建设】　年内，为适应疫情防控需要，全区关工委系统加强网上关工委建设，完善和规范三个微信群，实现各级关工组织之间的互联互通，基本在网上布置工作，传播信息、发布文件，使网上办公成为常态化。提升关爱工作质效，秦南镇关工委的网上关爱，龙冈镇关工委的网上宣讲，教育局关工委的网上授课，农业农村局关工委的网上服务等，成为关爱工作的亮点和特色。

(徐文彬)

盐城市盐都区人民代表大会

综　　述

【概况】　2021年，全年共召开常委会会议10次、举办培训讲座6次，开展专项审议9次、专题调研12次、代表视察10次、执法检查5次、专题询问1次，作出决议决定8项，评议政府工作部门3个，任免国家机关工作人员83人次，较好地完成区十六届人大五次会议确定的任务。

【盐都区十六届人大五次会议举行】　1月6日上午，盐都区十六届人大五次会议开幕。区委书记、区长王娟代表区人民政府向大会作政府工作报告。区人大常委会主任、党组书记顾其斌主持大会。大会表决通过大会选举办法，书面印发盐城市盐都区国民经济和社会发展第十四个五年规划和二〇三五年远景目标纲要（草案）、盐城市盐都区2020年国民经济和社会发展计划执行情况与2021年国民经济和社会发展计划草案的报告、盐城市盐都区2020年财政预算执行情况与2021年财政预算草案的报告，提请全体代表一并予以审议。7日上午，召开第二次大会，听取人大常委会工作报告、人民法院工作报告和人民检察院工作报告，并提请代表审议；全体代表以现场投票的方式，对2020年民生实事办理情况进行满意度测评，确定2021年民生实事项目。8日下午，盐都区十六届人大五次会议完成各项议程后闭幕，区委书记、区长王娟在闭幕大会上讲话。全体代表以举手表决的方式，通过《关于盐城市盐都区人民政府工作报告的决议》《关于盐城市盐都区国民经济和社会发展第十四个五年规划和二〇三五年远景目标纲要的决议》《关于盐城市盐都区2020年国民经济社会发展计划执行情况和2021年国民经济社会发展计划的决议》《关于盐城市盐都区2020年财政预算执行情况与2021年财政预算的决议》《关于盐城市盐都区人大常委会工作报告的决议》《关于盐城市盐都区人民法院工作报告的决议》《关于盐城市盐都区人民检察院工作报告的决议》。

（马云洁）

重要会议

【区人大常委会会议】　2021年，区人大常委会共举行10次会议。

1月4日，召开区十六届人大常委会第34次会议，会期半天。会议审议通过有关人事任命事项，审议通过关于接受韩标辞去盐都区人民法院院长职务的请求的决定和关于朱亮代理盐都区人民法院院长的决定。

2月10日，召开区十六届人大常委

1月，盐都区十六届人大五次会议召开　　区人大办　供

会第35次会议，会期半天。会上，区委书记、区长王娟提出区政府有关人事任免议案，并介绍拟任命人员的有关情况。经审议表决，区人大常委会决定免去陈霞区人民政府副区长职务，决定任命刘源、吴军为区人民政府副区长。新任命人员进行宪法宣誓。

3月26日，召开区十六届人大常委会第36次会议，会期半天。会议审议通过区人大常委会关于加快推进"四个示范区"建设的决定、关于推进盐都副中心建设的议案（第1号）处理意见报告、关于提升创新平台效能的议案（第2号）处理意见报告，听取和审议区政府关于全区2020年环境状况和环境保护目标完成情况的报告、区检察院关于全区检察公益诉讼工作开展情况的报告。

5月20日，召开区十六届人大常委会第37次会议，会期半天。会议听取和审议区政府关于全区普惠性幼儿园建设情况的报告，听取和评议区财政局、区城管局、区司法局工作情况，审议通过区人大常委会关于同意将旧城区改建项目纳入2021年度国民经济和社会发展计划的决议，审议表决区人大、区政府、区监委有关人事任免等事项。

7月9日，召开区十六届人大常委会第38次会议，会期半天。专题讨论决定有关人事任免事项。会议经审议表决，决定免去李益、王珏区人民政府副区长职务；决定任命徐启楼、吕杨为区人民政府副区长。

7月9日，召开区十六届人大常委会第39次会议，会期半天。会议表决通过王娟代表区人民政府提出的区政府有关人事任免事项，决定免去高翔区人民政府副区长职务，任命马正华、周昉为区人民政府副区长。在审议通过关于接受王娟辞去区人民政府区长职务请求的决定（草案）后，区人大常委会投票决定马正华为区人民政府代理区长。马正华作拟任职发言，并与周昉、徐启楼、吕杨一起进行宪法宣誓。

7月30日，召开区十六届人大常委会第40次会议，会期半天。会议听取和审议区政府关于2021年上半年国民经济社会发展计划和财政预算执行情况的报告、关于2020年财政决算和审计工作情况的报告，讨论并通过区十六届人大常委会盐龙街道工作委员会、潘黄街道工作委员会、张庄街道工作委员会组成人员名单草案，三个街道人大工委组成人员进行宪法宣誓。

9月29日，召开区十六届人大常委会第41次会议，会期一天。上午，会议审议并通过区人大常委会关于同意将旧城区改建项目纳入2021年度国民经济和社会发展计划的决议（草案）。听取审议并审查批准2021年区级预算调整方案。听取并审议区政府关于区十六届人大五次会议代表建议办理情况的报告，区法院关于商事审判工作开展情况的报告，区政府关于国有资产管理情况的报告。会议还审议通过全区区镇两级人大换届选举有关事项和区人大、区政府有关人事任免事项。下午，组织开展全区安全生产工作情况专题询问。

11月30日，召开区十六届人大常委会第42次会议，会期半天。会议听取区政府关于全区2021年民生实事完成情况的报告；听取和审议区政府关于提升创新平台效能的议案（第2号）办理情况的报告和关于2020年9月至2021年7月区人大常委会审议意见办理情况的报告；听取和评议区财政局、城管局、司法局工作整改落实情况。会议还审议表决区人大、区政府、区法院有关人事任免事项。

12月31日，召开区十六届人大常委会第43次会议，会期半天。会议审议表决区政府有关人事免职事项；听取和审议区政府关于加快推进"四个示范区"建设进展情况的报告；听取和审议区政府关于积极打造大纵湖镇城市副中心、强力带动西部板块崛起的议案（第1号）办理情况的报告；听取和审议区政府关于审计查出突出问题整改落实情况的报告；审议通过盐城市盐都区人大常委会关于开展第八个五年法治宣传教育的决议草案；审议通过代表资格审查报告（草案）。

【区人大常委会主任会议】 年内，区人大常委会主任会议共举行10次，主要是研究处理常委会重要事项和日常工作。会议学习习近平总书记在党史学习教育动员大会上的讲话精神，传达区委常委会会议和区四套班子月度工作例会精神；讨论通过区人大常委会2021年工作要点；讨论区人大常委会关于加快推进"四个示范区"建设的决定（草案）；讨论区人大常委会《关于推进盐都副中心建设的议案》（第1号）处理意见报告（草案）；讨论区人大常委会《关于提升创新平台效能的议案》（第2号）处理意见报告（草案）；讨论关于2020年全区环境状况和环境保护目标完成情况的调查报告；讨论关于全区检察公益诉讼工作开展情况的调查报告；讨论区十六届人大常委会盐渎街道工作委员会组成人员名单草案；听取区政府关于将旧城区改建项目纳入2021年度国民经济和社会发展计划的请示，讨论区人大常委会相关决议草案；讨论关于区财政局、城管局、司法局工作情况的评议调查报告；讨论关于全区普惠性幼儿园建设情况的调查报告；讨论关于全区2020年度区本级财政决算草案的审查报告；讨论关于全区2021年上半年国民经济社会发展计划和财政预算执行情况的调查报告；讨论区十六届人大常委会部分工作委员会组成人员名单草案；听取区政府关于将旧城区改建项目纳入2021年度国民经济和社会发展计划的请示，讨论区人大常委会相关决议草案；讨论关于区十六届人大五次会议代表建议办理情况的调查报告；讨论关于2021年财政预算调整的有关事项；讨论关于区政府向人大报告国有资产管理工作的有关情况；讨论区法院关于商事审判工作开展情况的报告；讨论专题询问安全生产工作情况实施方案；讨论区镇人大换届选举有关事项；讨论关于提升创新平台效能议案办理情况的调查报告；讨论关于2020年9月至2021年7月区人大审议意见落实情况的调查报告；听取评议区财政局、城管局、司法局相关情况的汇报；讨论听取区政府民生实事项目完成情况有关事宜；讨论关于加快推进"四个示范区"建设进展情况的调查报告；讨论关于积极打造大纵湖镇城市副中心、强力带动西部板块崛起议案办理情况的调查报告；讨论关于审计查出突出问题整改落实情况的调查报告；讨论代表资格审查报告；讨论关于《盐城市盐都区人大常委会关于开展第八个五年法治宣传教育的决议（草案）》审查意见的报告；讨论关于召开区十七届人大一次会议的有关事项；讨论修改区人大常委会工作报告；听取区十七届人大一次会议筹备工作情况；讨论有关人事任命事项。

【区人大常委会主任办公会议】 年内，主任办公会议由常委会主任会议成员和机关各委办负责人参加，每个月月初召开，年内共举行9次，主要是按照常委会年度工作要点的安排，就常委会阶段性工作和机关建设管理工作进行沟通协调、明确职责要求，保证机关高效运转，推动重点工作落实。主任办公会议的常规议程是：组织学习法律法规或重要文件；传达区四套班子月度工作例会精神；机关各委办汇报交流上月工作情况和当月重点工作，常委会分管负责人就相关工作提要求；常委会主要负责人根据交流发言情况，对上月工作进行系统总结，对当月工作作出部署安排。年内历次主任办公会议，传达学习的重要内容有：习近平总书记关于严明换届纪律的部分重要论述；习近平总书记在中央人大工作会议重要讲话精神；习近平总书记在庆祝中国共产党成立一百周年大会上的讲话；《中共中央关于党的百年奋斗重大成就和历史经验的决议》；党的十九届五中全会精神；党的十九届六中全会精神；全省市县乡三级人大换届选举工作会议精神；《中华人民共和国乡村振兴促进法》；盐城市第八次党代会精神；区十五次党代会精神。 （马云洁）

重要工作

【力促经济持续发展】 年内，规范行使重大事项决定权，围绕区委全会部署，区人大常委会先后就打造“一中心三高地”、建设高质量发展示范区等作出决定，将区委决策意图及时转变为全区人民共同意愿和自觉行动；适时作出批准区政府蟒蛇河风景区规划、旧城改造规划等决定，推动重点工程项目顺利实施。依法开展“十三五”规划实施情况中期评估和“十四五”规划编制审查工作，定期审议国民经济计划执行情况，跟踪督查“三重一实”项目实施情况，力促全区发展厚植优势、行稳致远。系统组织改善营商环境专项调研、企业科技创新专题审议、科技创新创牌专门视察、提升创新平台效能议案督办等活动，促使高质量发展部署要求落地落实、见行见效。加强预算执行调研和审议，推进预算联网监督，审查预算调整方案，跟踪监督财政资金使用绩效和审计查出问题整改，拓展预算审查监督的广度和深度。坚决贯彻中央和省市区委关于疫情防控的工作部署，开展企业复工复产情况调研，听取疫情防控专项工作报告，引导全区人大组织和各级人大代表自觉扛起战疫情、促发展的责任担当。

【力促城乡统筹发展】 年内，突出区域一体、协调共进，探索城市发展和乡村振兴相互促进、相得益彰的发展新路。提出聚力建设大纵湖镇、提速打造盐都副中心的建议，推动构建“一主一副”发展格局；视察推进“三带四组团”、小马沟城市绿廊、城市“口袋公园”建设，促进城市治理水平提升。推进农业“接二连三”工程、农产品标准化生产及质量监管体系建设，开展农村电子商务发展、农村公路提档升级、农村圩口闸站改造、农民住房条件改善等视察活动，组织农村生态河道建设、“河长制”落实、农村生活垃圾处理等调研审议，推动农业农村现代化。关注新型农村社区和特色小镇建设，采取议案聚焦、跟踪视察等措施，推动形成一批产镇融合发展新亮点。支持园区联动发展、文明城市创建、旅游景区升格、生态廊道打造，引导城乡之间产业、资金、人才等要素双向流动，促进构建工农互促、城乡协调、共同繁荣的发展新格局。

【力促生态绿色发展】 年内，出台《关于聚焦突出环境问题、依法推动打好污染防治攻坚战的实施意见》，建立区镇环境状况和环境保护目标完成情况年度报告制度，推进减煤、限排、控尘、治污、黑臭水体整治、生活垃圾分类等关键举措落实，助力国家生态文明建设示范区创建和农村人居环境整治，推动解决突出环境问题，提高经济增长“含绿量”。调研全区生态文旅资源和休闲观光农业，结合农业结构调整与乡村旅游发展，将旅游工作列入每年重点监督议题，组织全域旅游和文旅融合工作视察、革命遗址和纪念设施保护专题调研、全域旅游示范区创建专项审议、旅游“四牌联创”议案督办，推动构建“龙头带动、三廊贯通、全域覆盖”的大旅游发展格局。

【推进民主政治进程】 年内，按照省市区委统一部署，完成区镇人大换届选举工作，当选代表较好体现先进性、代表性和广泛性要求。着力补强基层人大工作“短板”，试点建立街道议政代表会，探索城市社区落实全过程人民民主的有效途径，为全市街道推行议政代表会制度提供观摩现场。监督指导村委会换届和居委会建设工作，助力完善“四议四公开一监督”等各项制度，推动民主法治示范村居创建，促进基层治理水平新提升。深度参与民主立法，依托市民主立法联系点，配合市人大开展立法调研，做好地方性法规草案征求意见工作。

【推进依法行政实践】 年内，深化拓展部门工作评议监督，细化落实调研掌握实情、评议指出问题、督查推进整改、测评检验成效等步骤，推动政府组成部门依法行政、查纠不足、改进服务、提升效能，届内基本实现政府重点部门工作评议全覆盖。推进备案审查制度性安排，把开展规范性文件备案审查作为监督抽象行政行为的有效手段，切实做到有件必备、有备必审、有错必纠，强化政府部门厉行法治、履行职责的权限和程序。专题调研全区依法行政工作和行政首长出庭应诉情况，促使各级干部增强法治观念、规范行政行为、提升执法水平，共同推动法治政府建设。

【推进法治环境优化】 年内，审议开展“七五”普法情况，作出实施“八五”普法决议，举办宪法修正案、监督法、监察法等法律讲座，组织民法典领学、研学、赛学活动，带动形成学法尊法守法用法的社会氛围。开展国家宪法日宣传活动，推行拟任职人员宪法宣誓及任前法律知识考试制度，视察社会治安、行政审判、公益诉讼等工作，支持促进“一府一委两院”弘扬宪法精神、树牢法治信仰、推进依法行权。落实“法律巡视”工作要求，开展旅游法、传染病防治法、安全生产“一法一条例”等执法检查，推动落实主体责任、规范执法行为。策应司法体制改革，开展员额法官、检察官履职评议，压实评议环节、加强任后监督，促进“两官”群体规范办案，让群众从每一个司法案件中感受到公平正义。

【助力落实民生实事】 年内，实行民生实事项目代表票决制，对接党和政府改善民生的新政良策，摸准基层群众最急最盼的民生诉求，遴选出认同度高、惠及面广的民生实事跟踪推进落实，形成群众提、代表定、政府办、人大督的为民办实事新模式，由区及镇全面覆盖，全市开先河、全省有影响。力推基本公共服务供给补短板、强弱项、标准化，考察调研集团化办学和义务教育学校教师增量绩效考核工作，专项审议普惠性幼儿园建设情况，组织视察学前教育和培训市场管理，推动中小学和幼儿园优化布局、落实“双减”，放大优质教育资源品牌效应；调研全区医养结合、药品供应保障等工作情况，推动构建区镇联动、功能叠加的康养服务网络，努力保障病有良医、老有厚养；组织实施盐龙体育公园建设，高标准、高质量打造苏北首座生态体育公园，顺应城市更新发展、市民健身休闲的需求，赢得社会各界的高度评价。

【助推社会全面进步】 年内，围绕老百姓关心的事、多数人受益的事，运用“法定之问”，力推问题解决。研究制定常委会专题询问办法，每次突出一个专题，在听取审议工作汇报基础上，要求“一府两院”相关主管部门及关联职能部门主要负责人出席应询、现场把脉，查摆问题、研究对策、明确愿景，询后进行现场测评。按照每年一次的频率，先后就教育资源整合优化、“两减六治三提升”“基本解决执行难”、乡村振兴、安全生产等工作情况开展专题询问，促进“听、审、问、评”结合，问出了人大担当、答明了主体责任、提高了监督实效。紧扣基层群众烦心事、社会各界热议事，强化监督刚性，力促安定和谐。关注老年人权益保障、留守儿童关爱保护、残疾人康复等工作，推动各项关爱、服务、优惠政策落实到位；视察侨联、对台交流、乡村宗教工作，最大限度汇聚爱国爱乡、共建和谐的合力；调研医疗纠纷预防和处理工作，推动建立健全医疗纠纷预防调解机制，构建和谐医患关系。

【加强政治建设】 年内，把学习贯彻习近平新时代中国特色社会主义思想作为首要政治任务，学思践悟习近平法治思想、习近平总书记关于坚持和完善人民代表大会制度的重要思想、习近平总书记关于地方人大及其常委会工作的重要批示和视察江苏重要讲话指示精神，及时贯彻中央人大工作会议精神，开展“两学一做”学习教育，推进“不忘初心、牢记使命”主题教育和党史学习教育，执行民主生活会、组织生活会、主题党日等制度要求，分批组织人大代表、机关干部赴井冈山干部学院、延安市委党校、重庆大学参加培训，到新四军纪念馆、盐都革命陈列馆瞻仰并重温入党誓词，弘扬伟大建党精神，永葆绝对忠诚本色。落实全面从严治党主体责任和意识形态工作责任制，开展党建示范点建设、“510”警示教育、清廉机关创建等活动，提升常委会组成人员和机关党员干部的政治判断力、政治领悟力、政治执行力。

【加强能力建设】 年内，坚持把学习作为提升履职能力的重要抓手，系统开展党组理论中心组学习、常委会集体学习和区人大机关集中学习，通过党组学习、法制讲座、网上学习和“委托培训”方式，认真学习党的创新理论、国家法律法规和人大业务知识，提高政治鉴别能力、把握大局能力和依法履职能力。坚持把民主集中制作为履职行权的根本原则，修订印发常委会议事规则等一系列规章制度，严明职责权限，遵循法定程序，充分发扬民主，集体行使职权，不断提高人大工作科学化水平。坚持把调查研究作为人大履职行权的基本方法，带着问题深入基层、深入群众、深入实际，注重实践锻炼，狠抓工作落实，敢于攻坚克难，切实增强推动高质量发展的本领。坚持把宣传作为扩大履职影响的有效方式，办好常委会会报、盐都人大网站和微信公众号等，利用广电、报刊宣传人大制度和代表风采，有效提升人大工作影响力。

【加强作风建设】 年内，以制度建设作统领，完善工作机制，改进工作方式，制定出台《区人大常委会工作评议办法》《关于严肃区人大常委会会风会纪的规定》等一系列工作制度，促进常委会作风建设制度化和规范化。以“四不两直”为方式，践行群众路线，问计问需于民，班子成员带头深入挂钩联系镇和经济薄弱村，进企入户察民情、听民声、解民忧；机关党员干部主动靠前、加强服务，参加结对扶贫、挂钩“暖企”、联点“创文”等工作实践。以纪律规矩挺在前，严格执行中央八项规定精神、省市区委有关规定和党风廉政建设各项部署，规范办文、办会、办事制度，改进调研、视察、检查方法。

（马云洁）

重要活动

【平台优化服务】 年内，落实责任主体，明确建设标准，督促指导各镇、各街道加强“代表之家”“代表工作站”“代表广场”等人大活动阵地建设，定期组织代表回“家”进“站”到“场”开展学习研讨、接待选民群众，使之成为各级代表学习提高、履职交流、议政建言、开展监督、接待选民的平台和人大工作对外开放的窗口。组织代表参加任职培训、法律讲座，邀请专家学者进行知识宣讲、专题辅导，帮助新老代表进一步增强代表意识和责任意识。邀请代表列席区人大常委会会议，参加视察调研、执法检查、工作评议、听庭评案等活动，拓展代表知情知政、建言督政的空间。

【实践活跃机制】 年内，开展常委会组成人员联系代表、代表联系选民“双联系”活动，安排代表定时、定点接待选民，畅通社情民意反映和表达的渠道。

组织每季度代表小组集中活动，既统一安排做好“规定动作”，又鼓励创设“自选动作”，力求内容丰富、形式多样、形成亮点、推广示范。联动开展“万名代表大走访”活动，相继组织“代表进企业、服务促发展”“代表勇争先、双战作贡献”“代表学党史、为民办实事”等主题活动，纵深推进创先争优，每年评选一批先进代表小组、优秀人大代表、优秀人大工作者和优秀代表议案建议，激励代表立足本职作贡献、争一流、展风采。全面实施人大代表述职评议活动，代表回原选区向选民实打实报告情况、面对面听取意见、“无记名”接受测评，强化履职为民的责任意识。

【督办提升质效】 年内，改进代表建议办理，实行网上提交、网上交办、网上答复，推动办理方式由“背靠背”向“面对面”转变、办理结果由“答复型”向“落实型”提升。坚持现场督导、会议督办、联合督查相结合，督促承办单位拟定办理措施、规范办理流程、提高办理效率。强化代表建议督办力度和跟踪问效，在会议交办、适时催办、登门促办的基础上，实行“领导带头督办、委办专项督办、代表参与督办”，努力提高办理质量和效率。区委主要负责人领衔督办重点议案，现场落实办理要求，示范带动各级干部以真抓实干回应代表关切。通过“常态化”督导、“回头看”对账、“滚动式”销号，力促建议承办部门强化办理责任、切实解决问题，代表提出的547件建议均在规定时限办结答复。 （马云洁）

·人大优秀议案·

关于积极打造大纵湖镇城市副中心，强力带动西部板块崛起的议案

案由：近年来，大纵湖镇先后荣膺全国重点镇、全国特色小镇、国家卫生镇、国家生态镇、中国民间文化艺术之乡等国字号美誉，获批义丰市级工业园区，综合实力稳中有进，发展动能不断增强，镇村面貌持续改善，民生福祉有力增进，强富美高新大纵湖正在变为现实。大纵湖镇被区委、区政府寄予厚望，在区委全会上和区政府工作报告中确定将大纵湖作为城市副中心打造。选择产业基础厚、人口规模大、经济实力强和发展有潜力的重点镇作为城市副中心，通过对城市副中心的建设可以带动其周边镇乃至整个全区城乡统筹发展。建设城市副中心，可以分担主城区经济社会发展和人口环境的压力，有利于区域空间拓展；可以优化配置资源，有利于增强区域竞争力；可以优化城镇空间布局，促进城乡协调发展。

案据：区位优势日益明显。大纵湖镇毗邻大纵湖旅游度假区，S125、S231、S331三条省道穿镇而过，即将开工建设的阜溧高速在西侧振兴村设有互通，规划中的盐宁高速西延、盐蚌高速也在境内设有互通。集镇功能日益增强。集镇外来人口有2000人左右，是盐都西部外来人口最多的乡镇。占地2平方公里的新镇区“两纵两横”道路框架已经拉开，幼儿园、小学、公园、警民服务中心等社会事业项目落户，具备良好的建设基础。产业经济日益增强。大纵湖镇是中国电热器、涂装行业的发源地之一，被评为“中国化纤机械产业基地”“中国涂装设备产业基地”，也是市级工业园主体园区所在地，目前共有企业326家，其中主导产业企业213家，新三板挂牌企业2家，中国驰名商标1只，定报企业22家，国家高新技术企业32家，工业年开票销售超过20亿元。拥有产业工人6000多人，其中外地工人1000多人。另外大纵湖大闸蟹是国家地理标志产品，养殖面积5万亩。

方案：一是加强领导统筹推进。成立城市副中心建设工作领导小组，由区相关领导担任组长，统筹推进城市副中心的规划建设。建立健全工作机制，配备专职人员，保障办公经费，确保各项工作扎实推进。

二是科学规划找准定位。根据地理资源、交通区位、经济基础等综合因素，将大纵湖作为城市副中心进行规划建设。通过总体规划，大力发展工业、商贸、旅游等产业，推进农村公共服务设施相对集中布局。将城市副中心建设纳入城镇规划的全局统筹谋划，使城市副中心的功能与主城区相匹配、相协调、相呼应，以城市副中心的建设带动区域的快速发展。

三是保障用地优化布局。充分考虑并支持城市副中心建设发展的需要，优化规划布局，预留发展空间，统筹安排用地。加大用地政策倾斜，用足用活现有土地配套政策，城市副中心的基础设施、公共服务设施项目、产业项目应优先安排建设用地指标。

四是多方合力加大投入。明确由区级平台负责投资建设，为城市副中心建设提供资金保障。充分发挥投融资平台的作用，采用市场化运作、招商引资、银企对接等方式，多措并举引导金融机构加大对城市副中心建设的支持力度，充分发挥投资效益，积极拓宽融资渠道，吸引社会资本投入，化解城市副中心建设的资金难题。

五是塑创特色培育产业。发挥地方资源、文化、交通、环境等优势，明确产业定位，突出发展重点，做专做精做特。深挖潜力，打造具有特色、富有活力的休闲旅游、现代智造、传统文化等特色镇。统筹考虑城市副中心的土地容量、产业布局、功能配套、基础设施建设和环境承载力，将城市副中心的工业集中区打造成省级园区，引导周边乡镇的工业项目集聚发展，实现基础设施和资源要素的优化配置和共享。通过积极吸引民营资本进驻，吸引外出乡贤返乡创业，大力培育特色城镇和产业园区，促进城乡经济发展，带动广大农民致富，就地化解农村剩余劳动力。

六是增强配套完善服务。相关部门要加大扶持力度，推动城市副中心率先实现教育、就业服务、社会保障、基本医疗卫生、住房保障、养老服务等公共服务体系均等化目标，加快公共服务优质资源和设施向城市副中心倾斜和集聚，实现配套服务的升级。推动行政管理体制改革，引导农村人口向城市副中心集聚。加强科技教育、医疗卫生、广播电视、文化娱乐、体育休闲等公共服务设施建设，提高综合承载能力。完善城乡居民社保体系，实现农民和城镇居民养老、医疗、教育、就业等待遇均等化。支持驻城重点中学、重点小学等优质教育资源与城市副中心学校结对共建，实行集团化管

理，提升教育水平。支持城市副中心建设二级医院，提升医疗水平。通过优质的教育、完善的卫生服务、特色的文化体育等配套服务实现城市副中心的聚集效应。

关于激发创新主体活力、提升创新平台效能的议案

案由：创新是经济发展的动力源泉，也是企业在市场竞争中发展壮大的制胜法宝。当前，我区经济已进入高质量发展阶段，而企业正是推动经济高质量发展的主体，实现高质量发展的过程，也是企业创新发展、活力与创造力不断增强的过程。由于我区地处长三角北翼，在创新要素和人才要素争夺上，上海、苏州、南京等大城市形成竞争，会产生“虹吸现象”，需要聚集和利用知识、技术、人才等创新要素和资源。为打造长三角知名的双创引领示范区，需要有效激发创新主体活力，提升创新平台效能。

方案：一是构建协同创新体系，打造高质量产业地标。推进盐都区创新一体化，打造协同创新体系是题中应有之义。我区需要在现有信息通信、创新要素和高端人才等资源互联互通，推进电子信息、高端装备、新能源等主导产业人力资源互动交流，与大市区其他板块有机融合、协同打造一体化市场。借鉴国内外先进经验，如“创新+规模化制造”区域创新合作的范例，组建大市区创新联盟，把握科技革命机遇，根据各板块资源特点，实施产业协调错位发展，突出高新技术企业培育，加快形成以电子信息主导产业发展为引领，高新区智创谷为支撑，高新技术企业为骨干的创新型企业集群。

二是建优科技创新平台，释放强磁场辐射效应。城市产业发展与城市群科技创新中心建设密不可分。国内外知名城市都建有城市群科技创新中心，主要是产教深度融合，产业界与高校、科研院所等机构联合。针对盐都区、特别是高新区产城融合度、创新资源集聚度不够等现实问题，要充分利用国内外的创新人才资源，合作开展技术攻关，加大共性关键技术研发应用力度，提升智能终端产业竞争力。第一，利用长三角一体化契机，引进一流的专业机构，加大大院名校人才引进力度，建设高水平的科研院所，提升以中科院计算所高通量研究院为代表的现有科研院所平台的综合能级，加快西电研究(生)院、中科院上硅所实质化运营。第二，加快打造一批重点产业创新综合体，推进公共服务平台建设。引导企业建设高水平的企业研发中心、工程技术研究中心、企业研究院、博士后工作站等研发机构，打造一批高端企业研发平台。第三，实施《“潜在独角兽企业”培育计划》《“瞪羚企业”培育计划》，建立“潜在独角兽企业”和“瞪羚企业”培育库，遴选一批潜在独角兽培育企业和瞪羚培育企业，进行针对性培育。打造一批创新型领军企业、专精特新“小巨人”企业和细分行业“单项冠军”企业。实施上市企业培育计划，鼓励高企在新三板和区域股权交易中心科技创新板挂牌。

三是厚植创新创业沃土，培育高成长初创企业。科技企业孵化器是将创业企业培养成科技型企业的摇篮，众创空间为创业者提供低成本、便利化的共享要素和空间。一是提高孵化器科技企业集聚度。把孵化器发展与招商引资结合起来，根据园区产业发展方向，突出科技型小微企业招引和最新科研成果孵化，为产业集群培育后备力量。坚持“集群化发展、专业化服务、精准招商”，进一步谋划孵化器的功能、规划和核心竞争力，着力创造产业发展生态，激发企业创新创造活力。二是加强孵化器服务能力建设。鼓励招引专业运营管理团队，加强孵化器服务能力的培养，注重基础服务能力提升，丰富服务内涵。结合招才引智，建立大学生实习实训基地，对接创新创业大赛优胜项目和人才，探索“离岸孵化”等模式，大力招引大学生、科研人员、留学归国人员等到孵化器创业就业。三是积极融接长三角科创资源。加强与上海高校院所、科技园区、科技企业孵化器和双创示范基地、高端科技服务机构、科技部门的对接，着力构建科技创新互联互融机制，着力深化产学研合作，着力引进建设创新载体、科技项目和高端人才，促进上海科创资源向我区流动，集聚创新资源要素，提升区域竞争力。

四是集聚高端人才资源，积蓄可持续发展优势。加强政府层面的扶持力度，充分发挥自身优势，大力实施“精英引领”计划和硕士、博士倍增计划，灵活引进相关院士、引进和培养一批高层次创新创业人才和团队，加大35周岁以下年轻人才的引进力度，敞开胸怀、“零门槛”引才，在柔性引才、专业人才培养等方面进一步加大扶持力度，和苏南争夺“年轻人”。政府建立高层次人才信息服务平台，根据盐都区主导产业布局，建设产业相应专业学科人才智力库，形成一批优秀的人才智库。同时，加强培养企业家和职业经理人，提高企业主的综合素质，加大产业技能型与专业招商队伍等人才的培育力度。

五是优化创新政策环境，营造升级版双创生态。深入推进政府服务建设，大力营造良好的营商环境。建立高效务实的产业发展政策与激励机制，加大对企业研发经费投入、研发机构建设奖励力度，促进企业加大科技和人才投入，提高项目准入标准。进一步完善知识产权保护体系，为企业创新解除后顾之忧。尊重创新发展规律，合理设置考核目标，把创新指标纳入高质量发展考核，构建客观科学的高质量发展考核机制。营造良好的创新创业氛围，组织开展有关创新创业的政策、孵化、专项资金等指导，做好定居、医疗和教育等相关的人才服务工作，打造创新创业的一流生态。

盐城市盐都区人民政府

综　　述

【概况】　2021，全区综合实力、发展活力、城乡品质、民生福祉、社会治理等方面实现显著提升。全年实现地区生产总值665亿元，增长8.5%；一般公共预算收入42.5亿元，增长10.7%。规模以上工业增加值增长15.9%、固定资产投资增长13.8%、社会消费品零售总额增长19.3%、注册外资实际到账增长16.8%，各项主要经济指标完成年度目标任务。

【提升综合实力】　年内，做大做强电子信息、高端装备、新能源三大主导产业，电子信息产业规模突破200亿元。实施智能制造赋能工程，新增省示范智能车间3家、省服务型制造示范企业和工业设计中心8家，维信电子创成省级工业互联网标杆工厂。实施龙头企业扩容工程，获批市三星级以上企业31家，市五星级企业8家，15家企业入选盐城民营企业100强，总数全市第一。实施“专精特新”提升工程，新增国家“专精特新”小巨人企业4家、总量7家，累计获评省首台(套)重大装备44个，总数均位居全市第一。壮大高新技术企业集群，培育瞪羚企业8家、潜在独角兽企业1家，国家级高新技术企业增至281家、全市第一。强化平台载体建设，上硅所新能源创新中心竣工运营，中科院半导体集成技术研究院、国家超算盐城中心落地开建，盐城大学科技园获批国家级大学科技园。加大招才引智力度，推进名校优生“汇盐行动”，引进领军人才82名，招引高层次人才创业项目22个，举办中国电子信息产业发展大会。

【提升发展活力】　年内，推进“放管服”改革，在全市率先推行“一窗受理、一网通办”和“不见面审批”改革，实现重大项目“拿地即开工，交房(地)即发证”，营商环境评价位列全省前10强。常态化开展“暖企行动”，加大惠企政策力度，全区全年减税降费超1.46亿元，兑现奖补资金2.3亿元，解决企业资金需求25.8亿元。开展“重大项目突破年”活动，修订完善全区招商选资政策，调优配强32个招商局人员力量，紧盯苏州、上海、深圳等重点区域，举办各类招商活动15场次，长盈精密、东山精密IC载板等33个亿元以上项目签约落户。列市“两重”项目和区“三重”项目完成投资计划，悦虎晶芯、得润电子等20个亿元以上项目加快推进，康佳存储芯片封测、金铼芯片封测等23个亿元以上项目竣工投产。深化高新区体制机制改革，高效整合资源要素，以高新区为核心区承接重特大项目，义丰、龙冈、冈中、郭猛、大冈工业园为分园区承接配套项目，“一区五园”布局全面形成。将招商选资与“三项清理”工作相结合，新上项目优先使用闲置土地、低效厂房，全年累计盘活厂房4.96万平方米、楼宇7.3万平方米，再利用土地34.5公顷。

【优化城乡生态环境】　年内，优化城市品质，聚焦盐都新城、城北地区和小马沟宜居组团建设，实施城建重点项目68项，城市基础设施配套日益完善、城市功能品位提升。推进城市美化出新，整治老旧小区11个，实施棚改搬迁4025户，建成口袋公园19个，城市区黑臭水体全面消除。提高城市精细化管理水平，创成精细化示范社区4个、示范街区10个、示范小区6个，合心花苑获评省宜居示范居住小区，“渎上·老西门”成为网红打卡地。推进乡村振兴步伐，以改善农民住房条件为目标，提升新型农村社区11个，整治老村庄10个，创成省级特色田园乡村2个、传统村落4个，总数位列全市第一。加快推进农业现代化，新建高标准农田3867公顷，尚庄番茄获批国家地理标志证明商标，夺得第十届世界草莓大会举办权，“鲜之都·盐都”品牌影响力扩大。实施村级集体经济发展三年行动计划，全区所有村(居)经营性收入均达28万元以上。打好污染防治攻坚战，全区空气优良天数比例达88.3%，行政村污水处理设施全覆盖。发展全域旅游，蟒蛇河生态河道主体工程基本完成，草房子乐园建成开放并创成AAAA级景区，“在盐都，遇见美”城市品牌正式发布。开展“花开盐都·春游水乡”“畅游盐都金秋行”等旅游活动，全年实现旅游收入62亿元。

【提高民生福祉】 全区全年完成13项列市为民办实事项目、10项区为民办实事项目。开展“两在两同”建新功、“我为群众办实事”实践活动，集中解决一批群众关注较高的老村庄整治、老旧小区加装电梯、智能充电桩建设等“急难愁盼”问题，群众获得感和幸福感增强。实施就业创业保障工程，全年新增城镇就业8500人，城乡居民人均可支配收入分别达47675元、28600元，增长9%和10%。推进社保扩面，基本养老保险新增参保2.3万人，城乡居民基本养老保险基础养老金最低标准调增至每月210元，农村、城镇低保标准统一增至每月730元。关注“一老一小”，启动养老院公建民营改革，养老服务绩效评价考核全省第一，被列入全国“儿童守护行动”试点地区。加快发展社会事业，深化健康盐都建设，市三院获评国家级“脑出血外科诊疗中心”，与上海九院建成紧密型医联体。落实教育“双减”政策，东进路中小学、朗达幼儿园等3所学校建成投用，教育新四项惠民工程全部完成，中考成绩保持全市前列。发展文化事业，区新时代文明实践中心和腾飞书局等4个全民阅读新空间建成开放，淮剧《送你过江》入选国家艺术基金交流推广项目，举办第四届全国优秀曲艺节目交流展演。

【提升社会治理水平】 年内，做好疫情防控，坚持“人物环境”同防，抓细抓实常态化疫情防控措施。组织开展秋冬季新冠肺炎聚集性疫情处置等实战演练，核酸最大日检测能力达30万人，全人群疫苗接种率位居全市前列。派出75名医务人员驰援南京、扬州，妥善接收450名扬州外转隔离人员，为全省疫情防控大局作出盐都贡献。开展安全生产专项整治，全区1515家工业企业安全风险报告全部完成，1086户危化品使用单位全部录入省系统并通过审核，安全发展示范城市创建通过省级现场验收，本质安全水平显著提升。推进国企改革，完成14个板块平台公司上收整合工作，政府债务风险等级和债务率实现“双下降”。做好金融风险防范工作，农民资金互助社总数、社员数、吸收互助金余额“三压降”水平全市第一，自2015年起连续7年创成省“金融生态优秀县（区）”，获评全国“七五”普法先进单位，连续17年被评为省“平安区”。

重要会议

【区政府常务会议】 全年共召开区政府常务会议10次，即区政府第47次至第56次常务会议。

第47次常务会议　2021年1月18日召开。审议研究《2021年度区政府常务会议学法计划》《落实健康中国行动推进健康盐都建设实施方案》《盐城市盐都区相对集中行政处罚权工作方案》《盐城市盐都区突发环境事件应急预案》，签订盐都区2021年度安全生产目标管理责任书，研究2021年一季度“开门红”和其他工作。

第48次常务会议　2月25日召开。传达学习习近平总书记关于防风险的重要论述、《中华人民共和国英雄烈士保护法》，研究列市“两重一实”和区“三重一实”项目推进工作、市综合考核短板指标情况和争取国务院、省政府配套激励政策情况，审议《全区“专精特新”提升工程实施方案》《全区龙头企业扩容工程三年行动计划（2021—2023年）》，并通报全区新春招聘工作和为智能终端产业园招工情况。

第49次常务会议　3月29日召开。学习《中华人民共和国固体废物污染环境防治法》，审议研究全区500万元以上投资项目编排情况和管理办法、《关于促进全区建筑业高质量发展的实施意见》《盐都区“科创森林”成长计划三年实施方案》《盐都区科创平台提质计划三年实施方案》《2021年盐城市盐都区深化“放管服”改革工作要点》《盐都区2021年高标准农田建设实施方案》《关于加快推进蟒蛇河全线整治和景观建设的指导意见》，听取安全、环保、信访三项防风险守底线和其他工作情况。

第50次常务会议　4月20日召开。学习《基本农田保护条例》，审议《关于促进全区建筑业高质量发展的实施意见》《盐都区“科创森林”成长计划三年实施方案》《盐都区科创平台提质计划三年实施方案》《盐都区老村庄改造五年行动实施方案》和全区500万元以上投资项目管理考核办法、2020年度“区长质量奖”评选结果，通报一季度安全生产工作情况和首季“开门红”情况，听取防风险守底线工作情况，研究下阶段工作推进措施。

第51次常务会议　5月20日召开。学习《防范和处置非法集资条例》，听取近两年市、区“家家到”观摩项目投产达效、创建全域旅游示范区工作推进情况，审议《盐都区“一哨联办”12345办理机制实施方案》，并研究安排其他工作。

第52次常务会议　7月27日召开。学习《民办教育促进法实施条例》，听取列市“两重一实”、区“三重一实”项目推进情况、全区招商选资工作情况、盐都区城市既有房屋安全隐患排查整治工作情况、全区大气污染和水环境治理工作情况，审议《关于加快“双创引领示范区”建设的实施方案》《关于加快“融合发展示范区”建设的实施方案》《盐都区国有企业改革三年行动实施方案》，并研究安排其他工作。

第53次常务会议　8月24日召开。学习《中华人民共和国土地管理法实施条例》，听取列市“两重一实”、区“三重一实”未达序时项目推进情况、全区主要科技创新指标情况、全区餐饮业联动治理工作推进情况、全区12345在线工作情况、全区大气污染和水环境治理通报问题整改情况，审议《关于全面推行证明事项告知承诺制的实施方案》《关于推进全区农村敬老院公建民营改革的实施意见》《盐都区行政复议体制改革工作实施方案》，并研究安排其他工作。

第54次常务会议　9月29日召开。学习《中华人民共和国安全生产法》，听取列市“两重一实”、区“三重一实”未达序时项目推进情况、全区耕地保护工作情况、全区“双拥”创建工作推进情况、关于深化全区道路交通安全专项整治工作情况，审议《盐城市盐都区“十四五”自然资源保护与利用规划》和“区长质量奖”评选情况，并研究安排其他工作。

第55次常务会议　10月28日召开。学习《中华人民共和国行政处罚法》，听取2021年人大建议、政协提案办理情况、全区涉粮工作情况、全区信访工作情况、防范化解政府性债务风险工作，审议《盐都区违法违规用地责任追究办法(试行)》《盐都区国有资金投资建设工程项目工程变更管理办法》《关于在全区全面推行“林长制”的实施方案》《关于开展富民强村帮促行动接续推进乡村全面振兴的实施意见》，并研究安排其他工作。

第56次常务会议　11月27日召开。学习《保护农民工工资支付条例》，听保障农民工工资支付工作情况、全区星级企业培育工作情况、全区城建重点工程推进情况、全区国省考断面“保Ⅲ增Ⅲ”交办问题整改情况、防范化解重大金融风险工作情况，审议2022年列市“两重一实”、区“两重一实”项目和区“三争一创”项目计划，并研究安排其他工作。

【区长办公会】　全区全年共召开区长办公会10次，分别就2020年度推进农业农村高质量发展促进乡村振兴奖补资金及台创园重点项目“一事一议”事项，2020年度人才资金兑现奖补事项、2020年度提升智能制造推动工业经济高质量发展资金奖补、2020年度科技创新促进高质量发展资金奖补(第一批)、2020年度全区企业上市挂牌专项奖励资金和地方金融机构考核资金奖补事项，盐都区土地指标使用管理办法，拨付2020年度建安企业奖补资金事项，收购杨侍农业生态园发展有限公司部分资产事项，“中国天然氧吧”创建工作，与盐城港控股集团有限公司合作事宜，开展永久基本农田划定成果核实整改工作，2021年度公安项目建设事项，悦达智能科技园投资协议，《国有资金投资项目和追加财政预算有关请示事项的补充规定》，《进一步完善盐城宾馆经营管理体制的工作方案》，日月路街区改造立项工作，城乡环境综合整治工程资金事项，区规划研究工作专班高质量运行相关事项，吴抬路东、东进路南住宅地块托底摘牌事项，区领导督办安全生产重点事项，增加区直机关事业单位编外用工人头经费预算标准事项，智慧平安大道项目立项工作，关于学富卫生院购买CT设备、青年路南地段安置小区工程、盐高投集团安置房公开采购、农村河道生态治理整镇推进项目、农村隐患桥梁拆除重建、大田置业部分住宅收购、振兴路西、盐渎路南标准化厂房建设附属工程、盐粮控股集团购置办公楼、涉扬集中隔离观测点疫情防控、《美好盐都2049》发展战略规划编制招标，《加强国有企业监督管理的实施意见》《区属国有企业职工薪酬管理暂行办法》，区财政局关于区20200109工程(人防指挥所)设计变更及预算调整、追加2021年度稻谷补贴资金、拨付税务征管经费、舟谱云仓安装工程项目立项，《2020年度区科技奖励资金(第二批)拟兑现情况》，区财政局关于追加2021年城乡居民基本养老保险待遇第二次调标区级财政资金、疫情防控资金拨付、采购一台方舱CT、盐城市尚庄科创园新上标准化厂房项目，《东进路北、文明路东侧地块合同解除相关事项》，镇级融资平台公司管理改革等事项进行专题会办，并形成会办纪要。

重要工作

【省生态文明教育实践基地】　2月22日，省生态环境厅、文明办、教育厅、文旅厅四部门共同评选出首批“江苏省生态文明教育实践基地”，6家单位入围，盐城大纵湖国家湿地公园榜上有名，全市唯一。盐都区实施“退渔还湖”“引江入湖”“生态修复”“污水处理”等生态保护工程，再现度假区“纵湖秋色”美景，吸引众多游客前往观光旅游。同时，以度假区柳堡学院为载体，采取景区变课堂、素材变教材、讲解变互动的方法，开展生态文明教育实践活动，实现“寓教于乐”的教育效果，把公园打造成融实践教育与旅游运动于一体的湖泊型教育实践基地。

【全国“平安农机”示范县】　3月5日，农业农村部、应急管理部联合公布2020年度全国“平安农机”示范市、县名单，共确定10个地级市和49个县(市、区、团)为2020年度全国“平安农机”示范市和示范县，盐都区榜上有名。自启动“平安农机”示范县创建以来，盐都区围绕创建目标，提升农机安全水平。至年底，全区共有龙冈镇等7个镇(街道)被评为“平安农机”示范镇，“平安农机”示范镇、村(居)比例分别达58%、45%。

【获“全国五一巾帼标兵岗”称号】　4月19日，2021年全国先进女职工集体和个人表彰大会在人民大会堂隆重举行，中华全国总工会授予一批“全国五一巾帼奖状”和“全国五一巾帼标兵岗”，盐城市盐都区政务服务中心服务大厅获得“全国五一巾帼标兵岗”称号。盐都区坚持以“苦在常人不知处、乐在群众满意中”为出发点，秉持“一站式”、标准化、“店小二式”服务理念，把握政务服务高质量发展“风向标”，打响“都满意”服务品牌，提升企业的发展指数和群众的满意指数。

【获得第十届世界草莓大会举办权】　5月4日，盐都区获得第十届世界草莓大会举办权。盐都区发展草莓产业，作为盐城现代农业的一个标志性符号，草莓产业有20多年的发展历史，形成组培育苗、规模种植、深加工、冷链物流、农业观光旅游、电商销售一体化的完整产业链。至年底，全区草莓种植面积达867公顷，年接待采摘游客120万人次，拉动农旅观光、农产品电商同步发展。“盐都草莓”注册国家地理标志证明商标，品牌价值达7.1亿元。

【国家大学科技园】　5月27日，科技部、教育部联合发文公布第十一批国家大学科技园认定结果，位于盐都区的盐城大学科技园榜上有名。盐都区以打造全市领先、全省争先创新创业中心为引领，围绕创新链培育产业链，围绕产业链部署创新链，深化与清华大学、复旦大学全面战略合作，加快推进“智创谷”总部研发区、盐城大学科技园等创新载体建设，提升清华大学盐城智能控制装备联合研究院、中科院计算所盐城高通量计算研究院运作能效，累计建成国家级公共技术服务平台6个、省级以上研发机构130个，培育“瞪羚”企业10家、国家高新技术企业175家。

【国家地理标志证明商标】 6月25日，尚庄镇第八届番茄节在塘桥村社区广场举行，庆祝盐都区“尚庄番茄”获取国家知识产权局颁发的中国地理标志，为盐城市区域品牌的发展又添上崭新的一笔。盐都区与省农科院、南京农业大学等院校建立产学研合作关系，常态化开展苗种培育、新品种试验、新模式攻关，采取番茄和水稻轮作、番茄和慈姑水旱轮作等高效绿色种植模式，放大“尚庄番茄”品牌影响力。至年底，尚庄镇共有番茄种植规模200余公顷，从事番茄种植的农户近400户，从事番茄产业的达2500多人。

【获全国农民合作社质量提升整县推进试点单位称号】 6月25日，农业农村部公布全国农民合作社质量提升整县推进试点单位名单，盐都区榜上有名。盐都区坚持把合作社示范创建作为构建新型农业经营体系，推进乡村振兴战略实施的有力抓手和重要保障，涌现一批经济效益好、辐射带动能力强的典型。至年底，全区共有农民合作社666家，其中省级以上示范社16家。

【获2021中国美丽乡村休闲旅游行(夏季)精品景点线路】 7月16日，农业农村部发布2021中国美丽乡村休闲旅游行(夏季)精品景点线路，盐都区“夏季赏荷摘果游花海之旅”精品线路位列其中。盐都区优化产业布局，深度发掘农业多种功能和乡村多重价值，打造一批集农事体验、休闲观光、亲子研学、生态康养等新业态为主要特色的休闲农业精品，形成以旅强农、以农促旅、农旅结合的发展新格局，创响乡村旅游和休闲农业品牌。

5月，盐都区获得第十届世界草莓大会举办权　　政府办　供

【新增四家国家专精特新“小巨人”企业】 7月19日，工业和信息化部公布第三批专精特新“小巨人”企业名单，盐都区境内的盐城市新永佳石油机械制造有限公司、江苏博拓新型建筑材料股份有限公司、江苏中联电气股份有限公司、盐城市金洲机械制造有限公司入选。盐都区实施专精特新提升工程，引导企业专业化、精细化、特色化、新颖化发展，取得显著成效。

【获全国乡村治理示范村】 9月6日，农业农村部公布第二批全国乡村治理示范村镇名单，盐都区尚庄镇塘桥村获评全国乡村治理示范村。盐都区充分挖掘塘桥村区位和产业优势，抢抓新型农村社区建设机遇，夯实乡村治理根基，打造提升塘桥村新农村特色，塘桥村先后获省水美乡村、市生态村、市最美乡村等称号。

【被列入全国“儿童守护行动”试点地区】 9月14日，“儿童守护行动”——儿童主任服务体系能力建设项目试点座谈暨启动会在江苏盐城举办。盐都区关注未成年人关爱保护工作，全区共建成儿童“关爱之家”120家，其中省级儿童关爱之家6家，实现106家重点村及镇级关爱阵地全覆盖，全区现有儿童督导员14名，儿童主任254名。

【渎上·老西门民国风情街开街运营】 10月1日，承载着老盐城市民记忆的渎上·老西门民国风情街正式开街运营。渎上·老西门街区是盐都区打造的具有民国风格的潮玩体验街区，毗邻万达广场，总建筑面积6.5万平方米，拥有五大

8月，腾飞路特色街区外景　　住建局　供

商业区、13幢民国风味临街建筑商铺，以“民国风、特色味、文化情”为亮点，融合文化游览、特色餐饮、休闲娱乐、精品酒店、教育培训、网红夜市等多种业态。作为全市首批特色夜市街区之一的渎上·老西门街区，无论是规模、品质、业态的匠心打造，还是购物、休闲、文化、餐饮等元素的有机融合，实现产业和城市的相得益彰，为市民带来全新的生活模式。

【获全国农作物病虫害“绿色防控示范县”称号】 10月25日，农业农村部发布第一批全国农作物病虫害绿色防控示范县和统防统治百强县名单，盐都区喜获全国农作物病虫害“绿色防控示范县”称号。盐都区围绕发展绿色生态农业，以农作物病虫害“绿色防控示范县”创建，以省级农作物病虫害绿色防控示范区为建设平台，坚持质量兴农、绿色兴农、品牌强农，推进绿色防控工作，每年高标准建设各类绿色防控示范区50个以上。通过绿色防控技术的综合运用，提升农产品质量安全，保护农田生态环境，带动农产品品牌建设。

【入选省级跨境电子商务产业园】 10月26日，省级跨境电子商务产业园名单出炉，盐城电商快递产业园入选。位于盐都区的盐城电商快递产业园于2013年12月成立，分电商和快递两大组团，电商基地、展示体验、分拨配送、综合服务和生活配套五大功能区，获批“国家电子商务示范基地”“2015—2020年度省级电子商务示范地”“省级电子商务与快递物流协同发展示范基地”“省级互联网产业园”“省级创业孵化示范基地”及“省级科技孵化器”等称号。

【创成国家AAAA级旅游景区】 12月2日，省文旅厅发布江苏省2021年国家AAAA级旅游景区的公告，盐都区草房子乐园景区成功创成国家AAAA级旅游景区。草房子乐园位于学富镇，占地面积23.34公顷，是以著名儿童文学作家、“国际安徒生奖获得者”曹文轩教授的经典名作《草房子》为原型，以草房子乡情文化为主题，以研学教育为中心，以素质拓展为内容，打造的集乡情、文学、休闲、娱乐于一体的“文学乐园”，涵盖水域景观、生物景观、建筑与设施、历史遗迹、旅游购品、人文活动等6大类旅游资源。

【举办2021年度中国电子信息行业发展大会】 12月27日，由中国电子信息行业联合会和盐城市人民政府共同主办，盐城市工信局、盐城国家高新区具体承办的“2021年度中国电子信息行业发展大会”在盐都召开。活动当天同时举行DCMM数据管理工作年会、软件产品创新论坛暨2020—2021年度优秀创新软件产品发布会、中国电子电路产业高峰论坛、盐城市集成电路产业发展研讨会等4个平行论坛，与会嘉宾以主题演讲的形式分享经验，共同探讨研究电子信息产业的未来发展之路。

6月，草房子乐园开园　　政府办　供

【举办城市品牌发布会】 12月30日，盐都文旅发展大会暨“在盐都　遇见美”城市品牌发布会盛大召开。盐都区围绕“建设两山实践示范区”的战略部署，以打造全域旅游为抓手，重抓项目推进、品牌创建、运营管理，着力构建“龙头带动、三廊贯通、全域覆盖”的大生态文旅格局，打造“旅游度假、文化游览、农家美食、乡村休闲、生态游憩”于一体的旅游胜地。全区全年接待游客总人数约550万人，总收入约62亿元，获休闲农业与乡村旅游综合发展实力全国50强、“江苏生态休闲度假旅游示范区”、上海旅游资源推广卓越能力奖。

（王　杰）

人事工作

【事业单位招录工作】 年内，实行事业单位公开招聘全覆盖，着重抓好报名、笔试、面试和体检考察等各个招聘环节，严格履行公开、公正、公平的招聘原则，认真制定和实施科学、合理、可行的招聘方案，送上级部门审批，探索低成本、高效能的运行模式。2021年，通过报名、笔试、资格复审、面试、体检，政审等工作共招聘116名事业单位工作人员。并协助卫生系统事业单位公开招聘108名卫生技术人员，协助教育系统下属学校公开招聘168名教师。

【事业单位改革改制】 年内，加强学习岗位设置相关政策和规定，准确把握事业单位岗位管理相关流程和信息管理系统程序，完善岗位聘用实施和操作方案，规范有序地推进全区事业单位岗位设置管理工作，按照事业单位岗位设置管理规定程序，对全区岗位变动的2769名事业单位工作人员进行审批备案。开展全区基层事业单位专技人员“定向设岗、定向评价、定向使用”工作。

（田莉莉）

外事工作

【涉外疫情防控工作】 年内，帮助接种疫苗，组织在盐都的78名外籍人士免费接种新冠疫苗。配合做好医学观察，落实境外回归人员3+11隔离医学观察规定，全区累计完成271人的转运协调及医学隔离工作。改造涉外隔离酒店，原先的高新区商务酒店不符合疫情防控最新要求，在全区范围内寻找并确定改造盐龙街道格林豪泰酒店，撤离7家单位，改造“三区两通道”，全部重新铺设地板革，将一楼军人事务局办公区域改成工作人员生活区，租赁集装箱改造成接驳人员生活区和脱卸防护用品、医疗废物暂存地。

【对外友好交流工作】 3月2日，经区委同意，成立区人民对外友好协会，强化对外交流阵地建设。组织开展对外友好交流活动，参加“我家在盐城”在盐外国人唱中文歌曲比赛；接待省友协会长张柏宁带领苏外籍人士代表等一行100多人在大冈佳富村举行“感知中国共产党百年历程”主题交流活动；组织36名外籍人士参加“大美盐城·品读盐都”主题活动。保持与德国茨维考互动联系，确保友城交流不断线。联系茨维考市参加第五届“友城绘”国际青少年绘画展活动，10月上旬，收到德方14幅作品参加评比；两地主要负责人互致新年贺函，期待两地的友好城市关系向纵深推进。

【规范做好来华工作】 年内，因国外疫情无法得到有效控制，国内疫情多点散发，对出国来华工作提出挑战和考验。建立邀请来华人员企业专办员“周报制”，落实“谁邀请谁负责”原则，尽量做到外国人入出境全流程管控。全年共办理外国人来华申请2批3人次。

（吴银柱）

接待工作

【概况】 全区全年共接待来宾318批2674人次，向市委、市政府报送重要客情计12次。完成2021中国电子信息行业发展大会、2021“向海发展、赋能未来”盐都投资环境说明会、全市高质量发展项目观摩推进会（盐都）、第七届江苏（盐都）草莓文化旅游节、“大美盐城·品读盐都”外国友人盐都行、草房子乐园开园等17次区重大活动；承接省政府办公厅、省人大办公厅、省政协办公厅、省国土厅、省住建厅、省商务厅、省农业农村厅、省河长办等上级单位参观考察活动；接待遵义市、金华市、滁州市、徐汇区、宝山区等友好市（县、区）代表团，中铁集团、东山精密、力诺集团等一大批客商，中科院、同济大学、上海天华学院、人民政协报等科研院校及媒体。

【接待能力提升】 年内，结合具体接待任务，开展练兵活动，从实践中总结。力求做到用心服务、以情感人，突出“标准化”“人性化”“个性化”及“特色化”理念，丰富接待工作的内涵和外延。

（王 林）

信访工作

【建党100周年庆祝活动信访保障工作】 年内，制定工作方案，加强统筹协调，通力协作配合，有效运行信息预警研判、联动应急处置等重大矛盾风险防控机制，完成庆祝建党100周年活动期间的信访保障任务，得到上级肯定，市信访联席办发函感谢。

【攻坚化解信访矛盾】 年内，配合省市开展的“一治理两整治”工作，在全区组织开展信访矛盾纠纷“清零”、重点信访事项“双月攻坚”专项行动，综合施策、因案施策，推进各类信访矛盾化解。向省市争取信访专项资金169万元，审核发放区级信访专项资金200万元，解决疑难复杂信访事项。

【坚持法治信访】 年内，常态宣传信访工作和行为规范，开展信访法治宣传进街道活动，引导群众依法有序维权，学习执行新修订实施的《江苏省信访条例》，提高依法规范办理信访事项的意识和水平。同时，警信联动协作，加大涉访违法行为处置力度，面上形成有效震慑，办事依法、遇事找法、解决问题用法、化解矛盾靠法的法治氛围持续养成。

5月，向市民提供法律援助　　信访局　供

【“人民满意窗口”建设】 年内，“人民满意窗口”创建工作向镇（区、街道）拓展延伸，龙冈、学富、郭猛、大纵湖、秦南等5个镇信访接访窗口通过市级验收。深入推进网上信访“人民满意窗口”建设，网上信访渠道便民化、规范化、智能化水平不断提升，全区网上信访占比达82.31%。

【信访工作责任机制】 年内，加强区镇信访工作联席会议机制，调整充实信访工作联席会议成员单位，并将召集人升级为党政主要负责人，完善工作规则，规范实体运行，形成齐抓共管的工作格局。健全信访工作督查通报机制，主要领导高位推动，区委常委会、区政府常务会研究部署信访工作5次，就信访工作作出批示10次，信访工作情况每两月在四套班子例会上书面通报。区成立信访稳定4个专项督查组，定期不定期督查责任单位相关工作部署落实情况，确保责任和措施落实到位。升级信访工作责任追究制度，贯彻落实《江苏省信访工作约谈办法》，制定下发《盐都区信访工作约谈办法（试行）》，压实责任单位。

（倪建玲　崔银财）

地方志年鉴编修

【镇村志编纂工作】 4月起，对全区各个镇（区、街道）开展镇村志编纂情况进行专题调研。至年底，全区共有12个镇（街道）、36个村有镇村志编纂任务。12家有编纂任务的镇（区、街道）都成立编纂领导小组，首批示范村（居）志都明确专人负责。加强培训指导。4月28日，举办镇村志业务培训会，邀请市地方志专家进行授课，全区约100名镇村志编纂人员参加。向全区有编纂任务的镇村发放市地方志办编印的《盐城市镇村志编纂培训手册》，提升编纂人员。赴秦南镇与编纂人员就《秦南镇志》初稿交换意见，对于志书需要改进的地方，逐条逐目提出修改建议，力求打造精品良志。组织专家对《尚庄镇志》进行评审，10月，该书正式出版发行。

【《盐都年鉴（2021）》编纂工作】 5月，基本完成盐都年鉴组稿工作，完善充实年鉴整体框架、类目设置、分目层次、条目要素及篇目内容。拓展年鉴供稿渠道，通过互联网、盐都日报电子版等渠道搜集资料。增设特载栏目，回顾疫情防控及脱贫攻坚工作，关注民生热点事件。收录“十三五”时期盐都主要指标完成情况，彩页图版以“十三五”数字、产业盐都、抗疫实录、法治盐都、人物盐都、文化盐都为主题，展示2020年度盐都大事要闻和特色亮点。每张图片做到有意义，有出处，配图要素完备，备注拍摄信息及时间相关等要素信息。借助信息化手段，完善年鉴传播及留存方式，丰富记录载体。首页设置《盐都年鉴》和《盐都区志（1983—2005）》二维码，通过手机扫描等方式，可直接浏览全书，在特载栏目投放《盐都抗疫实录》微电影，便于读者更快获取信息内容，保证图书的创新性及完备性。10月，年鉴定稿，并交付印刷厂。12月，年鉴出版，各单位发放到位。

（刘　菲）

金融与企业上市

【概况】 2021年，全区各有关方面和驻区各金融机构紧紧围绕区委、区政府中心工作，紧扣服务实体经济、深化金融改革、防控金融风险三项任务，聚力稳金融、抓改革、防风险、促发展，金融工作取得较好成效，总体上金融运行态势良好、金融服务精准有力、金融风险有效稳控、金融生态持续优化。

【信贷投放工作】 至年底，驻区各金融机构实现存款余额532.89亿元，贷款余额646.24亿元，分别增长4.57%和17.28%，贷存比为121.27%；区融资担保公司担保89家企业116笔业务，担保余额9.9亿元；高新区融资担保公司担保63家企业121笔业务，担保余额10.12亿元。推动落实“信保贷”业务，共授信95笔2.88亿元，列全市第一、第二。

【银企对接工作】 全年组织开展拉网式政银企对接、银行机构“进园区”“进镇村”等活动11次，共授信（投放）企业130家，金额7.845亿元。开展“暖企行动”，共帮助解决158个企业资金需求82.73亿元。至年末，组织4065家各类市场主体接入省综合金融服务平台，累计解决企业资金需求1116项52.03亿元，解决需求数和金额均列全市第二。探索开展知识产权质押融资达2.77亿元，总额列全市第一。

【上市挂牌工作】 年内，按照“优选一批、培育一批、上市一批”要求，引导重点企业对接知名券商、会计师事务所、律师事务所，加快企业改制、辅导、申报步伐。建立区企业上市工作联席会议制度，协助举办金融实务培训班（上海交大），专门汇编印制《企业上市挂牌工作实务》，形成由18家重点企业组成的后备资源库。至年末，全区累计培育主板上市企业2家、新三板挂牌企业11家、苏股交挂牌企业255家，盛安传动、东九重工、闪奇电器、中恒宠物等重点企业上市挂牌推进。

【地方金融监管工作】 年内，对纳入监管范围的小贷公司、融资担保公司、转贷公司、典当行等机构，强化日常线上线下监管排查和第三方审计，完善“双随机、一公开”监管台账，及时公布监管白名单，督促规范运营。开展农民资金互助合作社转籍及清盘关闭工作，重点重抓农民资金互助社风险压降，“三压降”水平全市第1，受到省攻坚战指挥部办公室书面表扬。创新探索委派会计、代办员清退、银行账户协同监管、挂钩督查、行业自律等措施，严守“三不三严禁”监管红线，促其回归本源。

【防范金融风险宣传】 年内，利用“司法日”“国家安全教育日”“防范非法集资集中宣传月”等重要节点开展防范非

12月，举办防范非法集资宣传活动　　　　金融监管局　供

法集资宣传活动；借助区“夕阳红”法治宣传队、检察官宣讲团普法校园行活动契机，开展以“小手拉大手、远离非法集资”为主题的防范非法集资宣传活动；借助全区网格员培训契机，对网格员进行《防范和处置非法集资条例》宣讲。在《盐都新闻》综合一套黄金时间段播放防范非法集资公益广告和流动字幕；在“盐都人”公众号上每月推送一篇处非宣传知识；制作、推广《防范非法集资小课堂》系列视频、宣传省局《防范和处置非法集资条例》动漫、微视频。全年共印发宣传彩页、宣传册、宣传制品4.3万余份。

【主动防范化解风险】　年内，动态管理金融风险点，细化任务清单，围绕“防得严、打得准、管得住、帮得好”目标，坚持问题导向，建立风险点动态管理制度，定期会商会办，动真碰硬开展各领域攻坚行动，推进风险化解和结案销号。落实民间投融资服务企业注册登记会商机制，组织开展非法集资风险集中排查整治、私募投资基金风险防范处置等活动，排查到期债务风险。加强与公安、法院、市场监管、网信和中央金融管理部门派出机构的协作配合，依法打击各类非法金融活动。依托省非法金融活动监测预警、非法集资风险和案件管理等平台，加强风险监测排查和形势研判，各风险点化解工作有序开展，总体形势平稳可控。

【金融生态环境评估工作】　2017—2019年，盐都区在全省县域金融生态环境综合评估中，排名分别为第15名、13名和12名，继创成省“2014—2016年度金融生态优秀县”后，于2020年再次创成“2017—2019年度金融生态优秀县”，为全区经济社会高质量发展尤其是投融资工作提供良好的金融环境。在最新公布的2020年度全省县域金融生态环境综合评估中，盐都区列全省第9位，巩固金融生态环境创建成果。

（唐康宁）

机关事务服务工作

【概况】　2021年，盐都区机关事务服务中心在区委、区政府的坚强领导下，围绕“细化管理、优化服务、强化保障”的要求，在立足做好机关后勤服务的基础上，稳步推进办公用房管理、公务用车管理、公共机构节能、机关食堂管理等重点任务，各项工作取得阶段性成效。

【办公用房管理工作】　年内，做好全区行政事业单位办公用房管理情况书面调研工作。办公用房是党政机关正常运行的重要保障，规范和加强办公用房管理是党政机关厉行节约反对浪费的重要内容。了解全区行政事业单位办公用房使用、管理等情况，便于提高资源使用效率、有效防止国有资产闲置浪费。做好党政机关办公用房信息统计报告工作。利用办公用房统计信息，作为制定办公用房管理制度、开展办公用房大中修项目立项、办公用房调整安排等工作的基础依据。

【公务用车管理工作】　至年底，全区公车更新共计22辆，党政机关更新15辆，事业单位更新7辆。按照管理办法审核车辆更新申请，杜绝超编超标购买车辆，落实车辆购置、上牌、喷涂标识等细节工作。组织安全检查。定期组织对车辆的安全、卫生等情况进行检查，对不符合要求的车辆及时提出整改维修意见，要求驾驶员对车辆每天进行自检，发现问题及时报告。加强“三定”管理。平台公务用车全部按照规定实行定点加油、维修、保险管理，并按照财务规定及流程报销相关费用，平台定期抽查公车的加油、维修、保养明细，从源头上杜绝“私车公养”等违规违纪等问题的发生。

【机关食堂管理工作】　年内，完善智能型食堂建设。建立盐都食堂公众号，定期推送每周菜单，就餐人员可随时查询卡内金额及消费记录，享受智能食堂就餐服务。打造节约型食堂。宣传“以节约粮食为荣，浪费粮食为耻”的就餐习惯，并相应调整就餐模式，以方式的改变提升节约效果，倡导文明用餐风尚。每月进行食堂测评。在每周向全区干部职工发放评价表的基础上，推出微信在线评价系统，通过就餐人员的测评反馈及时调整食堂工作的不足。

【公共机构节能工作】 年内，开展节能示范创建工作。区行政中心获省级公共机构节能低碳示范单位，全区有1家单位参加省节能示范单位创建通过市级审核、1家单位完成创建复核。做好节约型机关创建工作。全区有26家单位申报节约型机关，区级党政机关单位创建覆盖率达100%。开展节能宣传活动。全年共开展节能宣传主题活动3次，发放宣传折页2000份，制作展板30余面，联合媒体强化信息宣传，及时报道宣传活动和节能知识。

【后勤服务工作】 年内，对行政中心一、二级供水箱进行消毒清洗一次、维修更换室内空调60余台次。定期组织人员对中央空调、电梯、配电柜和亮化照明系统等设备进行检查和维护保养，确保所有设施设备安全可靠运行。营造优美办公环境。加强行政中心景观硬件、绿化树木、环境卫生管理维护，实施区行政中心路牙养护工程。定期组织人员对护城河内杂物进行清理，组织开展除四害、消除“白色垃圾”等环境清洁行动。强化会务保障。以统一安排、统一调度为原则，规范服务流程，打造响应零时差、微笑零距离、操作零失误、设备零故障、全年零投诉的“五零会务”服务品牌。全年保障大小会议、接待1000余场次，与会人次达3.5万人次。做好异地交流干部周转房服务保障工作。选派管理和服务人员，做好异地交流干部的生活起居和安全保障等服务工作，让异地交流干部享受到贴心的生活服务保障，以更加饱满的工作热情去建设“强富美高”新盐都。

【安全保卫工作】 年内，做好疫情防控工作。根据新冠疫情形势的变化，严格落实防控相关要求。在行政中心南北门、南北大厅和食堂门厅安装体温监测报警设备，对进出行政中心人员测量体温并检查苏康码。在行政中心内张贴新冠疫情防控宣传图、播放防疫视频，每日做好电梯、走廊等公共部位消毒。强化安全保障。在机关食堂增设保安岗位，办公楼重点部位、各重点区域设专职值班、巡逻，发现安全隐患及时报告处理。严格人员和车辆查验登记，全年配合信访、公安处理群访事件1000余人次。突出重点安全隐患排查。加大安全生产检查督导力度，全年组织安全检查12次，发出整改通知书10份，发现并整改安全隐患共计2类9项。 （姜天翊）

8月，开展节能宣传周活动　　机关事务服务中心　供

政府采购

【概况】 2021年，区公共资源交易中心遵循“规范、高效、公正、廉洁”宗旨，坚持“公开透明、公平有序、公正规范、诚实守信”工作原则，全面贯彻落实《中华人民共和国政府采购法》《政府采购货物和服务招投标管理办法》等法律法规，切实加强电子化政府采购平台建设，提升工作质量和管理服务水平。

【各项指标增长】 2021年，完成政府采购类项目47批次，预算金额1.52亿元，中标金额1.29亿元，节约财政资金2335.23万元，节约率15.34%。对比2020年数据，政府采购项目减少152批次，预算金额减少12.16亿元，中标金额减少11.67亿元，节约财政资金减少5563.09万元，节约率上升10.13%；与上年相比，采购人自行组织的场外交易分散采购项目大幅度增加，共计172个，预算金额5.43亿元，中标金额5.03亿元，节约资金4064.88万元，节约率7.48%。

【政府采购】 年内，推进政府采购流程规范化，配合区行政审批局公共资源交易管理科出台《盐城市盐都区公共资源交易流程》《盐城市盐都区公共资源交易统一交易管理规则》，健全政府采购监督制约机制，保证政府采购“公开、公平、公正”，增强政府采购透明度。推进“不见面开标”工作，及时整理新版法律法规汇编，并做好相关培训工作，助推政府采购工作再上新台阶。 （周晶晶）

政协盐城市盐都区委员会

重要会议

【概况】 2021年，区政协在中共盐都区委的坚强领导下，坚持以习近平新时代中国特色社会主义思想为指导，以习近平总书记关于加强和改进人民政协工作的重要指示精神为根本遵循，紧密团结全体委员和各界人士，牢牢把握团结、民主两大主题，履行政治协商、民主监督、参政议政三大职能，发挥专门协商机构作用，提高建言资政和凝聚共识双向发力的实效，为推进“四个示范区”建设、谱写“强富美高”新盐都现代化篇章做出贡献，展现新时代人民政协的新样子。年内共召开全委会1次，常委会议4次，主席会议9次。 （董胜先）

【政协盐都区十四届五次会议】 1月4日至7日，在东方玄武大酒店举行，出席委员277人。区委书记、区长王娟在会议开幕时讲话。会议听取并审议区政协主席张建洋代表区政协第十四届委员会常务委员会所作的工作报告和副主席阮宜春所作的提案工作报告，举行建言献策大会，会议一致通过《中国人民政治协商会议盐城市盐都区第十四届委员会第五次会议决议》。与会人员列席区十六届人大五次会议，听取并讨论区委书记、区长王娟所作的政府工作报告及其他报告。会议结束时，区政协主席张建洋致闭幕词。

【区政协常委会议】 2021年，区十四届政协常委会共举行4次会议。

4月12日，举行第十九次常委会议。区政协副主席阮宜春主持会议。与会人员先后视察江苏德联达智能科技有限公司、江苏心思源食品有限公司、江苏恒隆通新材料科技有限公司。会议听取工信局关于盐都区产业转型升级情况通报，与会人员就《增长中转型、发展中升级，推动制造业高质量发展》建议案（讨论稿）提出修改意见，并就“推动产业转型升级”提出对策和建议，区政协主席张建洋讲话并对盐都产业转型升级等方面提出相关要求。

5月25日，举行第二十次常委会议。区政协党组书记王铁根主持会议。与会人员赴亭湖区考察学习“有事好商量”协商议事工作及示范点建设情况，视察便仓镇西团村、宝瓶湖街道、文化艺术中心等项目现场。会上审议并通过《关于调整部分区政协委员的建议方案》《关于调整部分委员联络组组长的建议方案》。区政协主席张建洋对“有事好商量”协商议事巩固提升工作进行部署，市政协副主席姜友新讲话并提出相关要求。

9月16日，举行第二十一次常委会议。区政协副主席沈德成主持会议。与会人员视察三胡故里、蟒蛇河水上文化生态廊道、草房子乐园。会议听取全

1月，政协盐都区十四届五次会议召开 政协办 供

区旅游工作情况通报；与会人员就全区旅游业发展和《加快构建景区体系 着力打造大文旅格局》建议案(讨论稿)提出意见和建议；区政协主席张建洋讲话，对构建大文旅格局、推进下一阶段工作、做好社情民意和新闻宣传工作提出要求。

11月11日，举行第二十二次常委会议。区政协副主席张鸿新主持会议。会议第一阶段，与会人员听取全区经济社会发展情况通报；第二阶段与会人员视察潘黄街道、郭猛镇“乡村振兴”现场，并在郭猛镇召开会议。会上，与会人员就全区乡村振兴和《关于全面推进乡村振兴的建议》建议案(讨论稿)提出意见和建议。区政协主席张建洋就推动盐都乡村振兴建设提出相关要求。

【主席会议】 年内，区政协举行主席会议9次。会议深入学习宣传贯彻习近平新时代中国特色社会主义思想，巩固拓展党史学习教育成果，坚定信仰信念信心，树立正确的历史观和大局观，围绕中心、服务大局，发挥政协优势，贡献政协力量。研究部署区政协重点工作，协商确定区政协十五届一次会议重点提案。专题研讨“有事好商量”协商议事工作、政协基层民主协商推进工作、《盐都名村》文史资料编撰等工作。

(董胜先)

重要工作

【疫情防控】 2021年，区政协主席会议成员深入疫情防控一线，靠前指挥督导。疫情防控期间，发动各界别政协委员，利用自身优势，投身疫情防控。医卫界委员发扬特别能吃苦、特别能战斗的精神，白衣为甲，一线奋战，用实际行动践行护佑生命的崇高职责。更多政协委员立足平凡岗位，做好防疫知识宣传、交通卡口执勤、物资供应保障、企业稳产稳岗等工作。

【建言献策】 年内，围绕全区工作大局，紧扣“四个示范区”建设，谋划协商议题、组织协商活动，为推动全区经济社会更高质量发展，人民群众更有品质生活建睿智之言、献务实之策、出管用之招。区政协十四届五次会议期间，组织建言献策大会，委员们坚持问题导向、精准献计献策，向省政协、市政协提供《关于加快发展数字农业的建议》《双向发力、综合施策，用系统思维解决市区水环境问题》《合力打造百河城市 共同建设绿水美景》《凝聚共识的由来和历史经验研究》《加快黑臭水体治理，推进水绿盐城建设》《政协协商与基层协商有效衔接的微思考》《建设农业现代化示范区 打造乡村产业发展高地》《巩固提升居民参与社区治理的主动性、积极性》《关于全面推进网格化建设的思考》《建立正向激励机制，发挥老干部、老党员在社区治理中的作用》等建言材料10篇。

7月，开展民生专题协商议事月活动　　政协办　供

【协商议政】 2021年，区政协聚焦“十四五”规划实施中的重大问题开展多种形式协商活动，建立党政部门与政协专门委员会沟通协作机制，积极采纳政协参政议政成果。区政协常委会围绕产业转型升级、构建大文旅格局、推动乡村振兴协商议政，开展“农村生活污水处理”等界别协商，进行“省级特色田园乡村创建工作”重点视察，对法律援助工作、未成年人检察工作等开展专项民主监督活动，召开企业界政协委员座谈会，围绕“完善村规民约 树立文明新风”“优化营商环境”“农房改善‘后半篇’文章”“农村人居环境整治”“小区物业管理”等议题，共开展协商议事活动930场次，累计5900多人次参与，省市区政协委员近1600人次参加，收集社情民意信息1000多条，助推解决各类问题400多个。

【基层协商】 全年共建成14个镇(区、街道)、251个村(居、社区)、18个界别、3个市级以上工业园区“有事好商量”协商议事室。突出融合共建理念，重点打造高新区创新中心、盐渎花吉等10个集协商议事室、委员工作室、社情民意联系点、商量书房、党史学习室于一体的“五位一体”示范点。创新设立议事亭、议事沙龙、议事长廊。推动398名省、市、区三级政协委员下沉。聘请区、镇、村三级智库人员1470名，建成上下贯通协商智库网络。开展线上线下协商议事活动，推进并发挥市县镇村四级协商智库作用。按市政协部署要求，18个界别合并成立5个履职党支部，部分乡镇成立镇级履职党支部。

【创新赋能】 2021年，区政协按照“一县一特”要求，创新打造政协特色品牌，以巩固提升“有事好商量”协商议事工作为抓手，高标准建设基层协商阵地，打造“五位一体”示范阵地，在群众中形成有事信商量、有事找商量、有事多商量、有

3月，在苏州高新区考察学习　　政协办　供

事好商量的协商氛围，开拓创新探索出“都商量”协商路径，形成“议题都提出、协商都参与、建议都反馈、成果都满意”的“都商量”协商制度和标准，“都商量”协商文化品牌深入人心。推进“智慧政协”建设，创新开发“有事好商量”协商议事工作指挥调度系统，“有事好商量”指挥调度系统具备情况收集、指派调度、“码”上协商、评价研判、指导督查等“五项功能”，省级打造“有事好商量”指挥调度中心的做法得到省市区肯定。

【畅通民意渠道】　年内，强化信息舆情汇集和民意表达功能，畅通政协委员及其所联系的界别群众反映意见诉求的渠道，积极反映事关改革发展和民生事业的普遍性、典型性问题。召开全区政协宣传和社情民意信息工作会议后，印发《关于加强和改进反映社情民意信息工作的意见》，成立由分管副主席任组长、秘书长任副组长的信息工作小组，定期召开月度例会、工作推进会、委办主任会部署推进。聘请由60名市、区政协委员和相关人员组成专业社情民意信息员队伍。至年底，盐都区政协全年提交社情民意89篇，其中报省以上18篇，其中有3篇报全国，1篇被省采用。为宣传党的路线、方针、政策，协助区委区政府做好协调关系、理顺情绪、化解矛盾等工作，维护社会和谐稳定作出贡献。（董胜先）

重要活动

【专题调研】　3月12日，区政协副主席张荣銮率部分政协委员赴东台考察学习电子信息产业发展情况，考察组先后在领胜城科技、江苏金科森电子等企业实地考察，并与企业负责人进行交流。3月17日，围绕一季度常委会“推动产业转型升级”课题，区政协副主席张荣銮率部分区政协委员及发改委、工信局相关人员在苏州高新区考察学习，考察组一行先后到苏州科达科技股份、赛飞工业互联网研究院（江苏）等有限公司进行参观考察。3月23日，区政协组织部分区政协委员和发改委、工信局相关负责任赴无锡、上海考察学习电子信息产业发展情况，考察组一行先后参观无锡国家高新区展示中心、“芯火”双创基地、华虹半导体，上海比路电子股份、紫光宏茂微电子、青浦工业园区展示馆。根据调研结果，提出对策，形成对策具体的建议案，提交区委区政府，相关意见建议被区委区政府采纳、运用。

【对外交流联谊】　4月11日，接待辽宁省政协考察盐都城市更新；6月17日，接待长三角“六市一区”（上海市徐汇区、浙江省宁波市、湖州市、绍兴市，安徽省合肥市，江苏省南通市、盐城市）政协代表团，代表团在高新区盐渎街道花吉新型农村社区、大纵湖旅游度假区，考察交流；并接待射阳、建湖等县、区政协交流学习，密切政协系统的联系与协作。

【编印文史资料】　年内，深度发掘盐都名村，编辑出版文史资料《盐都名村》，全书共收录61个村庄故事，记述盐都区沧海桑田的壮阔变化，展示色彩斑斓的现代农村美景，体现盐都人不绝如缕的精神血脉。书籍编纂得到各镇（区、街道）及宣传部、文旅局等相关部门支持，并赠阅有关镇（区、街道），部门和相关人士。

【宣传工作】　6月，发挥公众号、门户网站在宣传中的作用，密切与宣传部门、主流媒体的联系协作。盐都“有事好商量”创新做法被总结为创新案例《树立新思维　厚植新动能　打造全区“有事好商量”指挥调度中心》通过初评并参加现场评审，被选编进入2021年度省政协创新案例名录。盐都政协共发布

8月，编辑出版文史资料《盐都名村》　　政协办　供

省级以上宣传稿件31篇，其中国家级20篇，省级11篇。其中，《人民政协报》报纸2篇，《人民政协报》早闻6篇，人民日报数字1篇，新华日报《交汇点新闻》7篇、新华网1篇，学习强国2篇。《江苏政协》杂志1篇，“江苏政协”公众号8篇，中国社区1篇，中国新闻网(江苏)2篇。

【委员教育培训】 7月1日，组织政协委员收听收看庆祝中国共产党成立100周年大会，学习习近平总书记“七一”重要讲话精神，谈认识、话体悟。开展特色党史学习教育活动。开展“沉浸式”学习教育，在上海陈云纪念馆、盐都革命陈列馆、郭猛镇郭猛烈士展馆等红色教育基地进行现场教学，在红色圣地遵义举办“学习百年党史，凝聚奋进力量”党性教育培训班，政协常委、协商议事召集人、政协委员和机关党支部人员参加培训。在党史学习教育中开展“我为群众办实事”实践活动，推动协商阵地全覆盖，推动政协协商与基层社会治理衔接。 （董胜先）

提案工作

【概况】 全年共提交提案141件，经审查立案136件，其中创新创业类12件、智能制造类7件、融合发展类13件、两山实践类23件、优化发展环境类11件、民生改善类70件，立案的提案全部办理答复，委员满意和基本满意率100%。突出提案工作“征、提、立、办、督、评”等重点环节，强化重点提案和系列提案办理，打造一批提得好、办得好、效果好“三好”提案。

【提案征集审查】 1月，全会召开前，围绕区委区政府中心工作和群众关切、社会关注的热点问题，通过区电视台、盐都日报、政协网站等新闻媒体征集提案选题线索，编制覆盖面广、针对性强的提案参考目录，开展提案选题预申报工作，对选题进行细化、优化，通过专题讲座、政情通报、交流研讨等形式，帮助委员拓宽知情明政渠道，把握高质量提案的标准。坚持会中初审、会后复审、交办前会审“三审”制度，力求分办合理、准确，交办对口、及时。

【提案办理协商】 年内，区委书记、高新区党工委书记王娟领衔督办“高质量推进城北地区改造”专题3件重点提案，为高质量办理政协提案发挥示范引领作用。年内，区委、区政府、区政协共领衔督办8件重点提案，通过专题调研、实地考察、座谈协商等方式，推动提案建议的落地落实。以“有事好商量”协商议事平台为抓手，做好提案协商与政协协商、基层协商的融合文章，让委员、利益相关群体与承办部门开展“面对面”协商交流。

【提案成果转化】 年内，邀请党派团体、界别委员、提案者，对部分重点提案办理情况进行跟踪督查，推动各承办单位加快提案办理进度。建立评议制度，成立提案评议小组，由区政协分管副主席任组长，提案委员会委员、界别委员代表、提案者等为成员，根据提案内容和承办情况，在承办部门和提案办理现场，对办理程序、办理效果、办理答复等环节开展逐项评议。加大提案办理公开力度和提案办理成果宣传，通过政协网站和微信公众号等途径，推送报道提案工作动态、提案办理协商、提案落实成效、委员提案故事等16篇次。

【提案机制创新】 年内，提案办理过程中，密切与党政部门、政协各参加单位的交流合作，加强与提案者、承办单位沟通联系，听取意见建议，梳理办理方法步骤，共同协商办理工作有效路径。依托“智慧政协·都商量”平台，优化升级提案网上办理系统，实现线上动态管理，为提案工作各环节提供精细化服务。加强和规范提案撰写、评选、表彰工作，明确要求每位委员每年至少提交一件提案，并将提交高质量提案作为评选“双岗双优”委员的前置条件，共评选15件优秀提案在政协全体会议上予以表彰。 （董胜先）

·优秀提案选登·

关于提升产才融合度，开拓聚才新境界的建议

曹 阳

近年来，我区聚力创新创业中心建设，聚焦智能终端、高端装备、新材料等产业发展，大力推进人才政策创新、机制创新、管理创新和服务创新，引进院士3人、国家重大人才工程8人、入选省级人才项目78个，为全区经济社会高质量发展作出了积极贡献。但是，与上海、苏南等经济发达地区相比，我区人才工作还有不足与短板。一是人才结构不优。高层次人才偏少，尤其缺乏智能制造、电子商务等方面的拔尖人才、领军人才，直接影响特色产业的创新发展和不断壮大。二是平台载体不强。虽然建有中科院计算所高通量创新研究院、吉林大学智能终端产业研究院等科研载体，但作用发挥的成效还不明显，潜力有待挖掘。三是精准服务不够。人才工作服务企业的个性化、精细化举措不多，人才市场化、队伍专业化程度均不高，不能完全适应我区经济社会高质量发展之需。我区正处于开启全面建设现代化的关键时期，全力推进“四个示范区”建设，对各类人才的渴求比以往任何时候都更为紧迫。为此，建议：

一、坚持高点站位，提升人才工作牵引力。围绕人才工作重点难点，改革创新促发展，坚持不懈抓考核，精心谋划重磅性举措。一是制度设计“通盘考虑”。高标准谋划、制定“十四五”人才发展规划，贴近人口结构和产业发展方向，针对我区经济体量、产业布局、区位条件，在市、区人才政策基础上，出台盐都区海外人才、名校优生、普通高校毕业生等引培政策，既集聚“顶天立地”的高端人才，又吸引“铺天盖地”的基础人才。二是工作力量“选优配强”。注重引导各方力量参与人才工作，强化工作力量配备，把实招硬招多、服务本领强、落实成果好的干部推上人才工作的第一线、挺到“双招双引”的主战场，以源源不断的“新鲜血液”

推动人才工作“能量满格”。三是考核推动“精准点穴”。围绕目标考核“指挥棒”开展综合分析研判，加大重点任务和核心指标的权重，充分发挥考核杠杆作用，实行过程化考核模式，做到可量化、可比较，传导压力、压实责任，从而使人才工作实绩成为领导班子评优、干部评价的重要依据。

二、秉持开放视野，提升招才引智行动力。聚焦提升“双招双引”、产才融合质量，谋深一层、早走一步，实施“都智汇”优才计划，提升引才新实效。一是“企业+企业”形成“葡萄串效应”。聚焦产业引才，突出产才融合、紧扣产业导向，精心举办盐都科技人才节、专家教授盐都行、中国国际人才交流大会盐都专场、“才聚高新·智赢未来”创新创业大赛，开展“1+N”人才、项目、资本系列对接，全方位覆盖人才金字塔的塔尖、塔中和塔基，实现“引进一个人才、催生一个产业”的“葡萄串效应”。二是“企业+人才”发挥“母体效应”。引导人才、部门、企业与产业融合，鼓励企业创建科创成果转化基地、青年就业见习基地，建立院士工作站、工程、研究、离岸创新中心等，加强研发机构和工作站吸附配套产业领军人才、科创人才、青年优才指标考核，新建创新创业基地。鼓励企业引进和培育高技能人才，争创省、市级技师工作室。三是“人才+人才”彰显“磁吸效应”。组建盐都人才“智库”，做大人才“朋友圈”，定期举办活动搭建交流平台，让更多高层次人才了解认识盐都，为盐都发展献计献策出力；以“访老乡、看家乡、回故乡”为主题，吸引更多在外杰出人才回乡投资兴业，营造人才竞相汇聚的“高地”。

三、打造最优生态，提升人才服务整合力。与人才做朋友、把人才当亲人，把能做的做到极致，提升人才满意度。一是寻找“最优解”。为重大项目、新特产业提供精准引才服务，量身定制各类中高级人才交流会。把人才服务体验作为一项常态化工作，使亲自走流程、办业务、找不足成为一种工作习惯，以重点问题的攻坚突破带动全局的优化提升。二是拉好“协奏曲”。突出人文关怀，建立健全领导干部联系人才制度，随时掌握引进人才的工作和生活情况，协调解决各类困难。探索成立人力资源服务协会、人才社群，发挥“穿针引线”作用，让人才的声音听得到、诉求办得到。三是布好“一盘棋”。把准服务方向，新建5万平方米新城商务中心人才公寓，推进服务事项“掌上办”“网上办”，贴心提供子女教育、医疗保健、社会保障等“关键小事”，深耕有竞争力的人才生态。

关于全面提升产业创新能力的建议

卞金信

“十三五”时期，我区始终坚持创新驱动不动摇，产业创新能力有了实质性提升。将创新转型摆在全局的核心位置，深化与大院大所合作，集聚清华大学智能装备研究院、中科院计算所高通量研究院等11家高端科创载体，中科院上硅所新能源中心启动建设，西电研究(生)院签约落户，省技术产权交易市场盐城中心、5G车联网研发中心等公共服务平台落户建设。国家高新区创成国家级双创示范基地、建成国家火炬特色产业基地。2020年高新技术企业数273家，省级以上企业研发机构86家。高新技术产业产值占规模以上工业产值比重提升至60%，研发经费支出占地区生产总值2.65%，万人发明专利拥有量26件，创成国家知识产权强县工程示范区。但我区的创新要素集聚能力不强，高端创新平台相对缺乏，载体辐射带动产业创新的效能尚未充分显现。

“十四五”时期，我区要建设“双创引领示范区”，建成为长三角知名的“创新乐园、创业福地”。为此，建议从以下三个方面全面提升产业创新能力。

一、要强化企业创新主体地位

优化创新创业政策环境。构建成果导向的评价支持体系，鼓励企业组织技术研发、产品创新和科技成果转化，完善科技型中小微企业扶持政策，引导资金、技术、人才等创新资源向科技型中小微企业倾斜。加快落实发展众创空间推进大众创新创业、科技成果转化、促进创新创业人才发展等政策意见，形成支持双创引领示范区建设的系列政策措施。

激发企业技术创新活力。坚持市场导向，鼓励企业与高校院所规范化共建研发机构，积极布局“离岸研发”，鼓励企业承担国家、省和市级重大产业创新战略项目。设立种子基金、天使基金、创业基金，引导企业加大研发投入，不断提高企业自主创新能力。探索运用财政后补助、间接投入等方式，支持企业通过自主研发、受让、许可、作价入股、产学研合作等方式承接科技成果转化。发挥大企业引领支撑作用，支持创新型中小微企业成长为创新重要发源地，推动产业链上中下游、大中小企业融通创新。鼓励规上企业设立研发中心、实验室、企业技术研究院等研发机构。打造创新型产业集群。支持龙头企业引领产业领域的技术储备和技术创新，培育一批有国际竞争力的创新型领军企业。建立高新技术企业培育库，围绕长三角、珠三角招引高企，围绕高新产业壮大催生高企，围绕载体平台运营孵化高企，对科技型中小微企业进行重点培育。培育一批“独角兽”企业、“瞪羚”企业，做大做强智能终端产业。要大力培育省单项冠军和“科技小巨人”企业。

二、要加快科创载体平台建设

发展壮大科创载体平台。推进中科院计算所高通量研究院、中科院上硅所新能源中心等重大科创载体实效运营。推进国家级火炬特色产业基地、大学科技园、众创空间等科创载体高效运营，引进更多高质量运营团队加盟，激发更大效能。推进与航天三院、西安电科大等战略合作，在与知名高校院所、研发型央企共建重大创新平台上获得更大突破，围绕主导产业布局建设一批新型研发机构。引导企业、社会资本参与投资科技孵化器建设，鼓励支持社会力量投资建设或管理运营创客空间、创业咖啡、创新工场等新型孵化载体。聚焦“1+3”主导产业发展需求，鼓励建立一批从事技术集成、熟化和工程化的中试基地，支持建设开放式协同创新的研发公共服务平台。推进科创载体融合共建。积极引进长三角创新平台载体，推动校企共建一批院士工作站、博士后工作站、企业工程技术研究中心，加大省级以上孵化器与上海专业运营机构的合作力度。推动离岸科技企业孵化器建设，鼓励有条件的企业通过设立核心城市研发机构、企业联合实验室等方式，实现盐沪两地创新载体平台融合发展。

三、要推动政产学研深度融合

大力推动政产学研协同创新。推动政府、园区、企业与高校院所合作，构建开放式的政产学研协同创新体系。聚焦主导产业创新需求，深化与高校院所全面合作，探索政产学研合作新模式、新途径。通过设立实习基地，共建学科，合作建设研发创新平台等途径，加快科技人才向盐都集聚，促进科技成果到盐都转化，把国家高新区打造成为全市科技成果转化示范区。围绕产业链部署创新链，构建以企业为主导、产学研合作的产业技术创新战略联盟，建立健全企业与高校院所良性互动的产学研协同创新机制。融入长三角区域协同创新。借力上海、南京等长三角中心城市科创优势，加大科技部门对口交流力度，推进政校企全方位精准合作，大力推动长三角高校院所科技创新资源向我区积聚。通过“专家教授盐都行”和“企业家上海行”活动，推动盐都企业与长三角高校院所常态化产学研对接交流。

关于加强我区农村食品安全监管的建议

蔡　斌

近年来，随着城镇食品安全监管工作力度的加大，城镇食品安全形势有所好转，然而一些非法小作坊纷纷转入广大农村，由于农村卫生条件差，农民缺乏食品安全法律意识和食品安全知识，自我保护意识也普遍不强，导致农村成为食品安全监管的薄弱环节。加强农村食品安全监管，使农村不再成为各类食品违法行为的重灾区，已经成为政府职能部门的当务之急。因此，就加强我区农村食品安全监管，坚决打击非法小作坊，提出建议如下：

一、加强检查执法力度。尽管农村地区非法小作坊设置比较隐蔽，但是本村村民一般都知道，且非法生产加工对周围村民的影响最大，可以通过对非法小作坊实行举报奖励制度，激发群众积极参与食品安全监管的热情，能够更好地发现非法小作坊生产加工地点，节约执法部门人力、物力。市场监管部门要采取经常性巡查和重点检查相结合，集中时间专项整顿农村食品市场，用高频率的执法和雷霆行动震慑非法小作坊生产加工者。同时，要加大处罚力度，一旦查获食品安全违法行为，严格执行《食品安全法》等相关法律法规，对违法犯罪行为依法从严从重处罚，及时公布查处的典型案例，形成有力的震慑。

二、加强机构队伍建设。区市场监管部门要继续加大对行政执法人员食品安全法律法规及执法技能培训，进一步提高行政执法人员的能力和水平，提升执法队伍整体专业素养。可以通过设置农村食品安全工作站，由村干部兼任食品安全员，协助区市场监管部门开展定期巡查。定期组织人员培训，定期进行人员考核，考核优秀的予以表彰奖励，节假日加班工作予以补偿。镇（区、街道）年底对各村食品安全工作进行考核，考核结果应纳入各村绩效考核。

三、加强食品安全检测。由于农村地区食品行业监管对象多、货源渠道广、食品品种杂，非法小作坊生产流程简单、设备简陋陈旧，存在着许多食品安全风险隐患，市场监管部门应加强对农村地区的食品安全检测，配置食品安全快速检测专用车辆和食品安全快速检测专用设备，开展农药残留检测、重金属污染指标检测、食品添加剂检测等，建立食品安全检测长效机制。

四、加强宣传教育引导。加大农村地区食品安全法律法规和食品安全知识宣传力度，增强广大村民遵守食品安全法律法规的意识，提高食品安全知识水平。对于将个人房屋出租给用于非法小作坊生产经营的村民，劝告他们在房屋出租时，不要将房屋出租给非法小作坊，使他们认识到相关法律风险，不再将房屋出租给非法小作坊。同时，引导村民自觉购买正规生产厂家生产的合格产品，拒绝非法小作坊生产的“三无”产品，让非法小作坊不再有生存空间。

关于加强“产业+资本”融合，推动产业转型升级的建议

蓝　伟

按照市委七届九次全会部署要求，围绕打造盐城特色产业、优势产业和地标产业，加快建设长三角北翼产业新高地，不管是企业还是市场，都要求产业园区不仅要形成一个产业集群的效应，还要在这个集群的共性认知上，形成一个着实有效的资本投资机制。加强“产业+资本”的深度融合，推动产业转型升级已成为当前十分重要的课题。

一、我区“产业+资本”的一些做法

我区始终把创新驱动作为引领高质量发展的第一动力，强化产业培育、智能转型、科技创新，加快构建先进制造业体系，倾力建设智能制造高地。以更新思维、更大力度、更实举措，发挥产业基金导向引领作用，助力产业迈向中高端、经济发展高质量，促进“一中心三高地”建设不断彰显新成效、取得新突破。

二、我区“产业+资本”的需要完善和改进的地方

围绕“一中心三高地”建设，我区一方面重抓基础设施等功能配套建设，一方面始终坚持招商选资，尤其是智能终端产业的培育，呈现出高速增长的势头。与此同时，集聚先进制造业高质量发展的要求，亟须进一步加强产业与资本的深度融合。

（一）现有的招商模式无法突破行业瓶颈：通过快速建设厂房、组建强大的招商团队，实现产业扩张，这种方式毕竟没有足够的市场占有率，也就没有了行业地位，进而丧失了话语权。靠零打碎敲的补贴办法，难以招引并形成长期稳定的合作伙伴关系，从而影响我区未来产业的可持续发展。

（二）现有的招商模式无法突破资金瓶颈：产业园区的开发运营离不开“重资产”一旦形成“重资产”，就势必绕不开“资金”的话题。1.政府补贴：装修、设备、销售等补贴，财政预算无法安排。2.租金补贴：对冲“重资产”成本的租金收入，实行“先交后返”，财政预算无法安

排。3.土地出让金:受宏观形势影响,加之市区集中部分较多,可支配空间小。产业园区的经济发展,高度依赖平台的融资职能,这与强监管形势下的“市场化融资”相背离,进一步削弱了再融资能力。

(三)现有的招商模式需加强项目的专业论证:强化产业基金规范管理,是实现基金安全高效运行的根本保障。要加快建立“产权清晰、权责明确、政企分开、管理科学”的现代企业制度,完善提升各负其责、协调运转、制约有效的法人治理结构,切实履行产业基金监管职能,不断提高产业基金监管的法治化、规范化水平。要探索建立管理、评审、决策相分离的运行机制,定期召开基金管理会议、专家评审会议,着力强化基金投资尽职调查和独立评审。要优化产业基金投资服务环境,明晰平台公司决策权限,对成长性好、爆发力强的项目,按照流程规定加快进入尽调、决策、投资、管理程序,切实解决客商反映的决策层级多、审批程序繁、投资周期长等突出问题,全力推动我区实体经济高质量发展,为“争当排头兵、建设示范区”提供强有力的项目支撑和金融保障。

三、实施“产业+资本”的相关建议

“产业+资本”是产业园区运营的主要方向和趋势。产业是核心,是基础,优秀的产业园区在产业层面要符合市场和产业需求,有必要进行“投融结合”“以投促招”,规避后期“孵化”过程中产生的投融资风险。通过后期孵化运营、产业投资带来长期的经济和社会效益,成为产业园区品牌扩张的破题之路。

(一)“产业+资本”招商模式可以突破行业瓶颈

我区的发展需要更多更好的象东山精密这样的核心企业,依靠龙头企业的联动效应和集群效应,使产业链上的各个环节像紧紧咬合的齿轮一样,滚动循环,形成一个有效的生态链,使得入园的企业能够生长在一片可持续发展的沃土上。“产业+资本”模式很好地解决了招引行业龙头企业的短板。在A股市场大幅下挫和壳价值大幅缩水的情况下,具备了控股和定增龙头企业的政策和市场条件,如双方结成合作伙伴,企业的后续扩大再生产,势必优先落户在我区,这样可以使招商工作变被动为主动。

(二)“产业+资本”招商模式可以突破资金瓶颈

充分利用各种金融手段的操作,贯穿园区规划开发建设运营的各个环节。1.变补贴为股权。补贴具有是不可回收、缺少约束力、财力不可支撑、不够规范等特点。而股权具有可回收、约束能力强、无需财政支出、规范有防火墙等特点。2.变分散为合伙。分散的合作关系,随着政策补贴的结束,企业会出现一些波动。而合伙的合作关系,会将双方紧密联系在一起,共担风险,共享收益。3.变不专业为专业。股权投资,通过市场化专业团队加强项目论证,极大提高了项目的成功率。先进地区通行做法,多是把招商和基金管理人有机地结合在一起,形成项目、信息、资源等方面优势互补。总之,要以股权为纽带,选择优秀的专业基金管理人,着力培养具有上市前景的企业,实现先进制造业本地化,形成以多个行业龙头来带动产业发展的良性局面。

(三)“产业+资本”招商模式实现“投融结合”“以投促招”

转变招商工作思路,整合基金管理人、招商局、创投公司、法务、财务等资源,形成良性的协同工作体系。很多产业园区默默转化成了“投资商”的角色,从最前期对入园企业的租金入股、股权投资到PE退出等阶段性的投资行为,演变成了今天贴近市场前瞻性需求和科技研发技术的前沿,准确把脉地方经济转型升级的着力处,培育出特色优势性产业。产业园区要改变招商思路,要从“重资产”向“轻资产”的商业模式转型,进而分享产业发展与物业回报所带来的长期资本增值。

关于提升我区家庭农场发展质量的建议

顾金国

近年来,我区家庭农场发展迅速,累计建成844家,经营面积14.36万亩,涵盖粮食、园艺、水产、畜牧、种养结合等经营类型,建成省、市、区级示范农场分别达35家、35家和124家,为农村经济发展和乡村振兴作出积极贡献。调研发现我区家庭农场发展中存在以下不足:一是结构性矛盾突出。从生产经营类型看,仍然以粮食种植为主,约占65%左右,导致效益不高;从从业人员年龄看,现有的家庭农场经营者没有低于40岁的,主要集中在45~55岁之间,引进新品种、新技术的积极性不高;从文化程度看,以初高中毕业生为主,大学生和高层次人才偏少,向科技要效益的意识不强,发展后劲不足。二是农场规模小效益差。大多数家庭农场的规模在200亩至400亩,超过1000亩的只有2家。规模小的农场主有小富即安的想法,缺乏发展动力,基本还处于农产品初级生产阶段,没有发展深加工产业,与二产和三产融合的能力低下。从亩产收益来看,园艺的收益最高,水产次之,粮食仍然是最低的。三是社会化服务体系不健全。对家庭农场在种子服务、病虫防治、技术提供、金融支持、培训等方面的服务不足,大数农场主依靠的自有资金及少部分银行贷款,没有来自合作社的资金。四是“三新”示范推广不畅通。受从业者年龄和教育程度的制约,家庭农场主普遍存在对新品种信心不足,新技术的使用上,更偏好能减少时间成本的无人机施药和机插秧,对减少灌溉用水、少用化肥农药的新技术兴趣不大,很少有家庭农场引入“农业+互联网”发展新模式。针对上述存在问题,现对提升全区家庭农场发展质量提出如下建议:

一、发挥政策激励作用。全面落实《关于加快推进农业农村高质量发展促进乡村振兴的政策意见》中对“创建成国家、省、市、区示范家庭农场”“对当年连片流转土地,形成农业适度规模经营或成立家庭农场”的奖励标准,充分发挥政策的激励引导作用。同时,积极出台鼓励社会资本投资家庭农场、引进农业人才等政策,解决农场发展的资金、人才问题。

二、强化基础设施建设。在从事粮食种植的家庭农场中,达到标准化农田比例较低,其运输、耕作、灌溉的成本相对较高。建议继续加强农业基础设施投入，强化农村桥路、灌溉、水利、电力等农业配套设施建设，降低农业经营成本。运用互联网手段，加大智慧农业在家庭农场的运用。

三、健全土地流转机制。土地流转不快是制约家庭农场规模扩大的重要因素，一些农场主有意愿、有能力扩大规模，但是因不能成片流转，而不得不放弃扩大规模。也有一些农场主为扩大规模，不得不接受分散的土地，增加了经营成本，降低了经济效益。建议利用推进农村集中居住点建设及农户搬迁的契机，从政策宣传、资金保障、社会养老等方面切实鼓励、支持加快农村土地流转，有序加大整片土地的流转，解决农场主获地难的问题，为家庭农场规模化经营提供保障。

四、引培新型人才。相关部门通过开展大学生社会考察、社会调查等各种活动，帮助大学生了解农村、关注农业，吸引更多大学生从事农业，建设一支年轻化、知识化、信息化的专业农场主队伍。充分发挥区农干校的培训阵地、区人社部门的培训渠道作用，相关部门要进行调研，了解需求，制定规划，与企业、高校和科研院所联合，对现有家庭农场主实施轮训。

五、鼓励“三新”技术推广。农技推广部门要在新品种、新技术推广中切实发挥作用，鼓励和扶持农场主优先采用新品种、新技术，做到效益示范、逐步推广，供销、商务、市场监督等部门结合自身职能，在物资配供、加工流通、电子商务、产品质量等方面帮助农户牵线搭桥、把好关口。引进培育市场化服务队伍，提升农技、植保、农机专业化服务能力。鼓励和引导家庭农场在现有发展基础上，引入农业经营新模式，向二、三产业发展，挖掘家庭农场新的增长点。

六、有效解决融资难题。目前，家庭农场生产经营主要靠自有资金，其他来源于银行及民间借贷，融资难且利息高，家庭农场高质量快速发展就急需解决资金来源单一的问题。要加大政府资金扶持，开发惠农贷款产品，降低农业贷款利率，提高贷款额度，在扶持方式上可采取补贴、直接项目支持、利息补贴等多种方式，引入资金服务、保险服务等社会服务机构，撬动社会资本投入农业。

关于着眼“十四五”，大力发展城乡公共交通，促进城乡一体化发展的建议

卞　渝

党的十九届五中全会提出“优先发展农业农村，全面推进乡村振兴。坚持把解决好‘三农’问题作为全党工作重中之重，走中国特色社会主义乡村振兴道路，全面实施乡村振兴战略，强化以工补农、以城带乡，推动形成工农互促、城乡互补、协调发展、共同繁荣的新型工农城乡关系，加快农业农村现代化。要保障国家粮食安全，提高农业质量效益和竞争力，实施乡村建设行动，深化农村改革，实现巩固拓展脱贫攻坚成果同乡村振兴有效衔接”。

城乡一体化，公交是大动脉、是引擎、是催化剂、是推进器。为此，我提出：“着眼十四五，进一步科学规划我区城乡道路交通网络，优先发展城乡公共交通，搭建现代化交通管理平台，以此促进城乡互补、一体化发展、共同繁荣”的建议：

一、科学规划城乡交通网络，带动城乡协调发展。目前，我区公路网络规模、结构与苏南城市相比仍有较大差距，局部路网仍需优化.要充分考虑我区内部交通、方便片区对外交流、快速外围过境，将交通路网规划与城乡融合发展、主城区城市发展及乡镇片区发展相结合，逐步打通城市交通重要节点和“毛细血管”，以交通的平衡融合发展加速带动城乡一体发展。要处理好路网建设与乡村旅游的关系，全力打造精品旅游工路。有关部门要加大前期规划研究，提出科学可行的举措，完善区域路网，畅通微循环，形成畅通有序的智能化的现代化区域路网格局。

二、优先发展城乡公共交通，促进城乡互补发展。

（一）优化城乡公交线网。我区目前下辖5个街道、8个镇、一个国家级高新区和1个农村经济开发区，虽在2014年就实现了市镇公交全覆盖，目前开通城市公交线路26条，市镇公交线路14条，平均每个镇区2条公交线路都不到，远远不能满足需要。而且就是目前的状况还存在线路少、间隔长等问题，建议有关部门根据辖区道路网络分布情况，以“纵深覆盖、公交优先”为工作导向，结合景区、公共服务点等区域优先原则，与市公交公司对接，科学合理调配线路。尽量市镇公交与镇村公交班次合理衔接与学校上学放学时间、与企事业单位上下班时间对接，疏密结合，不断提高城乡公交的运行效率，最大限度发挥公共交通在城乡一体化进程中应有的作用，让乡村成为家门口的田园，让城区成为全区人们的乐园。

（二）打通乡村出行最后一公里。目前盐都14个镇区街道256个行政村，镇村公交线路28条（79辆），平均每个镇不到2条线路，平均每10个村拥有一条镇村公交，远远不能满足人民群众的生产生活需求。建议合理增加路线和班次。可以采取财政补贴的方式鼓励有资质信誉好的小中巴参与运营，给予财政补贴。时间上跟城乡公交适当衔接，让农村居民可以坐公交到城镇上班求学，扩大广大农村居民的生活圈。提高公交运行效率和便民结合，对于偏远村居和乘坐率低的村，可以通过手机电话预约或制作APP预约乘车。设置固定站点，达到规定预约人数，预约乘车。这样不会久等，车子也不会空座。村里可以安排人帮助留守老人或困难群体预约，要让镇村小中巴成为农村人上学上班的通勤车，送医救治的健康车，通往幸福生活的致富车。

（三）旅游公交建设。据了解，我区6条旅游公路，只有少数有镇村公交途经，且只有一段或少数几段，跟不上我区的旅游发展需要，也与我区人民群众日益增长的物质文化需求不相适应。建议增设专门的城市旅游公交和城乡中巴，满足人民需求，跟上旅游发展步伐，促进城乡一体发展。

三、搭建现代化交通管理平台，助力城乡协调发展。在公路交通智能化飞速发展的21世纪，智能交通技术将多项技术结合在一起，以人工智能控制交通领域的方方面面，它的普及将有效地有效合理利

7月，出版《蟒蛇河纪事》系列丛书　　新四军研究会　供

用资源，降低环境污染，减少交通事故的发生，也有助于最大限度地发挥交通基础设施的优势效能，提高交通运输系统的运行效率和服务水平，为公众带来出行的方便。数种因素结合下，智能交通必然会成为未来城市交通的主角，人们的交通出行也将逐渐走向“智能化”。目前我区智慧交通总体发展水平与数字交通建设要求存在很大差距，运输服务的科技化水平仍显不足；绿色交通发展体系尚未形成，与生态交通建设的要求存在差距。建议我区交通管理部门着眼十四五，着力构建现代化智慧交通体系，进一步完善“智慧交通”指挥平台建设，着重提升服务公众出行的综合交通信息化服务水平。我相信，未来高效、安全、舒适、畅通、准确的智慧交通管理平台，将改变我们的生活出行、改善整个运输系统的运行效率，大大促进城乡一体化融合发展。

新四军研究会

【出版《蟒蛇河纪事》系列丛书】 2021年，争取资金整理编辑出版新四军老战士彭鹏、成克翔的遗著、大纵湖旅游度假区红色故事集，将其汇集成《蟒蛇河纪事》一套80万字丛书：《烽火蟒蛇河》《蟒蛇河枪声》《湖荡群英——来自蟒蛇河源头的故事》，中国文史出版社出版发行。这套丛书对补充和丰富盐都红色抗战史，具有重要的历史意义。

【搜集抗战资料】 年内，为宣传盐都的红色革命历史，对发生在盐都区抗战期间重要战役、重要人物和重点遗址进行走访、挖掘、整理成红色抗战历史资料，在《盐都日报》、《铁军纵横》等报刊相继发表12篇文章，其中不少资料被区宣传部门作为红色故事广为宣传。

10月，彭鹏长女彭晓华在盐都革命陈列馆讲述父亲彭鹏抗日故事

新四军研究会　供

【系列调研文章】 年内，参与盐都红色旅游文化资源的调研，提出如何发挥红色文化资源优势促进红色旅游发展的思路：对新开发的蟒蛇河风光带提出增加红色景点的建议；对大纵湖旅游度假区提出增加红色板块的构想。结合盐都的特点和实际，形成较为详细而切实可行的调研文章，并通过媒体公开发表，得到肯定和重视。配合市区组织的各种迎庆建党一百年活动，在书画作品展中多件作品分别参加省市区大型展出。

【宣传推介孙兰事迹】 2021年，整理宣传盐都区历史人物——红色女县长孙兰，央视《国家记忆》频道介绍出生于盐都区秦南镇富康村、被周恩来总理称赞为家乡父母官的孙兰，为使家乡人民更加了解这位为革命做出杰出贡献、被斯沫特来称为中国第一红色女县长的孙兰，对其全面宣传介绍，新四军研究会组织力量，收集资料，走访调研相关人物，将孙兰参加革命的一生传奇经历，整理成文在全区及有关媒体上宣传。

（卫雨明）

纪检　监察

重要会议

【专项行动推进会】 3月13日，全区“作风效能提升年”暨“正风肃纪镇村行、看机关”专项行动推进会召开，区四套班子全体领导，法检“两长”，高新区班子成员，区纪委、区监委全体班子成员，区委巡察组组长，区纪委、区监委各派驻纪检监察组组长、监督检查室负责人，区委组织部、宣传部、统战部、政法委分管负责人，区各部门单位主要负责人，市属驻盐都单位主要负责人、纪检组组长（分管负责人），市三院主要负责人、纪委书记，各镇（区、街道）党（工）委书记、纪（工）委书记参加会议。区委书记、区长王娟出席会议并讲话。集中观看作风建设问题专题片《聚焦作风建设（五）》，部署专项行动。

【“510”警示教育大会】 5月11日，召开全区领导干部“510”警示教育大会，坚持以习近平新时代中国特色社会主义思想为指导，贯彻落实全面从严治党要求，以案为鉴、警钟长鸣，为加快建设“四个示范区”提供坚强保障。区委书记、区长王娟出席并讲话，区委副书记、副区长刘源主持会议。

【全区纪检监察工作推进会】 8月14日，全区纪检监察工作推进会召开，各镇（区、街道）纪（工）委书记，市属驻盐都单位纪检组长（分管负责人）、市三院纪委书记、区纪委监委机关及派驻机构、区委巡察机构、区作风办中层副职以上人员参加会议。会议总结上半年全区纪检监察工作，研究部署下一阶段任务，张庄街道纪委、台创园纪工委、第二审查调查室、第五派驻纪检监察组作交流发言，其他镇（区、街道）作书面交流，区委常委、区纪委书记杨劲松出席会议并讲话。

重要工作

【落实主体责任】 2021年，协助区委坚决扛起全面从严治党主体责任，区委常委向区委书记递交党风廉政建设责任书，区委书记向纪委书记递交同级监督责任书，区纪委监委向14个板块和28个部门递交履行全面从严治党主体责任提醒函，将严的主基调贯穿管党治党全过程。

【反腐工作】 年内，党政纪立案400件、同比增长2.83%，高于全市平均水平，查处科级干部17人、同比增长112.5%，“一把手”案件13人、同比增长225%，重点领域案件233件、同比增长288.3%；查处涉粮案件19人。查处一批在区内有较大影响力的案件。移送

10月，区纪委监委“纪法宣讲进百镇千村”潘黄街道旭日专场开讲　　纪委　供

10月，推进廉洁文化进校园活动　　纪委　供

检察机关6人，同比增长100%。检举控告信访举报问题处置率120%、办结率89.3%、转立案率38.8%，总量下降35.6%，居全市前列。

【实施“巡审”联动机制】　2021年，省委巡视、市委巡察盐都反馈问题全部整改销号，十四届区委巡察实现全覆盖，反馈问题和问题线索处置实现“双清零”，启动并完成十五届区委第一轮巡察，经验做法被中纪委网站、省委巡视办内网、市纪委专刊刊登推介。

【首创“四微”廉政教育模式】　年内，建成红色传承、“清廉村居”、青少年廉洁文化三条廉政教育专线，更新完善第二版《廉洁伴我行》系列教材，在全市首创廉洁剪纸品牌等。省纪委内网专刊、市委《盐城快讯》、市纪委内刊专刊报道。

【自主开展“小五金”专项整治】　开展解剖式监督，全区全年共发现整改问题53个，立案调查审查9人，建立智慧养老平台和智慧管理云平台，守牢2.8万余名各类养老对象的近亿元“养老钱”。《党的生活反腐倡廉版》《现代快报》等报道了监督工作。

【实施农村公益性公墓领域专项监督】　年内，发现违规招投标、私设“小金库”等违纪违法问题线索13件，立案查处17人。经验被省纪委清风扬帆网站、《现代快报》等面上推广。

【小微权力运行】　年内，纵深推进清廉村居“小微权力监督年”“制度机制优化年”“监管系统建设年”三年行动计划，基层小微权力智慧平台在全市率先试运行并全面投用，群众APP安装率达90%以上。

【派驻机构改革】　年内，深化执纪监督“全覆盖”，区国投公司、城镇化公司、盐高投分别设立纪检组织，配备纪委书记，并专设派驻纪检监察组，负责日常监管和督促检查。实行派驻轮岗，在教育局、卫健委试点推行驻点监督，提升派驻监督质效。

【经济园区廉政风险防控机制】　2021年，在全市率先制定经济园区廉政风险防控机制，编制印发《经济园区十大廉政风险防控措施》手册，在全区领导干部“510”警示教育大会上分发130余册，督促抓好廉政风险防控措施的贯彻落实，及时消除廉政隐患。

重要活动

【“新春走基层、脱贫户户行”活动】　2021年，巩固脱贫攻坚成果，组织开展“全员走基层，脱贫户户行”回访活动，动员全区纪检监察干部全覆盖回访全区“十三五”以来的9915户建档立卡低收入农户，收集诉求374条，协助解决实际困难261个。

【“转作风、强素质、争一流”活动】　2021年，组织“传承红色基因　凝聚奋进力量”主题党日活动，全委128名党员干部在盐都革命陈列馆、大冈佳富红色纪念馆等“红色文化”现场教学点接受教育。举办“学党史、强信念、跟党走”主题演讲比赛，选出11位选手围绕学习分享心得体会。选拔3名干部参加市纪委监委党史知识竞赛，获团队三等奖，1名选手获“全场最佳选手”。组织参加省纪委“学恩来精神、守初心使命”主题征文活动，共征集征文44篇，一篇获二等奖，一篇获优秀奖。

【纪检监察大讲堂】　坚持“打铁必须自身硬”，全区全年举办5期“人人上讲台、轮流讲业务”活动；组织268名镇村纪检监察干部开展专题培训，提升基层纪检监察干部能力；开展“薪火计划”结对20对40人，通过跟班学习、轮岗学习、参加上级集中工作等方式，促进年轻干部成长成才。

（郜晓敏）

中国民主同盟盐城市盐都区基层委员会

【吸收优秀人才入盟】 基层委员会做好组织发展工作。将业务能力强，群众基础好，热心盟务工作，有一定参政议政能力的优秀人员吸收到组织中来，壮大盟的力量。2021年，盐城市神州路初级中学的俞瑶和王美等两位有学术称号的成员加入。

【社会服务工作】 2021年，林汉成的社情民意信息《建议改革现行税制下的发票申领使用制度》被盟中央采用，摄影摄像作品32次（篇）入选“学习强国”，让全省和全国人民感受到盐城的美丽与盐城人民的幸福。9月，副主委赵军获盐城市优秀教育工作者表彰。朱华获市优秀住培带教老师的表彰。杨芳被市统战系统表彰为宣传先进个人、参加盟市委“我与民盟”主题演讲比赛获得一等奖、区统战系统“爱国爱党爱盐都”演讲比赛获特等奖。熊新秀参加盟市委组织的党史知识竞赛获得一等奖。民盟盐都基层委获得盟市委“盟务工作先进基层组织”表彰，主委徐群分别被表彰为省盟务组织建设工作先进个人和民盟80周年省先进个人。获得盟市委表彰的有：盟务工作先进个人李勤松、朱华、林汉成，参政议政工作先进个人戴永瑞、张华，社会服务工作先进个人孙焕建、朱记军。2021年，基层委员会以“共圆小康梦，幸福舞起来”为主题，与盐都区广场舞协会一起举办广场舞公益培训活动，激发市民的锻炼热情，为提升盐城市民广场舞层次做出盐都民盟的贡献。9月，开展以“共此时，都同心”为主题的中秋座谈会。

【参政议政工作】 2021年，盟员中有市人大代表1名，市政协委员1名，区人大代表1名，区政协常委3名，区政协委员5名。基层委员会向统战部提交十多篇社情民意，反映群众的心声。市、区人大代表和政协委员，并撰写议案和提案。杨芳被盐都政协评为“双岗双优”委员，5月，盐渎街道花吉村的“杨芳委员工作室”成立，常态开展活动20多次。（杨　芳）

中国民主建国会盐城市盐都区总支委员会

【开展党史学习教育】 2021年，结合深入学习贯彻习近平总书记在庆祝中国共产党成立100周年大会和纪念辛亥革命110周年大会上发表的重要讲话精神，通过市委会培训会、报告会和总支委员会、工作交流会、骨干会员分享会、新会员培训会和“会员之家”集中活动，组织引导会员学中共党史、新中国史、改革开放史、社会主义发展史、多党合作史以及民建会史，不断增进政治共识。联系总支实际，安排骨干会员用情讲“六史”，引导会员坚守合作初心，赓续红色基因，增

6月，开展庆祝建党100周年活动　　民盟盐都基层委员会　供

进对中国共产党领导和中国特色社会主义的政治认同、思想认同、理论认同、情感认同，做到学史明理、学史增信、学史崇德、学史力行。

【提升服务发展能力】 3月初，选拔培训会员陈伟、王金海赴上海与闵行、松江民建组织强化工作交流，动员对方企业家会员到盐投资兴业。3月下旬和5月下旬，配合区委统战部做好松江民建考察盐都和盐都区委区政府举办的盐都(上海)长三角招商推介会现场集中签约15个项目的服务工作。组织会员撰写出《红心赓续初心 信心接续奋斗》《回首伟大成就 砥砺奋进前行》等“中国共产党成立100周年”征文，微信群里转发上级推送的多党合作系列文章50余篇；选举陈伟、荣钰、郭子贤、王都娟等会员参加市委会组织的专题报告会和第六次代表大会，王金海被推选为民建江苏省会员大会代表；选拔刘丽华参加区委统战部组织的“爱党爱国爱盐都”演讲比赛获奖，支持花锦霞、施鸿鸣、虞慧、石颖秋投身疫情防控一线展示会员风采。

【增强总支力量】 年内，加大对会员的教育，强化责任担当，提升保障能力，注重加强会员和会员企业培训，总支委员和骨干会员全部接受应急救护技能培训和考核，会员、盐城鹰昌服饰有限公司总经理吴迅发动全厂中层接受安全生产培训。王明、伏海东、范希晴3人入会，总支会员达到44人。

【参政议政】 年内，总支设3个支部，共有市政协委员2名，区人大代表1名、政协委员8名(含常委)。在民建中央及江苏省、盐城市委相关专业委员会中共有5名会员当选或被明确为委员或信息员。会员刁畅的《精准打造我国种业自主品牌》被民建江苏省委采用，王金海的《建议优化资源配置提高志愿服务质量》被江苏省政协采用，《志愿服务应强化规范“去伪存真”》和《教师使命、身份和工作的法制化需进一步明确》被民建江苏省委采用。2021年，在市、区两会期间，总支骨干共撰写提案议案12件，集体提案1件。年内，王金海被民建江苏省委表彰为优秀通讯员，刁畅被民建江苏省委表彰为参政议政先进个人，陈伟被民建盐城市委表彰为优秀基层组织负责人，荣钰被盐都区政协评为“双岗双优”委员，童本智、刘丽华被表彰为盐城市优秀会员。

【征集民意信息】 年内，结合会员专长，选拔骨干成立会员社情民意工作小组，进行理论和信息宣传工作学习培训，提高会员采写社情民意的能力和水平，发出民建好声音，使社情民意数量与质量同步上升。年内，《建议“同心抗疫”教育为主题上好秋学期开学第一课》《以发展康养业为重要引擎、助力乡村振兴战略实施》《在“疫情防控战”中化危为机推进老旧小区改造和村居环境提升工程》等一批会员撰写的优质社情民意信息被政协、统战部门采用，王金海、徐礼茂等骨干会员被市、区政协和统战部表彰为社情民意信息工作先进个人。

3月，常态化组织会员开展学习活动　　民建盐都总支　供

【民主监督】 年初，组织人大代表和政协委员会员，在参加盐都区委、区人大、区政府、区政协等方面组织举行的情况通报会和相关主题活动时，对盐都经济、政治、文化、社会和生态文明建设以及重要人事安排发表意见建议、依法依规进行监督。年内，发挥会员荣钰等人作为市纪检监察干部监督员、张长连等人作为专职律师、部分骨干被聘请为行风监督员的优势，在纪检、政法、财税等重点系统和相关业务工作方面依法依规开展监督评议工作，督促和推进相关方面提高办事效率、优化服务质量、推进依法行政、树立为民形象。

【社会服务能力】 年内，会员郭子贤创办的国家高新技术企业江苏神鹤科技发展有限公司被认定为全国纺织行业创新示范科技型企业、中国超高分子量聚乙烯纤维科研基地和江苏省“专精特新”产品、江苏省小巨人企业荣誉称号，公司研发中心被省发改委认定为江苏省工程研究中心，承担盐城市“黄海明珠人才计划”领军人才项目，12月，郭子贤被评为第一届江苏省超高分子量聚乙烯纤维标准化技术委员会副主任委员。会员仇斌创办的江苏中恒宠物用品股份有限公司被认定为国家高新技术企业、中国轻工业宠物用品行业十强企业、江苏省数字商务企业、盐城市工业四星企业，获境内外授权专利61件、境内外注册商标42件。在做大企业提高纳税份额同时，主动向公益事业、希望工程、拥军事业、灾区建设、村镇交通建设等捐款捐物数十万元，并吸纳企业周边富余劳动力就业，为地方经济发展和社会稳定做出贡献。

【助力共同富裕】 年内，对口支援宿迁市宿城区王官集镇花园村，在花园村环境整治、村民自治、文化建设等方面提供智力支持，并对该村困境农户家庭进行资金帮扶。开展“关爱空巢老人、温暖生命历程”公益服务活动，为郭猛空巢老人刘学伍、困境人员蒋瑞林提供精准帮扶和陪护服务，在当地形成口碑。多位会员投身学雷锋活动，主动送法律政策、送医疗健康、送急救技能、送教育文化等到社区村居，结合实际组织开展无偿献血、结对帮扶、签约服务等献爱心助解民忧民困的暖心活动。

【参与疫情防控和突发事件驰援工作】7月，南京禄口机场疫情发生后，医护岗位会员主动请缨一线抗疫，其他会员发挥专长协力做好防疫知识宣传、交通卡口执勤、核酸检测演练服务、物资供应保障、企业稳产稳岗等工作，筑牢安全防线。在河南等地洪涝灾害发生后，总支会员也通过相关渠道驰援抗涝救灾工作，得到好评。（王金海）

中国民主促进会盐城市盐都总支委员会

【队伍建设】 年内，开展“学党史、学会史、守初心、担使命”主题教育活动，带领会员赴新四军纪念馆、泰山庙等地参观学习，组织会员学习全国两会精神，学习十九届六中全会精神。“虚拟机关”组织处、宣传处、议政处三个虚拟工作机构，明确会员的岗位职能，发挥会员的能动性和积极性，提升日常工作的效度和落实度。总支2021年被民进省委表彰为虚拟机关建设工作先进基层组织，徐正洲被表彰为虚拟机关建设工作先进个人。至2021年底，总支有国家万人计划名师1名，苏教名家培养对象1名，省特级教师3名，市名校长1名，市学科带头人8名，2人被盐城师范学院聘为兼职教授，医疗领域的专家型骨干近20余名。

【参政能力】 1月，市区“两会”期间，会员人大代表、政协委员，共提交提案11件。调研报告《聚力建设创新创业中心，打造智能制造高地，创塑盐都高质量发展竞争新优势》受到区委高度肯定。在

9月，党派团体中秋座谈会　　统战部　供

市、区人大、政协会议上，盐都总支会员提出《关于加强河道管理，建设“生态盐都”的建议》《打造领军名师培养体系的建议》等高质量的议案、提案。会员按照盐都区政协部署要求，参加“有事好商量”协商议事室活动，促进政协协商同基层社会治理相结合。2021年，黄正萍、成向锋、王国华、王欢等会员撰写数十件反映社情民意的信息，其中2件被市委办采用，12件被省民进采用，4件被市政协、市委统战部采用。民进盐都总支被民进中央表彰为全国社情民意工作先进单位。徐正洲、鲍丽斌、杨红庆、成向锋、蒋爱东荣获民进市委表彰的先进个人称号。

【送教义诊】 3月14日“世界肾脏病日”和5月7日“世界哮喘日”，三院支部陈新、徐晓琳、雍其军和王友慧等会员组织专家举办义诊活动，受到患者普遍好评。为丰富社区居民文化生活，盐都总支策应市委会“春联万家”活动，组织会内知名书法家走进万达广场开展“春联万家”主题迎春活动，现场送出春联近500幅，获得社区群众赞扬。组织“送教下乡”“义诊送健康”活动，受到普遍欢迎。

【叶圣陶研究会组织成立】 年初，盐城市叶圣陶研究会在盐都总支成立，为盐城市民进教育、文化界会员学习交流搭建新平台，蒋爱东为盐城市叶圣陶研究会秘书长。着重加强学习和交流，传承和弘扬叶圣陶思想精髓；主动参与省叶圣陶研究会开展的各项工作，加强与其他城市叶圣陶研究会的联系，扩大叶圣陶研究会的社会影响。（蒋爱东）

中国农工民主党盐城市盐都区基层委员会

【概况】 2021年，农工党盐都区基层委员会带领基层委全体农工党党员，履行参政党职能，加强自身建设，提升履职水平，推进基层委员会各项工作开展。全年吸收3人加入农工党，其中有两名新党员是民营企业家。

【理论学习】 2021年，把开展党史学习教育作为年度的一项重要政治任务，传达学习中共江苏省第十四次党代会、中共盐城市第八次党代会等系列重要会议精神，及《中国共产党统一战线工作条例》等系列文件精神。强化政治引领、思想引导和共识教育，以“不忘合作初心，继续携手前进”为主线，围绕庆祝中国共产党成立100周年、纪念邓演达殉难90周年等主题开展活动。

【参政议政工作】 年内，盐都区基层委多次组织党员开展多形式、多渠道的调

研活动,对盐都区社区卫生服务、家政服务企业等进行考察调研,并形成调研报告。基层委有市政协委员1名,区政协委员7名,全年共提交提案3项,报送社情民意信息6篇。

【组织工作】 年内,重视组织文化建设,开展形式多样的组织生活,组织党员参加农工党盐城市委"忆峥嵘岁月·颂百年风华"祝福语征集活动和盐都区委统战部组织的"爱党爱国爱盐都"演讲比赛等各项活动,形成创先争优的组织文化,增强基层委的凝聚力。

【社会服务模式】 年内,发挥医卫人才集中的优势,开展一系列促进基层医疗卫生事业发展、义诊和健康宣教等活动。基层委在创新服务模式、提升内涵质量方面迈出新步伐。2月7日,农工党盐城市盐都区基层委员会在盐龙街道社区卫生服务中心建立的第一家"都健康"社会服务基地正式揭牌,"团结报"2021年2月23日第7版报道"都健康"社会服务基地成立情况。基层委将以"都健康"社会服务基地建设为起点,为乡村医疗卫生事业的振兴出力。基层委还开展"癫痫关爱在社区""千县万镇卒中识别行动"等大型义诊、宣传、健康咨询活动10余次,发放宣传资料2000余份,关爱癫痫患者的健康,推动基层卒中中心建设。基层委组织党员赴江苏省百强家庭服务企业——盐城喜悦家政有限公司开展调研,调研家政服务发展现况及家政服务从业人员教育培训情况,对急性心脑血管疾病的早期识别培训给予指导,并提出以"互联网+家政"为重点发展方向,增强家政服务业自主创新能力和核心竞争力等建议。

【本职工作】 年内,盐都区基层委党员在国内、国外期刊共发表论文2篇,获得国家实用新型专利权3项,编写教材、论著2部。施亚明、王雯被农工党江苏省委表彰为参政议政突出成果奖,王毅被农工党江苏省委表彰为全省社会宣传工作先进个人,李华亮获得盐城市人民政府2019—2020年度自然科学优秀学术成果三等奖。 (施亚明)

中国致公党盐城总支盐都支部委员会

【概况】 2021年,致公党盐都支部团结和带领全体党员,以多种形式参加中国共产党成立100周年的教育实践和庆祝活动、中共党史学习教育等,在组织建设、建言献策、参政议政、社会服务等各方面均取得很好的成绩和效果,支部发展新党员3名,通过考察研究吸纳入党积极分子1名。

【"致公之家"提档升级】 年内,为推动支部日常工作,加强和改进支部基层组织建设,改善党员活动条件,增强支部凝聚力,支部委员会商议对2019年成立的支部"致公之家"进行提档升级。对党员文化墙内容进行更新,增加党员风采、参政议政优秀文章、支部日常管理制度等新模块,并利用"致公之家"的闲置空间,新增阅读室和茶吧,方便党员自我提升。

【调研学习】 全年组织支部全体党员开展思想政治理论学习活动6次,举办专题培训班2次。引导党员申报省委调研课题,在确定课题之后,全体党员参与课题的实地考察及材料收集工作,做到人人有参与,调研有深度。定期组织工作研讨会与民主生活会。党员就各自本职工作与党派工作展开交流,通过批评与自我批评的方式,查找自身不足,撰写自查自纠材料。

【参政议政】 2021年支部党员撰写提案1篇,撰写调研报告2篇。分别为:沈泽亚——《关于规范我区电瓶车上国道省道行驶的建议》;沈泽亚——《新发展阶段统一战线的新变化新趋势新布局研究》;沈泽亚——《关于我市养老产业融合发展的研究》。 (方 演)

九三学社盐城市盐都区基层委员会

【思想建设】 年内,开展"五史"学习教育,重温多党合作光辉历史,弘扬"爱国、民主、科学"精神,传承九三学社优良传统,夯实共同思想政治基础。参加社市委举办的庆祝中国共产党成立100周年征文活动、江苏省委统战部组织开展的中国共产党统一战线史及《中国共产党统一战线工作条例》网络知识竞赛等活动。围绕"缅怀先烈学党史,重温战火感党恩"主题,组织社员开展爱国主题教育读书分享会活动,以佳富烈士纪念馆、盐城县抗日民主政府旧址、大纵湖红色教育基地等为现场教学点,邀请省全民阅读推广人、盐城市文明宣讲团团长乐华

4月,九三学社盐都基层委开展爱国主题教育读书分享会活动 统战部 供

泽，为社员系统梳理盐都革命斗争故事，九三学社盐都副主委刘咏桦领学《九三学社纪律处罚办法（试行）》要点，3名社员代表分享自己学习党史社章的心得体会。参观社东台市基层委“九三之家”和九三界别协商议事室、黄海森林公园党性教育基地、东台市时堰镇红庄村等地进行实地学习。徐珂、郭岚岚在区统战系统“爱党、爱国、爱盐都”演讲比赛中分别获得二等奖和三等奖。

【建言献策】 全区全年共提交提案12件，其中市提案3件；社情民意45条。其中：“关于完善基层党委政府法律顾问和法律专家库成员选聘的建议”被社中央采用，“关于加强幼儿教师队伍建设的建议”被省委统战部采用，“严厉打击阴阳合同的建议”“加大力度打击电信诈骗的建议”“关于推进农业科技自主创新与成果转化的建议”等3篇被省政协采用，“关于加强秸秆综合利用”“关于整治健身行业乱象的建议”“关于加强当前种业发展的建议”等4篇被社省委采用，“基层建议发展碳汇林业推动碳达峰”被市委办、市委统战部、市政协采用，“关于尽快制定司法鉴定法的建议”“关于在全国各学校将党史作为专业课程开设的建议”“尽快将刑法典列入立法进程”“关于预防青少年过度肥胖的建议”“关于加强青少年网络游戏管理的建议”“建议加强分类体检，切实提高职工体检针对性”“关于清理、规范执法权外包的建议”“关于加快生猪复产和产业升级的建议”等8篇被社市委采用。刘咏桦应邀在区政协社情民意信息培训会上为60名区政协社情民意信息员作专题辅导讲座。刘咏桦被市政协评为“双岗双优”委员，王磊、秦飞、瞿兆奎等3位社员被区政协评为“双岗双优”委员，陈进被区政协评为社情民意工作先进个人。九三学社基层委被社省委表彰为2021年度参政议政先进集体。

【服务经济社会】 年内，邀请社市委、区委统战部有关人员赴区农业科学研究所开展优质稻米品鉴调研活动，让社员们鉴别好稻谷、宣传好稻米、打造好品牌，提升稻米市场知名度与品牌影响力。董红华完成陕西铜川援助帮扶任务，参与诊疗人数达到500余人次，完成手术43台，科内疑难病例商讨15例，远程会诊8例，帮助完善落实执行医疗管理制度10项，优化诊疗服务流程3个，成立董红华名医工作室1个（择期挂牌）。临床点评住院归档病历46份，下乡义诊活动2次，义诊100多人次。进校园科普义诊1次，服务师生150余人次。开展全院业务讲座1次及科室培训12次。教学查房10次。指导Workshop膝关节置换手术模拟操作1次。举办铜川市继续教育培训班1项《腔镜微创技术新进展及围手术期管理学习班》；协助申报省级继续教育项目1项《膝关节重建新进展》，合作、指导撰写论文2篇。三院支社全体社员多次赴先锋社区等地开展“阳光关爱”活动，对社区居民和老人进行糖尿病患者的饮食常识、白内障的相关知识、腰椎间盘突出症的医疗保健、老年骨质疏松的防治等健康保健知识讲座；免费量血压、测血糖、做B超检查以及筛查前列腺肿瘤指标等。“盐城九三普法讲堂”牵头人刘咏桦发动组织成员，在机关、企业、学校、社区、群团等地义务开展法律知识专题讲座和法治体检活动，累计达18场次，受众达2万余人次，社中央和社省委网站多次报道活动。刘咏桦被市委宣传部表彰为“最美盐城人”。

2月，农工党盐都区基层委“都健康”社会服务基地签约揭牌仪式　统战部　供

【组织创先争优】 3月，社员许建权主持育成的优质、抗病、丰产水稻新品种盐糯19，品种权成果转化，通过竞标，转让给泰州金太阳种业有限公司经营，转让费68.3万元。社员费新茹参与育成小麦新品种“盐麦1号”，2020年12月通过江苏省农作物品种审定委员会审定，6月，通过国家农作物品种审定委员会审定，实现盐城地区首个通过国家和江苏省双审定小麦新品种。俞世海发明的《一种虫情远程监控型智能害虫捕捉装置》被国家知识产权局授予实用新型专利证书，实现盐都区林业史上发明专利零的突破。何飞撰写的《论统一战线在疫情防控工作中发挥的作用》在省委统战部“新发展阶段统一战线的新变化新趋势新布局研究”主题征文活动中获三等奖。董红华、费新茹2人获得社市委2021年度“优秀社员”称号。

【加强自身建设】 2021年，刘咏桦和朱萍为市第九届政协委员；朱萍、周兢为区十七届人大常委；陈进为区第十五届政协常委，沈建国、郭岚岚、张明生、叶杨、王磊、俞世海、秦飞、董红华为区第十五届政协委员。发展郭岚岚、韦亚、何飞、沈建国为新社员。（朱　萍）

群众团体

盐城市盐都区总工会

【提升职工素质】 2021年，发放《深入学习贯彻习近平总书记关于工人阶级和工会工作的重要论述》150册。开展“学党史忆先烈听党话跟党走”主题活动。4月15日，盐都区总工会组织机关全体党员干部到郭猛镇参观红色教育基地郭猛烈士纪念馆和厚德苑，接受党史教育和精神洗礼。宣传学习《中华人民共和国工会法》。举办学习贯彻《中华人民共和国工会法》活动启动仪式，收集整理《中华人民共和国工会法》等相关法律法规知识题350题，编印发放普法手册2万份。开展微信公众号每周答题抽奖活动10期。全区近5000名工会会员踊跃参与，80人获得竞赛奖励。组织开展全区工会干部“工会法”知识竞赛，全区工会干部参与答题，共回收答题5000余份。推进“求学圆梦”行动。对接盐都开放大学和卫生系统筛选申报盐都职工，完成全年150人目标任务。

【职工思想引领】 年内，挖掘基层工会开展职工思想政治工作典型。推荐江苏盛安传动股份公司工会《筑牢班组思政工作根基　促进企业平稳健康运行》和江苏神龙控股集团《以“四换”促进班组职工思政工作“四提升”》的工作案例上报市总参评。推荐市“最美职工”、岗位标兵。选树基层优秀职工，推荐3人参加市总最美职工的评选，区农业农村局的许信兰当选并授予盐城市“五一劳动奖章”；推荐郭猛孙益海申报“学雷锋活动示范点”和“岗位学雷锋标兵”。开展网络安全宣传周“个人信息保护日”活动。区总在盛世华城小区南门广场开展网络安全宣传周“个人信息保护日”活动，发放宣传手册600余份。开展“建党百年，劳动光荣”1元观影会员卡特惠活动，发放2300张电影券。做好职工书屋申报。申报全国配书——华泽书社、全国级职工书屋——秦南、劳模书架——兴泰、便利型移动书站——明钰4个类型读书组织。做好盐都区总工会微信公众号日常管理运营工作。全年累计发布推文300余篇，着重宣传盐都工会各项工作，及时反映基层工会开展的各项活动和综合动态。推进江苏工会一张网建设工作。全年数据库职工录入率达90%，配合法律和权益保障部完善互联网+工会普惠评价系统。区总工会获全市总工会年终考核“综合先进”。

【劳模先进典型选树】 年内，江苏神龙明物流财务部获全国“工人先锋号”称号；7人获省劳动模范和先进工作者称号。2家单位获得市五一劳动奖状；1人获评“盐城工匠”称号，7人获得市五一劳动奖章、6个班组获得市工人先锋号；五一期间区总表彰评选区五一劳动奖状5家，区五一劳动奖章10名，区工人先锋

11月，电子仪器仪表装调工实操现场　　总工会　供

号9个，区五一巾帼标兵岗4个，区五一巾帼标兵10名，区最美快递小哥8名。发挥“劳模工匠进校园·思政教师进企业”宣讲团思想引领作用，开展劳模大讲堂活动全年宣讲11场，近2000名职工和学生参加宣讲活动。

【技能竞赛】 11月，开展电子仪器仪表装调工职业技能大赛。年内，区总组织职工代表盐城市参加全省职工技能大赛的钳工项目的比赛，联合举办、协办技能大赛6次。5000名职工参加全国“安康杯”职工安全健康意识与应急技能知识竞赛。区总联合应急管理局制订下发《在全区开展企业职工“我为安全生产献一策”活动》，全区征集10条安全建议，有2条获得盐城市二十佳表彰。落实开展安全隐患顺手拍活动，征集8条作品。

【群众性技术创新活动】 年内，盐城苏源机电科技有限公司的石墨烯纳米加热管被评为市职工十大科技创新成果奖。发挥劳模工匠创新工作室创新创造平台作用。盐都建有16家“劳模和工匠人才创新工作室”(其中1家省示范工作室、5家市示范工作室)，发挥“示范引领传帮带”的作用。

【普法宣传工作】 2021年是“八五”普法元年，区总通过法制宣传月、春节慰问“六下乡”、五一法制宣传周、12·4宪法宣传周等一系列活动，宣传相关法律法规，取得良好的普法效果。组织召开学习宣传《中华人民共和国工会法》动员部署会，编印发放各种劳动法治宣传材料2500份，法律维权读本2500册，线上普法知识竞答共920人次参加。

【劳动关系】 年内，为加强区总工会系统对庆祝中国共产党成立100周年维护安全稳定工作的组织领导，确保系列庆祝活动顺利进行和社会大局安全稳定。实施企业劳动用工监督评估专项服务行动。根据省总工会等四部门联合印发的《关于实施企业劳动用工监督评估专项服务行动的意见》(苏工办〔2020〕95号)精神，区总工会实施“企业劳动用工监督评估专项服务行动”。11月30日前，与

11月，职业技能大赛钳工项目赛场　　总工会　供

各镇、街道总工会主要负责人签订年度工会劳动领域维护政治安全工作责任书，并要求各镇、街道总工会于2021年12月31日前建立健全各项配套工作制度。

【困难职工帮扶工作】 2021年春节期间，全区在档困难职工84名，脱困24户，年中新增一户，至年底，在档困难职工61户，其中深度困难职工23户、相对困难职工37户、意外致困职工1户。全年对困难职工共帮扶资金69.2878万元，物资1.68万元，其中生活救助45.4万元，大病帮扶23.8878万元，全年帮扶5次，生活救助3次，大病帮扶2次，按照上级工会的要求，帮扶资金全部打入困难职工工会会员卡。开展区总党员干部施湾村“结对帮促”活动3次。

【女职工工作】 3月，举办三八妇女节趣味运动会。开展以“情系女职工、趣味你我她”三八节主题趣味运动会，共48名女职工干部参加。五一期间表彰先进女职工集体和个人。全国五一巾帼标兵岗1个。市五一巾帼标兵岗3个，五一巾帼标兵5名，最美女工1名。区五一巾帼标兵岗5个，五一巾帼标兵10名。举办“相约西溪　寻找真爱”相亲交友活动。五一节在东台西溪旅游文化景区举行“相约西溪　寻找真爱”盐城市第五届青年职工交友会，盐都共组织56名男女青年职工参加。“关爱行动，健康同行”女职工公益“两癌”筛查活动。区总对12个乡镇的外省在盐务工女职工进行免费“两癌”筛查检查活动，合计141人。推进“爱心母婴室”和女职工康乃馨服务站建设。推动共建爱心母婴室38家，落实升级建设女职工康乃馨服务站9家。盐都区行政审批局、盐都区万达广场2家单位受到首批市级女职工康乃馨服务站示范点表彰。盐城市第五届公益集体婚礼——建湖九龙口度假景区。盐都共组织2对新人参与婚礼活动。市总女职工育婴师培训活动。盐都共组织10人参与培训。

【改革创新】 年内，开展工资集体协商“春季要约行动”。区总承办全市2021年集体协商春季集中要约行动部署会，共百余人参加启动仪式。发文部署小微企业集中建会行动。区总及时下发《关于开展小微企业集中建会行动的通知》，小微企业建会入会率达92%。编印下发《企事业单位职代会规范化操作指南》。接受省总开发区工会建设调研。省总工会四级调研员黄智一行到盐都调研开发区(园区)工会建设情况，实地调研东山精密产业园党群服务中心、智能终端产业园职工之家。

【党建引领】 年内，开展“作风效能提升年”专项行动。申报“三重一大”项目22

次。按照相关要求，及时向纪检组报告，邀请纪检组把关，保障工会经费合理合规、专款专用，全程跟踪监督物资的发放和签收。召开“510”警示教育专题会议，观看警示教育专题片，以身边事例教育身边人，推动党员干部增强廉洁自律意识，牢固树立“不想腐”的思想自觉。加强党风廉政建设。上好廉政党课，确保党员干部自觉做到践行初心使命，自觉做到遵规守纪，自觉做到务实清廉，合力打造风清气正的政治生态，推动党风廉政建设再上新台阶。（骆　言）

共青团盐城市盐都区委员会

【党史学习教育】 3月，开展“学党史、强信念、跟党走”学习教育，组织青少年学习党史、团史、队史等，组织青年团员等参观盐都革命陈列馆、佳富红色纪念馆等地，实境学习革命历史。4月，为纪念五四运动102周年，举办“学党史、强信念、跟党走”主题团日暨“盐都青年五四奖章”颁奖活动，通过开展“江苏好青年”“青年岗位能手”等评选活动，在全区广大青年中掀起浓厚的学榜样、学典型的氛围。

【品牌创建】 年内，围绕“品牌提升年”，以品牌创建提升工作实效，创建国家级青年文明号1个（盐都区人民检察院第三检察部）、省级青年安全生产示范岗2个、省级新兴青年群体“筑梦空间”活动阵地1个、市级青年学习社线路1条、市级青年文明号4个。

【团属新媒体平台打造】 提升“都青春·云平台”，扩大团属新媒体平台的有效覆盖面。8—9月，开展“一线有我，新农菁英助农行动”“农民丰收节”等直播活动，推介大纵湖大闸蟹、秦程咸鸭蛋、盐康虫草鸡蛋等盐都特色农产品20余种。11月，承办市级“青年助力乡村振兴”网络直播大赛，盐都5名主播入围十强主播。

【人才培养】 年内，培育“新农菁英”、海归青年人才、青年技能人才等200余名，在重大项目建设中发挥重要作用。推进青春建功行动，举办名校优生“汇盐行动”等系列活动，打造“都聚青春”共享空间活动阵地，引导青年人才参与盐都建设。

【疫情防控】 疫情防控期间，宣传动员团员青年、志愿者向村（社区）报到，共组建45支“青年突击队”，900余名团员青年投身疫情防控一线，在采样检测、防疫宣传、秩序维护等重点领域发挥重要的作用。

【“梦想改造+”关爱计划】 年内，将“梦想改造+”列为“我为群众办实事”项目，线上筹集“梦想小屋”建设资金98.6万元，线下定向联系东山精密筹集建设资金80万元。9月，完成全区95户梦想小屋改造，被江苏卫视、新华网等多家媒体宣传。11月，承办市“梦想小屋”集中交付暨2022年度“梦想小屋”建设启动仪式，举办“情暖中秋”“暖冬行动”等活动，为关爱家庭送去爱心物资和节日祝福。

4月，“盐都青年五四奖章”颁奖活动现场　　团区委　供

【青年创业就业】 7月，开展“青春留盐　城就未来”大学生暑期社会实践、大学生“返家乡”社会实践等活动，对接企事业单位，为盐都返乡大学生提供160余个实习岗位。9月，举办“都青春”创新创业大赛，3个优秀项目在市青年创业大赛中获奖，盐都团区委荣获市赛优秀组织奖。11月，开展“都聚青春　智汇未来”直播带岗活动，宣讲黄海明珠人才计划，邀请东山精密、康佳芯云等多家知名企业参加直播并提供多个优质就业岗位。

【青少年成长】 7月，开展“苏青益筹”圆梦行动、“我要上大学”等公益活动，筹集资助帮扶资金35万元。7—10月，开展暑期自护夏令营、“心灵护航”、未成年人保护法宣传等活动共计50余场，为6000余名青少年提供科学探索、自护教育、心理辅导等关爱服务。

【换届工作】 7—10月，推进全区11个镇（街道）和250个村（社区）团组织换届，为基层团组织注入新的工作力量。11月，召开中国少年先锋队盐城市盐都区第三次代表大会，区委和团市委主要负责人出席开幕式并讲话。12月，召开盐城市盐都区青年联合会第三届委员会全体会议，各族各界的159名青联委员参加会议，共商青年发展。

【思想工作】 9月，开展“请党放心，强国有我”主题团队日活动，评选产生2个市级、10个区级优秀主题团队日活动。用党史学习教育青年。6月，召开《习近平总书记给江苏省淮安市新安小学少先队员的回信》精神专题学习会60余场。用红色传承凝聚青年。7—9月，全区开展“传承红色基因，争做铁军传人”寻访活动，组织全区少先队员和团员线上线下同步寻访盐都22个烈士镇村，参与青少年达20000余人次。用先进典型带动青年。

【周亮一行在区调研】 10月，团省委副书记周亮、团市委书记翟大伟一行调研盐都共青团工作，对盐都新兴青年群体、“梦想改造+”等工作给予肯定。

【基层组织建设】 年内，以《团支部工作清单》标准，执行好“三会两制一课”、团干部述职评议等各项工作制度。推进“青年之家”“青年学习社”等团属阵地建设，打造盐渎书城青年之家、东晋水城“先贤之信”青年学习社线路等品牌阵地。7月，成立盐都籍大学生驻外团工委，对外宣传盐都形象，凝聚盐都籍大学生关注盐都发展。新建非公企业团组织100家，组织非公企业团组织参加省、市非公企业团组织线上红歌“云接力”活动。

【团队作风建设】 年内，规范开展团员发展工作，按照“十步骤、三公示、六必须”工作要求，全年发展团员1095名。承办市“高举旗帜跟党走　百年礼赞齐筑梦”少先队重点工作现场会，组织开展少先队新队员分批入队。12月，举办全区基层团干部培训班，覆盖全区镇（区、街道）、区直单位、村（社区）和“两新”组织团干部300余人。推进“联青服务站”“团代表联络站”工作，开展青年议事会、“千岗走千企”、青年志愿服务等活动，把服务送到青年身边。

（唐春燕）

9月，“请党放心　强国有我”主题队日活动现场　　团区委　供

盐城市盐都区妇女联合会

【党史学习教育】 4月，通过实景课堂教学，走红色路线等，组织妇联干部参观潘黄红色教育基地、杨斌烈士纪念馆、胡乔木生前陈列馆。邀请烈士潘留璜的女儿——区妇联退休老干部潘秀莲现场教学，讲述烈士的英勇事迹，从党史学习教育中汲取红色精神、凝聚红色力量、传承红色基因。组织妇联干群参加全市“巾帼颂歌献给党”大合唱活动，并获优秀组织奖。在潘黄街道开展学党史·颂党恩·传家风——“党史学习教育进家庭”红色经典荐读主题活动，特邀中国好人、全国“五好”家庭获得者、江苏省首批全民阅读推广人乐华泽老师作《阅读红色经典、传承红色基因》主题宣讲，组织参加活动的20个家庭代表参观潘黄红色教育基地并赠送红色书籍。面向全区征集学习微感言，择优8条上报市妇联。以“盐都女性悦刊”微信公众号为主阵地，宣传党和国家各项方针、政策，转载“献礼建党百年——讲巾帼英雄故事”等，在工作群中推送“党史百年天天读”等连载信息，开展党史知识普及宣传活动，引导广大妇女从党的百年伟大奋斗历程中汲取继续前进的智慧和力量。

4月，开展党史学习实景课堂教学　　妇联　供

【培树创业动能】 4月，选拔优秀女性人才、发掘创业创新项目参加妇女创业创新大赛，区妇联选送的洄琉玻璃文创项目、“谐振农符”项目进入“慧创她时代”第二届江苏巾帼科技创新大赛半决赛，“谐振农符”项目晋级决赛。注重挖掘和培树巾帼创业典型，在《盐都日报》、“盐都人”微信公众号开辟“凝聚她力量　奋进新征程”专栏，加大典型宣传力度，激发妇女创新创业热情。实施女企业家高质量发展领航计划，支持女大学生创业，出现潘黄刘

10月，“巾帼家政进社区”行动　　　　妇联　供

程媛、秦南徐丽娜、学富还璇等女大学生创业典型，女企业家范兰、曹海宁分别获市2020年度十大经济女性领军人物及提名。深化“巾帼建功”“双学双比”活动，组织创建“巾帼文明岗”，盐都区数字化城市管理指挥中心获全国“巾帼文明岗”称号。

【巾帼家政进社区】　年内，在塘桥、跃马等村居（社区）试点设立巾帼家政服务点，开展“巾帼家政进社区”行动，收集妇女群众家政培训及就业需求信息，搭建村居和家政公司的供需对接平台。联合家政公司提供保洁、育婴、养老等订单式培训，全年累计培训家政员5460人，帮助4380名妇女通过从事家政服务实现脱贫致富。扶持家政企业成长，为喜悦家政有限公司争取区级服务业引导资金5万元。

【女性专场招聘会】　3月，与人社局在高新区科技广场联合举办“相约‘三八’，春风送岗”女性专场招聘会，提供就业岗位500余个，为企业与女性求职者搭建双向选择平台。开展执委走基层活动，区妇联班子到关联企业走访调研，了解企业的生产经营状况，进行安全生产宣讲，建立经常性沟通联系机制，收集企业需求并帮助反馈、协调、解决。

【创建“三全”社区家庭教育示范社区】年内，对标省市要求，从地理位置、硬件设施、阵地建设、妇联干部能力素质等多方面进行甄选，选取盐渎街道、潘黄街道6个社区作为拟创建的示范社区，并在试点社区中各选出一个小区重点创建。制定小区外围环境布置方案，设计公益花木牌、宣传栏、宣传墙，通过入户走访、讲解政策造浓家庭教育支持行动的宣传氛围。各社区结合自身实际推广全民阅读，定期举办亲子阅读、有奖问答、读书竞赛等活动，丰富儿童家庭的精神文明生活。

【寻找“最美家庭”】　年内，与区文明办一起，开展寻找“最美家庭”活动。2021年6户获评市最美家庭、7户获评市书香家庭，2户获评省最美家庭，1户省绿色家庭获公示。10月22日，牵头制作的优秀家教故事视频——《与孩子一路向爱前行》，在江苏省网上家长学校播出。

【巾帼志愿服务活动】　全年全年开展多项巾帼志愿服务活动，开展“宣讲创绿、植树添绿、环保护绿”主题宣传活动，引领妇女和家庭主动传播绿色理念，自觉投身绿色行动，持续巩固绿色成果。发动镇（区、街道）妇联组织巾帼志愿者在菜场、街道等人流密集区发放宣传单和纪念品，在潘黄街道兆泉社区、盛世华城小区开展文明宣讲、环境整治等志愿活动，引导广大群众投身创建文明城市行动中去。组织20个国家、省、市级巾帼文明岗志愿与村（居）结对，开展就业创业、扶贫帮困、健康关爱、普法宣传等一系列内容丰富的结对共建、志愿服务活动，链接资金、技术、人才等优质资源向农村流动、向妇女集聚。

【普法活动宣传】　在“三八”妇女维权周、“6·26”国际禁毒日、“11·25”国际反家暴日、“12·4”国家宪法日等重大节点，开展形式多样的宣传活动，增强妇女的法律意识和自我保护意识。开展民法典进社区活动，举行“典亮幸福人生　建设和谐家庭”民法典专题讲座10场次。开展“不让毒品进我家”主题宣传，扩大禁毒宣传覆盖面，提高广大家庭预防和抵制毒品的能力。与区总工会联合在潘黄街道盛世华城举办以“网络安全为人民　网络安全靠人民”为主题的“个人信息保护法”宣传活动，提高保护网络安全和保护个人信息的意识。组织开展反家庭暴力日主题宣传活动，教育引导辖区广大妇女群众掌握预防家庭暴力的方法和途径，学会运用法律的武器保护自己的合法权益，提高妇女的维权意识，有效预防家庭暴力的发生，营造零暴力的社会氛围。

【维护妇儿权益】　12月，区妇联被全国妇联表彰为“全国维护妇女儿童权益先进集体”。组建“专+社+兼”的维权团队，让专兼职妇联干部、专业服务团队和维权志愿者三支队伍成为维护妇儿权益的骨干力量。与盐城展旺律师事务所签订常年法律顾问协议，建立维权热线，明确一名律师接受妇女群众法律咨询。选聘志愿者组建巾帼志愿队伍，进社区、进乡村为群众解难释疑。举办专题培训班，为妇联干部讲授妇女儿童权益保护相关内容，并针对基层常见的苗头性问题和重点问题进行重点讲解，通过培训提升妇联干部处理矛盾纠纷和帮助广大妇女依法维权的能力水平。畅通诉求渠道做实信访调处。坚持“工作重心下移、信访关口前移”的工作思路，实行妇联干部全员接访制，坚持首问负责、及时反馈。聚力家事调解打击家暴行为。发挥家事纠纷调解委员会作用，设立家事调解工作室，联合区公安分局率先在盐渎派出所挂牌设立“反家暴联调室”，建立起一支包括镇村（社区）妇联主席在内的21人的联调工作者队伍，初步制定涉家暴纠纷调处工作流程。探索建立“反家暴联动工作”微信群，面对家暴警情，派出所民警、妇联工作人员同步出警、共同处置，有效提升家暴警情处置速度。联合区公安分局在盐渎派出所联合召开全区反家庭暴力工作推进会，规范家庭暴力警情现场处置和警示告诫工作，共同推动反家暴工作的科学化、规范化、标准化，构建反家庭暴力共建共治、齐抓共管工作格局。2021年，区公安分局发放家暴告诫书14份，区法院发放人身安全保护令1份。

【组织建设】 年内，巩固区镇村三级妇联集中换届成果，及时增补各级执委，完善挂兼职妇联干部等长效机制。创建“引领妇女思想好、服务高质量发展好、维护妇儿权益好、家庭文明构建好、基层基础建设好、作风形象树立好”的“六好”基层妇联组织。在区家政行业龙头企业喜悦家政有限公司成立妇联，让妇联组织成为行业发展的助推器。强化队伍建设，加大对乡镇妇联主席、副主席和执委骨干的培训力度，使她们真正成为知妇女群众、懂妇女群众、爱妇女群众，能够做好妇女群众工作的行家里手。推荐申报盐城市“三八”红旗手5名和“三八”红旗集体2个。

【拓展活动阵地】 年内，推进妇女儿童之家标准化建设，实现技能培训、家教指导、志愿服务、法律援助、健康关怀一站式。持续推进“妇女微家”创建，推动在有条件、有热情的女执委中建“家”，将妇联阵地设置到最小网格、延伸到妇女身边，并打造“千秋巧姐”妇女微家、“心语社工”妇女微家等示范妇女微家。助推参政议政。2021年村级组织换届选举中推进女性进村（社区）两委，优化村（居）社区女干部队伍，使基层妇女参政议政、参与决策管理能力增强。区妇联举办“妇联邀您回娘家”主题活动，特邀部分区政协女委员、人大女代表，各行各业优秀妇女代表以及各级妇联干部代表走进妇联、了解妇联、共谋发展。

【困境妇儿帮扶工作】 三八节期间，区妇联走访慰问郭猛镇贫困母亲5人。为三名患“两癌”的低保户女性争取到省妇儿基金会救助金共3万元。2021年共资助154名在读的盐都籍困境学生，12月初，43万元救助金发放到位。向盐城市红十字会争取防疫物资约6000元，发放给盐都区部分困境妇女和儿童。联合中国人寿盐都支公司、盐都区心语社会工作服务中心在龙冈镇启动“把爱带回家”2021寒假儿童关爱服务“四送”活动。组织爱心捐款活动。召开99公益日专题工作会议，制作PPT，区妇联在官微上制作专栏，多期刊登宣传99公益日活动内容，扩大活动影响力，激发广大干部群众参与活动的热情。要求各镇（街道）、区直机关各自成立捐款队伍发动捐款，按捐款金额进行排名，金额高的队伍将在妇联年度考核中加分，2021年共筹集善款15万元。兜牢民生保障底线。7月29日下午，区妇联、中国人寿盐都支公司联合开展“美丽健康万家行”活动，为区困难妇女免费赠送105份关爱保障，全区有8000多人参加女性健康保险。为全区119名单亲贫困母亲办理平安健康险，减轻因意外伤害和疾病所产生的家庭经济负担，促进社会和谐。

【妇儿民生实事项目】 年内，实施“健康母婴”计划，强化出生缺陷综合防治。推进农村妇女宫颈癌、乳腺癌免费筛查，2021年区妇联制作防癌U盘14个，在全区各镇（区、街道）、村（社区）开展女性健康知识宣传，提高广大妇女的保健意识，为低保户患病妇女争取救助金，确定潘黄杨坝社区和盐都区实验小学为儿童友好建设示范项目。美丽庭院公益项目顺利结项并通过市验收。

【集中行启动仪式】 3月24日下午，“巾帼植绿护绿·共建生态盐城”全市集中行活动启动仪式在大纵湖旅游度假区倪杨村举行，市自然资源和规划局、大纵湖旅游度假区管委会相关部室负责人，市直、盐都、亭湖、盐城经济技术开发区和盐南高新区女干部、女企业家及巾帼志愿者代表等80余人参加活动。

【徐丹开展调研活动】 6月4日上午，市妇联党组书记、主席徐丹率队在盐都区开展“我为妇女儿童办实事”调研活动，区委常委、组织部长周达虎陪同调研。徐丹一行实地走访尚庄镇塘桥村、潘黄街道旭日社区和盐城喜悦家政有限公司，了解盐都区“美丽庭院”创建、“三全”家庭教育支持行动、“四新”组织妇联建设、巾帼家政等工作的开展情况，并给予指导。

【黄海燕考察盐都妇联工作】 11月11日，泰州市妇联主席黄海燕、副主席唐银华及泰州市区镇村妇联干部一行40余人在盐都开展“全面推进乡村振兴，巾帼助力共同致富”观摩考察。泰州妇联考察组在盐渎街道花吉村，详细了解妇联组织引领农村妇女创建市级“美丽庭院”示范点和投身乡风文明建设的工作情况；在大冈镇佳富村，考察组听取村妇联发挥桥梁纽带作用，团结引领妇女共建共享美好生活工作汇报，实地察看佳富村巾帼党性教育基地；在大纵湖旅游度假区，考察组重点了解当地依托农旅产业资源发展巾帼精品民宿吸纳妇女就业的情况。

【宣传《中华人民共和国家庭教育促进法》】 12月31日，联合市妇联在万达广场开展《中华人民共和国家庭教育促进法》宣传活动，受到广大群众的热烈欢迎，共发放宣传资料近千份。通过悬挂横幅、制作展板、发放宣传手册、现场咨询等形式对《中华人民共和国家庭教育促进法》进行宣传，让广大群众对《中华人民共和国家庭教育促进法》有进一步的了解，让建设好家庭、涵养好家教、培育好家风的理念深入人心。

【人居环境整治】 每月20日，在村（社区）常态化开展“20+爱我家集中清扫日”活动，推动“美丽庭院”创建提档升级。全年创成美丽庭院市级示范户860户，大纵湖度假区倪杨村等7个新型农村社区被评为市级“美丽庭院”示范点。

盐渎街道花吉村获得“美丽家园”省级示范点称号。12月16日上午，区妇联在花吉村举办“美丽家园”省级示范点授牌仪式。市妇联副主席胡忠秀参加仪式并为示范点授牌。至2021年底，全区累计创成“美丽庭院”市级示范户达2656户，市级“美丽庭院”示范点15个，“美丽家园”省级示范点2个。（张志慧）

盐城市盐都区科学技术协会

【概况】 2021年，区科协获省科协“四服务一加强”单项工作创新案例奖、市科协“科创江苏”双创竞赛优秀组织单位称号。12月24日，召开区科协第七次代表大会，组建区科协七届委员会。

【培植科技人才】 年内，参加省、市科协组织的优秀先进典型推荐评选活动。推荐盐城中科高通量计算研究院有限公司无人驾驶网联车研发团队获评为市优秀科技创新团队、区农业科学研究所高级农艺师李进永获评市十佳科技标兵、市第三人民医院主任医师李万浪获评市优秀科技工作者。举荐盐城桃生缘农业发展有限公司总经理王建春为省企业“创新达人”，推荐杨长春为全省“科技志愿者”先进典型，盐渎街道野丁社区为全省“科技志愿服务点”先进典型。

【宣传科技人才】 5月27日，在高新区科技广场庆祝第5个“全国科技工作者日”暨“科技标兵和优秀科技工作者”颁奖活动。以“全国科技工作者日”活动为契机，通过多种媒体、多种形式，对基层一线科技工作者先进典型代表进行宣传报道。区委常委、组织部长周达虎为优秀科技工作者颁发荣誉证书，获奖优秀科技工作者进行集体宣誓。企业科创、农业农村、疫情防控、科技教育等四个领域的科技工作者代表分享科研、科技、科教等方面的现实故事。盐阜大众报对市三院主任医师李万浪、区粮油作物技术指导站站长戴凌云进行专访报道。

【表彰科技人才】 年内，联合区委组织部、区人社局开展区科技标兵和优秀科技工作者推荐评选工作，成立评审委员会，对上报的候选对象进行资格审查和综合评定，对拟表扬对象通过“盐都人”公众号进行公示，最终评定出10名科技标兵和20名优秀科技工作者，以区政府办名义首次开展区自然科学优秀学术论文评审活动。6月12日，专门召开评审会，5名专家对征集的75篇论文进行评审，评出一等奖5篇，二等奖10篇，三等奖20篇，对获奖人员发放证书和奖金以资鼓励。向市推荐上报自然科学优秀学术论文61篇，获得一等奖2篇，二等奖7篇，三等奖12篇，获奖数位居各县市区前列。

【组织参与创新创业大赛】 10月20日至21日，由区委组织部牵头，区科协举办2021中国·盐都海外人才创新创业大赛，征集海外项目117个，有34个创新项目进入决赛，“基于人工智能识别的垃圾全自动分拣和打包成套设备，以及计算机成像的相关应用”等6个项目分别获得大赛一、二、三等奖，其中“XPOWER创新轨道插座系统”项目获得2021中国电子信息行业创新创业大赛三等奖。借助颁奖活动，对全区产业招商和人才政策情况作推介，为5名海智专家颁发“招才大使”聘书，签约项目6个，为更好地服务项目落地，委托第三方机构对6个获奖项目进行跟踪对接服务。与大冈镇洽谈“海洋装备水下钢结构损伤智能识别机器人研发及产业化”项目；“基于人工智能识别的垃圾全自动分拣和打包成套设备，以及计算成像的相关应用”项目，项目方在西安，有意向与盐都区对接洽谈，因疫情原因暂缓对接洽谈。参加省、市科协“科创江苏”创新创业大赛，对照参赛对象及资格、竞赛领域及分类等方面的要求，筛选14个项目组织盐都赛区初赛。6月17日，组织专家对项目路演进行模拟培训，通过项目展示、提问答辩、评委点评方式，对参赛选手路演的各方面进行逐一点评并提出具体指导意见。经筛选，上报盐城创能新屏蔽材料有限公司等4个优秀项目参加市决赛，其中2个项目获得二等奖，2个项目获得三等奖。通过“科创江苏”创新创业大赛平台上报8个项目参赛，其中两个项目入围决赛，并获得新材料领域二等奖1个，三等奖1个。

7月，开展畜禽疫病防控技术讲座　　区科协　供

【海外人才引进】 3月，省科协国际部长吕家勇携同中国科协海归创业联盟秘书长刘会波、日中科技文化中心中国总代表李建农等海智专家就高新区如何集聚引进海外人才、项目资源，充分利用海外智力助力产业发展进行深入交流，并达成共识。指导盐城高新区创建省级海外人才离岸创新创业基地，协调中国科协FCPAE欧洲（比利时）海智创新创业基地与盐渎街道签订海外人才合作协议，建立海外引才工作站。

【科普日宣传】 5月中旬，在盐渎街道

兴城社区举办以“百年回望：中国共产党领导科技发展”为主题的全国科技活动周暨第33届科普宣传周活动启动仪式，向广大市民宣传中国共产党百年历史中对科技事业改革与发展壮举，普及防灾减灾、危化品安全、食品安全、卫生保健、垃圾分类、畜禽疫病防控技术讲座等科普知识。此外，省级科普专家团成员中国药科大学教授洪浩、南京医科大学附属逸夫医院肿瘤科主任医师杨钧赴野丁和兴城两个社区开展卫生保健知识讲座。9月中旬，联合区教育局在东进路小学举办区2021年“全国科普日”主场活动暨“科技教育课后服务”活动启动仪式，为孩子们送去科技秀表演，为市（区）科学传播专家（分）团成员颁发聘书。为强化“馆校合作”，市科技馆与市二小集团在活动现场，为基地共同揭牌。

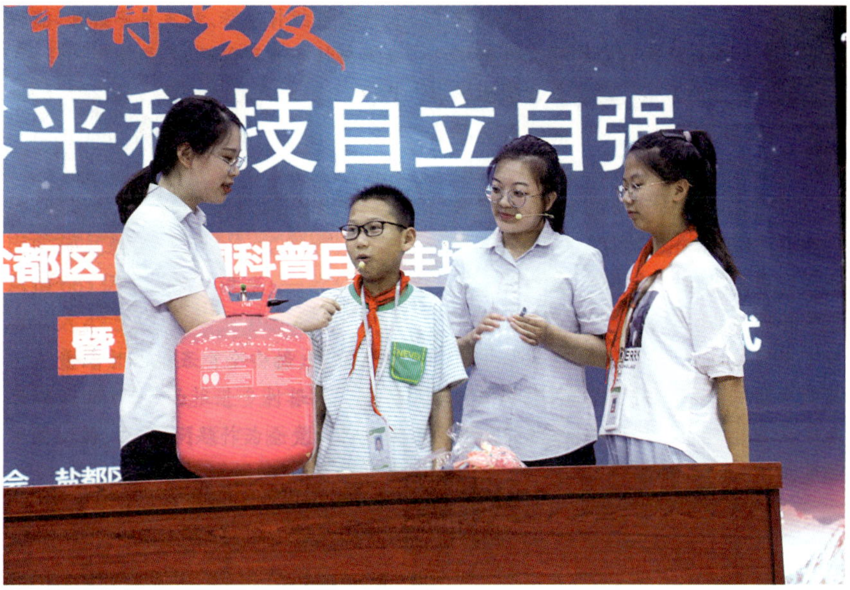

9月，举办“科技教育课后服务”活动　　区科协　供

【黄海湿地科普宣传】　1月，联合区教育局，在神州路小学组织开展区黄海湿地科普征文写作、科普故事演讲、科普童话表演比赛活动，向市上报表演节目5个、演讲类作品13件，征集82篇优秀科普作文，向基层科协组织和部分学校赠送《世界瑰宝——奇妙盐城黄海湿地》科普图书。组织发动盐都区盐城大纵湖旅游发展有限公司、盐城蟒蛇河水上旅游开发有限公司等5家单位加入市“黄海湿地科普共同体”成员单位，大纵湖旅游发展有限公司被选举为理事单位。

【承办科技活动】　7月，联合市科协在郭猛镇新时代文明实践所开展科技志愿服务暨送科技下乡活动，组织20余名市、区级学会专家集中开展新冠疫苗接种、科学合理用药、营养科普、妇幼保健、身心健康、垃圾分类、法律咨询、生态农业及农田虫咬防范等科普知识咨询服务活动，发放《急救手册——家庭应急指南》等近700册科普图书（杂志）、科普宣传资料1000余份、家庭急救包、防疫物资及家庭常备药品等。

【党员科普先锋队】　年内，开展党史学习教育“我为群众办实事”实践活动，组织农机学会、预防医学会、教育学会、气象学会等区直学会，发挥党员的先锋模范作用，带领广大科技科普志愿者们开展农机服务到一线，中小学生视力防控、消防科普知识讲座、气象科普小课堂进校园等活动。联合大纵湖旅游度假区科协开展湿地科普进景区、进校园活动。同时，发动各镇（区、街道）科协借助新时代文明实践所，组织党员科技科普志愿服务者，参与“人人享有听力健康”全国爱耳日、“珍惜水、爱护水”世界水日、“海洋、我们的气候和天气”世界气象日主题宣传活动，被江苏公众科技网公开报道。

【“基层科协组织服务能力提升计划”】年内，完善基层科协组织规范化建设，鼓励企业科协开展“讲比活动”，为企会协作搭建沟通合作桥梁。江苏盐砼新材料科技有限公司科协“防水透气型混凝土保护剂研发”项目获市“讲比活动”补助。盐都区草莓专业合作联社“高架无土水肥一体化草莓模式推广”、区气象学会“盐都气象科普小课堂”两个项目分别获得市企会协作项目一等奖、三等奖。

（陆爱玲）

盐城市盐都区归侨侨眷联合会

【概况】　年内，开展党史学习教育活动，在中国共产党建党100周年之际，组织归侨侨眷开展“侨”瞧100年摄影比赛，收到摄影作品36幅，书写和激发全区侨界人士的爱国热情。组织侨界代表人士“寻访先烈足迹　重温红色记忆‘心向党·同圆梦’”主题活动，汲取前行力量，将老一辈的革命精神变成前进奋斗的言行，立足岗位，弘扬“坚定信念、艰苦奋斗、实事求是、敢闯新路、依靠群众、勇于胜利”的共产党人精神，筑牢“心向党·同圆梦”思想基础，在践行“争当表率、争做示范、走在前列”使命中奋勇当先。

【开展侨领侨青活动】　5月中旬，利用江苏发展大会的契机，开展海外侨领盐都故乡行活动，邀请8位海外侨领及海外精英人才参观盐都园区企业、走进基层，共叙乡情友谊，共话家乡发展；5月下旬，省侨青会“志青春·侨青风华颂”主题实践（苏北片区）活动在盐城举办，30多位侨青代表走进“新侨创业创新基地”盐都区研创大厦和侨企盐城康林达生物科技有限公司、盐都区智能终端规划展示馆和东山精密企业，引领带动海外侨胞投资创业。

【培育文化基地】　年内，在创建盐都博物馆、盐城淮剧团、草房子乐园等8家市级与胡乔木故居1家省级华侨文化交流

7月，开展寻访先烈足迹重温红色记忆活动　　侨联　供

基地基础上，郭猛杨侍农业生态园新创为市级华侨文化交流基地，潘黄街道宝才社区侨之家被授予市级侨胞之家称号。通过"侨之家"等活动阵地的建设，拉近与侨界人士的距离。

【搭建献策平台】　年内，推选侨界优秀代表人士12人为市、区人大代表、政协委员，发挥好区政协委员参政议政作用，强化界别的责任意识，参与政治协商和民主监督，提高建言献策水平和质量。在区"两会"期间，侨界代表、委员向区人大提交议案5件，向区政协提交议案7件，多数提（议）案得到相关部门的督办落实。年内，有3名侨界委员被表彰为优秀政协委员，2件提案评为优秀提案。

【为侨服务】　在中秋、重阳、春节期间，开展走访慰问与茶话恳谈活动。对年纪较大的归侨侨眷开展免费健康体检和送医送药活动，为20位重点侨眷赠订报纸。做好侨界群众的维权工作，打造涉侨服务平台，依托区内政治素质高、服务意识强、热心侨务事业的律师顾问团，为华侨华人、归侨侨眷提供优质法律服务，开展法律知识讲座，帮助解决看病寻医、上学困难、就业安置等方面20个问题。　（朱苏丽）

盐城市盐都区工商联（总商会）

【招商引资活动】　3月2日，举行盐都在沪企业家新春茶话会，通过"叙乡情·谋发展"增进党委政府与在外创业有成人士之间的感情。5月21日，以成立盐都区在沪企业家联谊会为契机，协助区委区政府举办盐都（上海）长三角招商推介会。

【区内外商会成立】　4月，举办张謇企业家精神研习班。加强异地商会建设，摸排了解盐都籍在沪企业家信息，9月12日，盐城市盐都区在沪企业家联合会正式成立。10月29日，盐都区青年企业家联合会成立。加强对年轻一代的思想政治引导，始终跟党走、听党话，协助区委统战部开展年轻一代早餐会、座谈会活动，主动关心区内年轻一代企业家的健康成长。

【换届选举工作】　12月21日，区工商联（总商会）第十三次会员代表大会召开。大会推荐产生第十三届执委会主席（总商会会长）、常务副主席（副会长）、副主席、常委和秘书长，推选十三届执委会委员100名，完成区工商联（总商会）换届相关工作，并推选出席盐城市工商联第九次会员代表大会的代表。

【基层商会换届和注册工作】　年内，根据盐都区行政区域划分，对2010年成立的原秦南镇、郭猛镇等19家基层商会进行新建合并为12家镇、街道基层商会。至2021年底，所属12个镇、街道基层商会在9月换届时均成立党的组织，按规定开展党的活动，确保"两个全覆盖"在基层商会覆盖率达100%。

【进位争先】　2021年，协助做好省工商联在盐都召开的全省"四好"商会考评与

4月，工商联举办张謇企业家精神研习班　　工商联　供

认定工作会议（苏中片）会议、省工商联十一届八次常委会议和省工商联在盐城市开展组织建设工作调研活动等工作。2021年度，盐都区工商联被评为“全国五好县级工商联”、被全国工商联《中华工商时报》评为“构筑民营经济舆论阵地先进单位”。　（周　杰）

盐城市盐都区残疾人联合会

【概况】　2021年，区残联全面推进残疾人法律维权服务工作站规范化建设，组织开展涉残法律法规宣讲2场，信访件办结率100%、满意率100%。以推进“我为残疾群众办实事”项目为抓手，筑牢残疾人民生保障基石，增进残疾人民生福祉，实现“十四五”残疾人工作良好开局，受到省政府残工委通报表扬，获“全省残疾人工作先进县（市、区）”称号，并在2021年度全市残联综合考核中被市残联评为“综合先进单位”。

【扩大补贴群体】　年内，将“到2025年，重度残疾人‘两项补贴’覆盖率100%”纳入《盐城市盐都区国民经济和社会发展第十四个五年规划和二〇三五年远景目标纲要》；跟进“为民办实事项目”申报工作，将“建立18周岁以上无固定收入重度听力、言语残疾人生活补贴制度”列入盐都区2022年度“十件民生实事”，自2022年起，18周岁以上无固定收入重度听力、言语残疾人按照低保标准的25%发放生活补贴。

【居家托养项目】　11月，正式启动残疾人居家托养项目，按照市政府办文件精神，将符合条件的566名困难残疾人全部纳入居家托养范围。同时，推出特色辅助性就业项目，在入户调查残疾人有就业意愿的基础上，与残疾人及其监护人签订《居家托养辅助性就业协议》，并将半成品原材料（珠针和塑料盘）送至残疾人家中，开展手把手教学，帮助残疾人实现就业增加收入，减轻残疾人家庭的照护压力，累计有100余名残疾人享受到辅助性就业服务。11月26日，市政协视察指导盐都残疾人托养服务智慧平台，对盐都残疾人托养服务工作给予肯定。

【助残项目】　年内，开展残疾人“家电圆梦”关爱行动，为200余户残疾人家庭发放小家电316件。为3～74周岁残疾人购买意外伤害保险13672人次，理赔125起，赔付金额51.72万元。为663名不享受困难残疾人生活补贴的重度残疾人代缴城乡居民基本医疗保险。为2名在外省就学的盐都籍残疾大学生申请仓文来助学金，为4名残疾人大学生子女申请“阳光学子”项目资助，为4名3～14岁残疾儿童申请“关爱童享”项目资助。

【文体工作】　年内，举办“关爱折翼天使、献礼建党百年”“民法典视野下残疾人权益保护”等专题活动，引导广大残疾人工作者形成同心向党、砥砺奋进的局面。利用市、区平台展示残疾人艺术作品，选送老年残疾人12幅作品参加盐都区法治专题书法作品展；选送8幅残疾人绘画、书法作品参加省残联迎接建党一百周年比赛。选拔2名残疾人参加全市聋人手语故事比赛，许元丽获三等奖；9名残疾人参加市残健融合全民健身运动会，崔元亮获三等奖。11月1日，市政府残工委发来贺信，祝贺区特奥乒乓球运动员夏井兰、翟金玲在全国第十一届残疾人运动会暨第八届特殊奥林匹克运动会上获得2金3银的优异成绩，展现区残疾人顽强拼搏、自强不息的奋斗精神。宣传残疾人事业，通过区外媒体、省市残联网站、公众号等刊登残疾人事业宣传稿件（包含纸媒）240余篇。

【特教事业发展】　年内，输送5名盐都籍残疾学生到盐城市特殊教育中等专业学校就学；发放残疾学生教育专项补贴11.4万元，涉及盐都籍残疾学生68人，其中，高中阶段残疾学生51人，高等教育阶段残疾学生17人。

【保障残疾人康复救助】　年内，组织有康复需求的儿童进行筛查，全年转介470名残疾儿童到定点康复机构接受免费康复训练。指导和协调残疾人康复机构业务，按季度对康复机构进行考核，聘请第三方单位对康复机构开展半年一次的资金使用和管理审计。摸底低收入残疾人家庭无障碍改造需求，区、镇、村、专业人员多方联动完成123户残疾人家庭无障碍改造。组织专家深入36名身心严重障碍不能出门的残疾人家庭上门评残，全年完成1679人新办残疾人证发放，1323人残疾人证十年到期换发工作。开展全区残疾人证管理专项治理工作，通过入户调查、与其他部门信息比对、上门服务等多种方式方法，累计清理清查出死亡人员562人、迁出人员13人，并完成在盐都区残疾人系统及全国残联信息化服务平台中注销、迁出。10月25—26日，接受省

5月，全国助残日活动残疾儿童文艺表演　　残联　供

5月，市残疾人创业之星戚思田介绍创业项目　　残联　供

纪委监委派驻省民政厅纪检监察组和省残联专项督导，盐都区在残疾人证管理专项治理中取得的良好成效受到上级好评。

【残疾人就业】　年内，了解全区就业年龄段持证残疾人家庭就业情况及就业需求，结合实际组织开展香包制作、梨树及桃树种植、电商直播技能培训等线上、线下免费实用技术培训259人次。举办残疾人线上线下专场招聘会2场，全区全年新增实名制就业残疾人114名，发放残疾人自主创业项目补贴8人。挖掘区内优秀自主创业残疾人典型，帮助年总产值达5000余万元的江苏田盛源生态农场有限公司创办人戚思田申报盐城市残疾人创业之星并入选；选送“江苏田盛源生态农场”项目参加江苏省残疾人就业创业项目展示活动，获创业项目组三等奖。推进按比例就业工作，年审单位213家，按比例安置残疾人389名，征收残疾人就业保障金1101余万元。

【机关党建】　年内，落实《盐城市盐都区残疾人联合会改革实施方案》，经盐都区委同意，成立中共盐城市盐都区残疾人联合会党组。深入开展党史学习教育，通过开展专题党课、专题组织生活会和踏上红色文化之旅、学讲党史小故事等主题活动，教育、引导全体党员筑牢思想根基、强化使命担当，组队参加全市残联系统党史知识竞赛，获得团体二等奖和个人二等奖。

【基层助残组织完善】　年内，为提升专职委员理论水平，组织273名镇(街道)、村居专职委员参加中国残联举办的第五届全国残联专职委员知识竞赛，获得区县级组织奖。加强“残疾人之家”建设，定期督查各镇(区、街道)“残疾人之家”运营情况，采用上门走访、电话联系、微信群打卡等方式，推动开展残疾人辅助性就业、康复培训、文化休闲娱乐等约500人次。招录14名公益性岗位工作人员，并举办岗前培训班，通过解读政策和讲授业务内容，增强公益性岗位工作人员服务能力。

【维护全系统安全稳定】　2021年，落实各级关于做好安全稳定工作的通知，加强安全教育培训，提升全体干部职工风险防范意识；定期开展机关和残疾人服务机构消防、电力、建筑设施等重点区域和重点部位安全大排查、大整治，对排查出的问题做到以高压态势抓好整改，逐条销号，确保全区残联系统安全稳定。常态化开展新冠肺炎疫情防控工作，配齐配全消毒液、口罩、红外测温仪等防疫物资，定期对办公场所进行通风、消毒；印发《盐都区残联集中评残疫情防控措施》，落实人员出入体温登记、“健康码”“行程码”查验等疫情防控措施，配足座椅，设置一米线分散放开，避免人群聚集。

（冯佩佩）

盐城市盐都区红十字会

【概况】　2021年，区红十字会坚持以习近平新时代中国特色社会主义思想为指导，紧扣区委区政府决策部署，聚焦民生改善，汇聚人道力量，推动红十字事业高质量发展，以总分102分、考核得分346.69分位列全市红十字会系统第一方阵第一名，连续第17年保持全市系统领先。

4月，保障盐城马拉松比赛赛道安全　　红十字会　供

【党史学习教育】 年内，参加区委和市红十字会组织的金句诵读、红色教育基地实景教学和“感党恩跟党走”帮扶服务等形式多样的活动，提升思想政治觉悟。加强线上线下宣传，在“博爱盐都”微信公众号开设“学党史·知党恩·践初心·开新局”专栏，定期推出文章，营造出浓厚学习氛围，主动参加市、区党史学习教育专项竞赛均受到表彰。

【为民服务】 年内，重点实施“博爱光明行”和应急救护培训两个惠民利民项目，为区内200多名困境白内障患者精准实施免费复明手术，被中国红十字会总会两度宣传；深入企事业单位、农村社区、学校医院开展应急救护培训送到家工作，培训初级救护员1300多名，普及培训近1.2万人次。筹集10万元资金，并争取省红十字会支持1.6万元，在七一期间开展“庆祝建党百年、慰问百名党员”活动，精准慰问108位困难老党员，并为全区20多家医疗机构急诊室和盐渎派出所配置AED（自动体外除颤仪）共25台，指导龙冈镇在全镇所有村居和景区布设30台AED，为尚庄、大冈、北龙港等镇村医疗机构整体更新病床单元近千床，援建市二小红十字会馆、生命健康教室和半岛社区红十字爱心洗衣坊。

【疫情防控】 全年完成近百家企业（个人）定向用于疫情防控的1000余万元捐款和20余万元物资捐赠的接受和转达工作。落实疫情防控常态化工作要求，为各界支持抗疫搭建公益平台，开通捐赠通道，规范对接定向捐赠。配合市红十字会将省拨20多万元的红外测温仪、空气消毒机、电动喷雾器等物资及时配送到经济薄弱村居和困难群众手中。结合核心业务助力疫情防控。派救援队员上门为镇（街道）和医疗机构开展核酸检测演练活动搭建帐篷，加强疫情防控知识宣传普及；组织冠名红十字医疗机构进“博爱家园”项目社区开展送医送药送健康志愿服务活动，推广“博爱送健康”品牌。

【捐献活动】 全年组织11场共1000多人次参加的献血活动，献血总量超过20万毫升。强化科学知识宣传和跟踪服务，组织“点燃生命新希望”造血干细胞捐献志愿者招募活动，新增162人加入中华骨髓库，再动员16人，交运系统卞伟伟和潘黄街道居民仇万东实施捐献。适时开展缅怀捐献者和上门慰问捐献者家人活动，做好各方咨询、登记和见证服务工作，全年869人进行遗体或器官志愿捐献线上登记。

6月，安全生产月广场宣传活动　　红十字会　供

【备灾救灾仓库扩容】 年内，争取区政府和盐龙街道支持，新增鹿鸣路与益民路交界350平方米备灾救灾中心仓库，落实应急救援队演练场所，采购50顶救灾帐篷、50个应急家庭箱和一定数量的口罩、消毒液，增加应急救援物资储备。

【应急救援队建设】 年内，将党建引领与开展救援任务、志愿服务、队伍建设结合，成立救援队功能型党支部，落实“平时服务在社区村居、应急战斗在灾区疫区”要求，推行应急救援队队长竞聘和骨干队员招募培训工作，统一服装标识，完善装备特别是通信设备，并在盐城市2021年元旦迎新年长跑、盐城马拉松赛事全马应急保障和安全生产宣传月、吾悦广场、科技广场应急演练、潘黄街道社区防灾演练、全区自然灾害综合风险普查推进工作中发挥关键作用。

【科技赋能】 年内，投入20万元，建设大纵湖旅游度假区景区红十字救护站并推进救护志愿服务队建设和队员培训工作；依托南京博鼎科技咨询有限公司技术研发，试点红十字应急救护培训师、持证初级救护员“一键互救”SAAS快速智慧联动网络，为提高应急救援速度和效果赢得科技支持。

【募捐筹资活动】 2021年，区红十字会博爱救助金非定向资金新增280万余元，居全市首位。为各界定向帮扶搭建公益平台，分别收到并及时转交近百家企业（个人）支持盐都疫情防控捐款1067万元、支持河南抗洪救灾捐赠14.81万元、支持盐城一中“劲牌阳光班”困难学生48万元。协议设立“仁禾爱眼基金”，接受爱心人士定向白内障患者复明手术10万元捐赠，为新都路党建联盟“敦品砺学”冠名基金运行好专户，新增爱心捐款22万元。运用互联网厚积爱心力量。按照省红十字会统一部署，将“盐都博爱光明行”项目上线腾讯公益平台，99公益日活动期间获得广大网友线上小额捐款（含腾讯基金配捐）累计达到20.6万元，受省市通报表扬并在省专项会议上介绍经验。卫健系统团体会员单位缴纳会费11万多元，在规范管理使用的同时，按总会通知要求第一时间向上级解缴。

【人道救助】 元旦、春节期间，投入近20万元款物开展“博爱送万家”慰问活动，354位困境居民得到登门慰问。投入经费43.5万元，通过盐渎、潘黄、盐龙等地9家博爱超市对870名困难边缘户

12月，应急救援队骨干在盐龙体育公园拉练　　红十字会　供

进行帮扶。投入10万元，由教育红十字会开展“温暖助学子、博爱百校行”困境师生救助和博爱文化传播活动。依据六届二次理事会修订的博爱救助资金使用管理办法，每月采取集中会办研究、统一银行打卡方式救助因患白血病、尿毒症、红斑狼疮等大病或遭意外造成家庭生活特别困难的群众，全年共救助580多人（户），支出62万元。拨付33.88万元开展“敦品励学”助学活动，378名学子受益，依程序为全区多名新增白血病、先天性心脏病治疗患儿申请中国红十字基金会项目救助，得到天使阳光等专项基金帮扶。规范接受社会爱心人士捐赠的衣物也及时进行清洗整烫和包装，按困难群众需求精准发放到位。年内，所有收入和救助支出均接受纪检、审计和第三方的监管与审计，并向理事会、监事会报告，依法向社会公开，赢得好评。

【节日慰问】　年内，投入经费近7万元，除夕夜和大年初一在市三院开展“爱心年夜饭温暖病房”活动，1148人受益。投入“共享阳光艾滋病关爱基金”5万元，支持艾友互助小组健康促进活动，帮扶30多位困境艾滋病病毒感染者。参与全区文化科技卫生“六下乡”活动，出资5万元支持台创园建设博爱文化长廊。在第31次“全国助残日”前夕慰问大冈镇兴隆村躬休乐园50名残疾人。在端午、中秋等节日及每月特定时间段，由养老照护志愿服务队登门看望慰问6个博爱家园项目社区的空巢失能老人达200多人次，投入资金10多万元。

【组织工作】　年内，区红十字会设立党组，召开六届二次理事会和秘书长工作会议，将镇（区、街道）和苏亚、帜和公司红十字会及学校、卫健工作委员会工作分类实行动态考评；加强与红十字国际学院和红十字运动研究中心联系，通过基层红十字会秘书长、工作委员会主任、骨干会员和志愿者的专业培训及分管负责人的开发培训，激发争先创优热情，推动核心业务工作开展应急救援骨干在盐龙体育公园拉练。潘黄、盐渎、盐龙街道和龙冈、郭猛、秦南、楼王镇红十字会及学校、卫健工作委员会成效显著。以江苏省红十字示范学校的申报和创牌、保牌工作为抓手，明确区红十字会学校工作委员工作任务，加强学校红十字会组织建设和会务管理，调整45所学校红十字会理事会人员组成，推行学校三年级（含三年级）以上学生参加集体入会仪式、召开红十字主题班会、开展疫情防控健康教育和红十字运动知识传播工作，重点普及培训应急救护知识和技能、组织实施防灾避险逃生演练、开展红十字书文画作品竞赛和扶贫帮困等献爱心活动，推进红十字工作与学校德育工作的融合。各学校结合实际，通过发动教职工会员参与无偿献血、造血干细胞捐献、困难师生救助及志愿服务活动创特色树品牌。年内，市二小东进路校区建成全市首家学校红十字会馆，争取到省生命健康体验教室建设项目，腾飞路小学建成红十字博爱乐园，盐都区实验小学提供全市省示范学校创建集中观摩现场，一名学生会员获评中国红十字会会员之星。

【传播博爱文化】　年内，以潘黄街道东进路社区为样板，新建半岛社区、塘桥村、凤翔村等多个“博爱家园”，招募和培训志愿者，建立博爱基金，对接相关社区中心工作和居民需求，常态化开展老年照护、入户慰问、理发服务、救护培训、禁毒宣传、反诈提示等服务工作，走出以“博爱家园”为载体带动防灾减灾、应急救护、人道传播工作下沉城乡社区，主动融入基层党群服务中心、新时代文明实践中心以及和谐社区、文明社区建设布局，整合人道资源。利用报刊、电视台、微信公众号等传播媒介，宣传盐都人道工作，传播红十字博爱文化。依托基层红会，推进博爱文化传播阵地建设，年内新建和完善3家博爱宣传阵地，其中潘黄街道升级博爱文化主题公园，150米红十字文化长廊成为全省样板。在世界红十字日期间联合教育局组织2.5万名青少年会员参加2021年全国红十字应急救护知识竞赛竞赛，规模和影响居全市之首；注重部门协作联动，在“三下乡”、文明集市进镇村、公民道德宣传、文明城市创建督查、养老照护服务等活动开展中向群众面对面普及红十字运动知识、推进核心业务。2021年，《中国红十字报》《交汇点》等主流媒体刊播盐都红会高质量信息100多篇（次），成绩列全国县级红会前茅。

（王金海）

军 事

人民武装

【概况】 2021年，在军分区党委的坚强领导下，区人民武装工作坚持以习近平新时代中国特色社会主义思想为指导，贯彻习近平强军思想及新时代军事战略方针，围绕“建设一流军事机关、打造过硬后备力量”的总体目标，注重思想引领、坚持制度落实、强化备战打仗、推动主责主业、全面夯实基础，完成年度各项工作和上级赋予的重大任务，国防后备力量建设质量效益提升。

【突出思想引领】 年内，开展“不忘初心、牢记使命”主题教育活动，跟进学习习近平重要讲话精神，制定完善整改措施，狠抓教育效果常态落实。开展“传承红色基因、担当强军重任”主题教育活动，年内，为全区22个以烈士命名的民兵分队进行集中授旗，组织观看电影《守岛人》，激励广大民兵永续红色血脉，争做新时代革命军人。开展党史教育活动，集中观看庆祝中国共产党成立100周年大会，组织全区立功官兵和入伍的大学生士兵直系亲属免费体检，参加军分区“百年华诞　党旗飘扬”党史知识竞赛并获得一等奖。

【党的领导】 年内，坚持党对军队的绝对领导，及时组织区、镇两个层次第一书记宣布任命，压实责任。定期召开区委常委议军会，组织党管武装法规制度学习，研究并推动党管武装工作瓶颈问题解决，联合区委、区政府和有关部门发文8份，确保各项工作在基层落地见效。开展军事日活动，利用盐都红色资源的优势进行国防教育，观摩民兵建设情况，组织军事课目训练。规范基层专武干部任免程序，建立专武部长人才库，新调整任职5名基层武装部长，打开“能者上、庸者退”的通道。发挥考核的杠杆作用，组织党管武装综合考评，听取工作述职，强化各级党委和政府抓国防后备力量建设的责任意识。

【主责主业】 年内，定期召开议战议训会议，树牢打仗思想，研究战备训练具体问题。落实日常战备要求，及时修订15种非战争军事行动方案，完善平时值班体系。按照“3+X”模式，组织国防动员业务训练，按纲狠抓民兵训练落实，在军分区“四会”教练员比武考核中取得单位成绩第一名。推动应急力量军地共建，与区应急管理局和公安分局分别联合建设民兵应急物资器材综合仓库和应急处突专项训练基地。主动参加国防动员演练，在军分区组织的演习中较好地完成保交护路、重点目标防卫、兵员征召等演习任务。

【质量效益】 年内，着眼“编、训、管、用”一体，强化民兵队伍建设。规范民

5月，落实民兵年度训练　　人武部　供

兵组织整顿"八步法",在盐龙街道打造基层人武部建设样板,多次代表盐城接受省军区检查验收。2021年,在省军区民兵工作检查中名列全市第3,进入全省前20。坚持以征兵"五率"考评为牵引,以"一头(择优率)一尾(退兵率)一底线(廉洁征兵)"为目标,抓好高质量兵员的征集工作。2021年为部队征集新兵,大学毕业生比例逐年提高,守住1%的退兵底线和廉洁征兵红线。全年大学毕业生征集比例43.7%,在全市名列前茅。

【发挥模范作用】 年内,参加社会公益性活动,挂钩帮扶贫困村、户,走进企业、学校进行国防教育宣讲。探索民兵参与社会治理的方法路子,出台盐都区《关于推动建立军地工作联动机制的实施意见》,推动民兵情报信息员担任兼职"网格员"。疫情防控期间,每日出动专武部长9名、民兵86名,在辖区4个道路卡口开展人员车辆排查。协同地方政府共同做好各类优抚安置政策的落实和涉军信访等工作,徐兆学开设"兆学老兵工作室",为退役军人解难题、送温暖,接待退役军人来访500余人次,取得较好社会效益。

【扭住关键环节】 年内,学习《军队基层建设纲要》,参加争创"四铁"人武部和争当"四有"革命军人活动,在新一轮基层规范化建设中扛红旗、当排头。结合实际开展"四个秩序"建设,共投入300余万元,进行人武部营院综合整治,完善各类场所建设。以"五个基本"为主要内容,开展"基层建设达标年"活动,全市首批实现基层武装部建设全部达标。紧扣安全工作17个防范要素,开展安全形势分析和安全隐患排查整治,组织民兵训练,完成实弹、实爆等险难课目。

（李越山）

人民防空

【开展人防宣教】 年内,开展以中学生为主、小学生为辅的人防知识普教工作,全区24所中学6261名初中学生、4所小学2235名小学生开展人防知识教育,开课率达100%;1月,与盐都教育局举行全区中小学生人防知识教育主题班会活动,5月12日和11月13日,在世纪公园、吾悦广场等举办人防知识宣传和防灾减灾科普宣传;9月18日,在润都公园举办移动体验宣教和防空警报试鸣活动,音响率100%。

【队伍建设】 1月,参加盐城军分区组织的开训练动员活动;5月,对人防专业队伍进行整组,整组后的人民防空队伍由11个专业队伍组成,共260人;组织5人赴大丰人防训练基地参加市组织的为期5天的按纲施训,11底至12月初,组织机关4人、专业队骨干2人参加为期4天的综合训练;11月3日,在郭猛500千伏变电所举行"铸盾——2021"人民防空综合演习。

11月,"铸盾——2021"人民防空综合演习　　住建局　供

【工程建设】 全年高速圈外人防工程立项X项,超额完成市下达指标;投资260多万元,新建移动式安全科普体验馆,通过验收投入使用;基本指挥所土建施工正在进行,通信、BIM项目招标完成,同步组织施工;投入170万元,对盐城城市人口疏散基地进行提升。（朱　进）

双拥优抚退伍安置

【概况】 2021年,全区退役军人事务系统坚持以退役军人为中心,紧扣"学党史不忘初心、找差距进位争先"工作主线,社会尊崇氛围浓厚,退役军人作用得到发挥,退役军人事务系统自身建设得到加强。以创建省级双拥模范城为抓手,深入开展军民共建、军地互动活动,促进军地融合发展。贯彻落实各项优抚优待政策,维护优抚群体合法利益。做好退役士兵接收安置和权益保障工作,拓展退役士兵安置渠道,维护社会和谐稳定。

【双拥共建】 年内,以军民共建为载体,为驻军部队投入资金80余万元开展"结对子、办实事、我为驻军做贡献"等活动;按照"一烈士墓一方案"的工作要求,将170座无纪念设施的零散烈士墓迁葬烈士陵园,在原址维修3座;"春节""八一"期间,对驻盐部队、现役军人家庭和优抚对象进行走访慰问,累计发放慰问品、慰问金共680多万元;共对46名立三等功以上的现役军人上门送立功喜报,发放立功奖励金和慰问金;为盐都籍立三等功以上现役军人、大学生现役军人直系亲属免费体检;解决徐文烈士遗孀工作问题和家庭生活困难问题,受到全国和省市双拥办以及空军武汉基地的表扬和

1月，举行“双拥轻骑兵、崇军再出发”捐赠仪式　　退役军人局　供

感谢。参加盐城市第二届“最美退役军人”和“最佳退役军人工作者”评选活动，2人获盐城“最美退役军人”、1人获“最美退役军人”提名奖；1人获盐城“最佳退役军人工作者”、2人获“最佳退役军人工作者”提名奖。

【落实各项优抚政策】 年内，落实抚恤补助标准动态调整机制，及时发放各项抚恤补助资金和物价补贴，提高优抚对象的幸福感。加强各类优抚对象认定和档案管理规范化建设，推进优抚信息管理系统数据共享和资源整合，建立优抚对象信息核查长效机制。组织开展重点优抚对象短期疗养和医疗巡诊服务，提升优抚对象的自豪感。建立区、镇、村三级困难退役军人帮扶援助机制，增强广大退役军人的安全感。坚持“五有”（有机构、有编制、有人员、有经费、有保障）原则，建立“四尊荣（新兵入伍做好欢送仪式、举行座谈、挂光荣牌、拍集体照）、五关爱（退役返乡做好迎接仪式、谈心谈话、宣讲政策、推介岗位、高效办事）、六必访”（日常关怀做好退役返乡必访、立功受奖必访、英模典型必访、重要节日必访、遇到困难必访、重大变故必访）工作机制，注重优抚对象的精神抚慰，确保各类拥军优属政策落到实处。开展现役军人立功喜报送上门工作，发放立功奖励金，增强现役军人的荣誉感。

【退役士兵安置】 年内，安置符合政府安排工作条件的退役士兵和军队转业干部。推动退役士兵自主就业，举办专场招聘会4次，提供岗位1200多个，签订意向协议书180多份。加大退役士兵教育培训宣传力度，开展适应性培训、职业技能培训、个性化培训、学历教育等教育培训工作。拓展退役士兵就业渠道。落实义务兵一次性经济补助按照不低于当地上年度城镇居民人均可支配收入的1.5倍发放，并实行自然增长机制。做好下岗、失业困难转业志愿兵（士官）帮困工作，改善服务水平，提升服务功能。做好军队退休干部和伤病残退役军人及无军籍职工接收安置工作，巩固“两个待遇”落实，搭建军休活动载体，增强军休干部获得感、幸福感。

2月19日，举行送立功喜报仪式　　退役军人局　供

【曹波立一等功】 2月19日下午2点50分，区委书记王娟为曹波家属送上立功喜报、“一等功臣之家”牌匾和奖励金，并表示祝贺和感谢。曹波，男，中共党员，1998年12月出生于盐龙街道丁晏社区一组。现为射击国际级运动健将。曹波同志2012年获得省青少年射击个人冠军赛10米气步枪第一名；2014年获省十八届射击比赛小口径3*10个人第一名；2018年入选国家集训队参加在韩国举办的52届世界射击锦标赛，获得男子50米自选步枪青年组团体第一名和个人第三名；2018年参加十八届雅加达亚运会获得男子300米标准步枪第六名；2019年入选国家集训队，2019年10月22日获得武汉军运会男子300米步枪军事速射个人金牌和团体金牌，获步枪最佳射手奖。

【举行捐赠仪式】 1月19日上午，印有“盐都双拥轻骑兵”字样的36辆电瓶车整齐划一排列在张庄街道办事处广场，插在电瓶车上的红色旗帜随风飘扬，随着一声令下，18支“双拥轻骑兵”的小分队精神饱满相继出发，踏上崇军新征程。

【学习雷锋精神争做时代新人】 3月5日是第58个学雷锋纪念日，也是首个“江苏志愿者日”。上午，由盐都区委宣传部、盐都区文明办主办的“学雷锋践初心向建党百年献礼”主题活动暨盐都区2021年“学雷锋志愿服务月”启动仪式在新时代文明中心举行。盐都区退役军人志愿者服务队在中国好人徐兆学的带领下，为市民开展学雷锋志愿服务宣传、政策解答。

【好男儿当兵去】 3月15日上午，盐都区举办“好男儿当兵去”欢送新兵入伍欢送仪式。76名盐都籍新兵进行集中宣誓。舞台上，《强军战歌》《当兵就是那么帅》……一首首振奋人心的歌曲让大家充分感受到参军报国的浓厚氛围。活动现场为获得

3月，新兵入伍欢送仪式　　　　退役军人局　供

2020年“优秀退役军人志愿者”和“十佳退役军人志愿者”的个人颁奖。据了解，2021年上半年全区共有76名青年参军入伍，其中大学生71名，比例超过93%，高学历人员明显增高。

【周翔调研区退役军人就业创业工作】 4月29日，江苏省退役军人事务厅就业创业处副处长周翔一行调研区退役军人创业就业工作。调研组一行先后到区退役军人服务中心、盐城耀晖人防防护设备科技有限公司、郭猛镇退役军人服务站、江苏博拓新型建筑材料股份有限公司等地，实地查看退役军人就业创业信息平台运行和就业创业工作开展情况。

【举办“光荣在党50年”纪念章颁发仪式】 6月29日上午，盐都区退役军人事务系统举行“光荣在党50年”纪念章颁发仪式，区退役军人事务局党组书记、局长吴爱群，副局长裴余燕、钮留洋出席活动，为9名党龄50周年以上老党员颁发纪念章。盐都区退役军人事务系统老党员与党同行50多载，是党和国家事业的见证者、参与者、建设者，以实际行动践行了入党誓词、诠释了初心使命。

【开展军人军属免费体检】 为开展“我为群众办实事”实践活动，推动党史学习教育走深走实，“八一”前夕，区人武部、区双拥办、区退役军人事务局联合组织开展军属进行免费健康体检活动。区委常委、区人武部长宋海东，区退役军人事务局长吴爱群至活动现场慰问。

【举办新兵欢送大会】 9月25日下午，由盐都区政府主办，区人武部、区双拥办、区退役军人事务局和郭猛镇人民政府承办的2021年秋季新兵入伍欢送大会在新兵训练基地举行。

【召开退役士兵岗位介绍座谈会】 11月15日下午，盐都区退役军人事务局组织召开2021年度符合政府安排工作退役士兵岗位介绍座谈会。区退役军人事务局长吴爱群、副局长钮留洋参加会议。

【省级双拥模范城创建工作】 8月28日上午，盐都区召开省级双拥模范城工作推进会。副区长吕杨、区人武部政委谢丰出席会议并讲话。12月5日上午，由市退役军人事务局副局长杨连君率队的市双拥模范城考核组莅临盐都区，就盐都区省级双拥模范城创建工作进行全面检查考核。区委常委、区人武部长宋海东，副区长吕杨，区退役军人事务局党组书记、局长吴爱群陪同考评。

（郑　军）

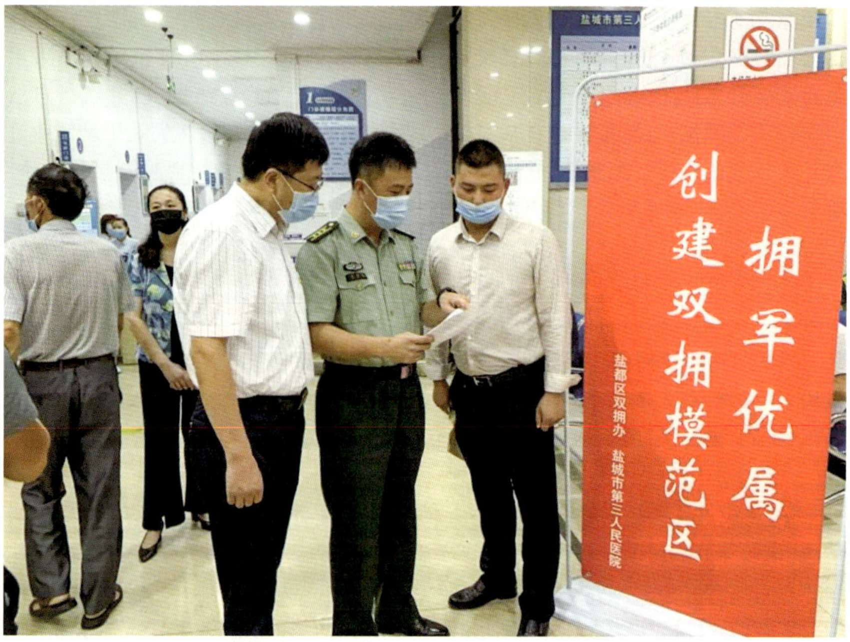

9月，开展军人军属免费体检　　　　退役军人局　供

法　　治

综　　述

【概况】 2021年，面对经济社会发展和疫情交织影响的严峻复杂形势，全区政法系统坚持以习近平新时代中国特色社会主义思想为指导，在区委的坚强领导下，维护全区社会大局稳定，实现稳中有进的工作目标。被表彰为“全国普法工作先进单位”，连续17年获评“省平安区”，高质量发展考评指标“网格达标率”位列全市第1、全省前列，在全市政法条线年度考核综合评比中位居首位。

【田洪调研社会治理工作】 11月9日，省委政法委副书记田洪在盐都调研基层社会治理工作。市委常委、政法委书记王荣陪同调研。田洪一行察看盐龙街道社会治理现代化指挥中心和盐渎街道兴城社区，翻看台账资料和网格员工作日志，现场观摩网格化社会治理智能应用平台功能演示，听取街道基层社会治理工作汇报，对盐龙街道建立健全镇域社会治理工作机制、规范网格员管理等经验做法，网格员参与消防安全检查，对盐渎街道做优“网格+警格”融合联动新模式、打造平安前哨工作站等做法给予肯定。

（谭　璇）

平安盐都创建

【坚持党的绝对领导】 年内，全区政法系统开展党史学习教育，组织举办“学习新思想、永远忠于党”主题政治轮训活动，干警受训率达100%。贯彻执行《中国共产党政法工作条例》，制定出台盐都区深入贯彻落实的若干举措，在全市率先并连续6年开展县(市、区)政法系统思想政治建设述职评议活动，坚决执行向区委请示报告重大事项制度，组织开展政治督察暨纪律作风巡查4轮12批次，确保党对政法工作的绝对领导落到实处。

【稳定社会大局】 年内，开展战时社会稳定风险研判65期，重大项目稳定风险评估127项(次)，完成庆祝建党100周年、十九届六中全会、各级“两会”以及省、市、区党代会等重要安保33场次，市交办涉法涉诉信访办理结案率达100%。全年未发生危害国家安全和政治稳定的案(事)件，未发生重大有影响群体性事件和重特大公共安全事故，获评“重点人员化解成效突出县(市、区)”。

【推进平安盐都建设】 年内，常态化开展扫黑除恶斗争，推进四大行业领域整

12月，网格员参与消防安全检查　　　　政法委　供

治。推进全国禁毒示范区创建活动，2021年，禁毒重点整治全部实现“摘牌脱帽”。人民群众反映强烈的违法犯罪行为，对电信网络诈骗等重点领域犯罪的打击质效处于全省前列。推进技防和第三期“平安灯箱”建设，区获评全市唯一一家“省升级版技防城建设‘示范单位’”，人民群众的获得感、幸福感、安全感增强。

（谭　璇）

法治建设

【法治盐都建设】 年内，深化政法系统司法责任制及综合配套改革，推进“八五”普法，累计开展“民法典十进”宣传活动86场次，省级民主法治示范村(居、社区)比例高达49.2%，区拥有律师数2.89人/万人、全市第一。常态化开展案件评查、司法救助和“百名领导干部观庭审”活动，区、镇法学会阵地建设实现“七有六覆盖”，全年群众法治满意度位列全市第2，创历史新高。

【夯实基层社会治理】 年内，高标准成立区网格学院，举办网格比武竞赛活动，基层社会治理工作多次接受省、市视察指导。1名网格员被推选全省最美网格员、3名网格员获评全市最美网格员、12名专职网格员成为村居(社区)“两委”干部。公安机关创新疫情防控数据核查、流调溯源工作机制，广大公安干警和网格员投身疫情防控一线，年内核查各类涉疫人员数据8.6万条，无一漏排漏管，为全区做好常态化疫情防控工作作出突出贡献。

【政法队伍教育整顿】 年内，组织推动全区5个政法单位61个党支部735名政法干警参与教育整顿，完成各项工作任务。开展政治、党史、警示、英模等“四项教育”，累计组织开展集中学习活动310场次。以查纠整改为中心，系统全员参与谈心谈话和自查自纠活动。创新开展“开门问政”“敞门问效”，推进法官检察官警官“三官”之间、内设单位之间、党支部之间，比问题整改、比服务基层、比群众民意、比整改效果，建立或修订42项制度，营造风清气正的良好政治生态。全区政法系统明确63项“我为群众办实事”项目并推动实施，全区近400名政法干警开展“三官一律”进网格活动，累计为群众办实事、解难事、做好事261件，群众满意度提升，区及各政法单位教育整顿工作均高质量通过省市评估。

（谭　璇）

公　安

【概况】 2021年，全区公安机关在区委、区政府和市局党委的坚强领导下，高标准完成战疫情、防风险、保稳定、护安全等系列大战大考，县级公安机关综合绩效全市第一，三起现行命案全部侦破，收网“2021—193”涉毒部目标案件、“4·12”偷越国边境等一批大要案、新型案，公安部通令嘉奖；“情指勤舆”一体化实战能力提升，获评全省升级版技防城建设“示范单位”，全市警种练兵考核竞赛斩金夺银，孙益海入选“中国好人”，任郝获评全国公安机关成绩突出交警，48名民警立功受奖，辅警陈前获评“盐城最美辅警”，“都言和”云调解室获评“盐城最美基层警队”。

【开展代表委员进警营活动】 1月8日，公安分局开展“代表委员进警营”活动。活动邀请20名代表委员走进警营，集中观看巡特警枪操、盾牌操、擒敌拳、交警摩托车、手势操等表演，参观盐渎派出所、武器装备展、网络舆情中心、反电诈中心等办公区域，观看公安工作专题片。

【王娟检查指导公安工作】 1月9日，在首个人民警察节即将来临之际，区委书记、区长王娟在公安分局检查指导工作，肯定公安机关工作成效，代表区委区政府向全警致以节日的祝福和亲切的慰问，观看公安工作专题片，视频慰问一线执勤民警。

【庆祝首个“中国人民警察节”】 1月10日，公安分局举行庆祝首个“中国人民警察节”升旗仪式，要求全体民警、辅警增强排头兵意识，做好各项公安工作，服务保障“四个示范区”建设，为中国共产党成立100周年创造安全稳定的政治社会环境。

【陈辉督导检查禁毒工作】 1月12日，省禁毒委副主任兼禁毒办主任、省公安厅党委委员、副厅长陈辉在高新区东山精密产业园、区禁毒办督导检查禁毒工作，听取企业负责人关于易制毒化学品管理工作情况汇报，实地检查禁毒办实体化运作和禁毒大队办公阵地，听取禁毒工作情况汇报，肯定盐都区禁毒工作成效。

【尚建荣调研指导社会治安防控体系建设】 1月26日，省公安厅党委副书记、常务副厅长尚建荣在公安分局盐龙派出所调研指导社会治安防控体系建设，看望慰问一线基层民警、辅警，要求加强社会治安防控体系建设。

【张镇检查指导春节安保工作】 2月11日，农历除夕夜，副市长、公安局长张镇在公安分局吾悦广场警务工作站检查指导春节安保工作，看望慰问奋战在节日安保一线的基层民警、辅警，要求全警坚守岗位、履职尽责、尽心尽力，接好每一个警、执好每一次勤，用精诚奉献守护千家万户安宁。

【领导干部大会】 4月9日，全区公安机关领导干部大会召开，宣布公安分局主要负责人职务调整的决定。副市长、公安局长张镇，区委书记、区长王娟出席会议并讲话。区委常委、组织部长周达虎宣读关于王柱军的任命决定，提名王柱军任盐都区副区长、公安分局长，于宽不再担任盐都区副区长、公安分局长职务。

【交通安全专项整治】 4月27日，召开全区道路交通安全专项整治“百日行动”工作部署会。区委常委、常务副区长吴军，副区长李益，副区长、公安分局长王柱军出席会议。会议强调，要认识抓好道路交通安全工作的重要意义；突出重点，强化监管，推动专项整治“百日行动”升温加热；确保专项整治取得实实在在的成效。

【治理电信网络诈骗犯罪】 5月8日下午，区政府召开打击治理通信网络新型违法犯罪工作联席会议，贯彻落实习近平总书记重要批示、部省市各级领导指示批示以及省际、市际联席会议精神，部署全区开展打击治理电信网络诈骗犯罪工作。副区长、公安分局长、区联席会议召集人王柱军出席会议，要求加快构建“全民反诈、全社会反诈”新格局，遏制电信网络诈骗犯罪高发势头，打造更高水平平安盐都。

【举行“无诈校园”“无诈村居”创建活动】 5月14日、5月17日，盐都区举行“无诈校园”“无诈村居”创建。副区长、公安分局长王柱军出席仪式，要求全区上下行动起来，提升广大社区居民识骗防骗能力，形成“全警反诈、全民反诈、全社会反诈”新格局，活动聘请反诈宣传员并颁发聘书。

【举行专项行动出征仪式】 5月29日，盐都区举行“忠诚·2021——迎华诞、护平安”专项行动出征仪式。区委常委、政法委书记陈育群，副区长、分局长王柱军出席活动，要求全区上下以更高的站位、更实的举措、更严的要求、更好的状态，投入建党100周年安保维稳工作，维护全区社会大局持续平安稳定。仪式上，陈育群向10支突击队进行授旗；公安分局、盐渎街道、张庄街道相关负责人作表态发言；全体参战人员进行集中宣誓。

【推进全国禁毒示范城市创建工作】 6月19日，盐都区召开禁毒工作暨创建全国禁毒示范城市推进会，传达区委书记王娟关于全区禁毒工作的批示，要求贯彻上级决策部署，以创建全国禁毒示范城市创建为引领，开展“灭羟禁毒”专项攻势，深化“大数据+网格化+铁脚板”机制，完善群防群治工作格局，以优异成绩向建党100周年献礼。

【勾凤诚慰问孙益海】 6月23日上午，市委常委、组织部长、统战部长勾凤诚在公安分局郭猛派出所看望慰问全国公安系统二级英模孙益海，转达组织的关怀和温暖，了解孙益海相关情况，对他身残志坚、24年如一日、力所能及为群众办实事解难事的敬业精神表示钦佩。

【举行“疫情防控党员突击队”授旗仪式】 7月30日，公安分局在盐城西高速口执勤一线举行“盐都公安疫情防控党员突击队”授旗仪式，向疫情防控临时党支部授予“盐都公安疫情防控党员突击队”队旗，突击队集体向党旗宣誓。

【曹路宝检查疫情防控工作】 8月1日，市委书记曹路宝实地检查盐城西高速口疫情防控通道卡口查控工作，现场察看车辆查验区、登记区和“平安方舟”等勤务区域，询问疫情防控通道查控工作情况，代表市委、市政府向顶着高温酷暑坚守一线的公安、交通、卫生防疫等人员表示慰问，勉励大家继续发扬不怕苦、不怕累的顽强作风，守住盐城的“大门”，严防疫情输入，坚决打赢疫情防控阻击战。

【周斌检查调研公安疫情防控工作】 8月15日，市委副书记、市政府党组书记周斌实地检查港府君澜酒店集中隔离点疫情防控，听取集中隔离医学观察场所“四个一”安保措施、组织架构、安保力量部署及各专业小组职责分工等详细汇报，查看三个隔离场所视频监控系统，并视频连线港府君澜大饭店“点位长”，详细了解医学观察场所内部工作运转，对安保工作予以肯定，并代表市委、市政府对奋战在疫情防控第一线的广大民警、辅警表示慰问。

【开展疫情实战演练活动】 8月25日，盐都区组织开展“都康1号”新冠肺炎疫情处置实战演练活动，设立区镇两级指挥部，区级指挥部设在区流调溯源一体化作战中心，各板块指挥部设立在辖区派出所。区委副书记、代区长、实战演练总指挥马正华作演练动员部署，他指出，组织开展实战演练是打赢疫情防控攻坚战的需要，也是检验全区专业手段、现代机制、合成作战的一次同台竞赛。演练活动达到预期效果。

【“都讲坛·铁警学堂”揭牌仪式举行】 9月11日，公安分局举行“都讲坛·铁警学堂”揭牌仪式，邀请市警校到分局开展警情规范处置讲习送教活动。副区长、公安分局党委书记、局长王柱军出席活动并作动员部署。市人民警察训练学校校长郑向阳为全体参训人员授课，与分局政委宗友林共同为“都讲坛·铁警学堂”揭牌。

【推进“创文”工作】 10月11日，区政府召开全区重点板块“创文”工作推进会。

5月，举行“忠诚·2021—迎华诞、护平安”出征仪式　　盐都公安分局　供

副区长、公安分局长王柱军出席会议并强调，2021年是新一轮三年文明城市创建复评的首年，要充分认识其重要性，杜绝“松口气、歇一歇”错误思想，抓实抓牢文明行车、文明养犬、网吧管理等重点工作，坚决打赢“创文”硬仗。

【秋季练兵启动仪式举行】 10月30日，盐都公安分局举行2021·射击比赛暨秋季练兵启动仪式。副区长、公安分局长王柱军出席活动，强调实战是公安的主题，练兵是发展的强音，要提升实战打赢本领，增进干事创业的同事情、兄弟情、战友情、手足情和团队情，凝聚“好公安、很平安”追求的强大合力。仪式结束后，全体参训人员进行实弹射击比赛。

【法治公安建设工作】 11月28日，盐都公安分局召开全区法治公安建设暨执法管理委员会工作会议，部署盐都公安法治建设的重点任务。副区长、分局长王柱军出席会议并强调，要坚持执法为民、保障执法公正、提升执法能力、严格执法责任，全力推动法制重点工作落地落实。

【第10个全国交通日宣传活动】 12月1日，盐都公安分局在盐渎街道花吉村举行“守法规知礼让·安全文明出行”第10个全国交通日暨“路畅人安百村行”主题宣传活动。副区长、公安分局长王柱军出席活动，为第二批农村交通宣传志愿者颁发聘书。活动期间，公安部交管局、江苏交警、盐城交警抖音、快手、微博、视频号等对分局主题宣传活动同步直播，广大群众和网民朋友纷纷点赞。

（顾　芳）

检　察

【概况】 2021年，盐都区检察院坚持以习近平新时代中国特色社会主义思想为指导，学习贯彻习近平法治思想，紧扣区委、区委政法委和上级院党组决策部署，围绕“当表率、做示范、走前列、创五好”目标，各项工作实取得新发展。院获评省节水型机关、省无烟单位，第三检察部、第六检察部分别获得第20届全国青年文明号、省级巾帼文明岗，干警获各级各类表彰30余次。

【服务发展大局】 年内，开展“服务重大项目突破年”行动，围绕盐都“双创引领示范区”“智能制造示范区”建设出台方案、成立专班、靠前服务，紧扣区委重点工作研判分析、建言献策，相关做法得到区委主要负责人批示8次；主动跟进企业合规经营试点工作，对涉企案件落实办案影响评估、法律风险提示；开展涉企“挂案”清理工作，监督不应当立案而立案、久侦未结等案件8件10人，减少企业诉累，维护企业权益；联合区内首批14家三星级企业成立“检企同行”党建联盟，围绕企业诉求针对性开展活动，助推企业健康发展。

【维护社会稳定】 年内，完成党的百年大庆安保维稳任务，做实群众来信来访“件件有回复”；推动扫黑除恶斗争常态化开展，对涉恶案件及中央督导组交办线索案件进行“回头看”，逐案评查确保“一清到底”；开展安全生产专项整治活动，联合住建、交通、城管等7个部门建立窨井盖管理工作机制，推动“四号检察建议”落地见效；依法维护金融安全，严惩私募基金、区块链等“创新旗号”非法金融活动、推进惩治洗钱犯罪专项行动、打击证券违法活动；依法保障网络安全，办理帮助信息网络犯罪活动案件；推进“精准普法月月行”，进企业、学校进行法治宣讲40多场次。

【保障特殊群体权益】 年内，加大“因案致贫返贫”帮扶力度，开展司法救助76人，同比增长159.09%。强化未成年人综合司法保护，对侵害未成年人合法权益犯罪嫌疑人依法提起公诉，对29名涉罪未成年人作附条件不起诉处理，涉罪未成年人帮教率、社会力量参与率、未成年被害人救助率全市前列。未检部门获评“第20届全国青年文明号”，一堂法治公开课获评省级示范课，MV《同学向前走》获评“省政法系统关工委创新成果文艺作品三等奖”，未检微动漫《包小未的一天》被“学习强国”平台推介。

【做优刑事检察】 全年共受理审查逮捕106件198人，不批准逮捕54人，批准逮捕83件144人；受理移送审查起诉453件812人，提起公诉356件625人。坚持少捕慎诉、审慎适用刑罚手段，释放司法善意。推进认罪认罚从宽制度控辩协商同步录音录像工作，对所有认罪认罚案件做到同步录音录像100%。将监督要求贯穿于司法办案全过程，监督立案4件4人，监督撤案25件32人，侦查纠违17件，审判纠违18件，追诉6人。完善刑事执行监督机制，围绕剥夺政治权利罪犯及其监管情况开展专项检查，为符合条件的被羁押人员制作准予行使选举权利证明书，依法保障公民的选举与被选举权。

【做强民事行政检察】 年内，强化“民法典”学习、贯彻和执行，推动生效裁判监督、执行监督、审判纠违、支持起诉四大领域全面突破。全年共办理民事生效裁判监督案件39件，向法院发出再审检察建议5件，采纳4件；提请市院抗诉5件，均被采纳；办理民事执行监督案件31件，向法院发出检察建议39件，采纳39件，作出不支持监督决定6件，终结审查7件；办理民事审判违法案件12件，向法院发出检察建议12件，采纳12件。部署“农民工讨薪案件”专项监督行动，支持起诉33件，帮助七旬老兵讨回十年欠薪获好评。开展行政争议实质性化解工作，有效化解3件，全市第一。省、市、区三级院联动促成3件失地农民土地承包经营权行政争议实质性化解。

【公益诉讼检察】 年内，树立“双赢多赢共赢”理念，报请区人大常委会牵头9部门召开座谈会，研究通过公益损害赔偿资金管理办法，从相关行政机关聘请8名专业技术人员兼任特邀检察官助理，形成公益保护工作合力；共向行政机关发出诉前检察建议51份，整改率100%，提起刑事附带民事公益诉讼8件；深化大纵湖湿地及周边水域生态环

8月，举行“开放式”检委会　　检察院　供

境保护，与区河长办建立“河（湖）长+检察长”协作机制；依托“检察官进网格”拓宽公益诉讼线索收集渠道，联合相关部门开展“城乡垃圾分类及处理”专项行动，发现并清理建筑、生活垃圾10余处；开展食品安全公益诉讼专项监督行动，推动全区84家无证豆制品小作坊办理经营许可手续，助力食品小作坊由“小散低、脏乱差”向“小而精、名特优”转型。

【政治建检】 全年共召开党组会29次、中心组学习会13次，班子成员上党课7次，组织干警参加政治培训8场次。推进党史学习教育，开展红色教育、主题征文、演讲比赛等活动，组织干警参加省院“永远跟党走”群众性主题宣传教育活动获二等奖，未成年人法治教育基地获评全市政法系统“为民办实事”项目。机关党建工作获评区先进，被授予全区首批党建示范点。研究印发《检察人员网络舆情防控十项提示》，守牢意识形态领域安全。

【提升管理效能】 年初，出台《关于大力锻造“看得出、站得出、豁得出”干部队伍的落实举措》，与上海闵行区院、南通通州区院合作共建，开展班子成员“四个一”和中层干部“五个在前”示范引领行动。推进“人才培养五年规划”，2名干警在省检察院业务竞赛中获奖，13名干警入选市级以上检察人才库，1个课题被省级立项，4件案例获省典型，5篇论文入选省级以上论坛。

【严实作风】 年内，落实从严治党主体责任，推进政法队伍教育整顿，完成学习教育、自查自纠、专项整治、建章立制等活动。全年共开展违法违纪违规专项整治及党纪国法检规专题教育等活动，诫勉谈话2人，约谈提醒谈话19人次，廉政谈话250余人次，专项检查8次，法纪知识测试4次，典型案例通报学习7次，“三个规定”填报46次。举行“开放式”检委会推进阳光检务。探索精准贯通闭环式思想政治工作模式、嵌入式检务督察工作机制，推进党风廉政和业务工作深度融合。（丁玲玲）

法　　院

【概况】 2021年，在区委坚强领导下，区法院坚持以习近平新时代中国特色社会主义思想为统领，学习贯彻习近平法治思想，把握司法为民、公正司法工作主线，注重系统观念、法治思维、强基导向，依法履职，实干担当，全年受理各类案件16168件（含旧存1226件），审执结14076件。

【服务示范区建设】 2021年，在国家高新区举办“知识产权司法保护宣传周”主题活动，开展“法官大讲堂”活动30场次。服务“重大项目突破年”行动，发放《智能制造企业经营风险防范手册》500余份，促进智能制造产业健康发展。服务盐都新城、盐都副中心建设，就地化解房屋征收、企业搬迁等矛盾，助力城北改造加快推进。在东晋古城、草房子乐园等重点旅游项目地设立司法服务站，开展法治宣传、巡回审判等活动12场，服务全域旅游示范区创建。

8月，常态化开展巡回审理　　法院　供

【优化营商环境】 年初，联合区工商联出台《关于服务民营经济健康发展协调机制的意见》，营造稳定、公正、透明、可预期的法治化营商环境。树立谦抑审慎善意理念，对暂时经营困难但资信良好的企业依法采取“活封”等强制措施，推动营造公平公正的市场环境。开展“屡禁不止、屡罚不改”严重违法失信行为专项治理，助推营造安心放心的投资环境。完善破产企业处置协调联动机制，依法处理破产案件15件，助力市场出清。服务“三项清理”工作，推动盘活闲置土地1.47公顷、低效厂房8211平方米，为“腾笼换鸟”提供保障。

【助力乡村振兴战略】 年内，调研出台《关于为全面推进乡村振兴加快农业农村现代化提供优质司法服务和保障的实施意见》。妥善处理涉“三农”领域传统纠纷以及家庭农场、农业合作社等新业态纠纷，推动建立现代农业产业体系。依法保障农村土地“三权分置”，审理土地承包经营权和拆迁安置补偿案件，保障农民生产经营权益。深化人民法庭建设，弘扬社会主义核心价值观，在抖音、《每周说法》等平台推出婚姻、继承及诈骗等农村多发易发典型案例，以法治文明引领乡村文明新风。

【平安盐都建设】 年内，审结寻衅滋事、开设赌场等涉恶类罪名案件18件。依法严惩群众反映强烈的刑事犯罪，审结故意伤害、“两抢一盗”等犯罪案件95件，净化社会治安环境。审结毒品犯罪案件，助力全国禁毒示范区创建。审结电信诈骗、网络传销等犯罪案件，对收购贩卖他人及出售自己储蓄卡、信用卡的帮助信息网络犯罪活动罪被告人集中宣判，打好“净网”“断卡”专项行动。

【参与市域治理】 2021年，加强未成年人权益保护，发挥青少年法治教育基地职能，开展“金秋助学”“法治护苗”“法筑屏障”等行动，受众师生达800余人次，市政法关工委组织现场观摩并给予肯定。促进法治社会建设，开展“刑事审判进校区、商事审判进园区、民事审判进社区”活动，加强以案释法，走进社区、企业开展巡回审判，《人民法院报》“两微”及“天平阳光”平台专题报道。

【防控重大风险】 年内，审结民间借贷、金融借款等案件1722件，严惩集资诈骗、非法吸收公众存款等犯罪，维护金融秩序。防范稳定风险，深入开展集中治理涉诉重复信访、化解信访积案等专项工作，接访17人次，实质化解信访矛盾632件，完成中国共产党成立100周年大庆等安保维稳任务。防范安全风险，完善行政执法与刑事司法衔接机制，审理交通肇事、危险驾驶、重大责任事故等危害安全生产案件。

【优化诉讼服务】 年内，推进一站式诉讼服务中心建设，升级改造1400平方米的诉讼服务中心，集网上立案、跨域立案、诉前调解、简案速裁及24小时自助服务于一体。树立“互联网+”思维，网上立案8098件，跨域立案74件，“江苏微解纷”平台在线调解案件1680件。推进多元解纷，诉前分流纠纷4642件，交通事故“网上数据一体化处理”类型化纠纷化解工作获省高院表彰。

【审理民生案件】 年内，贯彻实施民法典，以公正裁判促进良法善治，努力解决好人民群众最关心最现实的利益问题。全年共审结离婚、抚养、继承等婚姻家庭案件970件，促进家庭和谐稳定，1篇案例入选江苏婚姻家庭典型案例。快立、快审劳动争议和追索劳动报酬案件281件，兑现农民工“血汗钱”。惩治贩卖走私牛肉等危害食品药品安全犯罪4件，裁定准予强制执行对生猪屠宰、无证销售生鲜食品等违法行为作出的行政处罚案件40件，保障群众“菜篮子”“舌尖上”安全。

【兑现胜诉权益】 年内，完善综合治理大格局，召开切实解决执行难联席会议，创新建立“执行+拘留”直通平台，被省法院总结推广并入选全市政法领域改革“十大创新项目”评选。加大执行实施力度，开展涉民生案件、涉企业债权等专项行动43次，司法拘留82人。强化执行规范管理，完善“854+无纸化”，落实“中间库”和执行事务中心实体化运作，出台规范性文件5个，邀请代表委员、媒体记者、群众代表19人次见证、监督执行。

【锻造法院队伍】 年内，开展党史学习教育，举办庆祝建党100周年系列活动，组织参观新四军文化林、盐都革命陈列馆等红色教育基地。推进政法队伍教育整顿，推进“四项教育”，开展“6+1+N”专项整治，中央和省、市督导组及省市区给予肯定，建章立制工作经验被省教育整顿办简报刊发。落实防止干预司法“三个规定”，填报记录47条，确保司法工作不受干预。强化党风廉政建设，有效运用监督执纪“四种形态”促进干警清正、队伍清廉、司法清明。

【落实司法责任】 年内，院庭长办结各类案件6811件，占全年全部受理案件数的48.4%。完善审委会、专业法官会议工作规则，加强“六类案件”监管，保障审判权依法规范行使。落实诉讼制度改革。深化以审判为中心的刑事诉讼制度改革，对516名认罪认罚的被告人依法从宽处理，对335名被告人适用缓刑，依法为被告人指定或指派辩护律师70人次。深化“分调裁审”机制改革，一审案件简易程序适用率达72.25%。加强“智慧法院”建设。坚持全流程监管，应用审判执行流程节点管控平台，实现案件办理全程留痕。建立集约送达系统，电子送达率61.89%，提升办案效率。

【社会各界监督】 全年，落实区十六届人大五次会议决议，向区人大常委会专题报告商事审判等工作，接受审议，改进工作。做好代表委员联络工作，主动邀请代表、委员视察法院、旁听庭审、监督执行42人次。依法接受检察监督。配合检察机关履行法律监督职能，邀请检察长列席审委会3次。深化司法公开，推送审判流程信息超5万条，直播庭审4321场，网上发布裁判文书6895份。

（范如艳）

司法行政

【概况】 2021年，盐都区司法局围绕中心工作，服务发展大局，发挥“一个统筹、四大职能”作用，完成司法行政工作各项任务。在区综合考核中，获优质品牌创建奖、共享发展幸福奖。区法治宣传教育领导小组被表彰为“2016—2020年全国普法工作先进单位”。

【依法治区工作】 5月，区委召开全面依法治区委员会第三次会议，出台《法治盐都建设规划（2021—2025年）》。年内，举办习近平法治思想专题培训班，落实39项法治建设重点工作任务。做好中央依法治国办督察江苏反馈意见及省、市督察盐都法治建设反馈意见整改，开展贯彻习近平法治思想和党政主要负责人履行推进法治建设第一责任人职责督察，法治建设满意度位居全市第二。开展城乡基层“援法议事”活动，郭猛镇民乐村“援法议事促和谐 纾解民意暖民心”活动载体被评为全省首批城乡基层援法议事范例。

【依法行政监督】 年内，参与审查政府拟签订的重大合同，提供合法合规意见供上级决策参考。开展全区规范性文件清理，对相关部门单位起草的65件文件进行合法性审查，出具审查意见。推行证明事项告知承诺制，明确证明事项清单（第一批）46项。在城市管理、安全生产等重点领域开展常态化执法督察，发出9份执法监督建议书。印发《盐都区行政复议体制改革实施方案》，整合行政复议职责资源，成立区政府行政复议委员会，与市级同步完成行政复议体制改革。2021年，共审结行政复议案件77件，较上年增长40件，增幅108%。办理行政应诉案件79件，行政机关负责人出庭应诉率100%。

【拓展服务领域】 2021年，全区“律师万人比”达2.89，位居全市第一。组织村（居）法律顾问开展“乡村振兴 法治同行”专项活动，举办法治讲座800余场次，服务网格员、法律明白人培训及区镇两级人大换届选举等工作。打造“产业链+法律服务”，开展法治体检活动10余场；建立“万所联万会”机制，16家律所与全区基层商会签订对接服务协议。实施“法援惠民生·拓展工程”，开展法律援助事项范围负面清单试点，降低法律援助门槛，扩大法律援助范围，全年受理法律援助案件1074件，刑事案件援助覆盖率达到100%。完善信息共享查询机制，开展公证惠企便民行动，推行“最多跑一次”公证便民服务，盐都公证处共办理各类公证8330件，省、市公证协会案卷质检抽查合格率均为100%。按照“统筹布局、重心下沉、一体推进、提质增效”总体思路，建成大型司法所1家，中型司法所8家，小型司法所3家。秦南司法所获评省级优秀司法所。

【提升法治宣传工作质效】 年初，印发《关于开展法治宣传教育的第八个五年规划（2021—2025年）》，启动“八五”普法工作。举办“4·8司法日”“6·26国际禁毒日”“12·4国家宪法日”及法治文化专题书法作品展等主题宣传，开展民法典“十进”活动，组织区“夕阳红”法宣队送法进校园。贯彻落实“谁执法谁普法”责任制，建立“三单一书”制度，印发《盐都区2021年度法治宣传教育工作重点项目联动事项》，实施62个年度普法工作项目。实施村（社区）“法律明白人”培育工程，选聘“法律明白人”935名。开展“尚法昭廉 纪法同行”专项活动，培养“纪法明白人”250名。开展省级民主法治示范村（社区）建设巩固提升年活动，省级民主法治示范村（社区）比例达49.2%，秦南镇泾口村获评全国民主法治示范村。

【突出重点领域管控】 年内，开展律师行业、司法鉴定行业、基层法律服务行业及公证行业突出问题专项治理。贯彻实施《社区矫正法》，成立区镇两级社区矫正委员会，推进社区矫正“一三三模式”，成立区社区矫正执法大队直属中队，对假释、管制、暂予监外执行人员进行直接监管。打造“夕阳助矫 点亮新生”品牌，开展特殊人群特困家庭帮扶活动。2021年，全区共接收社区矫正对象248人，按期解矫220人，未发生重新犯罪及脱漏管情况。开展“法润江苏+情暖民工”“春风行动”“民调月”等专项活动，相关做法被人民网等媒体报道。2021年，全区各级各类人民调解组织调解纠纷14015件，调解成功率100%。

【加强队伍建设】 年内，持续推进党史学习教育，开展“两在两同”建新功行动，推进“11+22”为民办实事项目。根据政法队伍教育整顿工作要求，抓实“学习教育、查纠整改、总结提升”三大环节，围绕“忠诚、宗旨、法治、法纪”四个专题，组织全员政治轮训，制定完善相关制度机制20项，高质量完成司法行政队伍教育整顿。实施律师行业“两新”党组织专业化建设，“鼎律相助美丽乡村”党建法律服务品牌被市律师行业党委确定为2021年度全市律师行业公益（党建）法律服务品牌。 （常彦龙）

4月，举行第七届“4·8司法日”集中宣传　　司法局　供

旅游 资源 环境

综　　述

【概况】 2021年，举办盐都文旅发展大会，签约5个重点文旅项目，为盐都文旅产业发展注入新动能。打造“在盐都·遇见美”旅游品牌，构建“龙头带动、三廊贯通、全域覆盖”的大生态文旅格局，全区“425”工程11个旅游重点项目加速推进。

【举办文旅活动】 年内，举办迎新春专场演出、第五届“花开盐都　春游水乡”和第七届“畅游盐都金秋行”活动，组织区内重点景区工作人员在徐州举办专场“乘着高铁游盐都”旅游推介会。2021年全区接待游客总人数约550万人，总收入约62亿元，同比分别增长15.79%、19.23%。

旅游景区建设

【推进大纵湖景区建设】 2021年，大纵湖湖荡风情小镇项目中宋曹路累计完成拆迁近200户；陈琳路改造竣工，平湖南路外立面局部改造完成，老景区完成主入口、停车场、游客中心、内部道路等项目改造，影视城宾馆楼、餐饮楼进行装修工作，度假区提升方案上报市过堂评审。大纵湖景区提升项目完成设计方案、停车场改造、门口商店土建，西门出口改造完毕，柳堡村改造土建接结束，景区内道路改造结束。

【龙冈桃花园建设】 年内，龙冈桃花园游客中心内部提升改造完工，时光栈道完工，周边绿化完工进入养护阶段；571防空洞提升改造完工；景区围合南侧施工完成；寿星湖驳岸基础、挡墙、平台全部完成浇筑、水生植物种植完成、太湖石叠放完成，并进行湖边乔灌木种植；省道水系种植完成，并进行养护工作。

【推进蟒蛇河水上生态廊道】 年内，蟒蛇河水上生态廊道一期、二期绿化基本完成，进行日常养护；一期景观计划验收；二期景观竣工验收完毕；二期桥梁护栏项目施工；三期工程设计方案中。

【两个故里建设】 年内，三胡故里完成景区部分绿化提升工程。郝氏故里打造郝氏故里，放大名人人文旅游效应，形成特色人文旅游景区；利用景区中心广场，完善服务配套，形成国学中心讲堂等中华传统文化学习区，推广“郝氏故里”旅游品牌，打造台湾游客的目的地。

【推进“五朵金花”建设】 年内，杨侍农业生态园进行美食园、温泉改建提升工程和水上乐园二期建设。台创园建设花

2月，举办迎新春专场演出　　　　文广旅局　供

卉科创中心，打造休闲体检综合体和集健康养生、田园观光于一体的生态基地。泾口湿地风情园完成泾口大道两侧绿化提升工程、泾口新型社区绿化提升工程和泾口农家菜园建设。仰徐乡村乐园设计改造民宿5幢民房，完善北京庄园葡萄酒项目规划，设计千亩草莓种植观光休闲项目效果方案图。三官农庄加大对老村庄整治，实现新老村庄融合。

旅游宣传推介

【2021第五届“花开盐都·春游水乡”活动】 3—5月，举行2021第五届“花开盐都·春游水乡”活动。通过大纵湖湖塘花海赏花节、大纵湖螺蛳美食节、草房子乐园“这就是童年”童趣节（试营业）、三官民俗文化节、美丽仰徐第十届草莓文化节、第九届龙冈桃花文化节、杨侍亲子嘉年华、台创园第三届兰花节、大冈镇第三届水果节、第七届秦南镇泾口垂钓大赛等系列活动的开展，结合全域旅游新概念，打造“花开盐都·春游水乡”旅游品牌。

【2021第七届畅游盐都金秋行】 9月16日至10月31日，举办2021第七届畅游盐都金秋行活动，开幕式上安排11个节庆活动，包括大纵湖旅游度假区自在生活季、草房子乐园文学也狂欢、龙冈第九届云上采摘节、杨侍农业生态园全国乡村优秀曲艺交流展演、“杨侍”杯盐城地方菜烹饪技能大赛、大纵湖“大闸蟹”美食文化节暨民间文艺会演、台湾农民创业园台海菊花节、泾口垂钓摄影比赛、渎上·老西门“月满中秋·家在一起”活动、尚庄特色田园品果蔬系列活动、楼王镇里下河地区红色广场舞展示活动。

【2021盐城盐都（徐州）文化旅游推介会】 4月29日，召开2021盐城盐都（徐州）文化旅游推介会。活动由盐城市文化广电和旅游局、盐城市盐都区文化广电和旅游局、盐城广播电视总台联合主办。推介会邀请徐州市文化广电和旅游局副局长张伟、铜山区文化广电和旅游局副书记马兴参加。活动重点推介大纵湖旅游度假区和草房子景区，展示盐都文化底蕴与文化建设成果。

4月，2021盐城盐都（徐州）文化旅游推介会　　文广旅局　供

旅游品牌创塑

【概况】 2021年，草房子创成国家AAAA级旅游景区，潘黄街道仰徐村创成省乡村旅游重点村，同力糖果工业旅游区创面省工业旅游区。

【2021盐都文旅发展大会暨城市品牌发布会】 12月30日，2021盐都文旅发展大会暨城市品牌发布会召开，发布会由区委、区政府主办，区文广旅局承办，省广播电视总台城市频道协办。省、市、区的嘉宾以及重点旅游景区、旅行社负责人参会。会上发布盐都新的宣传口号“在盐都，遇见美”、盐都旅游主题曲《你好　盐都》和盐都IP形象。省内外28余家主流媒体参加并报道。（袁明浩）

国土资源开发与管理

【概况】 2021年，全区自然资源和规划系统统筹推进资源保护与服务保障工作，完成全年各项目标任务，实现“十四五”自然资源和规划工作顺利开局、平稳起步。盐都区获2020年度“江苏省自然资源节约集约利用资金奖励地区”称号。

【保障重大项目】 年内，编制“十四五”自然资源开发与保护专项规划，5个片区、总面积2万亩土地征收成片开发方案获批。全年完成57批次面积303公顷用地转征收。实施经营性用地上市9宗，面积47.2公顷，成交总价122.8亿元，同比增长109%，列全市第二。交易耕地占补平衡指标40公顷，收益1.55亿元。挂牌国有工业用地3宗，面积24公顷，出让金2242万元。推进集体经营性建设用地入市8宗，面积30.47公顷，出让金8421万元。

【服务民生实事项目】 全年高效服务18个农民集中居住区、38条小马沟EPC道路、5个学校医院、17条城北地区道路和8个消防站项目转征收。在全市率先完成8个批次农村村民住宅建设用地报批。盘活存量低效用地，推进存量、低效用地再开发，全年盘活荣华纺织等22宗，面积104公顷。

【保护生态项目】 年内，编制国土空间生态保护和修复规划，完成环城高速圈生态廊道盐都片区建设任务，累计完成农房搬迁797户、低效企业腾退40家、林带补植56.5公顷，高标准农田项目1处。采用“试点先行　整体推进”方式，开展耕地后备资源调查。1个省投项目、6个市投高标准农田项目通过验收，在全市率先实现项目清零。推行林长制，坚持“林地、绿地、湿地”三地同建，新增成片造林面积44公顷，占市下达任务的

220%；新建和完善农田林网5万亩；全区林木覆盖率达26.24%，列全市第三，增幅位列全市第一。加强湿地保护，保护率继续保持在60%以上。

【加快办证发证进程】 年内，为企事业单位补充办证140余件，办理“交地即发证”23宗、“交房即发证”1208套；组织人力物力，加班加点，突击推进农房一体登记发证，完成登簿12万宗、制证11万宗，按时序完成双90%任务。在全省首发农村危旧房置换空关房不动产权证书。

【拓展便民服务通道】 以“为企为民双十事项”为抓手，推进便民举措，全年召开业务会办会48次计569个项目，审批建设工程规划许可证501份424万平方米，规划核实和土地核验265批次，办理选址意见书107宗，规划设计要点21宗。完成市长信箱答复481件、信息公开答复358件、各类信访答复115件；人大建议、政协提案18件。做好涉诉应诉、矛盾调处及信访化解。

【优化营商环境】 年内，落实市“多审合一、多证合一”改革要求，实行“优先受理、同步补正、跟踪督办、限时办结”审批机制。精简审批事项，优化审批环节，为各类建设项目落地见效提供高效优质服务。做好项目用地全程跟踪，帮办冈中智能终端产业园、力动机械等多个项目，推动12个项目“拿地即开工”。

【化解各类违规用地】 年内，出台《盐都区违法违规用地责任追究办法》。开展临时用地、设施农用地整治专项行动，对星宇驾校50多亩临时用地，采取强力措施，全部复垦到位。对群众反映强烈的源缘小区29号楼发证问题，取得解决的途径，把民生难点变成服务亮点。全年化解各类遗留问题50多件。

【严守耕地红线】 全年组织学习宣传耕地保护各类活动近100场次，包括在6·25土地日开展系列宣传活动，仅区委常委会、政府常务会耕地保护专题学习就达8次。分别落实设施农用地基本农田补划和临时用地复垦监管资金27.91万元、2712.84万元。推进农村宅基地自愿有偿退出，申报实施城乡挂钩复垦项目20个，新增耕地近200公顷。申报耕地占补平衡补充耕地项目库项目5个，新增耕地12.27公顷。

【严纠违法用地】 年内，推进耕地保护督察等各类违规问题整改，特别是对2020年南京督察局认定的蟒蛇河生态河道11个问题，率先在全省将此类问题销号清零到位。实施违法违规问题“清零”行动；集中精力开展省2021年土地卫片执法和耕地保护督察核查，推进乱占耕地建房问题专项整治，全年整改各类违法违规用地133宗、143.3公顷，拆除各类建筑3.6万平方米。

6月，开展“6·25”土地日宣传活动　　国土局　供

【严抓安全生产】 年内，落实安全生产责任，成立安全生产工作领导小组和森林防火专项整治行动领导小组，安全生产逢会必讲、逢节必查，组织开展森林防火专门演练、专项整治、隐患排查等96次，编制“十四五”地质灾害防治规划，实现森林火灾、地质灾害、疫情防控、安全事故零发生。

【规范党建管理】 年内，紧扣“先锋自然”建设要求，以支部规范化建设为目标，出台党建工作三级责任清单、意识形态任务分工等规范党建文件17个，调优机关党员组织关系，压实科室党建责任，13个基层所党支部实行条线“双重”管理，基层所和机关支部全部建立标准化党建阵地。“三会一课”制度、主题党日活动正常化开展雷打不动。“三结对”活动常态化，张庄所党支部与省测绘资料档案馆党支部结对共建。

【丰富党教形式】 年内，采取集中学和个人自学相结合、学习讨论和现场教育相结合，高质量推进党史学习教育。全年共举办6期读书班活动，赴新四军纪念馆等开展现场实境教学。推进“我为群众办实事”和“两在两同”建新功行动，着力破解群众“急难愁盼”问题。承办全市系统红色故事演讲、经典诵读比赛活动，为全市系统庆祝建党100周年奉献盐都力量。在全省首家建成自然资源和规划系统廉政教育基地。定期召开廉情分析会，开展实地警示教育、廉政法纪知识学习，提升教育针对性、实效性。

【管好党员队伍】 年初，出台《关于严禁在工作日期间饮酒的规定（试行）》，并建立报备制度。做好巡察问题整改“后半篇文章”，对区委巡察反馈问题，建章立制，巡察整改通过验收。重新排查廉政风险点408个，落实防控措施424条；注重运用谈话提醒等“第一种形态”，将问题消除在萌芽状态。

（胥国海）

矿产资源开发与管理

【概况】 2021年，贯彻落实国务院关于全面整顿和规范矿产资源开发秩序的通知精神，完成规范矿产资源开发秩序的各项任务。按照上级主管部门要求，结合全区实际，规范矿业审批权限和程序，完成矿产权申请、延续、变更、注销等管理工作。

【规范矿业管理】 年内，严格矿产黏土资源专项考核，黏土采矿企业"一宗一卷"；规范黏土矿产开采，公平公正、科学透明的实施黏土采矿权市场化出让；严格实行矿业权有偿制度；完善工矿废弃地复垦利用规划，将关停的砖瓦厂，纳入工矿废弃地复垦项目。 （胥国海）

水资源开发与管理

【概况】 2021年，全区用水总量3.80亿立方米，其中农业用水3.02亿立方米；工业用水0.18亿立方米；生活用水0.55亿立方米；人工生态环境补水量0.05亿立方米；全区单位GDP用水量44.3立方米/万元，比2020年下降15.39%；万元工业增加值用水量为7.41立方米/万元，比2020年下降19.19%；农业灌溉水利用系数0.671；水功能区水质达标率100%，集中式饮用水源地达标率为100%。全区84个取水项目的取水许可证全部转化为取水许可电子证照。完成国家级县域节水型社会达标建设申报工作，并通过省级技术评估和行政验收；创成省级水情教育基地和节水教育基地；创建2家省级节水型载体，2家市级节水型载体；对全区43家取水工程（设施）进行规范化管理，开采地下水53.16万立方米，封填深井3眼，地下水位得到有效控制，并明显回升；征收水资源费68.5万元。

【创成首个省级水情教育基地】 2021年，区水务局根据《江苏省水情教育基地设立及管理办法》文件要求，做好省级水情教育基地设立及管理工作，依托蟒蛇河水上文化生态廊道、大纵湖国家级水利风景区优越的地理位置和自然资源，对盐城大纵湖——蟒蛇河水情教育基地进行提升改造，面向社会公众开展水情教育，发挥水情教育功能和示范引领作用。11月，盐城大纵湖—蟒蛇河创成全省首批、盐城首个省级水情教育基地。

【创建省级节水教育基地】 12月，省水利厅、省委宣传部、省教育厅联合发文，公布第五批省级节水教育基地名单，盐都区节水文化教育馆榜上有名。该馆是盐城大纵湖—蟒蛇河水情教育基地建设的重要分支，坐落在蟒蛇河风光带的"三胡故里"旅游风景区内。馆内设置关心、共享、保护、希望4个展区，涉及30个展项、300个知识点，阐释人与水和谐发展的关系；利用多种手法，集高科技、智能化、环保节能于一体，使市民在互动、娱乐中熟悉节水知识，从而提高公众节约保护水资源意识。 （朱友康　顾　爽）

农业资源开发与管理

【概况】 2021年，盐都区高标准农田建设工作围绕国家和省市高标准农田建设工作的指导思想和总体要求，完成全年各项目标任务。

【完成1467公顷高标准农田建设任务】 年内，高标准农田建设项目建设总规模1467公顷（高效节水灌溉面积133公顷），项目总投资4000万元，包括：大冈镇高标准农田建设项目633.5公顷，总投资1812.5万元；秦南镇高标准农田建设项目633.5公顷，总投资1662.5万元；学富镇高标准农田建设项目200公顷，总投资525万元。项目于2020年11月底开工，2021年6月竣工，通过市级验收并交付使用。

【开工新建2067公顷高标准农田】 2021年度高标准农田建设项目总规模2067公顷，项目计划总投资5575万元，包含龙冈、台创园、秦南、楼王共四个片区。项目于2021年8月开工建设。

【自建提升1667公顷高标准农田】 2021年度区自建提升高标准农田1667公顷，计划总投资6875万元，包含楼王、秦南、学富、台创园、尚庄、郭猛、七星农场共7个片区。项目于2021年7月开工建设。 （余荣诚）

自然资源与再生资源开发与管理

【自然资源】 2021年，全区土壤分为水稻土、沼泽土两大类，其中水稻土分布面积最广，占耕地面积90%以上，土壤改良有利于种植业、养殖业发展。全区共有湿地面积14253.12公顷，其中自然湿地面积4213.67公顷，自然湿地主要为河

6月，水环境综合治理——健仁河一角　　水务局　供

流湿地和湖泊湿地两种类型，其中河流湿地面积为3462.4公顷，占自然湿地面积的82.17%，湖泊湿地占17.83%。至2021年底，受保护的自然湿地面积2528.2公顷，自然湿地保护率达60%。境内野生动物资源中，鱼纲类有鲤鱼、鲫鱼、乌鱼、鳊鱼等30多种；爬行纲类有龟、鳖、蛇等20多种；鸟纲类有野鸡、野鸭、鹰、雀等30多种；哺乳纲类有野兔、刺猬、鼠等10余种。野生植物资源有数十科几百个品种，分布在田间、河边、滩边，用于农牧渔业生产、手工业编织及治疗疾病。建立自然资源档案制度、自然资源许可制度等，对自然资源的开发、利用、进出口等都进行规范。尤其在土地资源方面，有“农村土地承包经营权证”；在森林资源方面，有林木采伐许可证；在渔业资源方面，有水域滩涂养殖证、捕捞许可证；在水资源方面，有取水许可证等，有利于对自然资源实行有效的监督、管理和保护。

【耕地质量提升示范区建设】 年内，通过项目扶持，对示范应用的商品有机肥、配方肥、土壤调理剂等进行物化补贴，其中补贴商品有机肥1160吨、配方肥2500吨、土壤调理剂20吨。同时，强化农企对接推广配方肥，稳固建立“农业部门+肥料企业+区内代理商+种植大户”四位一体的配方肥推广应用模式，基本实现“测土到田、配方到厂、施肥到点、指导到户”的目标。市场上生产销售推荐配方肥的品牌有农大(20-7-15)、史丹利(20-7-15)、华昌(22-8-12)等，通过农企合作，加速农业部门技术成果推广应用，让农作物吃上“营养餐”，让老百姓得到实惠，减少肥料使用。全区2021年化肥使用总量33486吨(折纯)，较2020年削减0.68%，保护生态环境。

【补充耕地质量评定】 年内，盐都区农业农村局根据《盐城市补充耕地质量评定实施细则》，对2021年度第一批城乡建设用地增减挂钩复垦项目开展补充耕地质量评定工作，全区共涉及10个镇(街道)1093个地块，通过评定，为全区新增92公顷耕地。补充耕地质量评定是贯彻落实省委、省政府关于严格耕地保护的决策部署，是确保耕地占补平衡数量质量双到位的重要举措。(吴德标)

【加强再生资源回收管理】 2021年，摸排全区18家再生资源回收经营单位，其中个体工商户10户，法人企业3家；单独从事废旧金属收购业务的12家，同时从事废造纸原料和废旧金属收购业务的5家，同时从事废造纸原料、废旧金属和废玻璃收购业务的1家，从业人员75人。推进全区再生资源管理，协助市局成立盐城市再生资源回收管理利用协会，盐都区盐城金吉成物资利用有限公司当选副理事会成员单位。

(顾　欣)

废弃物资源综合利用

【农作物秸秆离田及综合利用】 至2021年底，全区耕地面积5.65万公顷，农作物常年播种面积百万亩左右，全区秸秆理论资源量62.75万吨，秸秆可收集资源量46.08万吨，秸秆综合利用量45.45万吨，秸秆综合利用率达98.6%。其中秸秆机械化还田5.13万公顷，利用秸秆36.69万吨；秸秆离田13120公顷，秸秆离田综合利用量8.75万吨。2021年，盐都区被确定为全市农作物秸秆离田工作三个重点先行县之一。全区合理规划秸秆还田、离田区域，研究制定农作物综合利用实施方案，通过召开推进会、广泛宣传引导、定期通报进度等方式，抓实离田匡口、离田机械、存储场地、补助资金“四个到位”关键措施，推进秸秆离田工作。2021年夏秋两季，全区落实农作物秸秆离田千亩示范片57个，机械打捆离田4600公顷，秸秆离田收贮企业16个，秸秆堆放点23个。

【废旧农膜回收利用】 2021年，全区农膜使用量1045吨，产生废旧农膜375吨，回收废旧农膜367.5吨，回收率达98%；其中地膜使用量45吨，回收废旧地膜34.79吨，回收率达77%，被评为全省废旧农膜回收工作先进县。全区设有地膜残留监测点1个，回收企业1个，回收网点8个。围绕“减量化、资源化、再利用”循环经济理念，探索建立“政府倡导、企业带动、网点回收、群众参与、市场运作”的废旧农膜回收利用体系，有效促进全区废旧农膜的回收和再生利用。加强宣传发动，依托企业及乡镇长效办，形成回收处置闭环。推动再利用价值不高的废旧地膜进入城乡生活垃圾分类回收系统，与生活垃圾一起分类处置，在潘黄现代农业园区等高效设施农业园区、示范基地、规模家庭农场设立废旧农膜临时存放点。动态监测土壤，示范耐候地膜。以国胜家庭农场为长期固定监测点，监测农田残膜污染，同时在潘黄镇新民村开展强化耐候地膜等新型农膜应用试验示范。四是严格市场监管，控制市场准入。多部门协同配合加强对超薄膜的执法力度，对全区农膜销售门市开展监督执法，做到执法常态化。(吴德标)

环境保护

【概况】 2021年，围绕“生态环境质量只能变好，不能变差”的总体要求，巩固国家生态文明建设示范区和国家“两山”实践示范基地建设成果，瞄准更高目标，启动建设“两山”实践示范区工程，强化生态红线保护，坚持源头治理，突出精准治污，深入打好污染防治攻坚战，推进全区大气和水环境综合整治、生活垃圾无害化处置、村庄污水收集处理、城乡噪声管控等十大生态环境重点工程，提升全区生态环境质量。

【空气环境质量改善】 年内，组织排查国省考站点周边影响大气环境质量污染源，加强建筑工地管控，落实围挡设置、降尘雾炮、洒水喷淋、车辆冲洗等扬尘污染防治措施，严查渣土车违法行为；对学校、居民区、公众场所等重点敏感区域周边开展连续雾炮、冲洗洒水作业，降低污染物浓度，保障大气环境质量稳定达标。全年PM2.5年均浓度28.2微克/立方米，同比改善9.7%；优良天数320天，优良率87.6%，同比上升2.3%。

【水环境质量稳定】 年内，围绕国省考断面水质“增Ⅲ”目标，开展“保Ⅲ增Ⅲ”等专项行动，督导属地板块和区相关部门，坚持源头治理，实施水岸同治，对街道进行保洁。6个地表水国省考断面中，除兴盐界河民主村与大丰、兴化三家共考断面水质未达Ⅲ类标准外，其余5个国和省断面水质达标比例为100%；饮用水水源地水质达标率100%。自12月起，兴盐界河民主村断面水质达Ⅲ类。

【土壤环境质量稳定】 2021年，落实省审计厅土壤专项审计交办盐都区的问题整改，年初，组织编制《盐都区土壤环境保护方案》。加强对全区12个高风险污染地块的安全监管，土地安全利用率100%。全区通过省危险废物全生命周期监管系统，动态监管全区175家产废企业，规范安全转移各类危废4152吨。做好疫情防控期间隔离点的污水、医疗废弃物收集、运输、转移、处置及污水处理厂监管工作，全区安全转移、处置医疗危废37吨。

【各级交办问题整改】 2021年，对中央生态环境保护督察和“回头看”及省环保督察交办的问题，以及省、市巡察、督查交办问题的各类问题进行“回头看”、再梳理、再排查，巩固整改成果，建立长效机制，坚决防止反弹。至年底，中央环保督察交办的14个问题、“回头看”交办的24个问题、省生态环境保护督察交办的32个问题及省、市交办的10个重点环境信访问题，全部完成整改。其中，中央环保督察、“回头看”和省环保督察交办的问题在全市首家完成销号并经省、市核查全部确认销号。

【创新民生服务方式】 疫情防控期间，与区公安局、区卫健委、住建、城管等部门协调，做好联防联控工作，对全区75家医院、医疗机构和街道（社区）卫生室（所）进行现场检查，督导医疗废物收集、运转和处置，确保应收尽收，日产日清，处置安全。采取非常措施，组成3个帮扶小组，保持“在线”状态，通过“网上办”和“不见面”审批等超常规办法，帮助28家企业解决环保困难问题。向社会提供环保技术咨询，公开水质自动监测数据1721个、空气自动监测数据1360个。全年累计申报国家各类污染防治资金2380余万元，用于全区水、气、土污染防治项目和农村环境整治。

5月，环卫人员对河道进行保洁　　农业农村局　供

【生态文明建设】 2021年，对标“两山”实践示范区20项标准，加快生态产业结构调整。围绕稳粮保供目标，做强国家级台创园和2个省级现代农业园区，新增高标准农田1467公顷，开展无公害农产品、绿色食品、有机食品“三品”基地建设，扩大草莓、葡萄、大闸蟹标准化生产规模，新增绿色有机农产品20个，扩大“鲜之都·盐都”品牌影响；结合生态文旅项目推进，深挖东晋水城、草房子乐园、蟒蛇河风光带、盐龙体育公园等自然人文景区潜力，提升盐都生态旅游品牌质量，将生态禀赋转化为绿色财富，推进乡村振兴，实现强区富民。国家“诗e中国行”美丽江苏采风团到大纵湖进行生态文化采风活动、亭湖区和泰州海陵区组团到盐都学习调研“两山”实践创新基地建设工作。（吴　浩）

【开展农村人居环境整治提升行动】 年内，围绕农村“厕所革命”、生活垃圾治理、生活污水治理、村容村貌提升等重点工作，开展老村庄改造五年行动和村庄清洁行动，助力农村疫情防控。2021年，新创潘黄街道新民村、学富镇蒋河村、郭猛镇护西村3个市级农村人居环境整治提升示范村，获省2020年度农村人居环境整治工作综合评估第一等次和2020年度省政府真抓实干督查政策激励。（高　杨）

城乡建设
交通　供电

◆规划工作

◆城乡建设

◆城市管理

◆新农村建设

◆交通运输

◆供　　电

规划工作

【专项规划编制】 2021年，聚焦精致城市建设，提升城市品位，高起点编制重点地段控规和城市设计。城西南片区盐渎路北段、城西北片区皮叉河南段控规获市政府批复，城西片区青年路南北组团控规通过市规委会审查，蟒南村及李家舍组团、悦达纺织园等城市设计，高新区智创小镇规划、李家舍概念规划等项目，形成初步方案。盐都新城总体规划、大纵湖城市副中心规划完成中期成果。全区法定规划编制和重点片区城市设计实现全覆盖。

【空间规划编制】 年内，统筹划定“三条控制线”，“三调”基数转换成果上报省厅，城镇开发边界形成初步方案，永久基本农田核实整改形成初稿，生态红线调整上报国务院。编制获批国土空间规划实施方案。省级生态空间管控区调整获省政府批复，化解用地中生态管控问题，保证龙冈等集镇区、城北地区改造和集中居住点等重点项目建设。

【镇村规划编制】 年内，完善大冈、龙冈、大纵湖等镇总体规划，学富、郭猛等6个镇控规获市政府批复，完成全区乡镇总体规划和控规。着眼乡村振兴和农房改善，统筹保障城镇开发边界外农村社区、全域综合整治和长盈精密等重点项目建设，开展“多规合一”实用性村庄规划编制，周伙村等53个村庄规划获批。尚庄镇古殿村古殿堡等4个村被认定为省级传统村落，列全市第一。

（胥国海）

城乡建设

【概况】 2021年，实施新型城镇化发展战略，开工建设城建重点工程76项，完成投资259亿元，城镇功能更加配套完善，实现“十四五”良好开局。

【完善配套功能】 2021年，推进潘黄路、凤天路、政通路西延等道路建设，构建便捷交通网，推动区域联动发展。建成小马沟绿廊、锦都大厦、东进路中小学、朝阳河整治等重点项目，加快市三院南院二期工程、智创小镇中小学、科技广场中央商务区、合景泰富商业综合体等城市地标项目建设，打造高品质商圈。强化历史文化保护，塑造城市风貌，重点把腾飞路“渎上·老西门”、海洋路、日月路等打造成特色街区。

【修复生态环境】 年内，对铁家港、三河家园等18个住宅小区实施雨污分流改造，保证安全度汛。铺设57条路段62千

6月，台创园宗凌村规划建设实景图　　住建局　供

5月，盐渎街道花吉村新型示范社区改善人居环境　　农业农村局　供

米污水管网，城市黑臭水体治理率达到100%，展现"百河城市"之美。实施19个口袋公园，新增城市绿地38公顷以上，实现开门见绿、500米见园目标；完成环高速生态廊道建设，创建全国文明典范城市。

【打造宜居家园】 年内，重点实施张庄、潘黄、龙冈等板块城中村、棚户区改造项目，完成4025户棚改搬迁任务；新建张庄东晖锦园和馨盛苑、潘黄馨德苑和宝馨花园、盐龙高新嘉园（一期）、盐渎开创家园、龙冈龙湖名邸等7个安置小区4011套，筑牢安置"幸福巢"，托起百姓"安居梦"。完成潘黄桃源居、盐龙碧水嘉园、龙冈教师公寓、张庄东升花园等11个老旧小区改造，改造面积43万平方米，惠及居民4000户以上，提升群众幸福感和获得感。潘黄前进合心花苑打造成省市老旧小区改造新标杆，获批江苏省宜居示范居住区。

【培育特色小镇】 年内，大纵湖旅游度假区对集镇道路、污水管网实施改造提升，改善人居环境，镇区景区美美与共；台创园发挥国家级园区优势，壮大花卉产业规模，打造花卉特色小镇；大纵湖镇发挥全国特色小镇优势，加快城市副中心建设，城区、镇区、园区互促并进，辐射带动秦南、学富、楼王等镇发展；大冈镇加快悦达地块搬迁，做大工业园区，助推全国重点镇高质量建设；龙冈镇实施城镇基础设施项目，镇区园区相得益彰；郭猛镇提升居住小区环境，做优产业园区，打造安居乐业小镇；尚庄镇加快工业工地、交通驿站、番茄小院、消防站等项目建设，做大做强产镇融合发展平台。

【开展百日冲刺行动】 8月28日，启动全区城建重点项目"激情澎湃战金秋"百日冲刺行动，潘黄、盐渎、盐龙、张庄4个街道，龙冈、大冈、大纵湖3个镇，交运、水务、住建、自规4个部门，融媒体中心及市城镇化集团，共71个项目参战。区成立9个督查小组，组织近百名科级、股级干部参与，定期通报督查结果。从市政道路、公共配套、生态环境、城市产业、安置工程、城市更新、房屋征迁等7个方面进行考核，通过媒体公布"红黄旗"名单，形成激情创业、奋勇争先热潮。

【加快生态廊道建设】 2021年，盐都环高速圈生态廊道建设主要涉及盐靖、盐洛两条高速，总长约21千米，面积约22平方千米，分布在盐龙、盐渎、潘黄和张庄4个街道。年内，开展情况调查，制定实施方案，开展房屋搬迁、林带补植、水环境治理等工作，生态廊道建设取得初步成效，彰显生态文明靓丽底色。

【推进城北地区改造】 2021年，城北地区规划实施棚改征收（搬迁）、安置房建设、市政基础设施、园林绿化、水环境整治、公共服务设施、市容市貌环境整治及产业投资等八大类66个项目，4个口袋公园全部竣工，7个产业投资项目快速推进，东晖锦园、馨盛苑、馨德苑、龙湖名邸等4个安置房项目有序建设，盐都城北61平方千米的改造地段旧貌换新颜。

【勾画特色城镇风貌】 年内，按照盐城沿海"建设美丽江苏的典范"要求，形成"一湖、一河、两路、多点"的特色风貌格局。一湖：围绕湖荡湿地和历史人文特色，把大纵湖建成展示里下河地区特色风貌的标杆示范区。一河：围绕蟒蛇河，西接大纵湖，东连新洋港，建成盐城西部蓝绿景观精品风光带。两路：围绕S125和S331，东接范公堤和串场河历史文化主线，接通城市内环高架，串联"水绿为韵、产业为特、田园为景、民富为本"的特色田园乡村，建成省级特色田园乡村示范带。多点：结合省级传统村落、省级特色田园乡村、休闲农业和生态景观节点，成为展示现代田园特色风貌的靓丽区。

（朱　进）

城市管理

【改善城乡环境面貌】 2021年，开展城乡环境综合整治专项行动，推动保洁触角向背街后巷、桥下岸坡等卫生死角延伸。开展文明典范城市创建工作，引入第三方创文模拟测评，全年共组织创建督查7次，整改问题205项。开展盐渎明城整治、线杆线缆整治、建筑垃圾（渣土车）运输秩序整治等专项行动，解决市容环境突出问题。统筹推进城乡垃圾分类工作，在主城区10个居民小区开展生活垃圾"三分类"改"四分类"试点工作，实行厨余垃圾单独收运。建成建筑垃圾资源化利用中心、生活垃圾分拣中心，生活垃圾综合治理能力提升。高质量完成三年农村生活垃圾"干净行动"，至年底，清运处理生活垃圾13万吨，清除农村沟河水面漂浮物和岸坡垃圾杂物20万立方

3月，启动居民小区垃圾“四分类”试点工作　　城管局　供

米，全区250个行政村达到“五无”的整治标准，实现村庄环境卫生从干净向洁净提升。

【提升精细建管能力】　全年共处理城市道路综合巡查案件3322起，结案率100%，保持大市区第一。推进精细化示范创建工作，建成精细化示范点位12个，腾飞路、海洋路网红街区开街运营。4月，盐都区承办全市精细化样板点创建现场会。通过试点先行、以点带面的方式推进乡镇精细化示范创建工作，创成精细化示范社区4个、示范街区10个、示范小区6个，推进城乡环境、市容秩序和配套设施提升。在神州路实行市容秩序协助管理，提高市容管理效率。加大环卫装备投入，新增7辆环卫作业车辆，主要干道全部实行机扫冲洗，城市道路机械化清扫率达95.7%。推进户外广告、亮化设施、道路交通等一系列安全隐患整治，全年未发生一起安全生产事故。坚持文明执法，区级全年办理行政处罚案件24件，无行政复议和行政诉讼败诉案件。

【提高城管服务水平】　2021年，新建公厕21座，改造12座，一体推进城乡公厕建设，创新拓展、丰富公厕服务功能，逐步配套第三卫生间、空调等设施设备，规范公厕管护标准，细化制定公厕长效管护措施。在城市主要道路交叉口增设遮阳挡雨棚18座，为市民等红灯提供遮阳挡雨服务。实施神州路店招店牌提升改造工程和店招店牌安全监管，扮靓城市“天际线”的同时，杜绝店招店牌安全隐患，守护群众“头顶上的安全”。按照放管服改革要求，完成行政许可事项一网通办和便利店一件事改革，让数据多跑路，让群众少跑腿，提高群众办理效率和群众满意度。

【锻造过硬城管铁军】　2021年，开展党史学习教育主题活动和“两在两同”建新功行动，组织“追寻红色记忆，践行使命担当”和“书香城管，共读经典”活动，参观南京党史教育基地、丁晏红色文化展厅和胡乔木生平陈列馆等党史教育“红色课堂”现场教学点。组织开展城管系统“我为群众办实事”活动，累计实施项目17个，收集、销号问题156个，解决好群众关心的小事、实事。做好城管队伍管理，印发《内部管理制度汇编》《城管执法工作手册》《盐城市盐都区城市管理执法规范化建设标准实施办法》，坚持每月组织开展城市管理专项培训，组织人员赴外地参观学习，启用江苏省住房和城乡建设行政执法平台，促进行政执法水平提高。　（李　浩　左武叶）

新农村建设

【概况】　2021年，坚持以乡村振兴战略为引领，开展乡村建设行动，加大农民群众住房条件改善、特色田园乡村建设和传统村落创建力度，共建共享美丽宜居乡村。

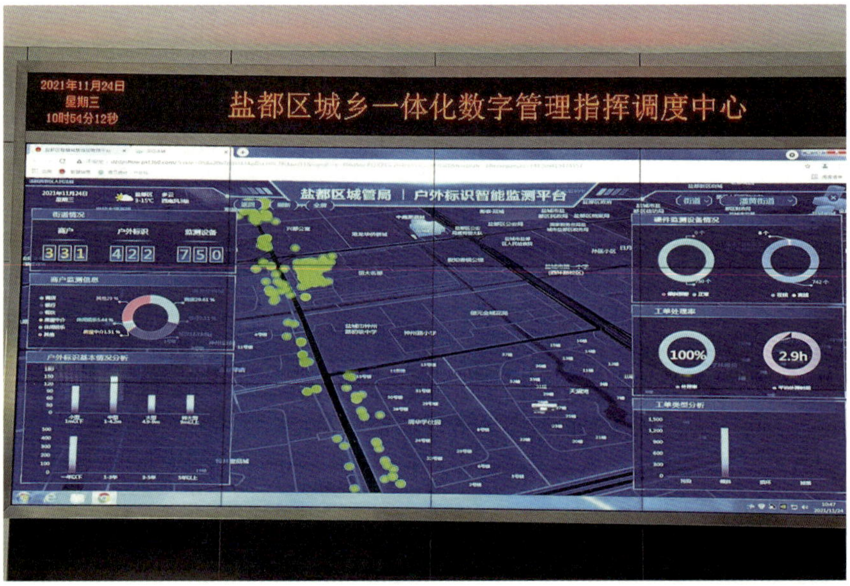

11月，盐城区城乡一体化数字管理指挥调度中心　　城管局　供

【拓建新型农村社区】 2021年，新建大冈丰乐、尚庄联胜等10个新型农村社区，1100户农房主体竣工、分房办证。佳富、塘桥、花季园等新型农村社区集聚规模达300～500户以上。建筑风貌特色化。推广“马头墙”“小飞檐”“小庭院”等特色建筑风格，延续里下河地区“新中式”建筑风貌，同时做好绿化、文化、乡土化等“后半篇文章”，彰显醇美乡村韵味。公共服务配套化。对2020年建设的18个新型农村社区，着重完善健身广场、读书书屋、老年公寓，以及文化娱乐室、医疗卫生室、协商议事室，推动综合配套、服务质量和城乡共享再提升，高分通过省考核验收。全年改善农房3803户，超额完成省、市任务。

10月，尚庄镇塘桥村新型农村社区建设　　农业农村局　供

【创建美丽宜居乡村】 年内，编制S125省级特色田园乡村建设示范带规划，创成台创园三湾、学富周伙2个省级特色田园乡村，创建总数11个，名列全省并列第五。留住美好乡愁记忆。创成学富蒋河、大纵湖三官和胥仇、尚庄古殿堡等4个省级传统村落，创建总数达到11个，名列全市第一。建设美丽宜居乡村。原址翻建修建1393户农房，整治农村1456户C、D级危房安全隐患，完成37户“低收入人群”危房改造，推进4000多户卫浴一体化“厕所革命”，高质量建成157个市区级美丽宜居乡村，绘就乡村振兴新画卷。

【整治农村老旧村庄】 2021年，紧扣“乡村振兴”战略，紧盯“乡村宜居宜业”目标，重抓规划发展村庄，突出“两路一河”沿线老村庄改造，重点实施环境整治、房屋改造、设施配套、公共服务“四项工程”。结合农房改善2.0版，精打细磨“20有”标准，主要针对示范老村庄；结合农房改善1.0版，提出“10没有”标准，主要面向一般老村庄。按照试点先行的原则，年内重点改造10个老村庄，总结经验、示范推广。

3月，整治后的村庄巷道　　农业农村局　供

【探索农房置换新路】 年内，在尚庄镇塘桥村选取一危房户和同村的一空关户开展农房产权置换试点。镇村干部在匹配置换对象后，审查双方的户口本、身份证、土地证、房产证等基础材料，指导双方协商交易价格，签订房屋产权置换协议，最终危房户补偿8.5万元给空关户，完成农房产权置换手续。10月12日，盐都区首本农村“危旧房”置换“空关房”不动产权证书在盐都区行政审批局发放，在全省尚属首例。

【推广共同缔造经验】 年内，结合农村人居环境整治五年行动、苏北农房条件改善、建设美丽宜居乡村等专项行动，运用共同缔造的理念，打造盐渎花吉、大冈佳富、尚庄塘桥、秦南千秋、学富蒋河等一批新型社区试点项目，指导基层从新村建设、老村整治、危房改造、厕所革命、河道疏浚、路灯绿化、物业管理等实事小事做起，试点示范、以点带面，扩大辐射范围，郭猛杨侍、潘黄仰徐、大纵湖三官、龙冈张本、学富周伙等村也都推进共同缔造工作。（朱　进）

【提升人居环境】 年初，启动农村人居环境整治提升五年行动，推进农村厕所革命、农村生活污水处理等重点工程，全区无害化户厕普及率达97.05%,61个行政村农村生活污水处理设施建成并投入使用,建有污水处理设施的行政村占比达100%,农村生活垃圾无害化处理率达100%,实现"日产日清"。新创成市级农村人居环境整治提升示范村3个。

【创建品牌特色】 5月,获得2025年第十届世界草莓大会举办权,楼王镇入选全国乡村特色产业十亿元镇,潘黄新民村获评全国"一村一品"示范村,尚庄塘桥村获评全国乡村治理示范村,盐都食品加工产业园入选省农产品加工集中区示范典型案例。

【实施重大项目】 年内,新实施3000万元以上农业项目10个,其中超亿元项目3个。草房子乐园、嘉士伯啤酒等亿元项目建成运营,乡村产业发展成果获央视报道。 (唐亚东)

交通运输

【概况】 2021年,加快交通基础设施建设,打造亮点、培树品牌,实现"十四五"良好开局,获市局综合先进单位和区综合先进奖。交通重点工程稳步推进。推进阜溧高速公路建设;服务大庆路西延工程,配合做好征地拆迁,化解地方矛盾,为工程建设奠定基础;完成36千米旅游公路2号和5号线延伸段建设,提升重要道路绿化;提前一年完成59座航道桥梁隐患治理,全市航道船舶碰撞桥梁隐患治理工作现场会在盐都区召开;投资1.04亿元完成139座农村公路危桥改造项目,投资9950万元完成24条58千米农村公路升级改造,投资9300万元完成125省道绿化提升工程,投资1600万元完成凤天路项目建设。品牌创建工作落地见效。完善全国城乡交通运输一体化示范县创建实施方案,盐都区被交通运输部确定创建单位;加快农村物流产业发展,在获全省农村物流示范县后申报全国农村物流服务品牌,"客货同网"品牌获交通运输部联合国家邮政局评选的第二批全国农村物流服务品牌;深化"盐途美"农村公路品牌成果,参与全国2021年度十大最美农村路评选,康庄大道获最美农村路月度之"经济腾飞发展路"。聚焦民生完善服务举措。全年承办人大代表建议、政协委员提案28件,内容涵盖交通运输建、管、养、运各环节,所有交办的代表委员建议全部按时按质按量依法办结。承担创建文明城市所涉任务,做好公交站台公益广告定期更换、公交车辆视频宣传等活动,"红马甲"常态化开展志愿服务活动,助力全国文明典范城市创建工作。

【开展志愿服务活动】 3月5日,参与"学雷锋践初心、向建党百年献礼"主题活动,组织红马甲志愿者服务队开展"爱心护学、交通人在行动"志愿服务,弘扬"奉献、友爱、互助、进步"的志愿服务精神,争做新时代雷锋传人。16名志愿者在神州路小学附近道路和校门口,维持交通秩序,维护学校周边道路交通安全畅通,劝导家长有序停放车辆,主动引领学生进入绿色通道入园,与学校值班老师一起为孩子们的安全保驾护航。

11月,新建桥梁外景图 交运局 供

【开展党史学习活动】 3月25日,启动全系统党史学习教育活动,先后4次开展党史学习教育专题学习。5月25日,举办党史教育专题班,邀请市委党校教授李德新对全系统党员干部作党史学习报告,从为什么要开展党史学习教育、如何科学准确把握百年党史和怎样揭示弘扬历史经验规律三个方面讲述中国共产党的发展史。5月、6月分别组织党员干部赴西柏坡和金寨等红色教育基地,开展实境教育。10月,组织党员干部赴南京观看江苏党的百年历史图片展。围绕交通运输工作实际,组织开展"我能为交通做什么"大讨论,担负起交通人的责任和担当。把开展党史学习教育与解决基层群众诉求相结合,完成139座危桥改造和80千米农村公路生命防护工程;增设331省道晓庄公站台,完成331省与万家村道口改造,增设交通信号标志灯,对原万家公交站台进行合理迁移。

【解决圆通公司快件积压事件】 3月,因圆通快递高新区分公司资金周转困难,无法发放快递员工资和支付相关运输费用,导致员工罢工,形成2.7万余件快递积压无法派送。事件发生后,区交通运输局与属地盐渎街道协调相关矛盾,促成圆通省公司进驻盐城后,下拨300万元给市快递业协会作为保证金(含发放员工薪资),保障100余名快递从业人员的劳动合法权益。

【"十大最美农村路"活动】 5月,推选全国2021年度"十大最美农村路"活动开始,分为路线申报、网络推选和终评三个阶段。其中,网络推选阶段围绕六月主题"经济腾飞发展路"、七月主题"红色之旅初心路"、八月主题"平安绿色放心路"、九月主题"百城千镇智慧路"、十月主题“诗情画意旅游路”、十一月主题“幸福生活小康路”,开展“十大最美农村路”月度推选,入围月度TOP10的路线,即可进入终评阶段。截至6月30日,全国共有31条路线参与6月的“经济腾飞发展路”月度推选,区康庄大道(新塘线东段)参与评选,进入TOP10路线。

【筑牢疫情防控防线】 7—8月,在抗击新冠肺炎疫情防控期间,作为全区交通管控组的牵头部门,发挥职能作用,落实交通防控措施,完善《交通管控组新冠肺炎疫情常态化防控工作方案》,在4个高速出口和4个省道与邻市交界处设立8个交通查验点,实行24小时值守检查,落实“严防输入”的低风险区总体防控策略,被市委、市政府表彰为“抗击疫情先进单位”。

【“客货同网”服务品牌】 8月,由交通运输部联合国家邮政局组织专家对各省提交的农村物流服务品牌申报材料进行评审,拟确定35个农村物流服务品牌(第二批),在交通运输部网站给予公布,盐都区“客货同网”农村物流服务品牌名列其中。

【优化城乡客运发展】 年内,推进城乡公交一体化,做到市镇公交与镇村公交规划一张网,优化3条公交线路,新增6座镇村公交站台;加快城市公交回转场与长途汽车客运站的整合步伐,开通B4、B6等城市公交线路,在盐城客运西站增设公交换乘点,使长途客运与城乡公交、出租汽车“零”换乘、无缝对接;投资1500万元在全区414座公交站台安装监控装置,与公安联网,有效监控公交超速、疲劳驾驶等违章行为。

【公路养护取得实效】 年内,创新养护规范管理,提高养护作业水平,推进精细化养护、机械化养护、全面养护和预防性养护,全年清扫国省干线路面3万多千米,完成市公路中心对盐都区231省道和204国道损坏严重路段大中修计划,投资9080万元维修路面22.66万平方米;顺利完成冈中工区和滨湖工区建设任务,通过省、市主管部门验收;办理国省道涉路施工许可10件,县乡道涉路施工许可11件,办理道路货物运输经营许可187件,办理大件运输903件。

【创新快递进村模式】 年内,落实国家邮政局《快递进村三年行动方案》,健全区、镇、村三级寄递服务体系,补齐农村寄递物流短板,探索“快递进村”有效措施,完成秦南、尚庄和龙冈3个镇“快递进村”试点工作,取得初步成效。

【“双招双引”】 年内,细化全年招商引资目标任务,优化“双招双引”方式,树立“没有与招商无关的部门、没有与招商无关的个人”的理念,引进总投资5380万元的海鲨湾海鲜会馆项目。实施人才强区战略,落实“黄海明珠”人才引进行动计划,引进6名“名校优生”,招录10名高校毕业生。

【保持行业安全稳定】 年内,坚持安全生产“党政同责、一岗双责、失职追责”,落实安全生产主体责任和监管责任;开展“两客一危”整治,排查交通工程隐患,发现问题282处,按规定落实闭环处理。开展临水无防护设施路段排查,投入2400万元完成80千米农村公路生命防护工程。强化邮政快递企业及末端网点检查,累计开展专项检查65人次,检查企业及末端网点18家,一般隐患立查立改。

【提前完成码头拆除任务】 年内,开展内河非法码头专项整治行动,成立工作专班,组织协调联动,形成工作合力,组织力量对全区内河航道沿线码头开展排查,排查出等级航道沿线非法码头17处,对非法码头的分布、业主、经营状况、设立时间、设立缘由等情况,登记汇总成非法码头摸底台账。对排查出的非法码头,会同相关部门依据《中华人民共和国水法》《中华人民共和国水污染防治法》《中华人民共和国港口法》等相关法律法规进行研判,确定规范提升5座,拆除取缔12座。至12月上旬,提前完成非法码头拆除整治任务,改善境内水域环境。

(王银忠)

供　　电

【概况】 公司全年完成供电量30.77亿千瓦时、售电量29.67亿千瓦时,分别增长16.66%、16.9 0 %。

【安全生产稳定】 年内,协同区政府举办盐都区大面积停电事件演练,实现电力抢修协同联动和快速处置,锻炼和检验大面积停电事件快速响应能力,开展建党一百周年保电专项检查等一系列安全隐患大排查大整治工作,提升电力设施安全管控水平。协同盐都区政府召开

11月,盐都区镇村公交车运营　　交运局　供

9月，盐都供电服务中心对地下配电房设备巡视　　供电局　供

全区电力防触电防外破工作会议，以行政力量推动全区防触电防外破工作统一规划部署。

【改善电网基础】 年内，开展配电网“频繁停电治理百日攻坚”专项行动，压降设备故障率，消除高故障线路缺陷隐患，降低线路跳闸次数和用户故障停电时间。推进配农网改造，结合停电检修工作开展设备绝缘改造，加快用户资产分界点处开关更换改造，提升配网运行稳定性。建立配电运检抢修一体化网格驻点，在管辖范围内设立多个抢修一体化网格驻点，提升中心中低压配电网运维、检修、抢修管理水平。

【优化营商环境】 年内，服务政府重点工程项目，完成大数据产业园、普天5G产业园、康佳电子等一批重点项目接电投运工作。推广“三零”“三省”服务，累计投资2600万元。与政府协同联动建立合理机制，跟踪监测分析重点行业、重点企业用电量，以新都街道为“开门接电”示范区，为区域内商业综合项目、小微企业等实现“开门接电”，优化电力营商环境。

【强化党的建设】 年内，修订完善中心规章制度，明确党委前置研究重大经营管理事项清单，确保党委“把方向、管大局、促落实”作用发挥。开展“学党史、悟思想、办实事、开新局”党史学习教育，完成14个“我为群众办实事”项目，其中盐南高新区新建5座充电站项目被评为市供电公司重点项目。定期开展党的组织生活，完成两级党委、支部的换届工作，推进离退休党员党组织关系转地方工作，开展供电所党建工作调研，组织实施“三桥”专项行动，组织参观盐城新四军纪念馆、东台三仓烈士陵园、盐都革命陈列馆等形式多样的党日活动。

【加强人才队伍培养】 年内，建立完善青工成长成才机制，制定青年员工5年成长计划，试点开展专业轮岗、职工交叉挂职锻炼工作，培养复合型人才队伍。搭建青工成长平台，分批次召开青年员工座谈会，为青年员工快速成长提供导航指引。发挥典型示范作用，中心获2021年度全区目标任务综合考核“综合先进集体”“盐城市2021年用电检查职业技能竞赛团体二等奖”，宋红浩劳模工作室获得江苏省电力有限公司“职工创新工作室”表彰，大冈供电所、大纵湖供电所、郭猛供电所、西区供电所获得“2019—2020年度盐城市文明单位”表彰，西区供电所获得江苏省电力有限公司2021年五星级乡镇供电所表彰；项目《新型光伏微逆变器的研发》获“2021年度质量技术优秀奖”“中国质量创新与改进成果发表交流活动示范级成果”奖项，故事《QC之灯放光明》获得“第五届全国QC小组故事大赛（江苏赛区）三等奖”，盐都区优山美地二期供配电工程获江苏省电力有限公司“2021年二、三季度居配质量管理流动红旗”；宋红浩获评“江苏省优秀共产党员”、国网公司“十佳服务之星”“盐城市劳动模范”称号，单娇娇获得“盐城市五一巾帼标兵”表彰，吴玉烨、刘毅获得“盐城市五一劳动奖章”表彰，吴玉烨获得“盐城市最美女工”“盐城市优秀工会工作者”称号，朱城澍获得“盐城市五一创新能手”称号，孙维锋获得江苏省电力有限公司优秀党务工作者称号，曹磊获得江苏省电力有限公司“2019—2020年度优秀共青团干部”称号，王晶获得江苏省农电有限公司“2020年度先进工作者”称号。赵亚尖获得“盐都区五一劳动奖章”。盐城供电公司表彰盐都供电服务中心为“2021年度安全生产先进单位”，表彰大冈供电所、楼王供电所、尚庄供电所为“2021年四星级乡镇供电所”，表彰楼王供电所采集运维班、楼王供电所营业班为“2021年度四星级标准化班组”，表彰中心配电运检一班为“工人先锋号”“安全生产先进集体”，表彰朱城澍、王伟之为“先进个人”，表彰王瑀、田媛媛为“优秀党务工作者”，表彰李春、刘磊为“优秀共产党员”。

（陈靓婧）

信息化建设

电子政务管理

【概况】　2021年，区电子政务管理办公室推进全区“互联网+政务服务”工作，统一电子政务网络，推进资源整合，在优化群众办事流程、畅通政务服务渠道、提升政务服务效能等方面取得实效。

【电子政务外网整合迁移】　2021年，全区党政机关、企事业单位等210家共10余个应用系统有序迁入电子政务外网，共建电子政务外网账号1400余个，逐步实现非涉密系统向电子政务外网迁移的目标。同时，全区250个村居开通电子政务外网，部分村居实现场景应用。

【推进电子政务外网应用】　年内，依托电子政务外网，实现政务服务事项区、镇、村三级全覆盖，提供事项清单、办事指南、政务地图等功能，实现政务服务事项“一网通办”。统一中国盐都网与江苏政务服务网盐都旗舰店用户身份认证，解决企业和群众办事在不同平台重复注册验证等问题，实现“一次认证、全网通办”。

【加强网络安全维护】　全年，聚焦做好庆祝建党100周年网络安全保障工作这条主线，区电子政务办开展网络安全专项检查，为庆祝建党100周年提供坚实可靠的网络安全环境。加强日常监测、预警、应急处置及电子政务系统安全测评，落实信息安全等级保护、涉密信息系统分级保护及风险评估制度，定期开展信息安全风险评估和安全联合检查，开展网络安全应急处置演练，构建“实时监测、及时预警、联动处置、跟踪整改”的安全保障体系。　（周晶晶）

邮　　政

【概况】　2021年，盐都区分公司在压降存量、降低新增2年定期的攻势下，有1.3亿新增资金由定期2年向定期1年或活期转化，同时年均活期余额在项目的推动下拉升，年均活期占比较上年提升1.5个百分点，年末综合利差由20年98.5元/万提升至100.5元/万。邮银融合、信用村建设初见雏形。三四季度，打造北龙港潭田、潭溪、冈中花吉、郭猛仰徐等多个信用村，授信2000余人、放款资金达1500余万元。信用卡业务率先完成全年目标。

【业务收入完成情况】　2021年，盐都区分公司累计实现业务收入10179万元，完成全年计划的96.5%，较去年增长5.36%。其中，金融收入9112万元，完成计划的96.4%，较去年增长5.75%；邮务收入目标1075万元，实现1058.71万元，完成计划的98%。

【专业收入完成情况】　各专业收入完成情况如下：

专业收入完成情况表

表3

	金融收入			函件	窗口特快	报刊	集邮	分销
	总收入	利差	保险					
目　标	9450	—	—	55	45	180	80	715
实　绩	9112	6071	2591	52.9	46.4	180.19	68.82	710.4
完成率	96.4%	—	—	96.2%	103%	100.1%	82.9%	99.36%

【资产类指标完成情况】　2021年，年均余额净增5.41亿元，其中（时点）定期存款净增6.4亿元（较去年同期多增0.3亿元）、活期存款流失1.98亿元（受年初冲刺影响），年度新增完成率为90.2%（目标6亿元）；全年保费3.11亿元，同比+12%；标准保费7.3亿元，同比+16%，其中中邮长期交销售1806万元。重点项

目：手机银行净增实绩1.55万户，完成全年目标的103%；手机银行月活1.82万户，完成目标的101%；快捷绑卡净增实绩1.53万户，完成全年目标的77%。简易险实绩销售68.95万元，完成全年目标113%。中邮证券净增31户，完成全年目标152%。有效价值商户结存规模1936户，完成全年目标109%。

【邮务板块指标完成情况】 2021年，盐城市盐都区市场监督管理局成功开发路演宣传等业务，形成收入约16.8万元；盐城住房公积金管理中心新媒体业务等其他业务收入5万元；盐都税务局、盐都市场监督管理局、保险公司、光大银行等单位和个人客户销售旅游年卡约20万元；光大银行、盐城住房公积金管理中心、大纵湖小学、大纵湖中学等单位销售蛋糕卡约10万元。报刊：盐都区农业农村局、盐城住房公积金管理中心、盐都市场监督管理局、盐城市残疾人联合会、各乡镇政府等单位销售党史图书约30万元。打造农业农村局图书室，销售图书3万元码洋。集邮：新邮预订收入约20万元，集邮2场地推活动形成收入约46万元，盐都区建筑行业协会开发邮品形成收入约3万元，个性化邮票完成2300版，形成收入9.2万元，个性化邮票完成率100%。

【渠道平台指标完成情况】 2021年，代办车险2001户，车险计划2000户，完成率100%。计划中秋销售180万元，活动完成销售月饼127万元，快消品60万元，合计187万元，目标完成率104%。夏季啤酒线上订购会，经前期访销活动，线上订货氛围浓烈，支局长及加盟店主积极参与，至9月底，共销售啤酒2.8万箱，销售额71.2万元。完成市公司计划的92%。粽情端午：开发团购客户4户，共销售礼包、酒水103万元（其中啤酒59万元），计划完成率101%。大单品销售：销售红牛3170箱，超级纯牛奶825提，销售额39万元。计划完成率102%。农资项目：全年召开线下订货会5场，线上订货会1场，全年销售农资1020吨300万元，完成市公司农资目标140%。警邮业务：全年办理警邮业务2201笔，金额37684元。

【寄递业务指标完成情况】 2021年，寄递业务收入计划45万元，累计完成46.4万元，计划完成率103%。区分公司结合2021年惠农工作要求，开发尚庄番茄、楼王萌桃、葛武葡萄等农产品寄递项目。平常函件外部跟段检查达标率、接转点检查参与率、农村约投挂号及时妥投率、关键点扫描率、道段监控率、投递网点应用率、标准快递当频妥投率、问题邮件一解率、异常邮件及时解决率等指标全部达标。

【惠农业务指标完成情况】 2021年，协助农业农村局成立盐城市家庭农场协会盐都分会，协会共有55名会员。全年完成家庭农场信息监测3728户，完成目标100%。21年全区对合作社单位、家庭农场主开展走访，实地了解合作社、家庭农场主实际寄递需求，成功开发楼王萌桃、葛武葡萄、尚庄番茄等农产品寄递，形成农产品寄递业务收入21万元。全年家庭农场协会会员销售分销农资6户，累计销售农资316吨，占比31%。

【加强教育培训】 年内，结合盐都实际，梳理所有人员持证情况，明确目标，实现有的放矢，及时发布考试相关信息，结合区公司实际开展形式多样的素质提升工作。督促相关人员加强理论知识复习，增加操作练习频次，报名参加考前培训和考试。报考技师1人、邮储高级4人、投递高级1人、理财经理12人。

【加强基层党员管理】 年内，组织参加政府创文工作，参观新四军重建军部，通过"助残"邮路、"禁毒"邮路、"食安邮路"等多种形式履行邮政社会义务，提升邮政企业形象。疫情防控期间，组织党员突击队驰援支局旺季营销和疫情防控工作，涌现一批先进个人。2021年省邮政"两优一先"活动中，楼王戚海波被评为省优秀党员。盐都区分公司被评为2021年盐城市五一劳动奖状。楼王支局投递员王元，投递过程中，火中勇救被困老人，被评为"盐都好人"。

【重点客群维护】 年内，推进"特色经济"项目落地，每月定期组织开展"一局一策""一点一策"方案会审。指导网点根据当地的特色经济、特色客群，制定符合实际、行之有效的发展策略，推进网点的客群经营，加强过程督导，确保营销项目有效落地。区分公司全年走访建档4.24万户，同时借鉴兴化局，重抓"河蟹项目"，成立专属项目组，每日进行该部分客群的维护开发工作。对1万公顷蟹塘1059户实现重点开发，揽收资金目标约3800万元。

【政务类图书市场】 2021年，全区开发政务类图书市场，区分公对区农业农村局、盐城住房公积金管理中心、区市场监督管理局、盐城市残疾人联合会成功洽

6月，参观新四军重建军部　　邮政公司　供

谈政务类图书用书，各乡镇支局拜访当地校园、企事业单位，累计销售政务类图书50万元，销售七进图书13万元。

【函件传媒业务】 年内，全区支局通过场景营销打造，全年销售旅游年卡1700张，形成约28万元业务收入。区公司为盐城市盐都区市场监督管理局承办食品安全周活动，形成收入约6万元。郭猛支局拦截非法出版物7件(本)，张庄拦截收寄有不当言论的信件7封，受到市邮管局、市公司的表扬。

【试点邮快合作】 12月，在市区邮管局的要求、协调下，由盐都区邮政分公司牵头，整合圆通、申通、中通、韵达等快递公司，在尚庄、秦南两镇进行试点邮快合作。12月15日，尚庄12个建制村、秦南14个建制村，建成"邮快合作"自提点，并开始运作。尚庄12个村日均进口400件左右，秦南14个村日均进口400件左右，26个"邮快合作"自提点运作正常。

(郭林勇)

电　　信

【概况】 2021年，盐都区电信局以开展党史学习教育为契机，以"我为群众办实事"为载体，以收入提升为核心，聚焦份额提升、5G规模发展和新兴业务拓展。

【总体指标完成情况】 2021年，认领收入目标18262万元，其中码号收入16012万元，项目型收入2250万元。收入完成情况：至10月，业务收入累计完成收入14764万元，完成80.84%。其中，码号收入累计完成收入13325万元，完成83.21%；项目型收入累计完成1439万元，完成64.0%。业务量完成情况：2021年天翼净增5021部，宽带净增4949部；2021年天翼新增22774部，宽带新增12868部；itv新增5892部，其中5G套餐共8367部。智家发展：Wi-Fi新增13909部；天翼看家新增7630部。存量价值提升：4G升5G用户新增7233户，价值提升369747元。

3月，助力疫情防控工作　　电信局　供

【重大商机签约情况】 1—11月，ICT项目累计签约65单，签约收入3343万元，创历史新高；企业上云维持良性发展，工业互联网签约实现零的突破。2021年盐都签约实施7个乡镇的智慧小区建设，金额1300多万元，带动基础专线业务67条；上网一个乡镇智慧小区项目，金额近200万元。

【企业上云业务】 2021年，新增签约收入约300万元，全年形收入97.5万元。2021年初，重视5G+云MES项目，区局组织人员解读配置套的产品形成协议模板，培训所有支局长，督促走访当地客户，2021年共签约云MES项目3单，签约收入约87.3万元。

【签约单位云MES】 年内，签约江苏方意汽车配件股份有限公司等单位云MES，实现盐都区局工业互联网零的突破。年初，组织支局长和客户经理进行MES业务培训，布置MES营销工作，支局长和客户经理摸排客户，挖掘商机。3月，安排方意汽配等目标客户到无锡海宝公司观摩、学习交流，成立由海宝公司专家、电信支撑及客户经理组成的专业团队，正式启动盐都的MES项目。8月，签约方意汽配、福海电子、苏力机械3单MES业务，累计签约87.3万元，其中方意汽配64.8万元。与康佳芯云半导体科技(盐城)有限公司、江苏群力技术有限公司、盐城国投中科新能源科技有限公司签约5G战略协议。

【疫情防控工作】 在防疫期间，区电信局共计发放支局营业厅、装维经理、门店经理口罩达3500多个、一次性手套700个、84消毒液等防疫物资，保障营业厅每天的清毒及正常营业。

【防诈防骚扰工作】 年初，根据《国务院打击治理电信网络新型违法犯罪工作部际联席会议办公室"断卡行动"》要求。加强组织领导，成立专项工作小组，成员35人。加强代理商管理，首先抓现有代理商65个代理商，72个门店，143个营业员做起。加强培训，业务辅导，考试等，每一个过程必须抓实，尤其是业务受理关，必须100%实名制。对新入网疑似风险号码加强监控，重点是风险用户(学生、老年人等)办理，监控到区域、渠道。通过对被举报号码案例分析，完善事前、事中的风险措施，形成闭环。落实加载诈骗电话、骚扰电话及垃圾短信违规及涉诈涉案涉诉用户黑名单制度。

【优化渠道布局】 年内，城市划小承包，以新建社区店为主。农村锁定重点乡镇核心商圈建大店为主线。全年共新建7家门店，其中社区店2家。自有主厅收回自营7家。承接市公司各项营销活动，分城市、农村两条线，落实专人牵头组织，上半年带领门店一线营销人员每周四至周六开展3天走出去深耕活动，锁定低渗透小区、村、人流密集的集贸市场进行异网策反活动；下半年聚焦生态异业合作，城市包片店加载快递引人流，农村电信门店对应快递店，定时定人员驻店助销找人流。每月针对每个支局低产能门店进行一对一盘活，提升门店产能，提高代理商的主动性。

【新量规模发展】 年内，明确重点业务分场景侧重营销：自有主厅、社区店利用主推5G融合189（双智家）及以上高值套餐发展，高速宽带引领；乡镇商圈卖场店侧重5G终端及生态异业合作橙分期引领，卡槽争夺；城市结合数字化综合网格建设，利用沙盘精准派单，打造“Wi-Fi”示范小区建设。

【做实存量保有】 年内，围绕存量客户运营，开展主拆挽留、4G升5G价值提升迁改、包年转5G融合续约、全量欠停离网激活等活动。通过智呼平台派单到各门店超7万条。定期开展专项活动，推进单进融、融加融、存量加智家、同城宽带等，规模拉动新量的发展。每月按照时间节点派单至支局、到店、到人。对各类目标用户派单，门店执行，门店经理每天闭环检查，每月通报点评考核。

【承接“云改数转”工作】 1—11月，DICT项目签约企业上云65单，签约收入3343万元，其中含云收入35单，含云收入205万元。1—11月，累计完成B收入399.8万元，比上年同期增长8.58%。1—11月，累计签约8个镇、3个街道，办理天翼看家3854部，拉动宽带2185部，月新增收入12万元。

【加快网络优化建设】 年初，市公司下达盐都2021年工程投资预算1031.1万元，至11月底，立项905.5万元，立项比例88%，完成投资761万元，完成比例74%，12月底将精确完成全年预算。2021年新增FTTH端口6188个，累计到达204065个，实占端口129828个，实占率达63.62%；重点加快10GEPON部署，新增10GEPON端口1280个，新建7台政企OTN设备，有效支撑高带宽业务发展；加快移动网建设进度，累计开通5G站点96个、5G室分站点29个、4G站点13个、4G室分站点27个，支撑5G业务发展。

【开展网络优化工作】 2021年，加快OLT上行10G改造，完成义丰大范、大冈戴伙等5台中兴C300上行10G改造，剩余7台千兆上行中兴OLT计划在年底前完成改造；完成12台DC交换机升版割接工作；优化调整恒大名都、葛武寺刘、葛武郝荣、义丰大范四个点共计5台OLT搬迁工作，将容量较小局站实现无源化；为支撑三千兆业务发展，累计割接万兆PON口3252个，盘活存量资源金额约380万元，万兆PON口承载千兆用户能力明显提升，由年初0.45个用户/每万兆口提升至2.5个用户/每万兆口，较好地支撑三千兆业务发展。做好光衰整治工作，11月底，光衰指标为97.21%，达到省公司97%的指标要求。

【网络安全隐患整治】 年内，完成龙冈局B2搬迁至马沟局、郭猛局B1搬迁到大冈局优化工作，消除两个局站B对同址的网络安全隐患；完成义丰大范、北龙港、大纵湖、龙冈大潘等7个接入网OLT上联双路由改造，市公司派单OLT双路由异常工单全部整改到位；做好远程桌面隐患整治、内网IP地址纳管整治工作；做好线路巡视看护、交底工作，全年完成150次现场对接，提高线路防障能力。

【通信保障工作】 2021年，安装入网7台政企OTN设备，累计开通10条农业银行网点到南京省行电路；完成盐都乡镇村镇办、农经站、环保监测、智慧小区等批量数字电路、VPN专线业务开通工作；配合完成盐都公安局四级网和感知网提速升级改造工作；保障支撑盐都水务局到14个乡镇的视频会议电路业务；完成2021年中考保障、盐城市城北改造集中开工仪式盐都分会场云视频会议保障等42次通信保障任务，支撑政企客户需求。

【加强装维服务质量管控】 2021年，针对盐都装维服务工作中存在的问题，结合市公司相关要求，优化调整区局装维中心职责，制定下发《关于开展“重塑装维服务”专项活动的通知》《关于实行装维服务执照的通知》等一系列文件，强化装维服务质量的过程管控，装维服务水平有明显的提升。定期组织装维新学员、技能落后人员参加技能培训与考核，提升业务能力；抽选优秀装维人员集中培训，参加市公司技能竞赛选拔，在2021年省公司组织的智慧家庭服务工程师技能竞赛中，盐都区局装维人员胡玉彬获省公司竞赛二等奖。

【落实安全责任】 年内，制定下发《关于明确盐都区局安全生产、治安防范组织成员及机房安全管理职责的通知》《关于加强装维安全管理的通知》《盐都区局关于进一步做好疫情防控工作的紧急通知》等文件，每月制定安全月度工作计划，组织召开支局长、装维班组长和外协单位安全会议，提升各级人员的安全意识和安全技能水平，做好安全隐患的排查和整治工作，确保员工人身、公司财产的生产安全。

【发挥基层党支部作用】 8月6日13:29，区电信局接到盐都公安局疫情防控图像网2个接入点紧急开通需求。紧急制定实施方案，安排人员加班加点施工。区电信局长陈为众带队上门调试，仓青山负责支撑，陈斌带队布放光缆，21:10开通电路。8月7日0:14，政企部王书荣接到盐都公安局电话，副区长王柱军在锦江都城大酒店现场，要求将一楼图像网接到十二楼。维护部当天1:30完成图像网延伸工作。8月13日10:00，隔离点格林豪泰酒店ETV障碍，盐龙支局装维班长凌玉穿上防护服上门排障。

【助力疫情防控】 年内，助力地方联防联控共抗疫情，安排支局长主动与当地政府联系，主动提出通过短信群发，帮街道、社区做抗疫知识宣传及核酸检测通知等工作。张庄、龙冈、楼王、盐渎等乡镇街道提出合作需求，支局长立即响应，当天开通短信平台，指导使用。至8月12日，仅楼王镇就发送短信约30万条，百万电信短信，助添抗疫力量。结合疫情防控要求，区相关部门需对辖区内民众进行疫情防控宣传。客户经理向区公安分局推荐来电名片业务，8月3日，开通1500元来电名片一个。 （朱保文）

农　　业

◆综　　述
◆农业产业化
◆种 植 业
◆畜 牧 业
◆水产养殖业
◆果蔬园艺业
◆林果特产业与蚕桑种植
◆农副产品加工与销售
◆农业科学研究
◆农业机械化与招商引资
◆农业综合执法
◆水利建设
◆防汛抗旱

综　述

【概况】　2021年，全区围绕建设“四个示范区”、实现“五个走前列”目标，以乡村振兴战略为总抓手，推动农业农村各项重点工作，在十四五开局之年保持高质量平稳发展势头。创成全国“平安农机”示范县、全国农作物病虫害绿色防控示范县、全国县域农业农村信息化发展先进县，获全省乡村振兴实绩考核县级综合排名第一等次。

（孙岩林）

【获多项表彰】　2021年，农科所被中共盐城市委表彰，获“先进基层党组织”称号，被盐城市总工会表彰，获“模范职工小家”称号。1人被江苏省妇女联合会表彰，获江苏省“最美家庭”称号，1人被中共盐城市委组织部表彰，获“盐城市十佳科技标兵”称号，2人被盐城市总工会表彰，获盐城市“五一劳动奖章”和盐城市“五一创新能手”称号；3人被盐城市农业农村局表彰，获“盐城市粮油作物技术推广标兵”“盐城市粮油作物技术推广先进个人”“盐城市农业农村信息化职业技能竞赛先进个人”称号。

（郭　红）

农业产业化

【概况】　至年底，全区规模农业龙头企业发展到172家，其中省级农业产业化龙头企业10家，市级农业产业化龙头企业36家，年销售收入365.5亿元。区“不老松”农业科技服务团提供技术指导。盐都农产品加工集中区入选江苏省农产品加工集中区示范典型案例。至年底，共有农民专业合作社624家，入社人数11.47万人，年经营收入31亿元，入选国家农民合作社质量提升整县推进试点，秦南镇农业综合服务专业合作社入选全国农民合作社典型案例。休闲农业蓬勃发展，设计编排的夏季赏荷摘果游花海之旅入选中国美丽乡村休闲旅游行(夏季)精品景点线路，成为盐城唯一入选的夏季精品线路，全年举办各类农事节庆23场，休闲农业年接待游客超720万人次，实现旅游综合收入超34亿元。

【争牌创牌】　年内，潘黄街道新民村(草莓)入选第十一批全国“一村一品”示范村镇和2021年全国乡村特色产业亿元村，楼王镇入选2021年全国乡村特色产业十亿元镇。盐城市盐都区秦南镇农业综合服务专业合作社、盐城市盐都区大纵湖镇农

9月，区“不老松”农业科技服务团提供技术指导　　农业农村局　供

业综合服务专业合作社、盐城市盐都区邵氏水产养殖专业合作社、盐城市盐都区加兵农机专业合作社创成国家级合作社示范社。江苏祥圣食品科技有限公司、江苏盐粮控股集团有限公司、盐城呈祥园艺育苗有限公司创成省级农业产业化龙头企业。大纵湖湖塘花海主题创意园、潘黄北京庄园乡村休闲主题创意园获评省主题创意农园，台创园台海花卉港获评省农耕实践基地，三官农庄获评省康美基地。盐城市隆顺现代农业发展有限公司、江苏润都旅游发展有限公司、江苏省盐城市大纵湖湖区资源开发有限公司、盐城市北京庄园生态农业有限公司获评省星级休闲农业与乡村旅游示范企业称号。

【农产品加工集中区和项目建设】 2021年，盐都农产品加工集中区新入驻企业4家，分别是嘉士伯啤酒（江苏）有限公司、盐城三泰食品有限公司、江苏宇公食品有限公司、江苏涛生药业有限公司，全部入驻企业达到25家，累计投资额18.1亿元。全年新开工建设千万元以上农产品加工项目13个，总投资4.06亿元，其中亿元项目2个，为嘉士伯啤酒加工项目（一期）和维斯汉饮料加工项目。

（黄天云　张旭亮）

种植业

【概况】 2021年，全区上下围绕“粮食增产、农业增效、农民增收”的总体目标，贯彻落实中央、省市关于抓好粮食生产工作的决策部署，实施“藏粮于地、藏粮于技”战略，遏制耕地“非粮化”，加强项目建设示范引领，重抓关键技术措施落实，落实惠农补贴发放，克服灾害性天气、病虫害大发生以及农资成本上涨等给粮食生产带来的不利影响，全年实现粮食面积64460公顷、平均每公顷产量7307.12千克、总产47.1万吨，高质高效完成粮食安全生产目标任务。

【粮食生产保持稳定】 2021年，夏收小麦面积29570公顷，平均每公顷产量5729.29千克，小麦综合售价每千克2.44元，比上年增加0.24元；每公顷纯效益4754.46元，比上年增加1063.85元，增28.8%。秋收水稻面积30580公顷，平均每公顷产量9396.11千克，比上年增加204千克，增加0.14%；稻谷综合售价每千克2.6元左右，较上年同期略减，化肥价格大幅上涨，收割费平均高100元左右，生产成本大幅提升，水稻生产效益下滑。

【创建水稻绿色高质高效示范片】 年内，在秦南镇和盐龙街道创建2个5000亩示范片，在大纵湖镇、龙冈镇、大冈镇、郭猛镇、尚庄镇和台创园共创建6个千亩示范片，完成省下达的创建任务。10月26日，江苏省农业技术推广总站组织专家对龙冈镇黄庄村核心示范方进行实产抽测，每公顷产量达11431.5千克。区农业农村局组织人员对所有示范片核心区进行实产抽测，平均每公顷产量10509千克，全部完成产量目标。

8月，楼王镇稻田景观画　　农业农村局　供

【参评“江苏好大米”】 年内，全区选送4个稻米样品参加第五届前黄杯“江苏好大米”评选，均获奖项，盐城市盐都区盐康家庭农场“虾粳香”有机米获“江苏十佳稻田综合种养大米”特等奖，盐城市盐都七星现代化农业发展有限公司“七星谷”有机米、江苏神农大丰种业科技有限公司“神农美玉”大米获“江苏好大米”金奖，盐城市丰悦农业科技有限公司“近湖谷”大米获“江苏好大米”银奖。

【打造稻田景观画】 年内，在秦南镇、楼王镇、大纵湖镇和大纵湖旅游度假区蟒蛇河沿岸，以稻田为“画布”，以彩稻为画笔，绘制四幅“乡村振兴”和“建党100周年”主题稻田画，用农业人独有的方式，表达对丰收的渴望，把对百年华诞的祝福“镌刻”在希望的田野上。被学习强国、人民网、盐阜大众报、盐城新闻、盐都人等媒体广泛宣传报道，吸引游客到乡村观光旅游，让田园生活变得更有趣，让乡村美景增添新亮点。

【落实惠农补贴政策】 全年全区共发放农业支持保护补贴（耕地地力保护）41489156.4元、稻谷补贴27920228.68元、实际种粮农民一次性补贴9249957.43元、国家耕地轮作制度试点补贴149992.5元。

（杨　帆）

【控制重大病虫】 年内，紧扣粮食安全和农产品稳产保供目标，通过科学制定防治方案，及时采购发放药剂，开展统防统治，控制小麦赤霉病和水稻后期重大病虫的发生危害。全年累计发动农作物重大病虫草害防治65.688万公顷次，总体防效达90%以上，其中以小麦赤霉病为主的穗期病虫“一喷三防”累计面积5.34万公顷次，每公顷平均26.7次，统防统治覆盖率66.4%，危害损失0.4%以下。水稻后期总体战累计防治6.72万公顷次，每公顷平均33次，统防统治覆盖率68.9%，危害损失1.5%以下。全年共挽回粮食15.08万吨，油料4610吨，果树

4100吨，蔬菜4.94万吨，累计挽回经济损失约4.41亿元。

【高质量建设绿色防控示范区】 年内，围绕农产品提质增效和农药减量控害目标，按照"因地制宜、适度集成、简便实用、经济高效"的技术思路，科学制定建设方案和技术方案，全区新(扩)建稻麦、果蔬绿色防控示范区52个，核心区面积1673.33公顷，辐射18300公顷，其中省级示范区6个，市级示范区1个，区级示范区3个，示范区化学农药用量比农民自防区减少20%以上，创建工作取得显著成效。被全国农技推广中心和农业农村部种植业管理司评为"全国农作物病虫害绿色防控示范县"。桃树、草莓2个省级病虫害绿色防控示范区被省农业农村厅办公室评为A级示范区。区植保植检站被省植物保护与植物检疫站评为全省植保植检工作(绿色防控)先进单位。

5月，检查小麦病虫发生情况　　农业农村局　供

【植物检疫监督管理全覆盖】 年内，组织开展"植保植检法治宣传月"活动，邀请省专家宣讲"一法三条例"，开展技术培训1次，悬挂宣传横幅100条，增强公众维护生物安全的社会责任意识。严格产地检疫，全年麦、稻种子基地产地检疫面积977.93公顷，产地检疫率100%，开具产检合格证30份。按照"双随机·一公开"的要求，对春季水稻种子和秋季小麦种子市场进行检疫监管检查，检查种子生产企业1个，种子批发企业1个，种子零售门店62个，累计检查稻、麦等农作物种子166个批次965372千克，稻、麦种子包装检疫编号正确率100%，调运带证率100%。加强外来有害生物监测和处置工作。进行加拿大一枝黄花、黄瓜绿斑驳花叶病毒病、水稻细菌性条斑病、福寿螺等检疫对象及外来有害生物调查20多次，春、秋两季组织查处加拿大一枝黄花，累计防除面积420公顷，处置率100%。（吴寒斌）

6月，盐都区大为养殖场升级改造机械化智能化设施　　农业农村局　供

畜牧业

【概况】 2021年，全区生猪饲养量14.66万头，同比增加6.1%。其中，栏存5.38万头，同比增加5.9%；出栏9.28万头，同比增加6.2%。家禽饲养量613.9万只，同比增加2.3%。其中，栏存288万羽，同比增加2.7%；出栏325.9万只，同比增加1.9%。超额完成上级下达生猪复产保供任务，存栏完成率达107.6%，出栏完成率达116%。春节后生猪价格大幅下行，6月后，多数时间低于成本价，年底出栏价11.4元/千克，与上年同期相比下跌66.3%，与上年以来价格最高点相比下跌28元/千克，生猪养殖场(户)处于亏损状态。

【标准化生态健康养殖普及与示范创建】 年内，开展标准化生态健康养殖普及行动，创建部级畜禽养殖标准化示范场和省级生态健康养殖示范场，发挥标杆示范场的引领带动作用，推广标准化生态健康养殖技术，指导养

殖场合理布局场区功能区域，开展标准化生产改造和设施装备配套提升，试行自动化设备运用，推行节约型养殖和适度规模养殖，组建专家团队，采取集中培训、现场指导等方式，推广应用标准化生态健康养殖技术，推动污染治理和粪污资源化利用到位、生物安全措施落实到位、投入品规范使用到位和良种良法普及到位。全区畜禽生态健康养殖比重（应用率）占2021年畜禽规模养殖场清单实有场数97个的100%；江苏省畜牧生态健康养殖场到期复检合格数8个，新创成省级畜牧生态健康养殖场1个（盐城市盐都区楼王镇新楼家庭农场）。

【畜禽养殖场粪污治理和资源化利用】 年内，以还田利用为重点，持续推进畜禽粪污资源化利用，支持畜禽粪便集中处理中心常态化运行，开展绿色种养循环农业试点，推广农牧循环、种养结合生产模式，提高绿色生产水平。坚持日常监管与帮扶指导相结合，指导养殖场开展畜禽粪污收集、处理设施设备升级改造。建立健全规模场和小型场整治提升和“回头看”工作台账，制定粪污资源化利用台账。6月8—25日、10月21—22日，区农业农村局联合盐都生态环境局联合开展检查认定“回头看”，重新出具治理认定公告。全区规模养殖场整治提升率达100%，小型规模养殖场治理率达100%，行政村治理率达100%。根据畜禽规模养殖场直联直报系统数据统计，全区畜禽粪污综合利用率为98.24%。大冈、台创园、秦南、楼王、龙冈、学富6个畜禽粪污处理中心全部完成建设并投入使用。

【畜牧业统计监测】 至年底，畜牧统计工作共监测规模场（生猪存栏≥300头，蛋鸡存栏≥20000羽）72户；生猪监测村10个、生猪生产效益户3户，蛋鸡监测村5个、蛋鸡生产效益户15户。每月，区农业农村局与区统计局开展数据库对接，掌握畜禽特别是生猪的生产动态，完成畜牧业统计监测各项任务，为畜牧业生产形势分析和产业政策调控提供数据支撑，区畜牧兽医站王玉良因从事畜牧业统计监测工作10年以上，获农业农村部畜牧兽医局表扬。

【动物防疫法宣传】 年内，组织开展新修《中华人民共和国动物防疫法》宣传月活动，从业企业和人员主体责任意识得到加强。举办专项培训班，各镇（区、街道）农业农村局（畜牧兽医站）负责人、动物防疫人员、规模养殖场（户）代表等76人参加培训。组织研讨会，23人参加研讨。张贴或悬挂宣传横幅标语26条，发放宣传画册等宣传资料960份。

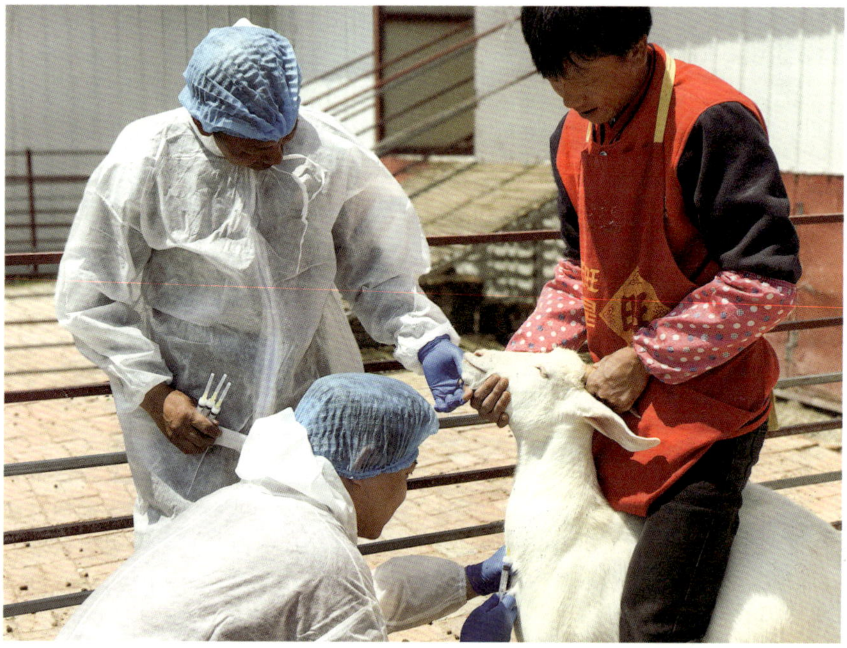

3月，兽医站监测采样　　农业农村局　供

【兽医队伍管理】 年初，组织开展全区兽医行业行风专项整治行动，成立领导小组和工作专班，聚焦业务工作、项目管理及廉政建设等重要领域和关键环节，排查风险隐患，制定防控措施。开展警示教育培训，日常督促检查以及全区强制免疫疫苗、畜禽标识管理使用专项检查。8月5日，区农业农村局、区财政局、区市场监督管理局和区行政审批局联合印发《关于印发〈关于加快推进全区兽医社会化服务工作意见〉的通知》（都农发〔2021〕145号），推进兽医社会化服务，加强政府购买兽医社会化服务制度建设，确保制度规范、统一、公开。条件相对成熟的楼王镇，率先成立全镇兽医社会化服务组织。

【重大动物疫病防控】 年内，在抓好非洲猪瘟等重大动物疫病防控工作的同时，开展重大动物疫病强制免疫“先打后补”工作。在坚持常年免疫、程序免疫的基础上，通过组织开展春、夏、秋季三大集中免疫行动，动物强制免疫密度100%、免疫抗体合格率98.1%，免疫密度和免疫质量分别达到上级规定的90%、70%要求。落实防疫、消毒、检疫、监管等各项综合措施，重大动物疫情形势保持平稳，全年无区域性重大动物疫情发生。强制免疫“先打后补”申报规模场数量6家，超过市局下达任务要求。全区狂犬病免疫全覆盖，全年免疫家犬18872只。年内实施五轮“三灭四消”行动，坚持规模养殖场每日清洗消毒，交替使用消毒药品，建成洗消中心5个，突出无害化处理收集点、运输车辆等关键环节消毒，对防控重大动物疫病发挥重要作用。

【动物防疫监测】 年内，按照日常监测、定点监测、集中监测、飞行监测以及专项监测相结合的监测工作要求，开展全区重大动物疫病监测工作，全年监测样品4836份，覆盖全区各品种畜禽养殖规模场和散养户。突出开展非洲猪瘟病原学检测，对规模猪场、屠宰场和无害化处理中心等各类非洲猪瘟高风险场点进行采样监测，合计采集21个场次，268份样品，经非洲猪瘟病原学检测，结果全部为阴性。　（顾行兵）

水产养殖业

【异常高温导致河蟹减产】 中秋至国庆期间，连续9天出现30℃以上高温，异常气温导致60%以上蟹池不同程度的河蟹死亡，每公顷平均减产330千克。

【实施增殖放流】 年内，盐城大纵湖旅游度假区管理办公室利用省级财政专项资金50万元，在大纵湖湖区开展增殖放流活动，6月至8月，三次共投放河蟹幼蟹202.86万只，鲢鱼、鳙鱼、草鱼、鳊鱼、青鱼、细鳞斜颌鲴鱼苗等共5162.85千克。7月20日，区农业农村局利用区财政资金10万元，在蟒蛇河振兴路段、冈沟河世纪大道河段开展增殖放流活动，共投放鲢、草、鳊、鳙等鱼苗约60.88万尾。在田盛源生态农场利用温棚养殖水蛭。

【开展水产养殖种质资源普查】 9月2日，按照江苏省第一次水产养殖种质资源普查办公室的统一部署，区农业农村局组织启动全区第一次水产养殖种质资源普查，通过镇级登记、录入数据，区级审核修改数据，于11月25日

8月，田盛源生态农场温棚养殖水蛭　　农业农村局　供

普查数据上报省中心审核通过，按时完成普查任务，区农业农村局为先进集体，杨春艳、何彩红、王持标三人为先进个人，受到江苏省水产技术推广中心表扬。

【全国星级基层水产技术推广机构】 年内，在全国水产技术推广总站首次开展的全国星级基层水产技术推广机构遴选活动中，经过省推荐、形式审查、专家评审、公示等程序，12月9日，公布遴选结果，盐都区水产技术推广站获得"全国星级基层水产技术推广机构"称号。

（陈　诚）

7月，张庄街道聚缘家庭农场精品阳光玫瑰葡萄　　农业农村局　供

果蔬园艺业

【设施草莓】 2021年，全区按照"规模化、特色化、绿色化、品牌化"的发展思路，发展草莓产业。至年底，全区设施草莓面积达867公顷。年内，建成扬州大学盐都草莓产业研究院，加大与江苏省草莓协会合作力度，做大做强草莓产业。3月，第七届江苏（盐都）草莓文化旅游节举办。5月，第九届世界草莓大会中国分会举办并夺得第十届世界草莓大会举办权。

【苗木花卉】 2021年，全区苗木花卉种植面积达1620公顷，主要分布在台创园、郭猛、秦南、大纵湖等板块，品种有蝴蝶兰、菊花、玫瑰、多肉植物等。2021年，呈祥园艺育苗有限公司育苗量达2000万株，创成农业产业化省级龙头企业。

（孙传文　周　晶）

林果特产业与蚕桑种植

【经济林果】 2021年，全区稳步推进经济林果产业，发展葡萄、桃、梨等果树达1750公顷。由以勇家庭农场牵头成立的葡萄产业联盟发挥行业引领作用，推动阳光玫瑰朝着标准化、精品

5月，蚕种场提供技术指导　　农业农村局　供

化、高端化方向发展。“以勇”牌葡萄每公顷产值高达105万元。7月，在扬州世园会系列活动之江苏省优质桃评比活动中，盐都区缘圆家庭农场选送的“萌桃桃”牌水蜜桃获金奖。

（孙伟文　周　晶）

【蚕桑种植】　2021年，全区蚕桑业以蚕种培育为主并不断提供技术指导，盐都区蚕种场育种1.86万张，其中春蚕1.15万张，秋蚕0.71万张，产值近100万元，主要供应东台、射阳、亭湖等地。

（孙伟文　周　晶）

农副产品加工与销售

【概况】　2021年，坚持以实现乡村振兴为目标，推进农业供给侧改革，通过培育龙头企业、推动农产品加工业转型升级等途径，推动盐都区农副产品加工销售增量、提质、增效。年内，举办盐都区第五届特色农产品展销会，适时组织开展盐都特色农产品在长三角进社区、进学校、进企业、进超市等活动，做好集中推介促销与日常销售的衔接，加大盐城农产品宣传推介促销力度。10月，在上海、苏州举办盐都产业招商推介会，签约一批农业种养加项目，达成一批农产品产销合作。

【第五届特色农产品展销会】　9月19—21日，在盐城万达广场举办第五届盐都特色农产品展销会，共有80家企业、181种地方特色产品参加现场展销，三天销售总额560万元。盐都草莓、张庄葡萄、秦南水牛肉、大纵湖大闸蟹等一批带有明显地域特色的农产品备受市场青睐。

【农业电商发展】　年初，对接顺丰快递，开展合作，通过快递渠道，宣传、推介、销售大闸蟹、水蜜桃等名优农产品，销售额达到2500万元。全年全区农产品电商销售额超20亿元。

【开放型农业】　年内，盐城联益肠衣制品有限公司和盐城普瑞福食品有限公司等企业实现农产品出口3572.5万美元，位居全市前列。

（盛　可　王振省）

农业科学研究

【概况】　2021年，区农业科学研究所以种业振兴为主题，立足新发展阶段，贯彻新发展理念，构建新发展格局，加快优质、高产、多抗、广适稻麦新品种选育研究进程，拓宽科研业务，示范带动当地老百姓生产致富，全年工作取得较好成绩。

【育种科研】　年内，水稻新品种盐糯19通过江苏省品种委员会审定并完成成果转化，盐粳15号获得国家级“超级稻”称号。“盐粳（糯）”系列中2个新品系被江苏现代农业（水稻）产业技术体系集成创新中心表彰，获“因地制宜试种的优良食味品种（系）”称号，1个新品系获盘锦北方稻作协会表彰，获第八次全国优良食味粳稻品评二等奖。2个新品系进入省生产试验，2个新品系进入省区试第一年，5个新品系进入不同

10月，水稻课题组田间水稻选种工作　　农业农村局　供

组别联合体试验区试第二年，9个新品系进入不同组别联合体试验区试第一年。小麦方面，“盐麦”系列中1个小麦新品种通过国家品种委员会审定，1个小麦新品种通过江苏省品种委员会审定。2个小麦新品系进入不同组别生产试验，3个新品系进入不同组别区试第二年，6个新品系进入不同组别区试第一年。与此同时，为加快育种研究进程，完成水稻海南、三麦昆明加代繁育任务。

【项目实施】 年内，分别承担江苏（盐都）现代农业（稻麦）科技综合示范基地、省种业振兴“揭榜挂帅”项目《抗赤霉病小麦新品种选育及推广》、省农业重大新品种创制项目《抗稻瘟病优良食味粳稻新品种的培育》、省科技计划项目《淮北地区绿色优质高产中粳稻新品种选育》、基层农技推广体系改革与建设补助示范基地、省水稻真实性与纯度鉴定试验等6项省级项目；承担稻麦新品种安全性测试、市耕保站肥料试验等3项市级项目；承担稻麦新品种安全性测试、区耕保站肥料试验、2021年盐都区科技成果转化专项资金项目“小麦双单倍体（DH）群体构建技术在新品种选育中的利用及效应”等4项区级项目。

【技术推广】 年内，通过培训、电视、媒体等多渠道广泛宣传单位稻麦育种研究进展，取得明显成效。全区全年发放宣传材料数千份，制作标牌300多个，共接待省、市专家，区（乡镇）农技人员、种田大户20余次共1000多人次。另外，顺应稻米市场发展需求，举办3次优质稻米品鉴会，邀请水稻专家对当前主推优质食味稻进行品评，打响盐城优质稻米品牌，促进盐城市优质稻米产业良性发展。

（郭 红）

4月，小麦育种材料开展赤霉病接种工作　　农业农村局 供

农业机械化与招商引资

【概况】 2021年，全区共使用中央和省财政农机购置补贴资金904.92万元（其中，报废补贴95.28万元），带动农户和服务组织投入购机资金达3483.12906万元。至2021年底，全区农机总动力达57.25万千瓦，全区稻麦生产全程机械化水平达97.3%。全年共发放跨区作业证590份，全年投入作业联合收割机、拖拉机2200余台次，跨区作业为民增收7000余万元。2021年盐都区申报江苏省农业生产全程全面机械化示范县创建项目。

【秸秆机械化还田】 2021年，全区共完成秸秆机械化还田面积42453公顷，其中夏季21280公顷，秋季21173公顷，机械化还田率达91%，超额完成省下达的还田率52%目标任务。全区共投入作业的大中型拖拉机1012台，联合收割机1160台套。全区投入秸秆还田作业补助资金1910.4万元，其中省补1069万元。

【农机新机具新技术推广】 2021年，全区共推广各种财政补贴农机具821台套，受益农户310户。其中，大中型拖拉机70台；联合收割机95台；粮食烘干机22台；施肥机3台；插秧机12台；秸秆粉碎还田机5台；秧盘播种成套设备4套；增氧机357台；旋耕机75台；开沟机29台；旋耕播种机44台；喷杆喷雾机19台；平地机2台；铧式犁5台；投饲机17台；热风炉4台；筑埂机2台；农用北斗终端及辅助驾驶系统54台；搂草机1台；埋茬起浆机1台等等。

【农机社会化服务】 至年底，全区农机合作社达87个，农机合作社固定资产达7430万元，共吸纳社员2520人，拥有农机具近4262台套（其中收割机、拖拉机、烘干机、插秧机等大中型机械近2860台套），2021年作业面积24万公顷左右，年服务总收入达7500万元，平均每个合作社营业收入100余万元。

【农机安全监理】 2021年，在全区设立19个集中检审点，以“窗口受理”与“送检上门”相结合的办法进行，做到“应检即检”“应登尽登”，全年检验拖拉机931台，检验率达98.3%，联合收割机检验681台，检验率达96.7%，完成“平安农机”创建回头看成工作。指导各镇（区、街道）出台外挂变拖和手扶拖拉机运输机优惠激励政策，凡是机主自行报废拆解的，由镇（区、街道）财政补贴2000元/台，7月初13台外挂变拖全部拆解报废，实现清“零”。建立健全农机安全监管网络，启用农机安全网格平台（《关于启用农机安全网格平台的通知》都农发〔2021〕180号），运用“大数据+网格化+铁脚板”模式，将农机安全生产融入基层社会治理综合网格。“三夏”“三秋”农忙时节深田间地头安全检查，扩大“铁牛卫士”农机安全执法品牌的社会影响力，形成依法管机、规范用机的良好局面。全年共出动检查人员470人次，检查农机合作社116家、粮食烘干机316组、拖拉机、联合收割机607台，行政处罚82个。

（葛亚辉）

【农业招商引资项目】 2021年，区政府专门成立上海、苏州、北京、深圳等驻点招商局，强化“抓好招商是本职”的责任理念，安排专人负责市场调研、驻点招商、联络协调等工作，准确对接市场信息，及时公开发布。各板块组建农业招商队伍，结合本地产业特色，紧盯农产品加工先进地区，开展多元招商。年内，引进嘉士伯啤酒、益商源花卉富民基地、宇公食品加工等项目，均已竣工投产。

（盛　可）

农业综合执法

【概况】 2021年，在区委、区政府的支持和帮助关心下，盐都区农业综合行政执法工作按照“机构大整合、人员大融合、业务不脱节、执法不断档”的总体要求，推进农业综合执法改革，建立权责统一、监管到位、运行高效的农业综合行政执法体系。3月，创成全国“平安农机”示范县，6月，创成全国农业综合行政执法示范单位。

【机构整合】 3月，挂牌成立农业综合行政执法局，将原渔政监督大队、农业行政执法大队、农机服务站、动物卫生服务站、种子管理站等单位整合，集中行使渔业、生猪屠宰、种子、农药、化肥、农机等农业农村领域行政执法职能，实现“一个部门一支队伍管执法”。

【送检服务】 年内，开展农机“送检下乡”、渔业“送检入港”、动监“送检进场”等惠民服务，共检捕捞渔船962艘，拖拉机、联合收割机1542台，屠宰检疫127100头，屠宰自检“瘦肉精”检测11439头/份。

【规范化建设】 年内，根据农业农村部发布的《农业行政执法文书制作规范》，组织内部互评，2021年有两起卷宗被评为江苏省优秀卷宗。所有人员上班期间身穿执法服装，展现执法局的阳光形象。推行“红黄旗”考核机制，将考核结果与评先评优挂钩。执法流程规范化。推行行政执法“三项制度”和“双随机、一公开”监管工作制度，完善执法评议考核制度，落实行政执法责任制。

3月，盐都区农业综合行政执法局成立　　农业农村局　供

【执法专项行动】 年内，开展农资打假专项行动，出动执法人员183人次，检查农资生产经营单位和种植基地264家次，立案25起，办结25起。开展打击“瘦肉精”专项行动。共检测生猪“瘦肉精”样6429头份，结果全为阴性。内陆重点水域专项行动。查获违法捕捞案件19起，收缴非法工具19台（套），清理取缔地笼网96张，网箱16只；开展“铁牛卫士”农机专项行动。共出动检查人员407人次，检查农机合作社103家、粮食烘干机392组、拖拉机、联合收割机670台，立案34起；开展农业安全整治行动。强化源头管理，主动清理整治监管对象，完成外挂变拖清零、拖拉机垃圾运输车清零和渔船集中停靠点整治“两清一整”工作目标。

（孙启星）

水利建设

【概况】 2021年，区水务局统筹“水安全、水资源、水生态、水文化、水管理”五篇水文章，投入2.1亿元，倾心构筑灌区水利、重点水利、生态水利、民生水利，打造人居幸福水环境，有效提升防洪减灾能力，夯实乡村振兴水利基础，促进河湖生态改善。

【灌区水利】 2021年，多渠道、多层次与省市主管部门沟通对接，争取中型灌区续建配套与节水改造项目，将5个重点中型灌区列入水利部灌区库，填补全区灌区项目的空白，为水利发展储备建设项目。同时启动龙冈中型灌区续建配套与节水改造建设，拆建闸站工程5座、水闸工程6座、整治渠道2条，完成年度计划投资3000万元。

【重点水利】 年内，针对未进行系统治理的区域骨干河道现状，多次邀请省市专家现场调研认证，竞争获取冈沟河治理工程建设任务，总投资14032万元。计划2022年底，完成河道疏浚22千米、新建护岸工程18.54千米、拆建配套建筑物14座，2021年提前完成投资4500万元。

【生态水利】 全年共投入6000万元，建设农村生态河道53条、279.74千米，覆盖率达33.2%，位于全市第一，为全区乡村振兴战略实绩考核争分夺名；治理新盐潘生态清洁小流域13平方千米，为生态清洁小流域综合治理工作起到示范、辐射作用。

【民生水利】 全年共投入2200万元，整治村庄河塘260条、252千米、220万立方米，建成村级生态河道14条，治理环城高速圈生态廊道内农村河道68条，有效改善村庄周边水环境，满足人民群众生产生活需求。

（朱友康　顾　爽）

6月，美丽河道建设——马中河一角　　水务局　供

防汛抗旱

【防御梅雨】 2021年，入梅偏早、出梅正常、梅期略偏长。梅雨期持续29天，梅期略偏长（常年23天）。梅雨期雨量偏多。盐都区基本站梅雨量288.2毫米，与常年相比偏多27%（常年梅雨量227.3毫米）。盐都区各区域站雨量均偏多，其中最大降水量出现在台创园为376.6毫米，偏多66%，24小时降水最大的区域是台创园达100毫米，主要降水时段为7月6日6—9时（降水量为91.4毫米）。盐都区外河水位平均达2.1米，均超圩区警戒水位。全区立即关闭全部防洪闸，排涝站开机排涝，抢排涝水。至7月7日8时，低洼圩区及第三防洪区泵站基本全部停机。对全区泵站运行情况进行点调，所有工程均按调度指令运行，值班人员和机组人员均在岗在位。

【防御第6号台风“烟花”】 雨情：台风期间，盐都区普降暴雨，其中最大累计降雨量台创园236.4毫米；最大24小时降雨量台创园106.6毫米。水情：外河最高水位：7月30日8时北龙港2.77米。灾情：盐都区未出现因降雨、大风而造成的险情、灾情。针对台风影响的严峻形势，立即提前预警预防。加密监测预报频次，加强台风动向、雨情、水情的预报预警、会商研判，通过盐都区突发事件预警信息发布平台发布100万条防台提示短信，并通过应急广播系统每天轮播3次台风消息及防御措施，实现全覆盖发送台风预警信号和防范注意事项。

【及时除险转移】 7月，抢抓台风“烟花”来临前的时间，每天组织800余人的排查除险队伍，再次对全区各项防汛防台工作进行检查。至7月29日12时，盐都区共撤退转移危房户、低保户等各类人员626人，26艘海洋渔船伏季休渔全部在港，渔民全部上岸。对盐都区163个规模以上设施园艺经营主体开展防灾减灾指导，共加固210个连栋大棚、1670个单拱大棚。检查在建工程基坑10项，临时设施98处，起重机械47台，整改存在的隐患16项。全区98个在建项目均停工，16家企业停工，排查拆除户外广告牌29处，大纵湖、东晋水城等7个景区均暂停开放。

【突出重点防御】 7月，台风“烟花”来临期间，盐都区共储备三袋101.45万只、抢排泵1158台套、木材247立方米，土工布6000平方米。组建专业抢险队伍17支，总计611人，进入备战状态，确保拉得出、打得响。同时，对圩堤闸站、易淹小区、企业园区、农业设施、道路管网等重点部位进行“回头看”，消除度汛隐患，并落实专人值班值守，避免发生二次灾害。

（朱友康　顾　爽）

工　业

综　　述

【概况】 2021年，区工信局紧扣建设“四个示范区”目标，推进工业和信息化各项重点工作，较好地完成年度目标任务，实现“十四五”良好开局。

【规模总量稳步提升】 全区全年全口径工业开票销售突破500亿元，规上工业开票销售达390亿元，分别增长13%、15%，入库规上工业企业45家。开票销售超亿元企业82家，净增16家，东山科技产业园销售规模超百亿元，新增中恒宠物、悦达棉纺、复汉海志等10亿元企业3家。纳税超千万企业25家，较上年净增4家；创成市三星级以上企业31家，净增7家，其中市五星10家、市四星5家、市三星16家，维信电子、东山精密双获市五星企业。东九重工、神鹤科技等15家企业获评2021“盐城民营企业100强”，总数全市第一。

【产业培育加快突破】 2021年，实施5000万元以上工业项目58项，其中10亿元以上项目6项、5亿元以上项目4项。智能终端、高端装备、新能源三大主导产业开票销售达300亿元，占规上工业的77%；智能终端产业规模达200亿元，维信电子二期、东山精密二期竣工投产，长盈精密、东山IC载板、悦虎晶芯、京泉华变压器等重大项目签约落地，印制电路板、LED显示等细分领域优势增强。

【创新转型成效明显】 2021年，全区获评国家“专精特新”小巨人企业4家，累计7家，新增数和总数均列全市第一。新增省示范智能车间3家、省首台(套)重大装备2个、省服务型制造示范企业和工业设计中心8家、省企业技术中心8家、省四星上云企业47家，新增数均列全市第一。谋划编制数字盐都“城市驾驶分舱”方案，组织实施“5G+应用”项目5个，高新区列为省“互联网+先进制造业”培育基地，维信电子创成省工业互联网标杆工厂，东山精密启动互联网标识解析二级节点建设。

【绿色发展进展顺利】 年内，落实市“市场化收储工业用地”指示精神，摸清高新区“一区五园”入园企业、亩均税收、可收储工业用地、标准厂房等底数，提出收储3091亩工业用地、建设70.5万平方米标准厂房的合理化建议。推动11个闲置土地、厂房和楼宇项目有序盘活，再利用厂房和楼宇12.3万平方米，高新区腾退了37家企业。组织160家工业企业有序用电，三季度单位GDP能耗强度下降4.91%，下降率全市第一。创成国家绿色产品1项、省绿色工厂2家。

（成文军　姚城琳）

镇村工业

【概况】 2021年，为帮助企业树立创新理念，构建竞争优势，形成以骨干企业为

10月，盐都（苏州）产业招商推介会　　盐龙街道　供

核心、产业链延伸的集群方阵，增强企业抗风险能力，保持长期竞争力，全区积极鼓励和支持镇村中小企业走“专精特新”发展道路。

【发展状况】 年内，盐都区省级以上专精特新“小巨人”企业数量均居各县(市、区)之首。共有23家企业获得省级以上专精特新小巨人和国家单项冠军企业称号35个，其中国家单项冠军1个(神鹤)、国家专精特新小巨人企业7个(苏力、兰丰、盐电、金洲、博拓、新永佳、中联)，省级专精特新产品13个(神鹤、中联、自强、华盛、金洲、苏力、盐电、沙子、新永佳、申江、汉印、盛安、大明)，省级小巨人企业14个(剑桥、华鸥、苏力、盐电、中恒、神鹤、兰丰、华旭、维信、博拓、金洲、宝鼎、亚一、东九)。其中，华旭光电等1家企业停产，宝鼎电动工具2020年复审未通过，剑桥涂装、自强机械、中恒宠物2021年复审未通过。

【企业基本情况】 至年底，18家省级以上专精特新小巨人企业2021年实现营业收入107.93亿元、利润2.36亿元，同比分别增长15.73%、-16.57%。18家企业13家营业收入同比正增长，其中苏力、大明、汉印增幅位列前三同比分别增长86.58%、70.29%、68%；税收同步增长的有8家，增幅前三的苏力、华鸥、金洲分别增长194.5%、82.51%、67.06%。2021年营业收入、税收同步实现正增长的有7家，分别是苏力机械、大明生物、盛安资源、金洲机械、博拓建材、沙子电器、华鸥玻璃。从总量占比看，18家企业2021年实现的营业收入、税收分别占全区规上企业实绩的35.22%、24%。

(成文军 姚城琳)

棉纺工业

【概况】 2021年，面对新冠肺炎疫情带来的巨大冲击和纺织行业面临的巨大挑战，江苏日升纺织有限公司采取应对措施，加强市场研判，强化要素保障，产品

2月，第9届上海世界移动通信大会 盐龙街道 供

质量稳步提升，全年累计完成棉纱产量5988.48吨，其中白纱4237.32吨，色纱1751.16吨，实现销售收入1.64亿元，入库税收609.22万元。

【提升棉纺工业效能】 年内，紧扣市场变化，制定灵活的经营策略。鼓励接单专纺、以销定产，全年白纱接单超700吨，色纱接单量达1670吨；合理组织生产，调优品种结构。科学合理配棉，开发研究新产品，贴近市场需求，增加经济效益；实施体系运营，强化要素保障。紧贴生产需要，在原料组织、人力资源、安全生产、技改项目等方面稳妥投入，确保稳定生产；突出党建引领，塑创企业文化。发挥党员先锋模范作用，树立先进典型，弘扬爱岗敬业主人翁精神，做好职工权益维护工作，增强员工归属感。

(郝 菁)

私营个体工业

【强化宣传教育】 2021年，以新冠疫情防控工作为重点，着力对个体工商户、私营企业主进行防疫知识宣传。累计发放宣传材料2万多份，微信短信息500多条。组织开展“促和谐、献爱心”活动，共慰问特困会员、贫困学生、烈军属、孤寡老人215人，累计捐款捐物4.3万元。

【规范协会建设】 年内，按照上级对协会商会与行政机关“五脱钩”的要求，持续强化机构、职能、财产、人员、党建外事等事项分离工作，并注重加强协会工作人员及新当选理事的业务培训，大力引导会员骨干参与协会工作，扩大协会影响力。迎接市协会第三次会员代表大会，盐都区协会共推选代表17名，其中理事5名。

【非公党建工作】 年内，组织开展全市“小微企业、个体工商户、专业市场”领域基层党建“示范点”和共产党员“先锋岗”推选活动。经区协会推荐、并向社会征信，经市市场监管局检查审定，盐城金太阳装饰材料市场有限公司党支部为全市“小个专”领域基层党建“示范点”，盐城市飞宇汽车销售服务有限公司总经理郑云万、江苏秦圣实业有限公司董事长戚风卿、盐城市旺城包装材料有限公司总经理徐海旺等3人为共产党员“先锋岗”。

【民关工委工作】 年内，按照“五有五好”要求，重新调整区民关工委班子成员，组织人员到先进市区学习，并对规模企业和已建党组织企业成立关工委等数据重新进行调查摸底，两次到大丰民关工委进行学习，重点培育江苏万佳药业、康伯集团、盐城开源康达医疗器械公司、华森机械制造公司、坤泰机械制造公司等企业关工委。

(苗才清)

建筑和房地产业

◆建 筑 业

◆房地产业

建 筑 业

【概况】 2021年，全区建筑业完成产值462亿元，商品住房实现销售收入124亿元，在财政税收、创业就业、城乡建设、社会稳定等方面发挥重要作用，增强发展潜力。

【培育龙头企业】 年内，培育产值超50亿元企业1家、超20亿元企业4家、超10亿元企业5家。组织从业人员考取建造师、工程师、安全员，新增资质企业40家。全年入库税收突破20亿元，税收超亿元企业1家、超5000万元企业3家、超2000万元企业5家、超1000万元企业10家。金贸、明华、盐城水利3家建筑企业税收达市五星企业标准，凝艺1家建筑企业税收达市四星企业标准，蛟龙、兴达、光银、兴都市政4家建筑企业税收达市三星企业标准。江苏楼王建设有限公司、江苏燕舞建设有限公司、江苏恒悦建设工程有限公司3家企业晋升为建筑施工总承包一级资质，综合考核位居全市第一。

【拓展建筑市场】 年内，突出强攻外埠市场，加大出市施工份额，培植施工产值10亿元以上省外规模市场7个、培植施工产值5亿元以上省内市外市场9个，外埠建筑市场占有份额提高到60%以上。打捞疏浚市场从长江下游向中游拓展，从黄海向渤海、东海和南海沿线延伸，向“江湖河海”水上、水下工程发展。高空作业市场向高空建筑安装、高空维修清洗、高空防水堵漏、高空防腐美容等领域拓展，全区“陆海空”建筑市场更加宽广。

【打造经典工程】 2021年，创成国家优质工程4项、国家级标化工地2项、省“扬子杯”优质工程6项、省标化工地31项、市优质工程19项、市标化工地73项。

2021年盐都区获奖工程选介情况表

表4

所获奖项等级	获奖工程名称	工程所在地点	施工企业名称	系独立注册或与何单位联营
国优	盐城枫叶国际学校	盐都	江苏明华建设有限公司	独立注册
国优	盐城南洋机场T2航站楼及配套工程、航站区道路工程	市区	盐城市兴都市政工程建设有限公司	独立注册
国优	南通大学附属医院新建门诊楼	南通	江苏振中建设有限公司	总包南通六建建设集团
国优	世行贷款淮河流域重点平原洼地治理工程泰东河工程	泰州市	江苏盐城水利建设有限公司	独立注册
省优	盐城高新区科技广场	盐都	江苏金贸建设集团有限公司	独立注册
省优	恩源电子商务园一期工程1-4#楼	盐都	江苏金贸建设集团有限公司	独立注册
省优	盐城市东进路东延地下综合管廊工程	市区	江苏金贸建设集团有限公司	独立注册
省优	汇都商务中心	盐都	江苏恒邦建设集团有限公司	独立注册
省优	智能终端产业园总部研发区2#、3#、5#、12#-24#楼及1#、2#、3#地下车库	盐都	江苏华悦建设集团有限公司	独立注册
省优	南通市第一人民医院教学及业务用房综合楼	南通	江苏亮辉建设工程有限公司	总包南通四建集团有限公司

12月，获奖工程——枫叶国际学校　　住建局　供

【加强行业监管】　年内，出台《盐都区住宅小区结建人防地下停车位违规使用专项整治方案》，重点整治人防地下停车位违规交易行为；下发《盐都区住宅小区物业管理专项整治方案》，重点治理停车、收费等难题，深化"正风肃纪镇村行、看机关"效果。下发《盐都区村级工程村干部监管责任制及质量评议实施办法（试行）》，对村级工程项目加强全过程监管；下发《盐都区村级工程建设领域问题专项整治行动方案》，重点整治违规插手干预村级工程项目建设的问题，着力打造"清廉乡村"。

【出台激励扶持政策】　5月，出台《关于加快推进全区建筑业高质量发展的实施意见》（都政发〔2021〕33号），新《实施意见》自2021年1月1日起执行，区财政在每年年度预算中统筹安排600万元作为专项奖补资金。

【实施依法行政】　全年受理各类业务22531件，办结率100%。受理监督工程73项、建筑面积约350万平方米，出具质量安全监督报告76项。办理道路挖掘专用审批12件、城镇污水排入排水管网许可17件，发放建筑施工许可99件、商品房预售许可68件、人防类许可37件。归集住宅、电梯、消防设施设备等专项维修资金2.26亿元。查处违法建设案件47起，实施行政处罚136.5万元。

【维护信访稳定】　年内，及时答复办理12345平台信访件2456件，投诉量下降，群众满意度95%以上。聚焦建筑工程款拨付，关爱建筑农民工群体，根治欠薪问题。实施农民工工资管理"四项制度"，联合开展专项检查活动，受理答复133份拖欠工资信访件，发放10多万人次农民工工资近10亿元，返退农民工工资保证金75份1788万元。协调处理富力科创城金禧家园拖欠工资、优山美地拖欠工程款、宝馨花园劳务纠纷等项目3000多万元。协调处置金都华城、同心花苑、孙吴小区等"问题楼盘"20幢楼办证1474户。解决恒大名都小区车位验收销售、补交土地出让金滞纳金和中低价商品房溢价问题，维护住建系统稳定。实施依法行政。

【加强安全生产监管】　年内，按照安全生产专项整治三年行动要求，突出重抓建筑施工、城镇燃气、地下管网、市政设施、房屋拆除、住宅小区等安全生产监管，助推江苏省安全发展示范城市创建。建筑施工每月召开安全生产工作通报例会，组织14次安全生产大检查，整改安全生产隐患3520条，重大安全隐患整改合格率100%；城镇燃气整改11件重大安全隐患，依法责令2家液化气经营单位停止经营，燃气预警系统在线管理非居民户1939家，接入居民用户7271户；排查整改城市地下管线安全隐患70起，汛期前疏通23条道路49千米雨水管网，确保安全度汛。全区工程建设、人防消防、防汛抗震等未发生重大安全事故。严格加强疫情防控，率先制定安全防疫"二十有"标准，认定无疫安全示范工地10个、示范小区6个。　（朱　进）

房地产业

【概况】　2021年，围绕重点楼盘，新改建一批学校、医院、农贸市场、购物中心，组团式建设一批产业园区，营造宜居宜业发展环境，房地产区域竞争优势增强。

11月，科技广场全景图　　住建局　供

保障土地供应，楼盘稳步上市。拿出47公顷优质地块招商，吸引融创、中海、保利、温州时代等知名房企进军盐都，招元名邸、铂都观邸等房产项目上市，华樾花园、合景汇悦城等楼盘促销，观棠府、港海明珠苑等住宅小区建成。

【稳步开发房产项目】 年内，全区商住供地47多公顷，房地产新开工面积225.5万平方米，同比下降19%。商品房竣工面积242.5万平方米，同比增长12%。商品房上市164.3万平方米（占大市区商品房上市总量32%），同比增长1%。其中，住宅上市面积107.4万平方米，同比下降15%。上市套数9602套，同比下降11%。

【规范房产市场管理】 年内，对全区已领许可证的房源进行简易价格备案，把市发改委的价格备案作为新上市房源领取预售许可证的必备条件，控制房价。建立全区房地产项目库，从预售方案备案、预售资金监管等环节入手，通过日常普查和“双随机”重点抽查等多种方式，对区内楼盘案场公示、合同签订等销售行为进行检查，维护房地产市场秩序。

【强化预售资金监管】 年初，对开发企业和监管银行进行普查，规范预售资金缴存、使用审核、信息报送等工作。对日常监管工作不规范的银行和企业进行集中约谈，加大违规开发企业和监管银行的问责力度，确保预售资金用于商品房项目建设。召开资金监管对接会议，监管房产项目51个，监管标的153个，监管楼幢490幢，重点监管资金256.82亿元，入账110.41亿元，拨付100.15亿元，监管账户余额49.89亿元。建立房地产项目动态库，从商品房预售资金监管、预售方案备案等环节入手，实行日常普查和“双随机”重点抽查，重点强化凤麟府、富力科创城、金樾府等项目管理，规范房地产市场秩序。对27家监管银行、160幢受监楼盘、52亿元资金加强动态监管，重点监管御景湾、冠亨名城等项目，维护业主合法权益。

【督查处理问题项目】 年内，每月与镇（区、街道）沟通协调，督查了解问题项目进展情况，协调解决存在问题，维护业主合法权益。区内已缴款未交房和已交房未办证的21个项目中，金都华城、同心花苑、孙吴小区全部可以办理不动产产权证，华荣神州豪苑、盐塘家园、向阳秀水佳苑、御景湾等项目部分楼栋亦可办证。

【规范办理房产业务】 年内，把关房产买卖合同的撤销、变更业务，按要求对房源进行公示摇号，遏制投机炒房行为。做好公房出售、公房维修、职工购房补贴等房改业务，规范使用房改维修资金。妥善处理老教师房贴、楼盘定金申退等各类问题，主动协调沟通，做好政策解答。组织区内富力、碧桂园、通银等15家重点房产企业参加全市房地产博览会，为房产企业搭建展示项目平台。

（朱　进）

11月，智能终端产业园总部研发区及地下车库工程　　住建局　供

商贸服务业

综　　述

【概况】　2021年，全区实现社会消费品零售总额275.27亿元，同比增长19.3%，占全市比重10.3%，占年度目标(247亿元)的111.4%。盐城电商快递产业园创成省市两级跨境电商产业园，康佰医疗器械、中恒宠物全市唯二被评为省数字商务企业，渎上·老西门、海洋路商业街入选市首批特色夜市街区名单。推荐秦程食品参评“盐城老字号”，协助成立市再生资源回收利用协会，完成“个转企”42家，发放购车补贴近1400万元，完成方向、大冈和鞍湖3个农贸市场升级改造，“盐之有物·播响盐城”首届直播大赛顺利举办。推进成品油市场综合整治，开展“百团进百万企业千万员工”宣讲，组织安全生产检查，及时发现整改隐患。督导全区商业场所落实常态化疫情防控措施，推进从业人员疫苗接种，营造安全的消费环境。　（陈　进）

【保障疫情防控期间生活物资】　年初，成立生活物资保障组，制定小规模聚集性疫情生产生活保障应急处置黄金24小时工作方案。对全区3家大中型超市、6家餐饮单位、1家粮油肉储备企业、21家农产品保供企业6小时内对生活必需品的保供能力进行梳理，建立完善生活物资应急保障体系，为小规模聚集性疫情黄金24小时应急处置做好准备。强化市场监测预警。坚持重点商超的十二类生活必需品市场监测和趋势预测，及时了解掌握市场动态，提高预警时效性。多渠道组织商品货源。依托重点商超和农贸市场，加大对生活必需品储备量，做好粮油、肉、蛋、菜、水果、瓶装水、方便食品的市场储备，确保疫情防控期间生活必需品正常供应。加大对重点商超和农贸市场物价监测。如发现哄抬物价、囤积居奇等市场投机行为，配合相关部门进行坚决打击。　（刘雨宁）

商业流通

【概况】　2021年，全区电子商务交易额约410亿元，同比增长17%，实现网络零售额38.1亿元。康佰医疗器械、中恒宠物全市唯二被评为省数字商务企业，区康柏医疗器械、康伴医疗器械2家公司入选全市2021年度电子商务AAAAA信用等级企业名单(全市共11家)。（顾　欣）

【加强行业监管】　年内，开展商贸领域安全生产督查，推进成品油市场综合整治和商贸领域危化品使用专项治理。对全区36家加油站，万达广场、吾悦广场2家大型商业综合体，麦德龙1家大型商超，4家较大建材市场，2家二手车交易市场和23家农贸农批市场以及904家使用燃气的餐饮经营单位开展抽查及专项检查，全面推动企业安全主体责任落实，消除各类安全隐患。全年累计出动58人次，检查107家次，发现182条隐患，整改

6月，2021年“盐之有物　播响盐城”盐城市首届电商直播大赛颁奖　商务局　供

6月，兴伦大徐加油站员工进行灭火操作　　商务局　供

182条，整改率100%。迎接省安全生产第九督导组、市安全生产专项整治第八督导组、市商贸服务行业危险化学品使用安全专项治理工作专班、区安全生产第五督导组等多次督查检查。（宋俊奇）

【妥善处理预付卡纠纷】 2021年，区商务局共受理“12345”工单共计201件，其中商业预付投诉195件，占比93%；服务业投诉6件，占比7%。工单按时受理率、办结率均为100%，第一次回访服务对象满意率98%以上（3件不满意件）；首次不满意件回访第二次满意率100%。同时受理市长信箱、区长信箱投诉类事项6件，均按时答复。（杨玉伟）

石油销售

【成品油市场综合整治】 年初，下发《盐都区全面加强成品油市场综合整治方案工作的通知》，将整治目标和任务细化分解到相关责任部门和各镇（区、街道）。印发《关于成立盐都区全面加强成品油市场综合整治领导小组的通知》，对辖区内、行业内进行全面调查摸底，共排查出有零售经营批准证书的合法加油站（点）38家。通过相关部门联合执法和群众举报，打击取缔非法流动加油车3辆。将成品油市场综合整治纳入2021年度全区安全生产督导范围，累计出动52人次，检查38家次，帮助企业检查发现84条隐患，整改84条，整改率100%。

【检查指导成品油综合整治情况】 5月25日下午，由副市长蒋巍、市政府副秘书长张波带队，市生态环境局、市商务局、市公安局、市工信局、市市场监管局、市应急管理局、市消防救援支队负责人参加的环保商贸领域安全生产督查检查组，检查中石油开发大道加油站。检查期间，区商务局同步利用展板介绍成品油综合整治情况。区委常委、统战部长张素东，商务局长朱龙成陪同检查。（宋俊奇）

【开展安全生产宣讲】 6月15日，在中石化销售江苏盐城石油分公司，开展“提高思想认识，确保企业安全生产主体责任落到实处”的主题宣讲，全区成品油销售企业主要负责人、各加油站负责人和部分员工参会，提升企业的安全生产意识。（宋俊奇）

【石油销售稳步增长】 年内，贯彻落实《安全生产法》《成品油市场管理办法》等法律法规，做好成品油市场日常监管工作，确保全区加油站（点）的正常营运，促进成品油市场健康发展。至年底，全区加油站（点）共销售柴油28621吨、汽油73082吨，同比分别增长44.32%、63.03%。

【参加全市消防比武】 6月29日，盐城市商务局携手盐城市成品油流通协会在中石化新兴油库举办全市加油站员工消防应急技能比武活动，比赛共设理论考试（闭卷）、4千克干粉灭火器30米灭小油盆火、灭火毯30米灭模拟车辆油箱口火3大科目。全市共11支代表队参赛，盐都区代表队取得团体第一名、两个单项第一名，为全区加油站安全发展起到较好的示范引领作用。（杨玉伟）

沐浴休闲

【开展消费促进工作】 年内，响应全省“苏新消费”主题活动，引导综合体、商超、大型酒店、夜市街区等推出促销活动。通过江苏卫视频道《江苏新时空》《盐城新闻》、智慧盐城APP软件、新浪微博、抖音、今日头条APP等平台，对全区各类消费活动进行宣传报道，活动期间累计开展64场促消费活动。10月份邀请盐城电视台开展“约惠盐都、乐享消费”宣传造势，举办大型商圈、专业市场、特色街区等促销活动30场次。双十一期间，携手鹤鸣亭进行“约‘惠’盐都·首届‘双十一’购游节”活动宣传，线上线下联动发力，实现网络零售额2.45亿元，占全市的21.1%，位居全市第二。（刘雨宁）

【推动高品位步行街建设】 年内，以构建万达商圈和吾悦商圈为抓手，推动腾飞路、海洋路等特色街区建设，打造新的消费热点，推动消费升级、促进商业繁荣。渎上·老西门总建筑面积6.6万平方米，拥有五大商业街区，由13幢民国风情沿街金铺构成，是一个集文化创意、时尚购物、休闲娱乐、餐饮消费、网红夜市为特色的全新生活街区。街区围绕着文创产业为主线，打造民国时期最具代表性的登瀛老茶馆、腾飞书局、花样年华旗袍馆等一系列文化品牌店。海洋路特色街区，将海洋文化元素及符号融入街景、滨水景观，改造城市公共空间，打造城西南“智慧、乐活、生态、宜居”的特

色街区。渎上·老西门、海洋路商业街入选市首批特色夜市街区名单。

【加快推动直播经济发展】 年内，打造“盐之有物”网红直播基地，完善直播带货、主播孵化、直播社群、智能云仓物流服务等功能，基地占地2.2公顷，建筑面积4万平方米。配合市商务局、市电商协会等单位在网红直播基地举办以“盐之有物·播响盐城”为主题的首届电商直播大赛，盐都获“两个第一”：获奖人数最多(4人)，占比达40%；选手王艳获一等奖(全市唯一)。 (顾 欣)

物 流

【盐城市城西南现代物流园区】 园区地处高速圈内大市区核心板块，规划用地284公顷，西侧边界紧邻204国道和宁靖盐高速，距高速路口、盐城客运西站仅1千米，距南洋国际机场、盐城高铁枢纽10千米。园区立足生活性物流定位，形成汽车整车及零部件物流、家用电器物流、医药物流、公路港物流、快递物流等五大产业集群，创成“江苏省现代服务业集聚区”“江苏省级示范物流园区”“江苏省重点物流基地”及“全国优秀物流园区”，2019—2021年认定为盐城市AAAAA级园区，并列入江苏省新一轮服务业综合改革试点区。园区打造区域性现代商贸物流园区，聚力建设盐城市经济发展新引擎和全省物流转型升级示范区。

【物流项目建设】 至年底，园区引进、建设亿元以上项目33个，建成投入使用的载体面积达85万平方米，其中顺丰、邮政、韵达、速尔、苏宁等大型快递企业自建仓储及分拣设施面积达27万平方米，快递日均处理量占大市区流通量的80%；园区注册企业总数累计达700家，就业人数达5800多人，龙头企业包括悦达摩比斯、华晓医药、悦达包装储运、顺丰智慧电商物流园、顺丰电商产业园、中国邮政、康佰医疗器械等；园区总体实现营业收入83.5亿元，税收3.92亿元，同比分别增长8%和7.5%。

6月，盐城市首届电商直播大赛颁奖　　　　商务局　供

供销合作商业

【概况】 2021年，全区供销合作社系统深入贯彻落实习近平总书记关于供销合作社工作的重要指示精神，围绕推进农业社会化服务、供销合作社培育壮大工程两项任务，突出工作重点，创新工作举措，各项工作取得新的成效。

【农业社会化服务】 年内，以创建“农益惠”区域农业社会化服务品牌为抓手，开展植保飞防、配方施肥等菜单式农业社会化服务，服务面积1.13万公顷次；开展化肥农药减量化行动，供应配方化肥4900吨，零差率统一配供农药1501万元、59.31万件，回收农药废弃包装物59.15万件，回收率99.74%，无害化处置5.12吨。区供销社“1+N”农业社会化服务模式被中华合作时报、盐阜大众报多次报道。

【农资供应主渠道作用凸显】 年内，健全农资经营服务网络，在全区建立农药化肥配供中心，在乡镇设立16个配供点，配供网络逐步完善；创新农资供应方式，采取电商、微信、电话、送货上门等多种方式做好销售服务；和区农业部门联合上线开通“盐都益农网”手机APP，实现农资供应零距离。央视财经新闻报道区供销系统保障秋播农资供应情况。

【基层组织建设】 年内，投资80万元对楼王供销社生资门市及仓库进行改造，建成楼王现代农业综合服务中心，项目列为省总社基层社改造扶持项目；投资20万元对郭猛新跃供销站进行改造，新建新跃供销e站；新建大冈北杨、楼王丁马2个村级供销社，全系统基层社总数达15个，基层社社员总数5803人；新发展2个农民专业合作社，全系统农民专业合作社达62家。

【农产品电商发展】 2021年，盐溢香天猫店销售“盐溢香”大米220万元，农益惠淘宝店主打“倍倍鲜”调味品、“百纯”葛根粉、“葛武”嫩姜片，年销售30多万元。组织系统内公益助农直播活动，在全市首届“供聚农心销连万家”供销助农网红直播活动中，“大纵湖”醉蟹、蟹黄油、“葛武”嫩姜片等特色农产品销售120万元。

【推进农产品产销对接】 10月，组织盐城百纯科技有限公司“葛根粉”参加在山东青岛举办的第八届全国品牌农产品交易会，展会期间，宣传区优质农产品品牌，扩大产品影响力，与多家农产品经营企业达成销售意向。 (郝 菁)

医药经营

【帮扶涉药企业】 年内，运用政策信息和技术资源等优势，对接江苏华晓医药物流有限公司,提出大型药品储存仓库布局规划指导意见,该公司异址迁建项目通过竣工验收,获得2021年省级现代服务业发展项目专项补助资金477万元。主动融入医药经济发展大局,支持学富医疗产业园区建设,推动学富镇与上海浦东金环医疗用品股份有限公司紧密合作,形成梯次跟进、节约发展的医疗用品产业集聚群。全区共有药品批发企业2家,药品连锁总部3家,药品零售企业212家,医疗器械生产企业27家,三类医疗器械批发企业85家,药械领域从业人员3500多人,全年医药行业销售额达50亿元,上缴税收7600万元。(苗才清)

【康柏医疗器械公司】 江苏康佰医疗器械有限公司创立于2011年,总部位于区电商物流园内,是一家专注于医疗器械、康复护理、保健理疗、个人护理、计生用品、医学美容和保健食品的研发和销售的企业,是中国医疗器械的电商俱乐部副会长企业。公司旗下有康佰医疗、丁斯特医疗、尚博电商、广合电商、康盛电商、上周卓点等多个控股子公司,100多家网络分销商,产品销往全国31个省份和港澳台地区。公司经营的品种达400余种:制氧机、呼吸机、血压计、血糖仪、雾化器、轮椅、拔罐器、护具、医用面膜等。2021年“双11”当天销售额突破3500万元,全年销售额2.88亿元,创税1457万元。2019年被评选为江苏省电子商务示范企业,2021年被评为江苏省数字商务示范企业,成为同行业的领先者及知名标杆企业。

【康伴医疗器械公司】 江苏康伴医疗器械有限公司于2012年3月注册成立,从事一类及二类/三类医疗器械、化妆品研发制造销售。专注于医疗器械、康复护理、按摩理疗、医美产品和保健食品的开发与销售,与阿里巴巴、京东、苏宁、亚马逊等互联网平台建立合作关系,并与安德普泰、泰德医药、九州通、库尔控股、大清生物等国内知名厂家建立战略合作关系。公司具有百余人专业团队,职能部门分布清晰,是盐城乃至江苏省内行业标杆,多次被评为“诚信电商示范单位”。公司拥有3个控股子公司,50多家网络分销商,产品销往全国31个省份。除代理品牌,康伴旗下拥有小神医、九灵康和慕舒三大自主品牌。(董素梅)

粮食购销

【概况】 2021年,推进粮食市场化收购。坚持优质优价,优化为农服务,并实行“一卡通”结算集中统一付款,杜绝“打白条”现象发生,保证夏秋粮收购工作有序进行。全年收购粮食16.77万吨,其中小麦11.32万吨、稻谷5.45万吨。

【推进产业园区建设】 年内,“盐都区粮食科技产业园”项目列入2022年度区委、区政府重大工程项目,项目位于盐都区学富镇大成村原中兴砖瓦厂旧址,总面积8.47公顷,建设高大平房仓8幢、立筒仓6幢,总仓容12.5万吨;建设一条日产300吨的大米生产线和日处理潮粮300吨/日循环式烘干线;建设500吨级泊位码头2座;信息大楼1幢,总投资约28000万元。计划分两期完成,2023年底全部竣工,其中第一期工程2022年6月底前完成,投资15000万元;第二期工程2023年底前完成,投资13000万元。一期工程项目进入施工阶段,建设5幢仓房(仓容5.8万吨)、信息大楼(4682平方米)。

【库存储粮质量安全】 年内,开展“红旗库、红旗仓”评比活动,促进仓储管理水平提升,确保库存储粮质量安全,全年现存粮科学保粮率达100%。开展库存粮食检查,通过国家粮食清仓查库江苏省市间交叉检查组验收。

【产业发展势头良好】 年内,推进高标准农田建设,与楼王镇蟒河、公兴、果林三个村签订176.7公顷高标准农田土地转让合同,加快建设优质稻麦生产基地。同时推进“盐淮大米”品牌建设,建立盐淮米业天猫旗舰店线上交易平台,并组织参加第十七届粮食产销协作福建洽谈会暨粮协产品展销会,提高盐淮大米的知名度、美誉度和市场占有率。盐淮米业公司被评为“2021年度江苏省放心消费创建先进企业”。

华兴集团

【概况】 2021年是中国共产党成立100周年,集团上下统筹疫情防控和经济发展,围绕全年经济发展目标,总体实现销售收入20亿元,利税超亿元。

【资本运营转型升级】 11月15日,江苏盛安传动股份有限公司作为集团最早挂牌新三板、探索资本市场发展的企业,在北交所挂牌成立。盛安传动和盐城华兴机床联合,2021年共实现营业收入3.15亿元,利润5000万元。12月,盛安传动获得“专精特新小巨人企业”称号。2021年下半年,南大华兴公司启动上市工作。6月,公司科技研发成果,工艺路线开发提升,申报省科技厅省级院士工作站、省发改委工业污染控制与治理工程研究中心两项省级研发平台;公司基地+服务、工艺包+装备、EPC+O的业务模式逐步清晰,拓展水环境生态修复、环境损害评估、环保智慧平台运营管理等新型业务领域。公司全年实现合同额突破2亿元,到账额和开票额均突破1.3亿元。9月,公司启动新三板挂牌工作。

【传统工业转型】 江苏双昌生物科技在经历全国化工行业安全、环保集中整治的考验后,利用响应国家推动实现碳达峰、碳中和目标,做好安全生产管理和环保管理提升工作,公司全年共组织安全培训450人次,培训合格率达100%;督查整改各类安全隐患195条,整改完成率达100%。复产后,公司全年开票销售达2.05亿元,利润1900万元。

【汽车贸易发展】 2021年,受“芯片短缺”影响,在整车资源供给严重不足的情况下,集团汽车业务发展谋篇布局,扩大市场份额,在东台、阜宁、建湖设立分公司;积聚力量抢占新能源市场,广汽埃安新能源汽车销售提升、特斯拉授权钣喷中心落地。新能源板块的多项投入宣告集团汽车贸易进入新的阶段。集团汽车业务在2021年共实现收入7.63亿元,利税2000万元。

市场建设

农贸市场

【概况】　2021年，全区共有农贸市场23个，经营户1242户。按照“升级改造一批、关闭拆除一批、新建补充一批”的工作思路，全年投资932万元对列入2021年度列市为民办事项目的方向、大冈和鞍湖等3个农贸市场进行改造升级。结合文明城市创建工作，开展公益宣传，开展环卫、交易、安全秩序专项整治，提升市场主体责任落实能力和经营管理水平。

【开展督查及评比活动】　年内，开展文明创建督察及农贸市场星级评比，联合区城管局、农业农村局、卫健委、市场监管局对全区20家农贸市场进行季度星级测评，通过对市场的建设和日常管理的综合测评，推动各市场查漏补缺，提高市场的长效管理水平，提升城乡居民对“菜篮子”工程的满意度。年底，盐都区6家农贸市场被市评为“星级农贸市场”，其中盐渎农贸市场被评定为“三星级农贸市场”（全市共6家），尚庄、龙韵2家农贸市场被评定“二星级农贸市场”（全市共9家），北宋、神州路、秦南3家农贸市场被评定“一星级农贸市场”（全市共15家）。　（刘雨宁）

大型商业综合体

【概况】　2021年底，全区共有大型商业综合体2个，经营户345户，年经营额约8.33亿元。其中，万达广场共有经营户170户；吾悦广场共有经营户175户。行业有餐饮、服装、小食品、超市、黄金珠宝、新能源汽车等。　（顾　欣）

【万达广场】　盐城万达广场位于潘黄街道西环路88号，广场总面积14.5万平方米，总投资15亿元，分为地下一层、地上三层、局部四层，其中地上10.5万平方米，地下4万平方米。2015年12月28日开工建设，2016年11月主体竣工，2017年6月29日正式开业，实现“18个月从开工到开业”的目标。盐城万达广场商业管理有限公司成立于2017年6月29日，注册资金100万元，隶属于大连万达集团股份有限公司，主力店品牌10个，步行街品牌239个，服务业态83个，餐饮业态60个，精品业态82个，儿童业态18个，体验业态12个。

【吾悦广场】　盐城吾悦广场是新城商业布局盐城地区的第1座吾悦广场，总体量48万平方米，商业面积12万平方米，

4月，联合检查猪肉市场　　市场监管局　供

10月，吾悦广场外景图　　商务局　供

其中购物中心面积9万平方米。于2019年12月14日开幕，场内在营商户200余家，从业人员1000余名。集精品超市、亲子乐园、文艺书城、异域美食、巨幕影城、潮流健身、室内卡丁车、室内动物园、室内真枪射击馆等多种业态于一体。首进悦家超市、星轶影城、银吉姆健身、大众书局ABS、多奇妙、卡尔飞车、枪馆一号、未来动物城、邵东家等60余家品牌，为盐城当地居民提供特色主题休闲购物场所。

【麦德龙】 麦德龙商业集团有限公司盐城盐都分公司2013年进入盐城市场，共有在职员工99人，2021年度销售金额达到1.63亿元，税收150万元。日均来客数1000人左右，经营超过1.4万个食品和非食品。麦德龙商场是业内唯一一家通过HACCP认证审核和每年六次的第三方SGS，CCIC审核的全国商场。

【海外海二手车市场】 海外海盐城汽车城有限公司成立于2017年，共有员工61名，总占地面积17.87公顷，一期建筑面积10万平方米，经营面积近6.7万平方米，商户148户，从业人数近800人。海外海盐城汽车城项目，是海外海集团与盐城东方汽车广场投资发展有限公司共同创建的汽车后服务市场，是集团公司实施跨区域战略合作、推动二手车市场全面升级的大胆实践与有益探索。主要经营二手车销售，开展机动车安全与环保检测、机动车转移登记、金融保险、快修美容及汽车会展等业务。　（刘雨宁）

【科技广场中央商务区】 项目位于盐城高新区盐龙街道办事处创智路东、鹿鸣路南，由江苏金贸建设集团旗下的盐城市金业房地产发展有限公司投资建设，该项目为集商务经济、科研办公、金融服务、品牌酒店于一体的城市综合体，总投资约20亿元人民币，用地面积约89209平方米，规划建筑面积约342000平方米，容积率2.5，配套建设的大型绿化广场面积约24000平方米，绿地率达30%。项目主要由1幢超高层、4幢高层、1幢多层建筑物和2个绿化广场组成。地上建筑面积约221000平方米，其中A栋地上建筑面积约70500平方米，C栋地上建筑面积约35000平方米，D栋地上建筑面积约36000平方米，F栋地上建筑面积约12000平方米；地下两层建筑面积约120000平方米，配套机动车停车位4069辆，非机动车停车4874辆。A幢为高度约150米的超高层商务办公楼，B、C、D幢为高度约100米的总部经济办公楼，E幢为高度约65米的星级商务酒店，F幢为3层商业综合体。

人才与人力资源市场

【概况】 2021年，贯彻落实盐城市黄海明珠人才政策，坚持“人才是第一资源”的工作宗旨，加快实施人才强区战略。全区全年引进大学生人才4916人，发放人才绿卡848张，兑现各类人才补贴累计2377.4万元。

【开展招才引智活动】 年内，组织盐城维信电子有限公司、大纵湖旅游发展有限公司等170家企业赴河南大学、南京工业职业技术大学、南京信息工程大学、上海第二工业大学等高校参加校园招聘活动，提供1567个工作岗位，达成意向人数2824人。

【落实黄海明珠人才计划】 全区全年共组织100多家企业负责人参加黄海明珠政策培训会两次、主动“跑腿”送政策下基层20余次。引进高校毕业生4916人，引进三星级、四星级人才848人，新增留学回国11人。

【加强人才载体建设】 年内，开发就业见习岗位550个，新增盐城恒隆通新材料科技有限公司、江苏博云纬钛科技服务有限公司等10家优质企业就业见习基地。组织378名高校毕业生和失业青年参加就业见习活动，累计发放就业见习补贴1975万元。

【搭建人才开发平台】 年内，组织盐城科奥机械有限公司、盐城天驰汽配有限公司、江苏华跃新纺织材料有限公司3家公司申报2021年度博士后创新实践基地获批，获批数全市第一。帮助盐城市兰丰环境工程科技有限公司引进南理工博士后1人。推荐张丁申报的“新一代高效、环境友好型泡沫灭火材料的开发及产业化”项目获得全国第一届博士后创新创业大赛苏北地区企业银奖。

（潘思羽）

【推行网上"就业超市"】 每月15日前，组织对全区用工企业开展一次用工情况调查，每月20日将企业用工岗位信息通过盐都就业APP、盐都就业微信公众号、大厅自助招聘终端和政策宣传屏对外发布。依托江苏省智慧就业云平台或"云智聘"微信小程序推出"24小时不打烊"网上"就业超市"，线上招聘、求职常态化，劳动者可随时随地自主求职。区人力资源市场每周正常开市，每月至少举办一场专题招聘活动。全年全区共举办各类线下、线上招聘活动38场次，线上直播带岗3场。吸引进场求职者近1.89万人，达成就业意向7744人。

（陈学兵　封月琴）

文化市场

【概况】 2021年，全区文化市场管理按照在省级以上高新区实施"证照分离"改革的文件要求，清理文化和旅游等领域涉及经营许可，完善简约透明的行业准入规则，扩大企业经营自主权，激发市场活力，推动文化和旅游产业高质量发展。

【排查整理行政权力事项】 年内，推进"不见面"审批工作精神，对全局行政权力事项进行排查与核对，共有行政权力事项43项，其中：行政许可17项、行政奖励6项、行政确认6项、行政其他14项。对其中17项许可事项实行"外网受理、内网办理、全程公开、快递送达、网端推送、无偿代办"不见面审批，重新编制政务服务清单和内部流程图。全年共完成新审批歌舞娱乐经营场所2家，互联网上网营业场所3家。并对全区互联网上网场所和娱乐场所进行线上年检并全部换发文化市场经营许可证。（沈　岗）

宾馆　餐饮

【驿都金陵大酒店】 盐城驿都金陵大酒店是盐城市区唯一一家挂牌五星级大酒店，酒店占地面积3.47公顷，建筑总面积共计近10万平方米，由两栋综合体大楼组合而成，堪称"双子楼"。酒店一期拥有346间/套豪华客房，床位数514张。二期拥有167间/套豪华客房，还拥有1450平方米、800平方米和340平方米面积的三个宴会大厅及5间不同规格会议室组成的国际会议中心，餐饮设施包括中餐零点、豪华包间、风味餐厅、咖啡厅、大堂吧、茶吧等，会议宴会、康体娱乐、精品商场、花店等配套设施一应俱全，盐城驿都金陵大酒店是接待商务贵宾、举办会议研讨、体验细意浓情，享受良辰美景的最佳选择。

5月，驿都金陵大酒店外景图　　商务局　供

【港府君澜大饭店】 饭店地处盐城高新区，东邻宁靖盐西出口，区位优越，交通便利。由港府酒店管理有限公司投资建造，君澜酒店集团管理的豪华商务酒店。饭店总建筑面积5万平方米，聘请香港知名设计师设计，装修风格现代时尚。餐饮设施包括桃源小馆、豪华包厢、西餐厅和大堂吧等设施。其中西餐厅可同时容纳200人用餐；8个大小各异的多功能厅也是您举行各类会议和宴会等活动的优质选择。同时酒店附设KTV、棋牌室、足浴、桌球室和健身房等休闲娱乐设施，能充分满足您商务会议、休闲度假的各类需要。

房产交易市场

【商品房销售情况】 2021年，全区商品房销售151.4万平方米（占大市区商品房销售总量30%），同比下降23%。其中，住宅销售面积109.6万平方米，同比下降36%。销售套数9072套，同比下降35%。全区商品房销售收入140.7亿元，同比下降15%。其中商品住房销售收入120亿元，同比下降22%。全区商品住房销售112万平方米，成交均价为10951元/平方米，同比增长23%。

【商品房库存情况】 年内，全区商品房库存（含保障房）334.9万平方米（占大市区商品房库存总量27%），同比增长4%，去化周期为26个月。商品住房库存148.4万平方米（含保障房29.2万平方米），同比基本持平，去化周期为16个月。

（朱　进）

财政 税务 审计

财　　政

【概况】 2021年，全区实现一般公共预算收入42.5亿元，税收收入占比82.3%，增幅与税比均居于全市第三位，财政收入呈现恢复性增长。坚持阶段性政策和制度性安排相结合，参与制定并组织全区相关激励性措施，立足算政治账、长远账，把减税降费作为深化供给侧结构性改革的关键之举，精准实施减税降费，形成“水多鱼多”的良性循环，全区全年新增减税降费超过3.2亿元。区财政拿出2.36亿元兑现涉企类奖补政策；组合运用“苏微贷”“苏科贷”“创业贷”等政银合作产品，为企业提供更多低门槛、低成本、高效率的融资支持，帮助企业特别是中小微企业、个体工商户缓解困难、更好发展。同时，定期开展财政政策进社区活动，让更多居民能知晓政策，精准享受政策。

【财政预算平稳】 2021年，财政支出高位运行，民生类支出占一般公共预算支出的比重超过80%。列入省高质量指标监测体系的公共服务支出和涉农、扶贫类资金累计超过48亿元，其中用于示范区建设及脱贫攻坚、农房改善专项扶贫资金15.3亿元。分配下达财政直达资金9.2亿元，直接惠企利民。

【预算管理制度改革】 年初，财政部预算管理一体化规范和技术标准落地，使用一体化系统编制完成2022年部门预算；坚持零基预算管理，打破“基数＋增加”概念和项目支出固化模式。预算评审成为压支控支“第一关口”，通过预算评审压减预算5.28亿元。预算绩效管理实现绩效目标编制、支出绩效自评和区级预算三个全覆盖，实施106个项目重点评价，涵盖财政资金近15亿元。形成新一轮区对镇财力结算体制，迭代优化分类分档激励奖补政策，厘清财政与平台的支出边界，区镇财力更加均衡。

【守牢债务风险底线】 2021年，超额完成市定隐债化解任务，落实镇级债务上收管理要求。建立投融资及债务动态管控机制，适时下达融资增量控制线，制定投融资工作规定；创新国企信用授信应急资金池（10亿元财政应急资金池和30亿元的国企信用资金池）；完成政府隐性债务化解任务，风险等级由橙转黄，实现降规模、债务率、融资成本、风险等级“四降”目标。打好政府投资评审“铁算盘”，财政投资评审共评审279个项目，评审资金66.83亿元，审减资金4.77亿元。

10月，财政政策进社区活动　　　　财政局　供

【加强财政监督管理】 全年共组织实施40项财政监督检查；部署开展近10批次的涉农、涉企、社保专项资金，以及投融资、政府采购等专项检查行动；基层财政所季度互审步入制度化、实效化轨道，推动财政资金使用效益的提升和财经纪律制度的落实。与此同时，其他基础性改革协调推进，形成新一轮区对镇财力结算体制，迭代优化分类分档激励奖补政策，厘清财政与平台的支出边界；完成非税收入电子化改革，年底，开出全区非税收入电子票据第一单。

（陈恒林）

【会计集中核算】 年内，通过会计集中核算中心与国库集中支付中心联动运作，审核原始凭证，办理网上支付和会计核算，全年共审核支付各类财政资金121.6亿元。强化预算约束，无预算、超预算的支出不予报支。加强对消耗性支出特别是"三公两费"的控制，确保全年"三公两费"支出只降不增，全年节约预算资金约2.2亿元。

（孙学来）

税　务

【概况】 2021年，面对抗击疫情和促进发展并重、落实优惠和收入质量并行、优化环境和征管改革并进的复杂局面，全区税务系统以落实省税务局"50条"为抓手，推进盐都税务高质量发展。全区全年共组织各项收入97.32亿元，同比增长18.76%。其中税收收入69.33亿元，同比增长11.74%；社保费26.03亿元，同比增长38.72%；其他基金（费）1.96亿元，同比增长15.98%。实现一般公共预算收入35.00亿元，同比增长13.65%。主动靠前服务经济发展。2021年，全区新增减税降费3.75亿元，其中税收3.32亿元，非税收入0.43亿元。中小制造企业缓缴税款1.25亿元。落实各项退税16.43亿元，其中出口退税8.4亿元，增量留抵退税3.38亿元，汇算清缴退税2.19亿元，惠及纳税人缴费人2.4万余户次。

4月，税务局"减税降费"宣传走进"盐马"赛场　　税务局　供

【发挥税收职能】 年内，加强税收分析工作。密切与地方党委政府的沟通对接，高频次、全方位地开展税收分析、汇报工作。强化月度收入情况、整体税源情况、减税降费情况、行业税收风险等大数据分析，年初，上报有关分析报告17篇。开展专题分析19篇次。1篇批示被国家税务总局每日要情采用。深化社保非税治理体系。全区共搭建359个网格点，网格员412人，引导缴费人线上方式查询缴费1.6万人次，常态化巡查走访752人次。在"盐分"赛场中，现场进行"减税降费"的宣传。

【税收监管工作】 2021年，行政处罚裁量基准执行率和行政许可事项办理准确率均达到100%，践行"首违不罚"规定要求，全年办理近千起"首违不罚"事项。加强风险应对管理，全年完成风险应对任务（含一般流程）1417户，取得入库成效1.7亿元，总成效2.64亿元。强化机关建设。抓好疫情防控，督促干部接种疫苗，严格离区报备审批制度，推进疫情防控经验被省市有关媒体专题报道。

【改进营商环境】 全区全年线上办税157万件，95%以上的业务种类实现全程网上办，个人社保网上办件量达3万件。增值税期末留抵退税平均办理时长，纳税人平均等待时间、办理时长等指标位居全市前列。贯彻落实"我为纳税人缴费人办实事暨便民办税春风行动"和"春雨润苗"专项行动。推出10大类34项92条措施。推行"纳税服务体验师"活动，通过征纳互动平台、税企交流群、特服号等多渠道畅通征纳联系渠道，收集6000余户纳税人缴费人意见建议，帮助解决8大类100余个实际问题，强化盐都"都满意"品牌建设。及时响应纳税人合理诉求，12366和特服号全年接听纳税人缴费人咨询2.77万次，接听数量、接听率和准确度居全市第一。（张　健）

审　计

【概况】 2021年，全年共实施审计项目17个，专题审计调查项目4个，完成区领导交办事项28个。对全区36个重点政府投资工程开展跟踪审计，覆盖资金累计达120.25亿元，完成竣工结算审计项目项目9个。向区纪委监委移送案件线索6条，出台规范性文件6个，获区主要负责人批示9次，获2019—2021年度江苏省文明单位和2019—2020年度盐城市文明单位称号，获全区目标任务综合考核综合先进奖。

【提高审计整改实效】 2021年，对区本级预算执行审计中发现的8大类32个问题进行分解，整改落实率达100%，对

7月，参观盐都革命陈列馆　　审计局　供

2019至2020年实施的27个审计项目问题整改情况进行专项督查。以核查报告和专题报告等形式向区委、区政府提出意见建议11份，推动区委、区政府及其相关部门出台完善制度6项。将重大政策措施落实情况跟踪审计与财政"同级审"相融合，将大数据审计与部门预算执行审计相融合，将领导干部经济责任审计与自然资源资产审计相融合，优化审计资源配置，提升审计质效。

【助力城北地区改造】 2021年，派出两个工作组共12人次审计人员参加城北地区改造征迁跟踪审计工作，注重全程性、突出时效性、研判特殊性，累计跟踪审计2951户（企业），出具报告58份，审结金额52.90亿元，为精准结算拆迁户费用和收储单位资金拨付提供及时、准确的依据，彰显务实的审计担当。

【加强审计宣传】 年内，深化EPC项目审计研究，相关经验做法和研究成果在全市投资审计业务会上作交流介绍，在《中国审计》和《江苏审计》杂志上刊载。全年共完成信息宣传106篇，其中省级及以上29篇、市级67篇。对市城镇化集团的专题审计调研报告，获区主要负责人批转在全区推广，为区委区政府提供重要的决策参考。

【促进投资审计转型】 2021年，推动出台《盐城市盐都区政府投资项目审计监督办法（试行）》和《盐都区人民政府办公室关于进一步规范政府投资项目管理事项的通知》，厘清建设单位的主体责任和国家审计的监督责任，规范全区投资管理及审计行为。推动区直部门、镇（街道）、区属国企独立设置内部审计机构，制定出台《盐都区内部审计工作考核办法》，开展业务培训活动，抽调乡镇内审人员"以审代训"，帮助提升审计能力。探索巡审协同联动。建立审计组与巡察组同步监督、协同推进的工作机制，以"审"促"巡"，以"巡"助"审"。局业务骨干就工程投资领域巡察中如何发现问题进行专题授课，推动政治巡察与依法审计"无缝衔接"，彰显1+1>2的叠加效应。

【推动党建与业务融合】 年内，开展党史学习教育，将"我为群众办实事"和"两在两同"建新功活动贯穿学习教育全过程，期间带领局机关全体人员参观盐都革命陈列馆，引导审计干部明理增信、崇德力行。审计系统全年排查出意识形态领域风险隐患4个，及时制定整改措施。推进文明单位创建，与秦南镇陇尖村结对开展文明共建，联合潘黄街道兆泉小区开展"老旧小区结对共建"。完善提升"审计书屋"，开展全民阅读活动，打造书香审计机关。梳理排查廉政风险点7个，提升审计人员拒腐防变的能力。印发《进一步加强党风廉政建设工作的意见》，为实现审计事业高质量发展提供坚强的纪律保障。实施"党建强审"提升年行动，发挥党建引领作用。打造"都审为民"党建服务品牌和"党建+"基层内审机构提升工程创新项目，推动党建工作与业务工作深度融合。

（陈伟达）

7月，结合党史学习教育，重温入党誓词　　审计局　供

金融　保险

中国工商银行股份有限公司盐城盐都支行

【概况】　2021年，支行三项存款增加。至12月底，储蓄存款时点余额17.67亿元，较年初净增1.92亿元，完成计划的116%，系统内排名第八；储蓄存款日均余额17.21亿元，较年初新增1.01亿元，时点日均余额正增4656万元。公司存款方面，2021年底，公司存款余额18.18亿元，较年初增加5.22亿元，日均存款增量2.4亿元，时点增量位列全市第二，日均增量位列全市第五。至12月31日，支行全年新拓对公户1067户，网均拓户数位居全市第一；新开基本结算账户876户，占比82.1%，全年新开商品房预售资金监管账户2户；新开结算账户存款时点余额合计5.51亿元。

【资产业务增长】　至12月31日，全行普惠双口径贷款余额42361万元，较年初增加19557万元，增量及余额均位列全市第一。支行普惠贷款年末为全市增量和余额双第一。普惠结构方面，全年新增首贷户12户、数字供应链贷款余额4300万元，较年初增加2000万元，新拓展数字供应链客户两户。全年实现项目贷款新拓投放3户，金额合计8.42亿元。年末在手储备项目2笔，金额合计17.42亿元，全部为已过预审项目。2021年盐都支行在收回两户法人不良贷款（金额合计20324万元）的基础上，至年末，法人有贷户较年初增加2户，全年单边新增4户，法人贷款较年初净增3.88亿元。

【拓展中间业务】　至12月底，支行全量客户数17.58万户，比年初新增1.31万户；有效客户数13.06万户，比年初新增9338户；金融资产5万～20万元以上客户5506户，比年初新增725户；20万～100万元客户2047户，比年初新增237户；100万～800万元客户211户，比年初新增15户；800万以上私银时点达标客户7户。全行全年共组织60多场次外拓营销活动，共批量办卡7500张，商户626个。

【举办党建共建活动】　6月19日下午，"七·一"来临之际，盐都工行党总支与盐都区先进基层党组织——潘黄旭日社区党总支举办党建共建活动，银政双方通过座谈相互交流基层党建工作开展情况，双方就三资平台系统上线达成合作，同时对该单位的智慧食堂、道德银行等业务形成合作意向，随后参观旭日社区新时代文明实践站，盐城市劳模模范——旭日社区党

6月，与潘黄旭日社区党总支举办党建共建活动　　刘久华　摄

7月，组织初心使命主题教育实践月党日活动　　刘久华　摄

总支书记朱其冬介绍社区发展历程，最后大家集中参观潘黄红色教育基地，寻访盐都红色足迹，赓续党员同志铭记历史、缅怀先烈。

【党风廉政建设】 年内，以党史教育学习活动为契机，与市行党委组织部、市行办公室党支部开展党建共建，共同参观学习盐都革命陈列馆，结合党史教育"我为群众办实事"活动，在盐城网红直播基地开展金融服务，与市工信局、市行公司部在楼王燕子阁、胡乔木故居等地，开展党史教育。督促支行落实党风廉政建设主体责任，督促总支与班子成员、部门负责人签订《党风廉政建设责任书》。

【初心使命主题教育实践月活动】 7月28日，组织弘扬"南泥湾"精神 践行初心使命主题教育实践月党日活动，并与盐都区消防救援大队联建共创，共同参观消防展，慰问一线消防队员。通过主题教育实践月党日活动，全体党员深切感受到消防队员艰苦训练的吃苦精神和面对险情的奉献精神，激励全体党员坚定信心，以优异成绩迎接党的二十大召开。

【组织开展廉洁文化宣传教育活动】 2021年，与内控合规部联创赴盐都检察院警示教育基地开展'知廉崇法'共建活动，组织全行客户经理赴盐城市尚德昭廉教育馆接受现场廉政教育并写警示教育心得。党总支成员带头主讲党风廉政建设、廉政专题党课，通过具体的案例，对全员进行有效的警示教育。组织开展《金融案鉴》读本典型案例警示教育活动，加强党规党纪学习。

【确立批量项目白名单客户】 全年确定五大类别共269个单位和个人，137617万的旺季批量业务规模。其中，建安类53户54000万元、高端类客户34户22500万元、代发工资187户28313万元、企业分红14户4900万元、平台延伸项目25个27000万元。2020年12月支行启动旺季批量揽储营销工作。支行行长牵头带领二级支行行长对年底前资金项目方开展两轮拜访，确保元旦前应发资金全部发放到位，同时继续对批量项目进行增补。1月，对春节前旺季资金项目开展第三轮拜访，确保春节前旺季资金全部发放，实现旺季营销的阶段目标。

（刘久华）

中国农业银行股份有限公司盐城盐都支行

【概况】 2021年末，在存款业务上，全行本外币各项存款余额达成125.58亿元，比上年净增8.11亿元，其中本外币个人存款达成91.26亿元，比上年净增10.09亿元，总量和增量份额位列全市农行第二，个人存款日均余额90.02亿元，比年初增加9.33亿元。在项目化、批量化营销上，全年营销"智慧校区""智慧厂区""智慧社区"等有效场景42个，目标完成率131.3%场景月均活跃客户1.5万户，其中K12学校净增16个。全年新增私人银行客户31户、个人高净值客户78户、临界高净值客户299户。

【个人客户营销】 全年新增有效卡2.73万张、新增有效客户2.69万户；私人银行客户达94户，比年初增加31户比上年多增11户；新增个人高净值客户78户、新增临界高净值客户299户；新增信用卡有效容户4105万户，新增有效结算商户955户；个人学银月活客户达10.34万户，个人有效客户掌银覆盖率达83%；信用卡分期交易额达成1.9亿元，新增信用卡消费额13.43亿元、目标完成率103%；家装分期交易额达成4947万元，总量列全市第一位。

【代发工资业务拓展】 全年新增代发工资账户5500户，新增代发业务量1.65亿元；拓展拆迁资金一项，对应拆迁客户33户；营销宅基地退出资金6000万元；营销建筑公司年底分配资金2700万元；对接乡镇平台年底分配资金3户、3100万元。

【项目贷款工作】 2021年，全行各项贷款余额66.94亿元，比年初增加10.82亿元。在项目贷款方面，全年累计实现投放6.06亿元。至年末，项目贷款余额达16.11亿元，比年初净增4.43亿元，全年新增获批项目贷款6个。个人按揭贷款方面，全年个人住房贷款余额31.45亿元，列全市第二位，比年初净增3.42亿元，完成市分行下达目标的114%，列全市第三位，新增合作楼盘4个。

【普惠金融工作】 至年底，全行普惠贷款余额达13.64亿元，较年初增加3.6亿元，总量和增量在大市区四行19家支行中均排名第一。全行银保监口径普惠贷款12.38亿元，较年初增加4.46亿元，增幅达56.3%，高于全行贷款增速37%，完成银保监部门“两增两控”要求。2021年新获批法人小微类“盐都区电子元器件产业集群”“三个一”项目方案，总授信8000万元、新增白名单客户15户；个人生产经营类“苏北红星美凯龙家具建材旗舰博览中心”项目上报至市分行，分别与学富镇、龙冈镇、大纵湖镇政府联合开展银政企融资对接会，累计实现投放2200万元。

【开展党史学习教育】 全年共开展党委中心组集体学习研讨10次，二级支行累计开展集中学习研讨140余次邀请盐城市委党校汤春松教授做党史专题辅导报告会，并组织干部员工参观红色基地，分别走进新四军纪念馆重温铁军记忆、走进盐都革命陈列馆追忆革命峥嵘岁月、走进泰山庙感受抗日先烈热血雄魂，把集中学习和实践体验相结合，利用红色资源激励引导党员干部从党史学习中汲取奋进力量。对12个网点党员活动室进行改造升级，并规范使用党组织经费，使基层党支部活动阵地真正成为教育培训党员、群众，传播先进文化的阵地和“窗口”。

11月，上门营销客户并宣传金融知识　　农行　供

【风控管理能力提升】 2021年，全行未发生重大业务差错、客户投诉、安全事故等风险事件。至年末，全行不良贷款余额1596万元，控制在管控目标范围内，较年初下降263万元，不良占比0.24%，比年初下降0.09%。运营管理重抓规范操作，强化风险防范，实现安全无事故。郭猛、高新区、城南支行荣获总行级营业机构运营工作“三铁”单位称号，秦南、龙冈、楼王支行荣获省分行级“三铁”单位称号。举办首届青年员工业务技术比赛，调动全行员工提升业务技能、为全行业务发展贡献力量的积极性。

【强化管理能力】 年内，对大冈、高新区、中兴3家支行“职工小家”进行提档升级，并结合各网点意见完善“三小”设施，体现人文关怀。2021年度获总行级运营基础管理“先进单位”、省分行信贷“三化二优”单位、省分行安全保卫“三化三达标”优秀一级支行、盐城市银行业文明规范服务优秀营业网点，在盐都区政府综合目标考核中荣获先进集体奖。其中新区支行获2020—2021年度省分行“五一巾帼标兵岗”、城南支行荣获省分行安全保卫“三化三达标”优秀营业网点。

【培育个人有效客户】 年内，通过项目化、批量化营销，重点拓展时杨中学、大冈中学学校开卡、省建工集团农民工开卡等批量开卡，全年新增有效开卡2.73万张、新增有效客户2.69万户。

【加强重点客群营销】 年内，拜访专业市场莫干山板材等商户，现场宣讲普惠

6月，上门营销客户并宣传金融知识　　农行　供

金融产品、结算渠道，营销金条、熊猫币等贵金属产品，并预约资金、获取下游客户清单。全年共摸排重点客群9个，举办活动5场，对种粮大户、经纪人大户、烘焙快消品、养殖大户等开展联谊活动。

【对公"两户建设"提升】 全年新开对公结算账户、新增日均5万元有效户、新增企业掌网银活跃客户目标完成率分别为105%、97.73%、118%，"两户建设"指标稳定走在全市前列。5月，支行组建对公客户服务团队到南通海安支行学习《"海安市三资乎合管理系统"成功上线经验，回行后与盐都区农业农村局沟通对接营销学富镇相关村委会、社区委员会开立"三资"账户。为学富镇联河村村民委员会、时杨社区委员会等开设"三资"账户7户。

【加快数字化转型推进】 年内，推动场景建设，做好"智慧校区""智慧厂区""智慧社区"营销拓展和有效对接，全年新增有效场景42户，目标完成率131%，场景月均活跃客户数1.5万户，K12学校签约16所。

【做好大堂营销工作】 年内，落实超柜引导员、高柜柜员与大堂经理联动营销责任，重视每一位来行重点客户掌银渗透营销；围绕贵宾客户、个贷客户信用卡客户和代发工资客户四大重点客群，开展精准营销全年个人掌银月活客户10.34万户，个人有效客户掌银覆盖率83%。

【普惠贷款线上融资产品推广营销】 至年底，全行普惠贷款线上产品客户较年初增加362户，普惠线上产品贷款总额9.21亿元，较年初增加4.79亿元，占普惠贷款增量133%。其中个人生产经营贷款"房抵e贷"客户较年初增加113户，贷款增加1.37亿元，增量位列全市农行第二位；农户惠农e贷客户较年初增加216户，贷款较年初增加0.98亿元(其中惠农抵押e贷69户、7746万元，为2021年4月推出的线上产品)；法人"抵押e贷"客户较年初增加48户，贷款较年初增加2.44亿元，总量及增量均列全市农行第一位。

【推进"资产业务推动网点转型发展"】 2021年全行普惠贷款总量达13.64亿元，较年初增加3.6亿元，增幅达35.8%。"法人小微、个人生产经营、农户"普惠三类贷款均实现正增长，普惠贷款增速高于全行贷款增速16.5个百分点。普惠三类贷款净增总额占各项贷款净增总额的33.24%。扩大网点资产业务规模。至12月底，全行13个网点全部实现资产业务全覆盖，高新区、城南支行等5家网点普惠贷款总量均超亿元，城南支行、支行营业部等8家网点普惠贷款增量超3000万元，其中城南支行、支行营业部增量超6000万元，列全市前二十名。"会战月"期间实现普惠贷款净增1.88亿元，目标完成率124.5%，所有网点均实现正增长，8家网点普惠三类贷款净增超1000万元，其中2家网点净增超2000万元。

9月，在步高汽配、亚中铝业、兴都市政等企业进行项目贷款营销　　农行　供

【项目贷款营销】 2020—2021年期间，全行累计获批项目贷款9个，具体为江苏银宝控股集团有限公司"现代渔业示范园区"项目2.83亿元，张庄老旧小区改造项目0.9亿元，盐城大冈现代农业科技示范园项目1亿元，盐城大纵湖旅游发展有限公司"大纵湖旅游生态环境提升工程项目"1.8亿元，盐城富盈农村资源开发有限公司"学富镇土地综合治理项目"2.2亿元，盐城市农业水利发展投资集团有限公司"银宝经开区高标准农田建设项目"1.8亿元，盐城市尚湖旅游发展有限公司"尚庄镇特色农业科技示范基地建设项目"1.5亿元，城市伍佑生态高效农业示范园区开发建设有限公司"盐南高新区伍佑街道三星等村土地综合治理项目"2.4亿元，盐城富至农村资源开发有限公司"学富镇土地综合治理二期项目"2亿元。2021年全年累计实现项目贷款投放6.06亿元至年末项目贷款余额达16.11亿元，比年初净增4.43亿元，项目营销在系统和同业均走在前列，全面助力地方城镇改造、城市更新和以农民住房改善、高标准农田建设、农业产业园、旅游产业建设为主的乡村振兴。

【做好疫情防控】 年内，支行全面落实包干责任制，支行本部由综合营运部、工会工作部牵头抓好防控工作，纪委负责监督检查，将防控责任压紧压实到部门、网点及每位员工。及时学习传达上级党委疫情防控工作信息，严格执行上级行和地方党政关于疫情防控的各项要求，备足、备好防疫物品，保护员工及客户的身体健康。 （丁　祥）

中国银行盐城盐都支行

【概况】 至年末，支行营业净收入27039万元，较同期增加777万元，同比增幅2.96%。其中,公司板块营业收入14870万元,个金板块营业净收入12168万元。支行拨备前利润24095万元,较同期增加333万元,同比增幅1.40%。支行净利润17416万元,较同期增加149万元,同比增幅0.86%。

【负债业务】 2021年,本外币存款(含表内理财)日均余额55.13亿元,较年初新增3.14亿元。其中:储蓄存款(含表内理财)日均余额22.27亿元,较年初新增2.84亿元。公司存款(含表内理财)日均余额32.83亿元,较年初新增0.30亿元。

【资产业务】 2021年,本外币贷款时点余额79.51亿元,较年初新增10.09亿元。其中:零售贷款余额45.97亿元,较年初新增5.50亿元。公司贷款余额33.54亿元,较年初新增4.59亿元。

【客户基础】 至年底,盐都支行全量个人有效客户17.95万户,个人加权客户74138户;私人银行客户数21户,年均资产2.17亿,较上年增加0.04亿;代发薪累计11.37亿。至年底,手机银行月活数25762户,月均贡献度11.57%,较上年贡献度提升0.08%;年日均私行客户数19户,较去年增加2户,支行对公结算账户新增1959户,远期结售汇交易量45.39亿元。

【服务实体经济】 普惠金融:至年底,银保监口径普惠贷款余额较年初新增2.7亿元,户数较年初新增110户。

【优化存款结构】 年内,加大对行政事业单位存款的争揽维护,同时注重巩固优质老客户的同时发展重点新客户,加大民营企业存款争揽力度,优化存款结构,服务区内优质客户维信电子、东山精密及其配套上下游企业,年内争取通园弘、通港弘等房地产公司监管资金落户,争揽监管资金,日均达3亿元,为支行负债业务夯实基础。

【加强与平台公司合作】 年内,牵头盐渎街道城市更新项目36亿元银团贷款,盐都区交通建设集团有限公司2亿元贷款,为通创置业投放2.1亿元项目贷款,东山精密新增0.5亿元流动资金贷款等;年内大公司贷款业务新发放8.5亿元,非标理财发放4.87亿元,大公司项目储备超20亿元,为支行资产业务及国际结算业务的发展奠定基础。

12月,组织前往新四军重建军部旧址参观学习　　中国银行　供

【实现高质量房地产项目】 2021年,观棠府项目24037.2万元、金禧家园项目24751.9万元、凤麟府项目19910万元、西璟文苑项目11286.7万元、君启花园5906万元、世纪尚东府项目4928.5万元,带动个人零售贷款业务及代发薪业务增长,加大对优质楼盘的拓展,营销中庚、保利等优质楼盘。

【服务实体经济】 至年底,支行制造业贷款余额9.1亿元,较年初新增3.13亿元;绿色信贷余额7.6亿元,较年初新增2.8亿元;战略新兴产业贷款余额1.93亿元,较年初新增1.93亿元。加大对两开工、两投产重大项目授信支持,为盐城东山精密投放5亿元信用贷款,联动中行境外机构为维信电子叙做海外代付业务,跨境人民币、汇率避险等综合金融服务,依托核心企业的产业链、供应链,为东山精密在盐配套企业提供供应链融资综合授信额度,缓解配套企业融资难、融资贵问题,创新金融产品同时为企业节约大量财务成本,得到企业认可。 (张秋月)

中国建设银行盐城盐都支行

【概况】 2021年,支行各项业务均衡发展,部分指标系统领先,主营业务收入和拨备前利润稳定增长,全年实现主营业务收入1.29亿元,同比增长51%;支行全年实现中收6066万元,同比增收1800万元,增幅达56%。实现拨备前利润1.12亿元,同比增长60%,市场竞争力、价值创造力、系统贡献度稳步提升。

【负债业务增长】 至12月31日,支行一般性存款日均余额36.89亿元,日均年新增5.87亿元,其中对公存款日均余额22.34亿元,年新增3.82亿元,新增四行第一;个人存款日均余额14.55亿元,日均年新增2.05亿元,两项存款均有显著提升。

【资产业务提升】 至年底,支行各类贷款余额35.81亿元,较年初新增8.15亿元。其中,公司类贷款余额28.57亿元,较年初新增8.51亿元。支行落实省、市分行普惠金融工作部署,加快业务推进,支行上下掀起普惠金融营销高潮,至2021年12月31日普惠金融贷款余额6.48亿元,比年初新增1.86亿元。个人贷款方面,走访开发商和住建局,新增富

5月，开展党史学习教育　　建设银行　供

力科创城、凤麟府等一批优质楼盘，较好得完成目标任务。

【突出综合融资】　支行全年新增项目储备8个，实现贷款投放10.1亿元。抓住省分行对政府隐性债务置换业务的窗口期，投放盐都交建隐债置换贷款2亿元；加大对房地产开发贷客户营销力度，营销通银、碧桂园、弘阳三家地产公司联合开发项目，组建内外部银团，授信11亿元并于当年发放2.2亿元；发放兴邦、金地、通银联合开发项目，投放房开贷1.95亿元；营销政府平台客户，为市城镇化公司发放福利院项目2亿元；为盐高新集团投放住房租赁贷款0.8亿元，发放盐城行首笔委付贷和兴建设1.9亿元；其他低风险业务0.9亿元；实现投行项目城镇化集团公司理财子2.5亿元。强化资产业务龙头作用，带动负债业务发展，提升综合金融服务能力。

【增强团队凝聚力】　年内，支行班子深入网点，听取员工心声，为员工办实事解难事，调动员工的积极性，为员工的成长进步搭建舞台，开展青年员工座谈会、青年员工爱岗敬业演讲比赛党史学习教育活动。2021年，在市分行组织的全行运动会比赛中，盐都支行联合开发区支行获团体一等奖；在建党100周年红歌比赛中获团体三等奖。

交通银行盐城城中支行

【概况】　2021年，在市分行党委的正确领导下，贯彻执行市分行发展战略，围绕经营管理目标要求，城中支行全体员工坚定信心，较好地完成各项工作任务。2021年支行获“盐城市五一劳动奖”。

【推进各项业务】　至年底，支行各项贷款余额17.31亿元，较年初增长3.32亿元，其中普惠两增贷款余额1.68亿元，较年初日均增加5300万元，个贷余额8.8亿元，较年初日均增加5000万元；完成对公达标客户419户，计划完成率100%。

【厅堂服务模式转型】　2021年，持续推进厅堂服务模式转型，通过网点从事厅堂服务的客户服务经理与客户经理的融合，以双向赋权和人员复用为切入点，依托科技赋能和数字化转型，达到网点AUM、有效客户数、零售业务收入指标的增长，实现厅堂基础服务水平不降低、风险管控能力不降低、人员复用有提升、客户体验有提升、网点产能有提升的“两不降，三提升”转型目标。通过转型，支行达到合理分配厅堂资源，推动网点综合效益增长，为客户提供更好的服务体验。

【党风廉政建设工作】　2021年，在分行党委的正确领导下，支行党支部以党的政治建设为统领，以全面从严治党为主

11月，开展党史学习教育　　交通银行　供

线，开展党史学习教育活动，强化责任落实，深化理论武装，发挥党建引领作用，把党建工作的政治优势、组织优势持续转化为服务盐城经济社会发展的优势，践行服务“三农”、城乡居民和中小企业的战略定位，着力提升服务能力、产品创新能力。以优质的产品、规范的服务、良好的形象，为分行高质量发展做贡献。

中国农业发展银行盐城盐都支行

【概况】 2021年，支行累计发放贷款188785万元，收回贷款60804万元，各项贷款余额266520万元，同比增加127981万元；对公存款时点余额39477万元，同比增加6766万元；日均存款49363万元，同比增加16633万元。

【推动传统业务发展】 2021年，支行发放粮食储备贷款52511万元和粮食自营贷款5000万元，保障市政策性储备业务和经营性业务正常开展，增强地方政府对农产品市场的调控能力。严格执行各项信贷制度，防范风险。向企业宣传支行最新信贷政策，执行封闭管理的工作要求，重抓“五个关口、八个环节、十条底线”要求的落实，夯实粮油信贷管理基础，防范粮油信贷风险。

【加快项目营销对接进度】 2021年，支行累计投放前期存量项目贷款26274万元，通过存量项目的后续贷款发放，保证项目的建设进度和完整度。投放的项目主要包括：1.江苏润都旅游发展有限公司的盐城市草房子项目20874万元；2.盐城蟒蛇河水上旅游开发有限公司的盐城市蟒蛇河水利生态开发工程项目5400万元。

【助力乡村振兴业务落地】 2021年，支行通过组建项目小组的方式，齐发力、共营销，用最快的速度、最优的服务、最好的方案为企业打造项目贷款一站式服务，助力盐都地区乡村振兴业务早落地、早见效。1.盐城市城开置业有限公司5亿元馨德苑安置小区项目，投放贷款4.5亿元；2.盐城市城南新区开发建设投资有限公司65000万元盐南高新区改善农民住房条件土地复垦一期工程项目，投放贷款6亿元。

【充实信贷项目储备】 年内，为保证信贷业务持续稳定发展，支行早谋划、早启动，与城镇化集团、盐南高新区、盐城高新区的主要平台公司进行对接，寻找适合支行的项目，充实项目储备库数量。进入项目库的主要有：盐城市盐都区新农村建设投资有限公司2.8亿元2021年盐都区高标准农田建设项目；盐城和轩置业有限公司6亿元东升安置小区建设项目；对接项目主要有：盐城市大纵湖湖区资源开发有限公司2.5亿元大纵湖水污染综合治理工程项目；盐城市城镇化建设投资集团有限公司3亿元桃花源开发项目。

【推进存款提升】 年内，为提升存款总量，支行通过信贷投放增长和细致分解存款营销任务等多种方式，推进存款业务营销。强化回笼贷款管理，做好信贷企业存款营销维护；以贷款客户为重点，延伸至其上下游企业的带动营销；对财政保住原有份额并力争有所突破。至年底，支行日均存款49363万元，比年初增长16633万元。

【会计档案的归档及移交】 年内，按要求对各类登记簿进行结转，做好2020年各类会计资料的打印和整理，按规定做好归档年限的确定，完成会计档案目录登记；对2019年会计档案进行清点无误后填写移交清册，入综合档案室保管。

【推广离柜服务】 年内，联合多部门向客户推广网银结算，简化支付流程，优化金融服务。根据上级行工作部署，继续推行电子支付业务，实时监测并多举措提升电子支付替代率；按照要求扎实做好电子渠道覆盖率指标提升工作。支行开通网银客户27户，全部签约电子对账。支行持续推广网银支付业务，引导客户通过网银进行支付结算，2021年支行电子业务替代率99.74%，全省排名第3。根据上级行任务安排，与银联合作开展收单业务，2021年，支行开通收单业务客户7户，累计结算量557万元。

浦发银行盐城盐都支行

【概况】 2021年，盐城盐都支行落实分行“夯实基础、做强特色；勇于创新、强化执行；提质增效、争先进位”的工作要求，围绕在苏北“争当表率、争做示范，走在当地股份制银行前列”总目标，坚持抓客户、上规模、提收入、控风险，扎实推进各项工作，综合经营管理水平明显提升。

【存款规模稳中有升】 至年底，支行个人储蓄存款余额2.92亿元，个人金融资产余额8.27亿元，其中个人储蓄存款较上年年末新增1921万元。零售中高端客户1316户，旺季代发2800万元，留存1200多万元，留存率达到43%。对公存款余额12.45亿元，低成本结算性存款4.44亿元。

【优化贷款结构】 年内，加大实体客户支持力度，重点营销制造业和实体企业。结合国家宏观政策，加大乡村振兴、新型基础设施、绿色信贷等方面的投放，主要有：明升新农村项目，润阳等绿色信贷；围绕盐城钢铁、新能源、电子信息、汽车等四大产业，抢抓区域重点开竣工项目，顺利为东风悦达起亚等重大项目新增投放。做大三非贷款规模。以分行点贷“突击月”“618贷你买”“9·20点贷特惠”活动为契机，加大营销推动，至年底，零售信贷业务余额达到18.79亿元。

【完善内控建设】 年内，强化内控合规建设，为保质量发展保驾护航。加大警示教育力度，开展合规制度与警示案例的学习，组织讲合规、合规大家谈等活动，强化员工的合规意识。提高运营核算质量，梳理网点运营重要事项清单，确保运营重点工作处理无遗漏。加强员工行为管理，每季组织员工异常行为排查，不定期开展合规巡查，组织谈心谈话、征信报告和信用卡专项核查，织密“防护网”，对员工异常行为做到早发现、早处置。加大整改问责力度，对各项检查发现问题建立清单，持续跟踪整改进度，做到问题不整改不放过，并对屡查屡犯问题责任人严肃问责。推动反洗钱工作。加强客户开户源头管控，采取新开户差别化的调查措施。

江苏银行盐城盐都支行

【概况】 至年底，支行各项存款48.85亿元，比年初增长5.60亿元，其中对公存款38.28亿元，比年初增长4.18亿元；储蓄存款10.57亿元，比年初增长1.42亿元；各项贷款24.82亿元，比年初增长0.44亿元，其中对公实贷余额14.29亿元，比年初增长0.11亿元。至12月，支行累计发放知识产权质押贷款1.3亿元，为企业减少近250万元利息成本，降低企业负担，增强客户的满意度。

【开展党史学习教育】 2021年，把学党史、悟思想、办实事、开新局贯穿始终，盐都支行党支部开展结对共建、党员进社区、党员活动日学习等系列学习活动，提升全行员工为民办实事的能力；组织全行员工开展“党史”自助学习。运用“学习强国”学习平台、“智慧党建”平台、e学堂等手段，组织广大党员干部开展政治理论学习。以“奋斗的盐都支行人”为主题，开展特色支部创建。

【大存款业务】 年内，到期贷款归还、地产项目监管资金使用，导致存量存款流失近6.5亿元；近9个亿的保证金存款到期续做存在不确定性，存款下行压力重重。全员发动营销储蓄存款，重大项目投放派生对公款，利用人脉关系营销机构类存款，至年底，盐都支行各项存款余额48.85亿元，比年初净增5.6亿元，超额完成分行下达全年日均及时点任务，对公存款比年初新增4.18亿元。

【实贷投放工作】 2021年，支行先后投放江苏高地新型材料项目贷1850万元、区国投义丰工业园区项目贷1.05亿元、秦南泾口农业项目0.5亿元，累计投放1.7亿元；但是存量业务通银地产项目归还1.2亿元；民营企业归还近0.8亿元；新投放不及存量归还，资产投放压力倍增。在手项目主要有：盐渎路两侧城市更新项目17亿元报分审批；中梁地产项目4.5亿元分行过会；对接亭湖城投城市更新项目2.5亿元、黄尖农业项目1亿元、郭猛农业项目1亿元、郭猛并购贷1.5亿元等项目。为支行业务持续增长打下基础。

12月，获得星级企业称号　　南京银行　供

【投行业务和国际业务工作】 年内，投行和国际业务发展相对较慢。在投行业务方面支行储备区国投理财直融2亿元；盛州集团保障房ABS1.6亿元；盐高投郭猛杨侍生态园并购贷1.5亿元；国际业务方面，围绕分行考核方案，加大存量客户国内证、国际贸易融资等业务营销工作，确保有突破。

【大零售业务工作】 年内，以人民币结构性存款、三年大额存单等行内特色产品来拉动储蓄存款。三年储蓄存款新增7200万元。优质客群稳步提升。召开专题活动推进会，相继推出“三八节回馈”“中秋回馈”“携手四载高端客户私享会”等精准营销活动，达到客户资产的有效拉升，以此类活动共净增优质客户637户。理财销售增势明显。响应总分行“党员进社区”活动，与多家社区签订共建协议，开展进社区活动25场，发放产品宣传单3000余份。融洽支行周边社区关系。做优卡、消费贷户数突击营销任务。通过考核激励，每日公布营销业绩。

【服务实体经济】 年内，提高服务实体经济的能力，促进制造业、绿色信贷等稳步增长。支行与尚庄镇政府开展银企接会和三农客户对接会，与区税务局开展“民营企业服务月”活动，实现批量获客、高质量获客。支行小企业客户经理对接分行下发的项目库、白名单，对接盐都区经发局、盐都各工业园区、盐都、亭湖、开发区三家担保公司，了解客户需求，拓展新客户。全力开展三农产品业务，在大冈、中兴、义丰、步凤、滨湖等乡镇对接农办，召集种植养殖大户开产品推介会。

（贾万华）

南京银行盐城盐都支行

【概况】 2021年，盐都支行内设行长室、公司业务部、小企业金融部、零售金融部、运营部、综合管理部等部室，属全功能一级支行，开设综合业务窗口4个，自助存取款机2台，24小时智能柜台机1台，支行所开办的对公对私业务均可办理，厅堂设置智能柜台机2台、网银体验机1台，更好地诠释服务客户、方便客户、以客户为中心的服务宗旨。年内，支行获2021年度盐渎街道目标任务综合考核“争星创优三等奖”，获盐城市盐都区2021年度目标任务综合考核“争星创优”二星企业，获2021年度全区综合考核“综合先进奖”，获盐城市放心消费示范单位称号。

【资产业务完成情况】 至年底，盐都支行公司全口径资产规模为70.26亿元，其中公司表内贷款余额26.28亿元、公司表外贷款余额10.78亿元、投行业务33.2亿元。个人贷款余额由4.43亿元增长至6.11亿元，增幅达37.92%。营业收入方面：2021年末支行当年累计实现营业收入25662万元，增幅42.02%。

【负债业务完成情况】 至年底，支行存款余额达到49.99亿元，存款日均达到40.69亿元；其中对公存款余额44.72亿元，个人存款余额5.27亿元，个人全口径金融资产余额13.65亿元。

【客群建设情况】 从2018年末至2021年末，个人客户从19489户增长到35281户；个人授信客户从848户增长至2470户；对公授信客户从43户增长到65户；有效用信户从33户增长至75户；支行新开对公账户301户、新增对公有效客户100余户。

【存款客户业务情况】 2021年，营销行政事业单位存款客户，新增机构类客户盐城市盐都区物业基金管理中心、盐城市盐都区财政局、盐城市亭湖区财政局3户，共计新增行政事业单位存款23715万元；新增江苏海瀛腾飞市政建设工程有限公司竹林商业城、铠胜宿舍楼、青洋安置房项目的农民工工资发放专户3户，累计实现农民工新开卡300余张；新增盐城职苑房地产开发有限公司、江苏通朗置业有限公司、盐城鸿樾房地产开发有限公司商品房预售资金监管专户3户，累计进账4个多亿元的监管资金。

【打造品牌形象】 2021年，支行被盐都区政府评为当地政府年度考核最高奖项“综合先进奖”。支行办理首笔鑫科保、增额保业务，通过业务创新、产品带动，引进一批优质的科技型实体企业，通过深层次客户挖掘，新增一批价值客户。通过与政府平台间合作互动，无投放拉动盛州公司债券纯存款15亿元。企业有效用信客户从33户增长至77户，实体客户占比不断提升，制造业、普惠型客户占比逐步提高，提升支行在盐都区的品牌形象。

【安全常态化检查工作】 全年每月联合运营主任进行一次全面的安全检查，不定时进行监控回访查看，支行办公室及各部门常态化做好安全的日常检查，特别是消防设施、水电设施、厨房设施检查和维护。2021年支行楼顶漏水、厨房下水管道堵塞、安全联动门装置失灵、ATM机舱门故障等安全问题，均第一时间上报维修，确保排除安全隐患。

【案防预案演练】 年内，按照总分行安全管理要求，每季度至少开展1次应急演练，每年灭火演练不少于2次，全年演练种类丰富，涵盖防范电信诈骗、防抢劫、防火、防、盗窃、防暴力破坏，同时制定节假日期间应急预案。2021年4月，支行邀请宣安应急指导员进行节前的安全检查及防火演练，2021年6月安全生产月，分行胡行长、安保部一同参加支行的断电应急演练，2021年9月消防安全月，支行邀请盐都消防大队进行现场消防安全检查及灭火演练指导。通过全行性的演练让员工熟练掌握各种安全事件的处理方法和设备设施的使用方法。

【党风廉政建设责任情况】 2021年，盐都支行党支部围绕“党建促发展”的思路，强化党员思想政治工作，注重多维度加强党建体系建设，推动网点竞争力提升。全年共召开支部委员会12次、专题党课4次、支部党员大会4次，开展民主评议党员1次，集中学习15次。组织全体党员观看百集党史微纪录片《记忆100》、纪录片《百炼成钢：中国共产党的100年》，参加分行组织510反腐倡廉实境警示教育活动、总分行警示教育大会等。筹备“讲党史、颂党恩、跟党走”庆七一主题系列活动、在“寻足迹、致初心”党史故事宣讲比赛中，支行党员朱燕在比赛中获第一名。与福才社区党支部、江苏盐电阀门有限公司多次开展结对共建活动，构建“资源共享、优势互补、互相促进、共同提高”的党建工作新格局，对社区的32名网格员进行一对一辅导，并对社区进行网格化营销。

江苏盐城农村商业银行股份有限公司

【概况】 2021年末，各项存款余额355.72亿元，比年初增加41.4亿元，增幅13.17%，较全省平均增幅高出3个百分点，在全省60家农商银行中位列第9位，在13个设区市农商行中排名第4，在全市8家农商银行中位列第2。各项贷款余额（人行口径）306.41亿元，比年初增加37.79亿元，增幅14.07%，在全省60家农商银行中位列第28位。其中，实体贷款余额241.91亿元，比年初增加36.34亿元，增幅17.68%，比全省平均增幅高1.83个百分点。贷款客户数50444户，比年初增加4939户，增幅10.85%。获江苏省公安厅“集体二等功”；被江苏省放心消费创建活动办公室和省市场监督管理局评为“江苏省放心消费创建先进示范企业”；被市精神文明建设委员会评为“2019—2020年度盐城市文明创建文明单位”；被市平安金融创建活动领导小组评为“盐城市平安金融先进集体”；被盐城市地方金融监管局评为“盐城市综合金融服务平台建设工作先进单位”；被市人行评为“政策执行情况A类机构”；在全市大数据审计技能竞赛中，被评为“盐城市大数据审计技能竞赛优秀组织奖”。同时，农商行团委被团市委评为“共青团工作综合先进奖”和“盐城市五四红旗团委”。

12月，市政府与省级金融机构举行战略合作集中签约活动　盐城农商行　供

【经营实绩向好】　年末，总资产454.95亿元，比年初增加46.22亿元，增幅11.31%；资本净额46.77亿元，比年初增加4.36亿元，增幅10.28%，资本充足率15.8%，比年初增加0.48个百分点，增幅3.13%。实现各项收入20.87亿元，净收入12.03亿元，利润总额4.6亿元，拨备前利润7.66亿元，金融增加值11.32亿元，均高于上年同期。

【深化银企合作】　2021年，全年入库税收2.42亿元，比上年增加0.93亿元，增幅62.42%。其中，企业所得税1.94亿元，增值税0.36亿元，其他各类税费0.12亿元。融入全市“强富美高”建设发展大局，创新金融产品，在“勇当沿海地区高质量发展排头兵”的进程中贡献金融力量。12月，盐城市政府与省联社签署战略合作协议，深化政银合作，强化盐城地区农商银行金融资源供给，助力盐城市“十四五”实体经济、乡村振兴、普惠金融等方面高质量发展。

【开展党史学习教育】　7月，学习贯彻习近平总书记在党史学习教育动员大会上的重要讲话精神，制定党史学习方案，成立党史学习教育领导小组。开展“学党史　跟党走　青春建功新时代”主题演讲比赛、“庆百年　传匠心　优服务”第八届业务技能比赛、“永远跟党走”党史知识竞赛、“四强”示范党支部创建验收评审、七一庆祝中国共产党建党100周年表彰大会和“我为群众办实事”等系列活动。邀请盐城市委党校教授开展《中国共产党为什么能》主题讲座，支行党委书记带头讲授专题党课，在全行掀起党史学习教育热潮。

【推进结对共建】　年内，与盐都区和亭湖区政府开展金融干部“双向挂职”，选派36名党员干部交流挂职，围绕脱贫攻坚、普惠金融和乡村振兴等全方位开展“党建+金融”特色工作。农商行各级党组织与市公安局、财政局、人民银行和农担公司、安信证券等开展党建结对共建，全年82个党组织开展共建活动128次。

【聚焦乡村振兴】　年内，在“金融+普惠”上创新实践，围绕省联社“深入推进扩面强基　全力服务乡村振兴”专项竞赛，累计走访小微企业4378户、个体工商户93180户、家庭农场和专业合作社5071户；新增小微企业授信101户、3.06亿元，新增个体工商户授信2377户、18.2亿元，为894户新型农业经营主体提供授信11亿元。推进“福农通”整村授信提档升级工程，对辖内343个涉农村居内的19.25万农户，预授信172.7亿元，户均近9万元，累计为1.12万户农户提供12.68亿元信贷支持。推进新型农业经营主体“信贷直通车”活动。打通数据共享渠道，发放“直通车”贷款0.24亿元，完成任务目标的110.45%。推进“万企联万村　共走振兴路”行动金融服务工作，支持农业农村重大联建项目建设，加强项目跟踪和服务。为73个联建项目累计授信1.68亿元。

【助力小微企业】　全年对接走访小微企业408户，为43户企业“量体裁衣”，提高“首贷户”和“首贷率”比重。开展金融服务平台的宣传工作，累计上线产品14个，普惠贷款授信531户、金额17.67亿元，位列盐城地区八家农商行首位。运用人行支农支小再贷款政策，办理支农支小再贷款12亿元，与国开行合作办理小微企业转贷款5亿元，将政策红利精准传导至小微企业。同时，用足用好两项政策工具，做到两项政策“应知尽知”、到期贷款“应延尽延”、信用贷款“应贷尽贷”。2021年，普惠型小微企业贷款延期还本累计金额18.07亿元，延期率87.34%。下调涉农及小微企业贷款利率，降低小微企业融资成本，实体贷款收息率由上年同期的5.8%下降为5.5%，主动减费让利5654万元。

【开展折换卡工作】　自9月起，开展“折换卡”工作，至12月末，累计完成折换卡13.98万户，其中从源头代发更换社保卡2.82万户，通过核心系统折换卡11.16万户。在折换卡的同时，同步开展电子银行等业务营销，其中办理折换卡业务65周岁以下客户中，开通手机银行的客户数占比达97.49%。对照省联社“厅堂优质文明服务提升年”专项活动实施方案，邀请思达公司开展12天5晚的厅堂优质文明服务专题提升培训，年末评选出8家标杆网点，布设ATM、STM等金融机具398台，服务质量提升。

【调整贷款投放】　年内，面对房地产政策宏观调控，按揭贷款规模调整等困难，盐城农商行调整消费贷款投放思路，寻找新的投放渠道，提高产品收益率。在省联社的关心支持下，通过“阳光E贷”模块实现消费贷款客户白名单批量维护与管理。至年底，对1000户存量消费贷款客户续授信，金额1.97亿元。为384户集团客户集中授信，金额达1.12亿元。

【优化“盐阜E贷”模型】 至年底，盐城农商行线上消费贷款余额7.3亿元，比年初净增0.49亿元。其中：通过微信小程序授信1.7万户，授信金额17.12亿元，实际用信5.22亿元；拼团1286个，拼团客户达6764户。提升产品通过率5%。

【加大民营企业贷款投放力度】 年内，对照百行进万企、规上企业，纳税企业和重点建设项目等清单，对存量客户本地上下游企业进行走访，累计走访公司客户1500户，至年底，公司贷款余额105.62亿元，比年初增加15.58亿元，增幅17.31%。贯彻落实绿色金融发展理念，支持低碳、绿色、循环经济等项目发展。至年末，绿色信贷余额6.09亿元，制造业贷款余额43.03亿元。

【举行线上直播】 年内，借助省联社“E路有我”特色平台，组织优质涉农商户，整合特色农业资源，开辟增加农户和企业收入的新来源。12月中旬，举行盐城农商行线上直播带货“首秀”，线上观看超26万人次、下单数超8000笔、交易金额近23万元，展现“大美江苏乡村行”家乡风土人情，为实体经济和乡村振兴提供更多更优的金融支撑。

【完善机构设置】 年内，新设东亭支行和迎宾路支行，城北支行完成更名迁址，新建龙园和新洋港普惠金融服务站；在普惠金融事业部下设小贷直营中心；被市住房公积金管理委员会增加为公积金贷款承办银行；在盐南高新区人社局与开发区人社局布置支行立柜式社保卡制卡机，配合人社测试并上线第三代社会保障卡，扩大金融服务覆盖面，区域协同发展效应加强。

【聚焦风险防控】 年内，按照省联社党委巡查督导工作的总体部署，坚持政治监督和业务指导相结合，支行成立五个巡查督导工作小组对10家支行开展党委巡查督导工作。同时，落实全面从严治党纪委监督责任175条，位列全省农商银行第2位。突出合规管理。通过合规系统监测预警4366条员工账户异常交易数据，对56个案防风险项目立项排查并逐项整改。每月开展41次飞行检查，推动案防管理。突出风险管理。完善全面风险管理体系建设，通过风险偏好及限额管理系统定期监测各风险管理指标，向业务条线发布限额风险提示13份，业务风险提示13份，将全面风险限额管理落细落实。突出安全管理。稳步推进安防“135”工程，组织开展安全经营专项整治行动，全年未发生安保重大安全事件。全年对13人开具安全管理制度执行不到位“罚单”，处罚金额超万元。突出疫情防控。贯彻落实国家、省市新冠肺炎疫情防控部署要求，严格落实“外防输入、内防反弹”各项措施，严格外出报备手续，收集员工外出报备申请213条。至年末，支行820名员工中，三类疫苗接种人数分别为798人、791人和173人，疫苗接种率分别达97.31%、96.46%和21.1%。

【举行融资服务签约仪式】 年内，在盐城银保监分局的指导下，与人保财险盐城市分公司联合举行“银保惠农贷”融资服务合作协议签约仪式，一个月递交200万元保费的成绩单；与中国人寿盐城市分公司联合举行“党建引领 共同跨越”党建共建联盟签约仪式，发挥银行和保险机构的金融优势，力求产生“1+1>2”的服务质效。

【履行社会责任】 7—8月，联合市委组织部、团市委开展2021年“青春留盐”大学生暑期社会实践活动，为121名在校大学生提供较好的实践机会。联合团市委、市慈善总会，举行“放飞希望、成就梦想”青春圆梦助学活动，帮助150名贫困学子实现大学梦想，累计助学金额超过250万元。按照全市富民强村工作计划，向射阳县海河镇小沙村捐款25万元；为响应团省委“梦想改造+”关爱计划，向江苏省希望工程和省青少年发展基金会捐赠12万元；参与省联社“滴水·筑梦”工程，向江苏省扶贫基金会资助6万元；向东闸社区捐赠5万元。 （陈　健）

昆山农商银行盐城盐都支行

【概况】 2021年，支行负债业务：至年底，存款余额134293.14万元，较年初减少13551.23万元。其中，公司存款余额114683.68万元，较年初减少20478.30万元；储蓄存款19609.46万元，较年初增加6927.07万元。资产业务：截至年底，各项贷款余额273429.19万元，比年初增加80284.63万元，其中对公贷款余额108448.57万元，较年初

8月，举行“银保惠农贷”融资服务合作协议签约仪式　　盐城农商行　供

5月，开展党史学习教育　　昆山农商行　供

增加10174.04万元；个人贷款余额144259.29万元，较年初增加70769.36万元；贴现余额20721.33万元，较年初减少658.77万元。不良贷款余额1018.41万元，不良贷款占比0.37%。经营效益：2021年全年支行实现营业收入13613万元，其中利息收入13517万元，利润总额5187万元。实现中间业务收入94.91万元。

【加强小微贷款营销力度】 年内，支行加大信贷客户的营销，通过"百行进万企"、银政企对接等活动。2021年，公司信贷客户单边新增19户，普惠信贷较年初新增4400万元，累计贴现6.8个亿元，签发银票7.6个亿元，助推支行经营效益提升。支行走访市区烟草局、国税局、地税局、公安局等优质客户单位，通过开展上门集中宣传，开展集中授信工作。为支行个人贷款的发展打下基础。

【推动普惠业务发展】 年内，铺展金融服务的有效覆盖面，为当地老百姓提供一对一的普惠金融优质服务。通过优化二押、信用等担保方式，提高客户授信额度和获贷成功率。贷款主要发放对象为当地小微企业及当地个体工商户，为支行涉农贷款及普惠型涉农贷款的提升提供重要支撑，为乡村振兴事业的发展添砖加瓦。至年底，支行普惠小微贷款余额79403.25万元，较年初新增贷款30962.60万元，服务客户总数达到近1000户。四季度，支行开展"惠农直通车"业务，首次与省农担开展合作。共发放家庭农场贷款3笔，金额100万元。

【推进银行卡助农取款服务】 年内，为响应落实政府提升农村金融服务能力的号召，改善农村地区"服务难"的问题，提升农村地区金融服务水平。按照"试点先行，稳步推广"原则，开展农村普惠金融业务。首期试点，支行将建立普惠金融服务点10家，打造一批标准化、规范化、高质量的普惠金融服务示范点。在普惠金融服务点统一配置支付终端、验钞机、保险柜、监控等机具。支行完成对行内中间业务平台相关系统进行升级改造，开发普惠金融服务系统，可办理助农取款、现金汇款、转账汇款、代理缴费、查询等基础支付业务。贯彻国家关于"互联网+"的相关政策，与农村电商合作，丰富服务点的综合服务功能。

【为群众办实事】 5月，开展党史教育活动，参观了新四军纪念馆。同时，把"我为群众办实事"实践活动作为党史学习教育重要内容。在重阳节前夕，支行走进福才社区慰问部分低保困难户的老人，并对其进行金融知识宣讲，提高他们的防骗意识和自我保护能力。支行在开展金融服务的同时不忘回馈社会，在"六一"儿童节之际，支行向辖区内龙冈小学共捐赠图书400余册，价值2万余元，为学生开展"金融知识进校园"知识讲座；响应盐城市"梦想改造+"关爱帮扶倡议，向江苏省青少年发展基金会捐赠1.2万元，用于盐城市"梦想小屋"帮扶项目，精准帮扶困境青少年健康成长。

【推进增量扩面】 2021年，支行坚持做小做散的经营理念，实践"抓小不放大"的工作思路，在外部竞争异常激烈的形势下，加大信贷客户的营销，开展"万企连万村""百行进万企""首贷扩面""乡村振兴"等活动。2021年，公司信贷客户单边新增19户，金额12600万元；普惠小微贷款余额79403.24万元，较年初新增30962.6万元，普惠小微户数783户，较年初增加275户，完成全行目标任务。在此基础上继续发挥票据业务的优势，累计贴现6.8亿元，签发银票7.6亿元，银企实现良性互动。

【推动零售转型】 年内，通过加大零售人员投入与考核推动，成立普惠专营业务团队。团队成立以来，以普惠金融"支小支散"的客户群体为目标客户，围绕"点—线—面"来铺展金融服务的有效覆盖面，为当地老百姓提供一对一的普惠金融优质服务。通过优化二押、信用等担保方式，提高客户授信额度和获贷成功率。2021年，支行从组织推动、批量获客、渠道建设、强化督导等方面加大工作力度，实现重点指标的实质性突破，其中个人贷款、网络收单、理财等业务指标排名靠前，零售综合考核排名位列全行异地机构考核第一。

【开展公益活动】 2021年，在重阳节前夕，支行走进福才社区慰问部分低保困难户的老人，并对其进行金融知识宣讲，提高他们的防骗意识和自我保护能力。

支行在开展金融服务的同时不忘回馈社会，在“六一”儿童节之际，支行向辖区内龙冈小学共捐赠图书400余册，价值2万余元，为学生开展“金融知识进校园”知识讲座；支行响应盐城市“梦想改造+”关爱帮扶倡议，向江苏省青少年发展基金会捐赠1.2万元，用于盐城市“梦想小屋”帮扶项目，精准帮扶困境青少年健康成长，增强其获得感和幸福感，真正体现“我为群众办实事”，展现支行的社会责任与担当。

【稳定资产质量】 2021年，支行各项工作在总体来看，完成情况较好，个人贷款时点和日均、EVA等多项业务指标考核在异地支行排名第一，支行经营目标责任制考核异地机构排名第一，经济增加值EVA连续四年完成总行下达的目标任务。不良贷款余额1018.41万元，不良贷款占比0.37%，资产质量保持稳定，不良率始终保持较低的水平。支行强化平安金融管理，发现问题及时进行整改，消除安全隐患，实现全年安全运营无事故。

（邹焱红）

中国邮政储蓄银行盐城盐都支行

【概况】 2021年盐都支行坚决贯彻落实党中央各大方针政策，坚持高质量发展为主线，贯彻省、市分行年度工作精神，全年累计实现自营收入9276万元，计划完成率103%，收入同比增长4.5%。

【各项存款】 至年底，盐都支行储蓄余额达18.61亿元，年净增3.01亿元，其中单位存款8.70亿元，净增1.60亿元；个人储蓄余额9.91亿元，年净增1.41亿元。新单保费3275万元；信用卡发卡3081张。

【各项贷款】 至年底，盐都支行贷款余额28.41亿元，年净增5.56亿元，其中企业贷款余额3.86亿元，年净增0.84亿元；个人经营贷款6.99亿元，年净增1.38亿元，非房消费贷余额2.42亿元，年净增0.37，房贷余额15.14亿元，年净增2.96亿元，全年累计贴现10.53亿元。

【资产质量稳步提升】 2021年，区支行各类贷种逾期金额983.26万元，逾期率0.34%，较年初下降0.56%，不良贷款率0.34%，较年初下降0.26%。 （姚 娟）

中国人民财产保险股份有限公司盐城市盐都区支公司

【概况】 2021年，公司共实现保费23576万元，同比增长-10.48%；不含大病保险保费14680万元，同比增长11.15%。其中，车险保费7413万元，同比增长10.28%，非车险保费3308万元，同比增长11.93%，农险保费3958万元，同比增长12.16%。三条产品线市场份额实现稳步增长，三条线全部实现盈利，利润为1689万元，其中车险利润687万元；非车险利润336万元，农险利润666万元。

【业务工作】 2021年，车险方面：保费同比增长10.28%，超系统平均7.89%，市场增速超市场8.8%，市场份额4.6%，同比提升0.36%。非车险方面，对标市场，企财险、责任险取得新突破；建立常态化政企互动机制，政府业务稳健发展；深化培训教育，全员展业技能明显提高。农险方面：做到服务下沉，开展农机保险下乡服务，为广大农机户提供便利的同时，农险保费也完成年度目标；常规种植险覆盖率达98%以上；特色型产业险种淡水蟹承保水域获新突破。

【强化综合管理】 梳理完善各种管理制度和考核办法，以制度作为牵引，以制度管理规范行为，通过制度的建立和完善，公司管理运营水平得到提升，运营更加规范高效和顺畅。细化费用管控过程，制定具体管理措施办法。内勤服务等管理事务性工作水平提升，服务员工意识增强，店堂店貌整洁优美，工作环境和氛围标准优良。2021年，公司合规建设规范高效，清廉文化建设更贴工作实际，党员干部的合规清廉、干事担当意识提高，

3月，送农机保险下乡服务 人保 供

支部战斗堡垒和党员干部先锋模范作用得到发挥。2021年支部党建获总公司表彰，被评为先进基层党组织。

（丁莹莹）

中国人寿保险股份有限公司盐城盐都支公司

【概况】 2021年，中国人寿保险股份有限公司盐城市盐都支公司（以下简称中国人寿盐都支公司）实现个险新单保费10908万元，同比增长25.24%；团险新单保费4129.46万元，同比增长8.66%；全年续收保费22644万元，同比增长97.53%；年度累计赔款7337.89万元，较上年上涨194.25%。

【重点项目并举】 老年险作为传统老牌项目，2021年，无论从业务规模还是质态上都有较大突破；小额险与老年险无缝衔接，保持良好发展势头；“美丽健康万家行”业务继续与各区妇联深度合作，健全完善多层次妇女健康权益保障体系和家庭健康保险经济补偿机制；补充工伤保险项目作为新拓展的业务支线，势如破竹，与各区人力资源和社会保障局签署合作协议，减轻用人单位负担，确保参保职工的合法权益，完善全市工伤保险保障体系，助力社会稳定和谐发展。

【分担就业压力】 2021年，社会就业压力加大，中国人寿作为国有企业，承担社会责任，分担社会就业压力，全年累计提供2100个就业岗位，让更多盐都群众“在家乡创业就业”，辅助政府减轻就业压力。

【提升服务质量】 中国人寿盐都支公司坚持服务创新，不断提升服务品质。优化承保流程，建立完善建立理赔“绿色通道”。被保险人盐城市盐都区盐龙街道夏某某，在2021年区妇联开展“关爱女性”活动中缴费200元，于11月2日不幸罹患乳腺癌。接到报案后，及时核实相关事实，于12月23日赔付死亡保险金40000元。

10月，开展爱心捐赠活动　　人寿公司　供

【落实党建引领】 年内，贯彻落实基层党建工作，开展“我为群众办实事”实践活动，支部联合盐城康年颐养院开展党建共建以及慰问活动，举办“情系康年，让爱暖冬”为主题的公益捐赠活动，体现国有企业的社会责任和担当，提升公司声誉风险管理能力。

【坚持合规经营】 2021年公司陆续开展以“强内控　抓执行”“大排查大处置大提升”“内控合规建设年”“人身保险市场乱象整治”为主题的多个内控合规专项排查，在防范处置非法集资、反洗钱、案件防控等多个板块开展排查自查，对保全非正常退保、销售误导类投诉情况进行排查，同时排查公司在经营管理中存在的突出问题和风险隐患，边查边改；整章建制，建立长效管控机制，防范化解风险，严守不发生区域性、系统性风险的底线，落实银保监系列文件精神，高度、密切关注各类风险，做到早发现、早汇报、早处置，坚决守住不发生系统性区域性风险的底线，保障公司高质量、可持续发展。

【参与疫情防控】 年内，支持疫情防控工作，严格遵守国家和当地政府有关疫情防控政策，同时将公司经营和疫情防控有机结合，充分发挥党支部的战斗堡垒作用和党员的先锋模范作用，全体党员干部带头融入抗疫大局，在社区、村居开展慰问活动，以实际行动庆祝建党100周年。

（唐卫国）

综合管理与监督

政务服务管理

【概况】 2021年，围绕“营商环境全省前15位”目标，坚持以流程再造和制度创新持续赋能区域经济社会高质量发展，厚植盐都“都满意”品牌效应。全年共受理行政事项和便民服务事项428742件，办结率100%，综合满意率99.7%。区政务服务中心服务大厅获评“全国五一巾帼标兵岗”，局党总支获评“盐城市优秀基层党组织”。

【推进“一章审批”】 年内，推动受理、审核、现场勘查、审批、制证和送达等环节“整链条”划转，实现投资立项、人力资源、民办教育、卫生许可等事项常态化自主审批。全年共完成项目投资审批776件，证照联办办结283项，改革前后审批时限压缩近65.8%。

【提升2440改革成果】 年内，探索“一照多址”改革，推动企业开办“全链通、零费用、半日办”改革再升级，企业开办“半日办结”率达92.98%，免费送章2670套10680枚，为企业节约费用60余万元。全市率先推出一手房房产登记、契税缴纳、维修基金一窗联办，水电气网集成服务，对群众办事进行现场指导，办结时限压缩50%以上。推动“拿地即开工、交房(地)即发证”改革常态化，博盛、得润、时杨中学、大冈中学等12个项目实现“四证联发”。

【延伸“一站服务”】 2021年，组建乡镇行政审批局，赋予基层镇(街道)24项区级审批权限，编制人社、民政、残联等12类87项镇级为民服务中心应进必进事项清单，启用“就近申请—区镇联动—邮寄送达”审批服务新模式。开设盐城高新区审批服务专区，集中受理34项划转事项和220项赋权事项，提升开发园区改革活力。

【推动“一网通办”】 年内，建成启用24小时自助服务区，动态更新江苏政务服务网旗舰店、江苏政务服务APP、自助服务机等渠道的服务事项。对照营商环境评价中标准化事项认领率等弱项指标，找差距补短板，事项认领率85.6%，办事指南完整度100%，事项办理时限压缩度95.8%，即办件事项96.1%，不见面办理100%。设立“市内通办”专窗专栏，办理全市首例“市内通办”业务。与浙江椒江、浙江上虞、山东沾化、南京秦淮、扬州宝应等地合作，实现公安、市场监督、车管、医疗、社保等48项政务服务事项“跨省通办”。

【推进“一件事”改革】 年内，分步推进52项“企业经营”、14项“个人生活”、9项

10月，窗口工作人员对群众办事进行指导　　行政审批局　供

9月，盐都区政务服务大厅场景　　行政审批局　供

“项目建设”等一件事改革，通过开辟“一件事”服务专栏、“证照联办”、集成服务、告知承诺等方式，全力构建“一件事一窗办一次办”政务服务体系。“军旅荣归”改革在全市域推广，省开便利店一件事改革推进会和全市“一业一证”改革现场会在盐都区进行观摩，婚检、一手房交易登记、教育入学、身后等“一件事”改革纷纷落地生效，累计服务企业群众2万余次，精减材料14.7万余份，办理时限压缩72.6%。

【加强项目代办帮办】　年内，建立“企业+区镇（街道）代办中心+部门”工作联动机制，组建项目代办队伍和党员红色代跑团，实行全区“三重一实”项目“一对一保姆式”帮办跟办服务，为117个项目提供无障碍审批服务。践行“兑现比承诺更重要，服务比政策更长远”的理念，常态化开展25个区直部门主要负责人窗口调研服务、“群众随手拍　服务共创建”活动等，建立政务服务“好差评”机制，窗口服务满意度达99.8%。

【加强12345在线管理】　年内，围绕“限时办结率、群众满意率‘双百’”目标，全年12345在线受理量突破4.17万件，同比增长37.42%。推动“一哨联办”，建立乡镇部门“启动吹哨、快速响应、职责范围内能直接办理的问题即接即办”的机制，共吹哨4次，协调解决不动产权证办理、装修等“老大难”问题。高质量组织实施“政风热线·市长上线”盐城专场活动，解决盐渎街道杨韦村养鸡场问题。向区政府呈送运行报告12次、民意诉求专项分析报告7次，对市区各级27次重要批示均作落实和汇报。开展不满意工单“清零行动”，全年召开4次督办专题会，加大联合交办、联合会商、联合执法和跟踪解决问题力度，结合正风肃纪专项行动，群众诉求办结率、满意率保持在99%以上。

（周晶晶）

招投标管理

【概况】　2021年，共完成市、区级平台各类交易项目252项，总交易金额43.69亿元；服务各类采购项目139个，中标金额4.6亿元。推动公共资源交易标准化，出台《盐城市盐都区公共资源交易流程》《盐城市盐都区公共资源交易统一交易管理规则的通知》，构建以服务事项、工作流程、办事指南、岗位作业和管理制度等交易服务标准化体系。

【推进“不见面”交易】　年内，以“互联网+公共资源交易”为路径，对接市平台，完善交易中心基础设施条件，改造、部署在线语音、图像和视频交流等互联网设备，实现开标全程可视化、无纸化。

【规范公共资源交易管理】　年内，以“互联网+公共资源交易”为路径，推行“不见面”开标、电子保函应用等改革举措。出台《盐城市盐都区国有资金投资建设工程项目工程变更管理办法（试行）》，筑牢公共资源交易管理制度“笼子”。开展全区公共资源交易服务管理条线专题教育，完善建立健全廉政风险防控体系。实行招标代理机构备案登记、星级评价制度，加强专家评委“一标一评”考核，对7位设计专业评委分别作出扣10分处理。推动建立行政执法与执纪问责、刑事责任追究衔接机制，加大对围标串标陪标等行为的打击力度。推动建立行政执法与执纪问责、刑事责任追究衔接机制，加大对围标串标陪标等行为的打击力度。全年共完成17起项目异议、5起项目投诉、12起行政处罚。通过实行招标代理机构备案登记、星级评价制度、专家评委“一标一评”、开展公共资源交易服务管理条线专题教育等，强化交易综合监管，改善招投标领域营商环境。

（周晶晶）

国有资产管理

【概况】　2021年，全区国有资产监管工作贯彻落实国资监管法律法规，履行职能，强化监督管理，完成年度各项目标任务。

【国资监管制度建设】　年内，印发《关于进一步加强全区国有企业监督管理的意见（试行）》，提升国资监管能力和水平。印发《区属企业违规经营投资责任具体实施办法（试行）》、建立区属企业监督联动机制、执行国有企业投资项目“负面清单”和“双重论证”管理，完善国企监督管理机制，构建国有企业监督管理新格局。

【推进国企改革三年行动】　2021年，制定《盐都区国企改革三年行动方案》《盐都区国企改革三年行动重点任务分解方案》，印发《区属国有企业职工薪酬管理暂行办法》《盐都区区属企业外部董事管理办法》《区属企业经理层成员任期制和契约化管理暂行办法》《关于推进区属企业职业经理人制度建设的指导意见》等一系列文件，并在全民所有制企业改制、国有企业董事会建设等重点任务取得明显成效，增强国有企业竞争力和影响力。

【镇级平台公司上收管理】 6月，启动镇级平台公司上收和整合整并工作，并于11月底实现全区14个镇（区、街道）平台公司全部上收至区属一档企业管理。明晰国有企业主责主业，厘清财政和平台公司间的支出范围，风险防范责任得到落实。

【国有资本经营预算管理】 年内，为加强区属国有企业国有资本收益分配管理，核定2021年国有资本经营预算收入，上缴国有资本经营收益3.59亿元。印发《盐都区国有企业全面预算管理办法》，启动2022年度全年预算编制工作，建立完善企业预算管理体制。

【国有资产统计管理】 年内，在日常国有资产信息管理的基础上，对各单位未办证资产、经营性资产、文旅资产等专项资产及国有企业基本信息和主要资产情况进行统计摸排核实，完善统计资料。落实国有企业国资快报、年报制度，加强国有企业运营监测管理。 （王 雯）

·城市工业·

【概况】 2021年，在区委、区政府的坚强领导下，围绕改革发展稳定大局，各项工作取得成效。改制扫尾基本结束，遗留问题处理进入尾声，做好城北地区改造涉及本系统16家改制破产企业及其宿舍区征收过程中1683户职工住户的确权、破产清算资产的归集工作。

【推进改制清算】 至年底，城中商城职工全部清算结束。仪表、织毯、塑料、水泵、轴承、新驰、雅华、运动鞋、磁材等破产改制遗留问题，在市区棚改、串场河风光带、蟒蛇河整治、城中村改造、城北地区改造中，通过归集资产、争取补偿，职工债权逐步清算到位；内衣、缫丝、农机、标牌、服装、皮革、胶鞋等破产改制遗留问题正在加紧处理之中。

【市染织厂破产清算】 市染织厂共有1.6公顷工业用地、10637平方米的厂房，职工1357人。在棚改中，通过与城投、五星街道有效协调，至年底，共清理76户抢房住户，通过司法途径对承租户、承包人进行清理清算，变现破产资产，清算职工债权，保持社会稳定。

【化解市锅炉厂改制遗留问题】 原市锅炉厂（现东九重工公司）改制前的“职工股”带入改制新企业后问题较多，2021年，经过协调疏导，改制企业东九重工公司提取老厂区拆迁补偿存放第三方，专项用于解决“职工股”问题。 （李从江）

·盐城市城镇化建设投资集团有限公司·

【概况】 2021年，城镇化集团坚持党建引领，围绕区委区政府“重大项目突破年”“优质品牌创建年”“作风效能提升年”行动部署，在加强城市基础建设、做优主营业务、提高资产营收、促进融资可持续上持续发力，实体化运营质量稳步提升。至2021年底，集团总资产401.04亿元，净资产151.18亿元，主营收入18.26亿元。

【开展党史学习教育】 4月17日，集团召开党史学习教育专题动员部署会。4月21日，围绕“学党史、悟思想、办实事、开新局”主题，组织全体党员前往张庄红色文化陈列馆参观学习。4月27日，党支部书记倪才春讲授党史教育第一课《中国共产党百年辉煌综述》。5月10日，召开党史学习教育再动员大会。6月2日，集团组织“明理增信崇德力行”庆祝建党百年党史知识竞赛。6月26日，在区党史学习教育领导小组举办的庆祝建党百年党史知识竞赛中，集团职工代表陈红获二等奖。7月1日，组织全体干部职工收听收看建党100周年大会现场直播。10月16日，组织党员在盐都革命陈列馆，追寻红色足迹，传承红色基因，弘扬红色精神，推进党史学习教育走深走实。10月23日，组织员工观看影片《长津湖》，重温红色记忆，感悟家国情怀，增强爱党爱国热情。11月8日，组织开展“敦品励学——党员零钱捐”活动。

【国有企业改革】 落实《盐都区国有企业改革三年行动方案》工作要求，制定集团改革三年行动方案。2021年11月，升格党委。开展对标市内外一流企业管理提升行动，市内学市城投集团，市外学苏高新集团，内控设计与市场化经营机制逐步完善，现代化管理水平得到提升。调整优化内部组织机构，修订完善集团《规范化管理制度汇编》，建立健全中国特色现代企业制度和市场化经营机制。推进资产资源布局优化和结构调整，完成区住建局下属国有企业和龙冈镇、台

10月，参观革命陈列馆 城镇化集团 供

创园、张庄街道、大纵湖度假区4个板块平台公司上收管理工作。

【重点项目建设】 草房子乐园景区6月1日正式开园，12月13日，创成国家AAAA级旅游景区。蟒蛇河水上文化生态廊道工程一、二期建设完成竣工验收。智慧养老服务中心引进央企国投健康投资运营，盐都区老年大学按期装修交付。污水处理一体化与市城投集团合作市场化运营。农村宅基地有偿退出完成拆除复垦3296户，新增耕地107公顷。馨盛苑、馨德苑安置房超序时完工，完成馨德苑主体验收。东晖锦园安置房与央企十九冶集团合作开发，14栋26层住宅楼全部封顶，幼儿园和商业主体结构完成。盐都区“我为群众办实事”充电桩(棚)项目，为盐城市首例EPCO一体化项目，年内共完成50个小区充电桩(棚)建设。锦都大厦、驿都金陵大酒店改造项目按序时推进。8月21日，市城北改造工作指挥部召开“百日攻坚战”动员大会，集团东晖锦园项目获“百日攻坚战”第一战役优胜单位。

【人才引培工作】 年内，引进成熟型应用人才5名，通过盐都区名校优生“汇盐行动”计划，引进名校优秀毕业生10名。6月30日，区委组织部副部长曹阳在集团召开名校优生见面会，董事长倪才春参加会议。围绕党务业务双提升，创办“政策研究讲堂”，出台名校优生《“帮带培养”计划》。至年底，集团共有博士1人、硕士10人，注册会计师2人、高级职称6人、中级职称27人，市党代表1人、区党代表2人、全区先进个人2人、市级奖项1人，党员65人。

【集团重要活动】 2月4日上午，召开集团廉政警示教育大会，盐都区纪委监委第一派驻纪检监察组组长胡卫成出席会议并讲话。会上各部门、子公司负责人递交《2021年度党风廉政建设及安全稳定工作目标管理责任书》。2月4日下午，集团召开2020年度总结表彰大会，总结2020年工作，部署2021年工作任务，表彰8个先进集体、20名先进个人、4名优秀党员、5名学习强国标兵、6名安全生产个人和5名最佳新锐。5月10日，集团召开“510警示”教育大会，会上董事长倪才春讲述党史廉政守纪典型故事，以廉政教育党课形式延展党史学习教育活动。11月14日，经区委组织部研究决定成立中共盐城市城镇化建设投资集团有限公司委员会，隶属于区财政局党委管理。同时，成立中共盐城市城镇化建设投资集团有限公司纪律检查委员会，组织召开全体党员大会选举产生第一届党委会委员7名。

8月，义丰工业园区外景　　杨章华　摄

【企业文化建设】 2月10日，集团工会开展新春送温暖活动，董事长倪才春带队慰问，向7名困难职工家庭送去慰问金。3月8日，工会组织全体女员工到李中水上森林公园户外踏青，庆祝国际妇女节。3月11日，在全民义务植树节来临之际，市总工会劳模爱心志愿服务团一行与集团蟒蛇河风光带项目部共同举办打造“劳模百亩示范林”暨签订结对共建协议，并相继开展“学雷锋、劳模行、忙植树、播文明”为主题系列志愿活动。8月21日，工会成立夏日“送清凉”慰问组，为夏日坚持作业的一线施工人员送去清凉。8月26日，集团召开第一届职工代表大会代表选举大会，总经理孙瑞红作《第一届职工代表大会代表选举大会筹备工作报告》，会议审议通过《盐城市城镇化建设投资集团有限公司第一届职工代表大会代表选举办法(草案)》，选举产生丁雪莲等35名职工代表。11月1日，响应区关于“倡导全民阅读、共建书香盐都”要求，组织“都来读”全民读书活动。12月17日，江苏电视台《午间看点》栏目报道播出集团文明创建活动纪实。

【社会责任担当】 2021年共筹集资金63.11亿元，保障全区基础设施建设和城北改造、张庄组团的开发。参加文明共建活动与富民强村第一书记计划，树立优良企业形象。11月12日，集团馨德苑项目施工单位签署《保障农民工工资支付工作信用承诺书》，在官网向社会公示，接受社会公众查看和监督反馈。

【荣誉表彰】 年内，集团草房子乐园景区创成国家AAAA级旅游景区；集团获2019—2021年度“江苏省文明单位”称号；被盐都区表彰为2021年度公共资源交易管理工作先进单位；被盐都区表彰为2021年度内部审计工作先进单位；集团承建的盐都区康年颐养院被江苏省评为第一批五级养老机构；获2021年度区直部门综合先进奖。　（胡洁荷）

·盐城市盐都区国有资产投资经营有限公司·

【概况】 2021年，盐都国投在区委区政府的坚强领导下，以工业园区、城乡建设、现代农业为重点，实现资产总额192亿元，同比增长6.42%；净资产总额104亿元；资产负债率45.48%，同比下降7个百分点，2021年实体化运营再上新台阶。

【启动义丰园区建设】 年内，启动义丰园区一期北地块3.83公顷，投入约1.6亿元，历时6个月，率先建成盐都区第一批市级工业园区标准厂房，建筑面积约4.05万平方米，为后期招商引资项目入驻、公司实体化运营铺就有利条件。年内，完成区治安防控体系前端设备设计2825个点位，其中2127个点位通过审核，后台指挥系统及机房设备全部安装；启动建设消防站11座，其中一期7座，建筑面积1.7万平方米，投资额约7100万元，交付使用；二期4座，建筑面积8770平方米，投资额约4170万元，11月开工。

【开展红色教育】 2021年开展“书记上党课”“红色故事我来讲”“浓情端午忆党史”“燃青春 感党恩”演讲比赛等各类专题活动，推动红色教育升温，累计开展理论课堂30余次，实境教育10余次。聚力经济发展。2021年，公司逐步调整优化工资管理方式，实行工资总额备案制管理和周期预算管理，注重经营业绩考核、主体责任考核，注重薪酬分配向一线关键岗位倾斜，以考核提升内部运营向心力。

【探索现代农业发展模式】 2021年被区委、区政府授予“全区乡村振兴先进集体”称号。与银宝集团开展合作，合资成立“江苏宝都农业发展投资有限公司”，共同承建大冈高标准农田3667公顷，其中一期5000亩竣工交付，完成土地流转摘牌约213公顷，新建灌溉站11座、新建桥梁2座、新建渠道27.6千米、新建泵站11座。独立筹资自建高标准农田1667公顷，跨越楼王、学富、秦南、尚庄、郭猛、台创园、大纵湖（七星农场）等7个板块，覆盖10个零散村落，新建渠道（含防渗渠、土渠、衬砌渠）112.03千米，渠系建筑物新建泵站91座，提升泵站5座，田间道路14.02千米，农桥34座。大冈高标准农田建设是公司首个与市属国有企业合作的项目。

【提升现代化治理水平】 年内，落实国有企业改革三年行动，调整优化组织架构。12月，成立“盐都国控集团”，组建“集团—专业化公司—项目公司”三级架构，推动企业品牌做大做强。推进落实镇级平台整合，分两批次完成涉及6个乡镇板块、59个平台的上收交接，推进人员分流、平台债务管控、融资存续等各项工作。2021年，以区担保公司为主体，至年底为86家企业实现担保119笔，实现担保10.02亿元，在保余额9.9亿元，其中三农、小微企业贷款余额103笔（81家），担保金额8.2亿元，占比达83%。为民企提供纯信用担保23家，超1.7亿元，减免担保费100万元。因经营规范、实绩突出，区担保公司被省协会评为“2021年度全省融资担保机构四十佳”。以区众惠转贷公司为主体，帮助20家企业提供转贷服务40笔6.17亿元，有效帮助企业解决融资难等问题，为企业正常生产经营提供有力的资金保障。 （吴 佳）

·盐城高新区投资集团有限公司·

【概况】 2021年，盐城高新区投资集团有限公司注册资本30亿元，由盐城市人民政府全额出资，集团主体信用评级为AA+。集团总体功能定位为盐城高新区产业和城市的投资运营商，主要业务分为三个板块：高新区范围内城市开发、产业投资及园区建设运营。产业投资通过“基金+产业”的方式，实现“以投促招”，推动先进制造业集聚高新区。园区建设运营主要从事高新区范围内园区基础设施、工业厂房、功能配套等项目的建设和运营。至年底，集团资产总额791亿元，实现营业收入26.43亿元，净利润5.64亿元，上缴税金2亿元。

【投融资工作】 年内，融资方面，标准化融资比重提高，发行供应链ABS、海外债等融资创新产品，城市更新贷、ABCP（供应链定向资产支持票据）等产品落地；融资成本得到控制，平均融资综合成本比上年下降0.17个百分点；完成区下达的10.05亿元隐性债务化解任务，债务风险得到有效防范。投资方面，在区招商引资考核中，完成嘉兆电子等有效项目信息3个；国智、国创、国达、国君等4支发起设立的基金累计投资27个项目共计9.61亿元；参与设立的康盐、安芙兰等四支基金投资33个项目共计8.03亿元，全年投资产生浮盈约2.53亿元。

【经营性业务工作】 2021年，担保公司对外担保服务企业61户119笔，共计9.9亿元，实现担保费收入998万元。咏恒转贷公司累计帮扶企业过桥41笔共计2.8亿元。“园区保”“投贷联动”等创新业务有序推进。担保公司在省金融局评级检查中获A级，全市排名并列第一。全年完成外借资金、往来清收2亿元。绿化公司实现营业收入4000万元，累计实施道路、河道等绿化提升等项目82个，养护面积280万平方米，市场化业务实现零的突破，获2021年度区公用事业先进单位，振兴路及华锐路两侧景观绿化工程获“盐城市优质工程”表彰。水务公司实现营业收入4500万元，其中市场化营收1600万元；完成金珠、康佳电子、聚力城等市区重点项目供水工程；完成碧水嘉苑、孙吴小区等一批老旧小区供水改造“为民办实事”工程。新能源公司实现全年安全生产，加氢站项目顺利通过江苏省四星级企业认定，并获省市区专项资金奖励。投资新上2.4兆瓦分布式光伏项目。配合嘉士伯啤酒进驻园区，加急实施外围供热管网工程，配置锅炉产能，保证企业按时用热。提升资产管理质量。完成房产办证32万平方米，处置盘活资产3万平方米，变现资金1.2亿元。办公和商业用房出租使用率达90%，工业厂房出租使用率达95%，全年实现租金收入约1.2亿元。建立健全集团资产信息化管理体系，实现资产工作流程化、过程痕迹化、使用便捷化。

【加强规范化管理】 年内，完成五个支部更名及支委会换届，对标对表市、区国企改革三年行动方案，出台《盐高投集团国企改革三年行动方案》。执行“三重一大”、董事会授权管理制度，围绕议事决策、财务、投融资等9个方面制定41项规范性制度。引进11名名校生，集团全员签订《劳动合同》，实现一人一档，选人用人实现OA信息化、规范化管理。按照财务管理制度规范财务行为，定期分析财务状况，保证资金在体系内高效流转循环。建立内部审计工作制度，通过内部审计工作追回损失78万元，督促参股企业约800万元分红款迅速到位。风控部通过司法诉讼方式，共对33个债务人提起64起诉讼，追回资金5000万元。建立健全集团安全生产管理架构，组织开展多次安全生产专项培训和安全检查，完成133条安全隐患整改。 （袁朝凤）

市场监督管理与消费者权益保护

【概况】 2021年，面对反复的疫情防控和艰巨的监管任务，全区市场监管系统以“学党史、悟思想、办实事、开新局”为强大动力，获省人社厅、省市场监管局联合表彰的全省市场监管系统先进集体，获市委、市政府联合表彰的全市抗击新冠肺炎疫情先进集体，以及江苏省、盐城市文明单位称号，作为全市唯一人选国家药监局全国先进集体推荐提名，张孝山获全国食品安全先进个人，陆仁和获全省市场监管系统先进工作者，实现盐都区综合先进奖三连冠。

【市场主体发展】 年内，升级企业开办专区，实现企业开办0.5个工作日办结，其中法人企业开办3496户，半日办结率达99%以上；为2998户新设企业提供公章免费刻制服务，为企业节约费用40余万元。发放盐都区首张“一照多址”执照，实现“一张营业执照、多个经营地址、一次行政许可”，降低企业运营成本，实现“长三角”通办业务常态化办理。

【知识产权发展】 年内，实施知识产权战略，推进知识产权工作。全区全年新增发明专利授权401件，其中高企发明专利授权200件。全区共有有效发明专利2312件，万人发明专利拥有量37.65件；新增注册商标1845件，全区注册商标总量11417件；新增“鲜之都·盐都”集体商标1件，新增“尚庄番茄、楼王鲫鱼”地理标志证明商标2件，共有地理标志证明商标9件，有效发明专利总量居全市第一。指导17家企业进行省知识产权贯标备案，组织8家企业开展省知识产权管理标准化绩效评价；指导盐电阀门等30家高企参与高企知识产权提升工程项目；3个专利获2020年度市专利银奖；指导悦达家纺参与第23届中国专利奖评选；9月，盐都区入选江苏知识产权强省建设示范区创建单位。指导企业完成知识产权质押融资项目49件，质押融资金额近2.77亿元，项目数、质押融资金额均列全市第一。

9月，开展物价管理工作 市场监管局 供

【物价管理】 年内，开展殡葬服务收费、中小学教育收费、涉企收费、公立医疗机构服务价格、幼儿园收费专项检查及节日市场价格检查，共检查118个单位，规范经营者的明码标价行为，引导经营者合理制定商品销售价格水平，严防哄抬价格等行为的发生，查处价格违法行为，维护市场价格水平的稳定，营造良好的公平竞争秩序。对区政府网站中280个存量文件进行公平竞争审查抽查，责令2个单位对3个文件进行整改。开展商业秘密保护示范点和维权联系创建活动，帮助创建32个示范点和1个维权联系点。

【网监工作】 年内，对辖区内的4000多户网站（店）等进行常态监测，开展“七个一”“个十百”专项工作及“双11”“6·18”等网络专项监测工作。同时，下发《广告活动负面清单》，与多家广告单位签订杜绝虚假广告承诺书，开展学区房等10多项广告专项整治。并重点做好相关宣传工作，以及对特药监管情况进行收集上报，对毒品原植物种子的销售情况进行摸排，对龙冈等三个板块的禁种铲毒工作督查等。

【双随机工作】 年内，全区25个监管部门全部开展双随机抽查，占比100%。牵头开展27次联合双随机抽查，占比72%。新增加区消防大队为省市场监管信息平台使用单位，出台《盐城市盐都区市场监管领域2021年度事中事后监管计划》。出台《关于开展学校食堂、集体用餐配送单位“双随机、一公开”非现场监管试点的工作方案》。全区26个市场

7月，开展特种设备安全监管　　市场监管局　供

监管信息平台使用部门全部归集涉企信息，归集部门数量比例100%。（苗才清）

【消费投诉处理】　2021年，共办结消费类投诉举报件5115起，为广大消费者挽回经济损失770万元。新创市级放心消费示范先进单位23家，新创省级放心消费示范先进单位4家；新发展市级伴手礼申报企业13家，新发展省特色伴手礼动申报企业4家；新建ODR在线维权平台企业5户。全区线下无理由退货商家数量达1005家，全年实现线下无理由退货商家共53家。（苗才清）

质量技术监督

【特种设备安全监管】　2021年，开展安全发展示范城市创建，顺利通过省级评审。规范液化石油气瓶充装单位的充装行为，重要节日“驻站”检查，优化完善气瓶安全可追溯信息化系统，对44983只钢瓶进行赋码建档。组织“百团进百万企业千万员工”宣讲活动11场次，督促电梯维保单位开展电梯安全“进校园、进社区、进轿厢”活动。开展安全生产三年专项整治，强化电梯鼓式制动器、起重机械双限位、快开门压力容器等专项整治，对215家重点监管对象开展年度现场监督检查，累计排查企业1274家次，发现并整改隐患82条。推进使用单位特种设备安全管理规范化，全区1587家特种设备使用单位进行安全责任告知。

【质量安全管理】　年内，组织专家现场为非医用口罩和电线电缆等8家企业开展质量诊断，解决标准和计量设备检测等实际问题5条；开展工业产品消费安全、安全生产、污染防治、质量提升等安全生产专项整治，开展成品油提质增效保障行动，开展燃气具及配件产品质量专项整治。累计抽检工业产品348批次、合格331批次、不合格17批次、合格率为95%，抽检结果及时向社会公布，全部完成不合格产品处理工作。

【质量品牌创建】　年内，成立区质量发展委员会，完成2020年度区长质量奖评审，金贸建设集团获得全市首家建筑行业市长质量奖、盐电阀门获得市长质量奖提名奖。华东砂轮获评质量信用AAA级企业，区361家规上企业质量信用A级完成申报。举办“全市高标准拓展质量提升行动研讨交流会”。组织2家单位申报省级农业标准化试点，1家单位申报国家级社会管理与公共服务标准化试点；指导农科所申报“节粮减损”领域国家标准；配合市局调研起草农村家宴地方标准工作；振升液压主起草国标获批30万元奖励，江苏华跃主起草行标获批20万元奖励。（苗才清）

食品药品监督管理

【整治食品市场秩序】　2021年，以食用农产品质量追溯、合格证制度推广为重点，落实食用农产品生产经营企业主体

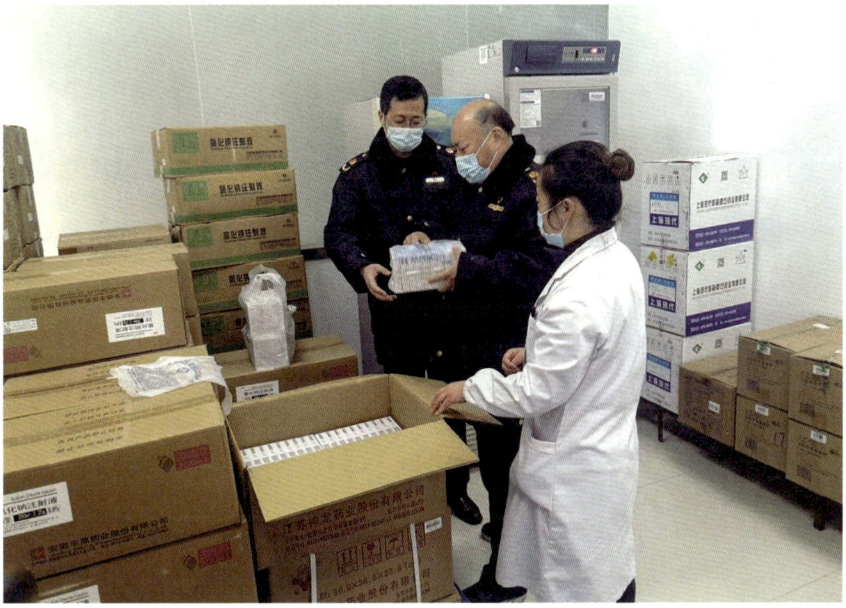

11月，规范药品安全监督管理　　市场监管局　供

责任，加强农贸市场食用农产品购进记录的登记，强化食用农产品网格化+精准监管，构建从“农田到餐桌”的全链条监管网络。保持食品安全整治高压态势，实施食安利剑攻坚、农产品质量安全风险监控、餐饮单位后厨突击暗访、月度猪肉市场联合整治等专项行动，规范食品市场秩序。加强食品安全抽检和食源性疾病监测，全区累计抽检食品及食用农产品6153个批次，注重食用农产品监督抽检的不合格率，报告食源性疾病病例1224例，报告率达100%。强力推进打防管控专项攻势，侦办食品犯罪案件8件，抓获犯罪嫌疑人22人，公诉17人。

【强化进口冷链食品监管】 年内，做好常态化疫情防控工作，推行每周一查和包保人制度。开展牛肉汤馆、烧烤店、农贸市场牛肉经营户等专项排查。对生产经营进口冷链食品经营户、直接接触冷链食品的从业人员等数据信息动态排查更新，及时和疾控部门同步，督促做好核酸“两天一检”等常态化防控工作。全区共有使用进口冷链食品原料的生产企业7家，小作坊9家，落实“三专三证四不”“江苏冷链”追溯系统“四个应尽”和从业人员健康管理要求。

【规范药品安全管理】 年内，加强零售药店疫情防控检查，督促全区212家药店对购买退热、止咳、抗病毒药品执行实名信息登记报告制度，发挥零售药店网络覆盖优势和早期监测的“哨点”作用。强化药品质量安全监管，加强新冠病毒检测试剂、医用口罩、医用防护服、红外体温计等防疫用医疗器械经营使用环节监管。对全区21家新冠病毒疫苗接种单位开展全覆盖检查，保障新冠病毒疫苗使用安全。开展中药饮片、含兴奋剂药品、核酸检测试剂、无菌和植入性医疗器械、美容美发类化妆品等各类专项整治。开展村卫生药品质量安全大检查，对全区232家村卫生室开展全覆盖检查，查处违法违规行为，规范农村药品市场秩序，取得良好的社会效应。加强不良反应监测，全年共完成药品不良反应1959份，医疗器械不良事件628份，化妆品不良反应165份，药物滥用监测117份。开展药品监督抽检80批次，发挥药品抽检在风险防控和技术监督方面作用，增强药品安全监管靶向性，规范药品市场秩序。

（苗才清）

7月，开展药品卫生监督管理　　市场监管局　供

统计管理

【概况】 2021年，盐都区统计局围绕区委、区政府中心工作，提升核算、分析、评价、预警、决策、监督六大工作能力，为全区经济高质量发展提供坚实统计保障，助推盐都区经济社会发展回稳向好。

【发挥统计职能】 年内，制定盐都区省高质量发展绩效评价监测清单。发挥统计部门优势，通过对照省高质量发展指标和绩效评价办法内容，结合全区重点工作目标，编制出较为符合盐都区发展实际涵盖全区经济发展25项指标的高质量发展绩效评价指标监测清单。发挥统计部门职能作用，围绕10项主要经济指标和GDP统一核算基础指标，牵头推进经济动态监测，及时分析，每月在全区四套班子工作例会上公布《省市、全区及镇（区、街道）主要经济指标》，协助区考核办制定《市综合考核指标部门推进情况了解表》，对部门进行工作督促。紧盯工业、贸易、服务业50强企业数据上报，对波动异常企业及时发现问题，分析行业运行情况，提出有效的建议措施，确保全年目标任务顺利完成。发挥统计监测、分析、预警、建议作用。完成农业、工业、投资、贸易、房地产、建筑业、服务业等专业的年定报工作，强化各项涉及高质量发展、GDP统一核算、市对区考核等相关指标的监测分析，每季度形成区统计局各专业运行情况分析汇编。

【强化数据质量管控】 年内，加大数据审核力度，全年“四上”企业（项目）数据查询次数超过230余次。开展“统计服务进企业”活动，为全区“四上”企业定制统计台账手册，规范数据填报，指导业务流程，实地走访企业150家（项目），定制手册1000余册。

【强化统计普法宣传】 年内，全区全年开展统计系统业务培训、法律法规培训20场，人数达830人次；印制《统计应知应会手册》650册分别发放各部门、企业，为全区“四上”企业发放《统计法律事务告知书》1200余份；举办“9·20”中国统计开放日活动，发放统计法律法规“二十六个不得”口袋书2000余册。以统计法治小漫画形式通过移动“燃信”发送到全区各级干部手机，让全区干部了解统计法。走进盐都政府网在线访谈，局党组书记、局长汪一江作主题为《坚持依法治统，为盐都高质量发展提供坚实统计保障》的统计法治在线交流活动，增进社会公众对政府、统计工作的理解和支持。

【强化统计业务核查】 年内，按照省统计局“双随机”执法检查要求，全年共完成20家规上工业、11家固定资产投资项目的数据核查，联合区市场监管局对新增入库的规上服务业企业开展实地核查、法律法规宣讲和统计业务指导。加大统计诚信建设，推荐1家限上贸易企业申报江苏省统计信用红名单企业，营造良好的诚信统计氛围。

【推进各类普查调查】 9月，盐都第七次全国人口普查各项工作获得国家、省、市普查办肯定，由国务院第七次全国人口普查领导小组颁发，行政审批局获第七次全国人口普查先进集体，全市唯一。强化统计业务能力建设，在全市统计系统技能竞赛中获第二名，3名业务骨干获得全市“五一创新能手”称号。开展居民出游、返乡农民工创业、农民工养老保险状况等10多项统计问卷调查，配合国家统计局盐城调查队完成全面从严治党民意调查，满意率、参与率居全市前列。

（侯兴安）

价格管理

【概况】 2021年，盐都价格条线以“服务社会、关注民生、促进和谐”为主线，围绕区委、区政府工作中心，把促进经济社会发展、解决好关系群众切身利益的价格问题作为工作的着力点，发挥价格工作职能，强化民生价格监管，改善价格公共服务，保持价格总水平基本稳定，为盐都区经济发展做出贡献。

【完善监测预警体系】 年内，建立健全监测、上报、预警等应急快速反应机制，做好重大节日期间市场价格动态监测，跟踪粮油肉禽蛋菜等民生商品价格情况，掌握市场价格动向，为价格调控及启动困难群众价格补贴机制提供决策依据；按照省市统一部署，及时组织区级储备猪肉投放市场，满足群众消费需求，发挥政府保供应、稳物价、惠民生的抓手作用；组织开展农本调查业务培训，完成各类农本统计数据填报和上报工作，为上级部门决策提供准确的农本数据支撑。

【加大清费减负力度】 年内，贯彻省、市关于“简政放权、放管结合、优化服务”的工作部署，定期动态调整行政事业、经营服务性收费目录清单，清理规范水电气暖行业收费项目，做到“收费项目进清单、清单以外无收费”。

【加强民生价格管理】 年内，根据国家、省市关于推进天然气价格改革的要求，启动管道燃气配气价格成本监审，理顺盐都区管道燃气配气价格；配合市场监管局和供电公司对全区转供电主体的转供电价格政策执行情况进行督查，规范转供电环节收费行为，确保国家降电价红利及时足额传导到终端用户；做好日升地块、鹤翔路地块土地出让前安置房回购价核定工作，确保征收地块拆迁安置工作的顺利实施；完成东进华都、合瑞新城、濠璟半岛和向阳水岸10家民办幼儿园和区域内6家污水处理企业成本调查和成本监审工作，准确核定各类民办学校收费标准和污水处理成本。

【及时回应群众关切】 年内，做好12345平台、政府信息网站交办的涉及价格收费方面咨询件的答复工作，对城乡供水、供气、物业收费、停车场收费等群众关心、社会关注的热点难点问题，从促进发展、维护稳定的角度出发，按照有关法律、规章、制度，妥善处理疏导价格矛盾（1—12月，共受理各类咨询答复件66件，其中政策咨询64件，依申请公开2件，办结率100%）；针对群众关心的普惠性幼儿园收费问题，转变监管方式方法，前移监管关口，将监管方式转移到提前预防、指导规范上，联合教育部门对全区各类民办幼儿园采取集中业务指导、联合发文等方式，严肃价格法规政策；联合区农业农村局和电网公司在基层企业生产一线，对全区所有农产品初加工企业的生产流程工艺逐一审定并组织企业申报，27家符合条件的农产品加工企业享受到“农电”价格优惠，降低企业用电成本，减轻企业负担，确保国家惠农政策红利快速落地见效。

卫生监督管理

【依法加强疫情防控监督检查】 2021年，组织开展常态化督查和紧急检查，联合区卫健委医政科成立四个督导小组，督查一级以上医疗机构127户次、社会办医疗机构244户次，抽查村级医疗机构66户次，新冠疫苗接种点98户次，整改问题784条，3家中医备案诊所关门停业整改；督查学校（园）321户次、公共场所2580户次，整改问题785条，发布通报15期。派员参加区纪委督查组、社会防控督查组面上督查。

【推动基层卫生健康综合监督执法工作】 2021年，承接乡镇综合执法体制改革，整合基层卫生健康执法队伍，明确乡镇社事局卫生综合监督、职业健康安全监管执法人员，举办基层卫生健康综合监督执法业务培训班，对法律法规、文书制作、公共卫生、职业健康等卫生监督基础业务进行辅导讲解。并通过基层卫生监督分所带动各镇（区、街道）社会事业局卫生健康执法人员进行现场执法、文书制作、信息系统操作等。公共卫生、职业健康基层监督执法工作由乡镇卫生院（社区卫生服务中心）逐步过渡到各镇（区、街道）社会事业局承担，强化行政执法，基层卫生监督执法能力增强。

【实施省医疗卫生行业“信用+综合监管”试点工作】 年内，根据试点工作方案，对公共场所、学校、涉水产品生产企业、医疗卫生机构、放射卫生技术服务机构等5个专业1082户单位开展诚信宣传，957户卫生相关单位、4002名自然人签订卫生信用承诺书，建立卫生信用档案，组织卫生信用评价并公示，实施差异化监管，落实联合奖惩措施，启动信用修复机制，完善“信用+综合监管”的新型监管机制。

【开展职业卫生监督】 年内，统筹推进专项整治、双随机抽查和日常监督，加大执法力度，强化技术监管，分行业对重点企业开展专项整治，制定工作进度作战图，每月梳理评估用人单位整改情况，实行闭环管理。开展职业病防治宣传周系列活动，连续12天组织职业卫生法律法规培训16场次、896家单位、1106人。对64户粉尘危害严重的重点企业开展专项治理，排查化解16家省、市挂牌督办企业职业健康风险，督导签订企业主体责任落实告知承诺书890份。全区推动职业健康体检603家、职业病危害因素检测240家、建设"三同时"验收139家。修订创建标准，评选职业健康安全示范企业13家，创建省健康企业2家，申报职业健康达人5人。实施江苏辰宇医疗器械有限公司(原江苏鱼跃公司)涉汞职业危害专项整治，停产汞污染较重工序，汞污染较轻的标记、校验、包装等项目完成"三同时"评审，职业卫生防护设施改造到位，涉汞岗位人群尿汞值超标人数从2019年的107人下降到2021年底的1人。

【严格查处卫生违法行为】 全年共立案查处行政处罚案件85件，案件涉及6个监管行业，其中医疗市场26件、放射卫生1件、公共场所20件、消毒产品1件、学校卫生1件、职业卫生36件，共罚没款54.45万元，5万元以上大案10起。举行听证1起，行政复议2起，申请人民法院强制执行1起，涉刑案件移送公安机关4起。未发生行政诉讼案件。

(陈志龙)

安全生产管理

【压实安全生产责任】 年初，区委常委会审议通过《党政领导班子成员年度安全生产重点工作清单》《区委常委会委员、区政府班子成员督办安全生产重大问题隐患清单》。2021年，区委常委会7次、区政府常务会8次、区安委会全体成员会议6次，研究推进安全生产专项整治、巡查督导、重大事故隐患整改等事项。区委、区政府督办204国道整治、重点消防工程建设等15项安全生产重点难点问题，组织开展宣讲活动。区安委会制定《2021年安全生产工作要点》《各镇(区、街道)和区安委会成员单位履行安全生产工作责任考核评价指标》。7月初，区安委办对各板块各部门上半年安全生产工作履责情况进行专项考核。在区融媒体设立"安全生产专项整治行动""安全发展示范城市创建"等专题专栏，宣传安全生产法律法规、安全常识等。实施企业主体责任告知和承诺行动。主动拓展"百团进百万企业千万员工"安全生产宣讲活动范围，区镇两级在一线开展宣讲，共组织宣讲518场次，覆盖3630家企业(单位)，19720人参加宣讲。

【谋划安全生产专项整治工作】 年初，出台《进一步深化安全生产三年专项整治工作的实施意见》，明确全区19项重点工作清单、区各重点行业领域21项68条和各镇(区、街道)48条重点工作任务。区专治办定期编制全区专项整治工作简报，通报全区专项整治工作进展情况，区督查组围绕重点工作任务"三个清单"，每月开展督查检查，推动全区各项重点任务落细落实。

【开展燃气风险排查工作】 年内，推动"互联网+安全生产"深度融合，发挥"智慧安监"信息平台作用，完成558家重点企业基本情况、隐患排查治理、风险辨识管控等信息数据库更新。在实现非居民用户燃气预警系统全覆盖的基础上，在盐龙街道的4个安置小区开展居民用户燃气预警、切断装置安装试点工作，并根据试点经验起草《盐都区居住建筑燃气设施设计及施工技术要点》，2021年，全区燃气预警系统接入居民用户7271家、惠及17个居民小区。

【严格执法监督检查】 年初，制定《镇(区、街道)安全生产委托执法实施方案》，督促各镇(区、街道)和相关部门强化联合执法、信息共享、区域协同，推行全员执法、联合执法、集中执法、"双随机"执法，加大建筑施工、道路交通、人员密集场所等重点行业领域的监管处罚力度。2021年度，全区共实施行政处罚

11月，在北堡村开展煤气安全检查工作　　应急管理局　供

357起，罚款430.11万元，约谈警示企事业单位44家。

【紧盯隐患闭环整改】 2021年度，省巡查组交办问题隐患7项11条、责任不落实清单1项、省督导组交办问题隐患5项15条，均整改完成。市督导组累计交办问题隐患576条、市安委办分三批挂牌督办重大事故隐患14项全部整改销号。区安委会分两批挂牌督办重大事故隐患14项整改完成。全区全年累计发现问题隐患32814处，完成整改32814处，整改率100%。

【开展安全生产督导】 年内，参照省、市督导模式，在上年实现督导巡查全覆盖的基础上，2021年，成立7个督导组，下沉14个板块、17个部门开展督导。2021年度，区督导组共发现问题隐患1750处，全部限期整改完成。

【加强应急能力建设】 年内，统筹推进全国自然灾害风险普查，累计培训镇、村级灾害信息员571人次，区级队伍获得全市灾害信息员技能竞赛第一名。建立完善“1+41+68”的三层应急预案体系，专门编制《盐都区危险化学品泄漏事故应急救援预案》，建立以公安、消防、民兵为骨干，应急、交运、住建、医疗等各专业队伍为基本，企业专兼职救援队伍和志愿者队伍为辅助的应急救援体系，建成应急队伍16支1116人。完成三官村全国综合减灾示范社区创建验收，累计创成国家、省级综合减灾示范社区12家，创成总量位居全市第一。

【加大人力财力投入】 2021年，安排安全生产经费1780万元，同比增加113万元。18个负有安全生产监督管理职责的重点部门均独立设置“安全生产监督管理科”，14个镇（区、街道）全部成立安全生产监督管理局（综合执法局、安全生产服务中心），实现满编配置（共配备在编执法人员56名，安全员31名）。

【推进工业企业风险报告】 3月底，在312家规上企业和1099家规下企业全部完成首次安全风险报告的基础上，对填

7月，开展安全生产知识宣传　　　　应急管理局　供

报质量进行“回头看”，共退回和重新填报企业544家次。在粉尘涉爆、涉氨制冷、高温熔融金属等行业领域遴选22家企业创建安全生产风险报告示范企业，发挥示范引领作用。

【开展危化品使用专项治理】 4月中旬，盐都区1086户危化品使用企业（单位）全部录入省系统，并通过审核。至年底，共检查危化品使用查危化品使用单位6266家次，排查整改隐患4229处，立案查处32起，行政处罚103万元。

【拓展安全生产宣传教育】 年内，针对辖区韩资企业较多的情况，组织20余名韩籍负责人进行专题培训；举办以“专业能力提升工程”为主题的村居安全生产监管人员培训班3期，培训村居检查员370名，累计培训生产经营单位主要负责人、分管负责人及安全生产管理人员13批次3357人。推进安全宣传“五进”活动，发放安全告知信20万份、宣传品近2万份，录制269个U盘供全区农村大喇叭播放安全知识常识。组织14个镇（区、街道）和18个部门开展安全生产月活动。组织开展说安全活动，高新区、各镇（区、街道）党政主要负责人组织安全生产学习会61次、开展安全生产专题宣讲30场、发表安全生产署名文章30篇、开展安全生产督导检查113次。

【创建省级安全发展示范城市】 年内，围绕六大类16项创建内容，细分179项具体任务，逐项分解落实到位。编制《盐都区城市安全风险评估报告》，绘制城市安全风险四色分布图，建设安全文化主题公园，设计制作特色宣传海报、创建徽标、短视频等，累计悬挂横幅标语1000余条、播出公益广告近万次、滚动播放宣传字幕10万余次。创安工作复核市级第一，创安宣传片全省展播，创安台账资料评选全省领先，通过省级现场验收并进入候选名单。

（张　和　赵　黎）

消　防

【概况】 2021年，围绕区委提出的“四个示范区”建设目标，坚持问题导向与目标导向相统一，坚持治标与治本相促进，预防和遏制较大以上火灾事故的发生，消防安全形势保持平稳。

【落实消防安全责任】 年初，专门召开全区消防工作会议，专题部署全年消防工作，将消防工作任务细化落实到最基层。年内，区委常委会、区政府常务会及区四套班子会议专题听取消防工作汇报10余次。各镇（区、街道）党政负责人常态化深入人员密集场所、火灾易

发单位及"不放心"区域开展消防安全检查，及时协调解决各类突出矛盾，落实资金推动隐患整改，促进消防工作开展。

【社会火灾防控工作】 自年初起，定期联合区相关部门以及属地政府，开展打通"生命通道"及高层建筑消防安全专项整治，对部分高层住宅小区消防通道被违规占用、堵塞等情况进行集中夜查和执法，清理违停车辆300余辆，推动消防车通道改造16处，整治电动自行车违规停放占用消防车登高作业面30余处，净化高层住宅建筑的消防安全环境。两次组织多部门对全区开展非居民燃气安全专项检查，在全区范围内开展公寓联合整治，完成全区19个公寓的消防安全排查。

【重大火灾隐患整改】 年内，推动辖区内的唐笑装饰城、红星美凯龙、中润复合机械三处整改难度极大的区域性隐患、不放心场所，死盯隐患整改不放，派专人长期驻守单位指导整改工作。据统计唐笑集团投入资金600余万元、红星美凯龙投入资金1000余万元、中润复合机械投入资金300余万元进行整改并拆除泡沫夹芯板2万余平方米。

【提升消防安全水平】 年初，通过签订《年度工作责任状》确定全年建设任务并下放至各板块，推动各镇（区、街道）加强基层基础设施建设。强化消防科技成果应用，推动基层基础设施建设工作。年内，全区共推动安装独立式感烟火灾探测报警器634个、简易喷淋装置50套、电气火灾监控系统80套、电动车智能集中充电装置91套。以创建安全发展示范城市为契机，规范、明确消防监督工作，落实隐患整改责任单位和责任人，并建立消防监督检查台账，实行闭环管理。年内，共检查社会单位1473家，发现火灾隐患1912处，督促整改火灾隐患1906处，下发责令整改通知书1175份，下发行政处罚决定书96份，下发临时查封决定书29份，责令"三停"单位2家。

【增强火灾防范意识】 年内，协调区融媒体平台开展公益消防宣传，在黄金时段、重要版面和显著位置免费刊播消防公益广告，曝光消防违法违规行为。利用农村大喇叭每天定时广播消防安全知识；大队宣传员利用消防宣传车每天深入居民楼、家庭进行消防宣传、火灾隐患检查、消防安全培训。借助安全生产月、防灾减灾日、公民道德宣传日等活动开展消防宣传；多方位开展《高层民用建筑消防安全管理规定》宣贯工作，开展"五进"消防安全培训活动。利用召开消防安全重点单位例会契机，分5批次对全区255家消防安全重点单位责任人和管理人开展消防知识培训。

5月，开展消防基础工作　　消防大队　供

【提升综合应急救援战斗力】 年内，以岗位练兵、支队竞赛为契机，按照"以训促赛、以练促战"的思路，开展岗位练兵活动。每月制定训练计划，明确训练考核标准，实施分岗训练方案，队伍战斗力提升。对大队健身房健身设备进行升级换代，与盐城体育运动学校建立共建关系，邀请体能训练老师来队辅导。在全市消防救援队伍全员岗位大练兵比武竞赛中获得专职队组团体第2名，在装备业务技能比武中获得团体第3名。

【提升实战能力】 2021年，共接警出动885起，其中火灾427起，抢险救援167起，社会救助291起，处置成功率100%。按照"863"熟悉法，分级、分岗开展辖区情况熟悉和调研，重点对建筑情况，重点单位进行实地的深入熟悉，完成120家单位的六熟悉工作，共开展辖区重点单位灭火演练80家，其中夜间演练20家。联合辖区政府专职消防队、社区微型消防站等力量开展联合演练42次，加强辖区消防力量的协调配合能力。

【提升基础建设质量保障力】 年内，为提升消防应急救援能力，大队推进消防队站建设，按照"全面覆盖、分步实施、整体推进"的原则，推动区政府制定《2021—2023年度盐都区消防站建设实施方案》，委托国投代建，投入2.35亿元用于11座新建、改建消防站建设，年底，投入2700余万元用于购置消防站所需车辆器材装备的经费。

（陈　婷）

科学技术

综　　述

【概况】　2021年，全区科技系统围绕“双创引领示范区”建设目标定位，开展“科技创新突破年”活动，推进主体培育、载体建设、成果转化等科技创新重点工程和重大项目，科技创新工作取得较好业绩。

【主体培育工作】　年内，实施“科创森林”成长计划，申报国家高企216家，获批107家，招引市外高企5家，高企总量达281家。认定国家科技型中小企业873家，其中首次认定647家；认定市瞪羚企业9家、省瞪羚企业8家、省潜在独角兽企业1家。中贵重工获批全市唯一一家省研发型企业。建立11家高企上市后备资源库，中恒宠物报省证监会验收，三叶智能新三板挂牌上报全国股转系统。16家规上工业企业获批高企。建立30家“高升规”重点企业培育库，13家高企获批规上工业企业。排定20家高企进入数字化转型培育库，维信电子认定为省工业互联网标杆工厂，40家高企认定为省星级上云企业。新增高企发明专利授权200件，全区万人发明专利拥有量达37.84件。

【载体建设工作】　2021年，实施科研平台提质计划，抓好重大科创平台和新型研发机构提档升级。中科院高通量研究院“金刚”图计算系统蝉联图灵计算全球排行榜第一，全年实现营收7490万元。中科院上硅所新能源创新中心竣工运营，开展新型电解质陶瓷膜和变色显示器件研发工作。清盐智能装备研究院申报发明专利3项，承担国家重点研发项目，与悦达集团合作无人战车产业化项目。中科院半导体所半导体集成技术研究院、国家超级计算无锡中心盐城分中心项目落地建设。盐城大学科技园获批国家级大学科技园。高新区（新型显示电子元器件及装备）获批国家创新型产业集群。32家企业获得省级企业研发机构认定，65家企业获得市级认定；新增批省星创天地2家，盐西孵化器、伦科技孵化器分别获得省、市级认定。

【创新合作项目】　全区全年新签产学研合作项目204项，完成技术合同成交额20.63亿元。获批省科技副总55名，7个项目获得省苏北科技专项立项。举办“科创盐都·智启未来”投资说明会暨科创城招商大会，启迪数字、纳什空间等12个科创服务业项目签约落户。组织企业参加盐城（深圳、上海、北京）科技招商推介会、苏北五市产学研合作对接会、盐城工学院产学研对接会，签约落户24个高企引进和平台共建项目。企业研发投入增加，规上企业研发投入年报达18.09亿元。

【招引人才工作】　2021年，实施“都智汇”优才计划，引进领军人才82名，招引高层次人才创业项目22个。举办中国国际人才交流大会盐都专场活动，成立盐都杰出人才联盟（深圳）。组织第七届中国电子信息行业发展大会、第二届中国电子信息行业创新创业大赛和青岛高校精英人才对接会，组织70家企业、50个团队参加第二届盐城创新创业大赛盐都赛区比赛，推选26个优质项目参加市大赛，6家企业、1个团队进入市总决赛。加强科技金融扶持，组织企业及创业者申请“苏科贷”“苏微贷”“创业贷”及“高企直通车”，共争取科技创业贷款4.7亿元。

（陈加强　张　喆）

科技活动

【概况】　年内，全区上下以“双创引领示范区”建设和高新区争先进位为导向，扎实开展各类科技活动，促进科技工作开展，推动全区科技创新和经济社会高质量发展。

【工业经济和科技创新会议】　2月26日下午，区委、区政府召开全区工业经济和科技创新会议。区委书记、区长王娟出席会议并讲话。区委副书记、副区长刘源主持会议。会议强调，要坚持把创新作为引领发展的第一动力，深入实施“科创森林”成长计划、科研平台提质计划、“都智汇”优才计划，持续集聚资源要素、提高创新能力，加快建设双创引领示范区，勇当全市科技和产业创新的开路先锋。

【盐都（深圳）智能终端产业推介会】 3月24日下午，2021盐都（深圳）智能终端产业推介会在深圳举办。推介会现场新签约项目10个，总投资近60亿元。区委常委、高新区党工委书记李晓明，副区长高翔、谢戎出席推介会。会议介绍，盐都持续攻坚重大项目，纵深推进创新驱动，用5年多时间集聚东山精密、康佳存储芯片、群晖摄像头模组等110多家企业，拥有全市唯一的国家级高新区，省级以上研发机构、重大研发创新平台、国家高企数量均列全市第一。

【“科技创新突破年”活动推进会】 4月30日下午，盐都区“科技创新突破年”活动推进会召开。区委书记、区长王娟出席会议并强调，要深入贯彻中央和省、市决策部署，全面落实市“科技创新突破年”活动要求，久久为功、持续发力，加快建设双创引领示范区，书写新时代科技创新的“盐都答卷”。区委副书记、副区长刘源作工作部署。

【投资说明会暨科创城招商大会】 5月19日下午，盐都举办“科创盐都·智启未来”投资说明会暨科创城招商大会。启迪信通数字经济研究院、北京航空航天大学重点实验室、纳什空间未来城市创新网络生态集群等12个项目集中签约。副市长汤如军，区委书记、区长王娟出席并致辞。区委副书记、副区长刘源作盐都科创服务业招商推介。富力集团董事长李思廉等企业家代表应邀出席。

【中科成果创投论坛】 5月25日上午，高新区举办中科成果创投论坛暨中科成果创投创新中心（盐城）启动仪式。区委常委、高新区党工委书记李晓明出席活动。中科成果创投创新中心（盐城）的落地，有效推动中科院和其他高校、科研院所的前沿技术成果在高新区实现转移与转化，提升高端研发人才和产业在高新区的集聚度，为高新区产业转型升级和可持续发展提供坚实的科技支撑。有8个项目在活动现场签约。

【产学研合作对接会】 5月29日下午，举行盐都区山东大学（青岛）招才引智暨产学研合作对接会。山东大学（青岛校区）副校长韩明涛致辞，区委常委、组织部长周达虎作盐都区情介绍和区人才政策介绍，副区长、科技镇长团团长谢戎主持会议。会上，还举行盐都区山东大学（青岛）引才工作站揭牌仪式，并为4位专家教授颁发盐都区引才大使聘书，同时签订盐城国家高新区与山东大学校地合作协议。

【研发创新载体科创沙龙】 7月3日上午，盐城高新区举办研发创新载体科创沙龙，邀请盐城高新区研究院、众创空间、孵化器负责人代表参加该次活动。与会代表围绕科创平台载体运营状况、双创氛围如何有效提升、企业发展中的政策扶持等方面问题进行深入交流探讨。通过活动，推动高新区强化服务，加强科技型企业的招引、落地、达效，促进各个研发创新载体之间联系合作，形成强强联合，以研发创新载体的融合发展，促进高新区相关产业高质量发展。

【“科技创新突破年”活动推进会】 8月10日，全区“双创引领示范区”建设暨“科技创新突破年”活动推进会召开。区委副书记、副区长刘源，区委常委、组织部长周达虎，副区长吕杨出席会议。会议要求，全区上下要坚持把深入推进“双创”作为引领发展的第一动力，实行力量聚焦、要素聚焦、政策聚焦，提升“双创”发展水平；引进更多智能终端、5G商用、区块链等高端项目在盐都区落地转化；强化人才外引内培，完善人才政策体系，优化人才发展环境，为谱写“强富美高”新盐都的现代化篇章提供更加坚实的科技支撑。

【第二届中国电子信息行业选拔赛】 9月16日，由中国电子信息行业联合会和盐城市人民政府联合主办的“智联万物、慧赢未来”第二届中国电子信息行业创新创业大赛选拔赛在北京举办。大赛采用“预审赛+选拔赛+总决赛”的赛制模式，共有314个项目浮出和进入预审环节。经专家组严格把关、审核评定，最终确定100个优秀项目晋级选拔赛，按照得分高低遴选出30个项目晋级总决赛。

【2021盐都（苏州）产业招商推介会】 10月27日下午，盐都区在苏州举办2021盐都（苏州）产业招商推介会。省工商联二级巡视员、会员处处长李晓东，苏州工商联副主席、苏州新一代企业家商会会长、苏州东山精密制造股份

9月，海外人才创新创业大赛　　盐龙街道　供

12月，盐都(深圳)电子信息产业投资说明会　　盐龙街道　供

有限公司董事长袁永刚应邀出席会议。区委副书记、代区长马正华致辞。区委常委、组织部长周达虎，副区长周昉、吕杨分别作科技和人才政策、现代农业和文化旅游、先进制造业和现代服务业产业推介。现场共签约项目23个，总投资额超70亿元。

【盐城国家高新区双创活动】 11月20日上午，“融通创新·赋能未来”2021年盐城国家高新区双创活动启动仪式在高新区科技广场举行。区委副书记、代区长马正华，上海五角场创新创业学院院长、复旦大学原副校长冯晓源，上海市投资促进服务中心(中小企业上市促进中心)副主任顾月明分别致辞。区委常委、常务副区长吴军主持活动。高新区管委会主任高翔作专题推介，复旦大学管理学院长三角校友科创交流合作(盐城)中心、上海五角场创新创业学院盐城科创分院揭牌成立。

【中国科学技术大学产学研合作交流活动】 11月24日，盐都区—中国科学技术大学产学研合作交流活动在中国科学技术大学举行。市政协副主席葛启发，区委常委、组织部长周达虎参加活动。参加活动人员实地参观中国科学技术大学校史馆，详细了解中科大的历史与文化，针对中科大科技成果转移转化和盐都区科技创新及科技人才需求等内容进行探讨。

【2021中国电子信息行业发展大会平行论坛】 12月27日下午，2021中国电子信息行业发展大会举行平行论坛。在中国电子电路产业高峰论坛上，举行盐城电子电路行业联盟揭牌仪式，区委副书记、副区长刘源出席。在DCMM数据管理工作年会上，中国电子信息行业联合会副会长兼秘书长高素梅作DCMM贯标工作报告，工信部信息技术发展司副司长王建伟，副区长谢戎出席。

（陈加强　张　喆）

科技成果

【概况】 2021年，区委、区政府全面实施创新驱动发展战略，支持具有自主知识产权的新兴产业、主导产业、优势特色产业的科技成果转化和产业化项目以及中小微企业的高层次创新创业项目，进一步提升战略性新兴产业和高新技术产业核心竞争力，构建现代高端区域创新创业体系，为高质量发展提供科技支撑。全区16个项目获得2021年度省级工程技术研究中心项目立项、7个项目获得2021年度省级苏北科技专项立项。

【低碳节能建筑材料工程技术研究中心】 年内，致力于低碳节能建筑材料科技术的研发，开展江苏沿海地区特色工业固废资源化利用、低碳建筑材料、节能建筑材料等共性、关键性、前瞻性技术的研发，固废超细复合矿物掺合料、免蒸养固碳工艺技术、低密度节能加气混凝土等高科技成果转化与产业化，引领本地区低碳节能建筑材料行业科技发展。项目承担单位为江苏博拓新型建筑材料股份有限公司，获得2021年度省级工程技术研究中心项目立项。

【多相位高压恒流泵工程技术研究中心】 年内，整合与浙江清华长三角研究院在检测仪器关键技术方面特出的优势人才资源，构建以企业为基础的工程化研发平台，吸纳国内外高层次人才，开展产学研合作，形成江苏省多相位高压恒流泵工程技术研究中心自主开发能力，建立产品装置性能检测实验室，提高现有生产的仪器装备的产品质量，研发具有我国自主知识产权的多相位凸轮驱动技术，使高压恒流泵输液稳定性、可靠性得到提升。项目承担单位为江苏同济分析仪器有限公司，获得2021年度省级工程技术研究中心项目立项。

【新能源汽车核心配件工程技术研究中心】 年内，与吉林大学盐城智能终端产业研究中心、盐城师范学院协同合作，根据国内市场的需求和容量，以新能源汽车座椅研究为核心产业，开发科技含量、竞争能力强的新产品，做到同类产品研发水平在国内新能源汽车座椅制造业领先。在综合试验和检测技术的应用方面，以优良的服务质量向国内同类企业辐射，总体目标是新能源汽车座椅研发水平达到国内新能源汽车座椅制造业的先进水平。项目承担单位为盐城同环机电科技有限公司，获得2021年度省级工程技术研究中心项目立项。

【螺杆钻具工程技术研究中心】 年内，以省认定企业技术中心、市工程技术中心为依托，以企业、高校人才团队为技术支撑，以井下作业工具——螺杆钻具的研发为方向，以产品集聚为主要发展形式，重点研发耐油基耐高温螺杆钻具、无磁高性能螺杆钻具，实现产品升级创新，向钻井石油装备机械攻坚突破。项目承担单位为盐城市新永佳石油机械制造有限公司，获得2021年度省级工程技术研究中心项目立项。

【(恒力组合)CNC多轴机床工程技术研究中心】 年内，深化组合机床柔性化理论研究及基础研究，对组合机床柔性化关键部件进行优化设计和结构改进，开发新系列柔性组合机床功能模块，创建系列化柔性组合机床产品谱系，建立健全柔性组合机床的质量控制体系和标准，建设多功能综合检测平台。项目承担单位为江苏恒力组合机床有限公司，获得2021年度省级工程技术研究中心项目立项。

【新能源动力电池系统工程技术研究中心】 年内，开展动力电池管理系统关键技术研发，致力于新能源动力电池系统的研究，包括开发电池电化学建模与状态估计技术、开发数据驱动的电池建模及状态估计技术、开发电池动态优化快充及寿命提升技术、开发电池产热分析及热失控预测技术等。项目承担单位为盐城国投中科新能源科技有限公司，获得2021年度省级工程技术研究中心项目立项。

【多层复合玻璃钢材料及应用工程技术研究中心】 年内，与盐城工学院精诚产学研合作，进行玻璃钢复合材料制备关键技术研究、工艺设计、试验检测等，开发多层复合玻璃钢新材料制品，并延伸产品应用新领域。通过中心建设，形成具有国内领先、国际先进水平的多层复合玻璃钢材料研究、工程实验、人才聚集、创新应用等的开发基地和创新平台。项目承担单位为江苏申江环境科技有限公司，获得2021年度省级工程技术研究中心项目立项。

【高性能工业球阀工程技术研究中心】 年内，以企业、高校人才团队为技术支撑，以大口径固定球阀的研发为方向，以产品集聚为主要发展形式，实现产品升级创新，不断提升企业核心竞争力。向大口径固定球阀攻坚突破，将明通福路发展成为具有鲜明特色的球阀行业龙头企业，同时为国内主管线大口径固定球阀的国产化打下基础，响应国家提出的关键设备国产化方针。项目承担单位为江苏明通福路流体控制设备有限公司，获得2021年度省级工程技术研究中心项目立项。

【高良率AMOLED显示屏工程技术研究中心】 年内，以AMOLED显示屏模组段制程为主要研发方向，及时掌握电子产品的发展动向和技术发展前沿及质量安全法规的变更与实施情况，着眼经济发展、服务社会，立足促进本地电子产品产业集聚和发展，促进行业经济产业结构的调整和升级，为国家的光电显示事业贡献一份力量。项目承担单位为盐城易快来科技有限公司，获得2021年度省级工程技术研究中心项目立项。

【智能控制干法机制砂系统工程技术研究中心】 年内，与高校之间的交流和合作，促进集成式砂石无筛分选级配装备领域前沿进展及新课题、新方法、新思想的交流和合作，开发出机制砂细度模数和级配智能控制集成系统。通过创新项目实施，使公司成为拥有智能控制干法机制砂系统完全自主知识产权、拥有高水平研发团队和国内一流制造水平的著名企业。项目承担单位为江苏吉能达环境能源科技有限公司，获得2021年度省级工程技术研究中心项目立项。

【预应力混凝土实心方桩工程技术研究中心】 年内，以预应力混凝土实心方桩为研究方向，在预制桩的生产过程中节约更多的钢筋，减少大量的成本，运用新型生产工艺，在同样满足工程力学性能和相关指标前提下，预应力方桩的承载能力比管桩的承载能力大，其经济效益也优于预应力管桩。符合高铁道路建设的要求，高强度，高质量。研发出应用于高铁轨道的铺设，具有地质适应性强等特点的双强高铁预应力混凝土实心方桩，市场前景广阔。项目承担单位为盐城市双强管桩有限公司，获得2021年度省级工程技术研究中心项目立项。

【智能自动化涂装生产线工程技术研究中心】 年内，攻克涂装生产线在智能自动化领域技术欠缺的问题，研究开发出有智能化、自动化、绿色环保、节能减排等关键技术的创新产品，使涂装生产线从制造到智造蜕变升级。同时满足废气、废水超净治理的需求，促进全省智能自动化涂装生产线的发展，处于国内领先水平。项目承担单位为江苏剑桥涂装工程股份有限公司，获得2021年度省级工程技术研究中心项目立项。

【超精细柔性线路板制造工程技术研究中心】 年内，致力于FPC产品、工艺及设备改进的创新性研究和产业化，主要研究包括不同铜厚度精细线路柔性线路板及其制造工艺、组装制造自动化及工装治具研发、柔板制造自动化及新工艺开发、面向新应用场景的柔板及新应用技术柔板的研发等，力争将工程中心建成一个具有可持续创新发展的，在江苏省乃至全国FPC行业起引领作用的产业研究开发基地，推动企业及行业的科技进步，做行业的领头羊。项目承担单位为盐城维信电子有限公司，获得2021年度省级工程技术研究中心项目立项。

【(恒隆通)先进光学材料工程技术研究中心】 年内，建立光学显示器件导光护散板材料省级以上工程技术研究中心和研究生实践基地，共同研发新型显示光学高分子材料，主要包括高性能光学材料开发、扩散板表面构造优化、光学结构设计、加工控制技术研发等，瞄准光电显示器件新材料方向，实现光学级导光扩散板等高分子材料导光扩散板技术成果产业化，力争成为发展新型显示光学高分子材料的先导前沿研发基地。项目承担单位为江苏恒隆通新材料科技有限公司，获得2021年度省级工程技术研究中心项目立项。

【(中贵)高效智能矿用锚杆钻车工程技术研究中心】 年内，开发适应不同矿井巷道的具有自动识别技术、安全技术、智能监控技术的高效智能多臂液压锚杆钻车，增加自由钻车作业空间，增加作业功能和自由度，提升同步多机械手协同作业水平，实现远程操控，推进单机与智慧矿山智能管控信息系统互联互通融合示范工程。目标是将工程中心建设成国内领先、国外先进的液压、气压传动理论创新、技术创新和产品创新的中心，并成为本企业新产品、新技术和新工艺的中试基地、大专院校的实习基地。项目承担单位为江苏中贵重工有限公司，获得2021年度省级工程技术研究中心项目立项。

【高性能聚四氟乙烯复合材料及应用工程技术研究中心】 年内，致力于高性能聚四氟乙烯复合材料的开发与应用，选用当前高聚物基体复合材料中使用量最大的无机填料—碳酸钙填充改性聚四氟乙烯，并研究其表面性质、改性工艺、填充量等因素对复合材料的结构与性能的影响，并引入玻璃纤维对复合材料进一步补强，填补国内碳酸钙填充改性聚四氟乙烯复合制备技术的空白，解决聚四氟乙烯材料生产成本高和力学性能差等弊端，并提升 $CaCO_3$ 等传统材料的应用价值。项目承担单位为江苏亿豪塑业股份有限公司，获得2021年度省级工程技术研究中心项目立项。

【红油香椿种植技术集成及示范应用】 年内，集成原有成果与创新，以红油香椿为代表作物，对技术所包含的栽培密度、整形修剪、水肥管理和病虫害综合防治等方面的关键环节进行优化研究，具有区域种植的鲜明特色及具有原始研究与集成应用的创新。项目承担单位为盐城布西亚农业科技有限公司，获得2021年度省级苏北科技专项立项。

【阳光玫瑰葡萄秋延高质绿色栽培技术集成与示范】 年内，主要研究总结阳光玫瑰葡萄品种设施秋延避雨栽培模式的特点，集成阳光玫瑰葡萄设施秋延绿色优质高效栽培配套技术规范，示范推广农民种植葡萄增收新模式。项目承担单位为盐城市飞强农业科技有限公司，获得2021年度省级苏北科技专项立项。

【非洲菊引种快繁及高效栽培技术集成与示范】 年内，从荷兰引种适合本地区生产的非洲菊优良新品种，建立一套非洲菊组培工厂化育苗技术集成，集成非洲菊设施生产中温光控制、节水灌溉、病虫害绿色防控等先进技术，通过分阶段示范推广，稳妥有效地提高非洲菊种植标准和种植规模。项目承担单位为盐城富民花卉园艺有限公司，获得2021年度省级苏北科技专项立项。

【优质高产高效葡萄园立体种植技术集成与示范】 年内，引进葡萄新品种阳光玫瑰、金手指等，实施集中优质高效栽培，从中筛选适合本地栽培的葡萄新品种，调整优化葡萄品种结构。重点研究高产高效"葡萄—番茄"葡萄园立体种植技术和"葡萄—番茄"立体种植果园病虫综合防治技术。项目承担单位为盐城华曜农业生物科技有限公司，获得2021年度省级苏北科技专项立项。

【榉树新品种的筛选引进】 年内，致力于适宜江苏沿海地区种植的榉树新品种的引进、评价和筛选，重点考察其生长特性、耐盐碱性、耐地下高水位等。针对榉树新品种的繁育、栽培、养护和移栽技术的集成创新，建立相应技术规程，并通过示范田进行线上、线下多种形式的观摩和培训。项目承担单位为盐城市蓝昊生态园林有限公司，获得2021年度省级苏北科技专项立项。

【白玉枇杷优质轻简高效栽培技术】 年内，主要研究白玉枇杷栽培宽行起垄定植技术、白玉枇杷栽培整枝修剪矮化技术、白玉枇杷栽培疏花疏果调控技术以及白玉枇杷栽培肥水周年管理技术。项目承担单位为江苏壹亩叁分甜农业科技有限公司，获得2021年度省级苏北科技专项立项。

【桃新品种引进及省力化标准化栽培技术研究】 年内，致力于引种与鉴定，筛选适宜本地区生态环境的优质、高产桃品种。合理布局不同花期鲜食桃品种与观赏桃品种，打造美丽休闲观光农园，重点对桃绿色、简约栽培技术模式建立与应用，研究桃果实贮藏与物流高效安全保鲜关键技术。项目承担单位为盐城兴冈生态农业开发有限公司，获得2021年度省级苏北科技专项立项。 （陈加强　张　喆）

盐都区2021年获省科技计划立项项目汇总表

表5

序号	项目类别	项目名称	承担单位
1	省工程技术研究中心	江苏省超精细柔性线路板制造工程技术研究中心	盐城维信电子有限公司
2		江苏省智能控制干法机制砂系统工程技术研究中心	江苏吉能达环境能源科技有限公司
3		江苏省低碳节能建筑材料工程技术研究中心	江苏博拓新型建筑材料股份有限公司
4		江苏省恒隆通先进光学材料工程技术研究中心	江苏恒隆通新材料科技有限公司
5		江苏省预应力混凝土实心方桩工程技术研究中心	盐城市双强管桩有限公司
6		江苏省(恒力组合)CNC多轴机床工程技术研究中心	江苏恒力组合机床有限公司
7		江苏省多层复合玻璃钢材料及应用工程技术研究中心	江苏申江环境科技有限公司
8		江苏省(中贵)高效智能矿用锚杆钻车工程技术研究中心	江苏中贵重工有限公司

续表5

序号	项目类别	项目名称	承担单位
9	省工程技术研究中心	江苏省螺杆钻具工程技术研究中心	盐城市新永佳石油机械制造有限公司
10		江苏省高性能聚四氟乙烯复合材料应用工程技术研究中心	江苏亿豪塑业股份有限公司
11		江苏省多相位高压恒流泵工程技术研究中心	江苏同济分析仪器有限公司
12		江苏省新能源汽车核心部件工程技术研究中心	盐城同环机电科技有限公司
13		江苏省智能自动化涂装生产线工程技术研究中心	江苏剑桥涂装工程股份有限公司
14		江苏省高良率AMOLED显示屏工程技术研究中心	盐城易快来科技有限公司
15		江苏省大口径固定球阀工程技术研究中心	江苏明通福路流体控制设备有限公司
16		江苏省新能源动力电池系统工程技术研究中心	盐城国投中科新能源科技有限公司
17	苏北专项	非洲菊引种快繁及高效栽培技术集成与示范	盐城富民花卉园艺有限公司
18		红油香椿种植技术集成及示范应用	盐城布西亚农业科技有限公司
19		优质高产葡萄园高效立体种植技术集成与示范	盐城华曜农业生物科技有限公司
20		江苏沿海地区榉树新品种的筛选引进及其种植技术的集成创新与示范	盐城市蓝昊生态园林有限公司
21		白玉枇杷优质轻简高效栽培技术集成示范与应用	江苏壹亩叁分甜农业科技有限公司
22		阳光玫瑰葡萄绿色高效栽培技术集成与示范	盐城市飞强农业科技有限公司
23		桃新品种引进及省力化标准化栽培技术研究	盐城兴冈生态农业生态农业开发有限公司
24	省科技副总	省科技副总	盐城多乐美日用品有限公司
25		省科技副总	饱饱(盐城)信息科技有限公司
26		省科技副总	江苏荣达利机械有限公司
27		省科技副总	江苏光明环境设备有限公司
28		省科技副总	江苏天翎仪器有限公司
29		省科技副总	盐城市兰丰环境工程科技有限公司
30		省科技副总	江苏松立太阳能科技有限公司
31		省科技副总	盐城市轩源加热设备科技有限公司
32		省科技副总	盐城市艾斯特体育器材有限公司
33		省科技副总	盐城市秦程食品有限公司
34		省科技副总	盐城诚达环保工程有限公司
35		省科技副总	江苏申江环境科技有限公司
36		省科技副总	江苏省金峰石油机械制造有限公司
37		省科技副总	江苏瑞慕科技有限公司
38		省科技副总	盐城顺锦通风环保设备有限公司
39		省科技副总	江苏台普动力机械有限公司
40		省科技副总	江苏学红科技有限公司
41		省科技副总	盐城市三川轴承制造有限公司
42		省科技副总	盐城申源塑胶有限公司
43		省科技副总	盐城市龙科电器有限公司
44		省科技副总	江苏坤纬环境工程有限公司

续表5

序号	项目类别	项目名称	承担单位
45	省科技副总	省科技副总	江苏博拓新型建筑材料股份有限公司
46		省科技副总	江苏贸隆机械制造有限公司
47		省科技副总	江苏日研精工智能制造有限公司
48		省科技副总	盐城华曜农业生物科技有限公司
49		省科技副总	盐城珞琦斯特家居用品有限公司
50		省科技副总	江苏登瀛重工有限责任公司
51		省科技副总	丹顶鹤智能科技(江苏)有限公司
52		省科技副总	盐城新征途农业科技有限责任公司
53		省科技副总	江苏亚峰科技集团有限公司
54		省科技副总	盐城万盛塑业有限公司
55		省科技副总	江苏永悦新材料有限公司
56		省科技副总	盐城市自强化纤机械股份有限公司
57		省科技副总	江苏省同济科技有限公司
58		省科技副总	江苏嘉和天盛信息科技有限公司
59		省科技副总	盐城君乐达电器科技有限公司
60		省科技副总	江苏天宇检测技术有限公司
61		省科技副总	江苏雄义环保自动化设备有限公司
62		省科技副总	盐城市大冈石油工具厂有限责任公司
63		省科技副总	盐城耀盛生态农业科技有限公司
64		省科技副总	盐城市兰侍生态农业科技有限公司
65		省科技副总	盐城市萌桃农业科技有限公司
66		省科技副总	江苏鑫都农业发展有限公司
67		省科技副总	江苏其新红农业发展科技有限公司
68		省科技副总	盐城市鹤鼎云农业科技发展有限公司
69		省科技副总	盐城爱菲尔菌菇装备科技股份有限公司
70		省科技副总	江苏盐电阀门有限公司
71		省科技副总	盐城健牌科技有限公司
72		省科技副总	盐城市隆顺现代农业发展有限公司
73		省科技副总	盐城普兹机械有限公司
74		省科技副总	江苏江洲环保科技有限公司
75		省科技副总	江苏中贵重工有限公司
76		省科技副总	盐城市红康农业发展有限公司
77		省科技副总	盐城市金洲机械制造有限公司
78		省科技副总	盐城耀晖人防防护设备科技有限公司

教 育

综　述

【概况】 2021年,盐都区共有普通中小学47所(公办45所、民办2所),公办中小学中有小学22所,初中19所,九年一贯制学校4所。在校中小学生55650人(其中小学34792人、初中19195人、高中1663人);有幼儿园59所(公办27所、民办32所),在园幼儿15633人;另有体育学校1所,直属事业单位1个,成人校17所。年内,被国家体育总局表彰为全国群众体育先进单位;被教育部基础教育质量监测中心表彰为国家义务教育质量监测"县级优秀组织单位";被省文明办、省关工委表彰为省关心下一代工作先进集体;获评江苏省县级体育工作先进单位;学生资助工作被省教育厅、省财政厅评为全省学生资助绩效评价优秀等次;团工委工作获省希望工程办公室、省青少年基金会颁发"梦想改造"+突出贡献奖。创新落实"双减"要求、红领巾宣传团讲好红色故事、教师集中宣誓拒绝有偿补课等特色做法在省市产生较大影响。在全区目标综合考核中,区教育局获得目标综合考核先进奖和招商选资单项奖。

【改善办学条件】 全年投入资金12.3亿元,实施校舍安全工程项目11个。东进路小学初中和朗达幼儿园建成投入使用。完成四项惠民工程任务,安装直饮水设备245台,更换桌椅19751套,为694间教室更换照明设施,改建厕所2座。投入资金1021万元,用于学生心理测试系统和体质健康监测等项目,省智慧校园创成率100%。

【优化队伍素质】 11月,盐都区杰出人才联盟挂牌成立。共招录新教师181人,组织教师450名赴扬州大学集中培训,组织校长和副校长后备人员赴华东师范大学培训。新增市级名师工作室8个(第三批)、区级"四有好教师"重点培育团队10个。1人被表彰为省教育系统先进个人,2人入选省乡村青年教师培养奖励计划,新增省特级教师2人,正高级教师2人。逾20人次在省、市基本功大赛或优质课大赛中获奖。

【加快内涵发展】 2021年,中考文体总均分位列全市第三,有屏蔽生9人(全市30人),700分以上共106人。新增8所学校(幼儿园)与上海优校名园结对共建。区实验幼儿园和崇礼路小学成为全省首批幼小结对试点园(校),区实验小学成为苏派教育有影响力学校,市第一初中党建项目入选省"一校一品"工程典型案例。融合教育资源中心建设实现全覆盖,学生资助工作更加精准,在省考评中获得优秀等次。

12月,开展"双减"工作推进会　　教育局 供

【推进精致管理】 年内,民办教育机构党组织建设到位,年内共派驻党建指导员53人。推进"三个专项整治",群众教育满意度提升。开展党史学习教育,推进"四史"教育。校园疫情常态化防控和传染病、常见病防治要求落到实处。校园未发生安全生产责任事故。推进"无诈校园"创建,44名兼职校园反诈宣传员和10名小小宣传员聘任上岗。

【促进体育发展】 年内,新建健身步道14千米,为25个老旧小区安装新的室外体育健身器材,完成4个县级体育公园改造提升,在12个口袋公园内嵌入体育元素,"盐龙体育公园跑步线路"成为省最美跑步线路,获省视频展示唯一特等奖。新增全国青少年校园足球特色学校(园)9所。全年开展11大系列40多项群众性体育活动,全区30多万名群众参与。大纵湖体育旅游获评国家体育产业示范项目。 （朱海军）

学前教育

【概况】 年内,聚焦"扩供给、提质量",加快课程游戏化项目区建设,努力为区域百姓提供更加规范、更高质量、更具特色的学前教育服务。

【全市年度工作会议】 3月23日,盐城市学前教育年度教育工作会议在盐都召开,市教育局副局长、党委委员刘广平,盐都区委教育工委书记、教育局党委书记熊新华及各县(市、区)教育局学前教育分管负责人出席会议。潘黄幼儿园、盐都区实验幼儿园就课程游戏化项目实施推进情况提供观摩现场,并作交流分享。

【园本教研分享活动】 3月,区教育局组织2021年首批幼儿园业务园长园本教研分享活动。盐都、区实验、海阔路、机关城西、潘黄、高新区、郭猛、学富等8所幼儿园业务园长分享园本教研案例,他们基于真实教研,以高质量的思辨引发对课程游戏化行动的反思,剖析各自园所的教研路径,使与会者深受启发。

【举行"男幼师联盟"活动】 3月30日,区教育局主办,盐都幼儿园承办的全区"男幼师联盟"活动顺利展开。全区44名男幼师现场进行互动研讨,并就寒假期间男幼师专业提升等内容进行交流、分享。

【幼儿园与小学科学衔接攻坚行动】 7月,组织开展盐都区科学幼小衔接攻坚项目申报并遴选出(盐都区实验幼儿园、盐城市崇礼路小学)为省级科学幼小衔接试点园(校)。制定实施方案,建立幼儿园与小学科学衔接的长效机制。坚决纠正小学化倾向,提高保教质量,引导家长树立科学教育理念,促进儿童发展和身心成长。

1月,幼儿教师开展教学活动 教育局 供

【新增普惠性民办园2所】 经自愿申报、材料审核、现场认定和请示区政府报批,年内,认定合瑞新城、东进华都2所普惠性民办幼儿园。至年底,全区32所民办园中成功认定27所。

【季风调研普惠性学前教育发展情况】 4月20日,区人大常委会副主任季风一行5人对区实验、恒大名都、秦南中心幼儿园、秦南镇融合教育资源中心开展普惠性幼儿园建设情况调研。5月20日,区人大常委会听取和审议区政府《关于全区普惠性幼儿园建设情况的报告》,并作出审议意见。

【3名教师基本功大赛获奖】 6月,盐都、潘黄、冈中幼儿园3名教师在市学前教育青年教师教学基本功大赛中均获一等奖。冈中幼儿园教师郭天祥获江苏省学前教育青年教师基本功大赛二等奖。

【省学前学会优秀论文(案例)评选】 6月,组织全区幼儿园参加2021年省学前教育学会论文评选,共申报238篇论文、案例。7月,在全区幼儿园遴选15篇优秀论文参加省师陶杯论文评选。11月,指导各幼儿园参加省市区"十四五"教育规划课题申报。

【对全区幼儿教师进行线上培训】 为贯彻落实《3~6岁儿童学习与发展指南》,推进课程游戏化建设,引领幼师专业成长,8月24—26日邀请吴佳瑛、黄琼、蒋静、黄丽萍4名上海专家开展教师专业提升线上专题培训。

【组织读书分享交流活动】 9月24日,在朗达幼儿园举行全区幼儿园教师读书分享会。分享会上,8位教师代表分别围绕自选书目《儿童有一百种语言》《聚焦式观察》《幼儿园一日生活环节的组织策略》《0~8岁儿童环境创设》《观察婴幼儿的游戏图式》分享收获，并结合自身工作实际和教学体验，从不同角度畅谈所思所想，所感所悟。

【省市优质园创建】 11月，省教育厅公布2021年上半年“江苏省优质幼儿园”名单，郭猛新城、维尔森、朝阳幼儿园榜上有名。10月，指导朗达幼儿园完成市优质园创建工作。

【开展“社会领域集体教学”研讨活动】 12月，组织开展全区幼儿园社会领域教育研讨活动。执教教师运用不同教学策略和方法，通过情景、游戏、表演等多种形式，激发幼儿参与活动的主动性和积极性，让幼儿在游戏与体验中学习，凸显“儿童为本”的理念，促进幼儿社会性发展。

（朱海军）

5月，指导学生如何保护与帮助　　教育局　供

义务教育

【概况】 全区义务教育围绕推进均衡升级，巩固集团化办学成果，通过实施“名校+”战略，借力“互联网+教育”，扩大优质资源覆盖面，形成“鲇鱼效应”，为创建全省全国义务教育优质均衡发展区打下基础。12月15日，盐都区与市教育局就合作创办盐城科创路小学、初中举行签约仪式。

【推进核心价值观教育进校园】 4月8日，盐城市龙冈小学特邀新四军研学团走进校园，研学团的团员通过革命故事讲述、诗词朗诵、互动游戏、知识问答等师生喜爱的方式，潜移默化地进行爱党、爱国、爱社会主义教育，也是盐都区中小学开展社会主义核心价值观教育进校园活动的一个缩影。

【安全应急演练】 5月12日，全国第13个“防灾减灾日”开展安全应急演练，演练主题为“防范化解灾害风险，筑牢安全发展基础”。大冈初中、崇礼路小学、中兴幼儿园等学校（园）开展防震减灾安全疏散应急演练，提高学生的安全意识，掌握应对地震等突发事件情况下应急疏散避险自救知识和自救互救本领。

12月，科创城小学初中合作办学签约仪式　　教育局　供

【“开学第一课”活动】 8月31日，在崇礼路小学举行全区中小学、幼儿园“开学第一课——请党放心，强国有我”活动启动仪式，开展升旗活动、诗朗诵、校长宣讲、师生宣誓、签名等活动，拉开全区中小学幼儿园开学第一课序幕。9月1日，全区105所中小学幼儿园7万多名师生员工，共同参加“请党放心，强国有我”开学第一课活动，各校通过红色故事宣讲、诗朗诵、师生宣誓、校长开讲、践行签名等活动，激发师生爱党爱国的情感。

【全区推普周活动】 9月15日下午，全区第24届全国推广普通话宣传周启动仪式在崇礼路小学礼堂举行。区教育工委副书记周镔出席启动仪式。推普周的主题是“普通话诵百年伟业，规范字写时代新篇”。启动仪式上，区红领巾宣讲团5名成员结合党史学习教育，进行“礼赞百年、童心向党”红色故事宣讲。

【第三次“百万学生面向国旗宣誓”活动】 9月初，区教育局下发通知要求各学校做好“面向国旗宣誓”活动，整个活动共四个部分：熟记宣誓词、举办一次主题班会、出版一期专题墙报、学唱一首歌唱祖国的歌曲。9月27日，全区各中小学开展升旗仪式活动，面向国旗宣誓。

【双拥活动】 8月，各中小学在“八一”期间开展双拥宣传、慰问活动。区实验小学开展“采访身边最可爱的人”实践活动，少先队员们通过对自己亲人的提问，了解中国军人们无私奉献的优秀品质，加深对于军人的尊重与敬爱。腾飞路小学、神州路小学看望慰问学校军人家属，为辛苦坚守后方的军属献上崇高的敬意和诚挚的问候。

【全国青少年禁毒知识竞赛活动】 11月中旬，全区47所中小学共30943名学生参赛，学校参与率、学生参与率、及格率、满分率均为100%，平均分100，居全市第一名，获得市禁毒委嘉奖。

【主题教育活动】 9月13日，大冈初中邀请大冈镇派出所、大冈镇禁毒办、教办、网格办等部门到校开展“无毒青春·健康成长——禁毒宣传进校园”主题教育活动，全校1100余名师生参加活动。号召学生们争当禁毒宣传小先锋，参与禁毒斗争，向身边的家人、朋友、同学宣传禁毒知识，以实际行动营造“无毒校园”。

【创建先进校园】 年内，大纵湖小学、秦南小学、冈中小学、区实验小学创建成“盐城市小学内涵建设先进校”，学富实验学校、郭猛初中、腾飞路初中、冈中初中创建成“盐城市新优质初中”。

【举行庆“六一”活动】 6月3日下午，盐都区“红领巾心向党”庆“六一”活动在盐城市第二小学小号手剧场举行。副区长肖乐农、宣传部副部长王迎春、组织部副部长曹勇、共青团区委副书记孙杰以及区教育局长熊新华等出席并观看演出。孩子们身着节日的盛装，用嘹亮的歌声、欢快的锣鼓声、优美的舞蹈来庆祝自己的节日，祝福祖国繁荣昌盛，祝福中国共产党青春永驻。

【组织全区录像课评比】 年内，组织全区中小学“八礼四仪”及“璞石成玉”录像课评比，全区各中小学积极组织教师参赛，共收到“璞石成玉”录像课参赛作品31件，“八礼四仪”录像课参赛作品40件。

【德育案例入选典型案例】 年内，盐都区实验小学的“以尚美文化之力，铸立德树人之魂”被评为首批江苏省中小学“一校一案”落实《中小学德育工作指南》典型案例。

【少先队建队纪念日活动】 10月13日，是中国少先队建队72周年纪念日，全区各小学以学习党史、军史、队史为指导，以纪念第72个建队日为契机，引导队员们继承并弘扬少先队的光荣传统，感受中国共产党百年征程中红色少年组织发展的历程。盐都实小在室内庄严举行2021年新队员入队仪式暨“我爱红领巾”主题升旗仪式。

【举行“庆国庆”节目展演】 9月29日下午，全区中小学幼儿园“庆国庆”优秀节目展演在市二小举行。副区长肖乐农等观摩演出。展演共选取十所学校的十个节目，合唱舞蹈诗朗诵，打鼓说唱情景剧，展示艺术教育的成果。全区响应“双减”政策号召，各学校凝心聚力开展相关艺术活动，凸显学校艺术教育的无限魅力，为学校发展、学生成长注入活力。

【开展爱牙护牙知识讲座】 9月14日下午，区教育局邀请区疾控中心口腔科医师到腾飞路小学，为三年级的孩子们举办一场生动有趣的讲座。活动中，邱利华医生围绕“口腔健康，全身健康”主题，通过PPT演示，结合孩子的实际情况，讲解牙齿的构造、换牙、牙齿的作用，以及儿童常见的口腔疾病、预防牙病要注意的问题和正确的刷牙方法等各种口腔保健知识，阐述口腔保健的重要性。知识讲座紧贴孩子们的生活，尤其是正处于乳恒牙替换关键时期的学生，增强孩子们的口腔保健意识。

【组织专职教师培训】 1月，全区中小学、幼儿园共84名老师参加为期两周的由南京特殊教育学院组织的融合教育资源中心专职教师线上理论培训。4月，到南京特殊教育学院参加两周的实操培训，经考核合格，取得上岗证。

【获2项优秀成果奖】 10月，省教育厅以文件形式公布2021年度江苏省教育研究成果奖获奖成果名单。盐都区2项成果获奖。分别是盐城市第二小学杨传冈老师的《小学数学开放题学习的思维评测 与教学诊断实践》，腾飞路小学梅艳老师的《儿童“创意读写”理论与实践新研究》，全市共7项。 （朱海军）

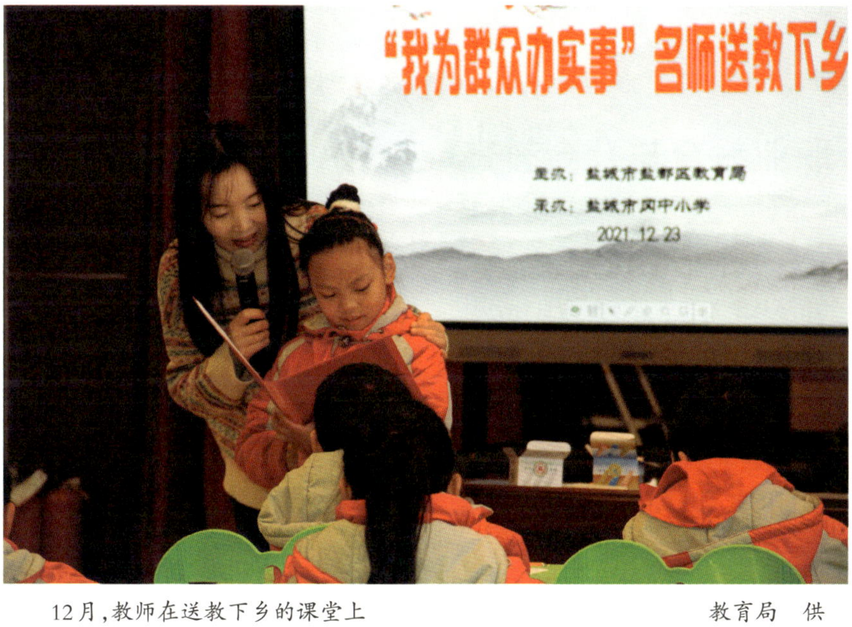

12月，教师在送教下乡的课堂上 教育局 供

2021—2022年度盐都区中小学基本情况表

表6

类别	学校所数（所）	班级（个）								学生数（人）							教职工（人）	专任教师（人）
		计	一年级	二年级	三年级	四年级	五年级	六年级	复式班	计	一年级	二年级	三年级	四年级	五年级	六年级		
合计	50	1379	306	308	311	155	155	144	—	55650	12433	12537	12695	6214	5934	5837	4693	4130
普高	2	51	17	23	11	—	—	—	—	1663	608	718	337	—	—	—	235	198
初中	25	444	151	144	149	—	—	—	—	19195	6545	6269	6381	—	—	—	2112	1776
小学	23	884	138	141	151	155	155	144	—	34792	5280	5550	5977	6214	5934	5837	2346	2156

注：九年一贯制学校计入初中类，小学部不计校数；完全中学计入高中类，初中部不计校数

高中教育

【概况】 年内，做好高中教育教学管理工作，开展学业综合评价、爱国主义教育和丰富的社团活动等，提高学生综合素质，促进学生的全面发展，将立德树人的根本任务落到实处。

【高考成绩优异】 年内，南京师范大学盐城实验学校2021届高考文化类考生314人，特殊控制线97人，进线率30.9%；本科进线287人，进线率91.4%；艺体类考生8人，本科进线8人，进线率100%。

【学生获竞赛奖】 年内，在2021年第35届中国奥林匹克比赛初赛中，南京师范大学盐城实验学校高三年级8名学生获得江苏赛区二等奖，1名学生获江苏赛区三等奖；在第十九届“叶圣陶杯”全国中学生新作文大赛初赛中，南京师范大学盐城实验学校共有8名学生获得省级一等奖，15人获得省级二等奖，21人获得省级三等奖。

【唱响爱国歌曲】 10月，为庆祝中国共产党建党100周年，南京师范大学盐城实验学校举行以“颂歌献给党，阳光下成长”为主题的合唱比赛。《我的中国心》《红旗飘飘》《保卫黄河》等系列爱国歌曲，重温时代记忆，感受伟大的中国共产党带领中国人民走过的百年辉煌；《少年中国说》《大中国》《龙的传人》等系列爱国歌曲，展现青春少年的家国情怀，传递新时代少年的民族情怀。

【盐城枫叶高中开展社团活动】 盐城枫叶高中每月举行不同主题的社团活动，3月，开展以“传承雷锋精神　弘扬文明新风——学雷锋活动”为主题的社团活动；6月，开展“不忘初心　筑梦青春”为主题的庆祝建党100周年主题教育系列活动；12月，开展阳光篮球社团活动等等，通过丰富的社团活动，活跃学校的学习氛围，提高学生的自主管理能力，丰富学生的课余生活，学生利用课余时间开展各种形式的社团活动，以交流思想，增进友谊。

【学生获省表彰】 5月20日，省教育厅、团省委发布《关于表彰2021年普通高中省级三好学生和优秀学生干部的通知》，南京师范大学盐城实验学校高三（1）班的张柏宁被授予“江苏省三好学生”称号，高三（7）班顾倩倩被授予“江苏省优秀学生干部”称号。

（朱海军）

职业教育与社会教育

【概况】 年内，以建设学习型社会，促进全民终身学习和终身发展为目标，围绕群众需求，积极组织各类社区教育培训，巩固省社区教育示范区创建成果。

【举办专题培训班】 1月5日，学富镇举办农村家宴厨师食品安全知识培训班，全镇从事农村家宴餐饮服务的厨师及各村居食品安全协管员近100人参加培训。1月10日，秦南镇举办老年人运用智能技术专题培训班，各村居近60人参加培训。

【举办知识讲座】 1月27日，大纵湖旅游度假区举办留守学生疫情防控知识讲座，30多名留守学生参加活动。讲座以《如何防控新冠肺炎》为主题，教育学生加强个人防护，掌握防护四要素：勤洗手、戴口罩、常通风、常消毒，尽量不乘坐公共交通工具，活动现场发放疫情防控宣传资料。2月22日，潘黄镇举办社区新冠肺炎防控知识讲座，社区党员志愿者、物业工作人员和部分社区居民参加活动。讲座邀请市疾控中心李欣主讲。4月8日，尚庄镇社区教育中心开展“知党史、感党恩、跟党走”专题讲座，社区党员、群众近60人参加讲座。

【举办老年与智能生活培训班】 1月28日，学富镇举办“老年与智能生活”培训班，近30人参加培训。镇社区教育中心张德法做《老年与智能生活》的专题辅导，指导老年人学习运用智能手机中的抖音、微信等软件，帮助学会运用智能手机，融入现代社会。

【开展花艺主题活动】 3月8日，盐渎街道社区教育中心组织开展“魅力女性，花漾生活”艺术插花培训活动，30余名社区女性居民参加活动，让学员学到插花技艺。

【举行《民法典》培训】 3月10日，为推进社区居民学法用法，秦南镇举行《民法典》培训。各社区近60名居民代表参加培训。培训中主讲人员对《民法典》的基本结构和内容进行讲解，同时结合生活

11月，家政服务员职业技能大赛现场　　教育局　供

实际，围绕劳资纠纷、房屋产权、家庭婚姻、民间借贷等公众关注的法律热点问题，以案释法，为学员开设一堂生动实用的法治课。

【举办心理健康知识讲座】 3月23日，北蒋社区教育中心举办关爱居民心理健康知识讲座，近80位居民听取讲座。讲座由北蒋社区教育中心教师张兰主讲。张兰就如何积极防治心理疾病、解除心理障碍，如何学会自我调节、保持乐观心态等方面的知识进行详细讲解。整场讲座既有理论指导，又联系实际，受到学员的欢迎和好评。

【全区社区教育工作会议】 3月25日，全区社区教育工作会议在北蒋召开。会议为贯彻落实省市区教育工作会议精神，总结2020年度社区教育工作，研究部署2021年工作。盐龙、张庄、郭猛3家社区教育中心分别就加强阵地建设、强化老年教育、做好培训工作等方面进行工作交流。区委教育工委副书记周镔作《加大培训力度，服务乡村振兴，谱写盐都社区教育高质量发展新篇章》的讲话，要求社区教育工作者“争做表率、争当示范、走在前列”，开创社区教育新局面。会前，与会代表观摩北蒋社区教育中心的教育培训现场。

【常见病防治培训班】 4月12日，为普及社区居民的健康保健知识，北蒋社区教育中心举办常见病防治培训班，80多名居民参加培训。授课老师对春夏季常见病种类、出现的原因以及预防方法进行讲解。讲座进行现场答疑、交流互动，得到参培居民好评。

【专项普及培训班】 5月25—26日，张庄街道举办老年人智能技术专项普及培训班，来自各村居的62名老年人参加培训。培训通过面授讲解、实操演示以及现场一对一指导，使老年人学会微信添加好友、视频聊天、查发朋友圈、收发钱包和转账以及使用手机进行网约车出行、预约挂号、手机支付等应用，得到老年人好评。

【教育特色品牌工作研讨会】 5月27日，“三家春”终身学习发展共同体创建省社区教育特色品牌工作研讨会在北蒋社区教育中心召开。研讨会上，参会人员对特色品牌建设的目标任务、重点工作和推进措施等进行研讨。

【电商直播销售员培训班】 7月15日秦南镇举办电商直播销售员培训班，培训为期三天，培训对象为农村电子商务带头人、青年创业者、建档立卡贫困户、返乡创业就业人员等重点群体，共57名学员参加培训。培训围绕个人短视频文案策划、电商直播、直播带货、电商运营、直播实操等内容进行授课，将场景融入课程，提升学员直播技能。

【家政服务培训班】 7月19—25日，大冈镇举办家政服务培训班，全镇共90名家庭妇女参加培训。培训以婴幼儿和孕产妇护理、老年人照料、家务操持等为主要内容。培训提升学员们家政服务技能，开拓她们就业创业创造幸福生活的途径。

【水稻后期病虫害防治培训班】 8月21日，学富镇举办水稻后期病虫害防治培训班，全镇近50名种植大户参加培训。培训班组织学员到学富镇三永村进行水稻后期病虫害防治现场培训，技术人员就水稻常见病虫害发生时间及防治方法作详细讲解。培训提高农户开展病虫害防治的主动性，形成群防群治的良好氛围。

【举办莲湘舞培训班】 9月15日，楼王镇社区教育中心举办莲湘舞培训班。促进莲湘舞的传承和创新，打造“楼王打莲湘”这一特色品牌项目。楼王莲湘舞，由于易学好打的特征，有良好的群众基础。通过培训，学员们不仅愉悦身心，又达到强身健体的目的。

【举行全民终身学习活动周开幕式】 11月8日上午，2021年盐都区暨楼王镇全民终身学习活动周开幕式在楼王镇社区教育中心举行。大纵湖旅游度假区、尚庄镇社区教育中心分别作《全民学习树新风，终身学习乐无穷》和《致力构筑阅读空间，深耕全民终身学习》的典型交流发言，分享他们开展全民终身学习活动和社区教育的经验做法，参会代表深受启发。活动周要求各镇、街道社区教育中心紧紧围绕“庆建党百年华诞，谱终身学习新篇”这一主题，结合疫情防控实际，自行确定活动周举办形式，倡导开展线上学习教育活动，在严格执行疫情防控要求的前提下举办小规模、多频次的学习培训，采用送培到农户、送培到田头、送培到车间等方式方法开展全民终身学习活动，完成各项培训任务，为服务地方发展作出新的贡献。

【举办专业技术培训班】 11月10日，张庄街道社区教育中心举办园林专业技术培训班，邀请盐城生物工程高等学校教师唐登明和崔晓敏上课。唐登明为大家作《园林专业知识》专题培训，讲解果树的修剪、病虫防治等，学员们对常见果树病虫害识别防治及修剪技术有所了解和掌握。崔晓敏对果实贮藏和保鲜技术进行讲解。

【治理学科培训行为】 年内，落实“双减”政策，从严治理学科培训行为，不再审批新的面向义务教育阶段学生的学科类校外培训机构，原38家学科类校外培训机构全部注销办学许可证。

【多个社区教育项目获表彰】 2021年“三家春”终身学习发展共同体获批省社区教育特色品牌项目，“潘黄红色文化教育传承”被表彰为省级社区教育品牌项目，北龙港里下河民俗文化博物馆、秦南新时代文明实践所被确认为省社会教育学习体验基地，尚庄华泽书社被确认为长三角市民终身学习体验基地，龙冈广艺面塑艺术工作室和郭猛历史文化研究工作室获省级社区教育“名师工作室”立项。 （朱海军）

12月，获省级“名师工作室”立项 教育局 供

开放大学（社区学院）

【概况】 年内，盐都开放大学以现代信息技术为支撑，依托国家、江苏开放大学系统形成多层次、多规格、多功能、多种办学形式和多种教育教学手段为一体，学历教育与非学历教育并举的办学格局，为地方经济社会发展培养实用型人才。

【党史学习教育】 年内，以学习党史为重点，学习习近平总书记在庆祝中国共产党成立100周年大会上的重要讲话精神，坚持学习党史与学习新中国史、改革开放史、社会主义发展史相贯通。通过开展专题学习研讨、领导带头讲专题党课、在区级党史学习教育“红色课堂”进行现场教学、烈士陵园缅怀革命先烈、请“五老”讲党史、进行廉政文化参观教育、召开专题民主生活会和组织生活会、开展“我为学员、群众办实事”等活动，确保党史学习教育取得实效。

11月，教学管理团队来开放大学召开座谈会 开放大学 供

【提升管理水平】 年内，针对成人学员特点，将教学与服务有机结合，依托国家、省开放大学在线远程教育平台，重点做好网络教学资源建设和导学工作，引导学生利用资源完成学习任务，通过与教育管理团队召开座谈会，为学生的学习提供支持服务，教学、技术支持和服务质量，教育教学管理和服务工作得到提高。省开放大学处长陆伟新率队进行工作检查指导，对学校教育教学工作充分肯定。2021年全年毕业学员740多人，毕业率达95%以上。

【招生工作领先】 年内，学校全年招收新生2643多人，保持在籍学员4600多人规模，在籍生人数为全省县级开放大学靠前位置。创新招生工作方法及招生机制，落实招生工作责任，深入基层找生源，进行系统招生，开拓联合办学渠道。

【疫情防控工作】 年内，做好春、秋季招生期间的疫情防控工作，特别是全国、全省期末统一考试学校有15000左右人次参考，考场数是全省第二，在区实验初级中学支持下，开放大学科学安排，确保考试期间疫情防控工作万无一失。将疫情防控工作作为维护教职员工及广大人民群众生命安全、身体健康和社会稳定的头等大事，制定常态化管理措施。 （谈莹莹）

教育管理

【概况】 年内，落实国家、省、市、区教育工作会议精神和教育教学管理规范要求，规范学校办学行为，提升教育管理效益，全区学校幼儿园呈现出规范管理的良好态势。

【庆祝党的百年华诞】 7月，以庆祝中国共产党成立100周年为契机，讲好红色故事，赓续红色血脉，丰富党建内涵，集中开展庆祝建党100周年"童心向党"文艺会演、红色故事宣讲比赛、诗歌诵读、"节日里的党史教育"等系列活动，组织"光荣在党50年"纪念章颁发仪式、集中收看收听庆"七一"活动、新老党员集中宣誓等活动，共同庆祝党的百年华诞。

【开展党史学习教育】 年内，教育局机关、第一初中等校邀请原中国人民解放军军械工程学院政治委员、马兰基地政治委员、少将孔令才作"牢记习近平总书记重要嘱托，让'两弹一星'精神代代相传"专题宣讲，鞍湖实验学校邀请原《战士报》主编、76届校友郑宏彪大校作"学习百年党史　传承红色基因"主题宣讲，大纵湖初中邀请南京大学博士后许勇、江南大学副教授宋厚梅二位优秀校友做专题报告。区教育局带头上党课120余场，组织10名党员讲师录制"百堂党课传精神"微视频，12名优秀党员干部、思政课教师参与全区党史学习教育宣讲团宣讲活动。各基层党组织创新党史学习形式，开展"红色讲堂""红色研学""红色基地打卡"活动，组织党员教师和学生前往盐城新四军纪念馆、盐都革命陈列馆、三胡故里等红色基地参观研学、重温誓词，运用本地实践教育基地等红色资源，定期上好"室外课堂"，引导广大师生传承红色基因。

【"红领巾"宣讲团获表彰】 年内，结合"党史教育进校园"活动，共组织"红领巾"宣讲团宣讲300多场，受众15万余人次。"红领巾"宣讲团项目获市宣传思想文化工作创新奖，被评为市"十佳"文明新事，参加省第六届志交会项目展示并获金奖。

【开展系列教育实践活动】 11月21日下午，"童心向党　强国有我"盐城市青少年庆祝建党百年主题活动汇报展演在亭湖区文化艺术中心举行，活动展示全市"童心向党"系列主题教育活动成果，激励全市青少年坚定听党话、跟党走的决心。全区各学校幼儿园全覆盖、立体化、多形式开展主题突出、特色鲜明的"童心向党"教育实践活动，掀起学党史、知党恩、跟党走的热潮。区教育局、市二小、市第一初中、神州路小学获得优秀组织奖，共有12人获奖，其中周建中的《基于智慧管理理念的高中管理路径思考》获特等奖，8人获得一等奖，4人获得二等奖。

11月，智慧校园成果汇报会　　教育局　供

【改善基本办学条件】 全年投入1037.49万元，焕新19751套课桌椅和增亮694间教室照明，完成新四项教育惠民工程。投入1532.05万元，添置多媒体、办公电脑、网络机房、美术书法等设备，教育技术新型基础环境不断改善。

【推进智慧校园审核认定】 年内，东进路小学、初中、南京师范大学盐城实验学校、枫叶双语学校等4所学校通过评审，全区共有学校市级"智慧校园"达成全覆盖。肇基小学、北龙港小学、葛武初中、尚庄初中、北龙港初中等5所学校通过评审，学校省级"智慧校园"达成率90%以上，全市领先。

【举行邮票授赠仪式】 1月15日，"我是小小邮票设计家，爱国情怀手中画"——盐城市第二届邮票设计大赛个性化邮票授赠仪式在区实验初中举行。参加大赛的学生均获赠"个性化"邮票纪念邮折。盐城市第二届邮票设计大赛由中国邮政集团有限公司盐城市分公司集邮与文化传媒部、盐城市集邮协会、邮政盐城市盐都区分公司联合主办，盐城市盐都区集邮爱好者协会与盐都区实验初中联合承办，施宇姝获特等奖。

【入选"书香校园"示范学校名单】 1月，市教育局公布盐城市第四批"书香校园"示范学校名单，龙冈小学、张庄初中、大冈初中、义丰小学、龙冈初中、腾飞路初中、尚庄小学、尚庄初中、冈中初中、冈中小学、马沟小学、义丰初中等14所学校入选。

【关爱未返乡人员子女】 1月28日，大纵湖旅游度假区社区教育中心专门开设留盐和留守孩子疫情防控知识讲座，指导孩子加强个人防护，尽量少出行，出行尽量不乘坐公共交通工具。尚庄华泽书社假日"九点课堂"开张，留盐和留守孩子都可以到书社参加阅读活动，有教师志愿者全程陪同。郭猛实验学校乡村少年宫全天开放，每个社团都安排指导老师，留盐和留守孩子都可以到学校参加社团活动。动员外来务工人员及其子女留在盐都过春节，动员在外工作的学生家长暂不返盐，出台一系列关爱措施，帮助解决留盐孩子和留守孩子寒假期间照管和学习指导上的实际困难。全区中小学幼儿园共有留盐过年的外来务工人员子女和在外打工人员留守孩子共346人，对他们的关爱服务全部落实到学校或社区，细化到具体人头，各项关爱服务活动正常开展。

【“一校一品”创建】 打造“优教惠学”党建品牌，强化党建“书记项目”抓手作用，推动党建文化项目“一校一品”创建。2021年，第一初中获得江苏省中小学校“一校一品”党建文化品牌项目建设成果表彰，盐都实小、腾飞路小学、龙冈小学获得盐城市中小学校“一校一品”党建文化品牌项目建设成果表彰。

【召开全民阅读会】 2月20日上午，召开全民阅读暨“书香机关”建设推进会。教育局在机关六楼专门设立“串场水”书吧，添置桌椅、沙发等，购置贴近机关人员阅读兴趣的图书近5000本。采取定期与不定期相结合的方式，组织读书沙龙，开展好书分享、心得交流等活动，引导更多人多读书、读好书，做到理论联系实际，学以致用。

【“开学第一课”活动】 2月22日，盐都区“开学第一课”暨“开展革命传统教育，培育新时代接班人”主题教育活动启动仪式在神州路小学举行。启动仪式现场，学校通过主题升旗仪式、革命故事宣讲等形式，为全校学生上革命传统教育“第一课”。开学当天，市二小组织50名少先队员到盐城新四军纪念馆开展红色文化寻访活动，龙冈小学邀请当地丁晏村（两名烈士的姓氏命名）老党员给孩子们讲述烈士晏步成和丁万松的英勇事迹，大冈初中组织学生集中观看卫国戍边英雄团长祁发宝和肖思远等烈士的视频。

【王娟慰问武红梅】 3月8日，在第111个“三八”国际劳动妇女节当天，区委书记、区长王娟走访慰问一线妇女代表，并向全区妇女同胞致以节日的美好祝愿。在盐城市郭猛实验学校，王娟慰问女教师代表武红梅。武红梅是“江苏最美警察”孙益海的妻子，在孙益海左腿被高位截肢、对生活失去信心时，陪伴丈夫，使孙一海最终摆脱心理阴影，重返警察岗位，获二级英模等表彰。武红梅先后获得“中国好人”“全国好警嫂”以及首届“盐城最美教师”等多项表彰。王娟对武红梅的先进事迹给予赞扬，感谢她对教育事业作出的贡献。

【儿童青少年视力防控讲座】 3月18日下午，区教育局、区疾控中心联合举办的儿童青少年视力防控专业讲座在尚庄小学学术报告厅举行，讲座邀请盐城市第三人民医院的专业眼科医生，从近视的形成原因、危害及如何预防近视等方面，为近200名学生开讲。讲座现场通过播放动漫短片、发放印有视力防控的学习笔袋和宣传折页等形式，使学生们树立正确的近视防控观念，注意用眼环境，养成良好的用眼行为习惯，合理控制近视发生。

【启动主题教育活动】 3月23日，盐都区青少年“颂建党百年、做时代新人”主题教育活动启动仪式在该区实验初中举行。启动仪式上，盐都区实验初中少先队员代表集体朗诵《与党同心，与国同梦，争做时代新人》。主题教育活动历时一年，由盐都区关工委、区文明办、区教育局、妇联和共青团盐都区委等部门共同发起，旨在帮助青少年学生了解中国共产党的光辉历程，培养他们爱党爱国爱社会主义的情感，激发他们勤奋好学、报效祖国的内生动力，助力他们健康快乐成长。

【校园反诈宣传员上岗】 5月14日，盐都区举行“无诈校园”创建活动启动仪式，对全区中小学“无诈校园”创建工作进行部署安排。仪式上盐城市公安局盐都分局和盐都区教育局共聘任44人为中小学校园反诈宣传员。盐都区中小学“无诈校园”创建，重点围绕“六个一”开展活动，即聘请一批反诈宣传员、做好一份反诈宣传卷、发放一封反诈宣传信、上好一堂反诈宣传课、营造一个反诈氛围、开展一次涉诈人员清理。推进防诈骗知识进课堂、进教材、进师生头脑，增强防范意识，让电信诈骗无处存身。

【召开“双减”工作部署会】 8月13日下午，召开全区教育系统疫情防控暨“双减”工作部署会。会上，副局长张爱忠传达市新冠肺炎疫情防控工作领导小组学校防控组《关于进一步从严从实做好学校疫情防控工作确保开学安全的通知》精神。副局长李建国带领大家一起学习中共中央办公厅国务院办公厅《关于进一步减轻义务教育阶段学生作业负担和校外培训负担的意见》精神。区委教育工委书记、局党委书记、局长熊新华就疫情防控、“双减”两方面的工作分别提要求。

【交通安全专项整治工作】 12月19日，区教育局在区实验小学召开校园内部交通安全专项整治工作部署会。各中小学、幼儿园分管负责人和安保处主任及校外教育培训机构负责人共220人参加会议。会上下发《全区教育系统校园内部交通安全专项整治实施方案》明确五项重点工作。

【安全生产条例专项培训】 12月20日，区教育局邀请《盐城市安全生产条例》起草组成员朱成良为全区学校安全管理干部就条例的内容进行培训。朱成良介绍盐城市安全生产条例出台的背景、意义、过程、核心理念和特色亮点，分析全市安全生产形势，就教育系统贯彻落实市安全生产条例提出建议。会上，就校园内部交通安全专项整治工作进行部署安排。

【创建高质量平安校园建设区】 年内，推进校园智慧安防，安防建设水平提升，治理校园周边秩序。盐都区申报创建江苏省首批、盐城市唯一的“江苏省高质量平安校园建设区”申报区，受省专家组好评。

【安全宣讲活动】 6月3日和9月27日，开展“百团进百万企业千万员工安全生产学习宣讲”活动，教育局主要负责人和分管负责人面向中小学、幼儿园宣讲新安全生产理念、新安全生产法，听取宣讲共计500人。

【安全防范建设行动结束】 年内，贯彻落实省公安厅、省教育厅《全省加快推动中小学幼儿园安全防范建设三年行动实施方案》，所有学校幼儿园都配有标准化警务室，安装“一键式”报警系统，安全缓冲区和校门防冲撞设施齐备。各学校保安员配备到位，加强人防建设。设立独立的视频监控中心，建成区级视频监控中心。完善学校周界入侵报警系统，让校园成为最安全最阳光的地方。

【实验室安全专项整治】 9月16日，召开全区教育系统实验室危化品使用安全专项治理推进会，9月6日和7日区教育局联合公安、生态环境、应急管理等部门，对24所学校危化品购买、存储、使用、废弃物处置等全覆盖检查，学校危化品规范管理水平提升。2021年危化品使用事故为“零”。

【校园特种设备和燃气管理】 4月26—27日、5月7—8日，联合区市场监督管理局对全区学校幼儿园特种设备进行摸排，共检查电梯37部涉及21所学校，煤气罐16只涉及9所学校，学校幼儿园管控措施到位。10月14—18日对全区学校幼儿园燃气使用安全进行检查，整体情况良好。

【创建平安校园示范学校】 年内，实施“盐城市平安校园示范学校”创建计划，推动学校在技防、人防、物防等取得突破。12月26日，楼王小学、义丰初中等7所学校创成“盐城市平安校园示范校”。

【落实安全生产责任制】 年内，按照教育部《中小学校岗位安全工作指南》，落实学校教务处、德育处、班主任、任课教师、后勤人员等39个岗位的安全责任。2021年，全区107所中小学幼儿园主要负责人向区教育局书面述职安全。试行学校分管安全负责人履职督导机制，对盐都区实验幼儿园、义丰初中、大冈卧龙小学等3所学校分管负责人履职督导，压实工作责任。 （卞桂富）

教师队伍建设

【概况】 年内，通过招录、培养、引进等多种途径，打造名师云集的教育发展高地。重视教师师德行风建设，提升队伍整体水平和素养，为盐都教育高质量发展提供人才支撑。

【加强教师培训工作】 年内，组织350名新教师赴扬州大学培训，51名校级（含后备）管理干部赴华东师范大学培训。积极安排青年骨干教师参加国家、省、市级各类培训，其中国家级培训11人、省级培训（含网络培训）9500人次、市级培训51人。

11月，教师在课堂上　　教育局　供

【规范做好新教师招录】 年内，按照公平、公正、公开的原则，采取自主择岗的方式，2021年共录聘用新教师155人，其中高校校园招聘12人，公开招聘义务教育阶段学校教师108人，幼儿园教师10人，乡村定向师范生20人，免费男幼师5人。

【教师集中宣誓】 9月1日开学首天，全区各中小学都组织全体教师“拒绝有偿补课”集中宣誓、签名承诺活动。就治理教师有偿补课，盐都专门出台教师“十项禁令”和对有偿补课教师“三挂钩”处理办法，明文规定有偿补课一经查实，即与师德考核挂钩，实行一票否决；与工资分配挂钩，取消奖励性和增量绩效工资；与工作变动挂钩，一律调离原工作单位。

【组织教师“送教下乡”】 区教育局将12月20—24日定为骨干教师“送教下乡”周，推进课堂教学改革，帮助农村学校整体提升课堂效益。共组织小学、初中各学科的100名骨干教师到全区所有农村中小学开展送教活动。“送教下乡”的骨干教师均为具备区级教学能手、学科带头人以上学术称号或者在省、市赛课中获奖教师，有正高级教师、也有特级教师，所有学科的研训员全部到农村学校上课，每节课结束后还组织参与听课的教师进行评课。

【组织新教师培训班】 7月12日，为期十天的入职教师职业素养提升培训班在扬州大学开班。培训班由扬州大学具体承办，目的是提升新入职教师的职业素养和道德品质。7月28日至8月1日，盐都区后备管理干部培训班在上海举行。培训由华东师范大学承办，授课专家从《跟随校长改进学校——中层干部的角色素养与行为方式》《学校特色与品牌学校的创建》《名校长是怎么炼成的》《创建“名校”中校长的素养与策略》等课题入手，共谈学校管理、品牌创建。

【组织专职教师培训】 2月，区教育局委托江苏省特殊教育师资培训中心（南京特殊教育师范学院）对全区融合教育资源中心特教专职教师开展线下培训。培训分基础理论学习和实践操作阶段。基础理论的培训中，学员们聆听南京特殊教育职业技术学院四位教授的讲座，理解普通学校开展融合教育的深远意义，学习如何利用特殊儿童发展评估工具对特需儿童进行专业评估。实践操作阶段，参训老师参加四位教授的讲座内容考试，检测培训效果。至年底，全区各镇（街道）中小学、公办幼儿园实现融合资源中心全覆盖，80名融合资源中心特教专职教师接受相关培训，待考核合格后持证上岗。

【省优秀教育管理论文】 年内，由江苏省教育科学研究院举办的2021年江苏省中小学幼儿园优秀教育管理论文评选活动中，区教育局获得优秀组织奖，共有29人获奖，其中周建中的《基于智慧管理理念的高中管理路径思考》获特等奖，6人获得一等奖，7人获得二等奖，15人获得三等奖。

【朱晓芳获教学竞赛特等奖】 6月，由市总工会和市教育局联合举办的盐城市中小学青年教师教学竞赛暨第二届江苏省中小学青年教师教学竞赛选拔赛经过评定，盐都区共有5人获奖，其中神州路初中教师朱晓芳获特等奖，全市仅5人。市第一初中教师朱灵芝获中学思政组一等奖、胡冰获中学语文组二等奖、杨洋获中学英语组二等奖，冈中初中教师聂仁高获中学数学组二等奖。

【杨军军获省表彰】 年内，由省教育厅主办、省电教馆承办的2021年“领航杯”江苏省信息化教学能手大赛正式公布获奖结果，盐城市第一初级中学教师杨军军的《皇帝的新装》获一等奖。全市共5名老师的参赛作品获奖。比赛共有各设区市选拔推荐的66名教师分5个学科组参加。杨军军凭借优异的课堂教学表现、扎实的技术应用水平和良好的课堂教学效果，展示盐都区教师的风采。

（朱海军）

教育经费

【概况】 区政府将发展教育作为民生事业的首条，保障教育发展需要。2021年全年教育总投入14.42亿元，其中公共预算教育经费投入10.33亿元，与上年同期相比，分别增长4.05%和1.92%。

【东进路小学、初中正式启用】 9月1日，盐城市东进路小学、初中正式投入使用，由潘黄街道办事处投资建设，项目总投资4.8亿元，用地面积8.7公顷，建筑总面积为70310.1平方米，办学规模为小学6轨36班、初中12轨36班。对改善教育民生，促进教育均衡，提升人民群众教育获得感有重要意义。

【兴办为民实事】 年内，区教育局组织200名左右的中小学教师对全区适龄残疾儿童实行“送教上门”服务。组织30名特级教师、市名教师、市学科带头人和市教学能手开展“送教下乡”活动，推动乡村学校教学质量提升。实施“新四项教育惠民工程”，添置学生课桌椅18141套，改善中小学校普通教室照明条件445间，改建厕所2个，安装240台直饮水机，提升师生和人民群众教育获得感幸福感。

【扩大资助范围】 2021年，“敦品励学——党员零钱捐”项目扩大资助范围，在只资助新都路沿线学校贫困生的基础上，扩大到全区中小学所有孤残儿童和新都路沿线学校贫困生。5年时间，共资助贫困生、孤残儿童961名，资助金额96.23万元，品牌影响力扩大。

【举行慰问金发放仪式】 1月13日，区慈善总会、区教育局联合举行2021年驻近城学校困难学生慰问金发放仪式。慰问活动共资助困难学生88名，发放慰问金4.4万元。副区长肖乐农出席慰问活动并作讲话，鼓励孩子保持乐观心态，用知识和技能回报社会。

【参加全国应急救护知识竞赛】 5月8日“博爱周”期间，区教育局组织2.5万名青少年会员参加中国红十字总会举办的“应急救护知识竞赛”。活动扩大青少年应急救护知识面，提高自救互救能力。区教育红十字会获单位组织奖一等奖。

【齐敦品调研市二小】 10月22日上午，市二小东进路校区代表全区中小学校接受省市红十字会调研。省红十字会党组书记、常务副会长齐敦品一行实地察看学校的红十字文化、生命健康教室等。

9月，东进路小学、初中正式投入使用

教育局 供

自主博爱的红色文化、特色鲜明的教育品牌、井然有序的入会仪式获得肯定。

【参与网络募捐活动】 9月9日，腾讯公益日活动期间，教育红会谋划，在全区教育系统教职员工中组织开展“盐都光明行”网上募集善款活动。教育系统共筹集到善款70287.89元，参与人次达3394人，占全区总募款额的30%以上。

【中小学优秀自制教具评选活动】 8月2日，省教育厅和盐城市教育局相继公布中小学优秀自制教具评选结果，盐都区选送的作品中，有1幅获一等奖、5幅获二等奖、1幅获三等奖。其中，大冈初级中学学生徐郁远的《分子运动探究瓶》获省二等奖，区教育局获盐城市组织奖。

【精准资助困难学生】 年内，全区共资助困难学生6710人次，金额808.68万元。各学段困境学生实事项目专项经费共资助154人，计43.676万元。为全区156名家庭经济困难的在校大学生办理国家生源地信用助学贷款，区域内没有一个学生因为家庭经济困难而失学辍学。

【大冈初中获“省节水型学校”称号】 11月，省水利厅、教育厅揭晓2021年度省级节水型学校评审结果，盐都区大冈初中因广泛开展节水宣传教育，通过提高学生节水意识，完备学校节水制度以及节水器具推广普及获评“江苏省节水型学校”称号。至年底，全区共创建3所“江苏省节水型学校”。（朱海军）

教育督导

【概况】 2021年，以习近平新时代中国特色社会主义思想和党的十九大和历次全会精神为指引，学习贯彻市委教育改革工作会议精神，紧扣全区教育改革发展中心任务和重点工作，提升督导水平，优化督导效能，推动教育均衡充分发展，为加快教育现代化进程、努力办好人民群众满意教育做出贡献。

【被表彰“县级优秀组织单位”】 2月，盐都区被教育部基础教育质量监测中心抽样确定为国家义务教育质量监测样本县。工作启动后，区教育局和区人民政府教育督导室迅速行动，提出“对标高考”的工作要求，构建监测工作框架体系，以监测时间为节点，编制工作任务清单，倒排工作日程，把控关键环节，加强宣传引导，形成强大工作合力。10月，在省级检查会上及时汇报。12月初，被教育部基础教育质量监测中心表彰为国家义务教育质量监测“县级优秀组织单位”。

10月，省级检查汇报会现场　　教育局　供

【以培训赋能责任督学】 9月初，组织近180名专兼职责任督学、学校（幼儿园）教育督导员开展业务培训，学习《关于进一步减轻义务教育阶段学生作业负担和校外培训负担的意见》《教育督导问责办法》《教育评估监测标准（细则）汇编》等文件和制度，使全体责任督学能督善导，成为减负增效的宣传倡导者、立德树人的推动推进者、规范办学的巡查监督者。

【“双减”落地落实】 7月，自中共中央办公厅、国务院办公厅印发《关于进一步减轻义务教育阶段学生作业负担和校外培训负担的意见》起，区政府教育督导室将宣传贯彻“双减”政策、推动“双减”落地落实为教育督导工作第一要务，构建区域良好教育生态，促进学生全面发展和健康成长。秋学期开学伊始，便将推进“双减”、落实立德树人根本任务作为教育督导工作的重点任务，将落实“双减”、疫情防控、“五项管理”列为经常性督导、综合督导、专门督导的必查内容，持之以恒，常抓不懈，真正实现学生过重作业负担和校外培训负担1年内有效减轻、3年内成效显著的目标。在全员培训的基础上，优化督导手段，增强督导过程的“纪实性”和智能化，推广使用“江苏省责任督学履职纪实平台”，全过程记录“双减”实施推进情况，所有督导资料全部上传至省级平台，对发现的代表性、倾向性问题，当场下发整改通知，待完成整改任务、上传相关整改资料后方可在督导平台销号。

【开展教育法治工作】 5月12—20日，联合区“夕阳红”法治宣传队、检察官宣讲团为全区23所小学作《中小学教育惩戒规则（试行）》巡回宣讲，全区34367名小学生受到教育，受教育率为100%，其中5557人直接听取专题宣讲，占全区小学生总数的16.17%，另有197名学生家长应邀听取宣讲。11月中旬，为全区25所初中开展法治宣讲。（朱海军）

文化　新闻

综　　述

【概况】　2021年，全区文化工作在区委区政府的坚强领导下，围绕建设生态文旅高地目标，充分发挥文旅融合的优势，文化事业取得新发展。

【打造文艺精品】　年内，打造3部红色题材大型现代淮剧《送你过江》《为你绽放》《筑堤县长》。前两部分别入选省舞台艺术精品创作工程、国家艺术基金2020年度资助项目和省艺术基金资助项目，第三部成功首演。大型红色题材曲艺剧《盐阜往事》获中国文联创作扶持计划资助项目。

【举办系列文化活动】　年内，文化活动精彩丰富。举办庆祝建党100周年系列文化活动，开展“百年百场”优秀群众文艺作品巡演活动、“赓续红色精神，同庆建党百年”专场文艺惠民演出等系列文化活动30多场次。完成送戏下乡400余场，再度举办全国优秀曲艺节目交流展演暨乡村题材曲艺创作论坛活动。3支群众文化团队获省优秀群众文化团队培育对象，3个公共文化空间获省“最美公共文化空间”打造对象。　（王晓亮）

文化场馆建设

【概况】　2021年，加大资金投入，完善图书馆、文化馆、博物馆、群艺馆等4个区级公共文化设施。注重向基层一线倾斜，实施镇（区、街道）文化站、村级综合文化服务中心提升建设工程。

【文化场馆数字化建设】　年内，参与国家、省、市有关数字图书馆活动，对数字图书馆进行广泛推广，新增电子书12万册，更换网络防火墙（含VPN），区支中心配备电脑38台，区各分馆均建有电子阅览室，全区总分馆共享工程实现全覆盖；区文化馆数字文化体验中心建成开放，根据大众不同的文化需求提供相对应的服务内容，为用户带去良好的数字文化体验，让文化馆拥有更多受众群体。区图书馆、文化馆、区博物馆、区群艺馆均可进入微信公众号浏览展讯、演出及讲座动态，让群众能够随时随地掌握最新动态，进行活动参与，享受文化大餐。

【文化场馆阵地建设】　2021年，共提升建设镇级文化站1个，提升建设村级综合文化服务中心50个，新建百姓大舞台8个。区图书馆利用综合阅览室、报刊阅览室等开展阅读分享、课题研究、参考咨询、展览、展演、讲座、研讨会征文、知识竞赛等读书活动300多次；区文化馆对百姓剧场进行改造，增设大型LED显示屏，改造音响控制室，起到小剧场建设示范引领作用。区博物馆在小马沟体育公园南侧新建盐都革命陈列馆，陈列馆建筑面积2800平方米，总投资300万元，2021年6月正式开馆，成为盐都区传承红色基因、打造红色文化品牌、凝聚城市精神、进行革命传统教育、开展宣传思想文化工作的场馆阵地和展示平台。（耿　君）

10月，国庆综艺惠民演出　　文广旅局　供

戏剧创作及演出

【首部曲艺剧《盐阜往事》】 5月22日，省第一部曲艺剧公演，并接受中国剧协、中国曲协、江苏省文旅厅、江苏省文联领导专家的检阅。该剧入选中国文联2021年度青年文艺创作扶持计划资助项目、2021年江苏艺术基金资助项目。

【剧目室两件作品获政府文艺奖】 年初，曲艺剧《盐阜往事》剧本、曲艺《荷花荡里春风暖》分别获2020年度市政府文艺奖二等奖。

【在全市新剧本评选中获奖】 12月，2021年盐城市新剧本评选结果出炉，盐都区大型现代戏曲《大河儿女》（编剧曾汉才）获大戏类一等奖，大型现代戏曲《李清照》（编剧邵秀华、何玲龙）、《白兰花》（编剧徐志玉）分别获大戏类二等奖。小话剧《高空"作业"》（编剧李桂媛）获小戏类二等奖。

【参加中曲协展演】 11月10—13日，受疫情影响，原定在扬州市举办的"牡丹花开心向党"——第三届中国东部优秀曲艺节目展演改线上进行。展演由中国曲协、江苏省文联、扬州市人民政府共同主办，共收到来自北京、天津、河北、上海、江苏等10家团体会员和中国铁路文工团、曲艺表演场所协作发展联盟报送的节目114个，涵盖快板书、苏州评弹、扬州评话、绍兴莲花落、漳州锦歌等41个南北曲种。经专家遴选，9个省（直辖市）和中国铁路文工团的34个节目入选展演。盐都创作演出的曲艺《荷花荡里春风暖》入选。

2月，举行淮剧迎新春专场演出　　文广旅局　供

【《荡里的小伙在成长》获省文艺大奖】 12月，曲艺《荡里的小伙在成长》获省文联、省曲协主办的第九届江苏省文艺大奖·曲艺奖节目奖。

【曲艺《血洒沃土英名扬》获奖】 12月，曲艺作品《血洒沃土英名扬》获市文广旅局主办的2021年盐城市音乐舞蹈展演一等奖。

【举行淮剧迎新春专场演出】 2月14日下午，由区文旅局、盐渎街道共同举办的"我们的中国梦.文化进万家"迎新春专场演出于正月初三在世纪公园盐渎大舞台拉开演出序幕。盐城市淮剧团淮剧专场上演的经典古装淮剧折子戏《金殿认子》《腊月雷》《赶脚》等逐一轮番上演，用最美乡音给全市人民和"就地过年"的观众送去节日问候和祝福。

【李建平实地走访】 2月19日下午，导演李建平、舞美黄永碳在编剧陈明及区文旅局副局长张治中、市淮剧团长张正余的陪同下，前往建湖县烈士纪念馆及庆丰镇东平村（鲁艺战士撤离牺牲时的地方）进行实地走访，感受那一代人的信仰与报国情怀，加深对盐城红色文化历史的理解，为创排前寻找舞台艺术创作的根基。在村干部的带领下与当地的村民，北秦庄遭遇战目击者的后人——陆老，了解当年鲁艺师生牺牲的壮烈场面。

【入选庆祝建党100周年舞台艺术精品】 3月23日晚7时30分，省文旅厅庆祝建党100周年舞台艺术精品创作工程入选作品《送你过江》在盐都文化艺术中心上演，现场专家及周边市民500多人参加观看。

3月，《送你过江》演出现场　　文广旅局　供

【召开《送你过江》研讨会】 3月23日晚9时30分，淮剧《送你过江》——江苏省文旅厅庆祝建党100周年舞台艺术精品创作工程入选作品验收指导会在盐都文化艺术中心一楼会议室举行，主办单位江苏省文旅厅艺术处调研员许其兵，江苏省演艺集团京剧院领衔主演李奕洁、国家一级编剧刘鹏春，江苏省戏剧家协会驻会副主席吴大忠一行以及市文旅局副局长王永和、编剧陈明、市淮剧团长张正余、副团长徐建东、主演程红、王雷参加指导会。会上，编剧陈明阐述该剧的打磨修改过程、获奖情况以及最近的排练情况，李奕洁、刘鹏春、吴大忠3位专家分别从3个不同角度对淮剧《送你过江》提出宝贵的指导意见。

【淮剧《为你绽放》建组】 4月10日上午，大型现代淮剧《为你绽放》剧组建组仪式在盐城市淮剧团小剧场举行。编剧陈明又一红色革命经典力作呈现在盐淮大地，剧本获2019年度市政府文艺奖一等奖。

【《芦花鞋》在草房子乐园上演】 4月26日，著名儿童作家曹文轩母校“草房子乐园”开园，为庆祝开园而改编并演出的课本剧《芦花鞋》在草房子乐园研创馆剧场循环演出20场。

【为“清风盐都”助力】 5月7日，第六届“清风盐都·廉政文艺下乡行”在潘黄大会堂二楼举行，活动由盐都区纪委、区监委、区文广旅局主办，盐城市盐都区文化馆承办。盐城市淮剧团创演的小淮剧《老荆树下》讲述范仲淹在为官期间清正廉明，用额外之财为百姓多做好事的故事。辖区内街道共600多名党员干部群众观看演出。

【淮剧《为你绽放》首演】 5月16日晚，为庆祝中国共产党成立100周年暨纪念新四军重建军部80周年，市淮剧团在盐都文化艺术中心首演原创大型现代淮剧——《为你绽放》，北京、上海戏剧界专家、儿童作家、安徒生童话奖获得者曹文轩及千余名观众进场观看演出。

【助演全市反诈活动】 5月28日晚，“警民携手 盐之无诈”全市反诈集中宣传活动在铜马广场举行。省政法队伍教育整顿指导组副组长赵晓春，市委常委、政法委书记王荣，副市长、市公安局长张镇现场观摩，并共同启动“盐之无诈”警民联防预警平台，活动中演出淮歌《我们是反诈人》。

【淮剧《菜籽花开》巡演】 6月1—6日，市淮剧团再度开启江苏艺术基金2019年度传播交流推广资助项目·淮剧《菜籽花开》巡演暨送戏下乡·惠民演出活动，6天内，剧团流动大篷车先后开进盐都郭猛镇、大冈镇、秦南镇、学富镇等11个村居，观看人数近万名。

【淮剧《菜籽花开》结项演出】 6月13日晚7时30分，江苏艺术基金2019年度传播交流推广资助项目淮剧《菜籽花开》结项演出在盐都文化艺术中心举行，业内专家及观众800多人观看演出。

【淮剧《送你过江》在泰州演出】 6月17日，江苏庆祝建党百年展演活动，淮剧《送你过江》在泰州梅兰芳大剧院演出，近900名观众观看演出。

【淮剧《为你绽放》献礼演出】 6月29日，《为你绽放》剧组应邀参加盐都区庆祝中国共产党建党100周年献礼演出。共有600多人观看演出。

【市淮剧团走进景山小学】 9月10日，市淮剧团开展戏曲进校园活动，走进景山小学。学校老师化古妆穿戏服，剧团演员手把手教老师们舞台形体，感受淮剧博大精深，以及唱念做打的艺术魅力。

【助力第七届畅游盐都金秋行】 9月17日，由区政府主办、区文旅局、大纵湖旅游度假区、盐城电视广播总台广播传媒中心承办的第七届畅游盐都金秋行开幕式在东晋水城举行。观众达3000多名。歌舞及VCR和淮剧逐一闪亮登场，淮剧团出演《十八相送》。

【淮剧专场惠民演出】 10月3日下午，世纪公园内，秋风送爽，游人络驿不绝。公园内的盐渎大舞台上，由区文旅局、区群艺馆承办的“欢歌笑语走基层”，2021年迎国庆惠民演出活动拉开序幕，市淮剧团的“淮剧专场”演出为市民们奉上节日氛围，周边小区1000多名居民观看演出。

【淮剧《菜籽花开》走进市田家炳中学】 10月15日下午，由江苏省教育厅、财政厅主办，市淮剧团演出的2021年度高雅艺术进校园活动——淮剧《菜籽花开》在市田家炳中学青春剧场开锣，千名师生观看演出。

【淮剧《为你绽放》获文华大奖】 11月8日，淮剧《为你绽放》荣获2021盐渎文化艺术展演月新创舞台剧目调演文华大奖；主演程红荣获2021盐渎文化艺术展

9月，在东晋水城出演淮剧《十八相送》 文广旅局 供

演月新创舞台剧目调演文华表演奖；裔小萍、周学伍获得2021盐渎文化艺术展演月新创舞台剧目调演文华音乐奖。

【淮剧《宋公堤》建组】 11月9日上午，大型现代淮剧《宋公堤》建组会在盐城市淮剧团小剧场举行。中国戏曲现代戏研究会会长、中国剧协顾问、戏曲理论家、研究员季国平到会祝贺。盐都区委常委、宣传部长罗时荣出席并讲话。副区长周昉主持建组会。 （夏文民）

社会文化

【概况】 2021年，围绕中国共产党成立100周年纪念这条主线，突出公共文化服务阵地建设，推进文艺精品打造和文化惠民工作，取得一定的成绩。

【培育文艺精品】 1月，向建党100周年献礼的江苏省首部曲艺剧《盐阜往事》完成首演，并参加区第十五次党代会汇报演出、国庆广场惠民演出、全国乡村优秀曲艺节目交流展演，受到各级领导、专家和广大群众的一致好评。该剧获2020年江苏省曲艺家协会重点中长篇创作项目、中国文联2021年度青年文艺创作扶持计划资助项目、江苏艺术基金2021年度大型舞台资助项目。推出曲艺、音乐、舞蹈等代表性作品共7个参加全市展演活动，为下一届国家、省级赛事储备优秀群众文艺作品。

【开展文化惠民活动】 2021年，打造“欢歌笑语走基层”村村到文化惠民演出活动品牌。全区全年送戏下乡共计567场次。3支群众文化团队获2021年度江苏省优秀群众文化团队培育对象，3个公共文化空间获2021年度江苏省“最美公共文化空间”打造对象。10月中旬，举办第四届全国优秀曲艺节目交流展演暨乡村题材曲艺创作论坛活动，全国各地80多个艺术家参加。

【举办庆祝建党100周年活动】 年内，开展庆祝建党100周年“踏着烈士的足迹”文化惠民巡演、庆祝建党100周年盐渎大舞台五一专场惠民演出、曲艺剧《盐阜往事》首演、“不忘初心、牢记使命”2021第六届清风盐都·廉政文艺下乡行、江苏省庆祝建党100周年“百年百场”优秀群众文艺作品巡演(盐都站)活动、“传承红色基因 献礼建党百年”盐都区学党史知识竞赛、“听党话组歌联唱”暨首届歌咏比赛、“赓续红色精神，同庆建党百年”专场文艺惠民演出，“国庆七天乐”盐渎大舞台专场惠民演出等一系列庆祝中国共产党成立100周年群众文化活动。活动采取综艺演出、大型曲艺剧、知识竞赛、歌咏比赛等各种文艺形式，让广大干部群众在文化娱乐中受到生动的红色教育和精神鼓舞。

【全民阅读活动】 年内，组织开展“盐都区红领巾读书征文”“和悦读书会”系列阅读活动，发挥“和悦读书会”“民间藏品进农村展览”“红读”“农读”“和悦讲堂”“盐渎四季诗书画雅集”“湖海文化讲堂”等服务品牌效应，打响“和悦读书润盐都”阅读品牌。 （耿 君）

电影放映

【概况】 2021年，农村电影公共服务保障，围绕建党百年“百片千村万场”公益电影展映，按照“政府购买、百姓受惠”的发展思路，牢牢把握电影工作正确导向，立足实际，服务农村，以镇(街道)为重点、行政村为基点，建立和完善农村电影公共服务体系。

【基础业务工作】 区电影公司全年订购数字节目3210场，其中故事片36部3210场，科教片22部3060场，“影教育人工程”学生爱教片放映150场，学生达6.8万人次。至10月底，超额完成3060场的全年放映任务。在影片的题材选择上，既有科教片、又有故事片，既有现代生活片，又有革命历史题片，所选影片深受广大人民群众喜欢。 （费同庆）

文博工作

【概况】 2021年是中国共产党建党一百周年，围绕建党百年为主题，以服务社会、服务观众为导向，充分利用文物、文化资源优势，开展文物管理及保护、展览陈列、宣传教育等重点工作。

【开展博物馆活动】 4月，在博物馆二楼临时展厅举办“格调高古 气韵生

7月，新四军革命文物专题展” 文广旅局 供

7月，“没有共产党 就没有新中国”报纸展览 文广旅局 供

10月，西乡文学馆全景图　　文广旅局　供

动”——当代名家孙远利、华杰中国画联展；为庆祝中国共产党成立一百周年，10月，在博物馆二楼临展厅举办“只要跟党走，一定能胜利——庆祝中国共产党成立100周年，新四军革命文物专题展”；“丹青传古韵　金秋庆国庆”——陈其作品展；11月，在博物馆二楼临展厅举办“春华秋实——张希硕书画展暨全国名家书画雅集”；12月，在博物馆二楼临展厅举办“没有共产党　就没有新中国”报纸展览；7—12月，在盐都革命陈列馆二楼展厅举办“铿锵印记初心永恒——中国共产党在盐城”图片展。

【西乡文学馆】　2021年，完成草房子乐园西乡文学馆的展陈、布置、开馆工作。20世纪以来，盐城“西乡”水土滋养一批文学作家，国际安徒生奖获得者、儿童文学作家曹文轩就是从这里走出去的文学大家。草房子乐园就是紧扣曹文轩小说《草房子》故事文化，深挖盐城优质自然资源，打造而成的儿童文学研学基地。为更好地展示盐城独特的“西乡”文化，根据区委区政府的要求，完成西乡文学馆的筹备及布展工作。西乡文学馆重点展呈西乡文学代表曹文轩、李国文、李有干、杨守松四位代表性作家、学者。西乡文学馆将依托草房子乐园，将这里打造成国际、国内研究西乡文学的资料库，全国中小学语文教学培训中心，青少年文学教育与写作营地，让“西乡”文化青春永驻、开枝散叶。　（赵　娜）

【社会教育活动】　年内，区博物馆本着为民服务的宗旨，开展各类社会教育活动，在中国共产党建党一百周年之际，依托革命陈列馆的阵地作用，利用红色资源，开展党史教育学习。开展“永远的丰碑——中国共产党在盐都”图片展进校园进社区活动，展出内容包括中国共产党的发展、盐都区红色遗存、胡乔木和中共党史三个部分，反映中国共产党与盐都区息息与共的关系。引导全社会学习党史知识，感悟红色盐都，激发青年一代的爱党爱国热情。

【文物保护工作】　年内，博物馆推进新时代文物保护科技创新，以“保护为主、合理利用、加强管理”的工作方针，有序推进文物保护工作。接受原盐城县委书记戴星明同志子女捐赠的革命文物，并顺利完成对革命文物的整理工作。征集红色革命文物，挖掘研究弘扬红色革命文物所存在的文化精神和红色记忆，做好各旧址地的陈列布展工作，让革命文物在新时代焕发出灿烂的光辉，指引更多的民众砥砺前行。

【文物安全】　年内，馆内消防安防工作有序进行，馆内各项设备维护有序开展，确保场馆、库房正常运行，无安全隐患；定期检查馆内安防报警设施可靠性，全年未发生文物工作重大安全事故，未发生造成破坏、毁损重要古墓葬或珍贵文物的违法事件，未发生文保单位保护范围与建设控制地带违法新建建筑物事件。每季度组织馆内人员进行消防安防及人身财产方面安全隐患的检查，组织开展消防安全培训活动。　（赵　娜）

非物质文化遗产评定

【概况】　2021年，全区高度重视非遗的保护传承，推进全区非遗工作的开展，参与各类非遗活动。

【非遗保护成果展示展演】　春节至元宵期间，在大纵湖东晋水城举办多场非遗展示活动，盐都非遗柳编、面塑、龙舞等在景区进行现场展示展演。3月22日，非遗项

12月，“在盐都，遇见美”城市品牌发布会　　政府办　供

目盐城老虎鞋、龙冈面塑、北龙港剪纸在东晋水城非遗展厅进行互动体验活动。4月24日，非遗项目淮剧、盐城老虎鞋、龙冈面塑、北龙港剪纸参加“第十九届中国国际人才交流大会——非遗盐都”直播活动。8月2日，非遗项目龙冈面塑、北龙港剪纸、糖画在东晋水城盐都非遗展示中心进行互动体验活动。9月，盐城老虎鞋、龙冈柳编、北龙港剪纸作品被盐城市博物馆收藏展出，并在开业、中秋节时在现场进行非遗展示。10月12—13日，龙冈柳编、北龙港剪纸、龙冈面塑、何家笛箫制作技艺、糖画项目在杨侍景区参加“第四届中国·盐都全国乡村优秀曲艺节目交流展演”现场非遗展示活动。10月15—18日，盐城老虎鞋在黄山参加“第五届中国非物质文化遗产技艺大展”。12月30日，老虎鞋、剪纸、泥塑等六个项目参加“盐都文旅发展大会暨城市品牌发布会”。

【非遗名录申报】 1月8日，区政府办公室颁布《关于公布第三批盐都区非物质文化遗产代表性项目和命名第三批代表性传承人》，开展非遗名录申报工作。新增区级非遗项目7项、传承人13名。（赵 娜）

图书工作

【概况】 2021年，盐都区图书馆抓好基础设施建设，为读者提供舒适的阅读环境；坚持“读者第一，服务至上”宗旨，围绕“动、静、研、新、宣、恒”六字诀开展工作。狠抓阵地服务，努力促进业务建设，最大限度满足读者阅读需求；注重发挥社会教育职能，利用图书馆阵地和人员，为读者开展形式多样的读书活动；强化内部管理，搞好综合配套改革，保证图书馆工作协调发展。建立乡镇文化站图书室。区图书馆主办的盐都区民间藏品进农村展举办200多场，览累计20多万名农民在村头接触民间收藏精品。

【刘婵走进基层讲党课】 在全市上下学习贯彻落实党的十九届五中全会精神和习近平总书记视察江苏重要讲话指示精神之际，为解读盐城市委七届十一次全会有关精神，深度推进书香盐城建设，1月1日下午，由区文广旅局主办，区图书馆、区和悦读书会承办的专题讲座在区图书馆学术报告厅举办，“中国好人”——刘婵做“守护生态文明·建设美丽家园”专题讲座，60多名书友、文化志愿者、文明志愿者自发参与。

【举办黄观主题读书活动】 1月3日下午，为弘扬盐城地域文化，践行社会主义核心价值观。营造快乐读书的氛围，拓宽视野，丰富书友业余文化生活。盐都区和悦读书会在盐都区图书馆四楼研讨区举办黄观主题读书活动，30多位书友自发参与。

【举办中国人民警察节主题读书活动】 1月10日下午，为弘扬盐城地域文化，践行社会主义核心价值观。营造快乐读书的氛围，拓宽视野，丰富书友业余文化生活。区和悦读书会在区图书馆四楼研讨区举办中国人民警察节主题读书活动。

【服务宣传周活动】 4月23日“世界读书日”“全民读书月”及“图书馆服务宣传周”，区图书馆开展一系列形式多样、内容丰富的读书活动，旨在更好地满足全区读者的多样化阅读需求，努力营造“人人好读书，人人读好书”的良好氛围，引导广大读者把读书学习当成一种生活态度、工作责任、精神追求，真正使阅读成为习惯，让学习伴随终生。让广大读者尽享阅读快乐，品味精彩人生。

【古籍保护工作】 为迎接第26个世界读书日，为传承和弘扬中华优秀传统文化，挖掘中华古籍的深厚文化内涵，真正让“书写在古籍里的文字活起来”。更好地进行古籍保护、修复知识的普及和宣传推广，4月18日下午，区图书馆三楼学术报告厅举办《古籍保护 你我同行——邀你体验雕版印刷和拓片制作》活动，60余名书友自发参与活动。

【开展“节日里的党史学习教育”活动】 4月25日下午，为传承红色基因，献礼建党百年。盐都区图书馆在三楼学术报告厅举办“节日里的党史学习教育”活动，60多位书友自发参与。邀请中国好人、全国乡村阅读榜样、江苏省学雷锋岗位标兵乐华泽作《开启新征程 奋进新时代》主题宣讲。乐华泽结合自身28年来坚持扎根基层，致力全民阅读推广，一心为民做好事，讲述党的百年奋斗光辉历程。

【高红兰西医养生讲座】 5月16日下午，高红兰西医养生讲座在区图书馆举办。活动通过发放资料、科普讲座、营养咨询、主题展览等多种形式来普及“合理膳食，控制体重、预防慢病，推广分餐制和使用公勺公筷，杜绝食物浪费”等相关知识，提高书友的营养健康意识。

【家庭美学教育主题读书活动】 5月23日下午，为弘扬盐城地域文化，践行社会

6月，郭猛镇文化站图书室内景　　郭猛镇　供

5月,群众在图书馆阅读　　文广旅局　供

主义核心价值观。营造快乐读书的氛围,拓宽视野,丰富书友业余文化生活。区和悦读书会在区图书馆三楼学术报告厅举办家庭美学教育主题读书活动,60多位书友自发参与。

【红色故事会】 6月20日下午,为弘扬盐城地域文化,践行社会主义核心价值观。营造快乐读书的氛围,拓宽视野,丰富书友业余文化生活。区和悦读书会在区图书馆四楼研讨区举办"传承红色基因　献礼建党百年——书友红色故事会"。

【党史知识竞赛活动】 6月22日下午,为传承红色基因,献礼建党100周年,讴歌中华民族实现伟大复兴的奋斗历程,引导广大干群从百年党史中汲取智慧力量,弘扬盐城地域文化,引导人们强化"爱读书、读好书、善读书"的学习理念,创新学习方式,转化学习成果,激励人们为实现中国梦而学习,努力为区建设示范区,奋进新征程而勤奋工作。由区委宣传部、区文广旅局主办,区图书馆承办的"传承红色基因　献礼建党百年"党史知识竞赛决赛在区华夏路30号三楼小剧场举办。

【"盐渎风"读书节】 为庆祝中国共产党成立100周年,结合党史学习教育,深化全民阅读"十百千万"工程,推进书香盐城建设,在全社会倡导"爱读书、读好书、善读书"的良好风尚,4月,盐城市组织开展以"书香致敬百年路　阅读追梦新征程"为主题的"盐渎风"盐城市第九届读书节系列活动。比赛中盐都区图书馆代表队获少儿组一等奖,成人组二等奖,获优秀组织奖。区图书馆共收到征文200多篇,推选出100篇送市参加评奖。图书馆获市委宣传部、市文广旅局等颁发的优秀组织奖。

【防范非法集资主题读书活动】 7月18日下午,为弘扬盐城地域文化,践行社会主义核心价值观。营造快乐读书的氛围,拓宽视野,丰富书友业余文化生活。区和悦读书会在区图书馆三楼学术报告厅举办防范非法集资主题读书活动。这是区和悦读书会第508期活动。

【国庆节主题读书活动】 10月3日下午,为弘扬盐城地域文化,践行社会主义核心价值观。营造快乐读书的氛围,拓宽视野,丰富书友业余文化生活。由市社科联指导,区文旅局主办,区图书馆承办的国庆节主题读书活动在区图书馆三楼学术报告厅举办。

【五谷树主题读书活动】 10月17日下午,为弘扬盐城地域文化,践行社会主义核心价值观。营造快乐读书的氛围,拓宽视野,丰富书友业余文化生活。由市社科联指导,区文旅局主办,区图书馆承办的五谷树主题读书活动在区图书馆三楼学术报告厅举办。

【2021长三角阅读马拉松大赛】 10月23日,2021长三角阅读马拉松大赛在江、浙、沪、皖三省一市的187家公共图书馆正式开幕,汇集沪苏浙皖7000余名参赛者,组成1400支团队,设187个赛点。其中,江苏作为牵头省份,设立63个赛点,共计2200人报名参赛。本届长三角阅读马拉松大赛是由南京图书馆、上海图书馆、浙江图书馆、安徽省图书馆、阅马组委会主办,长三角地区各级公共图书馆联合主办。区图书馆三楼学术报告厅是大赛的赛场之一,六支队伍共30位参赛选手参加。

【抗美援朝纪念日主题读书活动】 10月24日下午,为弘扬盐城地域文化,践行社会主义核心价值观。营造快乐读书的氛围,拓宽视野,丰富书友业余文化生活。由市社科联指导,区文旅局主办,区图书馆承办的抗美援朝纪念日主题读书活动在盐都区图书馆三楼学术报告厅举办。这是盐都区和悦读书会第522期活动。

【盐城坐标城市定向赛完赛】 11月27日,由共青团盐城市委、市体育局、盐城工学院等主办,区图书馆承办的"'串'联幸福'场'想美好'河'你相约"盐城坐标城市定向赛——跑步寻找曹文轩作品盐都区图书馆赛区完赛。盐城坐标城市定向赛共60多个分赛区,10条线路,3000多名书友参加活动。

【杨学富牺牲75周年纪念封首发】 2021年是杨学富烈士牺牲75周年。为弘扬盐城地域文化,12月5日,区图书馆在该馆学术报告厅举办《杨学富烈士牺牲75周年纪念封》首发仪式,仪式上发放纪念封1000只,并举办相关主题读书活动的形式,践行社会主义核心价值观。

【主题读书活动】 12月12日下午，为弘扬盐城地域文化，践行社会主义核心价值观。营造快乐读书的氛围，拓宽视野，丰富书友业余文化生活。由市社科联指导，区文旅局主办，区图书馆承办的南京大屠杀死难者国家公祭日主题读书活动在区图书馆三楼学术报告厅举办。

【获竞赛团体一等奖】 12月30日，江苏省文化和旅游厅公布2021年度全省公共图书馆业务竞赛结果，区图书馆获团体一等奖。区图书馆苏侠、杨金浩2名参赛选手获个人一等奖，陈萌、徐帆、韩姣、黄菲菲、苏霞、张茂杰6名参赛选手获个人二等奖，韦正良获个人三等奖，该馆由九人组队参加业务竞赛，全部获奖。

【熊安俊四季养生讲座】 年内，盐城老中医熊安俊四季养生讲座，成为盐都区图书馆的品牌活动。每次熊安俊的讲座及现场免费坐诊，都吸引大量书友自发参与，弘扬中华优秀传统文化，传承中医国粹，有利于盐都区阅读推广工作向纵深推进。

【学术研究成果】 论文《盐城家谱文献资源建设研究》在《中文信息》杂志2021年第11期上发表；1月4日专著《新时代县域阅读推广路径研究》在市政府第十三次哲学社会科学优秀成果评奖中获二等奖；2月作品盐城地域文化保护系列图书在市文旅局举办的盐城市文创设计大赛中获三等奖；3月8日课题“盐城县域民俗文化建设研究——以盐都区图书馆的探索为例”（项目编号：20szfsk10）获市政府社科奖励二等奖；4月14日主持市政府课题“盐城家谱文献资源建设研究”立项，项目编号（21skD68），参与市政府课题“绿色智慧导向下盐城综合交通枢纽区域景观环境提升”立项，项目编号（21skC159）；5月14日作品《关于重阳节的那些事》在省图书馆学会举办的我记忆中“最中国”的节日——传统文化使者网络征集活动中获一等奖；出刊《农家信息》《决策参考》各4期。

（王登佐　王连巧）

盐都区区、镇两级图书馆藏书一览表

表7

区（镇）街道	共有藏书	区（镇）街道	共有藏书
区图书馆	622607(含电子书45万册）	郭　猛	30000
大纵湖	15000	大　冈	20000
楼　王	20000	盐　龙	10000
北龙港	19500	潘　黄	13000
学　富	10000	张　庄	20000
尚　庄	13000	盐　渎	36000
台创园	27427	大纵湖旅游度假区	13000
秦　南	10000	北　蒋	10000
龙　冈	30000	—	—

融媒体中心

【概况】 2021年，区融媒体坚持以习近平新时代中国特色社会主义思想为指导，聚焦“举旗帜、聚民心、育新人、兴文化、展形象”的使命任务，瞄准“融媒建设全省领先”目标定位，开展“融媒建设年、品牌创建年、能力提升年”主题行动，完成各项目标任务，创成省级以上品牌44个，市级品牌36个，盐都的故事越讲越好，盐都的声音越传越远。

【突出主题宣传】 年内，围绕区委、区政府中心工作和重点工作，自觉作为、主动服务，全媒联动、融合宣传，提升舆论引导水平。年初，聚焦党史学习教育、中国共产党建党100周年等重大主题，早策划、早落实，推出红色足迹红色地标、红色榜样、红色初心、红色课堂、红色诵读、红色光影、红色日历、红色遗存、红色歌曲等十个红色系列宣传。新媒体平台开设“奋斗百年路　启航新征程”“我为群众办实事”“党史上的今天”“红色故事里的初心使命”等专栏24个，累计编发相关报道600多条，彰显党史学习教育中的“融媒力量”，营造党史学习教育和共庆建党百年的浓厚氛围。开展“走向我们的小康生活”“赋能工业经济　奋进现代化进程”“传承红色基因　追寻红色足迹”等新闻行动；开设“走向我们的小康生活”“开新局谱新篇　奋力建设‘四个示范区’”“赋能工业经济　奋进现代化进程”“文明创建常态长效”“新冠肺炎防控”等50多个专题专栏。

【发挥新媒体平台优势】 年内，按照“统筹线上线下、深化融合传播”的要求，新

10月，新闻报道现场　　融媒体中心　供

媒体自有平台和矩阵号同时发力，“盐都人”微信公众号、“盐都人”APP等自有新媒体平台以及盐都发布微博、“盐都人”视频号、抖音号、头条号、小苏号等矩阵号实现全天候“在线”，“盐都人”APP面向全网实现24小时不间断更新推送。年内推出的“一等功之家　军地领导登门送喜报”在抖音平台播放量超564万，在视频号播放量超127万；“盐都发现神秘大鸟”抖音平台播放量超348万；“文科哥哥手捧鲜花等候理科妹妹出考场”抖音平台播放量超120万，联合开展20多场次的现场直播活动，观看人数突破300万。

【对外宣传盐都】　年内，围绕“四个示范区”建设，放大音量，紧盯头版头条、大报大台、视听新媒体“首页首屏首条”，重点推出一批有深度、有影响、有看头的新闻报道。同时结合盐都区重点产业、特色文化，邀请主流新闻媒体走进盐都。央视中文国际频道《中国舆论场》“走进乡村看小康”专栏以《菊黄蟹肥正当时　盐都农户迎丰收》为题，报道盐都人的小康生活；财经频道《经济信息联播》采访盐都通过联盟集中采购等方式，稳定农资市场价格；农业农村频道《我的美丽乡村》栏目，以“水美蟹肥三官村”为题，向全国观众介绍盐都区大纵湖镇三官村的地理人文信息、水乡民俗风情。在学习强国、新华社客户端、人民网、交汇点等省级以上新媒体平台用稿近300条；在央视《新闻联播》、江苏卫视《江苏新时空》和市广电台《盐城新闻》等栏目用稿800多条电视外宣蝉联全市第一，实现“六连冠”。近60件宣传作品在市级以上评选中获奖，其中34件作品获省级以上奖项。

【加快媒体阵地建设】　2021年，融媒体新址建设初具雏形，实现4K采编、4K制作、高清化播出。坚持深度融合，优化运行机制，完善指挥中心系统流程，高质量开展选题汇集、记者调度、素材采编、文稿撰写、节目制作、内容审核、内容发布等，真正实现“一体策划、一次采集、多种生成、全媒发布”融媒体宣传格局。

【强化平台服务功能】　年内，紧扣“主流舆论阵地、综合服务平台、社区信息枢纽”的建设目标，高水平促进融合，打通新时代文明实践中心云平台，实现“新时代文明实践+志愿服务+大数据”互通互融；建立中心和“学习强国”、新华社客户端等主流媒体发稿通道，实现对外宣传发布高频率；“盐都人”APP融通“新闻+党建+政务服务商务”，与主流媒体、盐都党员e站、政务服务网完成互通，实现政务信息互联互通、远程教育线上线下一体化新形态，打通为民服务“最后一公里”。

【扩大媒体影响】　年内，加大新媒体推广力度，与地方主流媒体盐城发布、智慧盐城、登瀛观察等建立合作关系；与兄弟县市媒体加大交流，增强媒体影响力；与区文明办联合开展“防疫宣传有我　志愿服务同行——关注盐都人微信公众号、下载盐都人APP免费发放口罩”活动；并结合建党百年，对APP界面视图进行优化，提升美观度；围绕百姓关注热点，在主页版块新增健康码、核酸检测、中高考分数一键查询功能；对重要新闻、热点信息实行24小时全天候发布新模式。2021年“盐都人”APP共新增用户近10万，微信公众号新增粉丝3万多个，盐都融媒宣传的覆盖面和影响力扩大。

【拓宽产业运营模式】　年内，按照“全媒体+”经营规划，纸媒、广播、电视、新媒体等平台携手合作，开展特色营销，通过经营平台负责、承载部门联动，增强内容与营销的黏合。拓展新媒体托管项目，利用好新媒体资源，创新广告宣传、投放、运营模式，加大线上、线下市场开拓力度。加大与板块、部门对接合作力度，主动靠前服务，打造项目品牌，业务拓展实现镇（区、街道）板块全覆盖。

【提升经营管理能力】　年内，《2021年盐都区融媒体中心产业经营考核方案》出台，经营主体采取“责任经营、承担风险、提成分配”的方式，对公司所属各经营主体确定目标任务，责任人承担相应责任，缴纳经营风险金，并按照约定方式提取经营创收提成。理顺经营项目运行工作机制，对项目信息搜集、洽谈、落地、后续服务等环节明晰分工、明确要求。完善项目审批流程、价格体系、合同签订、款项收取、成本支出、业务外包等管理细则，做到流程清晰、规范、透明。加强监督管理，所有广告严格实行“三审”制，防范经营风险。　（戴启健）

新闻出版

【概况】 年内，区新闻出版（版权）条线围绕“中国共产党成立100周年”主题主线，优化行政职能、强化责任意识，在“扫黄打非”、全民阅读、电影发展、版权保护等方面取得长足进步，为全区新闻出版高质量发展保驾护航。

【全民阅读工作】 年内，盐都区围绕“书香盐都”建设，推进全民阅读工作，聚力打造“都读”品牌。举办盐都区全民阅读“春风行动”、第八届农民读书节启动仪式暨华泽书社读书月、“书香致敬百年路 阅读追梦新征程”第十一届江苏书展盐城分展等特色活动。参与“百种红色经典听书”活动访客数达125918人次，浏览量达287101次。坚持“阅读活动多样、社会参与广泛”的服务模式，策划“一镇一品牌、一村一特色”，打响盐都全民阅读“中国梦·都读品牌”，聚力打造15分钟阅读圈。注重精准对接读者需求，推进新共享成效。投入6000余万元，增添阅读便民设施7个，打造村级阅读阵地亮点10个，全民阅读新空间5个，更新村级文化服务中心出版物28000余册。

【扫黄打非工作】 年内，贯彻落实省、市“扫黄打非”工作安排，根据关于“扫黄打非 新风”集中行动的有关通知要求，以行动为平台，清除文化垃圾，聚焦营造天朗气清、生态良好的文化环境，保持“扫黄打非”工作高压态势。推进“扫黄打非”进基层示范点建设。开展“净网”行动，重点清查网络上涉黄涉非出版物及信息，抓好网络和移动终端传播等关键环节。对辖区内重点网站、论坛、公众号等进行实时监控。统筹推进“护苗2021”专项行动，全方位开展“绿书签”宣传，制定活动方案，组织各地开展以保护未成年人健康成长为主题的宣传活动，共发放绿书签3000张，张贴“绿书签”宣传画1000余张。同时联合市文化综合执法大队、公安、消防等部门，加强对印刷复制企业、出版物经营单位、校园周边书店和书画市场等文化经营场所进行明查暗访，加强文化市场的检查力度，共出动检查35人次，查缴疑似盗版图书音像制品800册。

【版权保护工作】 年内，强化版权登记服务，与市版权登记服务站、盐都版权登记服务站打通区域限制，通过精细分工、主动服务，拓展著作权登记资源。提升版权登记质量。加大版权宣传普及力度，做好版权主题宣传和日常宣传，以“4·26世界知识产权日”宣传周为重点，组织开展版权宣传普及教育活动，印发宣传资料1万份，提升全社会版权意识和版权认知度。加大版权保护力度。联合市场监管部门组织开展打击侵犯知识产权专项行动、打击网络侵权盗版专项治理“剑网行动”，规范网络版权传播秩序。 （潘微伟 乐华泽）

11月，在农贸市场进行新闻 融媒体中心 供

◆综　　述

◆疾病控制

◆基层卫生

◆妇幼健康

◆老龄健康

◆人口监测与家庭发展

◆爱国卫生

◆医政医管

·盐城市第三人民医院·

综　　述

【概况】 2021年，全区共有区、镇两级医疗机构21所，其中三级医院1所：盐城市第三人民医院；二级医院3所：盐都区第二人民医院、盐都区中西医结合医院和盐都区大冈中心卫生院；专科疾病防治院1所：区精神病防治院；卫生院12所；社区卫生服务中心4所；村卫生室235所；社区卫生服务站5所。有社会办医疗机构64所。全区有执业（助理）医师1962人，执业护士1869人；村级有乡村医生746人。医疗机构共开设病床3139张。区镇村三级医疗机构诊疗量369.57万人次，收住入院病人87636人次，实施各类手术32357台（次）。

【疫情防控工作】 统筹推进疫情防控和各项重点工作任务，推进新冠抗疫隔离人员安全返乡、健康盐都、综合医改等重点工作，守住公共卫生安全防线，完成年度目标任务，11月，全市唯一入选第二批全国儿童青少年近视防控适宜技术试点县（区），被市推荐申报健康江苏建设样板，实现“十四五”发展开好局、起好步。

（陈志龙）

疾病控制

【概况】 2021年，全区核定易肇事肇祸严重精神障碍患者456人，根据实际管控情况核发以奖代补资金计57.62万元。第三接受精神卫生法执法检查。接受省人大常委会精神卫生法执法检查，受到好评。

【推进第一免费救治】 全年共为3800名患者提供免费门诊治疗，发药1.8万人次，为300余名重性精神疾病患者提供免费住院治疗，登记在册患者服药率90.82%（其中精神分裂症服药率94.43%）。

【规范第二患者管理】 年内，全区严重精神障碍报告患病率4.8‰，省严重精神障碍信息管理系统登记在册患者3380人、在管3280人，规范管理率97.04%。

（陈志龙）

基层卫生

【优质服务基层行】 年内，围绕“高起点、高品质、高标准”要求，开展优质服务基层行活动，提升基层服务能力。全区19所镇级医疗卫生机构全部参与“优质服务基层行”活动，年内新增4所、累计8所镇级机构达到国家“推荐标准”，累计建成率42%，提前实现市“十四五”规划目标（35%）。

【示范特色建设】 年内，推进农村区域性医疗中心和社区医院等建设，大冈和秦南2所中心卫生院通过省农村区域性医疗卫生中心验收，全区规划的3个农村区域性医疗卫生中心均达省基本建成

9月，送行扬州第二批隔离人员返乡　　盐渎街道　供

标准；新增楼王中心卫生院和潘黄街道社区卫生服务中心建成省社区医院、全区累计建成4所；新增市级基层医疗卫生机构特色科室8个，全区累计建成基层特色科室39个，其中省级4个；对照《江苏省村卫生室服务能力建设标准（2021）版》，完善村级卫生机构功能定位，强化服务能力建设，创成省首批甲级村卫生室4个（大冈镇佳富村、龙冈大潘村、大纵湖镇花陇村和盐渎街道万胜），推动村级服务能力提档升级。

【村级药品购销专项整治】 年内，先后印发《2021年度正风肃纪看卫健专项行动实施方案》《盐都区村级医疗卫生机构私自购销药品专项整治工作方案》和《盐都区村级医疗卫生机构私自购销药品专项整治活动督查方案》，将“规范基层卫生室药品购销行为”列为年度工作重点，明确卫生院（社区卫生服务中心）的主体管理责任，提出规范药品管理、加强督查监管、严格绩效考核和责任追究工作要求。成立工作专班，召开专题会议，进行专题部署，抽调30人建立6个督查组，定期不定期督查村卫生室药品购销情况，定期通报面上工作情况，落实限改措施。各卫生院（卫生服务中心）落实主体责任，对村级用药按月申报、统一配送，组织自查自纠，确保动态库存账物相符，严禁其他渠道采购、严禁超范围进药。对不执行国家基本药物制度、私自购销药品的，按规定扣除基本药物补助、责令暂停执业活动，情节严重的暂扣或吊销执业证书。全年共处理4人次，约谈、通报、警告、责令整改和扣减基药补助等38人次。建立长效工作机制，落实卫生院（社区卫生服务中心）对村级医疗卫生服务的综合监管责任，与市、区两级医保管理部门协调对接，关停原居民医保结算系统，所有村级诊疗及居民医保服务，统一在区基层医疗机构信息平台完成，同步实施诊疗服务、结算收费和医保结报，消除两套系统同时运行导致的管理漏洞，杜绝私自购销药品等违规行为，维护广大人民群众的健康利益。

【区域医共体试点】 10月，市三院与盐龙街道社区卫生服务中心紧密型区域医共体试点建设试运行。区卫健委成立医共体工作领导小组，印发《盐都区紧密型医疗卫生共同体建设试点方案》，组织相关人员到先进地区考察学习；盐龙街道投入近500万元，完成康复病区改造，派遣3名康复治疗师、4名康复护士到市三院培训进修；市三院组织多学科专家，对盐龙中心医务人员完成一轮基础理论和知识的培训考核，派遣5名专家驻点帮扶和指导管理，完成教学查房48次、质控检查4次、远程会诊1次、业务讲座22次。基层康复病区患者出院人次较同期递增176.5%、业务收入较2020年同期增加373.2%；门诊诊疗1.86万人次，累计下转患者32人、上转病人12人。同时，全区争取上级专家到基层设置名医工作室20个，其中上海和省级名医工作室10个，方便基层群众在区内享有优质的医疗服务。

【国家基本公卫项目】 2021年，国家基本公卫项目人均补助标准从80元增加到88元，加强绩效评价常态化管理，多渠道、多形式开展项目评价，根据评价结果考核发放5599.44万元，其中原国家12大类项目5069.57万元，新划入基本公卫项目529.87万元。完成所有村（居）民委员会“公共卫生委员会”的调整设置，落实村级新冠肺炎疫情常态化管控措施，区妇保所通过市甲级妇保所验收，新建成1个省妇幼健康示范门诊、4个省级糖尿病并发症工作站；推进居民健康档案“随身带”行动，建立居民电子健康档案59.82万份，向公众开放53.78万份、开放率达89.9%；推进医防融合，巩固国家慢性病综合防控示范区复审成果，强化慢性病综合防控门诊规范运行，在管高血压、Ⅱ型糖尿病患者规范管理率分别达70.2%和70%；按婚前、孕前保健专科标准化建设的要求，建成婚姻登记及婚前、孕前检查一站式保健服务平台，建立育龄妇女花名册，动态监测孕情、严格执行孕产妇首诊负责制，提高孕产妇早孕建册率。建成儿童预防标准化接种门诊，完成接种台面播报系统、冷链监测系统提档升级，各类疫苗接种率保持高水平。

【完成全民健康体检】 在做好新冠肺炎疫情常态化防控的同时，将全民健康体检延续到5月31日，新增体检19～64岁基本人群7910人，另为建档立卡对象免费体检6051人，让更多人群享受到健康体检的惠民政策。自2019年11月中旬开展的一轮区全民健康体检，累计体检各类人群31.24万人，体检任务总完成率66.64%，其中0～6岁儿童体检2.14万人、7～18岁学生体检6.1万人、19～64岁基本人群体检16.2万人、65岁及以上老年人体检6.8万人；根据项目考核结果统一安排经费结算，财政先后分四批结算经费3716.57万元，其中19～64岁基

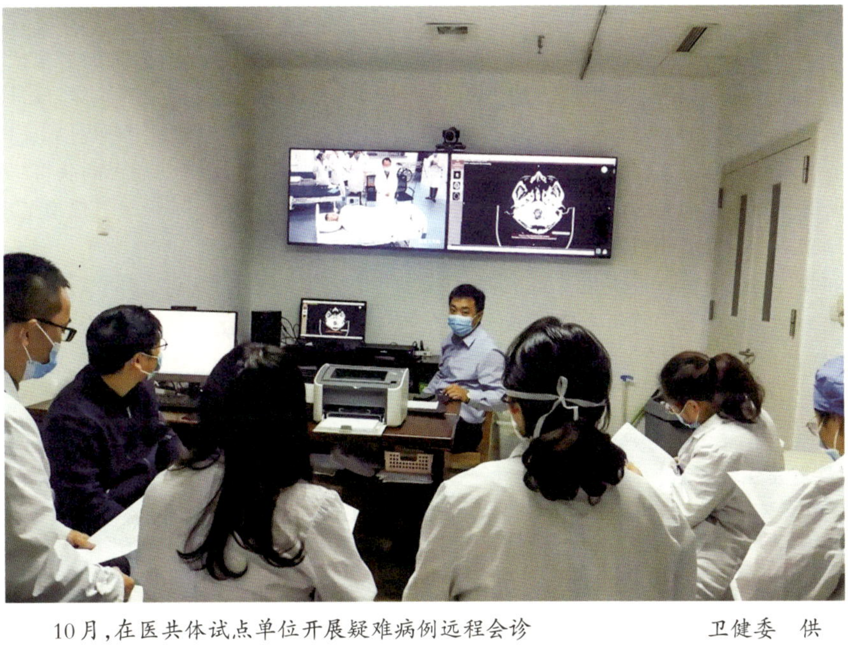

10月，在医共体试点单位开展疑难病例远程会诊　　卫健委　供

4月，大冈基层卫生服务中心　　卫健委　供

本人群体检按每人220元结算价结算经费3283.08万元，7～18岁学生体检结算经费117.59万元，为建档立卡对象结算体检经费315.9万元。

【基层卫生能力建设】 年内，经申报、审查和公示等程序，新许可设置村级卫生机构3个，全区共有集体（政府）办村级卫生机构243个。完成农村订单定医学生招录31人，其中本科生13名（中医学4名、临床医学7名、预防医学2名）、大专生18名（临床医学7名、预防医学11名）；先后组织4名镇级医疗卫生机构业务骨干和17名乡村医生参加国家基层卫生人才能力提升项目培训、镇级医疗卫生机构6名医师和10名护理人员参加省级基层适宜卫生技术师资项目培训，所有参培人员均取得培训合格证书；抽调25名骨干师资，利用楼王、秦南、盐龙和大冈等4个区基层卫生人员实训基地，分2批、8个班、每班4天，完成全区621名乡村医生的年度集中轮训，提升基层卫生服务能力。

【实验室生物安全】 年内，加强全区23家实验室生物安全管理，健全实验室生物安全监管责任体系和长效工作机制。完善各实验室生物安全事件应急预案，按季度组织生物安全工作督查，安排50名实验室人员参加市级实验室生物安全管理培训，所有实验室设备定期维护、每日监测，功能正常、状态良好，符合实验室生物安全工作要求。

【家庭医生签约服务】 年内，完成4个家医工作室建设，推进预约上门、家庭病床和居家护理服务，开展基层首诊签约、探索“两病”（高血压、糖尿病）服务流程再造等。组建健康服务团队104个，全区常住人口、重点人群家医签约率分别保持在32%、65%以上；建档立卡低收入人口、残疾人和计生特扶对象、特困老党员家医签约全覆盖，按年度为所有建档立卡对象提供1次免费健康体检，按月为贫困老党员和离退休老干部提供上门送医送药服务，提升签约居民的获得感和满意度。（陈志龙）

妇幼健康

【加强乳腺宫颈癌复查】 2021年，全区共完成宫颈癌筛查20176人、乳腺癌筛查20481人，2021年宫颈癌早诊率95.97%，乳腺癌早诊率88.89%。其中，建档立卡和低保家庭两癌检查人数438人，盐都企业外省女职工检查人数141人。转诊乳腺钼靶437例，确诊9例乳腺癌进行手术；阴道镜检查505人，宫颈活组织病理检查377人，其中宫颈癌8例，高级别病变166例，低级别病变126例，检出的高级别病变以上的患者均进行手术。

【加大传染病预防】 年内，完成补服叶酸预防神经管缺陷项目2947人，完成率117.88%；预防艾滋病、梅毒和乙肝母婴传播项目孕产妇检测2735人，检测率达100%，其中21例梅毒孕产妇所生22例儿童均进行规范治疗，61例乙肝阳性孕产妇所生儿童在出生12小时内免费接种乙肝免疫球蛋白，母婴阻断率100%。

老龄健康

【落实老年人优待政策】 2021年，全区共为4650位老人办理老年优待证；组织百岁祝寿活动20场次，为百岁老人送去党和政府的关爱，为80周岁以上老年人发放尊老金2908.58万元；推进老年人意外伤害保险，除常见的意外身故、医疗、残疾责任外，全年新增意外住院津贴、被动物咬伤、骨折定补等责任理赔，加强老年群体的保障，区政府出资164.6万元为2.75万名五保和城市三无人员中60周岁以上、低保户中60周岁以上和所有80周岁以上人员，免费购买老年人意外伤害保险。鼓励社会及子女购买，各乡镇参与投保的老人达11.27万人，老年人参保覆盖率达79.29%。

【加强敬老文化宣传】 2021年，开展老年健康宣传。通过老年健康宣传周、“敬老月”等专题宣传活动，宣传老年人健康管理、老年健康与医养结合等相关政策，普及老年健康科普知识，开展疫情防控科普宣传，增强老年人健康意识。开展敬老文明号和示范性老年友好型社区创建。弘扬孝亲敬老文化，申报市“最美健康老人”“孝亲敬老之星”等敬老助老模范人物评选活动和全国示范性老年友好型社区创建，发挥示范引领作用。开展老年文化艺术节活动。2011年，全区首创老年文化艺术节，至2021年，连续11

年开展老年文化艺术节活动，推动相关部门、各镇(区、街道)、老年社会团体、社会力量等方面的融合，吸引老年人主动参与，推进全社会“尊老、敬老、爱老、助老”氛围的形成。10月，全区老艺节组织镇级汇演16场次，表演节目285个，参加活动的老年人1.8万人，观众达3万人次。

【开展智能技术专项普及培训】 实施老年人运用智能技术专项普及培训工程是省政府2021年民生实事项目之一。5月，全区启动老年人智能技术专项普及培训工作，以各镇(区、街道)为单位，通过政府购买服务集中在盐渎、潘黄、盐龙三个街道试点培训后向全区延伸，采取小班授课、志愿者上门一对一服务等多种形式开展培训，帮助老年人提高运用智能技术的能力和水平。当年全区累计培训2742人，提前完成市下达2700人次的培训任务，解决部分老年人运用智能技术的困难，化解老年人面临的“数字鸿沟”。

人口监测与家庭发展

【概况】 盐都区2021年人口监测与家庭发展、计划生育协会工作，坚持新时代卫生与健康工作方针，以促进人口长期均衡发展为目标，以实施全面三孩政策为重点、落实计划生育家庭奖励扶助政策，完善生育服务配套措施，改革服务管理，提升家庭发展能力，推进全区托育服务工作，提高广大育龄群众的获得感、幸福感和安全感，提高广大群众对盐都区卫生健康工作的满意度。2021年1月18日，盐都区被国家卫健委命名为“2018—2020年全国计划生育优质服务先进单位”。7月16日，盐都区计划生育协会被省计生协通报表扬。

【生育登记服务制度】 年内，优化再生育审批管理，简化和规范计划生育证件管理，落实首接责任、全程代理、一站式服务和承诺制，推进计划生育政务信息公开，为群众提供高效便捷服务。全年共办理相关业务2889件，其中一孩业务1311件，二孩业务1067件，三孩业务60件，网上办理业务451件。其中一孩业务278件，二孩业务68件，三孩业务5件，按序时要求完成“出生一件事”相关工作。 （陈志龙）

爱国卫生

【创建有新突破】 为改善农村环境卫生面貌，保障人民群众健康，提升群众生活品质，助力新农村和“强富美高”新盐都建设。结合文明城市长效管理和乡村振兴战略，开展建设省健康镇村、卫生村创建工作。2021年，学富镇、楼王镇建设省健康镇，仰徐村、塘桥村、施湾村等3个村建设省健康村，新民村、兆泉社区等15个村(社区)创成省卫生村。至年底，建设省健康镇6个、省健康村13个，创成省卫生村109个。

【爱国卫生月】 4月14日上午，市、区卫健委、爱卫会、文明办等单位在万达广场，联合举办全国第33个爱国卫生月暨“文明健康始于心”科普宣传活动。同时，各镇(区、街道)、卫健系统相应开展活动。共开展科普宣传63场，发放宣传材料128350份，开展城乡环境整治147次，集中开展病媒生物防制54次。

【世界无烟日】 5月31日上午，市爱卫办联合盐都区、亭湖区、开发区、盐南高新区爱卫办及相关医疗卫生单位工作人员在盐渎公园西门广场举行了世界无烟日大型公益宣传活动。同时，区爱卫会相关成员单位、镇(区、街道)、各卫生院(社区卫生服务中心)，组织机关、医务人员和志愿工作者，走向街头，在社区、学校，开展控烟知识宣传，工作人员还和居民进行互动，普及香烟中的有害物质成分、吸烟会引发哪些疾病等知识，以实际行动，营造无烟、清洁、健康的公共环境。活动期间，全区共开展宣传26场次，接受咨询、义诊8300多人，散发各种宣传资料17600余份。

【病媒生物防制】 病媒生物防制工作是巩固创卫成果、保护人民群众健康的一项长期性、基础性的工作。年内，根据省、市监测任务要求，盐都区在特定生境开展四害及蜱虫密度监测工作。全年共开展鼠密度监测6次，蝇密度监测9次，蜚蠊密度监测6次，蚊密度监测18次，蜱虫密度监测6次、鼠蝇蜚蠊类密度控制水平目测法评估2次。边开展监测工作，边向群众发放宣传用品，让群众了解防“四害”知识。

【健康教育与健康促进】 2021年，“社区健康巡讲团”共开展健康巡讲1734场，累

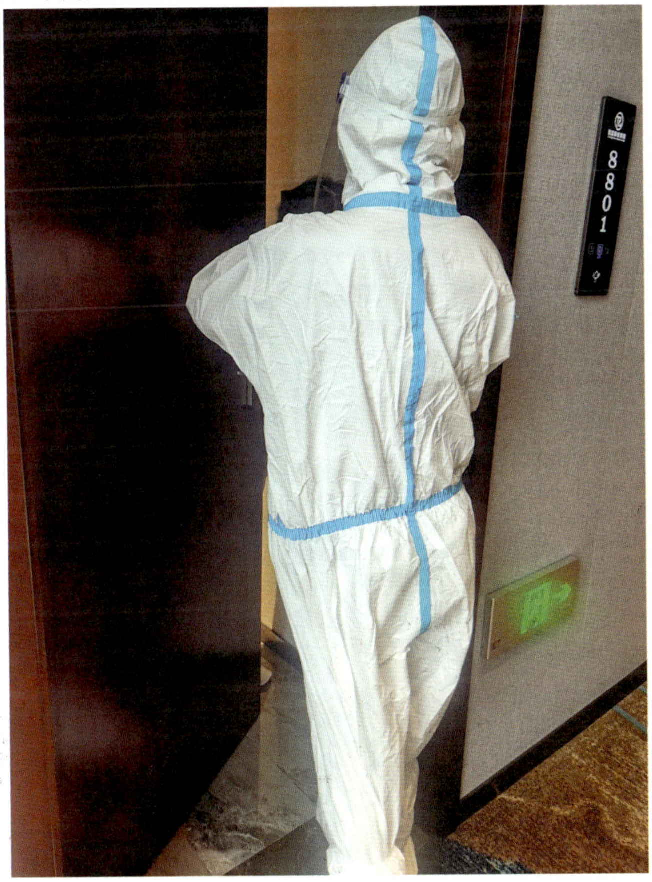

8月，抗疫一线医护人员进行核酸检测　　卫健委　供

计受益达83041余人次，发放健康支持性工具13015套，宣传折页15万张。全区共设置健康教育宣传栏289处，全年共更换13872块，镇村健康教育宣传栏、健康教育室覆盖率均达到100%。全年累计制作疫情防控宣传折页11种，印发33万份。印制其他各类宣传手册、折页、宣传单46万份，制作和购置健康支持工具8000套，供基层卫生院入户发放。开展重大卫生节日宣传，全区共开展宣传196场次，受众人群达到18452场，共展出展板1340块，受益群众达2万人次。潘黄仰徐、学富施湾、尚庄塘桥创成省级健康社区，学富、楼王镇创成省级健康镇，区第三人民医院创成健康促进医院。 （陈志龙）

医政医管

【做好常态化疫情医疗救治工作】 2021年，推进发热门诊规范化建设。盐都区二院建成示范发热门诊；区中西医结合医院、大冈中心卫生院完成发热门诊新建；盐龙街道社区卫生服务中心建成发热诊室。统筹疫苗接种医疗保障工作。制定《盐都区新冠肺炎全员核酸检测方案》，开展全员核酸检测演练，组织安排二级以上医疗机构3500多人次医护人员对24个疫苗接种点位进行现场医疗保障。组织8轮次新冠疫情防控工作督查，及时通报存在问题，限期整改到位。

【推进医疗机构医疗废物信息化管理】 年内，贯彻落实全市医疗废弃物管理信息化建设工作推进会会议精神，根据《关于规范推进医疗废物管理（业务）系统建设工作的通知》要求，将辖区内所有医疗机构医疗废物监管纳入实时、全程、在线监控。组织开展全区基层医疗机构医疗废物信息化管理系统建设培训会议，规范操作流程。市三院、区二院、区中西医结合医院、大冈中心卫生院医疗废物信息化管理系统建成联网。

【盐都二院院前急救分站投入运行】 11月16日，省政府民生实事工程盐都二院院前急救分站正式启用。对照建设标准，盐都二院从人员配备、基础建设、基本装备、分站管理和急救处置能力等方面进行功能完善。盐都二院院前急救分站投入使用，对完善全区院前急救体系，优化院前急救服务布局，缩短院前急救半径，弥补盐都西区院前急救的短板发挥积极作用。

【规范医疗机构特殊药品管理】 年内，贯彻落实区禁毒委的工作部署，开展全区精神药品和麻醉药品排查管控专项行动，通过组织麻醉精神药品管理互审、医政信息管理监督平台核查和实地现场督导相结合等方式，对医疗机构精麻药品管理制度、台账建立、过期药品销毁等进行检查督导，实现购买、运输、储存、使用等全过程动态监控、闭环管理。

11月，市三院挂牌成为江苏首家工伤直付医疗服务机构 卫健委 供

【基层中医药服务能力提档升级】 年内，开展基层医疗机构标准化中医馆创建。依据《江苏省基层中医馆服务能力等级建设评价标准（2021版）》，突出中医科室设置、中医人员配备、中医设备配置、开展中医诊疗技术和服务等核心要素，推动中基层医疗机构中医馆建设水平提档升级。年内，经省市区中医药部门确认，盐龙街道社区卫生服务中心为五级中医馆；盐都区二院等4家为四级中医馆；北龙港卫生院等5家为三级中医馆。完成区中医院建设概念性框架。赴省卫健委（中医药管理局）请示汇报盐都区中医院的规划建设情况，得到省中医药局领导肯定和支持；赴南京、仪征、姜堰等中医院考察学习，开展可行性论证，形成盐都区中医院建设概念性框架。 （陈志龙）

·盐城市第三人民医院·

【概况】 2021年，全院完成门急诊诊疗141.54万人次，同比增加37.05%；出院病人67021人次，同比增加2.51%；手术50428例，同比增加17.05%，其中三四级手术28811例，同比增加15.28%；平均住院日7.97天，同比下降4.32%。2021年，全院共收到表扬信13封，锦旗96面，入选成为“中国帕金森病及运动障碍疾病精准诊疗联盟”单位。成为江苏省首家工伤直付医疗服务机构。

【落实DRG医保支付方式改革】 10月，盐城市按疾病诊断相关分组付费（DRG）项目正式上线运行。市三院成立DRG付费工作领导小组，以三院DRG模拟运行阶段真实运营数据为基础进行讨论分析，让临床初步认识数据质量对入组结果的影响，引导临床学会从数据中发现问题。

【控制医疗费用不合理增长】 年内，加强医务人员的医德医风教育，规范医务人员诊疗行为，坚持“合理检查、合理用药、合理治疗”原则，落实医嘱/处方点评、抗生素使用、辅助用药、高值耗材使用等管理制度，推广临床路径、日间手

术、VTE防治的内涵，推动同级医疗机构医学检验检查结果互认制度，推广多学科诊疗服务，构建以患者为中心的分级诊疗体系，推动建立“基层首诊、双向转诊、急慢分治、上下联动”分级诊疗模式，发挥医联体作用，引导患者合理有序就诊。2021年的门诊和住院均次费用均较上年有所下降，其中门诊的均次费用下降10%以上。

【加强抗菌药物使用管理】 针对临床科室的抗菌药物使用、0～Ⅰ类切口预防性抗菌药物使用的合理性开展专项检查，共抽检5419份在架病历，其中存在不合理用药情况的占10.63%，较上年有所改善。对围手术期抗菌药物的管理系统进行升级完善，通过信息化手段管控抗菌药物的合理使用。2021年，全院抗菌药物使用强度40.13 DDDs、Ⅰ类切口预防性抗菌药物使用率46.73%、基本药物使用比例28.35%。

【专注病历内涵质量管理】 2021年，检查在架病历12536份，重点落实疑难危重病人、围手术期病人、临床合理用药、Ⅰ类切口预防性使用抗菌药物、手术安全核查、住院时间超30天、非计划再次手术、胸痛中心、卒中中心等关键环节、重点部门专项质量的督查。检查归档病历10702份，甲级率为98.93%。

【推广临床（日间）路径管理】 年内，对《临床路径、日间手术与特定病种质量管理实施方案》进行修订，三院全年共开展318个临床路径及38个日间手术病种，其中儿科、心血管内科、普外科、胸外科、肿瘤科、呼吸内科等专科临床路径管理工作较为出色。2021年，入径管理人数占全院出院人数的42.01%，入组率99.18%，完成率93.29%，退出率6.71%，变异率高达21.89%；日间手术临床路径管理例数972例，日间手术开展率4.13%。

【加强临床用血管理】 2021年，对全院2763份临床用血病历进行专项质控检查，合格率89.55%。普外科、骨科、心胸外科等科室常规开展自体输血工作，

11月，市三院迎接省卫建委评审专家组进行三级医院现场复评　　卫健委　供

2021年共施行319例自体输血，自体输血率为22.42%。

【开展新技术新项目】 年内，介入科开展前列腺动脉栓塞、经皮胃造瘘、神经阻滞止痛等特色手术。神经内科积极创建癫痫中心，发展睡眠医学、柏金森病及运动障碍、认知障碍及变性疾病亚专科。麻醉科开设疼痛门诊，开展无痛分娩、无痛胃肠镜技术。胸外科开展基于二维CT引导下的精准肺段切除手术。泌尿外科开展腹腔镜下全膀胱切除肠代膀胱、腹腔镜下腹股沟淋巴结清扫等复杂手术。肾内科成立慢性病管理小组，建立慢性病患者档案，开展社区随访。肿瘤科开展免疫治疗；开展MDT团队建设，成立肿瘤化疗专业委员会，规范全院肿瘤治疗。妇产科注重孕产妇安全管理，与麻醉科联合申报为“江苏省国家分娩镇痛试点医院优秀单位”。普外科设立胃肠、肝胆、甲乳三个亚专科，并设立相应的专科门诊。检验科按照ISO 15189实验室认可要求，11月底，接受CNAS专家组的远程+现场监督评审。

【通过中国房颤中心认证】 11月，中国心血管健康联盟、中国房颤中心联盟发布第四批通过“中国房颤中心”认证单位名单，市三院通过中国房颤中心网评及专家组现场认证，经中国房颤中心总部审核，成为“第四批中国房颤中心（标准版）”医院，继2018年市三院通过中国胸痛中心（标准版）认证之后，获得的又一个心血管重大疾病防治中心国家级认证。

【智慧医院平台建设】 年内，对照三甲复审标准，对医院信息系统进行升级改造并初具成效。如临床使用的输血系统、药学系统、预检分诊、住院医生VTE功能、卒中中心评估量表、DRG分组等智慧医疗系统，方便临床工作。院感系统、不良事件管理平台、护理管理、绩效考核系统等智慧管理系统，为职能处室的管理提供帮手。互联网医院服务增加患者随访、互联网+护理、核酸检测线上直接挂号缴费、患者满意度调查、体检预约、体检套餐、体检报告查阅、床边结算等功能，方便患者就医。钉钉平台的使用，实现线上文件阅办、职工请假、考勤、健康上报、会议申请、公告发布、审批等功能，提高职工日常行政事务的工作效率。

【开展招才引智活动】 2021年，引进博士生1人，进行2次研究生招聘，1次检验、影像本科生招聘，1次护士本科生招聘，共录用硕士研究生71人，检验、影像本科生7人，护士16人，完成新进职工岗前培训工作。响应“名校优生”计划，下半年在扬州、武汉、西安等高校进行校园宣讲，共有31人报名“名校优生”岗位，参加江苏省医学类人才线上招聘会。

【推进住培工作】 2021年，市三院在培学员共273人，新招收住培学员125人，

5月，市三院外景图　　卫健委　供

有96人获取国家级住培师资培训合格证书，51人获得省级住培师资培训合格证书。住院医师参加结业考核首考通过率85.23%，较上年提升15个百分点；参加执业医师资格考试首考通过率59.46%；参加年度业务水平测试结果合格比51.39%，较上年提升19个百分点。2021年，吸纳盐龙卫生服务中心为全科基层协作单位，通过国家级全科专业基地现场评估。

【升级更新互联网医院服务】 市三院互联网医院实现分时段预约、智能导医分诊、候诊提醒、检查检验结果查询、诊间结算、移动支付、社保卡嵌入等一系列便民功能。增加家属注册，解决老人与儿童线上挂号缴费的问题；增加查阅一日清单、出院小结及缴纳预交金等功能。2021年，三院互联网医院实现注册103993人，申领健康卡97029人，申领医保卡33751人，自助挂号99459人次，成交支付金额1606.22万元。

【推动医共体医联体建设】 年内，与盐龙街道社区卫生服务中心进行紧密型医共体。开设康复医学专业和全科医学专业两个联合病房，成立远程会诊、远程心电、远程影像、消毒供应中心等。与黄海街道、新都社区卫生服务中心继续签订医联体合作协议，加强在康复医疗、儿科建设等方面的业务指导和合作，解决基层的实际需求。组建射阳县人民医院、响水县人民医院医联体，在技术帮扶、人才培养、双向转诊等各方面与医联体医院开展全面合作，发挥医院的专科优势，实现医院管理、学科建设、医疗技术应用等资源共享。

【口腔颌面外科联合病房开诊】 2021年，市三院开展上海九院的合作，口腔颌面外科联合病房是三院依托上海第九人民医院开展学科合作的医联体项目。4月，口腔颌面外科联合病房成立，7月，联合专科门诊开诊。上海九院的博士团队驻点市三院坐诊、参与疑难病例会诊和手术。病房收治的住院患者300余人次，手术近300例。

【签约“星火计划·壹联共建”公益项目】 11月，作为东南大学附属中大医院医联体单位，与中国医学论坛报社、东南大学附属中大医院签署“星火计划”战略合作协议，获得“星火计划·合作医院”授牌。通过“星火计划”，借助中大医院及联合中国医学论坛报社的影响力及良好平台的相互助力，加强与医联体单位的合作与交流，整合优质资源，提升医院规范化诊疗能力及应对重大疾病的专项防控能力。

【统筹做好设备采购】 全年共完成医学装备购置291台（套），购置总金额6800余万元。引进美国通用电器公司生产的第三代PET/CT。该设备可为临床诊断、鉴别诊断、肿瘤分期、疗效评估等方面提供灵敏度更高和图像更清晰、检查结果更准确的PET/CT影像平台。购置全自动医用PCR分析系统、电子内窥镜系统、彩色多普勒超声诊断系统、过氧化氢低温等离子灭菌系统、呼吸机、麻醉机、血液透析滤过机、手术显微镜等多套设备。

【开展“结瓣同行”大型慈善及捐助活动】 为减少因瓣膜性心脏病导致的致贫和返贫现象，9月，发起“99公益结瓣同行”大型慈善活动，获得捐款25.2万元，全部用于瓣膜性心脏病患者。有4名因病致残致贫的患者因项目得到手术救治而受益。

【做好对口支援工作】 2020年10月至2021年10月，市三院第三、四批援陕医疗队对铜川市印台区人民医院开展对口帮扶。共接诊3623人次，开展三、四级手术406台、新项目23项；举办下乡义诊活动4次，义诊600多人次；开展全院业务讲座6次及科室培训120次，共3800余人次参加，被陕西省铜川市委、铜川市人民政府表彰为“铜川市2020年度脱贫攻坚先进集体”。

（陈志龙）

体　育

综　述

【概况】 2021年，全区体育事业高位发展。省市体育综合考核继续保持前列，连续第七年获评“江苏省县级体育工作先进单位”，获得“盐城市体育工作综合先进奖先进集体”等市体育工作考核全部先进称号。“乐动万家　健美盐都”群众体育活动品牌影响力提升，全年开展11大系列50项群众性体育赛事活动，惠及数十万城乡居民，区教育局（体育局）连续第三次获得“全国群众体育先进单位”称号。校园足球彰显特色，9所中小学、幼儿园被命名为全国青少年校园足球特色学校，盐都区获评“江苏省校园足球工作先进县（市、区）”。体育产业有新突破，大纵湖体育旅游被认定为国家体育产业示范项目，大纵湖旅游景区入选长三角地区精品体育旅游目的地。

【体育工作连续三年领跑苏北】 1月15日，2021年全省体育局长会议公布参加2020年省县级体育重点工作督查的64个县（市、区）的考核成绩，盐都区以90.72分居全省前列，连续三年位居苏北第一。

【体育宣传工作】 年内，《盐龙体育公园跑步线路》微视频参加2021江苏优秀体育摄影和微视频征集展评活动获得唯一特等奖，省体育局发布盐都体育信息162条，录用总数居全省各县（市、区）之首。

（葛留祥）

全民健身

【概况】 年内，“乐动万家　健美盐都”群众体育活动品牌影响力进一步提升，各类全民健身赛事活动丰富多彩、参与人群人数持续增加。体育场地设施建设超额完成省市任务，管理维护工作不断强化，人均体育场地面积全市领先。

【公共体育场馆重大节假日免费开放】 2021年，在元旦、寒假、春节、五一、暑假、全民健身日、国庆节期间，区体育中心体育馆、游泳馆、田径场实行免费开放，开放项目包括游泳、羽毛球、乒乓球、台球、瑜伽、动感单车、健身操、有氧及无氧器械训练、拉丁舞、肚皮舞、普拉提、健身跑等。

【举行迎新年长跑活动】 1月1日上午，2021盐城市迎新年长跑活动在盐龙体育公园成功举行。活动由市政府主办，区政府、市体育局承办，活动主题为“乐跑盐城，奋进2021！”，活动口号为“奔跑吧，盐城！”，活动内容包括5千米健身跑

1月，举行迎新年长跑活动　　　　教育局　供

和10千米健身跑两个项目，参加群众总数超过5000人。举行活动旨在打造群众体育活动品牌，丰富广大市民业余生活，为盐城市创建国家全民运动健身模范市工作加油助力。

【创成老年人太极系列之乡】 1月9日，区老年人体育协会召开2021年工作年会，总结和部署全区老年人体育工作。会上，市老年人体育协会代表省协会向盐都区颁发“江苏省老年人体育特色项目太极系列之乡”奖牌。会议还对沈红英等10位盐都区第三届老年体育健身明星和马兆荣等20位盐都区第三届老年体育健身先进个人进行表彰和授牌。

【开展室外体育健身器材使用专项督查】 1月25—31日，区全民健身工作部门联席会议办公室组织开展室外体育健身器材使用维护情况专项督查，三个工作小组对分布于各镇（区、街道）和行政村（社区）的近600套全民健身路径和500多个乒乓球场，300多个篮球场，近300个羽毛球场，近40个社会足球场、排球场、网球场、门球场内的各类体育器材的使用维护和卫生安全情况开展逐个检查，并对在检查中发现的问题梳理汇总后及时交相关镇（区、街道）进行整改。

【融入健康盐都建设】 2月5日，区政府印发《落实健康中国行动推进健康盐都建设实施方案》，就健康盐都建设做出总体部署，明确由区体育局牵头负责的体育工作目标任务。完善“10分钟体育健身圈”体系功能，开展全民健身活动，提高全民身体素质，到2022年和2030年，人均体育场地面积分别不低于4.3平方米和5平方米，城乡居民达到《国民体质测定标准》合格以上的人数比例分别不少于95.2%和95.5%，经常参加体育锻炼人数比例分别不少于43%和48%。开展健身休闲产业培育行动，发挥健身休闲产业关联度高、融合性强的优势，促进健身休闲与养老、教育、医疗、文化、旅游等产业融合发展，扩大体育消费载体和渠道，创建体育服务综合体和体育产业基地，打造具有地方特色的品牌体育赛事。

【举行网络健身比赛】 2月9日，区体育局、体育总会印发通知，对2021年盐都区健身气功·八段锦网络比赛做出部署。比赛为“乐动万家　健美盐都”群众体育品牌系列赛事活动之一，由区体育局、体育总会主办，区健身气功运动协会承办。比赛与“中国银行杯”“迎新春　抗疫情”江苏省健身气功·八段锦网络公开赛同步举行。在为期两个多月的赛事组织和比赛活动期间，全区各地近300名健身气功爱好者、社会体育指导员和体育健身服务志愿者参与。比赛最终评定个人一等奖130名、二等奖6名、三等奖8名、参与奖32名，盐渎街道、潘黄街道、盐龙街道、秦南镇和龙冈镇获团体优胜奖，张庄街道、大冈镇、学富镇、郭猛镇和大纵湖旅游度假区获团体优秀奖。

【顾其斌调研盐龙体育公园】 2月24日下午，区人大常委会主任顾其斌一行，就盐龙体育公园开放运营情况进行专题调研。调研组逐一察看盐龙体育公园游泳馆、球类馆、形体馆的内部设施，实地了解三大场馆和室外健身步道、运动场地的建成开放及运营维护情况，并听取公园建设、运营、物业管理等单位的相关工作汇报。

【推动为民办实事体育项目建设】 3月3日，区全民健身工作部门联席会议办公室就2021年政府为民办实事体育项目建设任务的分解落实工作做出部署。14个镇（区、街道）按照相关设计与建设标准各建设1千米健身步道，潘黄等9个镇（区、街道）负责落实25个老旧小区安装新的室外体育健身器材，盐渎、盐龙、龙冈、大冈等4个镇（街道）按照《江苏省基本公共体育设施建设标准》相关要求各改造提升1个县级体育公园，潘黄街道和盐渎街道共同负责在2个“口袋公园”内嵌入体育元素、安装2套二代智能健身路径，10月底前，所有建设任务全部完成。

【获评市体育工作综合先进集体】 在3月5日召开的2021年全市体育局长会议上，区体育局被表彰为“盐城市体育工作综合先进奖先进集体”，同时获评“盐城市群众体育贡献奖先进集体”“盐城市竞技体育贡献奖先进集体”“盐城市重大体育赛事贡献奖先进集体”“盐城市体育宣传工作奖先进集体”“盐城市体育产业贡献奖先进集体”，成为表彰中唯一包揽所有奖项的单位。

【老年人体育运动会】 3月8日，区政府办公室印发《盐都区第六届老年人运动会实施方案》，对区第六届老年人运动会做出具体部署。本届运动会为“乐动万家　健美盐都”群众体育品牌系列赛事活动，由区教育局（体育局）、体育总会主办，区老年人体育协会承办，共设置乒乓

3月，举行区第六届老年人体育运动会　　教育局　供

球、中国象棋、扑克(掼蛋)、钓鱼、太极拳、健身气功等6个个人竞赛项目,太极拳、健身气功等2个集体竞赛项目和传统特色项目、门球等2个体育健身展示项目,举行时间为3月下旬至10月中旬,参加对象为中老年体育健身爱好者。8个镇(区、街道)和6个区直部门单位获得运动会团体优胜奖。

【妇女趣味运动会】 3月8日,“追梦新时代　巾帼绽芳华”——2021年庆“三八”妇女趣味运动会在盐龙体育公园举行,潘黄街道数十名女队员报名参加。运动会为“乐动万家　健美盐都”群众体育品牌系列赛事活动之一,设有拔河、跨越障碍、缠足行走、腰带竞力等竞赛项目。

【室外健身设施专项清理】 3月15日,区体育局就全区室外全民健身设施专项清理规范工作做出部署,3月18日,召集各镇(区、街道)相关负责人进行具体布置。3月24日前,完成辖区内室外全民健身设施专项清理规范的现场清查和信息采集登记工作,5月底前,完成排查和清理,完善长效管护机制。

【范金华调研县级体育工作】 3月22日下午,省体育局二级巡视员范金华一行就江苏省县级体育重点工作督查进行专题调研。调研组实地察看涵邦乒乓球俱乐部和盐龙体育公园,听取盐都区体育工作情况汇报和对省县级体育重点工作督查的相关建议,对盐都区体育工作所取得的成绩予以肯定。

【举行区级机关乒乓球联赛】 3月28日,第三届“盛州杯”盐都区区级机关乒乓球联赛在盐渎街道盛州全民健身中心悦健乒乓球馆开幕。在联赛第一阶段比赛中,各区级机关、单位的19支代表队近150名运动员参加。联赛为“乐动万家　健美盐都”群众体育品牌“爱乒才会赢”乒乓球系列赛事活动之一,由区委区级机关工委、区总工会、区体育局、区体育总会主办,区乒乓球协会、盐城市悦健体育文化发展有限公司承办,盐城盛州集团有限公司冠名支持,区级机关、单位在编人员及经区财政备案的聘用制人员均可报名参加。联赛设乒乓球混合团体项目,每次比赛分为分组循环和单淘汰两个阶段,由比赛双方各派5名运动员进行5场单打比赛,各代表队按名次取得相应积分。本届联赛其他三个阶段比赛分别于6月、9月和11月举行。

【国家发改委调研公共体育设施建设】 3月30日上午,国家发改委调研组一行5人调研考察盐都区公共体育设施建设情况,实地察看小马沟景观绿廊马拉松赛道、健身步道和盐龙体育公园篮球馆、游泳馆、形体馆及室外体育场地设施,详细了解盐都区公共体育设施规划建设和使用管理等情况。

【开展首届“健身达人”“活力家庭”评选】 3月30日,区全民健身工作部门联席会议办公室部署盐都区首届“健身达人”“活力家庭”评选活动,参评对象由各镇(区、街道)和区各委办局、各直属单位、各单项体育协会负责推荐。凡是在盐都区居住、工作或学习,热爱祖国,遵纪守法,爱好体育运动,常年坚持体育锻炼,具有较为突出体育健身技能,积极宣传推广全民健身运动的中国公民和家庭(健身达人参评对象不包括现役和退役未满三年的专业运动员)均可报名参加评选。经过为期近两个月的组织推荐、专业评审和媒体公示等程序,最终共评定“盐都区首届健身达人”30名、“盐都区首届活力家庭”20个。

【举行健身秧歌培训】 4月10—11日,2021年盐都区健身秧歌项目一线社会体育指导员技能培训活动在区体育馆举行,全区14个镇(区、街道)和区社会体育指导员协会、广场健身舞运动协会、老年人体育协会近110名体育健身爱好者报名参加培训。培训的主要内容为第八套健身秧歌动作技术要领,培训结束前所有参培学员参加技术动作考核和全套动作集体展示。

【举行汽车城市集结赛】 4月11日下午,2021东方汽车广场第四届汽车城市集结赛在海外海盐城汽车城圆满落幕。集结赛为“乐动万家　健美盐都”群众体育品牌系列全民健身赛事活动之一,由团区委、盐渎街道办事处、盐城东方汽车广场等主办。比赛设路段计时和稳定驾驶两个竞赛项目,共有来自市内外的76辆各型汽车和152名车友报名参加。

【承办盐城马拉松赛】 4月18日中午12时40分左右,盐都区2021盐城马拉松赛承办工作结束。2月下旬,2021盐城马拉松赛新闻发布会召开后,盐都区成立工作专班,定期研究会办沿线环境整治、绿化提升和赛事准备等工作,各相关部门与市组委会做好沟通对接,沿途赛道环境整治和氛围营造、交通标识线出新、

4月,承办盐城马拉松比赛　　　　　　　　教育局　供

软隔离硬隔离相关设施、干群参与活动安保等所有事项全部按照预定时限落实到位。马拉松赛，盐都区主要负责的区域是全程马拉松赛道潘黄街道赛段（腾飞路、小马沟东支路、世纪大道）和盐渎街道赛段（新都路、神州路、蓝海路），赛道全长12.81千米。

【举行庆祝建党100周年活动】 4月18日，在世纪公园盐渎大舞台举行盐都区庆祝建党100周年暨民盟成立80周年“全民共舞”舞蹈骨干培训活动。培训活动由民盟盐都基层委员会主办，盐渎街道办事处、区体育总会承办，区文化志愿者协会协办，活动主题为“乐动万家　健美盐都　颂歌献给党　幸福舞起来”，培训内容为广场舞曲目《最美的歌儿唱给妈妈》和《美丽盐城我的家》，盐都区各地健身队伍和区文化志愿者协会的近300名广场舞运动爱好者报名参加。

【举行健康奔跑活动】 5月4日上午，在盐龙体育公园举行2021年盐都区五四青年节健康奔跑活动，市区各跑步俱乐部的200多名跑步爱好者报名参加。活动为“乐动万家　健美盐都”群众体育品牌“万步有约”系列赛事活动之一，由区体育总会主办，区马拉松运动协会、盐城传奇长跑俱乐部承办。活动设半程马拉松（绕盐龙体育公园内环形跑道6圈）奔跑项目，不计时，不计名次，在规定时间内跑完全程即可。

【举行社会体育指导员技能再培训】 5月7日，盐都区2021年“颂歌献给党　幸福舞起来”广场舞公益培训进乡村（社区）暨社会体育指导员技能再培训活动在楼王镇北龙港中心社区启动，社区50多名广场健身舞运动爱好者和一线社会体育指导员报名参加。培训活动由区体育局、体育总会主办，区广场健身舞运动协会承办，为“乐动万家　健美盐都”群众体育品牌“舞动盐都”广场健身舞系列活动之一。培训活动持续至6月上旬，培训期间邀请国家级和一级社会体育指导员走进乡村（社区），就广场健身舞节目《没有共产党就没有新中国》《最美的歌儿唱给妈妈》《跟党走》《美丽盐城是我家》的技术要求和动作规范，对全区14个镇（区、街道）250多个村（居）的1200名广场健身舞运动爱好者和一线社会体育指导员进行免费培训。

【承办棋类裁判员培训班】 5月8日，2021年盐城市象棋、围棋、国际象棋项目国家二级裁判员培训班在翰生少儿棋院举行，全市各县（市、区）近60名棋类运动爱好者参加培训。培训班由市体育局主办，市棋类运动协会、区体育局承办，区棋类运动协会协办。培训班特邀国际象棋国际A级裁判员韩亚骏、象棋一级裁判员赵强和围棋一级裁判员彭其荣负责授课，培训结束前对所有参加培训人员进行理论知识、实践操作和临场执裁等裁判业务考核。

5月，大纵湖冬泳活动与集训基地挂牌仪式暨游泳夏令营开营活动　教育局　供

【体育设施建设管护工作】 2021年，体育设施建设管护工作超前超额完成省市任务，全区人均体育场地面积保持全市第一，盐龙体育公园跑步线路和潘黄街道仰徐村休闲体育公园分别获评江苏省最美跑步线路、最美乡村健身公园。

【举行游泳夏令营开营活动】 5月9日，大纵湖冬泳活动与集训基地挂牌仪式暨辛丑年小长游夏令营开营活动在大纵湖旅游度假区举行。活动由市体育总会和区体育总会指导，大纵湖旅游度假区管委会、市冬泳协会共同组织，活动内容主要包括市冬泳协会“大纵湖冬泳活动与集训基地”授牌挂牌仪式、盐城市辛丑年小长游夏令营开营仪式和指定区域集体游泳等，盐城市内和威海、宿迁、淮安、镇江、扬州、南通等全国各地的17个冬泳（游泳）协会和冬泳（游泳）队报名参加，参与活动的游泳爱好者、体育志愿服务者、医护安保人员以及围观群众等合计超过800人。

【举行太极拳培训】 5月22—23日，2021年盐都区太极拳项目一线社会体育指导员技能培训活动在区体育馆举行，全区14个镇（区、街道）和区社会体育指导员协会、太极拳协会、老年人体育协会的近100名体育健身爱好者报名参加培训。培训为“乐动万家　健美盐都”群众体育品牌系列活动之一，由区体育局、体育总会主办，区社会体育指导员协会、太极拳协会承办，国家级社会体育指导员负责授课，培训对象主要为全区各地服务于基层全民健身工作、具有一定太极拳运动基础的社会体育指导员，培训内容主要为国家体育总局推广的24式简化太极拳动作技术要领。培训结束前，所有参培学员参加技术动作考核和全套动作集体展示。

【安全生产大排查】 6月29日，市体育局党委书记方仕德一行对盐都区体育系统安全生产大排查大整治工作开展情况进行专题督查。5月26日全国体育系统赛事监管专题工作会议后，盐都区开展体育赛事活动专项整治，健全体育赛事活动安全监管工作机制，加大对相关赛事活动和公共体育设施尤其是大型体育场馆的常态化安全管理工作，对排查发现的体育领域安全隐患及时提出整改要求并跟踪督查整改情况。

【参加省展评活动获特等奖】 8月9日，区全民健身工作部门联席会议办公室就“多彩体育　美好生活”2021江苏优秀体育摄影和微视频征集展评活动的参评组织工作做出部署，参评工作由区体育局牵头，各镇（区、街道）和区各委办局、各直属单位具体负责，摄影和微视频作品的创作主要围绕“乐动万家　健美盐都”群众性主题赛事活动进行。11月26日，省体育局、省体育总会、新华报业集团公布评选结果，盐都区选送的《盐龙体育公园跑步线路》微视频获得展评活动唯一特等奖。

【开展区级体育类协会负责人推选】 8月31日，区体育局、体育总会发布公告，就部分区级体育类协会负责人人选的推荐工作做出部署。推荐对象为区钓鱼协会、田径协会、太极拳协会、门球协会、舞龙协会、裁判协会、柔力球协会、羽毛球协会、社会体育指导员协会、拔河协会、足球协会、游泳协会负责人，推荐方式为单位推荐或个人自荐。

【区体育局获全国表彰】 9月2日，国家体育总局发布《关于表彰2017—2020年度全国群众体育先进单位和先进个人的决定》，区体育局榜上有名，被表彰为先进单位。这是继2013年和2017年后，盐都区第三次获此表彰。

【方仕德调研全民健身工作】 9月8日下午，市体育局党委书记方仕德一行就盐都区全民健身工作开展情况进行调研指导。调研组在大纵湖旅游度假区先后实地察看笼式多功能健身广场、北宋居委会文体活动广场、迎湖村文体活动广场、大纵湖旅游风景区健身步道，观摩盐都区备战市第四届龙舟赛训练现场。

【口袋公园嵌入体育元素工作】 9月11日，区政府召开口袋公园嵌入体育元素工作会办会，就贯彻落实全市全民健身场地设施建设推进会精神，推进口袋公园嵌入体育元素工作，丰富“10分钟体育健身圈”、完善全区公共体育服务体系进行动员和部署，区体育局、住建局、自然资源和规划局和高新区盐渎街道、盐龙街道、潘黄街道及张庄街道相关负责人参加会议，副区长肖乐农出席会议并讲话。2021年，全区共有12个口袋公园完成嵌入体育元素工作任务。

【篮球定点投篮网络视频比赛】 9月30日，区体育局、体育总会公布“谁与争锋”——2021年盐都区篮球定点投篮网络视频比赛评审结果，88名男、女运动员分获男子组和女子组的一等奖、二等奖和优秀奖，郭猛镇、盐渎街道、大冈镇分获团体优胜奖，秦南镇、潘黄街道、大纵湖镇、张庄街道、大纵湖旅游度假区分获团体优秀奖，郭猛镇、盐渎街道、大冈镇、秦南镇获优秀组织奖。比赛自8月上旬开始，比赛以各镇（区、街道）为参加单位，比赛内容为两分钟连续投篮（罚球线定点投篮和三分线外投篮各一分钟），比赛地点为各地笼式灯光球场或文体活动广场，比赛时间主要安排在“全民健身日”前后。在为期近两个月的比赛过程中，全区各地560多名篮球运动爱好者报名参加。

【举行“庆国庆”系列体育健身活动】 10月16日，随着“颂歌献给党　幸福舞起来”江苏省广场健身舞百万人大展演盐城市盐都区分会场活动的落幕，盐都区2021年“庆国庆”系列群众体育赛事活动收官。系列赛事活动包括9月30日晚举行的“万步有约”——2021盐都区迎国庆荧光夜跑，活动内容为环绕盐龙体育公园健身步道2圈7千米跑；10月1日上午举行的“万步有约”——2021盐龙体育公园庆国庆欢乐跑，活动内容为5千米和10千米跑步；10月上旬和中旬举行的“舞动盐都”——“颂歌献给党　幸福舞起来”江苏省广场健身舞百万人大展演盐都区各镇（区、街道）分会场活动和盐都区分会场活动，区内外各界群众近5000人参加。

【农口系统老年人运动会】 10月18日，盐都区农口系统第十九届老年人运动会落幕。在为期4天的健身气功·八段锦、太极拳、中国象棋、钓鱼、扑克掼蛋、中国竞技麻将等项目比赛中，全区农口系统120多名中老年干部职工报名参加。

【承办社会体育指导员技能再培训】 10月20日，2021年盐城市气排球项目一线社会体育指导员（晋级）技能再培训活动在区体育馆落幕，全市各县（市、

9月，篮球定点投篮网络视频比赛落幕　　教育局　供

区)的110多名气排球运动爱好者参加培训。培训活动由市体育局主办,区体育局承办,区体育中心协办,培训对象为一线社会体育指导员以及开展全民健身公益服务的社会体育项目的教练员。培训班特邀江苏省老年体协气排球专委会理事、南通市老年体协气排球专委会主任袁明负责授课,培训内容主要为气排球运动的技术要求和整套动作、气排球运动项目竞赛规则等。培训结束前,主办方对所有参加培训人员进行气排球运动基础理论和基本技术考核。

【举行自行车赛】 10月31日上午,2021“大洋湾”杯中国盐城黄海湿地公路自行车赛暨首届“乡村振兴·大众骑行”活动盐都分站赛在大纵湖旅游度假区东晋水城举行。活动为“乐动万家　健美盐都”群众体育品牌“骑越纵湖”系列自行车骑行活动,由市政府主办,市体育局、区政府等承办。活动起点为东晋水城广场,骑行线路主要分布于环湖大道和125省道。全区14个镇(区、街道)和部分学校的600名自行车运动爱好者,完成30千米的骑行里程。整个活动期间,约10万名大纵湖周边居民和各类直播媒体平台观众围观和浏览。

【开展体育场地统计调查】 11月3日,区全民健身工作部门联席会议办公室对全区2021年度体育场地统计调查工作做出部署。统计调查工作的对象为全区各地(不含军队系统)2021年度建成使用,可供各类人群开展体育健身、比赛和运动训练等活动的各种体育场地设施。统计调查的主要内容为各体育场地设施的以下信息:所属单位名称、社会信用代码、机构类型、行业类别、所在地址、场地类型、场地名称、建成时间、投资金额、资金来源、场地面积、场地数量、建筑面积、固定座席、照片等。至11月下旬,全区各地均顺利完成调查数据的采集和网络上报工作。全国体育场地统计调查系统显示,2021年底盐都区体育场地总面积354.25万平方米和人均体育场地面积4.25平方米均排名全市第一、全省前列。

【男子足球俱乐部联赛】 11月6日至7日,2021年盐都区首届“乡村振兴杯”镇级男子足球俱乐部联赛决赛阶段比赛在盐龙体育公园举行,大纵湖镇、大冈镇、龙冈镇、尚庄镇和盐渎街道的5支代表队经过四轮循环对阵,最终大纵湖镇代表队获冠军,取得代表盐都区参加盐城市首届“乡村振兴杯”镇级男子足球联赛的资格。

【区级机关运动会】 11月12日,2021年盐都区区级机关运动会在区行政中心南广场揭幕。运动会由区委办、区政府办、区机关事务管理服务中心、区体育局和区体育总会共同主办,为“乐动万家　健美盐都”群众体育品牌系列全民健身赛事活动之一。运动会为期两天,设拔河、中国象棋、乒乓球(男子团体,男、女个人单打)、羽毛球(男、女个人单打)、游泳(50、100米自由泳,男、女个人)等竞技类比赛项目和螃蟹背西瓜、4×15米腿夹球跳混合接力、8字跳绳等趣味类比赛项目,区级机关37个部门和单位的700多名干部职工参加。

1月,举行区级机关运动会　　　　教育局　供

【开展农村体育设施管护培训】 11月16日,区体育局举办2021年农村公共体育设施管护工作培训班,培训对象为全区14个镇(区、街道)社会事务管理办公室负责人和具体负责公共体育设施管理工作的人员,培训内容主要为全省室外全民健身设施管护专项治理工作推进会精神和各级体育部门关于农村公共体育设施的管理工作要求。举办培训班旨在深化农村公共体育设施管理维护工作,保障全区农村公共体育设施良好安全使用。

【体育锻炼标准达标赛】 11月20日,2021盐城市暨盐都区《国家体育锻炼标准》达标赛在市第一初中举行。比赛按年龄分为壮年一组(25~44周岁)和壮年二组(45~59周岁)两个组别,壮年一组设25米×4往返跑、男子1000米跑、女子800米跑、立定跳远、15米×2绕杆跑和坐位体前屈等五个竞赛项目,壮年二组设25米×4往返跑、3000米快走、掷实心球(1KG)、15米×2绕杆跑和坐位体前屈等五个竞赛项目,全区14个镇(区、街道)的300多名群众报名参加。

【广场舞俱乐部比赛】 11月26日,盐城市第四届广场舞大赛暨广场舞俱乐部联赛盐都区选拔赛在区体育馆举行。比赛的项目为广场舞规定套路《江山》(盐城市2021年推广舞曲)和广场舞自选套路(舞种不限,时间为3分30秒至4分30秒之间)。参加对象为全区各地各单位年龄在18~65周岁,体质状况良好,会跳《没有共产党就没有新中国》《幸福小康》和《美丽盐城我的家》等三支舞的广场健身舞运动爱好者，全区500多名广场舞运动爱好者报名参加。

【盐龙体育公园跑步线路获评全省最美】 12月7日，“魅力江苏 最美体育”2021江苏省最美跑步线路、最美乡村健身公园（广场）榜单正式发布，盐龙体育公园跑步线路入选最美跑步线路并获评网络人气奖，潘黄街道仰徐村休闲体育公园入选最美乡村健身公园（广场）。盐龙体育公园跑步线路全部为彩色沥青路面，长3.5千米、宽7米（红色骑行道4米，蓝色步行道3米）。整个线路设计科学合理，周边配套设施齐全，沿途景色优美宜人，交通出入快捷便利，覆盖周边众多人群，每天前往公园参加跑步锻炼的群众正常在5000人次以上。

【迎新年长跑活动筹备会议】 12月9日，区政府召开盐城市2022元旦迎新年长跑盐都区分会场活动筹备工作会议，就活动的具体组织和推进工作进行部署，区政府办、区委宣传部和区体育局、住建局、城管局、交通局、农业农村局、文广旅局、卫健委、应急局、信访局、公安分局、融媒体中心、总工会、团区委、消防救援大队、红十字会、供电服务中心分管负责人和盐渎街道主要负责人、分管负责人，盐龙街道、潘黄街道分管负责人参加会议，副区长肖乐农出席会议并讲话。

【首届机关乒乓球比赛】 12月26日，2021年盐都区首届“区长杯”机关乒乓球比赛在盐渎盛州全民健身中心收官。比赛为期两天，为“乐动万家 健美盐都”群众体育品牌“爱乒才会赢”乒乓球系列赛事活动之一，由区政府主办，区体育局、体育总会承办，区乒乓球协会等协办，中国体育彩票提供支持。比赛项目为乒乓球团体（区直组、乡镇组）和乒乓球单打（男子组、女子组），参赛对象为各镇（区、街道）、区各委办局和区各直属单位，参赛人员为各镇（区、街道）党政机关在编在职工作人员和区各委办局机关、区各直属单位机关在编在职工作人员，34个代表队131名运动员报名参加。最终，区税务局、区法院、区统计局、区委组织部、盐都公安分局、区卫健委、区人大和区农业农村局分获区直组团体前八名，盐渎街道、龙冈镇、潘黄街道、秦南镇、大纵湖镇、台创园、郭猛镇和大冈镇分获乡镇组团体前八名，陈荣奇、万一松、万守东、胡文魁、易海涵、沈文平、洪星和孙华分获男子单打前八名，孔婷婷、杨娟、陈如萍、路秋菊、汪玉蓉、袁美玲、孔雅洁和张惠夷分获女子单打前八名。

【教职工运动会】 12月26日，2021年盐都区教育系统第八届“体彩杯”教职工运动会在神州路初中落幕。在为期两天的比赛中，全区47所学校的1480多名教职工参加拔河、篮球“三对三”、乒乓球团体、羽毛球单打、足球定点射门、二分钟“8”字穿梭跳绳、游泳、100米、200米、800米（女子）、1000米（男子）、4×100米接力等12个竞赛项目的争夺。

（葛留祥）

青少年体育

【概况】 年内，国家级体育特色学校队伍壮大，省级青少年奥林匹克体育俱乐部数量增加。“区长杯”校园足球联赛覆盖所有中小学，各类学生体育活动形式多样，青少年业余训练基础提升，体教融合发展富有成效。

【新增9个足球特色校园】 1月21日，教育部公布2020年全国青少年校园足球特色学校名单，腾飞路小学、区实验小学、高新区实验小学、北龙港初中、中兴实验学校、市第一初中、南京师范大学盐城实验学校等7所学校被命名为2020年全国青少年校园足球特色学校，龙冈凤凰幼儿园、区实验幼儿园等2所幼儿园被命名为2020年全国校园足球特色幼儿园，至2021年底，经盐都区组织申报并获得国家级命名的足球特色校园达35所，覆盖率在全市领先、全省居前。

【举办体育运动线上展示活动】 2月26日，各幼儿园自行组织开展2021年盐都区迎元宵少儿体育运动线上展示活动。活动的主要内容为投掷、舞蹈、跨越障碍物以及地方特色体育等各种少儿类运动项目展示，全区共有近30个幼儿园的1600多名幼儿参加。

【初中学生篮球比赛】 3月20—21日，2021年盐都区初中学生篮球“三对三”比赛在枫叶国际学校举行，全区15所学校的25支男、女代表队报名参加。整个比赛分两个阶段进行，3月20日为第一阶段分组单循环赛，3月21日为第二阶段决赛。

3月，举行全区初中学生篮球“三对三”比赛　　教育局　供

【足球师资培训活动】 4月14日，盐都区“足球进幼儿园”师资培训活动在龙冈凤凰幼儿园举行，全区20多个幼儿园的近40名幼儿教师报名参加。培训特邀驻盐高校足球专业和幼教专业教师授课，培训采取理论讲解和技能演练相结合的方式进行，培训内容主要为幼儿足球活动特点、幼儿足球基本动作要领和幼儿足球基本训练方法等。

【幼儿趣味足球运动会】 4月20日，龙冈凤凰幼儿园举行大班组趣味足球运动会。运动会设置有足球接龙、夹球接力、定点射门、运球绕障碍物和毛毛虫夹球走等5个趣味活动项目，大班组8个班级的305名幼儿参加。

【青少年轮滑拓展训练赛】 5月5日，2021年“盐龙体育公园杯”青少年轮滑拓展训练赛在盐龙体育公园举行。比赛的项目为接力赛、争先赛和计时赛等，赛程为300米、500米和1000米不等，区内外共50多名少年儿童报名参加。

【小篮球联赛】 5月15—16日，2021年江苏省小篮球联赛盐城盐都赛区比赛在蓝朋友体育文化馆举行。比赛由省篮球运动协会主办，区体育局、体育总会承办，为“乐动万家　健美盐都”群众体育品牌“谁与争锋”系列篮球赛事活动之一。比赛设U6男子、U8男子、U10男子和U10混合等4个组别，各组别均采用全场4对4、每场2节每节6分钟的赛制，区内外31个篮球俱乐部的近200名小运动员参加角逐。最终，跃动篮球星辰队、跃动篮球星耀队、东台球爸联队和蓝吉姆爱琴海二队分别摘取U6男子组、U8男子组、U10男子组和U10混合组冠军。

【承办省锦标赛选拔赛】 6月5—6日，2021年盐城市青少年象棋围棋国际象棋比赛暨省锦标赛选拔赛在盐都区举行。比赛由市体育局、市教育局主办，区体育局、区教育局承办，区棋类运动协会协办。比赛设象棋、围棋和国际象棋等3个竞赛项目，各项目分设少年甲组（13～14岁）、少年乙组（11～12岁）和儿童组（10岁以下）等3个竞赛组别，各县（市、区）的187名运动员报名参加。

【承办青少年击剑比赛】 7月10—11日，“奔跑吧·少年”儿童青少年主题健身活动——2021年盐城市青少年击剑比赛在悦达健身广场举行。比赛由市体育局、市教育局主办，区体育局、区教育局承办，比赛设花剑、重剑、佩剑个人赛和团体赛等6个竞赛项目，各项目分设8岁及以下、9～10岁、11～12岁、13～14岁、15～16岁等5个竞赛组别，盐城市9个县（市、区）的117名运动员参加争夺。

【中小学生田径运动会】 10月16—17日，2021年盐都区中小学生田径运动会在高新区实验小学举行。运动会设置有小学男、女和初中男、女等4个竞赛组别，包括100米、200米、400米、800米、1500米、4×100米接力、4×400米接力、跳高、跳远、立定跳远、掷实心球（2千克）、后抛实心球（1千克）等12个竞赛项目，全区50所中小学的近800名运动员报名参加。最终，市二小、神州路小学、潘黄小学、大冈小学、高新区实验小学、区实验小学、崇礼路小学、腾飞路小学分获小学组团体总分前八名，市第一初中、腾飞路初中、南师大盐城实验学校、郭猛初中、潘黄初中、区实验初中、神州路初中、北蒋实验学校分获初中组团体总分前八名，冈中小学、义丰小学、肇基小学、张庄小学、学富实验学校、高新区实验初中、张庄初中、泽夫初中等8所学校获评体育道德风尚奖。

【承办全国青少年体育俱乐部联赛轮滑比赛】 10月23日，2021年全国轮滑大联动——全国青少年体育俱乐部联赛暨“轮动·冰感”轮滑巡回赛（盐城站）在盐龙体育公园举行。比赛为全国性巡回赛事活动，由市体育局指导，中国轮滑协会主办，区政府承办，区体育局、潘黄街道办事处、江苏苏体实业发展有限公司等协办。比赛根据参赛人员年龄分设成年组、青年组、少年组、专业组、儿童组、幼儿组等6个组别，比赛项目包括200米、300米、500米、1000米计时赛和500米争先赛等，省内各地17个代表队的近350名运动员报名参加。

【第七届“区长杯”校园足球联赛】 10月23日，盐都区第七届“区长杯”校园足球联赛在神州路初中和腾飞路小学同时拉开战幕。联赛为“乐动万家　健美盐都”群众体育品牌“谁是球王”系列足球赛事活动之一，由区政府主办，区教育局、体育局承办，区校足办、足球协会等协办，比赛设小学男子甲组、小学女子甲组、小学男子乙组、小学女子乙组和初中男子组、初中女子组等6个组别。在为期一个多月的各组别预赛和决赛中，全区各学校103支男、女代表队参加，参赛运动员总数超过1200人。最终，神州路小学和腾飞路小学分获小学甲组男、女冠军，市二小和腾飞路小学分获小学乙

6月，承办全市青少年象棋围棋国际象棋比赛暨省锦标赛选拔赛　教育局　供

组男、女冠军，大纵湖初中包揽初中组男、女冠军。

【少儿体适能教学展示活动】 11月24日，2021年盐都区少儿体适能教学展示活动（驻城片区）在高新区幼儿园举行，共有40多名教师参加观摩和交流。教学展示活动以少儿体适能训练课为载体，展示内容主要为篮球运动的基本动作技能和相关力量、速度等体能素质的基本训练方法及注意事项。

【篮球裁判员教练员培训班】 12月3日，2021年盐都区中小学篮球裁判员教练员培训班在神州路初中举行，全区各学校50多名负责篮球运动项目的体育教师报名参加。培训班特邀国家级裁判员吕磊授课，培训内容主要包括青少年校园篮球运动发展现状、基本技术特点、运动员训练方法、比赛基本技战术和最新篮球规则及解释、篮球裁判法、篮球裁判员基本功与裁判法运用实践等，培训内容以理论讲解和实践演练相结合的方式进行，培训结束前所有参培人员还集中展示篮球执裁规范动作。

【乒乓球裁判员培训】 12月4日，2021年盐都区中小学乒乓球教练员裁判员培训活动在市二小举行，区内承担乒乓球运动项目区队校办任务学校的20多名乒乓球兴趣小组任课教师报名参加。培训活动的主要内容包括青少年乒乓球基础理论，青少年乒乓球运动员科学选材基本方法、基本功和体能启蒙训练方法、训练计划制定与实施，乒乓球初级竞赛规则与赛事组织方法，乒乓球竞赛裁判法及临场操作流程等。

【承办青少年足球冬令营活动】 12月4—6日，盐城市第四届"小足球"联赛暨青少年足球冬令营活动在神州路初中举行。联赛由市体育局、市教育局主办，区体育局、区教育局承办。比赛设男子7～8岁组和女子7～8岁组两个组别，参赛对象为经各县（市、区）选拔推荐、来自部分小学和青少年足球培训机构、社会足球俱乐部的16支代表队，参赛运动员总数217人。

【新增1个省级奥林匹克体育俱乐部】 12月7日，省体育局公布第十四批江苏省省级青少年奥林匹克体育俱乐部名单，依托市第一初中创建的盐城市盐都区新区一初飞龙篮球俱乐部（篮球）名列其中。

【少儿体适能项目师资培训班】 12月8日，2021年盐城市少儿体适能项目师资培训班（盐都站）在市一中举行，全区55所小学、幼儿园60多名教师参加培训。培训由市体育局主办，区教育局、体育局承办。培训中，世界田联少儿趣味田径指导员李雪松为学员详细讲解江苏省第二十届运动会趣味田径项目竞赛规程、比赛方法等，并组织进行分组实践演练。下午由体育舞蹈一级裁判员、一级教练员尤超负责授课，培训主要内容为江苏省第二十届运动会快乐体操街舞项目竞赛规程、街舞动作技术要领等，培训结束前全体参培人员还进行街舞规定动作实操展示。

【举行棋类冬令营活动】 12月19日，举行2021年盐城市冬季三棋定升级比赛暨盐都区棋类冬令营活动，盐都区和全市其他各县（市、区）的近600名棋类运动爱好者报名参加。活动由市棋牌运动协会和区体育局主办，区棋牌运动协会承办，为"乐动万家　健美盐都"群众体育品牌"乐在棋中"系列赛事活动之一。

（葛留祥）

老年体育

【概况】 2021年，区老年人体协围绕庆祝中国共产党成立一百周年的主题，努力办好区第六届老年人运动会，适应疫情防控进入常态化的新形势，组织开展小型、多样、安全的老年体育健身活动，为老年群众居家、分散、就便体育健身提供服务，较好地完成年初确定的各项工作任务。区协会被区全民健身工作部门联席会议授予"盐都区2020—2021年度体育社会组织突出贡献奖"。学富镇分会主席潘国胜被评为"盐城好人"和"盐城市离退休干部正能量之星"，郭猛镇分会主席陈洪彪、大纵湖旅游度假区分会主席丁美中、龙冈镇分会主席还美瑚等一大批从事老年人体协工作的人员，受到省、市、区有关部门的表彰。

【建党百年活动】 年内，突出庆祝建党一百周年主题，区直机关分会组织老年人体协小组长赴大冈、郭猛镇和区革命陈列馆参观，要求大家"不忘初心、牢记使命"。大纵湖旅游度假区和楼王、秦南、大冈镇分会将区第六届老年人运动会的赛前培训、选拔与喜庆党的百年华诞活动结合起来，让参加者在提高竞赛技能的同时，加深对党的感情。大纵湖、学富、尚庄、郭猛、盐渎等镇（街道）分会在庆祝建党一百周年文艺演出的节目中，融入老年体育健身的内容，让老年朋友在舞台上展示时尚健康丰采，抒发爱党爱国情怀。由区协会联合区广场舞运动协会组织的"颂歌献给党，永远跟党走，幸福舞起来"广场舞公益培训进乡村（社区）活动在"七一"前落下帷幕，活动中重点推广的《没有共产党就没有新中国》《最美的歌儿唱给妈妈听》《跟党走》三首曲目响遍盐都大地。

【适应疫情防控常态化要求】 年内，区协会向全区广大老年体育健身爱好者发出"在疫情防控总体战中当表率、做贡献"的倡议。楼王、学富、尚庄、潘黄、盐渎等镇（街道）分会将"全民健身日"活动与疫情防控工作结合起来，将广大老年朋友参与"全民健身日"活动，关注奥运的热情转化为居家健身、科学健身的自觉行动。各分会严格执行暂停组织开展聚集性健身活动的要求，推广健身气功八段锦、太极八法五步等适合居家健身的项目。各分会为迎接区第六届老年人运动会太极拳、健身气功等团体项目比赛组织的训练也都以线上为主，尽可能利用视频、录像等形式进行。

【区第六届老年人运动会】 年初，对运动会的项目设置、参赛规模、奖励办法等展开调研，在征求各分会和区体育主管部门的意见后，3月8日，形成《区第六届老年人运动会实施方案》，区政府办印发各镇（街道）和区各部门。根据《实施方案》，区协会制定全部比赛项目的《竞赛规程》，对每个项目的举办时间、地点、规则及裁判的聘请等

9月，举办第六届老年人运动会　　老年体协　供

事项，一一作出明确。区第六届老年人运动会历时近8个月，进行扑克（掼蛋）、中国象棋、钓鱼、乒乓球、太极拳、健身气功等6个个人项目，太极拳、健身气功、门球等3个集体项目比赛和传统特色项目展示。盐渎街道、龙冈镇、大冈镇、潘黄街道、郭猛镇、秦南镇、张庄街道、楼王镇、台湾农民创业园和政法系统、农口系统、区直机关、交运局、供销总社荣获团体优胜奖。

【老年人体育节活动】 2021年老年人体育节以庆祝建党100周年为主线，主题是“踏上新征程，健身再出发”。在活动形式上，强调按照防控疫情常态化要求，采取线上与线下相结合，以居家、分散、小型为主。各分会将老年人体育节与全民健身日、乡镇体育运动会、老年文化艺术节等活动相融合。在区老年人体育节期间，区协会选派200名老年体育健身爱好者参加省老年人体育节盐城分会场启动仪式健身腰鼓、柔力球、健身球操、健身气功、太极拳、广场舞等项目的现场表演。组队代表市参加省老年人桌上冰壶球俱乐部联赛总决赛、省门球大联赛暨第11届县区门球比赛、省健身气功交流比赛暨第十四届全运会健身气功选拔赛，组队参加市太极拳传统武术比赛、市百城千村健身气功俱乐部城市业余联赛都取得好成绩。2021年老年人体育节期间，全区共举办、参加各类体育竞赛、展示、培训等活动近200场次，近万名老年朋友参与。

【推动健身站点服务】 年初，联合区体育局、区体育总会举办健身身秧歌、太极拳项目一线社会体育指导员技能培训班，由各分会选派参加培训的学员达150人。两次选派人员参加市协会组织的柔力球、健身球操等项目培训。为期一个月的2021年广场舞公益培训进乡村（社区）活动，有近2000名中老年广场舞健身骨干得到培训提高，惠及数万名体育健身爱好者。潘黄街道举办有10支村（社区）代表队参加的首届老年人门球赛。各镇（街道）重视健身站点服务工作，解决场地、音响、照明等方面的实际困难。大纵湖、楼王等镇合理调整老年体育健身站点的布局，满足边远地方老年人参加体育健身的需求。

【开展评选活动】 10月中旬开始，区协会在全区开展评选“区老年体育健身先进村（社区）”活动。区协会会同区体育局、区体育总会对各镇（街道）分会推荐的村（社区）进行审核，最终确定大纵湖镇石庄社区、兴盛村、三官村，大纵湖旅游度假区北宋社区，楼王镇北龙社区、文昌社区、利民社区，学富镇时杨社区、蒋河村、施湾村，尚庄镇瑞北社区、荣昌村，台湾农民创业园郝荣村，秦南镇虹园社区、美满村、厉民社区，龙冈镇高范村、九曲社区、冈中管理区，郭猛镇孙英村、新星村，大冈镇卧龙社区、同心村，潘黄街道大孙社区、何桥社区，张庄街道钱庄社区，盐龙街道乔庄社区、健仁社区，盐渎街道民生社区、伍康社区等30个村（社区）为“区老年体育健身先进村（社区）”，并在区协会工作年会上进行表彰、授牌。（徐克铭）

体育产业

【概况】 2021年，盐都体育产业项目跻身“国家队”，体育产业发展平稳有力，体育消费市场安全有序，社会力量参与公共体育服务积极有效。

【区乒乓球协会举办乒乓球联赛】 3月7日，2021“盐渎盛州杯”盐城悦健乒乓球联赛第一阶段比赛开拍，全市各县（市、区）、各企业和各乒乓球俱乐部300多名乒乓球爱好者组成的39支代表队报名参加。联赛为“乐动万家　健美盐

3月，区马拉松运动协会举办首届半程马拉松赛　　教育局　供

都”群众体育品牌“爱乒才会赢”系列乒乓球赛事活动之一，由区体育总会指导，区乒乓球协会、盐渎盛州全民健身中心、悦健乒乓球馆联合主办，盐城市悦健体育文化发展有限公司承办，盛州集团冠名支持。联赛其他各阶段比赛分别于5月、7月、9月和11月的上旬举行。

【区马拉松运动协会举办首届半程马拉松赛】 3月21日上午，举行2021年“盐龙体育公园杯”盐都区首届半程马拉松赛在盐龙体育公园，10多个跑步俱乐部报名，参赛运动员、赛事工作人员、活动志愿者等总数达500多人。比赛为“乐动万家　健美盐都”群众体育品牌“万步有约”系列赛事活动之一，由区马拉松运动协会主办，盐龙体育公园冠名支持，比赛设半程马拉松(绕盐龙体育公园内环形跑道6圈)和10千米欢乐跑两个竞赛项目。

【大纵湖体育旅游获评国家体育产业示范项目】 4月27日，国家体育总局网站公布2020年国家体育产业示范基地、示范单位和示范项目名单，大纵湖体育旅游被认定为国家体育产业示范项目，成为体育产业“国家队”中的正式一员。

【顾其斌督查盐龙体育公园管理工作】 4月25日，区人大常委会主任顾其斌一行察看和巡视盐龙体育公园游泳馆、球类馆、形体馆三大场馆内部管理情况和室外球场、健身步道、景观绿化等维护工作情况，主持会商公园游客接待、管理服务、配套商业三大中心设计方案，并就公园运营管理工作进行研究会办。

【开展体育社会组织专项督查】 4月28日，区全民健身工作部门联席会议办公室对2020—2021年度全区体育社会组织工作专项督查做出部署。督查旨在加强全区体育社会组织建设，推动体育社会组织融入体育消费市场，服务全民健身。督查对象为各镇(区、街道)和各区级体育协会。督查内容主要包括各镇(区、街道)体育社会组织建设情况、体育社会组织举办承办全民健身赛事和体育活动情况、利用财政资金向体育社会组织购买公共体育服务情况等，各区级体育协会建设情况、举办承办各类体育赛事和体育活动情况、承接政府部门和企事业单位购买体育服务情况以及在推动全民健身运动中发挥的作用等。9月24日，区全民健身工作部门联席会议办公室通报表扬先进单位，潘黄街道、盐渎街道、大冈镇被评为先进奖，龙冈镇、郭猛镇、张庄街道、盐龙街道、大纵湖旅游度假区被评为进步奖，区老年人体育协会、区乒乓球协会、区棋牌运动协会、区广场健身舞运动协会突出贡献奖，区健身气功运动协会、区马拉松运动协会、区自行车运动协会、区体育舞蹈运动协被评为贡献奖。

9月，大纵湖体育旅游获评国家体育产业示范项目　　教育局　供

【区乒乓球协会举办全市乒乓球邀请赛】 6月20日，庆祝中国共产党成立100周年“绿城·晓风印月杯”盐城市乒乓球邀请赛在区盐渎盛洲全民健身中心举行。比赛为“乐动万家　健美盐都”群众体育品牌“爱乒才会赢”系列乒乓球赛事活动之一，由区体育总会指导，区乒乓球协会主办，绿城中国控股有限公司冠名支持。嘉兴南湖队、井冈山队、遵义队、南昌队、新四军一师队、新四军二师队、新四军三师队等16支代表队共120多名运动员报名参加。

【区老年人体育协会发出新冠疫情防控倡议】 8月10日，区老年人体育协会就新冠肺炎疫情防控工作，向全区广大老年体育健身爱好者发出争当表率勇作贡献的倡议，号召大家宣传疫情防控科学知识，树立长者风范，引导身边群众特别是中老年朋友理性面对疫情。疫情期间减少流动，停止所有聚集性体育活动，探索新方法加强健身锻炼。自觉落实个人防护措施，主动接种疫苗和参加核酸检测，坚持非必要不外出。时刻关注个人和家人身体健康状态，配合和帮助所在村居做好疫情防控工作。

【大纵湖旅游景区入选精品体育旅游目的地】 9月1日，长三角地区体育产业协作会发布2021年长三角地区精品体育旅游目的地、线路、赛事和汽车自驾运动营地名单，大纵湖旅游景区入选精品体育旅游目的地。

【区乒乓球协会举办团体邀请赛】 10月31日，2021“蓝色经典·天之蓝杯”盐都区乒乓球团体邀请赛在盐渎盛洲全民健身中心悦健乒乓球馆举行。比赛为“乐动万家　健美盐都”群众体育品牌“爱乒才会赢”系列乒乓球赛事活动之一，由区体育局、体育总会指导，区乒乓球协会等主办，盐城市悦健体育文化发展有限公司承办。比赛采用团体五对五对抗形式，分小组循环赛和淘汰赛两个阶段进行，部分镇(区、街道)、区直机关单位和体育俱乐部的16支代表队100多名乒乓球运动爱好者参加。经过一天时间39场比赛的紧张激烈争夺，最终区交运局、沿海农场俱乐部、北蒋童成村代表队分获前三名。　(葛留祥)

人民生活
社会事务

就业再就业工作

【概况】 2021年，通过举办新春圆梦系列线上线下招聘活动、高新区智能终端企业用工专项服务行动、“春来归盐、返乡乐业”返乡就业创业百日行动、服务东山精密或智创园其他企业专场招聘会、就业援助月、就业创业春风行动、就业创业政策推进月、企业用工服务月、离校未就业高校毕业生就业创业服务月、创业富民大赛、创业精英培训活动等活动，推进就业创业工作。全年完成新增就业7627人，完成市目标101.7%；城镇失业人员再就业5824人，完成市目标126.6%；就业困难人员再就业2933人，完成市目标244.4%。

【毕业生实名登记活动】 9月，开展“2021年盐都籍离校未就业生高校毕业生实名制就业服务行动”，对全区范围内离校未就业的高校毕业生的调查、录入、就业、失业登记等工作，涉及区内934名(省内750人、省外184人)大学生。12月中旬，实现实名登记率、就业创业服务率100%目标，就业(创业)率87.6%。

【开展就业援助月活动】 10月、11月，开展“就业援助月”活动，宣传各类就业创业政策，鼓励企业吸纳离校未就业高校毕业生、就业困难人员，帮助各类就业困难人员实现就业。全年兑现418人次企业吸引就业困难人员社会保险补贴101.7万元，为6649名就业困难人员发放灵活就业人员社保补贴2408万元。

【开展重点群体职业技能培训】 2021年，培育“都就业”“三单”重点群体免费培训服务品牌，公共就业机构采名单、知名培训机构出菜单、大型就业平台提工单“一条龙”服务，受到培训群众一致好评。全年举办育婴员、客房服务员、室内保洁、家政服务员、收纳、母婴护理、生活病员护理、电商直播、创业培训等12个专业共79期重点群体就业创业培训班，4773人参加培训，其中50期新业态培训，涉及“直播销售”“美盐家服”共2786人参加培训。培训合格率达85%以上，参培人员培训满意率达96%以上，培训合格有就业意愿人员全部推荐岗位实现就业。发放2725名获证人员培训补贴232.59万元。

【做实公益性岗位托底安置就业工作】 4月，全区开发一般性公益性岗位210个，实际审批安置大龄就业困难人员、大龄低收入农户劳动力和残疾人76名。全部签订劳动合同，办理社会保险，并纳入区公益性岗位常态化管理，每月兑现一次公益性岗位补贴和社会保险补贴。11月，全区为开展劳动力资源调查工

5月，重点群体电商直播销售员培训班　　人社局　供

作，招录一批临时性公益性岗位980名，使用一个月。全部签订劳务协议，办理意外伤害险。印发《关于做好2021年公益性岗位托底安置就业工作的通知》，明确公益性岗位开发任务、申请条件、退出条件，并强化公益性岗位的监管责任。

（陈学兵　封月琴）

创业盐都建设

【概况】 2021年，根据《盐都区打造全市创新创业中心三年行动计划》要求。推进各项创业工作。全年支持自主创业4482人，完成市目标任务的309.10%；扶持农村劳动力自主创业2513人，完成市目标任务的359.00%；引领大学生创业622人，完成市目标任务的345.55%。创业带动就业15526人。

【创业大赛获奖】 10月16日，组织举办盐都区2021年返乡创业大赛，邀请专家学者对23个参赛项目进行现场评选。推荐4个项目参加市返乡创业大赛，取得大赛综合排名2、4、7、8的好成绩，均获得“盐城市2021年十大返乡创业之星”称号。组织2个标兵、8个项目参加第四届“创响江苏”大学生创业大赛盐城市级选拔赛，1个标兵、4个项目获奖，获奖率50.00%，获奖全市占比31.25%，盐城市秦程食品有限公司程彤代表市创业标兵参加省决赛，并获第四届“创响江苏”大学生创业标兵提名奖。培植大学生创业典型，推选6个大学生创业项目参加省级优秀大学生创业项目评选，6人全部通过评审备案，全市占比26.09%，位列全市第一。

【创业载体建设】 2021年，大纵湖镇工业园区通过省级创业示范孵化基地复审、新认定盐城高新区人力资源服务产业园（潘黄）、加法空间（盐龙）2家市级创业示范载体，新认定伦科技孵化器（盐龙）、“吉云天下”众创空间（盐龙）、盐城田盛源生态养殖创业园（学富）、盐都区大纵湖镇骏马村金香农民创业园（大纵湖）、盐都区秦南镇雨生村农民创业园（秦南）、盐城市盐都区龙冈镇杨斌村农业创业园（龙冈）、上海市市外蔬菜主供应基地（楼王）等区级创业载体7家。

【宣传引导创业】 年内，与区融媒体中心合作，加大创业宣传，在盐都电视台开设“双创看盐都”专栏，播出24期，发布各类创新创业信息264条。利用中国盐都网人社主页面、盐都智慧就业服务网、盐都就业微信公众号、盐都就业APP等新媒体，宣传创业政策、创业典型。同时，开展对外宣传，全年在市级以上报纸、电视等媒体发表信息、报道39篇。

【落实政策鼓励创业】 落实一次性创业补贴、创业场地租金补贴、创业带动就业补贴、社会保险补贴、创业担保贷款、创业担保贷款贴息等政策，符合条件的做到应兑尽兑。1—12月，审批发放富民创业担保贷款3500万元，贴息133.28万元；兑现创业补贴27.30万元。10月25—29日，盐都区2021创业精英培训班在南京大学开班，全区在传统产业、特色产业、新兴产业创业有成并具有一定社会效益的企业法人代表、在各级各类创业大赛上获奖项目选手等54名学员参加。

（陈学兵　封月琴）

劳动关系

【概况】 年内，劳动关系和工资政策的各项工作得到落实。根据上级要求，向本级人民政府汇报，发布调整全区最低工资标准文件。转发《关于公布盐城市2021年企业薪酬调查部分职位工资价位和人工成本水平的通知》和《关于发布2021年度全市企业工资指导线的通知》文件，引导企业合理确定职工工资水平，建立建全企业职工工资增长机制。全年共审批特殊工时32件，涉及21户企业，其中审批不定时工作制15件，综合计算工时工作制17件，保证职工的工作、休息时间得到合理安排。

【开展劳动关系和谐企业培育行动】 年内，江苏华晓医药物流有限公司被评定为江苏省优秀劳动关系和谐企业，江苏明城锦江大酒店有限公司、麦德龙商业集团有限公司盐城盐都分公司、江苏杨侍农业生态园发展有限公司被评定为盐城市优秀劳动关系和谐企业。（王乃华）

3月，盐都区新春女性专场招聘会　　人社局　供

10月，庆国庆规上企业专场招聘会　　人社局　供

劳动监察

【概况】 全年劳动保障受理处理各类投诉、举报案件近千起，查实的案件处理结案率达100%。对其中2家严重违反劳动法律法规且拒不改正的企业进行行政处罚；处理国务院欠薪线索平台案件450起，省联动平台流转案件277起，线下举报投诉503起。组织开展4次专项行动，完成对1886户用人单位的劳动保障审查工作，书面审查完成率达90%以上，主动监察用人单位206户。落实"三项制度"，坚持行政执法公示、执法全过程记录、和重大执法决定法制审核。劳动保障监察网格化管理得到推进，录入企业信息数2074条，8人以上用人单位信息采集录入率达97%。新增用人单位完成率110%。在落实普法责任制、书面审查工作、劳动合同签订、专项检查、根治欠薪、建立健全治欠保支"四项制度"长效机制等方面做工作，2021年保障农民工工资支付工作被市级评为A级。盐都区劳动监察调度指挥中心试运行，硬件与省市对接，省市可通过IP账户随时在线访问。

【组织专项行动】 全年开展劳动保障监察"互联网+书面审查"专项行动、"双随机"抽查检查活动、清理和规范人力资源市场秩序专项执法检查活动、劳动保障信用评级工作。发挥区根治拖欠农民工工资工作领导小组办公室牵头作用，上下联动，加强成员单位部门协作，以工程建设领域落实《保障农民工工资支付条例》执法检查、根治欠薪夏、冬季攻坚专项检查为重点，多次组织排查、检查全区所有在建工程项目，推动"四项制度"落地生根，工资支付保障机制健全。督促检查重点用人单位1012户，排查出37户重点欠薪监控单位，落实属地管理和行业主管责任，安排专人跟踪督促，查实的欠薪问题春节前全部销号解决到位。

【劳动保障监察联动平台建设】 年内，全区12个一级网格、24个二级网格，覆盖率达100%，行政执法、网格监控更高效。一、二级网格日常运行包括：协办记录、监测预警、指导服务、法规宣传、咨询、简单纠纷调处等工作。全年基层平台业务咨询达2213条，基层矛盾调处600件，调处成功率100%，平台运行率100%。提高企业的规范用工意识，实现劳资双方利益共赢。（宋传标）

劳动人事争议调解仲裁

【概况】 2021年，审办仲裁案件工作，规范管理手段，夯实队伍基础，树立"调解为先"的办案理念，较好地维护全区劳动人事关系的和谐稳定。立案受理劳动争议仲裁案件362件，结案362件，按期结案率100%，其中调解结案210件，裁决结案152件(其中终局裁决89个)，通过省劳动人事争议调解网解决劳动人事争议案件331件，通过全国劳动人事争议在线调解平台处理劳动人事争议案件60件。全年劳动人事争议仲裁案件结案率100%，劳动人事争议调解成功率78%，仲裁管理信息系统按期运行率100%。基层调解组织调解劳动人事争议650多件，将大部分劳动争议化解在基层。在立案受理案件中，涉及劳动报酬163件，涉及社会保险待遇88件(其中工伤待遇86件)，涉及解除、终止劳动合同71件。裁决支付劳动者劳动报酬273万元、支付经济补偿金127万元、支付工伤待遇321.1万元，其他费用129.11万元。立案处理案件劳动者胜诉308件，用人单位胜诉53件，劳动者胜诉占80%以上，体现处理劳动争议案件着重维护劳动者的合法权益，兼顾用人单位合法权利，构建和谐劳动关系，依法依规、公平公正处理劳动争议的司法理念。

【仲裁工作】 年内，规范案件处理流程，强调调解为先，力促和谐稳定。完善案件的登记、受理、处理、信息汇总统计工作。按照劳动人事争议案件受理、处理工作规范，确保一般案件45天结案，复杂案件不超过60天结案。同时要求仲裁员采取各项措施，促进案件调解，提高案件调解的成功率，追求案结事了的处理结果。按照法律规定的范围和程序，依法依规处理好劳动人事争议案件。坚持对劳动争议案件的源头管控，引导来访群众依法维权，做好疫情防控期间劳动关系运行态势预警工作，化解与单位的矛盾纠纷。实时上传仲裁案件信息，推进管理信息化，仲裁案件的网上运行率100%。推行裁决文书公开制度，实施"阳光仲裁"。仲裁案件在省仲裁管理信息系统网上运行率100%，同时在省、市局网站对生效裁决书进行公开，裁决案件接受上级主管部门的监督，还要接受社会监督，以公开促公正。

【金牌调解组织建设工作】 年内，根据省人社厅、省总工会、省企业联合会/企业家协会、省工商业联合会印发《打造百家金牌劳动人事争议调解组织实施方案》的通知(苏人社函〔2020〕340号)要求，开展金牌劳动人事争议调解组织三年争创计划。大冈镇江苏省鞋机商会劳动人事争议调解中心被评选为江苏省2021年金牌劳动争议调解组织。

【劳动关系运行态势预警】 年内，对于有集体性案件发生风险隐患的企业加强联系，提前介入、力争有效化解劳动争议。做好因疫情影响导致生产经营困难企业劳动关系处理及政策宣讲工作，及时妥善处置疫情防控期间劳动者合理诉求、维护劳动者合法权益，如在待岗期间，要求企业按照不低于当地最低工资标准的80%支付生活费等。加大劳动关系风险预测预警力度，对有风险隐患的企业，通过基层调解组织，提前介入、有效化解劳动关系风险。

【人员队伍建设工作】 年内，通过线上、线下等多种形式的学习培训，提高基层调解仲裁人员的业务水平，加强仲裁队伍建设，强化公仆意识，搞好作风建设，塑造业务精干、作风过硬的调解仲裁人员队伍形象。（陈云林）

职业技能培训

【概况】 2021年，全年共开展补贴性职业技能培训25897人，新增高技能人才1288人。

【职业技能提升行动】 为实施人才强区战略，年初出台《关于充分利用职业技能提升行动专账资金提高职业技能培训质效的通知》，开展补贴性技能培训。年内开展补贴性技能培训25897人，职业技能鉴定取证2761人。盐都区职业技能大赛举办，新增高技能人才1288人；新增技师和高级技师87人。全年开展职业技能等级认定、专项能力鉴定64场次，全市范围内率先开发出电商直播专项能力。新增江苏工匠1人、江苏省首席技师2人。 （董 超）

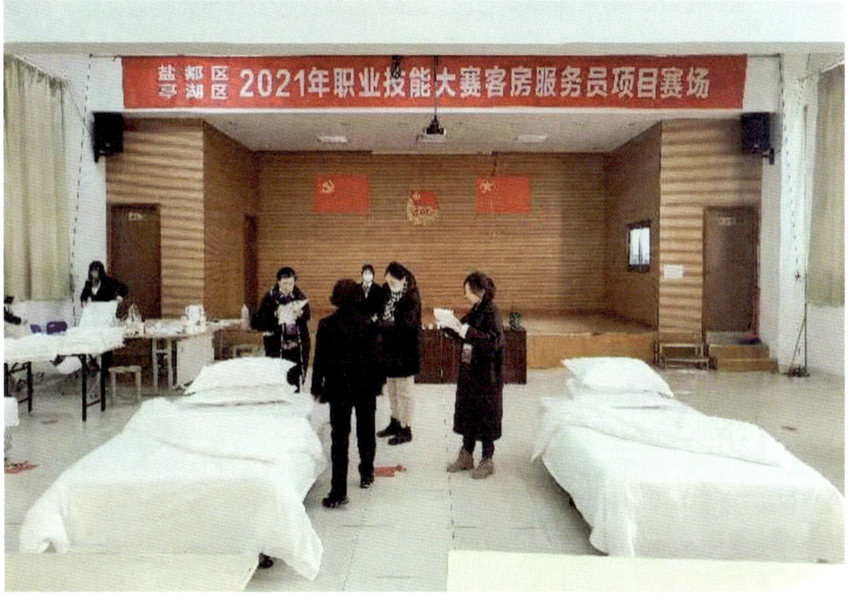

12月，盐都区职业技能大赛客房服务员赛场 人社局 供

企业职工养老保险

【概况】 年内，推进全民参保扩面专项行动，确保适龄法定参保人员“应保尽保”。加大社保扩面基金征缴工作力度，全年新增参保1.23万人，基金征缴11.24亿元。应对新冠肺炎疫情，贯彻落实国务院社保费减缓免政策，助力企业复工复产，完成2021年度各项工作目标任务。

【养老保险金发放】 2021年末，全区企业离退休人员5.16万人，全年按时足额发放养老金13.45亿元，养老金按时足额发放率、社会化发放率均达100%，企业退休人员档案接收管理率和社会化管理服务率均达100%。

【调增退休人员养老待遇】 2021年，按省市统一部署，为全区符合调整待遇的4.95万名企业离退休人员按规定标准调增养老金待遇，月人均调资124元，月增发总额614.37万元。待遇调整后，全区企业退休人员养老金人均达2876.7元。 （严祝军）

机关事业单位养老保险

【概况】 2021年，加快贯彻落实机关事业单位养老保险制度改革相关配套政策，以确保养老金发放为核心，围绕中心工作，规范经办流程，创新工作思维，提升机关事业单位社会保险经办服务水平，各项工作顺利开展。全年全区机关事业单位参保人数11295人，退休人员7356人，基本养老保险征收2.73亿元、职业年金征收1.35亿元、财政补助收入3.06亿元、支付退休待遇5.65亿元。

【应保尽保】 年内，对照省、市下达的工作目标，加强排查、主动协调，联合编制部门，对存在异议单位和人员的编制情况进行多次核对，启动后续参保工作，实现机关事业单位养老保险应保尽保。2021省市下达参保人数0.99万人，完成1.13万人，全市排名前列。

【养老保险关系转移】 年内，按省厅要求，启动本省同制度养老保险关系转移接续工作，加强与各县区联动，共同协作，争取财政、公安等部门协助，联系参保单位和转移人员，多管齐下、做到应转尽转，全年共完成转出334人，转移支出1826万元，转入307人，转移收入1517万元。

【“中人”待遇审核】 年初，启动2020年“中人”档案审核和复审入库工作。盐都在省厅要求的时间内保质保量完成2020年“中人”档案审核和复审入库工作，复审通过率99%。

【保险稽核】 年内，加强退休人员养老保险待遇核准工作，确保离退休人员支付准确率达100%。全年稽核退休人员7356人，稽核率达100%。

【退休人员免费体检】 6月28日至7月16日，组织全区1500余名非全额事业单位退休人员在市三院进行免费体检。体检后，及时为参检人员建立健康电子档案。

【职业年金】 自2021年1月起，全区职业年金开展实账征缴，实现全年职业年金收入1.35亿元。2021年盐都启动职业年金做实三年计划，同级财政提供配套资金1.45亿元，其中1.21亿元用于退休、转移人员虚账记实，2390万元用于退休、转移人员利息记实。2021年江苏省部署退役军人保险关系转接续工作，实现军转职业年金收入617万元。盐都区落实社保资金账户管理，2021年全年向省中心归集投资职业年金3.17亿元，确保职业年金基金及时参与省投资计划。

【基金安全管理】 年内，加强全区机关事业养老保险经办机构内部管理与监督工作，防范和化解运行风险，规范业务经办工作行为和社会保险管理服务工作，坚持财务科和业务科养老保险基金收缴与支付记账互审制度，按季、按月填报各类报表，记载各个单位缴费明细账和银行日记账，并根据基金收支分开核算的要求，在银行开设收入户和支出户，月底将收入户余额全额转存区财政专户，积累基金全部由财政专户存储，确保社会保险基金安全。（薛 翔）

城乡居民社会养老保险

【概况】 2021年，盐都区城乡居民社会养老保险（以下简称城乡居保）新增扩面10664人，累计参保人数20.35万人，14.9万人领取城乡居保养老待遇，基础养老金发放率100%，被征地农民社会保障覆盖率100%。

【实施精准扩面】 推进全民参保扩面征缴工作，4月27日，区政府专门召开全区社会保险扩面工作推进会，成立专门班子，制定工作方案，分解目标任务，与各镇（区、街道）签订责任状，形成区、镇、村三级联动，层层包干、分级负责的目标管理责任制。年底，参保缴费人数18.2万人，新增人员首次缴费率90%，参保登记档案完善率100%。全民参保扩面征缴工作，推动参保人员完成首次缴费成效位居全市前列，市局专门发来表扬信给予表扬。

【提高养老待遇】 2021年，两次提高全区城乡居保待遇领取人员基础养老金标准。6月，根据盐人社发〔2021〕43号文件要求，自1月1日起，全市城乡居民基本养老保险基础养老金最低标准从每人每月180元提高到200元。6月底，对14.7万符合待遇领取条件的参保居民，全部调整到位。11月，根据盐政办发〔2021〕73号文件要求，自1月1日起，全市基础养老金标准从原来的每人每月200元提高到210元，11月底，全部调整到位，做到应发尽发。

【开展专项业务核查】 年内，根据上级部门要求，加强风险防控，做好社保基金管理问题专项整治工作。结合工作实际，对全区城乡居保和征地保障人员进行核查，开展个人账户对账、领取资格核实和信息核实工作，确保所有数据的高质量。

【上线省一体化信息平台】 根据省“一体化”平台上线的各项要求，做好前期学习、差异化分析、本地化系统改造、数据清洗迁移、业务培训、软件测试、正式上线等各阶段的各项工作，规范各类业务操作。12月6日，城乡居保一体化信息平台正式上线运行，盐都城乡居保模块切换上线实现无缝对接，各项业务顺利衔接。

【做好入市农民社会保障工作】 年内，根据区政府第20号区长办公会议纪要精神，参照省政府93号令将集体经营性建设用地入市农民纳入社会保障，全力配合做好入市农民保障业务办理和审核工作，维护农民的合法权益。同时执行省政府93号令，全区14个镇（街道）全部按照93号令规范开展被征地农民社会保障工作，建立被征地农民刚性进保机制。

【“快办行动”提高服务质量】 年内，落实实施“人社服务快办行动”，通过手机软件简约办。推荐通过“网上办、预约办”等多种途径使用手机软件线上办理业务，为广大群众提供“不见面、零跑腿”服务。通过志愿服务集中办。设立志愿服务咨询台，直接面对面服务群众。（丁 祥）

失业保险

【概况】 全年失业保险参保84402人，参保缴费率达95%以上，实现失业保险基金征缴收入4284.91万元。

【失业保险企业缴费费率下降】 根据省人社厅、财政厅、税务局《关于2021年社会保险缴费有关问题的通知》，阶段性降低失业保险、工伤保险费率政策2021年4月30日到期后，延续实施1年至2022年4月30日。

【落实稳岗返还政策】 上半年，根据盐城市人力资源和社会保障局《关于2020年失业保险稳岗返还调整企业裁员率计算标准的通知》（盐人社发〔2020〕107号）的文件要求，对2020年未发稳岗返还企业进行重新梳理，发放企业稳岗返还323家415.19万元，惠及职工5515人。下半年根据省人力资源社会保障厅等五部门《关于延续实施部分减负稳岗扩就业政策措施的通知》（苏人社发〔2021〕69号）文件要求，主动联系发改、工信、应急、环保等部门，采取后台数据比对，部门联合审定，对符合政策企业全程“零申报、零材料”免申即享、应享尽享。下半年分三批次累计发放企业稳岗返还2332家588.75万元，惠及职工41788人。

【失业保险扩围政策落地落实】 年内，按照苏人社发〔2021〕69号文件要求，失业补助金2021年累计通过2616人，发放失业补助金9062人次，合计734.37万元。（陈学兵 封月琴）

工伤保险

【概况】 2021年，工伤保险参保人数达99298人，基金征缴收入3585万元，完成年度目标任务的189%（应对新冠肺炎疫情，落实国务院社保费减缓免政策，帮助全区参保企业减负工伤保险基金0.05亿元）。

【工伤保险待遇支付】 2021年，全年工伤保险基金待遇支出3391万元，共2231人次享受工伤保险待遇（含旧伤复发人员）。（严祝军）

收入与消费

【概况】 2021年，全区统筹疫情防控和经济社会发展，人民生活水平稳步回升，城镇居民人均可支配收入保持稳步增长，达47369元，增长8.3%；农村居民人均可支配收入增速快于城镇居民，达28521元，增长9.7%。全区城乡居民消费快速增长。

【城镇居民生活消费增长】 2021年，全区城镇居民人均消费支出32061元，增长16.0%。城镇居民"八大类"消费呈现"全面增长"态势，其中人均食品烟酒消费9125元，增长14.8%，城镇居民恩格尔系数28.5%，比上年下降0.3个百分点；人均衣着消费2714元，增长13.9%；人均居住消费7592元，增长15.5%；人均生活用品及服务消费1760元，增长29.4%；人均交通通信消费2802元，增长15.5%；人均教育文化娱乐消费5223元，增长9.0%；人均医疗保健消费1528元，增长30.5%；人均其他用品和服务消费1317元，增长34.3%，增速在八大类消费之首。2021年，全区城镇居民人均现住房建筑面积达54.74平方米，城镇居民家庭耐用品拥有量处于"饱和"状态，每百户城镇居民家庭拥有家用汽车41辆、洗衣机106台、电冰箱100台、彩色电视机202台、移动电话305部、空调223台、计算机101台。

【农村居民生活消费增长】 2021年，全区农村居民人均生活费支出19166元，增长25.2%，"八大类"消费也呈现"全面增长"态势。其中，人均食品烟酒消费5772元，增长20.3%，恩格尔系数30.1%，比上年下降1.3个百分点；人均衣着消费1293元，增长42.2%；人均居住消费5069元，增长28.6%；人均生活用品及服务支出1237元，增长48.7%；人均交通通信支出1546元，增长38.7%；人均教育文化娱乐消费2585元，增长0.6%；人均医疗保健支出966元，增长38.8%；人均其他用品和服务支出698元，增长59.0%，增长最快。2021年，全区农村居民人均现住房建筑面积达56.08平方米。农村居民生活质量丰富多彩，全区每百户农村居民家庭拥有汽车11辆、洗衣机95台、电冰箱97台、彩色电视142台、移动电话235部、空调76台、计算机42台。

（王悦峰）

社会福利

【关爱保护未成年人】 2021年，全区困境儿童574人，其中孤儿15人，发放标准每人2300元/月，重病重残儿童468人，发放标准每人1300元/月，无力监护77人，发放标准每人1500元/月，监护缺失14人，发放标准每人1900元/月，全年共计发放金额500.35万元。保障6名就读全日制院校的大学生继续享受孤儿生活补贴和每年1万元的孤儿助学资金。在全省率先单独成立未成年人救助保护中心，落实约1300平方米的办公场所，设有办公室、儿童服务类社会组织孵化中心、心理辅导室、12349未成年人保护大数据信息平台、康复区、活动区、住宿区、爱心餐厅、游乐区、交流培训中心等。全区共有120家镇村级儿童关爱之家（镇级14家，重点村106家全覆盖）。组建孵化"1+N"服务团队，社会力量参与服务优势明显。成立由31个部门组成的"区未成年人保护工作领导小组"，让政府职责前置，职能部门共同参与，强化家庭监护、学校保护、社会保护、网络保护、政府保护、司法保护力度。春节期间组织形式多样的关爱慰问活动，和慈善总会联合组织开展第五届"情暖童心，关爱成长"春节主题活动；在寒假期间各社会组织开展"缤纷冬日"未成年人系列活动，丰富未成年人假期生活。

【残疾人两项补贴发放】 至年底，全区享受两项补贴的残疾人数约11612人，共计发放补贴7339.24万元；享受无固定收入重残生活补贴的残疾人共有5486人，共发放资金4720.10万元；享受一户多残（依老养残）生活补贴的残疾人共有1419人，共发放资金702.17万元；享受无固定收入三、四级智力（精神）残生活补贴的残疾人共有976人，共发放资金301.41万元；享受低保内重残生活补贴的残疾人共有668人，共发放资金192.76万元；享受低保内非重残生活补贴的残疾人共有597人，共发放资金123.11万元；享受成年无业肢体三级残生活补贴的残疾人共有1495人，共发放资金291.67万元；享受护理补贴的残疾人共有8545人，共发放资金1008.02万元。

【推进殡葬改革工作】 年内，贯彻落实民政部关于殡葬工作的要求，完成区政府办发文要求整治的重要道路河道两侧散坟5290座，实际迁坟5057座，奖补1493400元。推进殡葬改革，开展殡葬改革主题宣传活动。指导制定殡葬事业发展和设施布局规划。加快推进公益性公墓和殡葬服务设施建设。至年底，完成6家公益性公墓提档

2月，第五届情暖童心关爱活动　　民政局　供

升级。对全区散坟点进行巡查，加大殡葬检查执法力度，牵头做好殡葬监督执法管理。12月，被省政府表彰为“加强殡葬综合改革，公益性骨灰安放设施规划建设、运营管理成效明显的地方”。 （戴荣松）

社会救助

【概况】 2021年，贯彻落实省委办公厅《关于改革完善社会救助制度的实施意见》、省民政厅《关于开展温情社会救助改革的指导意见》等文件，按照保基本、兜底线、救急难、可持续的总体思路，以统筹救助资源、增强兜底功能、提升服务能力为重点，完善法规制度，健全体制机制，强化改革创新，加大温情社会救助改革力度，持续推动社会救助事业高质量发展，不断增强困难群众的获得感、幸福感、安全感。

【城乡低保标准稳步提高】 自7月1日起，城乡低保标准从每人每月670元提高到730元，同比增长9%。

【社会救助网络织牢】 2021年，全区城乡低保对象共2689户4514人，支出低保金3359.9万元；城乡特困供养对象3232人，全年支出供养金4611.125万元；实施临时救助1778人次，支出救助金367.81万元，人均救助2548元；认定低保边缘家庭179户426人、支出型困难家庭13户36人；救助困境儿童574人，支出生活救助金500.35万元；实施托底救助16人次，支付救助金59.76万元，人均救助3.74万元。民生托底救助综合保险共投入528.5万元，主要包括因灾支出型困难救助保险、重病支出型困难救助保险、特困人员护理困难救助保险，全年理赔980例，赔付461.65万元，对困难群众遭受自然灾害、重大疾病、失能失智等突发情况时给予商业保险补偿救助的保险救助机制，为盐都区构建政府主导保基本、市场介入作补充、社会参与献爱心的社会救助工作格局提供重要平台。

（沈　芳）

社会行政管理

【概况】 2021年，按照加强城乡社区治理与服务总体要求，以“以‘四全’社区工作者职业体系建设推进‘响应式’社区治理”为题，围绕“选配有制度、进入渠道规范化，从业有资格、能力素质专业化，工作有标准、岗位职责清单化，发展有空间、岗位薪酬差别化，管理有指向、绩效考评科学化”的“五有五化”要求，构建涵盖工作标准、教育培训、管理考核、保障激励等方面的职业体系，健全党建引领、多方参与的“响应式”服务机制，建强一岗多责、全科全能的“响应式”服务队伍，细化项目清单、部门协同的“响应式”服务体系，构建服务精准、及时有效的“响应式”服务平台，全区形成“响应式”服务模式。在全区层面形成“治理领导有核心，队伍建设有保障，社区需求有回应，居民服务有平台”的“响应式”社区治理格局。

【社区治理改革成效明显】 年内，根据《盐都区创建全省现代社区治理创新实验区工作方案》《盐城市盐都区镇（区、街道）社会工作服务站建设实施方案》《盐都区社区自治服务工作者管理办法（试行）》等文件精神，探索建立社区自治服务工作者队伍，提升社区治理主体的专业化水平，提高社区服务的精准化水平，促进基层社会治理中的善治。总结提炼并在村（居）开展“活动纷呈，都来聚；社区共建，都来言；协商议事，都来商；事项决策，都来办；服务项目，都来助；居民需求，都来应”的“六都来”社区工作法。举办全区新任村（社区）“两委”成员示范培训班。审批张庄街道惠民社区城市服务站及全区24个城市社区服务站的考核工作。 （万明珠）

民族宗教事务

【概况】 2021年，区民宗工作学习贯彻省市民族和宗教工作会议精神，解决民族宗教界领域的突出问题，提高民族宗教事务依法治理水平，维护全区民宗领域的团结和谐和安全稳定。

【民族团结进步】 2021年，与盐幼专结对共建少数民族团结进步示范基地，帮扶突发疾病西藏学生；开展民族政策宣传月活动，为3名群众办理民族成分变更，开展法律专题讲座5场次，为少数民族人员提供法律援助30余人次；协助盐龙街道解决大规模回族群众到盐都务工事件，协调解决宏大集团与回族群众火日康社保纠纷；创成省级“红石榴家园”1个、省级民族团结进步教育基地1个，市级“红石榴家园”5个，郭猛镇建设完善少数民族创新创业基地；慰问困难少数民族群众15人，解决困难少数民族群众医药费17人次4万8千元。

【实施依法治理】 年内，贯彻全国宗教工作会议精神，编印《宗教政策法规汇编》，推行宗教活动场所财务集中管理，推进宗教中国化。打击非法宗教活动和私设聚会点，推进宗教工作法治化。投入55万元，建立视频监控平台和视频会议系统，推进宗教工作智能化。

【推进排查整治】 1月28日，盐都区召开全区宗教活动场所“双防”工作推进会，布置新一轮排查治理工作。突出重点开展专项检查，组织消防、住建、公安、市场监督、气象等部门专家组成联合检查组，按照专业标准、实体合格的要求，开展专项检查，实现场所、空间、项目3个全到位；联合区住建局专家对场所主要建筑物和附属用房建筑安全情况进行检查，实地核查场所建筑面积，排查有无危房，指导场所隐患整改。聘请有资质的第三方鉴定机构完成宗教活动场所内所有建筑物的安全鉴定。开展宗教私设点、民间信仰场所大排查行动，通过村（社区）网格员排查、乡镇统战系统排查、宗教团体排查、公安部门排查四个渠道，对辖区进行多轮拉网式排查，彻底摸清宗教私设点和民间信仰场所的数量和规模，为安全整治和疫情防控做好准备。紧扣“五大安全”目标，抓住重大节日和宗教节日，采取场所自查、乡镇排查、部门检查等形式，开展圣诞、元旦、腊八等多次大排查、大整治。 （胡建军）

婚姻登记

【概况】 年内，婚姻登记处主要负责为内地居民办理婚姻登记、补发婚姻登记证、建立和管理婚姻登记档案、宣传婚姻法律法规、倡导文明婚俗。承办涉外、涉港澳台居民及华侨婚姻登记业务。

【结婚离婚登记】 2021年，全区内地居民共登记结婚4803对，其中补办结婚登记1477对；离婚申请2343对，撤回4对，离婚登记1066对。因婚姻登记证件遗失，补发结婚登记证1567对，补发离婚登记证132本。涉外、港澳台居民及华侨婚姻登记23对，其中结婚21对，离婚2对。（胡 燕）

8月，办理新婚登记　　民政局 供

盐都诗书画社

【概况】 2021年度中，盐都诗书画社坚持贯彻两个“文艺座谈会上的讲话”精神，遵循陈毅元帅创办的湖海艺文社的宗旨，将以诗书画为中心的传统文化与新时代精神相结合，完成全年工作计划，提升盐都诗书画社和全体社员能力。

【强化交流学习】 2021年，与全国诗词大会冠军得主彭敏交流古典诗词在新时代的发展话题，请浙江传媒大学教授刘志宏指导古谱吟唱古体诗词技术，请苏州昆曲博物馆原馆长易晓珠指导昆曲普及、发展和考级事项，登门求教并邀请南京昆曲教唱老师唐建光登台讲学，与上海复旦大学戏剧学院退休教授指导的昆曲社建立昆曲交流的联系，与诗人姜桦探讨新时代古典诗词与新体诗的联手合作事务，两次邀请江苏文联党组书记、江苏省文学评论家协会主席汪政指导古典诗词创作评价标准的问题。

【做实基础工作】 4月，清明节期间组织祭扫郭猛烈士，缅怀以陈毅元帅为代表的老一辈革命家；联系湖海诗画社、湖海艺文社的老社员，聘请为顾问，指导画社工作；联系恢复活动的湖海艺文社新班子，表达弘扬陈毅元帅首创的湖海艺文精神的意愿；在改版的社刊上专门辟“大雅遗音”栏目，介绍重建湖海诗画社、复名湖海艺文社、操办盐都诗书画社的前辈的事迹和作品。

【编辑“党史百题百咏”诗书画集】 年初，党支部、社委会发出“认真学习党史”的通知。为保证党史学习的质量，社委会对“中国共产党建党100年大事记”进行梳理，整理出100件大事，编辑为“党史百题”。至10月底，“党史百题”诗歌创作作品全部完成，并编辑印刷出版。

【举办“百岁宏歌”文艺演出】 7月，为“党庆100周年”，举办“百岁宏歌”文艺演出。主题活动的亮点之一是年青主题的加入，盐城市淮剧团小淮班年轻演员、盐城双馨书画院的儿童书画，展示传统文化与时代精神的结合。主题活动追求现代化的舞台演示效果。选择标准化的舞台场地，盐都文旅局、盐城市淮剧团提供专业剧团演出的声、光、电子布景和专业的导演、乐队、剧务和工作人员。“党庆100周年·百岁宏歌”主题活动取得成功。

【与文德堂联办主题书画展】 7月，与盐城文德堂书画院共同举办“党庆100周年”主题书画展。盐城文德堂的书画家们在创作的100多幅作品中，选择60幅展出。盐城市原副市长谷容先、盐都政协原主席崔军以盐城文德堂会员的身份提供作品；盐城文德堂的姚克强、张秉荣、骆新华，为专题书画展提供作品。

【联办“串场五月红似火”联欢会】 年内，盐城串场晚晴群是以文学创作者为主体的社会群体，盐都诗书画社与串场晚晴群专业播音和业余朗诵爱好者为主体的盐城音画群一道，共同举办名为“串场五月红似火”的“党庆100周年”联欢会，表达对中国共产党诞辰100周年的庆祝。

【举办新雅会】 坚持在中华文化的传统节日举办主题雅会，2021年，克服新冠疫情的影响，与盐城市第三人民医院联办以歌颂抗疫英雄为主题的“元宵雅会”。清明节，郭猛分社与郭猛文化站、郭猛社教中心、盐都法院第一党小组，共同进行祭扫郭猛烈士的主题活动。端午节，组织线上专题吟诵的主题活动。重阳节，组织第10届重阳雅会。

【“古曲新辞”活动】 倡导以古曲吟唱社员原创新辞的做法，在昆曲和淮唱中试点成功。昆曲新辞歌舞《皂罗袍》《好姐姐》《滴溜子》，昆曲独幕剧《元宵别》，淮唱《七律》《满江红》《八声甘州》《破阵子》等均取得成功。9月，在全国首届大学生昆曲艺术节上，中央电视台11频道就昆唱新辞的话题，对社员王近銮、高秋玲作专题采访。

【办班讲学初成规模】 用开班办学的方式宣传、普及传统文化知识。上半年，在市、区两级老年大学停办的情况下，坚持在线上开办诗学班、词学班、昆曲班；下半年，诗学班、词学班转入市老年大学由画社教师执教，开办昆曲班、淮唱班、诗词写作班线下学习。

【公益讲堂影响扩大】 与《现代快报》、盐都图书馆、思达学校共同开办的湖海文化公益讲堂普及宣传中国传统文化知识，活动自2017年起。2021年度中，克服疫情影响，根据听众需求，采用线上、线下、微信、钉钉多种讲授形式，累计授课达157场次，在社会上产生影响。

【诗教先进学校建设】 全省诗教先进学校盐都义丰初级中学坚持诗教进校园，在初中学生中加强传统诗词的教学，针对教材中增加古诗词分量和阅读深度的新情况，改进古典诗词课堂教学和课外阅读的新思路、新方法，年内，教师王殿岭通过鼓励、指导学生创作古体诗词，深化学生对课本古典诗词的理解。社刊每期为义丰初中的学生作品开设专栏，刊登学生们的优秀作品，也为画社培养和储备后备新生力量。

【为传统弘扬引入新主体】 注重对年轻人才的发现和培养，致力于引进年轻人主体的工作。双薪书画院少儿书画学员参加各项活动，使得书画"老少同台""三代同堂"成为书画活动的靓丽风景线，少儿书画学员参与"元宵雅会""百岁宏歌""国庆·中秋"、盐都老年大学氛围布置等活动。2021年，盐城市淮剧团小淮班演员加入活动，"百岁宏歌"演出活动中，小淮班演员的表演，改变传统文化活动以老年人为主的面貌。

【多方收集资料】 年内，收集到张秉荣提供南宋姜夔自度曲现代乐器演奏四则的音响U盘，唐建光提供的《碎金谱》简谱24则，诗友提供的周秦范唱的《碎金谱》吟唱唐宋诗词23则，王正来《曲苑缀英》唐宋词工尺谱14则，以及从各个方面搜集的宋词吟唱谱若干则。收集《京昆》曲牌简谱70则，《曲谱大成》收载的全国7家昆剧院66个剧本的全部曲牌简谱。另外，易晓珠表示愿意联系苏州昆曲博物馆，提供相关资料；上海复旦大学戏剧学院教授指导的昆曲社愿意提供演唱毛主席诗词的昆曲谱和演唱音频。

【培训"昆唱"技艺】 年内，重视昆曲班建设，聘请专职的昆曲教唱老师，年内，在尽量满足昆曲推广的基础上，动员组织骨干社员参加昆曲班的学习，联系掌握"昆唱"技艺。并计划通过参加全国昆曲演唱等级考试的方法，激励社员学习昆唱的积极性。

【考订曲牌文字谱】 年内，为实现"古谱新唱新辞"的目标，针对全社曲、剧知识尚未普及，曲、剧写作能力相对薄弱的情况，对部分曲牌的文字格律谱予以考订，并专门设立《曲海寻珠》项目，至年底，共完成10余则常用曲牌和教唱曲牌的文字谱考订，部分社员尝试曲牌的文字填写。社长邵秀华以李清照原创诗词为唱词，以李清照个人的人生经历反映北宋末、南宋初的家国情怀。

【推动"古谱新唱"】 年初，推动与"古谱新唱"关联相对紧密的诗词曲创作、昆剧、淮唱、舞蹈投入"古谱新唱"的联动，推动书法、绘画、新诗、美文等挖掘与传统文化的连接点，寻找相关"活"起来的契入点，在观念上树立落实传承传统文化知识的观念。以周秦提供的简谱和范唱为基本，与盐城市音乐家协会联系，邀请专家丰如楼作指导，对"古谱新唱"进行小范围的试唱。 （成立斌）

防震减灾

【概况】 2021年，制订全区防震减灾工作计划，印发《盐都区地震应急预案》《盐都区"十四五"防震减灾工作专项规划》，推进防震减灾工作开展。

【开展宣教培训活动】 年内，利用"5·12"防灾减灾日、"7·28"地震纪念日、国际减灾日等时间节点，在全区范围内开展"防震减灾宣传活动"，提高群众应急反应和自救互救能力。组织盐城市第一中学申报创建国家级防震减灾科普示范学校，指导大纵湖镇三官村创建全国综合减灾示范社区。利用润都公园资源，建成移动式安全科普体验馆和安全文化主题公园。

【完善地震测报系统】 年初，制定《地震动物宏观测报点设置和管理方案》，加强10个地震动物宏观测报点建设。对测报人员加强业务培训，每天做好监测记录，在12322测试平台对区内灾情发布6次震情测试信息。在润都公园安装地下流体观测项目，利用痕量氢观测手段，正常采集观测数据。高新区、大纵湖镇开展区域性地震安全性评价工作。

【提高抗震设防要求】 年内，推进"放管服"改革，依法将建设工程抗震设防要求管理纳入基本建设程序，加强抗震设防事中事后监管，推进新一代地震动参数区划图实施工作。对一般建设工程和学校、医院等工程区划图执行情况进行检查上报。

【管好应急避难场所】 年初，对盐龙体育公园中心级避难场所，大马沟公园、世纪公园、润都公园等固定避难场所，研究制定疏散预案，完善使用、管理制度，加强日常管理。 （朱 进）

气象服务

【概况】 年内，贯彻执行《中华人民共和国气象法》《江苏省气象管理办法》《江苏省气象灾害防御条例》，坚持"一年四季不放松，每个过程不放过"的方针，做好日常各项气象服务工作，在春耕春播、夏收夏种、秋收秋种、防汛抗旱等工作中，及时主动向区领导及有关部门提供重要

5月，盐都气象科普活动　　气象局　供

天气信息。凝练“风清雨润·都满意”党建品牌，落实监测精密、预报精准、服务精细工作要求，筑牢防灾减灾第一防线，被区委组织部选为区直部门首批模范机关创建单位之一，获全区目标任务综合考核先进集体，1人获全区目标任务综合考核先进个人。获评全市气象系统党建先进集体，获区委表彰先进基层党组织。1人被表彰为优秀党务工作者，1人被表彰为优秀共产党员，1人被公示为全国气象部门优秀县局长表彰对象。

【开展党史学习教育】　2021年，围绕“学党史、悟思想、办实事、开新局”要求，创新推进党史学习教育，成立党史学习教育领导小组，制定学习方案，编写学习简报，录制“颂歌献给党”主题视频，参加百名职工讲述100个红色故事比赛，获二、三等奖。参加区“明理、增信、崇德、力行”庆祝建党百年党史知识竞赛，参与“盐都党员E站”交流心得体会。依托“盐都气象”微信公众号开办微课堂，推送“都来学”百年党史每日一则，促进全局干部职工学以致用、以干促学，推动党史学习教育走深走实。

【重视决策气象服务】　2021年，共发布决策气象服务材料199期，其中重要天气报告7期、气象信息参考69期、专题气象服务87期、旬报36期，预警信号发布108次，服务短信发布840次。对暴雨、大风、寒潮、台风等灾害性天气，预报服务及时准确。开展基层气象防灾减灾“一本账、一张图、一张网、一把尺、一队伍、一平台”“六个一”基本能力建设，实现基层气象灾害预警服务的科学化、标准化、规范化。

【强化阵地建设】　年内，打造融清风部门、书香机关、花园单位、活力台站、科普基地为一体的“五星台站”。建设风清雨润职工书吧，“风清雨润读书会”获区全民阅读优秀阅读品牌称号。组织参加各类竞赛，2人分获市首届气象科普讲解大赛二等奖、优秀奖；1人获区自然科学优秀学术成果三等奖，营造“正青春、一起拼”的工作氛围，获评省、市、区级文明单位。提高专项服务精细化水平，为高考、中考、春运和“安全生产月”等重要活动，“五一”“国庆”黄金周等节假日提供准确的定时、定点、定量气象预报。

【发布气象预警】　年内，发布预警信号96次，针对台风2次全网发布预警信息。通过“农技耘”等平台联合水产站、农技站等部门发布河蟹养殖、葡萄和草莓种植等特色农业气象服务材料。拓展燃信、村(居)应急广播预报服务发布渠道，解决预警信息发布“最后一公里”问题。观测方面保证日常地面观测、大气颗粒物PM2.5、PM10、微波辐射计、反应性气体和土壤水分观测数据的及时收集上报，灾害天气情况的及时发现。围绕气象服务生态文明建设要求，建成9处负氧离子监测示范点，做到每点有一块电子显示屏、一套负氧离子监测站、一台自动站。利用电视、广播、微博、微信、大喇叭、显示屏等多种渠道进行广泛发布日常天气预报、及时更新，不定期发布灾害性天气的实时情况和警报，在重大天气到来前及时发布预警信息。综合观测业务保持高质量，排名前列。加强X波段雷达、环境气象监测站维护，常态化开展

3月，世界气象日气象科普大讲堂　　气象局　供

旅游气象服务，获评区生态文明建设优秀单位称号。

【提升应急能力】 开展气象灾害综合风险普查工作，组织全体职工开展安全培训。5月，开展应急观测演练；9月，参演危险化学品泄漏事故应急救援演练。联合区应急管理部门开展信息员培训，联合水务部门开展全区防汛防旱气象知识培训。被区安委会评为年度安全生产工作考核优秀等次。

【推进"我为群众办实事"】 2021年，常态化开展党员志愿科普活动工作，打响"盐都气象科普小课堂"科普品牌。结合世界气象日，让气象科普走进校园。举办32场科普活动，打造"现场参观+课堂讲座+趣味答题+知识分享"全链科普模式，被评为区志愿服务最佳项目。加入盐城黄海湿地科普共同体，获评盐城市科普教育基地、区新时代文明实践点、区青少年气象科普教育基地等称号。1人获区优秀志愿者、十佳科技标兵称号。 （徐 凯）

老区建设工作

【概况】 2021年，区"两会"（老促会、扶贫协会）在围绕区委、区政府"打造新高地，迈上新台阶"的总定位和建设"强富美高"新盐都的工作目标，以巩固脱贫、帮困助学、乡村振兴，以及"一行三比"红色传承教育等活动为主要内容开展工作，取得优异成绩。在革命老区宣传工作中成绩突出，获中国老区建设促进会老区宣传工作三等奖。

【开展扶贫助学】 2021年，区"两会"筹措助学资金50万元，根据各镇（区、街道）"两会"所掌握的城乡贫困家庭特困生的情况，逐层筛选，阳光操作。5—6月疫情严重，针对防疫的特殊情况，转变核查方式，采取线上线下联系，避免发生弄虚作假等问题，确保助学资金真正能够足额发放到每个贫困学生手中。区两会连同镇（区、街道）两会共发放资助金额82万元，其中配套资金超万元以上的有8个镇，共资助556名困难学生。

【开展红色教育】 年初，集中三个月的时间，组织安排各分会在全区范围内开展红色资源调查，通过摸底、登记、整理编撰，充分挖掘区内的红色资源，开展红色传承教育活动。潘黄、郭猛、学富等以革命烈士命名的镇（区、街道）通过收集烈士生前遗留下来的图片、遗物40多件，展示陈列在镇文化中心。学富镇经过整理修缮，草房子乐园于"六一"前夕正式对外开放。为搞好调研工作，以"建党百年学党史"为契机，向区委宣传部、组织部推荐，将《盐城市革命老区发展史》《盐城市盐都区革命老区发展史》列为学习党史的主要内容之一，并向各镇（区、街道）、区直各部门发放史料书籍2600多册，供党员干部组织阅读。5月，组织对盐都以革命烈士命名的三个镇（街道）、19个村（居）、85个红色遗存进行摸底梳理，成立专门班子撰写《盐城市盐都区革命老区红色镇村行》学习宣讲资料（特刊），于6月底刊印下发，供基层学习。

【国华中学招生工作】 广东国华纪念中学是由碧桂园控股集团公司创始人杨国强先生捐资依法兴办的纯慈善教育机构，盐都区自2003年广东国华中学招生起，累计被录取学生达18名，录取名额位居全市第五位。被录取的寒门学子在国华中学毕业后，全部考取大学，其中"985""211"等一类本科达15人，除2名继续读研外，毕业后全部就业。原潘黄中学被国华中学录取的贫困学生杨汉江，厦门大学毕业后被盐城市商务局录用。2021年，对全区有招生基础的镇（区、街道）进行排队摸底，全区共推荐优秀学子4名，其中潘黄中学的浦昊被国华中学录取。

【红色传承教育活动】 修复红色遗存遗址。年内，尚庄镇老促会配合镇政府、村委会，在原县抗日民主政府北堡村，修复、修建原县政府遗址，对外开放。郭猛镇老促会配合镇政府将收集到的郭猛烈士资料、遗存遗物300多件，陈列到镇文化中心进行展示。龙冈镇建立的"三胡"纪念馆，是在中共一支笔胡乔木故居的基础上，兴建纪念胡乔木、爱国进步人士胡启东、书法家胡公石"三胡"的纪念馆，每天参观瞻仰的人群络绎不绝。融入文化艺术演出。2021年，镇（区、街道）"两会"利用举办老年文化艺术节的机会，将红色故事、红色人物、红色剧目元素，融入演出的小品、相声、歌舞剧目当中。楼王镇、盐渎街道将改革开放农村发生的变化编写成淮剧、快板、莲湘舞等演出形式。盐龙街道在演出现场，将"绣红旗""铁军新城传"等情景剧搬上舞台。组织红色参观瞻仰。镇（区、街道）"两会"自行组织，分别到本市范围内红色景点参观。潘黄、郭猛、学富、楼王、龙冈、尚庄等"两会"组织老党员、老干部、留守儿童分赴潘黄烈士纪念碑、郭猛烈士陈列馆、盐城新四军纪念馆、大丰白驹狮子口新四军、八路军会师纪念馆进行参观瞻仰，接受红色洗礼。

【发挥家庭农场示范带动作用】 2021年，大冈阿玛兰家庭农场拥有20多公顷土地，种、养殖品种达20多个，从国外引进的突尼斯软籽石榴苗、食用香椿树、黑羽番鸭等名优品种落户盐都大冈。农场开展送项目、送信息、送技术等服务活动，促进农民增收。免费向农民提供经济树苗22000株，苗鸭6200多只，农场周围5个村组266位困难农民得到有力地帮扶。直接吸纳低收入农户就业达1320多人次，使他们的年收入普遍提高1000元以上。 （刘安林 高 伟）

老龄协会工作

【主题教育活动】 年内，开展"学党史、感党恩、跟党走"主题教育活动。盐龙街道老龄协会在主题教育活动中印发简报600余份，参加学习交流达85人次。与高新区中、小学校联合开展"讲好党的故事、争做时代新人"主题教育活动。组织老同志编纂《璀璨盐龙》一书，在建党100周年之际出版发行，该书被市档案馆收藏。潘黄街道老龄协会举办"学党史、颂党恩”书画展，38人输送作品近200幅，其中近100幅在老年文化艺术节汇演时展出，20余幅被市、区选展。冈中老龄协会组织“五老”团队“学党史、谈体会”“颂党恩、话发展”活动。秦南、楼王等镇老龄协会和区直各分会则采用上党课、召开座谈会、诗词和书画展览等多种形式开展庆祝建党百年活动。北蒋老龄协会会长陈绍连编写《中国共产党百年辉煌》党史教育宣讲稿，深入村（居）和学校举办五场报告会。龙冈镇老龄协会邀请76届鞍湖中学校友郑洪标大校宣讲“红船故事”“中国共产党百年奋斗胜利之路”。组织思想道德教育小分队走进校园作“讲好党的故事，培养时代新人”的主题演讲报告。安排杨斌村老人柏正满将收藏的5000多册红色“小人书”搬进校园，供中小学生阅读。台创园（葛武）举办“百年征程党旗红，同心共筑中国梦”的党史教育活动。

【革命传统教育活动】 年内，学富镇老龄协会组织参观盐城新四军纪念馆，通过追寻铁军足迹，瞻仰“宋公碑”，接受思想和精神洗礼。盐龙街道老龄协会组织参观丁晏社区烈士纪念馆。龙冈镇老龄协会组织村级老龄分会会长、为老服务站长、“五老”代表参观“三胡故里纪念馆”“潘留璜烈士故居”“杨斌烈士纪念馆”。尚庄镇老龄协会组织村级老龄分会会长参观北堡盐城县抗日民主政府旧址和塘桥新型农村示范村建设，回顾中国共产党的奋斗历史。台创园（葛武）组织参观油麻地草房子和胡乔木故居。区直流通、农水分会组织人员到革命圣地西柏坡和大纵湖、沙沟等红色教育基地参观学习。

【建党百年文艺演出活动】 年内，区老龄协会分别与潘黄街道和龙冈镇联合举办“坚定崇高信仰，迈向伟大复兴”庆祝中国共产党百年华诞专场文艺演出。潘黄街道举办“学党史、感党恩、唱红歌”比赛，在万达广场举行由16个代表队，44个节目，200多人参加的“喜庆百年华诞，齐颂党的恩情”文艺节目选拔赛。尚庄镇老龄协会会同镇文化站编排文艺节目，在全镇18个村（居）巡回演出，歌颂党的百年历史，宣传尚庄红色文化。盐龙街道老龄协会组织编排的情景剧《铁军城新传》代表盐城市参加省文明办和广电总台等部门联合举办的庆祝建党100周年老少同台展演，获一等奖。区直流通分会组织文艺小分队自编自排文艺节目，参加盐城吾悦匠心建党百年和全省排舞万人联动庆祝建党百年活动，参加潘黄街道、大冈、龙冈等镇举办的建党百年演出活动。

【调查研究】 协会自4月上旬起，利用近一个月时间，组织对16个镇级协会、69个村（居）和7个区直分会的工作开展调研活动，重点按照“六有”要求，通过听汇报、看现场、查台账、走访座谈等方法，检查了解镇级协会和村（居、社区）、区直分会基础建设和为老服务工作以及老年活动开展情况。

【老龄宣传工作】 年内，潘黄街道老龄协会在各村（居、社区）开展“孝文化”一条街、一条路、一条巷、一面墙和一个文化广场创建活动，拓展老龄宣传形式。盐龙街道老龄协会坚持把宣传《中华人民共和国老年人权益保障法》《江苏省养老服务条例》与创文工作相结合，在全街道采用布置橱窗、悬挂横幅、印发资料、广播、宣传车等形式进行宣传，造浓全社会“尊老、敬老、爱老、助老”的舆论氛围。龙冈镇老龄协会全年在《中国教育报》《盐阜大众报》《盐城晚报》等媒体刊物上用稿35篇。大纵湖、楼王、秦南、台创园（葛武）、冈中等协会和区直各分会利用区协会工作群及时宣传交流活动情况，促进全区协会工作的开展。

【阵地建设工作】 年内，大纵湖旅游度假区倪杨村将原卫生室装饰一新，并与村文化健身广场、农民大舞台融为一体建成老年活动中心。镜湖村、陈庄村、北宋居委会也将老村部、闲置学校装修后作为老年活动中心。大纵湖镇实现村村有办公和活动阵地，自然村老年活动点全覆盖。楼王镇江庄、新祥、郭杨等村老年活动中心建设规范，环境整洁，设有会议室、棋牌室、图书室、健身场地。北龙港顺北村老年活动中心拥有房屋6间，设有电视室、棋牌室、图书室和健身广场。学富镇为全镇40个老年活动点统一制作标牌和管理制度，使全镇的老年活动场所达到有标牌、有管理制度、有音响设备、有灯光照明、有专人管理、有经费补助的要求。尚庄镇庆福村老年活动中心上下两层400多平方米。投入63万元重新装饰，创建省级“三爱之家”（关爱老人、关爱妇女、关爱儿童），并申报“全国老年友好型示范社区”项目。塘桥村老年活动中心设计新颖，环境优雅，成为对外开放的窗口。秦南镇雨生村老年活动中心集红色文化为一体。关陈村新建1000多平方米的文体广场。潘黄街道新

1月，举办迎新春写春联活动　　老龄协会　供

11月，老年文化艺术节专场文艺演出　　老龄协会　供

民村老年活动中心装饰美观、格调高雅。盐渎街道兴城社区、野丁社区和泰家园、向阳水秀等老年活动中心宽敞、整洁，棋牌、健身、日间照料等功能和设施齐全。冈中杨韦村新建2幢16间老年活动阵地和日间照料服务中心，同时在全社区新增活动场地1000余平方米，新添活动器具45件，新装广场路灯25盏，为老年人活动提供方便。台创园袁郚村将原村部8间房装修后，用于老年活动。三湾村将原东湾小学的一幢教室装修一新，水电齐全，档次较高。民强村新建4间新房，作为老年活动阵地。大冈镇对10个村居的老年活动阵地实施提档升级工程，增添服务设施。张庄街道东升、西徐、龙海社区的老年活动中心完善服务设施。区直农水分会“老年人之家”添置新桌椅和饮水机等设施，有牌桌22张、椅凳100余张，可供近百人参加活动。

【涉老政策宣传】　年内，全区各级协会组织会同民政、农经、卫健、社保等部门采取举办讲座、印发资料、咨询交流等方法，对老年人关心的家庭赡养、社会保障、社会优待、医疗和养老保险等政策和制度，进行宣传解读，尽力为老年人释疑解惑。盐龙街道老龄协会组织开展“2021涉老政策暨老年健康宣传周”活动，通过张贴标语、悬挂横幅和网络、微信等新媒体，把党和政府的涉老政策和老年健康知识宣传到广大老年群体中。并组织医卫人员免费为老人和群众进行义诊服务5000余人次。

【居家养老服务】　年内，潘黄街道旭日社区新增200多平方米的老年日间照料中心，杨坝、何桥、宝才、朱庄等社区（村）也新增20个居家养老服务点。秦南镇泾口、东方红、虹园村新办“幸福小食堂”，为老年人提供代餐服务，每天两餐9元，80岁以上老人、五保、失能老人个人承担4元，村补助5元。泾口村还改建浴室，为75岁以上老年人免费提供理发、沐浴等一条龙服务。

【开展关爱老人服务】　年内，龙冈镇34个村居老龄分会应急小分队全覆盖，仅杨斌村应急小分队全年就为患病老人提供应急服务43人（次）。学富镇村居应急小分队联手村网格员共同开展亲情服务30人次，帮助解决“急、难、愁、盼”等问题19个。大纵湖、郭猛、楼王、盐龙、台创园（葛武）老龄协会和区直财税分会举办智能手机知识培训。秦南镇协会组织村居分会配合村里登门为3000多名老年人办理优待证、养老金和尊老金，为7000多名老年人办理意外伤害保险。富康、南蒋、福泉等村共新办7所托老服务所，收养护理失能失智的孤寡老人，其中富康一村收养13人。北龙港顺北村年终分配时，先为60周岁以上老人每人提留100元，然后再行分配。60岁以上老人去世会前往吊唁，送500元和一个花圈，春节会为60周岁以上老人发放压岁钱，对村里过80岁以上整生日的老人都送500元红包和蛋糕。龙冈镇军营村、盐渎街道野丁社区和泰家园日间照料中心还为村里70岁以上的孤寡病残老人提供代餐助餐服务。大冈镇同兴、郭猛镇民乐、龙冈镇晓庄等村在重阳节当天组织老人开展文化娱乐活动和聚餐，并为老人送上节日祝福和礼品。

【争创活动】　年内，做好跨年度的协会工作先进集体、先进个人和先进服务集体、服务明星争创工作，全年共评选出镇级先进协会6个、先进老龄分会40个、先进个人59人、为老服务先进集体40个、为老服务明星40人、热心老龄工作的村（居、社区）党总支书记（主任）23人。农水分会的姜正国和区民政局的毛慧朋分别被评为市十佳“最美健康老人”和十佳“孝亲敬老之星”。龙冈镇老龄协会开展村居老龄分会工作先进集体和个人暨“孝亲敬老之星”的评选活动。各村居分会也分别开展“五好家庭”“好儿子”“好儿媳”“好女婿”“好邻居”评选活动。盐龙街道、潘黄街道、大冈镇协会分别组织开展“十九大精神宣传、社情民意传递、民事纠纷调解、扶贫解困、校外辅导、网吧监督、后进青年帮教、宣传报道、尊老助残、社会治安维护”等十大员评选活动和“孝亲敬老好媳妇”“孝亲敬老好儿女”“孝亲敬老好夫妻”“勤勉爱幼好婆婆”“勤勉爱幼好公婆”“优秀为老服务志愿者”“老有所为好典型”“老年文体健身领头雁”“孝亲敬老好干部”评选活动。郭猛镇老龄协会组织开展“先进分会”“满意活动小组”和“有为议事小组”创评活动。秦南、大纵湖、学富、楼王、冈中等老龄协会严格村居分会考核制度，做到年初制定考核细则，年终评比表彰。

【文体活动】　1月，举办迎新春写春联活动，营造喜庆祥和的新春气氛。年内，北蒋老龄协会老年健身队代表盐城市参加第十四届全运会展演项目“健身气功”江苏省选拔赛，荣获农村乡镇组健身气功、五禽戏普及功法集体赛项目优胜奖、气舞集体赛项目优秀奖、八段锦普及功法集体赛项目优秀奖。参加2021年盐城市业余俱乐部联赛太极拳比赛暨“千鹤漫城杯”盐城市第二届集体太极拳比赛，获一等奖。区直农水分会举办第十九届农口系统老年人运动会，100余人参加项目比赛。龙冈镇老龄协会举办广场舞、太极拳、气功、八段锦、健康秧歌等项目培训班，在全镇培训社会体育指导员和骨干近300人。陈书霞、葛秀兰、葛占兰等分别被区卫健委授予“健身达人”和“活力家庭”等称号。在全区组织开展的“敬老月”和第十一届老年文化艺术节期间，各镇（街道、区、园）共组织大型会演17场次，区协会也组织区直专场文艺演出。老年艺术节全区有8个镇（街道）获综合奖，4个镇（园）、2个镇级协会和7个区直分会获组织奖，4个镇级协会和17个村居、区直分会荣获风采奖、16个节目获优秀节目奖。张庄街道老龄协会举办老年文化艺术节，组织6位评委现场给各村居选送的节目进行评分，评选出一、二、三等奖，并予以表彰。

【疫情防控工作】 年内，加强对老年活动场所的防控管理。大纵湖旅游度假区老龄协会对老年活动中心实行“三块分流”和“上下午错时”方式，保证老年活动中心正常开放，避免人员密集扎堆的情况。大纵湖、潘黄、北蒋、盐龙、台创园（葛武）等协会采用举办健康知识讲座、印发宣传资料等形式，向广大老年人宣传疫情防控知识，提升老年人的自我防护能力。学富、郭猛、龙冈等镇老龄协会组织各村居分会成立志愿者服务队，与村居干部和网格员一同发动群众和帮助接送行走不变的老年人接种疫苗，搞好核酸检测，努力提高参种参检率。楼王镇老龄协会会长杨全良亲自带领协会全体人员到检测点，参与维持现场秩序。

【老年议事制度】 年内，冈中老龄协会落实村居每季召开一次议事会的制度，每次召开议事会时，都邀请村两委负责人参会听取意见和建议。全年6个村老年议事会共提出批评建议26件，其中16件得到落实。风楼村文化大舞台因建新区文化中心被拆除，议事会提出要求恢复的建议，村两委十分重视，通过多渠道筹集资金40万元，使村文化大舞台得到重新建设。杨韦村议事会提出“加快土地流转，减轻老年人生产负担”的意见后，村两委加大土地流转工作力度，全年新增流转土地26.67公顷，并创建村集体农场。潘黄、北蒋各村居老年议事会全年分别共向村居提出66条和32条建议落实。大冈、郭猛等镇老龄协会组织各村居分会围绕“创文”活动、环境整治、道路绿化、移风易俗、房屋拆迁、村庄建设等方面提出意见，协助村居、社区做好工作。

【服务基层工作】 5月，区协会组织召开走基层服务工作座谈会，组织“老有所为”服务团所属的老法制、老科技、老医卫、老企管、老文艺工作者等五支服务队，围绕2019年以来开展走基层服务的情况、好的做法和经验，以及工作中存在的问题和建议等方面展开座谈交流。老法制工作者服务队在队长邵洪波的带领下，到镇村、社区、学校、企业开展法制宣传、关爱留守儿童、农村中小学创“三无”争“三好”等活动。参与社会矫正工作，为普及法律知识，推动和谐社会建设做贡献。老科技工作者服务队组成植保、粮油、园艺、畜牧、水产、农机6个走基层服务小分队，帮助农民群众创办农科示范基地，解决生产中的难题，助力增产增收。老医卫和老文艺工作者服务队坚持将“送健康、送欢乐、送祝福”作为服务基层的主要内容，组织为老人和群众进行疾病防治、养身保健讲座和义诊义演。老企管工作者服务队则通过组织举办老年生活安全知识和企业安全生产讲座，引导老年人增强自身保护意识，帮助企业解决生产技术问题。 （胥　俊）

慈善工作

【概况】 2021年，区慈善总会工作，紧扣“汇聚慈善力量，助力乡村振兴”主题，在激活内在动力的基础上，发挥慈善组织在助力乡村振兴、共同富裕的进程中补短板、扫盲区作用。

【慈善宣传工作】 2021年，区慈善总借助“中华慈善日”“江苏慈善周”活动为集中时间点，采取政府搭台，社会大众参与方式，举办形式新颖多样，具有乡村特色，便于群众参与的慈善系列活动。各镇（区、街道）通过电视广播、办班培训、制作宣传板块、利用画廊展示等宣传《慈善法》，弘扬慈善理念，增强全民慈善意识。区慈善总会主动携手民政部门、晟天便民有限公司，在全区遴选100户特群，50户留困儿童进行专访施救，每户发放1袋大米和1桶食用油，留困童还增发500元施救金。

1月，驻近城学校困难学生慰问金发放仪式　　慈善总会　供

6月，殡葬协会第二届会员代表大会　　殡葬协会　供

【关爱留守困难儿童】　2021年，区慈善总会为加大对留困儿童关心、关爱抚慰力度，主动与市社会救助中心在市新弄里书城联合举办“摩比斯公司关爱留困儿童”活动，旨在让留困童在新弄里书城得到现代科普知识教育和学习，感受到新弄里现代书城文化氛围，感受到异域餐饮风情，增添留困童美好情操。资助1.5万元，为百名留困童购置书包、书籍等学习用品。开展大病困童医治救助项目。对全区130名患有白血病、先天性心脏病和其他18周岁以下儿童实施医疗救助，在省、市报支比例后，为其支出救助金近50万元。同时，在春节期间，与区民政局携手，对140名留困儿童实施重点施救，年/人均施救额1000元。

【慈善救助工作】　2021年，区慈善总会发挥慈善在政府托底救助中搭建拾遗补阙保障作用，开展特大疾病特群帮救项目。资助20万余元，解决全区特大重疾病患者的医治，帮助他们走出医疗困境，恢复身体健康。开展特困职工生活援救项目。资助10万元，重点解决城镇特困职工的临时生活。开展“爱心超市”扶援项目，资助55万元扶援各镇（区、街道）、村（居）级“爱心超市”，帮助购置大米、食用油和日常生活用品。

【慈善工作创新】　5月28日，市慈善总会在大纵湖旅游度假区召开全市慈善工作现场推进会，专门组织观摩区总会、张庄街道慈善分会、龙冈镇“爱心超市”等现场，在会议上，区总会还作主体介绍，市专推盐都区经验做法。同时，区慈善总会被市慈善总会表彰为“慈善工作先进单位”，区慈善总会创新的两个项目，即：慈善组织“两创建　两前移”“爱心超市”项目，获全市“最具影响力慈善行动奖”。

（包云祥）

殡葬工作

【概况】　2021年，盐城市盐都区殡葬协会自觉将各项工作置于疫情常态化防控和“十四五”规划全面启动的大背景下去部署和推动，紧紧围绕中心工作，紧扣年度目标任务，履行协会章程，发挥桥梁纽带作用，倾心倾情倾力为殡葬工作大局、为殡葬工作企事业单位、为殡葬从业人员提供多样化的服务，促进区殡葬事业改革发展，达到预期效果。

【加强组织建设】　年内，通过线上线下相结合的办法，以党史学习教育活动为抓手，学党史，悟原理，办实事，开新局，使业内相关人员全面了解党的百年征程的苦难、辉煌和愿景。创新形式，组织协会班子成员学习习近平总书记“七一”重要讲话和党的十九届六中全会精神。参与参观“‘百年征程　初心永恒’——中国共产党在江苏历史展”等活动，加强党的建设和队伍的思想政治教育工作。

【强化宣传工作】　年内，区协会充分利用春节、清明节、中元节、冬至节等传统的集中祭祀日，重点宣传《江苏省殡葬管理条例》《江苏省殡葬事业发展规划（2021—2025年）》等，助推全区殡葬事业改革发展转型升级。同时，利用各种媒体平台，宣传文明绿色祭扫的倡议，以及殡葬服务业加强疫情防控的通告等等，引导人们及时了解掌握行业新动态、新要求。

【完成换届选举】　6月19日，在潘黄会议中心召开盐都区殡葬协会第二届会员代表大会，选举产生第二届理事会及其领导机构，为推进协会工作正常高效运转提供组织保障。落实《社会团体登记管理条例》，做好换届工作方案、人事安排、理事会工作报告、会费收支工作报告等各项筹备工作，并报区民政局批准。

【特色服务】　年内，发挥督查指导和跟踪服务职能，建立信息沟通反馈机制，将巡查公墓工作列入常规工作进行布置和落实，对个别公益性公墓存在的脏乱差、内部管理失范，以及基础建设欠缺等问题，都能跟踪推进着力化解。同时，对副会长单位兰园公墓给予改制前的调研和指导，推动改制工作进行。

【举办职工运动会】　11月27日，在满足疫情防控要求的前提下，组织约50人，举办第32个江苏省殡葬职工活动日暨盐都区第四届殡葬职工运动会，使殡葬职工们度过一个非凡的活动日。

【打造现代社团】　2021年，考虑到疫情因素影响，从减轻会员单位和个人负担出发，协会未收取一分会费，对积余的资金坚持做到专款专用、规范使用、发挥效用。对照A级社会组织进行拾遗补阙，促进自治水平和能力提升，推进自我管理、自我约束、自我发展、自我完善自治进程。

（姜正林）

镇　街道

- 盐龙街道
- 大纵湖镇
- 盐渎街道
- 秦南镇
- 潘黄街道
- 郭猛镇
- 龙冈镇
- 楼王镇
- 大冈镇
- 学富镇
- 张庄街道
- 尚庄镇

盐龙街道

【概况】 2021年，街道土地面积52.63平方千米，其中耕地面积2657公顷，下辖12个居委会、3个村，户籍总人口49869人。全年实现地区生产总值146.9亿元，同比增长8.2%；一般公共预算收入7.94亿元，同比增长20.3%；全口径工业开票销售259亿元，同比增长23.3%；规上工业开票销售242.9亿元，同比增长19.8%；规上工业增长面为60%；实现到账外资11708万美元，同比增长78.18%；外贸进出口总额12.78亿美元，同比增长20%。城镇居民人均可支配收入56911元，同比增长8%；农村居民年人均可支配收入34238元，同比增长9.6%。

重大项目集聚。实施“项目项目突破年”行动，突出智能终端产业链集群建设，举办盐都(深圳)智能终端、苏州智能制造、“向海发展　赋能未来”等系列招商推介会10多场次，新签约东山IC载板、长盈精密、悦虎晶芯电路板等亿元以上项目31个，新开工得润电子软硬结合板、聚力成半导体、普亚5G智慧储能等亿元以上项目15个，新竣工维信线路板二期、康佳存储芯片封装测试、金铢芯片封装测试等亿元以上项目14个。7家企业认定为市三星级以上企业，其中东山精密等2家企业达到工业五星标准；维信电子获批全市唯一的省互联网标杆工厂，形成电子信息龙头牵引，高端装备、新能源梯次发展格局。

创新动能增强。年内，开展“科技创新突破年”行动，强化与“大院大所”联姻合作，新落户半导体所集成技术研究院、无锡超算盐城分中心等高端平台。实行科研平台提质计划，推进中科院计算所高通量研究院、上硅所新能源研究院、清盐智能装备研究院、吉大研究院与主导产业紧密结合，加快研发成果市场化，其中中科院计算所高通量研究院正式列入省产业研究院专业研究所序列，自主研发生产的“金刚”高通量服务器再次蝉联Green Graph500全球排行榜两项榜单世界第一；上硅所新能源创新中心开展高安全电解质陶瓷膜、双稳态电致变色显示器件研发；清盐研究院承担国家重点研发项目，加速推进与悦达集团合作无人战车产业化项目。依托海创国际人才(盐城)创新中心、36氪空间等专业化服务平台，举办第二届中国电子信息行业创新创业大赛，10个项目入选市“黄海明珠”领军人才项目。

社会事业推进。年内，深化“全员引领、全民参与、全域覆盖”实践，坚决落实“外防输入、内防反弹”要求，强化中高风险地区、入境来(返)盐人员管控，推进重点人群新冠疫苗接种工作，聚焦学校、超市、农贸市场、医疗机构等重点场所，落实好戴口罩、测体温、查验健康码等措施，保障人民群众生命安全和身体健康。

4月，上硅所盐城新能源创新中心启动仪式　　　盐龙街道　供

2月，重点工业项目集中开（竣）工仪式在盐城国家高新区举行　盐龙街道　供

与安全发展示范城市创建，压实企业主体责任，开展安全普法教育，上门帮助企业开展安全风险辨识。建成全市领先、全省一流的“一局三中心”，为全市社会治理现代化工作观摩提供现场。常态化开展扫黑除恶专项斗争，推进涉羟禁毒专项整治，宣传防范非法集资和反电信诈骗，盐龙派出所被省公安厅命名为“全省公安机关成绩突出党员集体”。街道13个智慧小区、95只平安灯箱、234只视频监控点位全部接入指挥中心，实现探头“站岗”、鼠标“巡逻”和线上线下的共同守护。

人民生活幸福。年内，推动居民养老、医疗保险、职工社会保险扩面。盐龙社区卫生院与市三院建成医共体，朗达幼儿园开园运转，高新嘉园幼儿园按计划推进，所有村（居）图书室全覆盖，建成市、区图书馆分馆3个，实现“通借通还”。新建为民服务中心，实行“群众事务代办制”，为群众提供代办水费、农民建房、城乡居民社保、法律援助等各项服务。制定新一轮创文工作实施方案，以“网格为基本单元”开发创文随手拍小程序，推进创智路精细化样板街、黎明路样板巷、乔庄、益民两个精细化社区建设，街道创文评比位居全市同类板块前列。组织居民、毕业生就近就业，15个村（居）通过成立集体劳务公司、闲置土地出租、资金变资产、国有平台投资等方式，拓宽集体增收渠道，集体总收入达2692.82万元，其中经营性收入为1518.84万元，带动群众共同致富。

【举行人才交流大会】　4月24日至25日，盐都区借助第十九届中国国际人才交流大会这一高层次平台在深圳举办“智汇盐都·才聚高新”中国国际人才交流大会盐都专场系列活动。现场举行签约仪式，10个人才项目签约，活动最后举行第四届“北斗之星”创新创业大赛启动仪式。

【东山精密获批建设省级工程研究中心】　1月，省发展和改革委员会下发《省发展改革委关于同意建设2020年江苏省工程研究中心的通知》，高新区盐城东山精密制造有限公司的江苏省LED小间距封装工程研究中心获批立项建设。

【王娟察看核酸检测演练工作】　8月1日上午，区委书记王娟在盐龙街道孙吴小区、黄刘社区党群服务中心、科技广场核酸检测采集点，察看指导全员核酸检测演练工作，并向冒着高温酷暑奋战在一线的工作人员表示感谢与慰问，叮嘱他们在做好防控工作的同时，加强自我防护。

【入选盐都区“十佳文明新事”】　年内，经过各镇（区、街道）、各部门单位层层推荐、媒体宣传报道、区文明办调研、评审组评议，“奋不顾身救村民，善行义举暖民心——黄刘社区见义勇为团体”等新事被评为2019—2020年度“十佳文明新事”。

【举办电子信息产业投资说明会】　12月3日下午，“智创高新　赋能未来”——2021盐都（深圳）电子信息产业投资说明会在深圳举办现场签约项目10个总投资42亿元。

【文明城市创建工作】　12月，盐城市精神文明建设委员会发布《关于命名表彰2019—2020年度盐城市文明创建先进集体的决定》。盐城市盐都区人民政府盐龙街道办事处、盐城市盐都区市场监督管理局高新区分局、江苏金贸建设集团有限公司（两新组织）获“2019—2020年度盐城市文明单位”称号；盐城市盐都区盐龙街道乔庄社区、盐城市盐都区盐龙街道方向社区、盐城市盐都区盐龙街道健仁社区、盐城市盐都区盐龙街道丁晏社区、盐城市盐都区盐龙街道合心社区获“2019—2020年度盐城市文明村”称号。

【入围省级名单】　2021年，省工信厅公布第二批2020年度省星级上云企业入选名单，盐城华旭光电技术有限公司获批五星级上云企业，江苏金贸科技发展有限公司、盐城序株汽车配件有限公司获批四星级上云企业，盐城黄海建材有限公司、江苏群力技术有限公司、江苏瑞和磨料磨具有限公司、江苏富澜克信息技术有限公司、江苏惠都科技有限公司、江苏华东砂轮有限公司、江苏南纬服装有限公司、江苏东信电气安装工程有限公司获批三星级上云企业。省工业和信息化厅公示《2021年度省工业互联网发展示范企业（标杆工厂类）拟认定名单》，盐城维信电子有限公司作为盐城唯一的一家企业入选。

【入围省级榜单】　9月，省科技厅公布2021年度省级科技孵化器的名单，盐西高新科技企业孵化器入选。江苏省科学技术厅发布《关于对2021年度拟新建省级工程技术研究中心的公示》，盐城高新区共有16家工程技术研究中心入围

2021年度拟新建省级工程技术研究中心清单。省科学技术厅公示2021年度科技企业上市培育计划拟入库名单，盐城高新区盐城国投中科新能源科技有限公司入选。（孙广传　朱　健　桂　杰）

2021年盐龙街道各村(居)主要负责人一览表

表8

村(居)	村(居)书记、主任
乔　庄	王学林
黄　刘	刘基坤
吴　徐	孙鉴国
大　李	周洪杰
丁　晏	曹红斌
先　锋	徐银山
合　心	张　钦
健　仁	韩剑琴
古　亭	裔　江
跃　马	薛文灿
北　港	张玉国
蟒　南	张长明
益　民	陈卫亚
方　向	徐大海
孙　吴	孙大勇

盐渎街道

【概况】 2021年，街道总面积61平方千米，下辖15个社区(村居)，户籍人口约6.7万人，常住人口约12.48万人。街道全年实现地区生产总值109.8亿元，同比增长7.8%；一般公共预算11.03亿元，约占盐都区14镇(街道)总量的30%；服务业增加值83.38亿元，同比增长9.3%；城镇农村居民人均可支配收入分别为58826元、33512元，同比分别增长8.3%、9.9%。

街道经济发展。2021年，街道商务商贸、汽车消费、数字经济三大百亿元服务业实现主营业务收入超350亿元。东方汽车广场实现新车销售4.2万辆、二手车交易2.1万辆，占大市区份额超60%；电商物流园借助国家电子商务示范基地品牌优势，扩大跨境电商业务，全年入驻跨境电商企业20家，实现跨境电商交易额20亿元，创成全市唯一省级跨境电商产业园；智能制造业轰响发展油门，伯恩特5G精密件、亿豪智能阀门等项目推进，同力糖果工业旅游区创成全市唯一省级工业旅游区。围绕主导产业全年外出招商400余批次，新签约特斯拉盐城服务中心、盐城跨境电商产业园等项目15个，计划总投资20亿元；新开工临港智能研究院、顺丰客服等项目12个，总投资15亿元；新竣工普洛斯智能仓配中心、中心金库等项目13个，总投资20亿元。

城市经济发展。全年吾悦广场、恒大名都、盐渎明城三大特色商圈新增商户65家，实现总销售额12亿元；神州路、海洋路两大特色街区“书香、金融、文明”和“智慧、乐活、生态、宜居”主题更加凸显；商务楼宇围绕科创服务、数字经济、金融保险等特色，加快优质企业集聚，新增楼宇总部企业105家。汽车服务大厦发挥亿元楼宇的样板效应，全年实现税收1.28亿元。金融大厦特色楼宇，新入驻苏州银行盐城分行、天安财险盐城总部等金融机构7家，实现税收5000万元。

村级经济发展。年内，各村居以每平米低于市价3000多元的价格团购紫峰大厦房产，产权明确到村，街道公司租赁运行保收入；用好土地，在同桂村、杨韦村试办集体农场，实现年增收25万元；发展农旅，重点打造花吉村千亩葵园，将民宿体验、景观休闲等旅游元素嵌入其中。15个村居年经营性收入均超70万元。实现一般公共预算收入、地区生产总值，分别突破十亿和百亿大关。服务业增加值、社会消费品零售总额总量和增幅全区第一；新增“四上企业”17家，数量全区第一。红黄旗考核位列全区前茅。

美好家园建设。城市功能更新。全年出让经营性土地4宗27.83公顷，在建精品楼盘11个，推进开创家园安置房建设，盐塘家园二期按期分房，居民住房条件改善。聚焦城市空间的公共性与多样性，谋划推进“道路+”工程，实施完成海洋路提升改造，纬支三路道路新建；加快推进“公园+”项目，新增11个口袋公园，植入更多海洋、法治、消防等特色元素，让居民在休闲娱乐中享受文化趣味、接受知识熏陶。乡村建设提速。推进现代乡村美丽风光工程，新建道路3000米、污水管道2500米、桥梁9座，维修道路8000平方米，新增路灯800盏。花吉新型农村示范社区创成省“美丽家园”，全年接受150余次观摩指导。治理效能提升。践行全过程人民民主，构建共建共治共享的城乡治理新格局。放大全市首家街道“居民议政会”效应，全年征集处理群众意见建议46条，社会安防等实事项目有序推进。充分发挥政协“有事好商量”平台优势，“厕污共治全纳管，改善提升水环境”等主题协商议事活动得到群众肯定。回应居民诉求，全年处理“12345”工单近6000件，切实维护群众合法权益。立足一支157名网格员队伍，探索“一格六员”党建引领社会治理体系，全年排查解决问题35384件，走访3856个出租房33875次、12个群租房576次、551名三类人员10162次，城乡治理现代化水平提高。

落实民生实事。增强教育公平。2021年，新建吾悦和府、观棠府、凤麟府三所幼儿园和吴抬路中小学，教育资源空间布局更加优化；启动冈中初中食堂内装、传达室拆建及消防改造工作，第一初中和神州路小学改扩教室16间，让孩子们在家门口享受优质教育。增强创业就业动力。帮助创业人员申报担保贷款近200万元，开展属地企业专场招聘会，提供岗位624个。依托网红直播基地，培养新业态人才。发展全民运动。组织“乐动万家，健美盐都”新年长跑、“颂歌献给党，幸福舞起来”广场舞展演、“乡村振兴大众骑行”盐都分站赛等活动，群众收获健康快乐，街道获“区长林”机关乒乓球比赛乡直组团体第一名、区首届足球赛第二名。

加强党的建设。强化政治引领。年内，做好建党100周年庆祝工作，做好“两优一先”评选表彰工作，对获得党内功勋荣誉表彰的党员、生活困难党员、烈士遗属开展走访慰问。学习宣传习近平新时代中国特色社会主义思想和党的十九届五中、六中全会精神。立足市基层党员冬训试点，打造“书记直播间”，推动党的

9月，盐渎街道公民道德宣传日活动　　　　盐渎街道　供

创新力量飞入寻常百姓家。党建作品《沉默的炽热》获得"百年风华"全省党员教育全媒体作品创作大赛三等奖。做好阵地建设。建成网红直播基地、物联大厦楼宇党建阵地2个；实现15个村居新时代文明实践站、点全覆盖，开展送戏下乡等文化惠民活动200多场次，花吉文化大院入选省"最美公共文化空间"。开展道德宣传、营造文明向上的道德风尚。人才队伍培养。推进"两新"组织党务工作者专业化建设，9名企业支部书记获得区委组织部资格认证，沈书荣被评为全市首批高级党务工作者。实施"新业态、新青年"——"两新"党员发展计划，加大在网红直播基地、电商物流园和汽车后服务业发展党员力度，9人入党。

【开展党史学习教育系列活动】 3月，盐渎街道开展党史学习教育系列活动，专题党课"盐渎街道党史学习教育专题党课"由高新区管委会副主任、盐渎街道党委书记曹志伟主讲。党组织书记带头学党史、讲党史、用党史，从党的百年辉煌历史中汲取奋进力量，树牢以人民为中心的发展思想，开展"我为群众办实事"实践活动，推进解决民生突出问题。10月，组织党员赴南京参观中国共产党在江苏历史展。

【开展"全民国家安全教育日"宣传活动】 4月15日，高新区盐渎街道在吾悦广场开展"全民国家安全教育日"普法宣传活动。活动现场，工作人员通过摆放展板、设立咨询台、发放宣传手册等方式，向过往市民宣传介绍国家安全形势，讲解国家安全法律法规知识，引导市民树牢国家安全法治意识，筑牢维护国家安全的人民防线。

【推动"我为群众办实事"】 年内，开展"我为群众办实事"实践活动，排定为民办实事项目26个，包括辖区内小区增设电动车集中充电装置3570个，45个小区建设智慧安防小区，对兴西河生态河道进行整治，走访慰问新中国成立前老党员、生活困难老党员、烈士遗属等对象共

2021年盐渎街道各社区（村）主要负责人一览表

表9

社区（村）	社区（村）书记、主任
福才社区	孙祥银
刘朋社区	王　军
兴城社区	张　华
万胜社区	秦佳灿
兴民社区	商中状
野丁社区	仇国祥
新伙社区	柏友华
福利社区	吴中熙
伍康社区	苏　健
民生社区	刘汉剑
凤楼社区	王传红
同桂村	陈　芳
杨韦村	罗维华
花吉村	吴晓华
书楼村	戴爱勤

38人，加强冈中幼儿园、冈中中学基础设施配套建设，改善教学条件，提升校园环境。

【关爱退役军人生活】 年内，每逢新兵入伍和老兵退役之际，街道都会落实专班专人做好服务工作，举行接送仪式。现役军人在部队获得表彰，街道第一时

10月，组织党员赴南京参观中国共产党在江苏历史展　　　　盐渎街道　供

间送喜报上门。为每个退役军人建立健全个人信息档案，掌握退役军人的生产生活情况，关心关注回乡后急需解决的困难和问题，会同相关部门协商解决。落实好接收报到、政策宣讲、就业创业指导等措施，助力街道退役军人返乡生活工作，营造“参军光荣、退役荣光”的浓厚氛围。（蒋旭中　尹志慧）

潘黄街道

【概况】 2021年，潘黄街道区域面积26.59平方千米，总耕地面积893.33公顷（含植树造林等），户籍人口52018人，外来流动人口近10万人，下辖11个社区、2个行政村。街道党委下设3个二级党委，25个党总支，116个党支部，共有党员2511人。2021年，实现地区生产总值105.93亿元，同比增长7.8%；一般公共预算收入5.61亿元；固定资产投资44.67亿元，同比增长19.5%；城镇居民可支配收入实现5.99万元，同比增长8.0%；农民可支配收入实现3.66万元，同比增长10.6%。

发展动能加速转换。富力科创城建成装修，启迪信通、易虎网、电老虎网3个科创项目入驻；盐西科技园集聚50家创新企业、创成省级科技企业孵化器。4栋特色楼宇质效双升、税收超过3.5亿元。“渎上·老西门”创成全市首批特色夜市街区，辖区批零住餐总额超过20亿元，体验经济等消费新模式加速崛起。

组团开发推进。形成小马沟组团城市设计和规划研究成果，勾勒“一廊两环三心四区”总体蓝图。竣工通车鹿鸣路、吴抬路等7条道路，建成办学东进路小学初中，盐龙体育公园运营、小马沟绿廊全线贯通、高压杆线全域入地。集中出让29.35公顷土地，招商、中海等品牌房企入驻。

农业农村展现新貌。完成产业发展、环境提升、服务配套等项目23个，新民村成为新思想实践典型、创成第十一批全国“一村一品”示范村和2021年全国乡村特色产业亿元村。培育做强草莓产业组培、育苗、种植、冷链物流、深加工产业链，承办省第七届草莓节和第九届世界草莓大会中国分会场等大型活动，申办第十届世界草莓大会，获全国农业农村信息化示范基地和省乡村旅游重点村等金字招牌。

增进民生福祉。将改善住房条件作为重中之重，完成朱庄城中村改造、杨中河水环境扫尾等7个项目、370户征迁扫尾，宝馨花园、馨德苑等2个安置小区主体基本封顶；东升社区合心花苑“共同缔造”试点示范、获评省级宜居示范居住区，带动46个老旧小区改造提升。开工科创城中小学，新建科创城幼儿园、盐渎院子幼儿园等3所幼儿园；建成开放9个口袋公园，城西片区服务完善、更加美丽。

治理效能彰显。开展杨中河水环境治理，集中实施城镇污水处理提质增效达标区、雨污分流等工程，城南污水处理厂三期工程主体封顶，30条河道水质环境改善。坚持以人民为中心开展文明典范城市创建工作，挂牌攻坚整改老小区、老厂区等安全隐患百余个；坚持平战结合，常态化做好疫情防控、疫苗接种，完成全员核酸检测演练，聚力创建全国禁毒示范城市和省安全发展示范城市。

【草莓文化旅游节】 3月20日上午，以“‘莓’好盐都　魅力潘黄”为主题的第七届江苏（盐都）草莓文化旅游节暨盐城·美丽仰徐第十届草莓节在潘黄街道仰徐农民休闲广场正式启幕。省农业农村厅总农艺师唐明珍，副市长顾云岭，区委书记、区长王娟，区委副书记、副区长刘源等出席开幕式。5月1—5日，以“同一个草莓，同一个世界”为主题承办第九届世界草莓大会中国·盐城分会场，成功申办第十届世界草莓大会。

【王荣平考察协商议事工作】 9月29日，省政协副主席王荣平率省政协调研组，考察盐都区“有事好商量”协商议事工作，调研实施乡村振兴战略落实情况。王荣平考察潘黄街道东升社区前进合心花苑小区，该小区作为全国首批“美好环境与幸福生活共同缔造”试点，他与居民“零距离”交流，现场了解小区改造和社区协商活动开展情况。市委书记曹路宝，市政协主席陈红红，区委书记王娟等陪同调研。

【许昆林调研新民村】 10月3日上午，省委常委、苏州市委书记许昆林调研新民村，详细了解该村依托草莓种植、种苗繁育带动农民增收致富的生动实践。他要求用特色产业引领乡村振兴，让农民过上高品质生活。省政府秘书长陈建刚参加调研，市委书记曹路宝，市委副书记、代市长周斌陪同并介绍有关情况。

【曹路宝察看仰徐老年幸福家园】 10月10日下午，市委书记曹路宝察看盐都区养老服务机构，调研养老事业发展情况，看望慰问老年人。曹路宝在潘黄街道老年

4月，渎上·老西门夜市　　潘黄街道　供

10月，全国文明村——仰徐村全景图　　潘黄街道　供

幸福家园，查看老人们的生活环境，探讨改造提升养老机构，推动居家养老服务中心建设的有效路径，满足养老服务需求。市委常委、秘书长薛盛堂，副市长顾云岭，区委副书记、代区长马正华陪同。

【曹路宝调研文明城市创建工作】 10月13日，市委书记曹路宝率队专题调研盐都区文明城市创建工作，曹路宝一行在潘黄街道新阳社区，了解社区面积、人口规模、阵地建设等情况，鼓励社区践行为民宗旨，打造宜居宜业幸福家园，提高居民幸福指数。市委常委、宣传部长陈卫红，区委书记、高新区党工委书记王娟陪同。

【费坚调研社会发展工作】 11月2日下午，市委常委、组织部长费坚一行调研盐都区经济社会发展和组织工作。费坚一行首先在潘黄街道合心花苑，察看小区环境和党群服务中心，对该小区完善配套提升服务水平，党建引领建立"红色物业"治理模式等做法给予肯定。在盐都现代农业产业示范园，费坚参观高架无土草莓种植基地，为新民村发展产业、致富百姓，引领农民走上特色产业发展道路的做法点赞。区委书记、高新区党工委书记王娟，区委常委、组织部长周达虎陪同调研。

【方标军实地考察】 12月16日，省委党史学习教育第四巡回指导组组长方标军率队调研指导党史学习教育工作。方标军一行实地察看市二小东进路小学"双减"项目和前进合心花苑小区改造项目，详细了解党史学习教育工作推进情况、特色亮点，对盐都坚持以人民为中心，解决群众身边小事的做法给予肯定。省委党史学习教育第四巡回指导组副组长万来存，市委常委、宣传部长陈卫红，区委书记、高新区党工委书记王娟，区委常委、宣传部长罗时荣参加。　（张惠夷）

2021年潘黄街道各社区(村)
主要负责人一览表

表10

社区(村)	社区(村)书记	社区(村)主任
新　民	董兆付	董兆付
仰　徐	姚　奇	姚　奇
朱　庄	董金玉	董金玉
何　桥	朱玉如	朱玉如
大　孙	孙建国	孙建国
美　丽	孙宏祥	孙宏祥
新　阳	孙　军	孙　军
兆　泉	王如斌	王如斌
吴　杨	蔡龙群	蔡龙群
宝　才	陆众山	陆众山
旭　日	朱其冬	朱其冬
东　升	谢小峰	谢小峰
杨　坝		程荣生
新　英	陈高生	

龙冈镇

【概况】 全镇面积96.83平方千米，人口79060人。下辖2个办事处(鞍湖中心社区、镇街道办事处)、1个果树良种场(盐城市果树良种场)，共有34个行政村(居、管理区、社区)。全年实现地区生产总值65.58亿元，同比增长8.5%；全口径工业开票销售33.28亿元，同比增长14.6%；规上工业开票销售22.2亿元，同比增长24.8%，是国家级生态镇，国家生态公园(试点)镇，省级生态旅游示范区，先后被评为"和谐中国·全国百佳历史文化名镇""中国乡镇综合实力500强""全国工会维护农民工合法权益先进集体""江苏省文明镇""江苏省生态镇""江苏省文明创建先进集体""苏北五十优乡镇""江苏省社会综合治理先进乡镇"、盐城市重点镇等称号。

经济质态稳中向好。主要指标运行平稳。城镇居民人均可支配收入51100元，农村居民人均可支配收入30800元，分别同比增长10.1%、10.6%。服务业增加值35.5亿元，同比增长7.9%；批零住餐企业销售收入4.78亿元，同比增长28%；注册外资到账300万美元。项目建设升温。召开2021盐都(泉州)食品未来科技园投资说明会、龙冈工业园(苏州)投资说明会，新开工工业项目6个，新竣工项目7个。格力思蛋糕等项目签约落户，心思源糕点、三泰食品、宇公食品等一批项目建成投产，心思源食品接受市家家到现场观摩。力动齿轮、中贵重工等一批项目即将建成，苏动传动轴、诚达环保厂房投产，形成新的增长点。新增工业规上企业8个、"四上企业"12家。创新驱动作用明显。申报高企18家，超额完成区下达的高企指标。中贵重工康泽源食品、威达变压器、华达纤维等3家公司被评为江苏省民营科技企业。恒隆通、中贵重工、双强管桩、同济分析仪器、同环机电等5家企业入围省级工程技术研究中心；中贵重工获评2021年度省级工业设计中心，是年度全市唯一省研发型企业。中联电气创成国家“专精特新小巨人”企业。双强管桩的抗拔桩、中贵重工的智能锚杆钻机等自主研发产品得到市场充分认可。新增授权专利369件，其中发明专利30件。新增市三星级企业1家、区二星级企业1家，星级企业总数达7家。

城乡环境改善。集镇环境优化。初步完成四桥之内老集镇城市更新设计。完成大庆路西延、蟒蛇河河滨生态修复工程搬迁工作，中心河和十河两侧127户存量违建全部拆除。绿色连廊二期、老旧小区（教师公寓）改造、玉龙路林荫式停车场等城建重点项目建成并投入使用。完成玉龙路、成才路段改造，龙冈中学门前面貌焕新。对集镇雨污水管网进行系统规划改造，启动实施北港二组和集镇（蟒蛇河南）区域污水工程。实现行政村污水管网全覆盖，创成市级垃圾分类示范镇。统筹加强鞍湖中心社区建设和管理。推进乡村振兴。编排富民联建项目35个，落实低收入村经济增收项目12个，农产品加工园入选省级农产品加工集中区，获评全国农村创业园区，康泽源食品入选省级农业产业化龙头企业。基本完成733.33公顷高标准农田建设，粮食综合生产能力提升。完成改善农民住房条件任务376户，新建杨斌、兴福、军营等3个农村新型社区290户。畜禽养殖废弃物处理中心建成运营，兴福村入选省生态循环农业试点项目。冈北、冈中管理区被认定为省级绿色优质农产品基地，储巷柳编获全省休闲农业创意精品“金奖”。景区品质提升。推进桃花园核心区建设，游客服务中心提升改造、南侧围合、时光栈道、571军事基地展厅、省道水生态治理等项目竣工，寿星山改造提升、桃花阁、寿星湖驳岸、综合管网等项目加快施工。召开第十届“金秋采摘节”，线上线下多措并举为果农增收成效明显。环盐龙湖旅游公路沿线村庄环境改造出新，洪学线刘垎、三旺段村庄环境整治得到市委市政府肯定。

社会事业发展。抓好常态化疫情防控，强化重点场所和重点人群防护，保障群众生命安全和经济社会健康发展，被市委市政府授予“全市抗击新冠肺炎疫情先进集体”。完成网格化服务管理中心和警网联勤指挥中心“双中心”建设。公共服务优化，成立张海燕博士名医工作室，龙冈卫生院与上海交大健康传播发展中心建立学科建设合作关系；新建8轨24班的桃花园幼儿园，凤凰幼儿园获评全国足球特色幼儿示范园，龙冈初中中考屏蔽生1人。实现社保扩面1541人。新建1个县级体育公园、健身步道1千米以上，开展70场文化惠民演出活动，丰富群众的文化生活。加大违法违规用地和违法建设整治力度。开展环境保护工作，国考断面水质稳定达标，空气质量优良天数增加。

【龙冈镇开展防疫知识普及志愿活动】1月30日上午，龙冈镇新时代文明实践所牵头，组织创文办、团委、毓龙社区等部门（单位），在毓龙农贸市场开展“助力防疫志愿有我”阳光少年防疫知识普及寒假志愿活动。共有来自市内外14名高中学生通过网络报名方式参加活动。

【在盐城全国人大代表视察工作】 2月23日，戴源、宋勇、秦光蔚、刘怀平、陈澄、张雷、鲁曼、钱加艳等在盐都全国人大代表，围绕“河道治理”主题开展集中视察活动，实地察看龙冈镇张本村、蟒蛇河风光带等现场。张本村坚持源头治理，推进生活垃圾处理、污水治理、厕所改造和村容村貌整治，村内5条主要河道改善；蟒蛇河通过水利生态修复工程，沿线风光秀丽、水系清澈，生态环境日益优美。

【曹路宝调研内河航道建设工作】 3月9日，市长曹路宝率队调研内河航道建设工作，主要察看龙冈镇凤凰桥航段现场。强调要贯彻“交通强国”战略，以“内河航运网络化、海河联运一体化”为目标，加快水运体系建设，调整优化运输结构，统筹推进生态保护、城乡建设等各项工作。副市长吴本辉，市政府秘书长刘光球，区委书记、区长王娟，区委副书记、副区长刘源，副区长李益，镇党委书记冯林宏等参加。

【学党史办实事活动】 6月，为增强“四老一关”主任、居家养老服务站站长、教工组长等人的党性观念，感受民族精神的时代内涵，激发为民办实事的工作热情，学习和运用智能技术，跨越数字鸿

2021年龙冈镇各村（居）主要负责人一览表

表11

村（居）	村（居）书记、主任
毓龙居委会	仓定亮
坊桥居委会	郑兆柏
永明居委会	范伟伟
凤凰居委会	熊洪军
青龙居委会	李仁贵
兴龙居委会	周维权
新冈居委会	苏育干
万家居委会	丁月锋
港北村	周文海
曲东村	朱阿旺
兴福村	万一明
徐庄村	周炳荣
晓庄村	张　权
三旺村	陈荣庆
大吉村	周荣生
桂吴村	夏万胜
大潘村	万益圣
留璜村	纪　超
军营村	桂　伟
仇家村	陈步国
高范村	施志勇
黄庄村	黄建军
杨斌村	孙登广
储巷村	刘金楼
许巷村	祁正群
冈南管理区	徐志华
冈中管理区	许杏东
冈北管理区	周　海
大顾居委会	宋向春
九曲居委会	周传顺
洪渡居委会	高　鹏
张本村	季龙坤
许桥村	张广勇
刘垎村	姚立萍

沟，龙冈镇组织学党史、办实事活动，把红色文化教育和智能技术普及紧密结合起来。10月16日，盐都区龙冈镇开展党史学习教育，组织党员干部赴宁参观学习《中国共产党在江苏历史展》。12月17日，龙冈镇向基层发放30台医疗急救设备——自动体外除颤仪（AED），并开展操作技能培训，使全镇所有村、社区和景区游客服务中心实现安装配置AED全覆盖，保障人民群众的生命与健康的急救需求。

【镇签约亿元液晶模组项目】 8月8日，龙冈镇人民政府与深圳市三巧科技有限公司签订《投资计划书》，总投资1亿元的液晶模组项目签约。在做好新冠肺炎疫情防控工作的同时，推动经济社会发展。瞄准疫情防控和经济社会发展“双胜利”目标，加快“融入主城区、建设后花园”的步伐，以“扛起新使命、建设示范镇”的奋进姿态，谱写龙冈现代化的新篇章。签约的液晶模组项目投产后，年产1000万片液晶显示模块及1000万片背光源产品，年可实现销售超亿元。

【2021盐都·龙冈第九届云上采摘节开幕】 9月11日，龙冈桃花园举办醉美龙冈·梨果飘香——2021盐都·龙冈第九届云上采摘节，在智慧盐城手机客户端、新华社现场云、智慧盐城官方抖音账号同步直播，镇党委书记冯林宏在线上直播间推介龙冈26种果园特色农副产品。

（李　静）

大冈镇

【概况】 2021年实现地区生产总值45.3亿元，增长7.3%；一般公共预算收入1.03亿元、固定资产投资9.56亿元，分别增长13.3%、123%；全口径工业开票销售19亿元、规上工业开票销售9.5亿元，分别增长9.5%和11.8%；全口径工业入库税收6351万元、规上工业入库税收3304万元，分别增长7.6%和8.3%；城乡居民收入分别达48893元、29362元，同比增长8.1%、9.3%。获评全省基层党员冬训工作示范乡（镇、街道）。

实现产业升级　2021年，完成悦达智能纺织科技园项目地块清障搬迁工作。全年招引开工5000万元以上项目4个，新竣工投产亿元项目2个、列市5000万元以上重点项目1个、搬迁扩能项目1个。注册总部经济96家，实现税收3500多万元。开展“暖企”行动，推动企业转型升级、争星创优，培育区星级企业1家、纳税超400万元2家、超百万元企业15家，新增“四上”企业11家。引导企业开展智能化改造和工业互联网应用，新增省星级上云企业4个、省智能装备“专精特新”小巨人企业3个。新认定国家高企13家，新增“瞪羚企业”培育库入库企业3家、省民营企业58家。新认定省级工程技术研究中心、省级工程研究中心、省级博士后创新实践基地各1家，新立项省产学研合作、省市科技副总等项目19个。引进领军人才6名，其中国家级人才2名。组织18个企业（团队）参加区创业大赛，获奖12个，获评省质量信用AAA级企业1家。

助力乡村振兴　完善提升佳富、抬头、傍徐一期新型社区，傍徐二期、丰乐一期、光明3个新型社区新建农房349户。佳富村为省委理论学习中心组集体学习提供现场，通过省特色田园乡村复检，抬头、傍徐村争创省特色田园乡村。同时，完成有偿退宅249户，引导农民进城入镇105户，改造“四类人群”危房7户，整治农村C、D级危房154户。特色桃果产业园建成郑果所专家基地，改造提升育苗中心，新建连栋葡萄棚1.2万平方米。高标准农田建设项目启动实施，建成重点农业产业项目3个，创办集体农场1家，创成省“味美菜园”1家、省市区级示范家庭农场7家。新认定绿色食品12个、有机食品1个。完成便大公路沿线环境综合整治工作，推进全域水环境整治工程，断面沿线新建污水收集管网17千米，自然村庄污水管网覆盖率超50%。畜禽粪污资源化利用整治提升合格率达100%。新建村级分散式污水处理设施6个，铺设污水管网9个村。造林绿化超额完成区下达任务，林木覆盖率达26%以上。

提升公共服务水平　2021年，完成农贸市场升级、卧龙路、新冈路路灯改造等市政工程，呈祥公园建成县级体育公园。常态治理占道经营、违章停车等突出问题。实施农村道路危桥改造工程，改造农村公路15.6千米、危桥28座。整治非法码头4个，新建改造公厕4座。大冈初中、大冈小学获评区教育工作先进集体，第一幼儿园通过省优质园复审。大冈中心卫生院达省区域性医疗卫生中心设置标准，发热门诊建成使用。培植品牌阅读组织2个，开展各类文艺演出活动61场次，有线电视入户初装321户。

9月，第九届云上采摘节　　龙冈镇　供

开展全民健身活动，体育工作全区先进。做好疫情常态化防控，推进新冠疫苗接种、全员核酸检测、疫情处置演练等工作，全年核查管理重点关注地区来盐返盐人员2545人次，守住“外防输入、内防反弹”底线。落实“四个不摘”要求，脱贫成果巩固。促进创业就业，新增高新区智创园入职164人、城镇就业等878人。推进全民参保扩面，新参保各类社会保险2613人，基本医保参保98%以上。加大民政救助力度，低保、特困、困境儿童等弱势群体得到及时救助，建成全市首家社会工作服务站。

平安盐都建设　履行安全生产工作责任，推进安全生产三年专项整治、大排查大整治等工作，全年未发生安全责任事故。开展“百团进百万企业千万员工”宣讲等活动，宣传贯彻新安全生产法，全社会安全生产意识普遍提升。镇科级干部常态化带班接访、带案下访，镇信访接访中心被评为全区首家省级信访接待“人民满意窗口”示范单位。提升治安防控体系，安装高清探头500只，建成智慧安防小区2个，村级“一站一室二中心”实现全覆盖。开展扫黑除恶专项斗争，社戒社康办公室建成投入使用。社会治理局获评市维护国家安全先进集体，佳富村创建成省级民主法治示范村。

干部队伍建设　组织开展党史学习教育，通过举办“学党史、感党恩、听党话、跟党走”主题道德讲堂等活动，引导广大党员干群学习百年党史，汲取前行力量。党史学习教育工作接受中央、省市委巡回指导组调研指导，得到肯定。镇人大依法履职、服务大局。镇政府依法行政，推进改革发展稳定各项工作。政协联络组依法依章参政议政，正常开展“有事好商量”协商议事活动。统战工作创新发展，镇红石榴家园获评省红石榴家园称号，鞋机商会获评省“四好”商会。群团、老干部、党管武装等工作富有成效。完成村(社区)“两委”、镇党委、人大、政府换届工作。入选市级示范党支部2个，建成省党费暖基层援建项目1个，整顿软弱涣散基层党组织1家。入选区“十佳”“双强”村(社区)党组织书记2名，先后选派20多名机关年轻干部到招商选资、疫情防控等一线岗位锻炼，选

8月，开展核酸检测现场　　大冈镇　供

配21名后备干部进入村“两委”班子，新发展党员62名。加强警示教育，组织机关党员干部、单位村(居)负责人参观市新四军纪念馆等廉政教育基地。开展“纪法宣传进百镇千村”活动，“佳富廉政教育示范基地”被列入区廉政文化教育专线，“佳富村分房记”作品入围市“清风盐城”杯“我身边的廉洁故事”。

【省委党史学习教育第四巡回指导组到大冈佳富村进行调研指导】　4月22日，省委党史学习教育第四巡回指导组到大冈佳富村进行调研指导，并参观佳富红色文化纪念馆、新型农村建设等。方标军要求要把党史学习教育作为一项重大政治任务来抓，系统研究谋划，推进党史学习教育。要紧扣学习主线，强化基层宣讲普及，举办各类群众性文化活动，让党史学习教育走进群众心里。要突出为民服务，办好民生实事，更好地解决群众急难愁盼问题，增强群众的获得感、幸福感和安全感。

【市委党史学习教育第一巡回指导组调研佳富村】　4月28日，市委党史学习教育第一巡回指导组在大冈镇佳富村新型农村社区、佳富红色纪念馆等地，了解开展“我为群众办实事”实践活动和“红色课堂”现场教学点党史学习教育开展情况。要求把党史学习教育与

2021年大冈镇各村(居)主要负责人一览表

表12

村(居)	村(居)书记、主任
抬头村	刘　兵
勤稼村	李庆和
光华村	徐正华
丰乐村	陈　寅
联合村	张兵华
傍徐村	朱新祥
北杨村	杨月凯
歧山村	柏　青
新利村	王天炬
瓦屋村	王翔宏
吴港村	顾云龙
兴隆村	王小杰
佳富村	韩立芹
同兴村	颜锦臣
戴伙村	戴玉军
光明村	施镥堂
富港居	刘晓玲
野陆居	王金武
胜利居	陈有鸿
卧龙居	陈党明
团结居	葛　青

解决实际问题结合起来，开展“我为群众办实事”实践活动，真正把好事办好、实事办实。

【娄勤俭调研佳富村】 6月10日，省委书记、省委党史学习教育领导小组组长娄勤俭带领省委理论学习中心组在佳富村开展现场集体学习。要求从新四军精神中汲取奋进力量，更好地感悟初心、砥砺初心、赓续初心，在现代化新征程上跑好实现共同富裕的历史性一棒，带领人民群众过上高品质的现代化生活。

【中央第五指导组调研佳富村】 7月12日，党史学习教育中央第五指导组在大冈佳富村进行调研指导，实地考察新型农村社区建设和基层为民办实事情况。要求广大党员干部要始终坚持以人民为中心的发展思想，践行“我为群众办实事”，用心用情用力解决基层的困难事、群众的烦心事，做好老党员、烈士遗属的服务保障工作。 （仇玉章）

张庄街道

【概况】 2021年，全街道面积22.8平方千米，下辖6个社区、3个村，户籍人口30284人，共有基层党组织105个，党员1712人。全年实现地区生产总值31.49亿元，同比增长7.7%；一般公共预算收入1.13亿元，同比增11.2%；规模以上工业开票销售19.83亿元，同比增长11.7%；服务业增加值10亿元，同比增长8.9%；城镇居民可支配收入50583元，农村居民可支配收入30795元，同比分别增长8.1、10.2%，获全区综合考核先进一等奖。

提升发展效能。围绕电子信息、高端装备和齿轮动力传动产业，发扬“三牛精神”，开展“重大项目突破年”行动，举办张庄（太仓）长三角招商推介会，全年新签约、新开工、新竣工亿元以上项目分别为4个、3个、4个。盐城复兴医院即将投入运营，芯丰、龙鑫达、华睿安等重点项目全部投产达效。培育星级企业7家，新增国家高企8家，盛安传动升入市“三星级”企业行列，金洲机械创成国家级“专精特新小巨人”企业。落实落细“黄海明珠人才计划”“都智汇优才计划”，引进俄罗斯工程院图波列夫院士团队，获招商选资工作奖、招才引智工作奖。

城市面貌更新。全年搬迁居民858户、非居民92户，完成清障任务54个，支持重点基础设施项目建设。加快安置房建设，东晖锦园主体封顶，馨盛苑即将分房，日升安置房地块完成房屋搬迁拆除。整治C/D级城市危房18栋，农村危房13个，改造5个老旧小区，提升李家舍片区，新建3个品质小区。启动204国道以东18条支路和集镇路网建设，凤天路、政通路西延竣工通车。实施新洋港沿线断头河联通及水环境整治，新建双向引排泵站8座，疏浚河道5条7.47千米，建成纱厂河、建设河等绿带游园，开展人居环境整治，宜居宜业新城初露新颜。

6月，在苏州太仓举办“向海发展 赋能未来”招商推介会 张庄街道 供

落实民生实事。落实常态化疫情防控要求，组织全员核酸检测演练，推进新冠疫苗接种。中小学幼儿园办学条件改善，教育教学质量提升；社区卫生服务中心创建孙子林教授名医工作室，糖尿病科建成市级特色科室。新增居民医保扩面806人，住房公积金扩面662人。发放各类救助补贴457万元，惠及2400多人。促进就业创业，推进集体农场建设，开发公益性岗位，巩固拓展脱贫攻坚成果。推进安全生产、扫黑除恶、涉羟禁毒等专项行动，加强精神文明建设，街道获评省级文明单位，成庄获评省级文明村，郑通获评省民主法治示范村。

加强党的建设。开展党史学习教育，推进“我为群众办实事”实践活动、“两在两同”建新功行动，坚定党员干部的理想信念。推进党支部标准化建设，改造提升王庄村、仓头社区党群服务中心，放大“成庄基层党建联盟”“文明路党建联盟”示范效应，3个党建品牌入选区委组织部重点培养对象，郑通获2021年度全区先进村（居）奖。完成镇村换届，基层干部队伍建设得到加强。强化党风廉政建设，参观阜宁廉政教育专线，自然资源所创成市级廉政文化建设示范点，推动作风转变。

【举办招商推介】 6月21日，在苏州太仓举办“向海发展 赋能未来”盐城张庄（太仓）长三角招商推介会，签约东葵科技、盛凯智能传动、三峡大学和郑州轻工业大学等产业和人才项目。

【城北地区改造】 年内，秉持“把群众尽早住进安全、舒适的新房”理念，高位推进张庄“东晖锦园”安置房项目“拿地即开工”改革试点工作。东晖锦园是全市首个“拿地即开工”安置房项目。项目占地6.926公顷，总投资13.5亿元，新建14栋26层的住宅楼及配套商业，建筑面积

约23万平方米。（杜殿林）

2021年张庄街道各村(社区)主要负责人一览表

表13

村(社区)	村(社区)书记、主任
东　盛	孙有华
仓　头	黄中江
东　徐	黄中华
西　徐	滕长青
钱　庄	盛　洪
成　庄	刘　忠
王　庄	张永清
龙　海	郑志友
郑　通	徐从波

大纵湖镇

【概况】 全镇土地面积93.03平方千米，耕地面积4911公顷，下辖16个村，4个社区，总人口48134人。2021实现地区生产总值294481万元，同比增长7.4%；一般公共预算收入8156万元，同比增长3.6%；全社会固定资产投资同比增长12.1%；服务业增加值128000万元，同比增长8.8%；农民人均可支配收入29365元，同比增长9.4%。

加快经济发展。2021年，全口径工业开票销售28亿元，增长138.3%；规模以上工业开票销售9.84亿元，增长90.7%。培植工业规上企业4家、星级企业2家，新增省四星“上云企业”2家、三星“上云企业”4家。新增开票销售首超亿元、税收首超500万元企业1家，开票销售首超5000万元企业2家，税收首超200万元企业4家、首超100万元企业2家。新认定国家高企4家、省级工程技术中心2家、省民营科技企业38家，市瞪羚企业培育入库2家，引进省科技副总9名、领军人才5名，签订产学研合作项目10个。大纵湖镇获评省绿色优质农产品基地，陈长荣大闸蟹池塘实施生态化改造，海浪大闸蟹有限公司建成蟹池原位净化设施，“虾梗香”有机米获评江苏十佳综合种养大米，“近湖谷”大米获评江苏好大米。

推进园区建设。兴丰路鹏程路段——中兴路段进行黑色化出新，经二路南延北段600米竣工。龙德路2.2万平方米多层厂房竣工交付，标准厂房一期3.87公顷、4.2万平方米竣工交付，二期4.67公顷、5.3万平方米开工建设。强化招商选资，接洽上市公司7家以上，2021年引进的3个项目设备投入均超亿元；德源笔电精密配件、煦和触显一体化两个入驻3.33公顷标房项目装修。

提升镇村面貌。邀请清华大学团队对副中心进行高起点策划规划，初步形成概念性规划初步方案和城市空间布局，深化核心区方案设计。完成石仇路新镇区——125省道段整治和朝阳河整治工程，省一级消防站一期主体竣工，幸福蓝海影院装修扫尾，园区污水纳管工程二期开工建设。“一村一条河”工程疏浚河道25条，完成胥仇、永新、向阳、陈捷4个村污水纳管工程，改建公厕2座，拆除旱厕、猪厕600多户，建成卫浴一体150户，兴盛村、三官村分别创成省绿美村庄、省休闲旅游农业康美基地。全年退宅602户、18.87公顷、进城入镇36户。加快规划保留老村庄改造，翻插建219户，改造农村危房134户。

增进民生福祉。转移农村劳动力598人，失业人员再就业201人、就业困难人员再就业51人、返乡创业161人、公益性岗位就业96人，新增职工养老保险381人。开展低保核查工作，核减15户、22人，新增9户、14人。义丰初中创成省智慧校园、市书香校园示范学校；义丰小学创成市文明校园、平安校园示范校；义丰幼儿园户外场地改造竣工。义丰卫生院引进德国高清腹腔镜设备，中医肛肠科创成市级特色专科。开展安全生产专项整治三年行动，三官村创成国家综合减灾示范社区。陈捷村创成省民主法治示范村，信访办被评为市人民满意窗口，巩固扫黑除恶专项斗争、涉赶整治成果。同时为群众提供丰富的休闲娱乐活动，满足对美好生活的向往和追求。

【创建全国综合减灾示范社区】 年内，综合减灾示范社区创建工作领导小组成立，为三官村创建全国综合减灾示范社区工作提供人、财、物保障。通过文艺会演、知识竞赛、减灾培训等形式，进村入户开展社区减灾志愿服务活动。坚持预防为先。投入500多万元，对景区消防设施进行完善，安装摄像头、警示灯以及提示标语。编制安全指导手册，重新启用打更等传统手段进行宣传警示。定期走访，制定帮扶清单和帮扶措施。结合乡村旅游打造避难场所，结合网格化工作抓实隐患排查，结合环境整治完善硬件设施。

【开展党史学习教育主题活动】 年内，组织参观阜宁铁军纪念馆、中共中央华中局第一次扩大会议旧址，邀请新四军

1月，民众休闲娱乐生活　　大纵湖镇　供

10月，举办第八届大纵湖大闸蟹文化艺术节　　大纵湖镇　供

纪念馆研究员授课，观看红色影片，开展“讲好党史、团史、大纵湖奋斗史”演讲比赛，举办音乐党史课等活动，科级干部实施为民办实事项目35个，做到学史明理、学史增信、学史崇德、学史力行。在“两在两同”建新功行动中，对象由区要求的科级干部延伸到股级干部，实施股级以上干部“服务1个重点企业、关爱1户困难家庭、扶持1名创业大户、结对1名党龄50年以上的老党员”等“十个一”行动。

【推进副中心建设】 2021年，对接清华大学团队，确定“水韵盐都新名片，乡村振兴示范区”规划目标，明晰“找准市、区域定位，整合邻近县市资源，与周边乡镇联动”的规划思路，概念规划形成初步成果。与国土部门对接，划定副中心边界，拓展发展空间。年内，选调精干力量，成立征收办，依照工业园区规划，与宅基地自愿有偿退出相结合，园区范围内共征收205户。按照“产业先行、配套跟进”原则，以镇区和景区为主体，周边乡镇每年2～3个项目联动，排定副中心建设三年工作计划，部分项目开工。

【电子信息产业加快发展】 年内，电子信息产业累计集聚相关企业8家，其中设备投入超亿元项目4个，规模以上企业4家，成为园区的主要增长点。招引的伊登智能科技、乐谱电子、德源笔电精密配件、煦和触显一体化4个项目实际设备投入均超亿元，伊登和乐谱均投产达效，成为定报企业，4月，乐谱电子设备成为西部乡镇首个接受市“家家到”观摩，投产3个月成为规模以上企业。

2021年大纵湖镇各村(居)
主要负责人一览表

表14

村(社区)	村(社区)书记、主任
兴湖社区	杨秀全
鱼范村	张　雅
向阳村	严书元
振兴村	刘秀明
陈捷村	姜中周
兴盛村	刘　兵
晨阳村	刘　洋
胥仇村	王学松
三官村	徐正友
花陇村	徐　莹
双官村	乐华明
于任村	杜红中
三庄村	夷叔兵
石庄社区	姜大生
双龙社区	郎　荣
迎阳社区	王其东
骏马村	冯继华
永新村	乐兆成
红星村	杨　军
大范村	聂庭海

【大闸蟹文化艺术节】 10月1日上午，在大纵湖镇三官村，“畅游盐都金秋行”系列活动之一的第八届大纵湖大闸蟹文化艺术节拉开帷幕，通过文艺表演、趣味游戏等方式，展现大纵湖人“打造盐都副中心，融入国家高新区”的昂扬奋发的激情。艺术节荡湖船、挑花担等节目展示出浓郁的里下河水乡风情；鱼篓舞、河蚌舞、葵花舞等节目则是表达丰收后的喜悦之情。机关青年志愿者组织游客参与蒙眼贴螃蟹、趣味套螃蟹、猜歌领螃蟹等活动，起到推介大纵湖大闸蟹的作用。

（宋全中　蔡楚凡）

秦南镇

【概况】 秦南镇，由原秦南镇、北蒋街道合并而成，总面积128平方千米，人口近10万人，下辖32个村(居)，是全国重点镇、国家卫生镇、江苏省重点中心镇、江苏省创新型试点乡镇、江苏省新型示范小城镇、江苏省生态镇、江苏省健康镇、盐城市工业主导镇。

经济质态稳中向好。2021年实现地区生产总值38.3亿元，增长9.3%；完成一般预算收入9379万元，增长10.6%；全年实现全口径开票销售22.5亿元，增长9.5%；其中，规上工业开票销售14.1亿元，增长9.8%；固定资产投资12亿元，增长10.3%；城镇居民人均可支配收入38412元，增长9.2%。项目招建成效显著。全年新招引铭岳自动化设备、锐能精密模具、富特玛汽车配套、怡达检测设备等重大项目4个；铭岳智能装备二期建成投产并为全区工业企业“家家到”提供观摩现场；龙洋海洋保障服务项目全年投资3亿元，税收1000万元。企业培育量质并举。认定蛟龙打捞、兴达建筑为市三星企业，华宏绳网、三里港高空为区二星企业，新增高新技术企业5家，新增工业规上企业、服务业、建筑业各2家，批发业1家。科技创新发力。新增省四上企业2家，获批省级“专精特新”

小巨人企业2家，新认定市级工程技术中心6家。

镇村面貌改善。集镇建管步伐加快。集镇主干道出新工程加快实施，田缘世家、水岸华城小区快速盘活，人民路、朝阳路精细化管理街区如期建设。推进乡村振兴。实施投入千万元的秦程蛋品扩建项目，投资2000万元的泾口村阳光玫瑰葡萄园建成投产，投入1700万元的万亩标准化农田项目如期竣工，泾口新型示范社区二期通过省级验收，新增农副产品创牌3个，镇农业综合服务合作社被评为国家级示范合作社。人居环境改善。东方红老村2.0版本改造快速启动，10个村污水管网设施和8个规范保留点污水处理设施竣工，实施危房改造333户，宅基地有偿退出367户，新增复垦耕地13.9公顷，18家集体农场实现收入160万元，创成省级特色田园乡村、省级传统村落各1个、市美丽宜居乡村2个。

增进民生福祉。社会事业协调推进。中西医结合医院区域发热门诊竣工运行，北蒋实验学校列全区农村初中中考实绩榜首，泽夫初中中考实现新的突破，省级儿童关爱之家示范点改造提升项目快速实施，为省推进会提供观摩现场。建成镇食品安全监管平台，实现区内联网，秦南派出所完成异地搬迁改造投入使用，镇消防站竣工运行，区人民警察学校主体封顶。安全发展保障有力。疫情防控和安全生产始终保持高压态势，加强疫情常态化防控，全员核酸检测演练和疫情应急处置演练有序开展，全人群疫苗接种工作加紧推进。省市区安全生产督查反馈问题全部整改到位，聘请第三方专家常态化开展安全生产巡查督查工作。社会大局和谐稳定。提高初信初访的录入、交办、化解效率，建立信访矛盾销号制，一批信访矛盾纠纷得到有效化解，获市信访工作联席会议办“人民满意窗口”奖，泾口村、富康村分别创建成全国和省级民主法治示范村。

【侯曜禹调研传统村落保护利用工作】 4月7日下午，农业农村部社会事业促进司副司长侯曜禹率队开展加强传统村落保护利用专题联合调研。市委常委、秘书长崔浩，副区长王珏，区政协副主席、区农业农村局长张鸿新陪同。侯曜禹一行先后在秦南镇千秋村察看古村古迹，对秦南镇保护利用传统村落工作所取得的成效表示肯定，希望秦南镇加强对传统古村落的保护、传承和利用工作，守住古砖古瓦的“原汁原味”，激发乡村振兴活力。

【泾口奖励优秀学子】 8月13日，秦南镇泾口村召开云会议，为35名优秀学子颁发激励奖学金超16万元，在泾口的高校录取学生代表和家长代表参加现场会议2021年，泾口村考取1名博士研究生（上海复旦大学）、7名硕士研究生、27名本科生，35名优秀学子被高校录取，创历史新高。为激发全体村民尊重知识、崇尚文化、重视教育，村党委2010年就为考取本科以上的优秀学子颁发激励奖学金，共167名学生受到奖励。

4月，泾口村居民居住点，提升人居环境质量　　　　秦南镇　供

【党史学习教育】 年内，秦南镇开展“我为群众办实事”实践活动，围绕党史重要事件和红色基地，以中共盐城县工委旧址，唐雨生、李初九烈士纪念馆和宋泽夫

2021年秦南镇各村（居）
主要负责人一览表

表15

村（居）	村（居）书记、主任
亭湖村	张金红
凤翔村	黄玉全
南环村	周扣兰
贺家驿村	杨登奎
孙伙村	顾新云
关陈村	杨九华
三河村	陈友春
灯塔村	严慧芹
秦北村	石春景
美满村	宋桂芬
东方红村	严大勇
秦兴村	朱万成
富康村	邱达文
宝奎村	还玉俊
千秋村	武恒山
泾口村	周向东
南蒋村	凌红芹
雨生村	李文刚
楚九村	智为荣
江窑村	杨干香
盛花村	邵昌盛
红沥村	周绍文
合兴村	胡甸兵
陇尖村	葛海荣
福泉村	邹一英
童成村	吉安邦
卢　村	王秀芹
虹桥居委会	朱广来
虹园居委会	杨明忠
砖桥居委会	周建林
远景居委会	王　园
厉民居委会	周学列

故居等为载体，打造红色精品学习实境课堂，挖掘本土红色故事，丰富学习教育内容。利用新时代文明实践所（站）、党群服务中心、农家书屋、“百姓名嘴”工作室、文化广场、少年宫等，打造身边红色阵地；购置党史书籍4000余套，充实党史学习教育阵地图书库存，推动32个村（居）学习实践阵地“串成线”“联成片”。组织党员观看电影《守岛人》《童年周恩来》和《记忆100》纪录片等影片，培养“百姓名嘴”宣讲队伍，让文明实践站点成为秦南党史学习教育的网红打卡点。

【倪春霞调研秦南】 9月13日，中国儿童福利和收养中心党委书记、主任倪春霞率队就秦南镇“儿童守护行动”——儿童主任服务体系能力建设项目试点工作进行调研。区委副书记、代区长马正华，副区长吕杨陪同。倪春霞一行调研秦南儿童关爱之家，察看困境儿童基本情况、心理评估、服务档案记录，与志愿者交流，了解服务儿童的阵地建设、功能定位、服务措施以及运行情况。倪春霞对秦南镇的儿童主任服务体系能力建设项目的建设和运行给予肯定。 （仓晨光）

郭猛镇

【概况】 2021年，郭猛镇总面积43平方千米（其中集镇面积6平方千米，园区面积8平方千米），人口近4万人（户籍人口3.3万，集镇2.3万），下辖10个村（社区），基层党组织84个，党员1786人，系国家级生态镇、卫生镇，江苏省文明镇，市首批城乡统筹试点示范镇。2021年实现地区生产总值29.48亿元，同比增长8.1%；一般公共预算收入1.23亿元，同比增长12.2%；全口径工业开票销售24.6亿元，同比增速5%；规上工业开票销售19.8亿元，增速16.8%；规上入库税收5845万元。

产业基础稳固。高水平规划建设2000亩工业园区，累计招引优质项目58个入驻园区，形成智能终端配套、环保装备、新型建材等主导产业；建成镇科技创业园，并获批省级科技孵化器。2021年新培育超亿元企业3家，新增定报企业3家，获批国家级“专精特新小巨人”企业1家。形成“2+1”产业格局，即高端装备、新材料两大主导产业以及疏浚打捞特色产业。全镇共有工业企业84家，其中规上企业21家，市四星级企业1家、市三星级企业1家、区星级企业7家。拥有国家级“专精特新小巨人”企业2家、国家高企23家、院士工作站1家、国家驰名商标2个。工业园区企业53家，2021年实现开票销售15.59亿元，每公顷平均税收119.4万元。疏浚企业发展到40多家，各类作业平台35个，各类作业船舶120多条，挖掘机等工程机械100多台套，固定设备达16亿元，实现传统疏浚产业向海上风电安装产业转型。

农旅名片响亮。依托“全国文明村”“全国乡村旅游重点村”“中国最美休闲乡村”——杨侍村，融合果品采摘、曲艺文化等元素，发展乡村旅游产业。践行绿水青山就是金山银山的发展理念，先后建成冰雕大世界、水上世界、跑马场等旅游项目，举办第三届杨侍年货节、第四届杨侍草莓节、第六届杨侍美食节，为广大游客提供丰富的旅游业态。发展草莓等果蔬采摘产业，累计创办家庭农场27家，组建阳光玫瑰葡萄产业联盟，郭猛大米获国家地理标志证明商标。打造杨侍路、繁荣路、护西路3条产业带，形成“博采众尝、醉美杨侍”生态旅游品牌。打造厚德苑、非遗文化墙等文创项目，举办第四届全国曲艺节目交流展演，提升乡村旅游内涵，杨侍村先后获“国家级乡村旅游重点村”“中国最美休闲乡村”“全国文明村”“国家级森林村庄”“省特色田园乡村”等称号。

城乡面貌换新。坚持建管并重，建成成片林800公顷，建有9个居住小区，建设5期杨侍新型社区，打造向阳河、中干河景观带，改造提升休闲公园3个、游乐场1个。创成精细化管理街区3个、创成市美丽宜居乡村1个、市级生态文明村2个、市级人居环境示范村1个，建成护西村张铺绿美村庄，建成绿化河堤90千米，厚植生态底色；开展专项整治，拆除养殖场23户，关闭塑料粒子加工点6家，整治高能耗项目24家，建成垃圾分类生态化回收处理站，铺设污水管网20千米，运行日处理1000吨污水处理厂。累计建成繁荣路、富民路、龙郭路等农村公路210千米，建设停车场11处，公厕24座，方便居民生活；改造提升公园4个，打造向阳河、中干河“两河”景观带。创成人民路、繁荣路精细化管理街区，改造提升农贸市场，整治经三路；坚持创建为民，全国文明城市长效管理做法全市推广，在全市创文总结表彰会上做经验交流。

民生事业改善。2021年，建成景苑、紫郡湾等9个现代小区，配套绿化道路、网络、污水管网等，改善农民居住条件，脱贫420户1019人，让农民同步过上现代城市生活。孙益海获批中国好人1位。郭猛实验学校被评为全国教育系统先进集体、全国青少年校园足球特色学校，建成国家代谢性疾病规范化治疗中心，创成省级优质幼儿园、省级“百家红色精品退役军人服务站”、省首批民族工作“红石榴家园”。郭猛卫生院为全国群众满意乡镇卫生院，镇敬老院为省三星

9月，杨侍游乐场全景　　郭猛镇　供

级敬老院。建设1200平方米综治中心，安装技防摄像头167个，化解信访矛盾；落实安全生产责任制，开展安全生产三年行动，完成“一年小灶”专项整治行动，落实违法违规“小化工”专项整治。

党的建设加强。开展党史学习教育，推动广大干部“四个意识”更加牢固，“四个自信”更加坚定，“两个维护”更加坚决。打造郭猛烈士生平展馆、党建主题广场等红色文化阵地，拍摄《永远的雕像》纪录片，打造红色文化名片，传承红色基因，补足精神之钙。完成10个村（社区）“两委”换届工作，4名村书记参加区村书记论坛，杨侍村、孙英村分别被列为省、区党建现场会观摩点；按照“一办七局”的设置要求，推进机构改革；推进党支部“标准+示范”建设，10个村（社区）党群服务中心建设全部达标。依托廉政文化长廊每年开展“510”系列警示教育活动。

【开展冬训活动】 1月25日上午，在南通市稳强公司党支部、镇江市亚龙航务党支部、10个村（居）党组织等全镇84个党组织1.7万多名党员、干部、职工、群众远程在线收看郭猛镇2020—2021党员冬训开班动员大会暨党员冬训第一专题辅导学习。郭猛镇就常态化疫情防控、冬训工作方式、不同层次的党员干部需求等方面，开展走访和民意调查，制订《关于认真组织开展郭猛镇2020—2021年度全镇基层党员冬训工作的意见》，以“线上+线下”方式进行，镇文化中心的文化礼堂设主会场，各党组织设立分会场，同步收听收看主会场现场直播，拉开党员冬训序幕。

【推广绿色防控技术】 年内，围绕发展绿色生态农业、减轻农业面源污染、提升农作物品质，依托省级农作物病虫害绿色防控示范区建设平台，以推动示范区建设为基础，集成绿色防控技术，推进绿色防控进程，引领绿色防控发展。通过实施绿色防控技术，减少化学农药的使用次数和使用量，提高病虫防治效果和农药利用率，改善农村生态环境。“盐都郭猛大米”获批国家地理标志证明商标，神农大丰的“南粳5718”在第二届中国好大米评选活动中获金奖，扩大盐都“鱼米之乡”的知名度和影响力。

10月，第四届中国盐都全国乡村曲艺发展论坛开幕　　郭猛镇　供

【国家地理标志证明商标】 1月11日，盐都郭猛大米以“食、香、味”俱佳的特点，获批国家地理标志商标，为郭猛农产品抢占市场，冲出国门，促进农业增效、农民增收和“稳粮保供”奠定基础。实施品牌战略，提高农产品的市场竞争力和美誉度，争创有机农产品品牌5个，绿色农产品品牌30多个。

【第六届中国杨侍生态美食节】 9月23日，“第六届中国杨侍生态美食节暨杨侍杯盐城地方烹饪技能大赛”活动隆重开幕。美食节首次邀请到扬州、泰州、靖江、淮安、徐州、连云港、宿迁等地的行业协会嘉宾共同参与竞技评选。

【第四届中国·盐都全国乡村优秀曲艺节目交流展演】 10月12日晚，第四届“中国盐都全国乡村曲艺发展论坛暨全国乡村优秀曲艺节目交流展演”惠民演出在郭猛镇杨侍村开幕。7个省、市、区的30多位专家学者参加论坛，80多位乡村曲艺家亮相舞台。

【入选全省首批民族工作“红石榴家园”】 至2021年底，郭猛镇少数民族群众163人，有土家族、苗族、维吾尔族、蒙古族、锡伯族、朝鲜族等少数民族，基本是婚嫁落户群众，家庭经济状况有待提升。镇党委将帮扶少数民族群众致富列为重点工作，关心少数民族群众的生产、生活。郭猛镇创建省级民族团结工作品牌“红石榴家园”，镇文化站新建“红石榴家园”阵地，内设健身休闲区、群众政策学习区、协商议事区、民族风情展示长廊等，为少数民族群众学习、议事提供优质的服务。在农历苗族新年等传统节日，举办富有民族特色的活动，让各族群众感受到祖国大家庭的温暖。关心少数民族群众生产生活，尊重民族习惯，在学校、卫生院等服务单位，开通少数民族群众就医、入学“绿色通道”，并减免费用。有50多名少数民族学生在校学习。

（郭大林）

2021年郭猛镇各村（社区）
主要负责人一览表

表16

村（社区）	村（社区）书记、主任
刘垛社区	姜　政
护陇社区	侍红卫
新星村	徐　晗
西湖村	周　晋（11月免） 仇堂丽 （村会计主持工作）
护西村	蒋美祥
杨侍村	成正铭
孙英村	侍永红
明朗村	王　勇
民乐村	仇　云
新跃村	花　健

楼 王 镇

【概况】 全镇总面积150.7平方千米(其中粮食3533.33公顷,荷藕1733.33公顷,水产养殖3733.33公顷),下辖22个村,6个社区,人口65433人。地区生产总值27.02亿元,城镇居民人均可支配收入41188元,农村居民人均可支配收入25234元。

经济发展。经济运行总体平稳。完成定报工业开票销售收入12亿元,同比增长26%。纳税超百万元工业企业14家,完成一般公共预算收入6050万元。创成市三星级企业1家,区星级企业1家,新增国家高企2家、定报工业企业2家。发展后劲增强。完善全员招商激励机制,强化为高新区和市级园区招商,汇贝新材料项目竣工。苏力公司投资1000万元新上喷涂机器人、智能喷粉设备、自动焊接机器人等10台套智能装备,实施智能车间项目;宏宇公司数控智能龙门加工中心投产运营。防控措施有效。推行“大数据+网格化+铁脚板”防疫模式,核查重点人员940人,管控22人,落实集中隔离和“五包一”居家健康监测措施。推进疫苗接种,疫苗接种应种尽种,常住人口接种率93%以上,二针全程接种率98%,三针接种率达80%。

推进乡村振兴。调优产业结构。围绕旱涝保收、稳产高产的要求,科学规划布局,完善基础设施,新建高标准农田1000公顷。发展现代农业,鼎绿蔬菜专业合作社入选省级蔬菜特色示范基地。壮大农业新型主体,新增家庭农场11个,村集体农场8个,市级示范农场2个。推进耕地保护,拆除改变用途农机库680平方米,整改违规占用耕地5.2公顷。打造品牌农业。入选全国乡村特色产业十亿元镇,楼王银鲫获评国家地理标志证明商标,创成省级粮食生产全程机械化示范镇、省级蔬菜特色产业镇、省级优质绿色示范基地(1万亩荷藕基地)。新增绿色农产品品牌7个,现代农业产业园保持市AAA级园区。筑牢生态屏障。2021年新增成片林40公顷,莘野村创成省级绿美村庄。完成花季园、丁马港和蟒河老村庄整治规划和编制项目清单。12个村庄污水处理设施投入使用,新增农村污水管网长10.6千米,镇畜禽粪污处理洗消中心建成正常使用。仁和、江庄等8个村通过区级美丽宜居乡村创建验收。

改善民生。重抓农房改善。首推“进城入镇”,办理房票90份,其中进城78户,入镇12户。续建花季园三期5.33公顷205户,竣工交房169户,36户2022年4月底竣工交付。宅基地有偿退出560户17.8公顷。区级认定农村危房整治239户(C级132户,D级107户)任务全部完成。做优实事工程。以创建全国文明典范城市为契机,针对薄弱环节,加大整改力度,推进精细管理。以重点工程推动集镇改造提升,打造开放路精细化管理示范街区,老小区路灯亮化完成改造,20座危桥改造工程全部竣工通车;启动阜溧高速楼王段工程,完成征地社保手续,协调各项矛盾;331省道服务区工程按期推进。提升公共服务。在全区率先完成城乡居民养老和基本医疗保险任务,通过国家卫生镇复评,盐都二院创成老年友善医院,完善新冠病毒核酸检验室和急救中心,标准化发热门诊建成使用。楼王初中获评市首批新优质初中,中考成绩在全区同层次学校排前列。文化服务中心配齐培训、阅读、娱乐等功能设施,新时代文明实践所完成布置。

创新社会治理。防范化解债务风险。合理确定融资规模,保证重点工程所需资金。遵守区融资成本指导线,控制有息债务数量,合理配置债务期限结构,完成区隐性债务化解任务,融资成本达到8%以下,实现“可持续、降成本、防风险”目标。维护社会稳定。拓宽整治思路,创新工作方法,无盐都籍新增涉羟犯罪人员,社会面涉羟重点人员无重新犯罪,全区未发生非法生产、买卖、运输羟亚胺案件,通过市禁毒办评估验收,“重点关注镇”摘牌脱帽。推进全要素网格化治理,配强专业工作力量,公众安全感指数达98%。推进积案攻坚,对重大矛盾纠纷突发性群体事件制定相应的应急预案。聚焦安全专项整治。开展安全生产专项整治三年行动,镇18个专项整治工作组,每月坚持滚动式安全检查,检查各类生产经营单位362家次,检查和整治隐患886条。市、区交办问题和隐患22条,完成整改21条。执法工业企业8家,处罚5.5万元。

强化党的建设。加强思想政治建设。以纪念建党100周年为契机,巩固“不忘初心、牢记使命”主题教育成果,以稻田画献礼中国共产党建党一百周年的同时,开展党史学习教育,做到学史明理、学史增信、学史崇德、学史力行,党员干部“四个意识”明显增强。弘扬时代新风,爱心企业家王正清入选一季度“盐城好人”,潭溪村农民文化艺术节获评区年度“十佳文明新事”,“阅楼王全民阅读系列活动”获评区“优秀阅读品牌”。加强党的组织建设。实施“基层党建示范带”

7月,楼王稻田画——庆祝建党100周年　　楼王镇　供

12月，楼王西乡说唱节目获一等奖　　　　　　　　　　楼王镇　供

建设新三年行动计划，全年新发展党员61人，对1个软弱涣散党组织进行整治，新建汉张、凤池两个党群服务中心，配备党建指导员27名。创树党建典型，隆顺合作社理事长范得珍当选省党代表。立足党史学习教育、党委换届等重点工作契机，举办党务知识培训班、理论知识提升培训班4次。加强党风廉政建设。配合区委巡察，把接受巡察监督作为查找差距、改进工作的过程。开展“作风提升年”行动。围绕疫情防控、安全生产等重点领域和重点工作开展专项督查。

【王正清陪敬老院老人过中秋】 9月17日下午，“盐城好人”王正清从盐城参加完盐都区新时代文明实践活动后，携带月饼、苹果等礼品，在楼王镇敬老院，走访和慰问70位孤寡老人，向老人表示节日的问候和良好的祝愿。王正清这一活动自2004年起，连续18年陪敬老院老人过中秋。

【“北龙港剪纸”获奖】 7月，2021“苏韵乡情”乡村休闲旅游农业（扬州）专场推介暨江苏休闲旅游农业精品展在扬州仪征举行，楼王镇的“北龙港剪纸”获创意精品“金奖”。北龙港民间剪纸艺术协会有1000多名会员，北龙港小学被列为盐城市剪纸特色教育学校。该校退休老教师王柏林是盐都区“十大杰出民间艺人”、盐城市“十佳民间工艺师”，而且还是江苏省民间文艺家协会会员、盐城市民间剪纸艺术“非遗”传人。

【亮相全国农民文化艺术展演】 9月22日至23日，“庆丰收　感党恩”2021中国农民丰收节（湖南长沙）主场活动——全国农民文化艺术展演在湖南省长沙市举行，楼王镇民歌《荡里小伙就爱唱》应邀参加展演。《荡里小伙就爱唱》是一首具有浓郁水乡特色，由楼王文艺工作者编、导、演的现代民歌，曾获2019年盐城市音乐舞蹈展演一等奖和2020年第十四届江苏省“五星工程奖”。

【楼王镇举行纪念革命烈士活动】 9月30日，是国家第八个烈士纪念日。楼王镇机关党员、各村（社区）党总支书记、各部门（单位）党政主要负责人和中小学师生及烈士后代的代表近200人在燕子阁七烈士陵园，举行烈士纪念日公祭活动。

【参观江苏历史展】 10月16日，楼王镇党委组织40名党员代表赴南京参观“百年征程　初心永恒——中国共产党在江苏历史展（1921—2021）”。镇党委统战委员王伟带队参观。

【新时代文明实践工作】 12月20日下午，出席全市宣传思想文化工作务虚会的专家参观楼王镇新时代文明实践所志愿者服务工作站、道德星空展示区、红色记忆墙及道德讲堂、非遗文化展示区等地，观看民间剪纸等教学现场，对楼王镇新时代文明实践活动取得的成果给予肯定。

【楼王西乡说唱节目获一等奖】 12月，在全市2021年音乐、舞蹈、曲艺展演节目评选中，楼王镇文化站参演的节目——西乡琴书说唱《王祥救母》被盐城市文化广电和旅游局评为曲艺类一等奖。（胡兴扣）

2021年楼王镇各村（社区）主要负责人一览表

表17

村（社区）	村（社区）书记、主任
公　兴	张红云
庆　丰	王文彬
利　民	王遵刚
花季园	姚干荣
凌　庞	顾加标
姚　顾	顾　亮
文　昌	王　刚
顺　北	聂长军
郭　杨	王义军
潭　溪	彭　海
新　祥	丁文龙
仁　和	王知清
城　头	陶保久
丁马港	刘　斌
果　林	杨加琪
汉　张	宋红庚
朝　阳	顾立华
莘　野	徐伟年
龙　兴	蔡大春
江　庄	江海军
凤　池	周青松
新　楼	王翠红
蟒　河	王　群
北　龙	朱党林
庆　西	张根明
凤　南	凌立兵
潭　田	殷永荣
南　龙	郭世明

学富镇

【概况】 2021年，全镇土地面积8348公顷，其中耕地4706公顷，下辖16个村，4个居委会，人口48939人。全年实现一般公共预算收入8080万元，提前4个月超额完成全年任务；全口径工业开票销售收入11.06亿元，同比增幅18.8%；国内生产总值18.5亿元，增速8.3%。

工业经济。明亮减速机、富勒传动、凯宁线缆等7个新入驻项目及汇达塑业、方天无纺、耀晖人防等4个重点技改项目均投产达效；总投资2.25亿元占地8.47公顷的粮食科技园项目开工建设；完成新注册楼宇企业168家，新增开票销售超亿元企业2家，纳税超百万元企业5家；年内，新增培育市四星级企业1家、三星级2家、区一星级1家，申报发明专利75件，新增授权发明专利7件，新增高新技术入库企业5家、市工程中心3家、市工程研究中心3家。富勒传动公司获第二届中国盐城创新创业大赛成长企业组一等奖、省赛三等奖、全国赛优秀奖，汇达生物公司建成省智能制造示范车间。

农业农村发展。田丰源家庭农场稻谷和莲藕获有机食品认证，红果子公司和鑫名肴藕粉圆加工厂入选省“名特优”食品小作坊，列区“三重”集特色农产品电子商务和观光休闲采摘加工于一体的施湾冬枣生态采摘园竣工，建成连心高标准农田项目，创成小麦、荷藕两个万亩省级农产品绿色优质基地。采取土地众筹、领办家庭农场、新增集体土地统一发包、争取补助资金购买物业出租等方式拓宽增收渠道，全镇所有村居集体收入稳定。全年新发展家庭农场21家，新培育省级示范家庭农场1家、市级家庭农场3家、区级示范家庭农场7家，新培育区级示范社2家。美人红和大紫红莲藕、富福祥大米等五个农产品被认定为绿色食品A级产品。

生态环境。全年创文和“五位一体”长效管护工作保持全区前列，联河绿美村庄通过省验收；新建乡村道路11千米、桥梁15座，铺设污水管网12千米，整治河道42条，收集处理垃圾12960吨，做到垃圾处理全覆盖，打造生态河道7条，修建完善公厕2个，更换、发放垃圾桶1412只。实施宅基地有偿退出332户，新增耕地12.09公顷；打造农房改善2.0升级版，蒋河新型社区插建37户，改造提升危房93户。按照“四季有花、四季有景”的要求对跃进河两侧绿化进行提升，在秦施线、洪学线实施道路升级、景观打造、绿化提升等工程。蒋河创成市农村人居环境整治提升示范村，略沿、白阳创成省级民主法治示范村；周伙、蒋河两村分别创成省级特色田园乡村和传统村落，国家级“两山”实践基地在蒋河村揭牌。学富镇被评为省、市文明镇，略沿等三村居创成市文明村；草房子乐园盛大开园，AAAA级景区如期创成，“全民阅读宣讲基地”“优秀阅读品牌”等旅游、研学综合效应接续释放。

社会事业。常态化抓好新冠疫情防控，排查重点地区重点人员2383人，核酸检测58989人次；举办第十一届老年文化艺术节，社区教育中心建成中国成人教育协会和农村成人教育专业委员会“乡村振兴大课堂”共建共享实验基地；新增健身步道3千米，植入健康元素80处，省级健康镇通过现场验收，完成8个村居儿童关爱工作站和居家养老服务站整合提升；举办三场全镇“服务企业用工·帮助群众就业”用工引才招聘会，举办育婴师、电子商务、农业科技等专业技术技能培训班，受训人数达532人；城乡居民养老及医疗保险参保率达100%，做到应保尽保。对全镇20户老人进行适老化改造；对777户1528人进行低收入人口认定，全镇优抚对象各种定补、优待、抚恤等补助资金全部及时足额发放。全部化解国家级重复信访专项治理件；开展涉羟犯罪专项整治工作；重抓安全生产工作，推进各项专项整治行动，检查企事业单位和场所517家次，排查事故隐患2049条，开展“五进”活动，发放宣传材料41000份。

党的建设。全年累计开展党史学习教育和“四史”宣讲百余次，受众9120人次；组织党员代表参观参观红色基地，通过“沉浸式”教学，强化红色文化宣传教育；拍摄《党徽在一线闪亮、党旗在一线飘扬》《689双红皮鞋》等微视频、微党课；举办第五届草房子国际儿童阅读周和“书香伴我成长　知识与我同行”红色经典诵读赛暨全民阅读进校园等活动。做好镇党委和区镇人大换届工作，老干部支部获省“百佳离退休干部党支部”，建成蒋河、联河、同港党群服务中心，累计提升新时代文明实践所（站、点）36个，完成村居“两委”换届工作，两委成员平均年龄降至38周岁，2名村书记入选“百千万”工程。

【承办区生态重点工程开工仪式】 3月24日上午，盐都区“两山”实践创新基地揭牌暨生态重点工程开工仪式在学富镇蒋河村农村生活污水治理工程项目现场举行。副市长蒋巍，区委书记、区长王娟出席并共同为盐都区国家“两山”实践创

9月，红色经典诵读赛暨全民阅读进校园活动　　学富镇　供

新基地揭牌。盐都区委副书记、副区长刘源介绍盐都区"两山"实践创新基地建设工作及生态重点工程开工情况。

【草房子乐园开园】 6月1日上午，学富镇周伙村的草房子乐园对外开园。市委书记戴源、儿童文学作家曹文轩和茅盾文学奖获得者、省作协主席毕飞宇，中国少年儿童新闻出版总社社长孙柱，国际儿童读物联盟主席张明舟，江苏少年儿童出版社社长王泳波、人民文学出版社旗下天天出版社总编张昀韬等50多位儿童文学方面的专家学者参加。草房子乐园占地近23.33公顷，是按照盐都"建设生态文旅高地"要求，紧扣生态旅游、乡村旅游、名人文化、民俗文化思路，依附盐都西乡特有的优质自然资源禀赋与旅游深度融合规划建设的文旅项目。草房子乐园以经典名作《草房子》为切入点，以草房子乡情文化为主题，以研学教育为中心，以素质拓展为内容，集乡情、文学、休闲、娱乐于一体。乐园划分六大主题区域，其中上学路上区、追忆怀旧区、素质拓展区、研学教育区为乐园重点区域。

6月，草房子乐园开园活动现场　　学富镇　供

2021年学富镇各村(居)
主要负责人一览表

表18

村(居)	村(居)书记、主任
戚　庄	吴进华
联　河	郑春华
车　林	彭高富
同　港	杨树友
白　阳	丁扣兰
学　中	周如兵
时　杨	徐九根
蒋　河	杨　华
园　垛	邢美贵
三　永	张代勇
略　沿	王道海
连　心	戚龙华
华　府	王　军
陈　祁	刘友武
大　同	邵　传
大　成	成　华
施　湾	徐国群
中　徐	徐红军
周　伙	李天庆
河　夹	冯　山

【薛盛堂调研蒋河村】 9月13日下午，市委常委、市委秘书长薛盛堂一行十余人在学富镇党委书记李天青等陪同下到学富镇蒋河村对美丽乡村建设工作进行观摩调研，调研组详细了解美丽乡村建设整改前后的情况，并观摩蒋河村集中居住示范点、沈河庄、杨河庄，老村改造升级工作，薛盛堂对工作给予肯定。（王月霞）

尚庄镇

【概况】 尚庄地处盐城西南首，与兴化市毗邻，位于233省道和125省道交汇处，国家4级航道盐邵河穿境而过，占地面积73平方公里，下辖14个行政村、4个居委会，人口约4.3万人。

主要指标稳中有进。全年实现地区生产总值19.49亿元，同比增长7.7%；一般公共预算收入3016万元，同比增长10.6%；全口径工业开票销售10.7亿元，同比增长46.4%；城镇居民可支配收入41700元、农村居民可支配收入25000元，同比分别增长7.5%、8.7%。实现全口径工业开票销售11.8亿元，同比增长72.3%；规上工业企业开票7.3亿元，同比增长31%。

工业经济提升。开票超亿元2家（盐电阀门、金火炬）、纳税超百万元3家（盐电阀门、金火炬、兴殿实业）。全年新增"四上企业"7家，新认定高企1家（赛美特），新招引5000万元项目2个（锐凡新、斯帝尔），2次为市、区家家到提供观摩现场。镇内龙头企业盐电阀门创成市三星级企业，获评省服务型制造示范企业、省AAA级质量信用等级、市长质量奖提名奖，与山东大学等高校签订产学研项目5个，年内引进高层次人才5人，申报江苏省创新创业领军人才1人（蔡玉奎）、盐城市"黄海明珠"计划1人（马海峰）。

镇村品质提升。完成宅基地有偿退出435户14.33公顷，农房改善220户，发放全省首张农村危旧房置换空关房不动产权证书。加快推进塘桥2.0版和民胜1.0版的提升改造工作，建成联胜80户新型示范社区建设。启动农村人居环境整治五年提升行动，铺设污水主管网14145米、支管网3200米并移交区净水公司管理，完成古殿、花村等9个村庄污水管网和处理设施，实现行政村污水处理全覆盖。推进"四类人群"危房改造，共排查一般农户危旧房屋9944户。塘桥村获评全国乡村治理示范村、省文明村，南吉村获评全国综合减灾示范社区，古殿村获评省传统村落，民胜村获评省新型社区示范点、市农房改善优秀项目。

农业农村经济。举办番茄节，成为展示尚庄镇特色农业优势。“瑞尚鲜番茄”通过中国绿色食品认证，“尚庄番茄”获批国家地理标志，提高尚庄番茄知名度、美誉度和影响力。推进113.33公顷高标准农田建设，全年粮食面积5800公顷、4800万千克，完成区定目标。实施“接二连三”工程，邵氏水产养殖专业合作社升级为国家级农民合作社示范社。生猪产能逐步提升，全年生猪存栏1591头、出栏1183头。成立由返乡高校毕业生为主力军的瑞尚鲜农民专业合作社，发展新型职业农民培训和线上销售平台，每年实现“瑞尚鲜”品牌的番茄、鸡蛋、大米等农产品销售30余万元。

增进民生福祉。获评省文明镇，为民服务中心率先建成省首批“15分钟医保服务圈”示范点，省医保局主要负责人率队调研。常态化开展人口计生工作，企业职业健康体检493人，盐电阀门申创市级职业健康示范单位，民胜、北堡创建省级卫生村、塘桥创建省健康村初步通过验收。老年工作特色开展，老年智能技术专项普及培训180人，举办尚庄镇第十一届老年文化艺术节，启动2022年老年“安康关爱行动”。实施尚庄小学综合楼电子屏、尚庄初中阶梯教室升级、中心幼儿园户外活动地板、法制公园景观提升和体育公园道路整治工程，学校环境、设施设备提高，公园、道路形象提升。尚庄中学中考再创新高，达盐城中学分数线16人，盐城市第一初级中学分数线31人，占考生总数的30%，综合排名列全市农村初中第二名。关心关爱留守儿童，全镇18个村居“留守儿童工作站”实现全覆盖。

党的建设加强。在全区试点完成村居“两委”换届任务，公开招录10名大专以上学历后备干部，村干部队伍优化。高标准选出88名镇党代表、19名区党代表，推选1名市党代表、1名省党代表，换届各项工作平稳过渡。推动上潘、五瑞、吉爱等3个党群服务中心提档升级，全域提升“十有”微服务内容，凝聚党建阵地人气。组织“两委”参加轮训490人次，现场教学4场，提升干部水平。七一期间，有2人分获省、市表彰优秀共产党员。以“中国好人”乐华泽事迹为蓝本的纪实片在江苏先锋《领航新时代》栏目播出。驻苏州创业党支部组织在苏流动党员赴浙江、上海等地开展红色教育，凝聚发展共识。盐电阀门与瑞北党总支结对开展主题党日，丰富活动内容。赛美特机械党支部向防控一线人员送物资、向困难家庭伸援手，组织开展重温红色历史、争当“五好”党员等活动。重视专职党务工作者培养力度，新增2人获聘专业职称。

【第八届尚庄番茄节】 6月25日上午，尚庄镇庆祝建党100周年暨第八届番茄节在塘桥新型农村社区广场举行。区委常委、纪委书记杨劲松出席活动并致辞。番茄节既是交流合作搭建的大平台，更是展示盐都现代农业的大舞台，中国地理标志的获批，成为尚庄番茄走向全国市场的“金字招牌”。

【曹路宝在尚庄调研】 8月25日，市委书记曹路宝率队调研尚庄镇乡村振兴和农房改善工作。曹路宝在塘桥村和民胜村，穿巷道、访农家、观水系，察看新型农村社区建设、新老村庄人居环境提升等现场，肯定相关工作成效，并一一进行点评。

6月，第八届番茄节开幕　　尚庄镇　供

【周英一行在尚庄调研】 12月16日下午，省医疗保障局长周英带队调研尚庄为民服务中心“15分钟医保服务圈”示范点建设工作。副市长、区委书记、高新区党工委书记王娟，副区长肖乐农，尚庄镇党委书记蔡正平、镇长任浩、政法委员唐建军陪同。周英一行在尚庄镇为民服务中心，实地察看“15分钟医保服务圈”示范点硬件设施建设情况，详细了解医保自助服务区、经办窗口设置及业务办理等内容，对全镇推动“15分钟医保服务圈”示范建设工作表示肯定。

【“尚庄番茄”获批中国地理标志】 2021年，尚庄镇拿到国家知识产权局颁发的“尚庄番茄”中国地理标志，为盐城市区域品牌的发展又添上崭新的一笔。尚庄镇把‘番茄小镇’品牌作为发展高效休闲农业，推动区域经济发展的生态引擎，打造番茄种销全产业链条，绘就乡村振兴美丽画卷。

（刘卫红）

2021年尚庄镇各村（居）主要负责人一览表

表19

村（居）	村（居）书记、主任
东　塘	刘卫红
花　村	龚　槿
上　潘	陈金石
五　瑞	蒋成海
瑞　南	王星春
瑞　北	张红全
联　胜	张柏荣
万　和	彭大贵
古　殿	殷纯传
界　河	王　珊
民　胜	尹洪刚
南　吉	包步宽
塘　桥	周克美
北　堡	王寿丰
荣　昌	王荣芳
吉　爱	王艾龙
庆　福	尹相东
姚　伙	董　军

人物·先进集体

新闻人物

孙益海

孙益海，男，汉族，盐都郭猛人，1969年10月出生，中共党员，高中文化，盐城市公安局盐都分局郭猛派出所一级警长，系盐城市第八、九届人大代表。2021年8月，被中央文明办评为“中国好人”。

孙益海曾获“全国公安系统二级英雄模范”“江苏省人民满意的公务员”“江苏最美警察”“盐城市十佳政法干警”“盐城市优秀共产党员”“盐城市道德模范”等称号，记个人一等功1次、个人三等功3次。（有关孙益海详情请见已出版的《盐都年鉴》“人物”栏目中的“新闻人物”分目。）

祁国成

祁国成，男，汉族，盐都张庄人，1978年4月出生，中共党员，盐都区农业农村局副局长，2021年10月，被省委省政府表彰为全省脱贫攻坚暨对口帮扶支援合作先进个人。

祁国成负责扶贫工作后，连续两年研究制定脱贫攻坚工作要点、扶贫项目申报指南等文件，构建统筹推进工作机制，营造合力攻坚的浓厚氛围。在新一轮机构改革中，祁国成负责全区脱贫攻坚工作推进，对建档立卡户，通过精准识别规范进退管理，确保人员应进必进、应退必退。坚持精准施策，全面落实“一户一档一措施”，推进贫困农户稳定脱贫。“十三五”期间，累计帮扶就业1.4万人次、安排公益岗位1984人、扶持自主创业200人（设点加工90人），累计发放就业创业补助金997.48万元。

任　郝

任郝，男，汉族，盐都大纵湖镇人，1987年1月出生，中共党员，大学本科学历，盐城市公安局盐都分局巡特警大队副大队长兼交警支队市区二大队高新区中队中队长。2021年12月，被公安部表彰为全国公安机关100个成绩突出交警。

任郝从警十四年来，在基层一线从事交通秩序管理工作。2016年6月经选拔作为江苏公安青年民警代表赴青海省黄南藏族自治州尖扎县公安局帮助工作半年。探索勤务转型和现代警务升级，打造以精准勤务为主导的城市交通管理立体防控体系，以信息主导警务，利用“数据+”在警务资源优化配置中的作用，推动路面管理模式向数据化、扁平化、融合化、联勤化方向发展。组建全区第一支专业交警铁骑队伍，注重铁骑与缉查布控、事故快处等技战术协同训练，加强交通治安管控能力，打造盐都特色道路防控新品牌。带头建立全区第一支涉牌涉证专业研判小组，打造“1+X”智慧新交管工作模式，实现对重点嫌疑车辆、人员精确研判打击，获警务技术（车辆查缉）中级职称。做好疫情防控工作，优化卡口查控，实现重点人、车闭环管理，疫情防控工作被团省委通报表扬。曾获三等功1次，嘉奖7次，被授予“全国公安机关成绩突出交警”“江苏省杰出青年岗位能手”“2020年度新时代江苏公安交通警察标兵”“盐城市最美警察”“第十届盐城青年五四奖章提名奖”等多项称号，中国共产党盐城市第八次代表大会和中国共产党盐城市盐都区第十五次代表大会代表。

宋红浩

宋红浩，男，汉族，1976年10月出生，江苏盐都人，中共党员，本科学历，高级技师、高级工程师，本科学历，现任盐城三新供电服务有限公司盐都分公司北蒋供电服务站站长。2021年6月，被中共江苏省委授予“江苏省优秀共产党员”称号。

宋红浩先后获“全国劳动模范”“国家电网公司农网配电运检岗位能手称号”“国家电网公司优秀党务工作者”“江苏省劳动模范”、首届“江苏工匠”“江苏省有突出贡献中青年专家”“江苏省企业首席技师”“盐城市劳动模范”“盐城市有突出贡献中青年专家”“盐城市五一劳动奖章”“盐城市优秀共产党员”“盐城市文明职工”和“江苏省农电公司优秀人才”等称号，他的先进事迹也被《中国电力报》《国家电网报》、人民网、江苏电视台、盐城电视台等数十家媒体报道。（有关宋红浩详情请见已出版的《盐都年鉴》“人物”栏目中的“新闻人物”分目。）

胡友华

胡友华，男，汉族，江苏盐都人，1964年3月出生，中共党员，大专学历，江苏金贸建设集团有限公司党委书记、董事长，高级工程师，盐都区第十四、十五、十六届人大代表，市优秀共产党员、劳动模范、杰出企业家，省优秀企业家。2021年4月，被省委、省政府表彰为“江苏省劳动模范”。

江苏金贸建设集团先后被授予“全国优秀企业”“国家优质工程奖”；多次获省“扬子杯”优质工程，“建筑业优秀企业”“建筑业百强企业”；连续五年被市委、市政府授予争星创优“五星企业”。创塑企业信誉。多年被市政府表彰为“建筑业发展工作先进集体”“十强企业”“企业信用得分排名第一名”，中国工程建设“诚信典型企业”，全国企业评价“AAA信用企业”等称号。连续五年获江苏省建筑业“最具成长性百强企业”“竞争力百强企业”；连续五年被市政府授予争星创优“销售规模奖”。

范得珍

范得珍，男，汉族，1975年4月出生，中共党员，高中学历，盐都楼王人，鼎绿蔬菜专业合作社理事长。2013年被评为“盐城市劳动模范”，2015年被盐城市委、市政府表彰为“十佳新型职业农民”，2017年当选为盐城市第八届人大代表，2021年4月，被省委、省政府评为“江苏省劳动模范”，11月当选为省党代表。

2011年，鼎绿蔬菜专业合作社注册“范得珍”牌绿色食品商标，“范得珍”牌芥蓝、西兰花等6个品种通过绿色食品认证，“范得珍”牌蔬菜入选江苏省农业品牌名录；合作社蔬菜基地成为盐城市首批“上海市外蔬菜主供应基地”，被评为“江苏味美菜园”，被中国蔬菜流通协会授予“食品安全示范基地”称号。2014年，鼎绿蔬菜专业合作社被评为“国家级示范社”。2013年，范得珍被评为“盐城市劳动模范”，2015年又被盐城市委、市政府表彰为“十佳新型职业农民”，2017年，当选为盐城市第八届人大代表。

潘荣昌

潘荣昌，男，汉族，盐都葛武人，1974年7月出生，群众，大专学历，江苏日升纺织有限公司纺纱车间副主任，助理工程师。2021年4月，被省委省政府评为“江苏省劳动模范”。

参加工作20多年来，潘荣昌在技术改造岗位上刻苦钻研，通过技改升级，每年帮公司节约成本80多万元。他牵头设计制作的进口并条机自调匀整系统弹簧片，将采购成本从近万元降到了100元左右；牵头设计实施的空气压缩站冷却水自动控制和热水循环再回收系统、温湿度自动控制系统、色纺梳条自动打包生产线等技术成果，被业内多家同行效仿使用。在企业搬迁新项目过程中，他通过优化设计，每年节约能耗成本60多万元。在专业期刊杂志上发表技术论文16篇，并拥有2项发明专利。潘荣昌牵头创办“潘荣昌技能大师工作室”，为企业培养大批技术骨干，并组织开发多个色纺新品种。在全国大赛中获得“梳理工匠”和“细纱工匠”等称号，2019年被评为盐城市劳动模范。

黄长勇

黄长勇，男，汉族，盐都郭猛人，1967年7月出生，中共党员，大专学历，江苏新海科技发展有限公司副总经理。2021年4月，被省委、省政府评为“江苏省劳动模范”。

1996年6月，入职江苏新海科技发展有限公司以来，黄长勇工作勤勤恳恳、踏踏实实、任劳任怨，他十分重视技改投入、科技创新、人才引进工作，他主持该公司铸造生产线技改扩能，淘汰落后的砂型铸造新上年产量达万吨的全自动消失模生产线，使铸造线生产成本下降、质量提高、产量提高，铸件重量比原工艺生产减轻10%左右，解放了劳动生产力，每年为公司新增销售1500万元以上，新增利润300万元以上。2019年他与上海应用技术大学张而耕教授签订产学研协议，双方共同研发“难加工铸件切削刀具表面硬质涂层产业化应用研究”项目，该项目入围江苏省双创人才项目和盐城市领军人才项目。黄长勇本人及参与的实用新型专利有12项，被评为2019年盐城市劳动模范。

戴真煜

戴真煜，男，汉族，盐都郭猛人，1968年2月出生，盐城市第三人民医院党委书记、院长，主任医师。2021年4月，被省委、省政府表彰为“江苏省先进工作者”。

在新冠肺炎疫情防控工作中，市三院作为市新冠肺炎定点救治医院，收治全市40%的确诊病人。戴真煜做好领导和组织协调工作，坚持在疫情防控和医疗救治的一线，疫情最严重的60多天时间内，基本上未离开过医院，每天多次到发热门诊、隔离病房一线巡查，参与防控工作的部署安排以及患者的救治工作。医院选出两批共32名医疗队员驰援武汉，完成援助任务，市三院被省委、省政府表彰为“全省疫情防控工作先进集体”。戴真煜被授予“江苏省用户满意服务明星”“盐城市劳动模范”“盐城市五一劳动奖章”“盐城市青年岗位能手”“盐城市科技能手”等称号，被市委、市政府记二等功。

蒋　红

蒋红，汉族，江苏盐城人，1969年9月出生，中共党员，研究生学历，国家税务总局盐城市盐都区税务局党委副书记、副局长，高级会计师。2021年4月，被省委、省政府表彰为“全省先进工作者”。

王乃宁

王乃宁，男，汉族，江苏建湖人，1970年7月出生，中共党员，大学学历，盐城市第一中学党委书记、校长，正高级教师。2021年4月，被省委、省政府表彰为“全省先进工作者”。

徐怀堂

徐怀堂，男，汉族，1924年1月生，盐龙街道北港村（原马沟乡凤冈村）人。1940年入盐城抗大五分校学习，1940年11月参加新四军，1941年9月入党，1946年11月至1965年1月期间从事空军飞行，是新中国空军第一代战斗机飞行员，曾被人民空军首任司令员刘亚楼赞扬为“空中的董存瑞”。

1941年7月，日本侵略者对盐城大扫荡时，参加南洋镇扫荡斗争；1945年8月，任南京军区衡山部队空军团长，参与六合城攻坚战突击队率先登城解放六合；1946年到中国人民解放军第一所航空学校——东北民主联军航空学校学习（系第二期学员），1948年，任飞行中队长随军到东三省参加辽沈战役。1950年毕业并加入中国空军第一支航空部队——空军第四混成旅。新中国成立后，任空军志愿军第2师第4团飞行队大队长，1951年参加天安门国庆空中阅兵式，受到毛主席、朱德总司令等党和国家最高领导人的接见和宴会；1951年10月赴东北前线参加抗美援朝战争，先后三次参与敌战大和岛空中任务，第一次为1951年10月30日，系执行侦察摄影任务，为轰炸空袭提供了珍贵的实地照片，第二次为1951年11月6日，系执行大和岛之大和洞军事基地轰炸护航任务；第三次为1951年11月30日，系执行对小和岛灯塔区及重要指挥机关的轰炸护航任务，期间与敌军发生激烈空战，徐怀堂抱着拼死的信念顽强抗击，创造以老式拉-11活塞螺旋桨式歼击机击落敌机F-86喷气式战斗机的奇迹。

1952年6月18日，由中国人民解放军华东军区空军司令部、政治部批准授予一等功，1953年5月18日，获朝鲜共和国三级国旗勋章。1955年授三级解放勋章、独立自由奖章，1988年授独立功勋荣誉章。2019年，轰炸攻占大、小和岛战例被中华人民共和国国防部收录人民空军经典战例。1951年后徐怀堂历任杭州军区空军师参谋长、济南军区空军训练处处长、沈阳军区后勤部参谋长等职，1981年退休，在中国人民解放军空军江苏省军区南京第十三干休所安享晚年。

逝世人物

徐春延

徐春延，男，汉族，1934年11月出生，盐城大纵湖镇人，高中学历，1956年6月入党，1952年6月参加工作，2021年6月逝世。

1952年6月—1956年1月，在义丰庆楼供销社任会计、文书等职，1956年1月—1956年4月，任盐城县委组织部干事，1956年4月—1959年4月，义丰北任村支书（兼），1959年4月—1960年2月，任盐城地委组织部干事，1960年2月—1968年1月，在地区“五七”干校劳动，1968年7月—1975年8月，在地区化肥厂历任党委副书记、书记，1975年8月—1982年4月，任盐城县副县长、副区长，1987年4月—1994年11月，任盐城市郊区人大常委会副主任。1995年退休后，任盐都诗书画社社长，著有《伏枥文稿》。

组织机构及负责人名录

中共盐城市盐都区委员会

书　记　王　娟（女）

副书记　马正华（6月任）

　　刘　源（2月任）

　　陈　霞（女，2月任，6月免）

常　委　王　娟（女）

　　马正华（6月任）

　　刘　源（2月任）

　　陈　霞（女，6月免）

　　顾明东（1月免）

　　李晓明（2月任，9月免）

　　朱金南（3月免）

　　杨劲松（3月任）

　　王铁根（3月免）

　　葛建华（3月免）

　　罗时荣（3月任）

　　周达虎（3月任）

　　陈育群（6月免）

　　宋海东　张素东

　　吴　军（2月任）

　　曹志伟（6月任）

盐城市盐都区人大常委会

主　任　顾其斌

党组书记　顾其斌（7月免）

　　季晓春（7月任）

党组副书记　陈育群（8月任）

副主任　季　风　葛永良　郝汉金

　　徐永生

盐城市盐都区人民政府

区长、党组书记　王　娟（女，6月免）

代区长、党组书记　马正华（6月任）

党组副书记　刘　源（2月任，7月免）

　　陈　霞（女，2月免）

　　吴　军（2月任）

副区长　刘　源（2月任）

　　陈　霞（女，常务副区长，2月免）

　　吴　军（常务副区长，2月任）

　　肖乐农（12月免）

　　于　宽（3月免）

　　高　翔（6月免）

　　李　益（6月免）

　　王　珏（6月免）

　　周　昉（女，6月任）

　　王柱军（3月任）

　　徐启楼（6月任）

　　吕　杨（女，6月任）

　　谢　戎（挂任）

　　贾中军（挂任）

政协盐城市盐都区委员会

主　席　张建洋

党组书记　张建洋（4月免）

　　王铁根（4月任）

副主席　阮宜春　张荣銮（女）

　　许丽萍（女）　张鸿新

　　沈德成

秘书长　邵仁鸿

中共盐城市盐都区纪律检查委员会

书　记　朱金南（3月免）

杨劲松(3月任)
副书记 陈少华 朱正成
常 委 朱金南(3月免)
杨劲松(3月任) 陈少华
朱正成 张永忠(7月免)
刘春英(女,7月免) 朱道红
周金辉 明庆国(7月任)
徐银贵(7月任)

盐城市盐都区监察委员会

主 任 朱金南(3月免)
杨劲松(3月任)
副主任 陈少华 朱正成
委 员 朱金南(3月免)
杨劲松(3月任) 陈少华
朱正成 刘春英(女,7月免)
周金辉 徐银贵
董兆军(12月任)
李叶秀(女,12月任)

盐城高新技术产业开发区(市委、市政府派出机关,正处级)

党工委书记 顾明东(1月免)
李晓明(2月任,9月免)
王 娟(女,9月任)
党工委副书记 吴 军(6月免)
高 翔(6月任)
李晓东(6月任)
管委会主任 顾明东(1月免)
高 翔(6月任)
纪工委书记 王建忠
管委会副主任 李晓东(6月免)
曹志伟(6月免)
吕 强(挂任,9月免)
龙 涛(挂任)
徐启楼(6月免)
沈振兴(6月任)
马 健(12月挂任)
主任助理 熊 振(12月挂任)

盐城市盐都区人民法院

院长、党组书记 韩 标(1月免)
朱 亮(1月任)
副院长 徐 宁(女,11月兼副书记)
李 明 沈丽娟(女,11月免)
杨 奇 郝 月(女,11月任)
政治部主任 郝 月(女,11月免)
成正宜(11月任)
审委会专职委员 沈建华 徐林云
执行局长 朱文峰

盐城市盐都区人民检察院

检察长、党组书记 张扣华
党组副书记 陆生众
副检察长 陆生众 武中祥
朱岩琴(女)
专职检委 沈国栋 郭乃萍(女)
政治部主任 谭 冲

大纵湖旅游度假区管理办公室(级别为副处级)

主任、党工委书记 张国胜(4月免)
党工委副书记 宋鹏程(9月任,兼大纵湖湿地公园管理办主任)
副主任 周 冉(兼大纵湖湿地公园管理办主任,9月免)
沈中明(12月免) 宋鹏程
徐学军(9月挂任)
殷红亮(挂任,9月免)
明 烨(挂任,9月免)
大纵湖旅游经济区副主任 吴勇根
旅游经济科科长 胥加华(11月免)
姜 飞(11月任)
社会事务科科长 孙金俏(女)
规划建设科科长 董 建(11月任)
盐都会计核算中心主任 卢秀国
组织人事科科长 张 伟(7月免)
江正朝(9月任)
区中小企业园服务中心主任
董 建(11月免)
综合科科长 孙 勇

区委机构及部门

办公室

主 任 万光清(兼研究室主任、国家密码管理局长、保密局长、机要局长、档案局长)
副主任 张桂荣(9月免)
张正红(11月免) 李 刚
邱必侦 徐 勇

改革办

副主任 葛春松(11月免)

重点工作服务工作办公室

主 任 江正朝(9月免)
刘绍港(9月任)

组织部

部 长 王铁根(3月免)
周达虎(3月任)
常务副部长 黄约波
副部长 曹 阳 程 稚(女) 曹 勇

党建办

主 任 曹 阳

非公有制企业和社会组织工委

书 记 程 稚(女)
副书记 尤道阳

考核办

副主任 曹 勇

机关工委

副书记 刘开东

公务员局

副局长 蒋维兵

宣传部

部 长 葛建华(3月免)
罗时荣(3月任)
常务副部长 王迎春
副部长 韦 琴(女,9月免)
王权奎(11月任) 王业先

精神文明建设委员会办公室

主 任 韦 琴(女,9月免)
王权奎(11月任)
副主任 俞文斌

网信办

主 任 王业先
副主任 柏 菁(女,9月任)

统战部

部　长　张素东

常务副部长　王　荣

副部长　刘玉春　顾　斌（12月任）

民族宗教事务局

局　长　刘玉春

副局长　胡建军

政法委员会

书　记　陈育群（8月免）

　　　　曹志伟（8月任）

常务副书记　王其华

副书记　崔学祥（11月免）

　　　　丁美俊（9月免）

　　　　宋厚实（9月任）

　　　　尹志坚（11月任）

政治处主任　尹志坚（11月免）

　　　　　　李东元（11月任）

机构编制委员会办公室

主　任　张桂荣（兼事业单位登记管理局长）

副主任　吴中燕　朱　群

台湾工作办公室（区政府台湾事务办公室）

主　任　彭　峻

副主任　许金山　刘其扣

巡察工作办公室

主　任　明庆国

副主任　王万玉

区委巡察组

组　长　张永忠（11月免）

　　　　孙广宇　顾　斌（12月免）

　　　　沈国亮

副组长　蔡长春　陈友山

　　　　徐洪金（11月免）　杨小冬

　　　　蒋红军　江　政　胥加耕

　　　　施凤刚　倪文祥

　　　　朱　捷（女，11月任）

老干部局

局　长　邓　华

副局长　孙　帅　祁中林

离退休干部工作委员会

书　记　邓　华

党史工作办公室（地方志编纂委员会办公室）

主　任　王长江

副主任　周　浩

档案馆

馆　长　孔　军（11月免）

　　　　徐　勇（11月任）

副馆长　吴登财　胡正国

融媒体中心

主　任　邵晓玲（女）

总编辑　应　伟（女，9月任）

副主任　李庆山（9月免）

　　　　应　伟（女，9月免）

　　　　俞立峰（9月任）

　　　　施玉景（9月任）

区人大机关

办公室

主　任　徐金文（11月免）

　　　　张正红（11月任）

副主任　苏　诚　耿立全（11月任）

人事代表工委

主　任　还正洪

副主任　唐　健（女）

监察和司法工委

主　任　刘忠奇（11月免）

　　　　曹文静（女，11月任）

副主任　陈立存

教科文卫工委

主　任　陈浩芳（女）

副主任　陈永梅（女，11月免）

　　　　徐雍苧（女，11月任）

财政经济工委

主　任　陈桂庚（11月免）

　　　　周镇彬（11月任）

副主任　陈尚莲（女，11月任）

农村工委

主　任　周镇彬（11月免）

　　　　张　斌（11月任）

副主任　郜文霞（女，9月任）

环境资源城乡建设工委

主　任　黄海威

副主任　曹文静（女，11月免）

区政府机构及部门

办公室

主任、党组书记　李庆銮（兼研究室主任）

副主任　周站军（11月免）

　　　　朱友祥　童汉华　王　玥

　　　　崔建鹏（11月免）

　　　　宋　杨（11月任）

外事办

主　任　李庆銮

副主任　童正宇

接待办

主　任　陈乃清

副主任　范仁俊

发展和改革委员会

主任、党委书记　陈　镖（兼粮食和物资储备局长）

副主任　卞金信（11月免）

　　　　张　斌（11月免）　王国钰

　　　　刘中斌　王林中（11月免）

　　　　谷　林　郭雪琴（女，挂任）

重大项目服务中心

副主任　陈　峰　周长青　储启军

教育局

局长、党委书记　熊新华（兼体育局长，11月免）

　　　　　　　　沈清涛（兼体育局长，11月任）

副局长　张爱忠　李建国　许一虎

教育工委

书　记　熊新华（11月免）

　　　　沈清涛（11月任）

副书记　周　镔

科技局

局长、党组书记　刘桂琦

副局长　杭加林　郑如素(12月免)
　　纪　炜　王中海(挂任)
　　金　鹏

工业和信息化局

局长、党委书记　朱　静(女)

副局长　成文军　陈琪娟(女)
　　单　辉(5月免)
　　周欣欣(挂任,6月免)
　　刘　京(7月任)

民政局

局长、党委书记　祁亚洲

副局长、党委副书记　吉连生(11月免)

副局长　夏国宝　季严彪　吴　海

司法局

局长、党组书记　黄　典(11月免)
　　王少华(女,11月任)

副局长　周　军　张鹤勇　许雪峰
　　蔡　斌(11月任)

政治处主任　张　勇

财政局

局长、党组书记(11月改党委)　冯国超

副局长　吴正龙(11月免)　徐正江
　　刘宏彬　荣　钰
　　徐思勇(挂任)
　　王旭红(女,12月任)

国有资产监督管理办公室

主　任　冯国超

人力资源和社会保障局

局长、党委书记　马大庆

副局长　岳清泉(女,11月免)
　　吴以军　王跃军　肖　斌
　　丁剑峰(挂任,9月免)

住房和城乡建设局

局长、党委书记　徐文才(兼地震局长)

副局长　田　凌(女,11月免)　祁　非
　　戚　俊(挂任)　凌金勇
　　杨瀚清(5月任)

城市管理局(区综合行政执法局)

局长、党组书记　刘志贵(11月免)
　　徐建华(11月任)

副局长　季中斌　乐绍军　彭炳璋
　　杨秀忠　李雪松(挂任)
　　周建峰(挂任)

交通运输局

局长、党委书记　顾　勇(11月免)
　　刘　丰(11月任)

副局长　刘旺军　滕长春

邮政管理局

局　长　徐建华(11月免)
　　周站军(11月任)

水务局

局长、党委书记　周学东(11月免)
　　黄　典(11月任)

副局长　姜晓冬　张　俊　陈大飞

农业农村局

局长、党委书记　张鸿新(兼扶贫办主任,11月免)
　　刘志贵(兼乡村振兴局长,11月任)

副局长　戈　伟(11月免)
　　郁祖良(9月免)　陈志清
　　韦鸿标　丁　智
　　陈　曦(挂任)
　　郑巧云(女,5月任)
　　祁国成(11月任)

农工办副主任　祁国成(11月免)
　　宋建军(11月任)

商务局

局长、党委书记　朱龙成

副局长　袁晓军　孙凤和
　　周　坤(9月任)

文化广电和旅游局

局长、党委书记　倪自祥(8月停职)
　　韦　琴(女,9月任)

副局长　施俊彦　周连兵　张治中
　　杨文元　乔立群

卫生健康委员会

主任、党委书记　王安根(11月免)
　　周学东(11月任)

副主任　胡永新　武　晴(女)
　　徐雍苧(女,11月免)

退役军人事务局

局长、党组书记　吴爱群

副局长　裴余燕(女)　钮留洋
　　朱良众(挂任)

应急管理局

局长、党组书记(11月改党委)
　　宋厚实(兼安委办主任,9月免)
　　徐　斌(9月任)

副局长　张万根　沈光林
　　徐　斌(9月免)　史龙余
　　明玉桥　陆　奎(挂任)

安委办专职副主任　杨书君

安监大队大队长　刘有斌

审计局

局长、党组书记　张步森

副局长　徐凤琴　严　华　丁建婷(女)

行政审批局

局长、党组书记　沈清涛(11月免)

副局长　王小华　陆继军　陈广勤
　　吴长春　杨卫军(挂任)

电子政务管理办公室

主　任　杨广斌

市场监督管理局

局长、党组书记　陈　兵(兼知识产权局长)

副局长　嵇宏宽　张孝山　张　立
　　孙建锋

统计局

局长、党组书记　汪一江

副局长　徐爱民　蒋正海
　　郭小娟(女,12月任)

综合经济调查队

队　长　杨丽君(女,12月任)

省统计局盐都调查局

局　长　孙传国

信访局
局长、党组书记　崔学祥(11月免)
　　王德华(11月任)
副局长　刘光坚(11月免)　黄　永
　　朱立荣
信访督察专员　倪建玲(女,11月任)

地方金融监督管理局
局长、党组书记　沈曰明(兼金融办主任)
副局长　仓　勇
　　张祝兰(女,11月免)
　　郝银海(挂任,9月免)

机关事务服务中心
主任、党组书记　夏长秀(女)
副主任　陈乃清　程水发
　　孙春权(11月任)
　　吴　宠(11月任)

城市工业办公室
主任、党委书记　吴正龙(11月免)
　　刘光坚(11月任)
副主任　戴留成　明　霞(女)

供销合作总社
主任、党委书记　陈兆根(11月免)
　　吉连生(11月任)
副主任　秦明利　徐　博
监事会主任　万守东

盐都开放大学(社区学院)
校长(院长)　邢美高
副校长(副院长)　张　忠　韩　静(女)

区政协机关

办公室
主　任　邵仁鸿
副主任　柏海霞(女,9月免)
　　缪　坤(9月任)

文史委
主　任　陈明生(11月免)
　　张永忠(11月任)

提案委
主　任　吴金翥(9月免)
　　柏海霞(女,9月任)

社法委
主　任　岳清泉(女,11月任)
副主任　陈　霞(女,11月免)

经科委
主　任　戈　伟(11月任)
副主任　武　彬(11月免)

农业农村委
主　任　陈　军

区纪委、区监委机构及部门

办公室
主　任　耿立全(11月免)

纪检监察干部管理监督室
主　任　刘芷杉(女)

宣传教育室
主　任　邵镇海

党风政风监督室
主　任　徐才虎(11月免)
　　曹　坚(11月任)

信访室
主　任　陈建军

案件监督管理室
主　任　李叶秀(女)

监督审查技术室
主　任　徐才虎(11月任)

第一审查调查室
主　任　袁保胜

第二审查调查室
主　任　周　功(11月免)
　　王晓鸣(11月任)

第三审查调查室
主　任　张　林(11月任)

第四审查调查室
主　任　沈玉胜

第五监督检查室
主　任　李　梅(女)

第六监督检查室(第一派出监察员办公室)
主　任　董兆军

第七监督检查室(第二派出监察员办公室)
主　任　王均富

第八监督检查室(第三派出监察员办公室)
主　任　徐锦林

第九监督检查室(第四派出监察员办公室)
主　任　周　坤(9月免)
　　周　功(11月任)

案件审理室
主　任　陈江洪

派驻纪检组
第一派驻纪检监察组组长　胡卫成
第二派驻纪检监察组组长　张京宁(女)
第三派驻纪检监察组组长　胡　平(女)
第四派驻纪检监察组组长　王　领
第五派驻纪检监察组组长
　　曹　坚(11月免)
　　袁　琴(女,11月任)
第六派驻纪检监察组组长　吉采书
第七派驻纪检监察组组长　倪同群(女)
第八派驻纪检监察组组长　刘井清
第九派驻纪检监察组组长　王成刚
第十派驻纪检监察组组长　夏　兵
第十一派驻纪检监察组组长　汤永昌
第十二派驻纪检监察组组长　刘　川
第十三派驻纪检监察组组长　陈　昊
第十四派驻纪检监察组组长
　　蒋国春(11月免)
　　严跃海(11月任)
第十五派驻纪检监察组组长
　　严跃海(11月免)

人民团体

盐都区总工会

主席、党组书记　郝汉金

副主席　崔长顺　吴以军(挂任)

　　卢雯雯(女,兼任)

共青团盐都区委员会

书　记　曹　虎(5月免)

　　孙　杰(7月任)

副书记　孙　杰(7月免)

　　陈　蓉(女,7月任)

　　黄勇鑫(12月挂任)

　　戴　伟(12月兼任)

　　夏泽穷(挂任,5月免)

　　经海虎(兼任,5月免)

盐都区妇女联合会

主席、党组书记　王少华(女,11月免)

　　何　立(女,11月任)

副主席　陈尚莲(女,11月免)

　　李瀛霓(女,兼任,8月免)

　　张志慧(女,11月任)

盐都区工商业联合会(总商会)

主　席　阮宜春

党组书记　王权奎(11月免)

　　顾　斌(12月任)

副主席　王权奎(11月免)

　　顾　斌(12月任)

　　靖　武(9月免)

　　万立娟(女,11月任)

会　长　阮宜春

副会长　靖　武(兼,9月免)

　　万立娟(女,11月任)

　　顾　斌(12月任)

盐都区科学技术协会(11月成立党组)

主　席　朱　萍(女)

党组书记　曹　阳(12月任)

副主席　成兴祥(9月免)

　　马贤兵(9月任)

　　王中海(12月挂任)

　　宋建祥(12月挂任)

盐都区归侨侨眷联合会

主　席　陈荣山

盐都区残疾人联合会

理事长(11月成立党组)　王凤祥

盐都区红十字会

会　长　肖乐农

常务副会长　陈海高

民主党派

中国民主同盟盐城市盐都区基层委员会

主　委　徐　群

副主委　赵　军　杨　芳(女)

中国民主建国会盐城市委盐都总支部

主　委　陈　伟

副主委　荣　钰　吴　迅　姜　涛

中国民主促进会盐城市委盐都总支部

主　委　徐正洲

副主委　蒋爱东(女)

中国农工民主党盐城市盐都区基层委员会

主　委　钟建国

副主委　黄　都　王静波(女)　王　毅

　　施亚明

致公党盐城市盐都区支部

主　委　方　演(女)

九三学社盐城市盐都区基层委员会

主　委　朱　萍(女)

副主委　刘咏桦　瞿兆奎　陈　进(女)

市驻区单位

盐城市公安局盐都分局

局长、党委书记　于　宽(4月免)

　　王柱军(4月任)

党委副书记　宗友林　张　明

政　委　宗友林

副局长　张　明　刘　军

　　王诗林(8月免)

　　仇东杰(8月任)　薛启堂

　　戴小勇　周万东

政治处主任　张　明(8月免)

纪检书记　蒋国春

治安大队大队长　施志凯

生态环境局

局长、党组书记　吕明光(1月免)

　　朱书红(1月任)

副局长　蔡强胜(1月免)　刘　洪

　　刘东升

税务局

局长、党委书记　王　智(7月免)

　　李东波(7月任)

副书记　蒋　红(女,7月免)

　　蔡成荣(7月任)

副局长　蒋　红(女,7月免)

　　朱　华(6月免)　徐加根

　　朱　俊(1月免)

　　卞海山(1月免)　熊文祥

　　武荣富　李光辉(8月免)

　　蔡成荣(7月任)

纪检组长　武荣富

自然资源和规划局盐都分局

局　长　商学勇

副局长　夏德高(挂职)　吴明成

　　杨　梅(女)

　　周　峰(挂职)　倪菁菁(女)

盐都供电服务中心

总经理　张同洲

党委书记　王智宇

副总经理　王智宇　花　刚

　　吕志刚(5月免)

　　陈以明(5月任)

纪委书记兼工会主席　方　军(10月免)

　　吴玉烨(10月任)

盐都气象局

局长、党组书记　唐存良(8月免)

　　朱晓虎(8月任)

副局长　郭人杰　施　英(女,12月免)

纪检组长　施　英(女,12月任)

盐都电信分局

局　长　徐兴达

副局长　周　强　练俊峰　姚红林

盐都邮政分局

总经理　王　强

副总经理　胥小燕(女)　陈中标

盐都移动分公司

总经理　刘维明

副总经理　蔡颖蓓(女)　王星华

江苏有线网络发展有限责任公司盐都分公司

书　记　卫爱斌(7月任)

金融　保险

中国工商银行股份有限公司盐城盐都支行

行　长　祁晶晶(女)

副行长　赵正山　金　龙　李大海

中国农业银行股份有限公司盐城盐都支行

行长、党委书记　陈　骥

副行长　陈　磊　花瑞栋　万正娟(女)

中国银行股份有限公司盐城盐都支行

行　长　黄海燕(女)

副行长　徐天林　赵长青　蒋　昆
　　罗　慧(女)　闵东娴(女)

中国建设银行股份有限公司盐城盐都支行

行　长　曹燕华(女)

副行长　孙　茜(女)　陈　吉

交通银行股份有限公司盐城盐都支行

行　长　王丽丽(女)

副行长　卞为伟

中国农业发展银行盐城盐都支行

行　长　陈艾兰(女)

副行长　蔡卫平(女)　杨中华

上海浦东发展银行股份有限公司盐城盐都支行

行　长　韦志勇

副行长　孟祥超　戴海洋

江苏银行股份有限公司盐城盐都支行

行　长　郁　欣

副行长　郑皆林　季宏华

江苏盐城农村商业银行股份有限公司

董事长、党委书记　李一平

党委副书记、行长　沙健健

监事长　李成彬

副行长　陈　旭　徐朝晖　夏国锋
　　贾中军　杨书琴(女)

江苏盐城农村商业银行股份有限公司盐都区支行

行　长　丁一峰

副行长　丁剑峰　陈　曦(女)

江苏昆山农村商业银行股份有限公司盐都支行

行　长　倪　浩

中国邮政储蓄银行股份有限公司盐都支行

行　长　姚　娟(女)

中国人民财产保险股份有限公司盐都支公司

总经理　朱茂华

中国人寿保险股份有限公司盐都支公司

总经理　丁莹莹(女)

镇(区、街道)

盐龙街道

党委书记　程廷亚

副书记　范　雅(11月免)
　　刘加飞(12月任)
　　孙广传(兼政法委书记)
　　张新戈(8月挂任)

人大工委主任　张兴华

办事处主任　范　雅(11月免)
　　刘加飞(12月任)

副主任　施海峰　黄　河(5月免)
　　周　剑(11月免)
　　马　力(挂任)
　　丁玉炎(12月任)
　　孙　芳(女,挂任)
　　石弘如(5月任,11月免)
　　王德育(9月挂任,11月免)
　　徐洪金(11月任)

纪委书记　徐秀成(5月免)
　　戴　江(5月任)

组织委员　卢雯雯(女,5月免)
　　陆　蔚(女,5月任)

政法委员　王家海

宣统委员　丁玉炎(12月免)

盐渎街道

党委书记　曹志伟(5月免)
　　蒋国兴(5月任)

副书记　蒋国兴(5月免)
　　马　骏(5月任)
　　朱海霞(女,兼政法委书记,5月免)
　　邵爱红(兼政法委书记,5月任)
　　朱　挺(挂任)
　　董建功(挂任)
　　陈杨杨(8月挂任)

人大工委主任　仓永青(5月免)
　　朱海霞(女,5月任)

办事处主任　蒋国兴(5月免)
　　马　骏(5月任)

副主任　邵爱红(5月免)
　　刘　曦(5月免)
　　栾卫红(女)
　　朱宏伟(5月免)　曹　剑
　　浦俊兵　冯　敏(女,挂任)
　　吕　凯(挂任)
　　潘　浩(5月任)
　　吴劲草(5月任)
　　裴学怀(5月任)

组织委员　朱宏伟(5月免)
　　许　康(5月任)

纪委书记　王蓉蓉(女)

宣传委员　杨瀚清(5月免)
　　丁　毅(女,5月任)

统战委员　刘　燕(女)

政法委员　祁春剑

潘黄街道

党委书记　徐启楼(9月免)
　　徐卫国(9月任)

副书记　徐卫国(9月免)
　　夏兆芳(女,兼政法委书记,12月免)
　　陈大江(8月挂任)
　　李一松(9月任)

人大工委主任　王海涛

办事处主任　徐卫国(9月免)
　　李一松(9月任)

副主任　朱　捷(女,11月免)

卞杨斌(5月免)
袁扣鸿(挂任) 袁其霞(女)
刘兆锦(挂任) 吴荣辉
张月芹(女,挂任)
仲海康(挂任)
胡文魁(5月任)
曹春方(9月挂任)
孙正元(11月任)
组织委员 孙正元(11月免)
纪委书记 刘兴扣
宣传委员 程立宏
统战委员 周东波
政法委员 孙九刚

台湾农民创业园

党工委书记 周志明(8月免)
刘晓祥(9月任)
副书记 李晓斌(12月免)
管委会主任 李晓斌(12月免)
沈中明(12月任)
副主任 杨 根(5月免)
吕 培(11月免) 朱友余
王 惠(女)
刘 涛(5月任)
宋 鑫(11月任)
王 鑫(12月任)
顾伟俊(挂任)
纪工委书记 宋 鑫(11月免)
沈佳韦(11月任)

龙冈镇

党委书记 冯林宏
副书记 李金宝
何 立(女,兼政法委书记,11月免)
王敬国
吕 培(兼政法委书记,11月任)
人大主席 王启明
镇 长 李金宝
副镇长 刘德志 夏士军
江 军(5月免)
黄俊松(挂任,9月免)
徐保国(5月任)
王卫华(挂任)
徐明才(挂任)
许洪华(5月任)
陈华杰(9月挂任)
尹正洪(9月挂任)

组织委员 许洪华(5月免)
夏泽穷(5月任)
纪委书记 刘 涛(5月免)
智恒宏(5月任)
宣传委员 孟 恺(女,5月免)
任野兰(女,5月任)
统战委员 徐保国(5月免)
薛 静(女,5月任)
政法委员 周文仁

大冈镇

党委书记 宋 江
党委副书记 徐林泉(9月免)
张文灿(兼政法委书记,5月免)
王海东(5月兼政法委书记)
徐学文(8月挂任)
李艳华(女,5月任)
周 冉(9月任)
人大主席 徐良贵(5月免)
蒋树森(5月任)
镇 长 徐林泉(9月免)
周 冉(9月任)
副镇长 左印华 李艳华(女,5月免)
孙 玲(女) 孙广彪
陈连锋(挂任) 宋传贵
经海虎(5月任)
包扣才(挂任)
组织委员 刘晶晶(女,5月免)
朱 健(5月任)
宣传委员 崔 成
统战委员 陆 蔚(女,兼政法委员,5月免)
汪玉蓉(女,5月任)
政法委员 周正华(5月任)
纪委书记 刘道奎(5月免)
刘 堃(5月任)

张庄街道

党委书记 王 浩
副书记 黄鹤龙
商兆沐(兼政法委书记)
叶俊杰(挂任)
人大工委主任 陈国良
办事处主任 黄鹤龙
副主任 刘洪富 洪 萍(女)
赵 震
王遵建(挂任,9月免)
束红梅(女,挂任)
张红红(女,5月任)

陈连红(9月挂任)
组织委员 张红红(女,5月免)
罗 海(5月任)
纪委书记 刘 畅(女)
宣统委员 施 峰(5月免)
统战委员 刘 鑫(5月任)
政法委员 吴国康

大纵湖镇

党委书记 杨正茂
副书记 刘 宁
郑巧云(女,兼政法委书记,5月免)
黄 河(兼政法委书记,5月任)
人大主席 蒋树森(5月免)
孙 琦(5月任)
镇 长 刘 宁
副镇长 宋建军(11月免)
樊华勇 石弘如(5月免)
王宽祥(5月免)
唐中强(挂任,5月免)
孙云才(挂任)
孙秀丽(女,挂任,9月免)
吕汉书(5月任)
王小侗(女,5月任)
严 浩(5月任)
薛正州(12月任)
组织委员 顾云庆
纪委书记 徐 勇(5月免)
袁 伟(5月任)
宣传委员 郭 剑(5月免)
何 丹(女,5月任)
统战委员 何 丹(女,5月免)
徐慧菁(女,5月任)
政法委员 吕汉书(5月免)
刘 军(5月任)

秦南镇

党委书记 吕 杨(女,9月免)
徐林泉(9月任)
副书记 刘晓祥(9月免)
吉 喆(女,12月任)
沈从兵(兼政法委书记)
人大主席 陈 立(5月免)
徐锦荣(5月任)
镇 长 刘晓祥(9月免)
吉 喆(女,12月任)
副镇长 温学良 何 超(5月免)
周德春 潘 浩(5月免)

张国政
陈连红(挂任,9月免)
王海啸(挂任)
陈如萍(女,5月任)
刘　琦(女,5月任)
曹德鑫(9月挂任)
政法委员　陈如萍(女,5月免)
严大勇(5月任)
组织委员　朱海兵(5月免)
张泽峰(5月任)
纪委书记　戴　江(5月免)
成　诚(5月任)
宣统委员　王小倜(女,5月免)
宣传委员　郭　剑(5月任)
统战委员　陆丽伊(女,5月任)

郭猛镇

党委书记　苗久成(11月免)
周　昉(女,11月任)
副书记　蔡正平(女,5月免)
司中心(5月任)
孙　琦(兼政法委书记,5月免)
张文灿(5月任)
人大主席　朱法来(5月免)
张文灿(5月任)
镇　长　蔡正平(女,5月免)
司中心(5月任)
副镇长　蔡林华(5月免)
嵇金成(5月免)
周迎春(5月免)
孙广芳(女)　刘荣海(挂任)
胥加代(挂任)
潘军龙(5月任)
徐　勇(5月任)
朱海兵(5月任)
孟　恺(女,5月任)
组织委员　冯　盟
纪委书记　丁　毅(女,5月免)
朱　俊(5月任)
宣传委员　刘　林(5月免)
蒋弘扬(5月任)
统战委员　朱福林
政法委员　季　元

楼王镇

党委书记　刘　丰(11月免)
徐　为(11月任)
副书记　徐　为(11月免)
李晓斌(12月任)
徐锦荣(兼政法委书记,5月免)
卞杨斌(兼政法委书记,5月任)
人大主席　孙德华
镇　长　徐　为(11月免)
李晓斌(12月任)
副镇长　潘军龙(5月免)
陆淦荣　王　磊
胥　辉(挂任)
刘至诚(挂任)
周建全(5月任)
刘道奎(5月任)
纪委书记　周文进(5月免)
陶文建(5月任)
组织委员　凌晓峰
宣统委员　任野兰(女,5月免)
宣传委员　李瀛霓(女,5月任,8月免)
杨　洋(女,12月任)
统战委员　王　伟(5月任)
政法委员　周　杰

学富镇

党委书记　李天青
副书记　曹　虎(5月任)
马　骏(5月免)
金建国(兼政法委书记,5月免)
单　辉(兼政法委书记,5月任)
人大主席　郜顺利(5月免)
金建国(5月任)
镇　长　马　骏(5月免)
曹　虎(5月任)
副镇长　徐长洪　于网扣(5月免)
李海涛　杨　刚
邹玉键(挂任)
陈　云(女,挂任,12月免)
周文进(5月任)
组织委员　罗华军(5月任)
纪委书记　唐文峰(5月任)
宣统委员　罗华军(5月免)
宣传委员　刘媛媛(女,5月任)
统战委员　刘　行(5月任)
政法委员　卫　峰(5月免)
沈业文(5月任)

尚庄镇

党委书记　郭宗标(4月免)
蔡正平(女,5月任)
副书记　任　浩
刘国万(兼政法委书记,5月免)
杨　根(兼政法委书记,5月任)
人大主席　刘恩平(5月免)
刘国万(5月任)
镇　长　任　浩
副镇长　王爱骅(5月免)
包龙成(5月免)
吴劲草(5月免)
徐　焕(挂任)
张金秀(女,挂任)
于网扣(5月任)
卫　峰(5月任)
刘晶晶(女,5月任)
潘振东(5月任)
组织委员　刘　琦(女,5月免)
陈丹妮(女,5月任)
纪委书记　潘振东(5月免)
刘卫红(5月任)
宣传委员　倪　昊
统战委员　倪　昊(5月免)
王　蒙(5月任)
政法委员　唐建军

盐城高新区内设机构

党政办公室

主　任　张荣峰

科技人才局

局　长　刘桂琦
副局长　王中海　靳　俊(8月挂任)

经济发展局

局　长　朱　静(女,12月免)
夏兆芳(女,12月任)
副局长　顾　军　顾　洋(11月挂任)

财政审计局

局　长　荣　钰
副局长　仓　剑(11月免)
汤其军(11月任)

规划建设局

局　长　徐文才(5月免)
戚　俊(5月任)
副局长　戚　俊(5月免)

综合行政执法局

局　长　刘志贵(11月免)
副局长　李雪松

行政审批局

局　长　沈清涛(11月免)
副局长　杨卫军

招商局

局　长　李一松(9月免)
　　　　范　雅(11月任)
副局长　邵爱红(挂任,5月免)
　　　　卞杨斌(挂任,5月免)
　　　　嵇金成(5月任)

安全生产监督管理局

局　长　宋厚实(9月免)
副局长　陆　奎

研究室

副主任　许　峰

盐城市盐都区中小企业(创业)园管理办公室

主　任　刘加飞(12月免)
副主任　徐会楼(11月免)

上海闵行盐都工业园管理办公室

主　任　周　剑(11月任)
副主任　朱宏伟(5月任)

盐城智能终端产业园管理办公室

主　任　卢雯雯(女)
副主任　冯雪静(女,8月任)
　　　　胥加华(11月任)

工业园

龙冈机械装备工业园

党工委书记　冯林宏
党工委副书记　吴德辉
　　　　　　司中心(5月免)
　　　　　　葛春松(11月任)
管委会主任　吴德辉
管委会副主任　洪　萍(女)
　　　　　　潘　浩(5月免)
纪工委书记　刘　涛(5月免)
　　　　　　智恒宏(5月任)

义丰装备制造工业园

党工委书记　杨正茂
党工委副书记　王德华(11月免)
　　　　　　石弘如(11月任)
　　　　　　陆秀全
管委会主任　王德华(11月免)
　　　　　　石弘如(11月任)
管委会副主任　陆淦荣　杨　刚
纪工委书记　徐　勇(5月免)
　　　　　　袁　伟(5月任)

先进个人

·省(部)级表彰的先进个人·

蒋　红	税务局	4月,被省委、省政府评为“江苏省劳动模范”。
范得珍	楼王镇	4月,被省委、省政府评为“江苏省劳动模范”。
潘荣昌	江苏日升纺织有限公司	4月,被省委、省政府评为“江苏省劳动模范”。
胡友华	江苏金贸建设集团	4月,被省委、省政府评为“江苏省劳动模范”。
黄长勇	江苏新海科技发展有限公司	4月,被省委、省政府评为“江苏省劳动模范”。
戴真煜	市三院	4月,被省委、省政府表彰为“全省先进工作者”。
王乃宁	市一中	4月,被省委、省政府表彰为“全省先进工作者”。
祁国成	区农业农村局	10月,被省委、省政府表彰为全省脱贫攻坚暨对口帮扶支援合作先进个人。
任　郝	公安分局	12月,被公安部表彰为全国公安机关100个成绩突出交警。
孙益海	郭猛镇	8月,被中央文明办评为“中国好人”。
宋红浩	供电公司	7月,被省政府表彰为江苏省优秀共产党员。

·市(厅)级表彰的先进个人·

曹　磊	供电公司	5月,被共青团江苏省电力有限公司委员会表彰为江苏省电力有限公司“2019—2020年度优秀共青团干部”。
陈学兵	区就业中心	11月,被中国就业促进会评为先进个人。
陈　诚	区水产技术推广站	2月,被省农业农村厅表彰为基层农技推广体系改革与建设项目实施情况成效显著个人。
陈冬梅	潘黄街道	11月,被江苏省第七次人口普查领导小组办公室、江苏省统计局表彰为第七次全国人口普查先进个人。
陈小磊	潘黄街道	11月,被江苏省第七次人口普查领导小组办公室、江苏省统计局表彰为第七次全国人口普查先进个人。
程廷亚	盐龙街道	2月,被市委、市政府评为2021年度全市综合先进个人。
戴小勇	公安局盐都分局	1月,被市委、市政府表彰为全市抗击新冠肺炎疫情先进个人。
丁亚燕	区农业农村局	2月,被省农业农村厅表彰为基层农技推广体系改革与建设项目实施情况成效显著个人。
董兆付	潘黄街道	12月,被江苏省草莓协会、江苏省农业科学院表彰为江苏省草莓产业“十三五”期间突出贡献个人。
顾　勇	郭猛	7月,被省人社厅、江苏省交通运输厅表彰为“江苏省交通建设功臣”。
郭　红	区农业科学研究所	5月,被省妇女联合会评为2020年度江苏省“最美家庭”。
何彩红	秦南镇农业农村局	2022年1月,被省农业农村厅表彰为2021年江苏省水产养殖种质资源普查工作先进个人。
胡文俊	公安局盐都分局	10月,被省公安厅表彰为全省公安机关信息调研先进个人。
黄　峰	盐龙街道	2022年2月,被市委、市政府评为市扫黑除恶先进个人。
黄学良	关工委	11月,参演的节目《铁军城新传》被省关工委、省文明办、省广电总台评为一等奖。
蒋丹云	郭猛	7月,被省红十字会表彰为全省红十字会基层组织工作先进个人。
李慧敏	司法局	3月,被江苏省司法厅评为全省司法行政系统新闻宣传工作先进个人。
刘　留	法院	7月,被江苏省高级人民法院评为全省法院审判管理工作先进个人。
刘志坚	法院	6月,被江苏省高级人民法院评为全省法院党建工作先进个人。
陆仁和	市场监管局	2月,被省市场监管局表彰为全省市场监管系统先进工作者。
陆云峰	潘黄街道	11月,被江苏省第七次人口普查领导小组办公室、江苏省统计局表彰为第七次全国人口普查先进个人。
陆众山	潘黄街道	11月,被江苏省第七次人口普查领导小组办公室、江苏省统计局表彰为第七次全国人口普查先进个人。
梅　艳	盐城市腾飞路小学	12月,被省人社厅评为省中小学正高级教师、特级教师。
倪正兰	潘黄街道	11月,被江苏省第七次人口普查领导小组办公室、江苏省统计局表彰为第七次全国人口普查先进个人。
仇星星	公安局盐都分局	8月,被省公安厅表彰为2021年度第二季度全省“巡防之星”民警。
任　郝	公安局盐都分局	4月,被省公安厅表彰为2020年度新时代江苏公安交通警察标兵;5月,被省妇联表彰为江苏省最美家庭。
单卫兵	区畜牧兽医站	5月,被市政府授予2019—2020年度自然科学优秀学术成果三等奖。
沈平柏	区农业农村局	12月,被省农业农村厅表彰为2021年中国农民丰收节江苏活动组织实施工作表现突出个人。
宋红浩	供电公司	11月,被国家电网有限公司表彰为国网公司十佳服务之星;12月,被盐城市人民政府表彰为盐城市劳动模范。
孙维锋	供电公司	7月,被中国国网江苏省电力有限公司委员会表彰为江苏省电力有限公司优秀党务工作者。

唐雪梅	潘黄街道	11月,被江苏省第七次人口普查领导小组办公室、江苏省统计局表彰为第七次全国人口普查先进个人。
王安然		10月,被江苏省高级人民法院评为全省法院信息化工作先进个人。
王　波	盐龙街道	11月,被江苏省公安厅授予全省公安法制民警刑事业务技能练兵竞赛(优秀能手)。
王持标	楼王镇	2022年1月被省农业农村厅表彰为2021年江苏省水产养殖种质资源普查工作先进个人。
王建春	台创园	10月,被省科协评为江苏省企业“创新达人”。
王金海	红十字会	10月,被中国红十字会总会办公室评为报刊宣传先进个人三等奖;12月,被中国红十字总会办公室评为红十字应急救护知识竞赛个人组织一等奖。
王其华	政法委	1月,被市委、市政府评为全市抗击新冠肺炎疫情先进个人。
王俊东	关工委	1月,被省精神文明建设指导委员会办公室、省老龄工作委员会办公室、省老龄协会评为“江苏省第三届百佳孝星”。
王振省	区互联网农业发展中心	11月,被农业农村部信息中心表彰为2021全国县域农业农村信息化发展水平评价工作先进个人。
王正清	楼王镇	1月,被省精神文明建设指导委员会办公室、省老龄工作委员会办公室、省老龄协会评为“江苏省第三届百佳孝星”。
武进亮	公安局盐都分局	4月,被省公安厅授予个人嘉奖(扫黑除恶专项案件)。
徐保国	龙冈镇	2月,被市委、市政府评为2020年度全市综合先进个人。
熊　艳	潘黄街道	11月,被江苏省第七次人口普查领导小组办公室、江苏省统计局表彰为第七次全国人口普查先进个人。
徐　霞	司法局	2022年1月,被江苏省司法厅评为全省最受欢迎人民调解员。
徐逸群	信访局	6月,被盐城市委评为盐城市优秀共产党员;2022年2月,被盐城市委、市政府评为盐城市综合考核先进个人。
杨长春	大冈镇	1月,被省科协评为江苏省科技志愿服务科技志愿者先进典型;3月,被省文明办评为江苏省学雷锋志愿服务先进典型。
杨春艳	区水产技术推广站	2022年1月,被省农业农村厅表彰为2021年江苏省水产养殖种质资源普查工作先进个人。
杨海涛	潘黄街道	11月,被江苏省第七次人口普查领导小组办公室、江苏省统计局表彰为第七次全国人口普查先进个人。
袁其霞	潘黄街道	11月,被江苏省第七次人口普查领导小组办公室、江苏省统计局表彰为第七次全国人口普查先进个人。
朱宏伟	盐龙街道	2月,被市委、市政府评为2021年度全市综合先进个人。
朱学存	公安局盐都分局	6月,被市委、市政府表彰为全市优秀共产党员。
朱　莹	潘黄街道	11月,被江苏省第七次人口普查领导小组办公室、江苏省统计局表彰为第七次全国人口普查先进个人。
张　丽	盐城市第一初级中学	12月,被省人社厅评为省中小学正高级教师、特级教师。
张明泽	公安局盐都分局	10月,被省公安厅表彰为民警的贴心人,并授予个人二等功。
张孝山	市场监管局	2月,被国务院食品安全委员会予“全国食品安全工作先进个人”称号。
张　勇	郭猛镇	12月,被江苏省司法厅表彰为江苏省优秀司法所长。
周金辉	郭猛镇	11月,被中共江苏省纪律检查委员会、江苏省监察委员会、江苏省人力资源和社会保障厅表彰为全省纪检监察系统先进工作者。
周晶晶	行政审批局	1月,被省政务办表彰为江苏省政务系统“最美政务人”;2月,被盐城市委、市政府表彰为2020年度全市综合考核“综合先进个人”。
宗友林	公安局盐都分局	10月,被省公安厅表彰为民警的贴心人,并授予个人二等功。

先进集体

·省（部）级表彰的先进集体·

盐都区	3月，被农业农村部、应急管理部评为2020年度全国“平安农机”示范市、县；5月，农村人居环境整治工作获省政府督查激励；6月，被农业农村部表彰为全国农民合作社质量提升整县推进试点单位；7月，被农业农村部认定“夏季赏荷摘果游花海之旅”为2021中国美丽乡村休闲旅游心（夏季）精品景点路线；10月，被农业农村部授予全国农作物病虫害“绿色防控示范县”称号。
区教育局	9月，被国家体育总局评为全国2017—2020群众体育工作先进单位（连续3届获得）；12月，被中国红十字总会办公室表彰为红十字应急救护知识竞赛活动单位组织一等奖。
腾飞路小学	1月，被教育部命名为全国青少年校园足球特色学校。
盐都区实验小学	1月，被教育部命名为全国青少年校园足球特色学校。
高新区小学	1月，被教育部命名为全国青少年校园足球特色学校。
北龙港初中	1月，被教育部命名为全国青少年校园足球特色学校。
中兴实验学校	1月，被教育部命名为全国青少年校园足球特色学校。
市第一初中	1月，被教育部命名为全国青少年校园足球特色学校。
南京师范大学盐城实验学校	1月，被教育部命名为全国青少年校园足球特色学校。
龙冈凤凰幼儿园	1月，被教育部命名为全国校园足球特色幼儿园。
盐都区实验幼儿园	1月，被教育部命名为全国校园足球特色幼儿园。
楼王镇	11月，被农业农村部评为全国乡村特色产业十亿元镇。
区农业农村局	5月，被农业农村部表彰为全国农业综合行政执法示范单位。
区政府扶贫工作办公室	10月，被省委、省政府表彰为全省脱贫攻坚暨对口帮扶支援合作先进集体。
宝才社区	12月，被人力资源和社会保障部评为第五批国家级充分就业社区。
盐都现代农业产业园发展有限公司	9月，被农业农村部认定为农业农村信息化示范基地（生产型）。
潘黄街道党委	12月，被江苏省委、省政府授予“江苏省乡村振兴先进集体”称号。
潘黄街道新民村	12月，被农业农村部选入第十一批全国“一村一品”示范村镇、全国乡村特色产业亿元村。
城市管理局	1月，被江苏省精神文明建设指导委员会评为2019—2021年度江苏省文明单位。
盐都区司法局秦南司法所	12月，被江苏省司法厅评为江苏省优秀司法所。
盐都区司法局	3月，被江苏省司法厅评为全省法治督察先进集体。
大纵湖镇农业综合服务专业合作社	6月，被农业农村部评为国家农民合作社示范社。
区人民检察院	8月，被共青团中央评为全国青年文明号。
秦南镇泾口村	3月，被司法部评为第八批全国“民主法治示范村（社区）”称号。
秦南镇农业综合服务专业和合作社	7月，被农业农村部授予“国家级示范农民合作社”称号；11月，被国家农业农村部授予“国家级家庭农场组建农民合作社”称号。
盐都区法治宣传教育领导小组	12月，被中央宣传部、司法局、全国普法办评为2016—2020年度全国普法工作先进单位。
尚庄镇南吉村	2月，被国家减灾委、应急管理部、中国气象局和中国地震局联合表彰为2020年度全国综合减灾示范社区。
尚庄镇塘桥村	10月，被农业农村部公布第二批全国乡村治理示范村镇名单。

统计局	9月，被国务院第七次全国人口普查领导小组评为第七次全国人口普查先进集体。
盐都区政务服务中心服务大厅	4月，被中华全国总工会授予“全国五一巾帼岗”称号。
盐城大学科技园	5月，被科技部、教育部认定为第十一批国家大学科技园。
盐城市新永佳石油机械制造有限公司、江苏博拓新型建筑材料股份有限公司、江苏中联电气股份有限公司、盐城市金洲机械制造有限公司	7月，被工业和信息化部评为第三批专精特新“小巨人”企业名单。
塘桥村	9月，被农业农村部评为第二批全国乡村治理示范村。
盐渎街道办事处	1月，被江苏省精神文明建设指导委员会评为2019—2021年度江苏省文明单位。
盐渎街道福才社区	12月，被江苏省精神文明建设指导委员会评为2019—2021年度江苏省文明村（社区）。
盐渎街道万胜社区	12月，被江苏省精神文明建设指导委员会评为2019—2021年度江苏省文明村（社区）。
盐渎街道花吉村	12月，被江苏省精神文明建设指导委员会评为2019—2021年度江苏省文明村（社区）；12月，被江苏省委、省政府授予“江苏省乡村振兴先进集体”称号。
工商联	12月，被中华全国工商联合会评为全国“五好”县级工商联。

·市（厅）级表彰的先进集体·

盐都区	1月，被省体育局表彰为江苏省县级体育工作先进单位；3月，被省农村人居环境整治联席会议办公室评估为全省农村人居环境整治工作第一等次；8月，被交通运输部办公厅评为第二批农村物流服务品牌盐城市盐都区“客货同网”；9月，被省农业农村厅表彰为2021年度全省农业“两刊”宣传工作成效显著单位；10月，2021年高标准农田建设管护工作获得省农业农村厅表扬；10月，被江苏省人民政府残疾人工作委员会表彰为全省残疾人工作先进县（市、区）；11月，被农业农村部信息中心表彰为全国县域农业农村信息化发展先进县。
公安局盐都分局	1月，被市委、市政府表彰为全市抗击新冠肺炎疫情先进集体。
盐龙派出所	6月，被省公安厅表彰为全省公安机关成绩突出党员集体。
盐渎派出所	8月，被省公安厅表彰为全省公安机关抗击新冠肺炎疫情成绩突出集体。
实验小学关工委	12月，被省关心下一代工作委员会评为创作演讲比赛优秀组织奖。
盐龙街道关工委	12月，被省关心下一代工作委员会评为创作演讲比赛优秀组织奖。
尚庄镇校外教育中心辅导站	12月，被省关心下一代工作委员会评为创作演讲比赛优秀组织奖。
盐龙街道关工委	12月，被省关心下一代工作委员会评为创作演讲比赛优秀组织奖。
关工委	11月，送选节目《铁军城新传》被省关工委、省文明办、省广电总台评为一等奖。
红十字会	10月，中国红十字总会办公室评为报刊宣传先进集体二等奖；12月，被中国红十字总会办公室评为红十字应急救护知识竞赛单位组织一等奖。
区教育局	1月，被省教育厅、省财政厅表彰为2020年度全省学生资助绩效评价优秀等次；6月获省希望工程办公室、省青少年基金会颁发的“梦想改造”+突出贡献奖；9月，被省文明办、省关工委表彰为全省关心下一代工作先进集体。
盐渎街道野丁社区	1月，被省科协评为江苏省科技志愿服务科技志愿服务点（社区和村）先进典型。
盐城市盐都区草莓专业合作联社科学技术协会	3月，被省科协评为新型农业社会化服务组织特色服务典型案例。
楼王镇	3月，被国家知识产权局授予“楼王鲫鱼”地理标志证明商标；5月，被江苏省农业技术推广总站表彰为“江苏省绿色蔬菜产业特色镇”；7月，楼王镇“萌桃桃”牌白凤桃（由缘圆家庭农场生产）在2021年扬州世界园艺博览会江苏省优质桃品鉴推介活动中获金奖；11月，被江苏省第七次人口普查领导小组办公室、江苏省统计局评为“江苏省第七次全国人口普查先进集体”；12月，被江苏省绿色优质农产品基地审定委员会评定为“江苏省绿色优质农产品基地”。

楼王镇莘野村	10月，被省林业局评为“绿美村庄”。
盐城市盐都区康年颐养院	12月，被省民政厅评为江苏省第一批五级养老机构。
民政局	9月，被中国儿童福利和收养中心评为“儿童守护行动”——儿童主任服务体系能力建设项目试点县（市、区）。
区农业农村局	9月，被省农业农村厅授予2020年度全省渔业行政执法案卷评查优秀案卷；2022年1月，江苏省水产养殖种质资源普查工作获省农业农村厅表扬；2022年3月被省农业农村厅表彰为2021年高标准农田建设成效显著单位。
区农业农村局关工委	11月，被省关工委、省文明办表彰为全省关心下一代工作先进集体。
区畜牧兽医站	1月，畜牧业统计监测工作获省农业农村厅表扬。
中共盐都区农业科学研究所党支部	6月，被市委表彰为全市先进基层党组织。
区水产技术推广站	12月，被全国水产技术推广总站表彰为全国星级基层水产技术推广机构。
潘黄街道办事处	11月，被江苏省第七次人口普查领导小组办公室、江苏省统计局评为“江苏省第七次全国人口普查先进集体”。
潘黄街道党委	12月，被江苏省草莓协会授予江苏省草莓产业发展“十三五”期间突出贡献单位。
潘黄街道办事处	12月，被省农业农村厅选入江苏省绿色优质农产品基地名单。
仰徐村	6月，被江苏省文化与旅游厅授予江苏省乡村旅游重点村。
东升社区	9月，被江苏省住建厅入选为省级宜居示范居住区。
融媒体	12月，被省县市报（融媒）研究会、省县市新闻中心工委评为2021年底全省县市新闻中心系统先进单位。
高新区人民法院	12月，被省法院评为全省优秀人民法庭。
盐都区人民法院	6月，被省高级人民法院评为全省法院类型化纠纷诉调工作先进集体。
盐都区政府国有资产监督管理办公室	6月，被江苏省人力资源和社会保障厅、江苏省政府国有资产监督管理委员会评为2021年江苏省国资系统先进集体。
城市管理局环境卫生管理处	12月，被江苏省住房和城乡建设系统职工劳动竞赛活动领导小组办公室评为江苏省住房城乡建设系统城乡运行保障劳动竞赛先进班组
大冈镇	9月，被省委宣传部、省委组织部联合表彰为2020年度全省基层党员冬训工作示范乡（镇、街道）。
大冈镇信访接访中心	2月，被省信访局表彰为2020年度全省信访系统“人民满意窗口”建设质量提升工程示范单位。
大纵湖镇	12月，被江苏省农业农村厅评为江苏省绿色优质农产品基地（荷藕、水稻）。
三官村	8月，被江苏省住房和城乡建设厅评为江苏省传统村落。
胥仇村	8月，被江苏省住房和城乡建设厅评为江苏省传统村落。
档案馆	7月，被江苏省档案馆评为2021年度档案宣传工作二等奖。
盐城大纵湖	7月，被省生态环境厅授予盐城大纵湖“美丽河湖案例”称号。
大纵湖湖塘花海景区	8月，被省农业农村厅评为“江苏省主题创意农园”名单。
盐城大纵湖—蟒蛇河	11月，被江苏省水利厅等5部门命名为2021年度江苏省省级水情教育基地。
大纵湖湖区资源开发有限公司	12月，被省休闲旅游农业协会评为“苏韵乡情”省四星级园区。
大纵湖旅游度假区	4月，被国际旅游联合会授予“中国优秀旅游景区”，并获2021“艾里缇斯”奖。
大纵湖旅游度假区	3月，被国家体育总局评选为“国家体育产业基地”。
东晋水城开元观堂酒店	11月，获“中国最佳酒店”称号。
大纵湖特色湖鲜（螺、大闸蟹、鲢鱼、鳙鱼）	12月，获得中绿国证（北京）认证中心颁发的国家有机认证证书，填补大纵湖水产品品牌认证空白。
盐都区发改委	12月，被市委、市政府评为2021年度市乡村振兴先进集体；12月，被省人社厅、省发改委授予“全省物流行业先进集体”称号。
盐粮集团	12月，被盐城市精神文明委评为2019—2020年度盐城市文明创建先进集体。
盐淮米业公司	12月，被省放心消费创建活动办公室、省市场监督管理局联合评为2021年度全省放心消费创建先进单位。

大纵湖大闸蟹行业协会	12月，被省放心消费创建活动办公室、省市场监督管理局联合评为省放心消费创建先进行业。
渎上·老西门	12月，被省放心消费创建活动办公室、省市场监督管理局联合评为省放心消费创建示范街区。
工业和信息化局	2022年1月，被江苏省人力资源和社会保障厅、江苏省工业和信息化厅评为全省工信系统先进集体。
西区供电所	12月，被国网江苏省电力有限公司表彰为江苏省电力有限公司2021年五星级乡镇供电所。
供电公司	6月，故事《QC之灯放光明》被江苏省质量管理协会表彰为"第五届全国QC小组故事大赛（江苏赛区）三等奖"；9月，中心项目《新型光伏微逆变器的研发》被《中国质量杂志》表彰为"中国质量创新与改进成果发表交流活动示范级成果"奖项
郭猛大米	1月，被国家知识产权局评为中国地理标志。
江苏博拓新型建筑材料股份有限公司	7月，被工业和信息化部中小企业局评为专精特新"小巨人"企业。
郭猛镇杨侍村	11月，被农业农村部办公厅列入2010—2017年中国美丽休闲乡村监测合格名单；12月，被省放心消费创建活动办公室、省市场监督管理局联合评为省放心消费创建先进区域。
郭猛镇	1月，被省民族宗教事务委员会评为全省首批民族工作"红石榴家园"。
郭猛镇新星村	1月，被省爱国卫生运动委员会评为江苏省卫生村
江苏恒康机电有限公司	6月，被省工业和信息化厅评为江苏省工业设计中心。
江苏博拓新型建筑材料股份有限公司	6月，被省工业和信息化厅评为江苏省工业设计中心。
郭猛镇民乐村	7月，被中共江苏省委全面依法治省委员会办公室评为全省城乡基层援法议事范例
郭猛镇退役军人服务站	7月，被省退役军人事务厅评为全省"百家红色精品退役军人服务站"。
郭猛镇文化服务中心	8月，被省文化和旅游厅评为江苏省"最美公共文化空间"打造对象。
郭猛新城幼儿园	10月，被省教育厅评为江苏省优质幼儿园。
江苏祥圣食品科技有限公司	12月，被省农业农村厅评为省级农业龙头企业。
机关事务服务中心	12月，被省机关事务管理局、省发改委、省工信厅、省财政厅、省生态环境厅联合表彰为公共机构节能低碳示范单位。
区人民检察院	1月，被省文明办评为2019—2021年度江苏省文明单位；10月，被省水利厅、省机关事务管理局评为江苏省节水型机关；11月，被省妇联评为江苏省巾帼文明岗。
交通运输局	1月，被市委、市政府评为全市抗击新冠肺炎疫情先进集体；12月，被江苏省档案馆评为档案工作四星级。
金融监管局	8月，被省金融稳定工作协调小组评为综合排名第九。
气象局	4月，被省气象局评为2020年度江苏省气象局观测网络业务先进集体。
秦南镇富康村	1月，被江苏省司法厅授予"江苏省第十四批省级民主法治示范村"称号。
秦南镇雨清油坊	12月，被江苏省食安办和省市场监管局联合评为江苏省"名特优"食品小作坊。
秦南镇张燕桥	12月，被江苏省交通运输公路事业发展中心评为"水韵江苏"最美乡村桥梁。
康农牧家庭农场	9月，被省农业农村厅授予"省示范农场"称号。
捷强家庭农村	9月，被省农业农村厅授予"省示范农场"称号。
统计局	2022年1月，被江苏省统计局评为县级统计基层基础规范化建设"十佳"单位。
团区委	1月，创建"江苏省青年安全生产示范岗"2个（江苏恒隆通新材料科技有限公司清洗车间、盐城东山精密制造有限公司LED制造部第二焊线车间）；"红色故事伴成长"百人百场红领巾宣讲志愿服务项目在第六节江苏志愿服务展示交流会被中共江苏省宣传部、江苏省文明办、江苏省民政厅、共青团江苏省委评为"金奖项目"；9月，2020年度全省基层党员冬训工作被中共江苏省委宣传部、中共江苏省委组织部评为示范县（市、区）；12月，创建第二批江苏省新兴青年群体省级"筑梦空间"活动阵地1个（盐之有物网红直播基地都青春·云平台）。
台创园三湾村	7月，在江苏省特色田园乡村建设工作联席会议上被评为第六批省级特色田园乡村。
潘黄街道新民村	2022年2月，被省卫健委评为江苏省卫生村。
潘黄街道兆泉社区	2022年2月，被省卫健委评为江苏省卫生村。
盐龙街道孙吴社区	2022年2月，被省卫健委评为江苏省卫生村。
盐龙街道先锋社区	2022年2月，被省卫健委评为江苏省卫生村。

盐龙街道北港村	2022年2月，被省卫健委评为江苏省卫生村。
台创园宗凌村	2022年2月，被省卫健委评为江苏省卫生村。
台创园李庄村	2022年2月，被省卫健委评为江苏省卫生村。
学富镇河夹居	2022年2月，被省卫健委评为江苏省卫生村。
学富镇周伙村	2022年2月，被省卫健委评为江苏省卫生村。
秦南镇千秋村	2022年2月，被省卫健委评为江苏省卫生村。
秦南镇凤翔村	2022年2月，被省卫健委评为江苏省卫生村。
尚庄镇北堡村	2022年2月，被省卫健委评为江苏省卫生村。
尚庄镇民胜村	2022年2月，被省卫健委评为江苏省卫生村。
楼王镇庆西村	2022年2月，被省卫健委评为江苏省卫生村。
楼王镇谭溪村	2022年2月，被省卫健委评为江苏省卫生村。
盐都区群艺馆	8月，被江苏省人社厅记大功。
盐城大纵湖国家湿地公园	2月，被省生态环境厅、文明办、教育厅、文旅厅评为“江苏省生态文明教育实践基地”。
尚庄镇	6月，被国家知识产权局颁发盐都区“尚庄番茄”中国地理标志。
盐城电商快递产业园	10月，被省商务厅评为省级跨境电子商务产业园。
盐渎街道同力糖果工业旅游区	12月，被省文化和旅游厅评选为江苏省工业旅游区。
盐渎街道花吉文化大院	9月，被省文化和旅游厅评选为江苏省“最美公共文化空间”。
盐都区人民防空办公室	1月，被江苏省人民防空办公室表彰为全省人防工作先进单位。
盐龙街道	1月，被省生态环境厅命名为“第三批江苏省生态文明建设示范乡镇(街道)村(社区)”。
盐龙街道商会	1月，被江苏省工商联授予江苏省“四好”商会称号。
盐城高新区小学南京师范大学盐城实验学校	2月，被教育部体育卫生与艺术教育司命名为2020年全国青少年校园足球特色学校。
盐龙街道合心村	3月，被江苏省爱国卫生运动委员会命名为2020年江苏省卫生村。
盐龙街道益民村	3月，被江苏省爱国卫生运动委员会命名为2020年江苏省卫生村。
江苏神鹤科技发展有限公司	12月，被中国纺织工程学会评为中国纺织工程学会“超高分子量聚乙烯纤维工程技术科研基地”。
盐城维信电子有限公司	12月，被江苏省工业和信息化厅评为2020年度省小巨人企业(制造类)。
江苏金贸建设集团有限公司党委	7月，被省委组织部评为江苏省先进基层党组织。
卫健委	7月，盐都区计划生育协会被省计生协通报表扬。
人社局	6月，在社保扩面三年专项行动中受到盐城市人社局表扬。
人社局、盐区劳动就业中心党支部	6月，被盐城市委员会评委先进基层党组织。
人社局、盐都区劳动就业中心	11月，被中国就业促进会评为先进单位。
人社局、社局机关和区劳动就业中心	12月，被盐城市精神文明建设委员会表彰为2019—2020年度盐城市文明单位。
市场监管局	2月，被省人社厅、省市场监管局联合表彰为全省市场监管系统先进集体；10月，被市委、市政府表彰为全市抗击新冠肺炎疫情先进集体。
中国人民财产保险股份有限公司	6月，被中共中国人民财产保险股份有限公司委员会评为先进基层党组织。

附　录

◆讲话和报告摘要

◆文件选编

◆统计资料

讲话和报告摘要

扛起光荣使命　昂扬争先激情 勇当沿海地区高质量发展排头兵

——在区委十五届三次全体会议上的讲话

（2021年12月30日）

区委书记　王　娟

一、凝心聚力砥砺前行，顺利实现“十四五”良好开局

2021年是中国共产党成立100周年，是全面开启现代化建设的起步之年，是“十四五”发展的开局之年。面对严峻复杂的宏观形势，全区上下坚持以习近平新时代中国特色社会主义思想定向领航，认真落实中央和省市委决策部署，统筹疫情防控和经济社会发展，统筹发展和安全，扎实推进“四个示范区”建设，创成国家级品牌22个、省级品牌23个，改革发展稳定和党的建设各项事业取得新进步，高质量发展迈出坚实步伐。经济发展迈上新台阶。积极应对疫情散发、能耗双控、能源保供等因素影响，全力稳定经济基本盘，预计完成地区生产总值665亿元、增长8.5%，一般公共预算收入42.8亿元、增长11.4%，10项主要经济指标全部完成年度计划。扎实开展“重大项目突破年”行动，列省、列市重大项目超额完成年度任务，总投资50亿元的东山IC载板、长盈精密等重大项目签约落户，总投资10亿元的得润电子、博盛新材料等项目开工建设，总投资20亿元的康佳存储芯片封测等项目建成投产。成功举办中国电子信息行业发展大会，智能终端产业规模超200亿元，高端装备产业规模突破100亿元。星级企业成为全区经济发展的“四梁八柱”，获评市三星级以上企业31家、较上年新增7家，市五星级企业达10家，其中维信电子、东山精密获批市五星级工业企业。商务商贸、电商快递、汽车消费实现营业总额350亿元，盐城电商快递产业园创成全市唯一省级跨境电商产业园。创新动能实现新提升。国家高新区“一区多园”改革成效凸显，示范引领和辐射带动作用进一步发挥，获评中国（江苏）自由贸易试验区联动创新发展区、国家创新型产业集群。上硅所新能源创新中心竣工运营，中科院半导体集成技术研究院、国家超算盐城中心落地开建，盐城大学科技园获批国家级大学科技园。新增国家级“专精特新”小巨人企业4家、总量7家、位居全市第一，新增省级示范智能车间3家、省星级上云企业96家、潜在独角兽企业1家，累计获评省首台（套）重大装备44个、总数全市第一，维信电子成为省级工业互联网标杆工厂，中恒宠物主板上市通过省证监局验收。实施“都智汇”优才计划，推进名校优生“汇盐行动”，全年招引领军人才82人、高层次人才创业项目22个。“放管服”改革深入推进，“拿地即开工”项目审批全面推开。城乡建设彰显新面貌。“一主一副”发展格局初步形成，盐都新城总体规划基本完成，科技广场中央商务区、智创小镇中小学等项目开工建设；城北改造实施两周年成效显著，征迁任务基本完成，小马沟绿廊全线开放，实施建成一批基础设施、城市更新项目；副中心发展布局基本确定，镇区、园区、景区实现联动开发。乡村振兴亮点纷呈，获评全国美好环境与幸福生活共同缔造试点县，创成省级特色田园乡村和传统村落6个、总数位列全市第一。现代农业高质高效，粮食、生猪保供有力，建设高标准农田5.6万亩，获得第十届世界草莓大会举办权，现代农业产业示范园获评全国农业农村信息化示范基地。绿色基底更加厚实，大纵湖旅游度假区被评为中国优秀旅游景区，草房子创成国家AAAA级旅游景区，同力糖果获评全市唯一省工业旅游区。民生福祉交出新答卷。常态化抓好疫情防控，率先启动全员核酸检测演练，圆满完成扬州来盐人员隔离任务，重点场所达标、疫苗接种等工作均居全市前列。城镇新增就业0.85万人，基本养老保险新增参保2.3万人，城乡居民人均可支配收入分别增长9%、10%，获评省脱贫攻坚先进集体。社会事业稳步提升，与市鹿鸣路初中教育集团和聚亨路小学教育集团合作创办科创城中小学，建成投用东进路中小学、朗达幼儿园等3所学校；市三院获批国家级脑出血外科诊疗中心，与上海九院共建口腔颌面外科联合病房开诊运行；养老服务绩效评价位列全省第一，连续3次获评全国群众体育先进单位，“军旅荣归”一件事改革全省推广，第七次人口普查工作荣获全国表彰。本质安全水平持续增强，“三年大灶”有序推进，省级安全发展示范城市创建通过专家组现场评议，安全生产事故起数、死亡人数连年实现“双下降”。扫黑除恶专项斗争纵深推进，网格化社会治理工作走在全省前列。党的建设得到新加强。扎实开展党史学习教育，融合推进“两在两同”建新功行动和“我为群众办实事”实践活动，广大党员干部理想信念更加坚定。理论武装持续深化，意识形态工作不断加强，主流舆论宣传巩固壮大，精神文明水平显著提升，获评全省基层党员冬训工作示范区。盐都革命陈列馆建成开放，孙益海获评“中国好人”。圆满完成区、镇党委换届和村（社区）“两委”班子换届，建成基层党建示范带7条，新改扩建党群服务中心131家，党的组织体系更加巩固。十四届区委巡察实现全覆盖，“巡察+审计”联动模式得到上级充分肯定，政法队伍教育整顿、涉粮、投融资等领域专项治理成效明显，巩固了风清气正的政治生态。坚持党委总揽全局、党政齐心协力，人大监督工作有力加强，政协参政议政水平不断提高，党管武装工作持续强化，民主法治建设深入推进，群团、双拥、老干部、关心下一代等工作取得新进步，爱国统一战线日益壮大。

二、高举旗帜勇担使命，深入学习贯彻党的十九届六中全会和省市会议精神

百年征程风云激荡，百年奋斗波澜壮阔。党的十九届六中全会系统总结党的百年重大奋斗成就和历史经验，准确把握党的事业发展和自身建设规律，庄严发出新时代中国共产党人牢记初心使命、坚持和发展中国特色社会主义的政治号召。省第十四次党代会系统回答了新发展阶段江苏干什么、怎么干、干成什么样等基本问题，市第八次党代会明确了面朝大海向未来、绿色转型作典范的奋斗路径。全区上下要把学习贯彻好党的十九届六中全会和省市会议精神作为当前和今后一个时期的重要政治任务，常学常做、常思常干，更加有力地育先机、谋新篇、开新局，切实把学习成效转化为盐都现代化建设的强大动力。

一要旗帜鲜明讲政治，更加自觉践行“两个确立”、做到“两个维护”。党的十九届六中全会《决议》提出的“两个确立”，是深刻总结党的百年奋斗、党的十八大以来伟大实践得出的最大政治成果、最重要的历史结论，是历史的选择、时代的选择、人民的选择。回望盐都这些年走过的路，我们深切体会到，全区各领域各方面呈现出一系列显著变化，各项事业大步向前迈进，都是在以习近平同志为核心的党中央坚强领导下，在省市委的正确指导下，全区各层各级坚决听从号令，胸怀“两个大局”、牢记“国之大者”，团结带领全区人民齐心协力干出来的。踏上新的赶考之路，我们必须始终坚持党的领导，一切从政治上考量、在大局下行动，更加深刻地领悟“两个确立”的决定性意义和实践要求，更加自觉地把“两个维护”作为最高政治原则和根本政治要求，更加坚定地忠诚核心、信赖核心、紧跟核心、维护核心，不断增强政治判断力、政治领悟力、政治执行力，真正把“两个维护”内化于心、外化于行，以实际行动和实际成效落实“两个确立”的根本要求，彰显共产党人对党忠诚、为民尽责的政治本色。

二要起而行之务实干，主动扛起使命担当、答好时代考题。省第十四次党代会向全省发出了扛起“争当表率、争做示范、走在前列”三大光荣使命的动员令，提出了现代化新征程上“六个显著提升”“九项重点工作”的路线图，并对盐城作出了“勇当沿海地区高质量发展排头兵”的新定位。市第八次党代会强调要坚定“五个示范引领”目标追求，推进现代化建设“六个高”重点任务，推动各项工作干在实处、勇立潮头。我们要清醒认识到，排头兵不是喊出来的，也不是轻轻松松、敲锣打鼓就能实现的，需要以更高站位、更前坐标、更高标准夺取更多的“第一唯一”；需要以一流追求、满格状态、超燃激情创造更多的“前所未有”；需要立说立行、挥洒汗水干出更多的“刮目相看”。新征程上的盐都，面临的机遇弥足珍贵，时和势十分难得。作为上海北向发展轴上的重要城市区，作为联通长三角和环渤海的关键节点，我们要把盐都发展放在长三角一体化和沿海开放开发两个坐标系中去审视，在长三角27个中心区城市中找位次，在全省13个设区市的中心区中论排名，以热血赴使命、行动践诺言，跑出现代化建设“加速度”，干出高质量发展“最精彩”；要坚定不移推进双创引领、智能制造、融合发展、两山实践“四个示范区”建设，做强动力引擎、夯实发展根基、实现长远发展，大踏步赶超先进地区；要紧扣市委、市政府对国家高新区“五年超千亿、挺进五十强”的期望要求，扛起代表全市参与全国169个国家高新区竞争新使命，当好全市电子信息产业发展领跑者，强化“争”的使命担当、增强“争”的本领能力、激发“争”的精神动力，全力跑好我们这一代人的“接力棒”。

三要稳中求进辟新局，行稳致远走好高质量发展新路子。前不久召开的中央经济工作会议，提出了坚持“稳字当头、稳中求进”的要求，深刻指出宏观经济面临需求收缩、供给冲击、预期转弱三重压力。省市委经济工作会议，进一步要求必须牢牢把握稳中求进工作总基调，坚持先立后破、稳扎稳打。这是当前和今后一段时期组织经济工作的基本遵循，我们要学深悟透、迈稳迈准，全力保持平稳健康的经济环境、国泰民安的社会环境、风清气正的政治环境。要把实体经济作为盐都发展的看家本领，坚定不移抓投入、抓企业、抓经济新增长点，

持续开展“重大项目攻坚年”行动，优化“红黄旗排座次”机制，全力以赴稳住主要经济指标、稳住发展主体、稳住企业运行。要以高质量的“进”巩固全方位的“稳”，把招大引强作为关键举措，把扩大内需作为重要牵引，把科技创新作为鲜明特质，把引培人才作为迫切需求，勇当科技创新和产业焕新的开路先锋。要辩证处理好“稳”和“进”的关系，决不能一味求稳、自我设限，决不能四平八稳、按部就班，决不能不思进取、甘为平庸，要学习先进超越先进，对标一流勇争一流，创造“超常”的盐都效率、“硬核”的盐都质量。

三、抢抓机遇善谋善为，勇当沿海地区高质量发展排头兵

1.聚焦高质转型，更大力度推动国家高新区争先进位。市委、市政府高度重视国家高新区发展，研究出台支持高新区加快争先进位实现高质量发展的意见，我们一定要抢抓机遇、乘势而上，全力打造区域经济新的重要增长极。凝聚共建合力强能级。树牢“全区皆高新区、各工业园都是分园区”理念，将高新区作为合力招商的主战场、资源集聚的主阵地、部门服务的主窗口，坚定不移举全区之力建设国家高新区。优化高新区管理体制机制，深入推进“一区多园”改革，培育大冈智慧纺织园区、郭猛高端装备协作基地、冈中长三角和苏南产业承接园区、龙冈输变电和食品加工集群、义丰电子信息配套基地，并推动其他分园区提质增效。市外主动对接苏州、武进等高新区，市内加强与盐南高新区、长三角一体化产业发展基地、黄海新区联动发展，在协同协作中集聚产业、科创等各类资源，力争2022年度国家高新区综合排名进入全国前75位。聚力做强产业扩总量。坚持产业集群化发展、链条式布局，大力实施产业地标培强工程，持续做大经济总量、做优发展质量。智能终端产业要依托东山精密、康佳电子、长盈精密等链主企业招大引强，努力在拉长链条中提升产业完整度，力争产业规模达300亿元。高端装备产业要提升数控机床、精密齿轮等传统特色装备，主攻电子信息装备、新能源装备制造项目，提升本地配套水平，力争产业规模达120亿元。新能源产业要紧盯大企业、大集团开展布局，着力延伸储能电池产业生态链，招引新能源研发、检测、运维等高附加值配套项目，引导现有企业积极开拓新能源市场，融入沿海风光电产业发展大局。同时，紧扣市“5+8+10”产业链布局，牵头建设全市印制电路板、精密结构件、新能源汽车零部件等3条优势产业链，参与建设全市光电显示、集成电路、5G产业、智能视听、智慧家纺等5条潜力产业链，加快形成一批新增长点，构建“龙头带动、配套跟进、全产业链发展”的集群式发展格局。打造科技创新主引擎。坚持把创新作为发展的第一动力，持续实施科研平台提质、科创森林成长、“都智汇”优才“三大计划”，加强与高校院所、科研机构合作，抓紧组建黄海实验室，加快盐城工学院研究生院和电子信息产业学院落地建设，建成中科院半导体集成技术研究院、国家超算盐城中心等项目。坚持“高峰”带“高原”，发挥智创小镇创新中心和国家级孵化器“一南一北”孵化加速功能，壮大创新型企业集群，培育瞪羚企业15家、准独角兽企业1家，年内国家高企突破330家。贯彻落实中央、省委人才工作会议精神，依托海创国际人才(盐城)创新中心等平台，全方位培养引进用好人才，改造建设汇文、新城等5个人才公寓，更深层次推进产才融合发展。加快智改数转提效能。把数字经济作为转型发展的关键增量，立足产业数字化方向，深入实施智能制造赋能、专精特新提升和龙头企业扩容工程，出台制造业智能化改造和数字化转型三年行动计划，推动规上企业智能制造免费诊断全覆盖，组织对80家销售亿元以上企业智改数转先行先试，创成省级示范智能车间4个以上，力争成为全市电子信息产业互联网平台、数字化改造综合服务平台建设基地。加快工业互联网创新发展，实施星级企业上云计划，新增省三星级以上上云企业90家。以应用为导向持续推进“城市驾驶舱”项目，丰富应用场景，提升城市治理效能，促进产业转型升级。推动中恒宠物创业板明年上半年成功上市，支持盛安传动等一批重点企业加快北交所上市步伐，动态更新高企上市后备资源库。新增省级以上“专精特新”小巨人企业5家，培育开票销售超亿元企业100家，其中超百亿元企业1家。拓宽开放发展新空间。始终树牢“项目为王”理念，深耕长三角、珠三角等重点区域，发挥驻点招商作用，集中攻坚世界500强、国内500强及行业前10强企业，精准组织各类招商推介活动，全年招引亿元以上项目60个、50亿元以上项目2个、100亿元以上项目1个，其中高新区着力攻坚30亿元以上项目，两个市级工业园重点突破10亿元以上项目，冈中、郭猛、大冈园区全力招引5亿元以上项目，其他板块积极招引亿元以上项目。聚焦列市列区重大项目、为民办实事项目和5000万元以上列统项目，深化“月月有招商活动，季季有项目开工”机制，提升项目签约开工率、竣工投产率，在全区上下造浓比学赶超、争先进位的项目攻坚氛围。抢抓长三角一体化、江苏沿海地区发展等国家战略机遇，面朝大海、向海图强，全方位接轨上海，深层次联接沿海，加强与省会南京的联系，主动参与沪苏、常盐、苏盐合作共建，全面承接产业链配套项目，广泛集聚教育、医疗、文旅等资源。加速融入国内国际双循环，办好中国电子信息产业发展大会，依托区对外友好协会、盐都商会等平台，密切与韩国电子信息协会、汽车研究院等机构交流合作，积极引进境外资本和先进技术，加快实现双向互动发展。全面深化改革激活力。巩固营商环境全省前列位次，坚持“有事解忧、无事不扰”，持续深化“放管服”改革，提升“不见面审批”“拿地即开工”等改革成果，加快实现“一网通办”和高频政务服务事项“省内通办”“跨省通办”。严格实施领导干部挂钩服务企业制度，全面落实减税降费以及各级惠企政策，认真解决企业用工、融资等各类难题，当好政策更大力度、审批更快速度、服务更有温度的“金牌店小二”，打响“都满意”营商品牌。

2.聚焦绿色低碳，全力深化“两山”实践内涵。绿色生态是盐都最靓丽的名片，也是最值得珍视的生产力和竞争力。要全面贯彻习近平生态文明思想，高颜值擦亮生态底色，高标准推进绿色转型，让绿色成为高质量发展最动人的色彩。筑牢生态基底。以迎接新一轮中央生态

环保督察为契机，加快各类环保问题整改进度，深入打好污染防治攻坚战，牢牢守住环境质量只能更好不能变坏的底线。加快建成大气、水质自动监测监控点，实施生态安全缓冲区、畜禽水产养殖污水治理等生态环境工程，开展大纵湖、冈沟河等河湖综合整治，有序推进建设用地土壤治理与修复，确保大气质量稳居全省前列、国省考断面水质全面达标、土壤环境质量稳步提升。严格落实“三线一单”分区管控要求，强化蓝绿空间生态功能，加强“五荡”湿地生态修复，不断提升里下河地区生态系统碳汇能力。促进绿色发展。坚持把碳达峰、碳中和作为生态建设的战略任务，支持东山精密、得润电子等企业向绿色工厂转型，用好10亿元园区碳达峰产业投资基金，实施科技部国家重点研发计划“高新区工业废水近零排放及资源化”重点专项。准确把握能耗双控要求，不搞“碳冲锋”和运动式“减碳”，不允许发生大面积“拉闸限电”事件。深化资源节约集约利用，强化“亩均论英雄”导向，加快建设工业园区可视化综合监管平台，系统推进工业用地、标准厂房、人才公寓、科创楼宇“腾笼换鸟”，年内腾退低效厂房和科创楼宇22万平方米，亩均税收、亩均利润、亩均研发投入增长15%以上。做强生态文旅。以创建国家全域旅游示范区为引领，深度叠加生态、文化、农业等资源，构建“龙头带动、三廊贯通、全域覆盖”大文旅格局，打响“在盐都，遇见美”城市品牌。着力做靓特色景区，大纵湖旅游度假区要在提升老景区的基础上，丰富东晋水城业态，做优度假康养产品，争创国家级旅游度假区；草房子要增强体验感、文学感，联动三胡故里书法研学基地，打响青少年文学研学品牌；龙冈桃花园要收尾核心区建设，争创国家AAAA级旅游景区。丰富S125、S331、蟒蛇河“三条走廊”沿线生态农业、休闲观光等业态，做强杨侍、三官、泾口等乡村旅游，提升周伙、倪杨、三湾等特色民宿，释放旅游综合效应。

3.聚焦融合共进，全力打造宜居宜业的幸福家园。坚持产城融合理念，以产兴城、以城带产、产城融合、城乡一体，让城市有城市的样子、乡村有乡村的味道。更高标准做精现代城市。盐都新城要以建设“高端制造引领区、创新创业活力区、健康生活示范区、绿色低碳样板区”为目标，加快启动高速以西6平方公里的核心区开发，提速建设科技广场中央商务区、合景悠方商业综合体等一批城市功能项目，打造青年人才向往、双创活力迸发的宜居宜业之城；城北地区改造要突出产业导向，扎实推进小马沟组团、张庄组团市政设施、公共配套等八大类项目，配合做好康庄大道、西环路、开创路北延、青年路西延等道路建设，加快张庄、龙冈融入大市区步伐。盐都副中心要立足“盐都文化旅游与西部产业集聚区、里下河绿色转型与水韵文化示范地”的总体定位，加快镇区、园区、景区“三区”联动，推进优质教育、医疗等公共资源向副中心倾斜，带动西部片区联动发展。要全面开展智慧城市建设，以“绣花功夫”提升城市精细化管理水平。更实举措繁荣城市经济。加快发展城市经济、夜间经济，丰富渎上·老西门等网红特色街区内涵。坚持“留改拆”并举，系统推进老西门、潘黄和马沟集镇等片区更新改造，留住老盐城记忆，繁荣商业街区，提高消费能级。紧扣都市产业发展，实施楼宇经济倍增计划，“一楼一特色”明确发展方向，引进一批科技服务、高端商务、数字经济、金融保险及功能性总部经济项目，培育更多税收亿元楼宇。深化与阿里巴巴在创新应用领域战略合作，推动顺丰、宠物银行等抢占国际市场份额，创建国家级跨境电商基地。大力发展汽车销售和后服务市场，打造全省一流的汽车消费集聚区。更大力度推进乡村振兴。加快农业农村现代化进程，扎实推进高标准农田建设，建成更多的“吨粮田”，确保粮食安全和重要农副产品有效供给，建成郭猛、秦南、楼王3家“未来农场”。促进乡村产业发展，做大做强食品未来科技园，推进台创园争先进位、其他农业园区提档升级，招引落户亿元以上农产品加工项目2个，改造提升设施农业项目10个；持续培育“鲜之都·盐都”区域公共品牌，带动农产品向价值链高端攀升。实施农村人居环境整治提升五年行动，重抓农村生活污水治理、生活垃圾治理、生态河道建设、村容村貌提升“四项任务”，健全“五位一体”长效管护机制，创成省级特色田园乡村和传统村落5个。加快实施1980年前建的1.26万户农房改善，分类施策、有序推进1981年至2000年所建农房的改善，尊重农民意愿、注重循序渐进，对有安全隐患的迅速改造，真正把好事办好、实事办实。

4.聚焦共同富裕，让人民群众的生活一年更比一年好。始终把人民对美好生活的向往作为奋斗目标，倾力创造更高品质生活，将越来越多的民生愿景变成幸福实景。打好富民增收仗。精准实施就业优先政策，完善公共就业服务体系，健全职业技能培训制度，开展高质量就业促进行动，推动返乡就业创业与稳企业、保用工有机结合，年内实现城镇新增就业0.8万人以上。放大国家级“双创”示范基地效应，完善创业扶持体系，拓展创业渠道，鼓励勤劳致富。实施富民强村帮促行动，巩固精准脱贫成果，年内所有村集体经营性收入达32万元以上。办好群众关切事。严格执行“双减”政策，推进民办学校规范管理，实施名校名师培养工程，年内建成中小学、幼儿园10所，确保科创城中小学、吴抬路中小学、智创小镇中小学秋学期投入使用。加强与上海九院、南京医科大学的紧密合作，启动区中医院和上海九院盐城分院规划建设，推动市三院南院二期工程主体竣工，建好用好“名医工作室”，发挥医联体医共体作用，切实提升基层医疗卫生服务水平。抓好“一老一小”，统筹推进老龄事业和银发产业，鼓励发展智慧养老新模式新业态，加快建设国投健康（盐城）长者公寓，大力开拓老年产品市场，为老年人提供全方位、个性化养老服务；加快托育机构建设，扩大普惠型托育服务供给。持续开展“欢声笑语走基层”群众性文化活动，打磨精品新剧《宋公堤》。推进全域新时代文明实践建设，培育和践行社会主义核心价值观，争创全国文明典范城市。织密民生兜底网。全面实施全民参保计划，突出用人单位全员参保、灵活就业引导参保，年内完成企业职工养老保险新增参保1万人。持续完善社会救助体系，统筹做好社会福利、慈善事业、优抚安置等工作，聚焦因病致贫和低收入家庭等困难群体，精准实施重大疾病救助，实现群众求助无障碍、受助无遗漏，提升普惠性、兜底性社会保障水平。做好玉树藏族自治州称多县结对帮扶，切实提升协作帮扶成效。

5.统筹发展和安全，切实维护社会大局和谐稳定。始终保持清醒头脑，强化底线思维和风险意识，把安全发展摆在更加突出位置，以发展促安全、以安全保发展，努力实现高质量发展和高水平安全良性互动。夯实经济安全基础。按照稳定大局、统筹协调、分类施策、精准拆弹的方针，密切关注房地产、征地拆迁等方面的风险，压实属地责任，压实金融监管、行业主管、纪检监察等部门责任，压实企业自救主体责任，做到未雨绸缪、防患于未然。多措并举化解政府性债务，进一步压减隐性债务规模，加大区属国有企业监管力度，同步强化农村金融监管，严厉打击非法集资活动，确保不发生系统性金融风险。鼓励支持建筑业发展，促进房地产业良性循环和健康发展。筑牢人民安全防线。认真贯彻“外防输入、内防反弹”总策略、“动态清零”总方针，坚持常态化精准防控和局部应急处置相结合，落实落细重点环节、重点场所疫情防控工作要求，进一步筑牢疫情防控屏障。严格落实“三年大灶”工作要求，聚焦城镇燃气、道路交通、建筑施工和人员密集场所等重点领域，扎实开展安全生产隐患大排查大整治，不断提升本质安全水平。加强食品药品安全监管，构建从田间到餐桌全过程食品安全体系，争创全国农产品质量安全县。完善应急管理体系，建立自然灾害、安全生产综合预警系统和分析研判机制，加快应急管理指挥、调度、保障系统建设，构建高效、智慧的韧性城市安全防御体系。强化社会安全保障。贯彻落实习近平法治思想，深入推进法治盐都建设，扎实开展“八五”普法工作，不断提高依法行政水平。深化平安盐都建设，常态化开展扫黑除恶斗争，持续推进国家禁毒示范区创建，创新完善立体化、信息化社会治安防控体系，严厉打击网络诈骗等违法犯罪，不断提升群众幸福感获得感安全感。坚持和发展新时代“枫桥经验”，开展“信访突出问题攻坚化解年”行动，畅通群众诉求表达渠道，有效化解信访积案，争创全国信访工作示范县。

四、弘扬伟大建党精神，纵深推进全面从严治党

习近平总书记指出，我们党历经千锤百炼而朝气蓬勃，一个很重要的原因就是我们始终坚持党要管党、全面从严治党。全区各级党组织和广大党员干部要坚持党的全面领导，以高质量党建引领高质量发展。

1.坚定理想信念，恪守绝对忠诚的政治品格。始终把党的政治建设摆在突出位置，经常性开展党性教育，推动党史学习教育常态化长效化，切实增强“四个意识”、坚定“四个自信”、做到“两个维护”。严守政治纪律、政治规矩，始终在思想上政治上行动上同以习近平同志为核心的党中央保持高度一致，确保中央和省市委各项决策部署在盐都落地生根。严格落实意识形态工作责任制，强化民族宗教等重点领域的意识形态工作，用好学习强国、盐都大讲堂、区融媒体中心等阵地，努力弘扬主旋律、传播正能量。充分发挥区委总揽全局、协调各方作用，保障人大依法履职创造性开展工作，支持政府依法充分履行职责，发挥政协专门协商机构作用，用好统一战线重要法宝，激发群团组织活力，深化党管武装工作，巩固军政军民团结，不断发展全过程人民民主，凝聚起建设现代化的强大合力。

2.坚持严管厚爱，锻造善作善成的干部铁军。严格落实新时代好干部“20字”标准，牢牢把握“看得出、站得出、豁得出”的要求，以事择人、科学识人、民主用人，进一步健全选、育、管、用机制，大力在基层一线发现培养选拔干部，让想干事者有机会、能干事者有舞台。聚焦增强“八个本领”、提升“七种能力”，组织实施“熔炉计划”，搭建实践锻炼平台，进一步加强思想淬炼、政治历练、实践锻炼和专业训练，促进党员干部政治能力、专业能力“双提升”，练就敢于担当的宽肩膀、能担重任的铁肩膀。坚持严管和厚爱结合、激励和约束并重，旗帜鲜明褒奖实绩突出者、支持敢闯敢试者、鞭策懈怠庸碌者，切实把干部的积极性、创造性充分调动起来，真正紧起来、跑起来、动起来，更好激励广大党员干部干事创业、担当作为。

3.夯实基层基础，构筑坚强有力的战斗堡垒。树牢大抓基层的鲜明导向，找准基层党建的着力点，城市党建突出“基层治理”、农村党建突出“强村富民”、“两新”党建突出“凝聚人心”、机关党建突出“投身发展”、国企党建突出“服务大局”主题，推动基层组织全面进步、全面过硬。持续加强基层党组织带头人队伍建设，丰富“村书记讲坛”内涵，常态化开展素质能力培训班，提升村书记“当家”能力。叫响“都来汇”党建联盟、“红色物业·四美小区”等品牌，加强创新谋划，用好用活“党建+”概念，打造一批省市有影响力的基层党建品牌。关注新业态中的新青年、体制内的青年党员，以新阵地团结新青年、以新机制调动新青年、以新党建引领新青年。

4.深化正风肃纪，巩固风清气正的政治生态。深刻把握新时代党风廉政建设规律，把“严”的主基调长期坚持下去，压紧压实党委主体责任和纪委监督责任、“一把手”第一责任人责任和班子成员“一岗双责”责任，做到真抓真管、严抓严管。严格落实中央八项规定精神，深入开展“作风效能提升年”和正风肃纪“镇村行”“看机关”专项行动，重点纠治形式主义、官僚主义，坚决防止“四风”问题反弹。坚持挺纪在前，深化运用监督执纪“四种形态”，常态化开展纪律警示教育，真正做到以案为鉴警钟长鸣。始终保持反腐败高压态势，严肃查处在园区发展、工程建设、国企投融资等领域的腐败问题，精准纠治民生领域“微腐败”，一体推进不敢腐、不能腐、不想腐，倾力打造“清廉盐都”。

政府工作报告

——在盐城市盐都区第十七届人民代表大会第一次会议上

（2022年1月27日）

代区长　马正华

过去五年工作回顾

本届政府履职的五年，是盐都发展进程中极不平凡的五年。五年来，面对复杂多变的外部形势和新冠肺炎疫情等严重冲击，我们在市委、市政府和区委的坚强领导下，在区人大、区政协的监督支持下，坚持以习近平新时代中国特色社会主义思想为指导，全面贯彻落实党的十九大和十九届历次全会精神，认真践行新发展理念，奋力推进“四个示范区”建设，完成了区十六届人民代表大会历次会议确定的目标任务，交出了高水平全面建成小康社会的盐都答卷。

这五年，是坚持创新驱动、产业质态大幅跃升的五年。转型升级步伐坚定。强化项目招引、政策支持和平台建设，快速孕育电子信息、高端装备、新能源三大主导产业。突出电子信息产业首位度，集聚东山精密、维信电子等一批地标项目，培育了LED封装、FPC柔板、5G滤波器等全国细分行业单项冠军，创成国家火炬特色产业基地、国家创新型产业集群。发挥中心城区优势，大力发展现代服务业，打造电商物流、汽车消费、商务商贸3个百亿级集群，获评全国优秀物流园区、国家电子商务示范基地。建筑业提质转型，荣获国家优质工程奖6项。企业培育量质并举。实施“小升规”“规升星”计划，“四上”企业总数达876家，认定市三星级以上企业31家，培育销售超亿元工业企业83家。引导企业苦练内功、强筋健骨，获批国家“专精特新”小巨人企业7家、省示范智能车间（工厂）14个、省首台（套）重大装备44个，均列全市第一。科技创新深度赋能。全社会研发投入占GDP比重提高到2.7%，国家高企发展到281家，高新技术产业产值占比达63%，均居全市首位。建成中科院计算所高通量研究院等高端科创平台11家，新增省级以上企业研发机构105家，创成国家知识产权强县工程示范区。成功举办中国电子信息产业发展大会等“国字号”活动，用好黄海明珠人才计划，引进领军人才315名，创成国家级大学科技园，获批国家“双创”示范基地。

这五年，是强化全域统筹、城乡面貌深刻变化的五年。城市能级加速提升。盐都新城和副中心建设全面启动，小马沟宜居组团和城北地区改造展露新颜，组团开发、成片推进的城市发展格局已经形成。吹响城市更新冲锋号，搬迁居民1.9万户、非住宅620家。实施城建重点工程388项，万达广场、吾悦广场建成运营，盐龙体育公园、小马沟城市绿廊全面开放，富力科创城、智创小镇加快建设，“渎上·老西门”成为网红新商圈。乡村振兴有力推进。高效设施农业、休闲观光农业和农产品加工业齐头并进，新型农业经营主体规模经营比重达62%，成功夺得第十届世界草莓大会举办权，创成全国渔业健康养殖示范县（区）、全国主要农作物全程机械化示范县（区）、全国农村创新创业典型县（区）。农村“三资”管理盐都模式全省推广，获评全国农村承包地确权登记颁证工作典型地区。改造农村公路978公里，建成旅游公路118公里，获评全国“四好农村路”示范县（区）。人居品质不断改善。统筹推进城市微更新、微治理，整治老旧小区63个，入选全国美好环境与幸福生活共同缔造试点县（区），合心花苑获评省宜居示范居住小区。新建农村新型示范社区28个，改善农民群众住房条件1.17万户，创成省特色田园乡村11个、省传统村落11个，被推荐为全国农村住房建设试点县（区），农村人居环境整治考核评价连续三年位列全省第一等次。

这五年，是深耕绿色发展、生态优势充分彰显的五年。环境治理扎实有效。自觉践行习近平生态文明思想，创成国家生态文明建设示范区、全国“两山”实践创新基地。打好蓝天、碧水、净土保卫战，整治“散乱污”企业345家，全面完成中央、省环保督察交办问题整改，空气质量优良天数比例达88.3%，城市建成区黑臭水体基本消除，行政村生活污水处理设施全覆盖。生态底色更加亮丽。完成省级生态管控区调整，建成大纵湖生态安全缓冲区，植被保护、水源涵养功能不断增强。积极开展国土绿化，完成造林5.94万亩、森林抚育6.7万亩，建成省级绿美村庄49个，全区林木覆盖率达26.24%。扎实推进幸福河湖建设，疏浚整治农村河道1567条、1706公里，建成生态河道221条，创成省级以上水利风景区3个。全域旅游蓬勃发展。大力实施旅游“425”工程，东晋水城、草房子乐园建成开放，蟒蛇河生态河道主体工程基本建成，创成国家AAAA级旅游景区1个、AAA级5个，大纵湖景区被评为中国优秀旅游景区。持续举办“花开盐都·春游水乡”“畅游盐都金秋行”等活动，开启春季踏青赏花、夏季亲水游玩、秋季进园摘果、冬季听曲看戏的全季全时旅游新模式。

这五年，是聚力改革开放、内生动能显著增强的五年。开放合作全面拓展。主动接轨上海，加快融入苏南，积极承接长三角、珠三角产业转移，先后落户群晖摄像头、博盛新材料等亿元以上产业项目206个，建成上海市外蔬菜主供应基地5个。加快外向型经济发展，鼓励优势企业走出国门，中恒宠物、盐电阀门分别在柬埔寨开办新厂。新批外商投资3000万美元以上项目20个，实际利用外资达5.29亿美元，实现外贸进出口52.2亿美元。园区载体提档升级。盐城高新区跑出发展加速度，“一区多园”布局全面形成，体制机制更加完善高效，成为全市承载新兴产业的主要载体和转型发展的重要引擎，获批中国（江苏）自由贸易试验区联动创新发展区。开展“三项清理”盘活土地3574亩、厂房91.3万平方米，获评省自然资源节约集约利用模范县（区）。营商环境持续优化。深入开展“暖企行动”，有效落实惠企政策，减税降费18.77亿元、兑现政策资金13.6亿元。金融服务实体经济能力持续增强，完成制造业信贷投放699.2亿元，连续7年获评省金融生态优秀县（区）。在全市率先推行“一窗受理、一网通办”和“不见面审批”改革，实现重大项目“拿地即开工、交房（地）即发证”，营商环境评价位列全省前10强，“都满意”服务品牌进一步叫响。

这五年，是突出以人为本、民生福祉全面增进的五年。社会保障扩面提标。高质量完成脱贫攻坚任务，建档立卡低收入户全部达到省定脱贫标准，经济薄弱村全部摘帽，获评全省脱贫攻坚先进集体。新增城镇就业6.1万人，支持自主创业1.6万人，城乡居民人均可支配收入分别达到47369元、28521元。实施全民参保计划，基本养老保险新增参保9.5万人。社会事业协调共进。新建中小学和幼儿园24所，中考高分层人数占比连续两年位居全市第一板块，被评为省义务教育优质均衡发展区。市三院与南京医科大学共建盐城临床医学院，与上海九院建成紧密型医联体，国家卫生镇、省示范乡镇卫生院实现全覆盖。曲艺数来宝《爱我你就抱抱我》获国家群星奖，淮剧《菜籽花开》和《送你过江》获省文华大奖，镇（街道）健身广场、村（居）文体广场实现全覆盖，连续获评全国群众体育先进单位。区社会福利院、区老年大学新校区建成运营，获评全省首批居家和社区养老服务创新示范区。社会大局和谐稳定。获评全国“七五”普法工作先进单位，创成全省首批法治政府建设示范区。有力防范化解金融领域风险，政府隐性债务风险等级和债务率持续实现“双下降”。创新网格化社会治理机制，推动矛盾纠纷调处重心下移，一批信访积案得到有效化解。有机衔接安全生产“一年小灶”和“三年大灶”，本质安全水平显著提升。加强食品药品安全监管，创成省食品安全示范区。强化退役军人服务保障，国家示范型退役军人服务中心（站）实现全覆盖。开展扫黑除恶专项斗争，全方位推进社会治安防控体系建设，严厉打击网络诈骗、制毒贩毒、非法集资等违法犯罪行为，被表彰为全省县级升级版技防城建设示范单位，连续17年获评省“平安区”。

五年来，我们始终以新思想解放思想、统一思想，深入开展“两学一做”学习教育、“不忘初心、牢记使命”主题教育、党史学习教育，加强意识形态教育，广大党员干部理想信念更加坚定。自觉接受人大法律监督和政协民主监督，主动接受社会各界监督，547件人大代表建议、717件政协委员提案全部按期办结。从严落实政府系统党风廉政建设责任制，持续加强审计监督，深入推进正风肃纪“镇村行”“看机关”专项行动，“四风”突出问题得到有效解决。支持司法机关、执纪部门依法履职，推动人民武装工作有序发展，注重发挥工会、团委、妇联、科协、侨联、残联、工商联、红十字、关工委、慈善总会等群团组织桥梁纽带作用，持续强化民族、宗教、外事、侨务、对台、气象、消防、邮政、档案等工作，全区上下团结一心干事业、只争朝夕谋发展的氛围日益浓厚。

刚刚过去的2021年，我们认真贯彻落实中央和省市区委决策部署，坚持稳中求进工作总基调，有效应对新冠肺炎疫情、能耗双控、能源保供、台风汛情等多重考验，奋力推动高质量发展取得新成效，实现了“十四五”和现代化建设的良好开局。经济运行稳中向好。全年实现地区生产总值682.6亿元、增长7.7%，一般公共预算收入42.52亿元、增长10.7%，10项主要经济指标全部完成年度目标任务。全口径工业开票销售达510亿元、增长16.8%，规上服务业企业营收达79.4亿元、增长27.2%，建设高标准农田5.6万亩，粮食总产47.1万吨，出栏生猪9.27万头。15家企业入选盐城民营企业100强，总数全市第一，东山精密等8家企业获评市五星级企业。项目建设提速推进。深入开展“重大项目突破年”行动，修订完善全区招商选资政策，调优配强32个招商局人员力量，举办各类招商活动15场次，长盈精密、东山精密IC载板等33个亿元以上项目签约落户。列市“两重”项目和区“三重”项目完成投资计划，悦虎晶芯、得润电子等20个亿元以上项目加快推进，康佳存储芯片封测、金铢芯片封测等23个亿元以上项目竣工投产。民生实事有效落实。用心用情惠民生，23项市、区两级为民办实事项目全部完成。落实救助标准动态调整机制，农村、城镇低保标准统一调增至730元/月。企业退休人员养老金人均增加124元/月，城乡居民基本养老保险基础养老金最低标准调增至210元/月。教育“双减”政策有序落实，成功引进鹿鸣路初中和聚亨路小学领办科创城中小学，东进路中小学投入使用，新四项教育惠民工程全部完成。启动养老院公建民营改革，被民政部列为全国“儿童守护行动”试点地区。安全发展保障有力。持续加强疫情常态化防控，组织开展全员核酸检测和小规模聚集性疫情应急处置演练，全人群疫苗接种率位居全市前列；先后派出75名医务人员驰援南京、扬州，温情服务450名扬州外转隔离人员，为全省疫情防控大局作出盐都贡献。全区1515家工业企业安全风险报告全部完成，省市安全生产督导反馈问题全部整改到位，省级安全发展示范城市创建通过现场验收，安全生产形势持续稳定向好。

在总结成绩的同时，我们也清醒地认识到发展中还存在一些矛盾和问题，主要是：经济发展不充分，主导产业规模偏小，龙头型、创新型企业不多，重特大项目突破不快。优质公共服务资源供给不足，生态环境、安全生产还有薄弱环节，社会治理、防范化解重大风险面临新的挑战。少数干部不思进取求“躺平”，行政服务效能不高，营商环境需持续优化。对于这些问题，我们将采取有力措施，切实加以解决。

今后五年发展展望

今后五年是盐都乘势而上、全面建设社会主义现代化的重要时期，也是我们奋勇拼搏、加快建设“四个示范区”的关键阶段。站在新的历史起点，世界百年未有之大变局加速演变，国际格局深刻调整，新冠肺炎疫情影响广泛深远，宏观经济发展面临需求收缩、供给冲击、预期转弱三重压力。挑战前所未有，但机遇大于挑战。我国经济韧性强，长期向好的基本面没有改变。就盐都而言，长江经济带、长三角一体化、江苏沿海地区发展等国家战略叠加实施，给我区未来发展带来了难得的机遇。我们必须准确把握形势变化，强化系统思维，保持战略定力，在抢抓发展机遇中奋发作为，在应对风险挑战中逐浪前行，一步一个脚印办好自己的事，不断开创盐都现代化建设的美好前景。

根据区第十五次党代会精神，新一届政府工作的指导思想是：全面贯彻习近平新时代中国特色社会主义思想，深入贯彻习近平总书记对江苏工作重要指示精神，弘扬伟大建党精神，坚持稳中求进工作总基调，把握新发展阶段、贯彻新发展理念、融入新发展格局，全面深化改革开放，坚持创新驱动，推动高质量发展，以供给侧结构性改革为主线，以满足人民日益增长的美好生活需要为根本目的，统筹发展和安全，紧扣“面朝大海、向海发展、赋能未来”部署要求，深入推进“四个示范区”建设，坚决扛起“争当表率、争做示范、走在前列”的光荣使命，勇当沿海地区高质量发展排头兵，奋力谱写“强富美高”新盐都现代化建设新篇章。

今后五年，全区经济社会发展的主要目标任务是：地区生产总值年均增长6.5%左右，一般公共预算收入年均增长7%，城乡居民收入年均增速高于经济增速，主要经济指标增幅位居全市前列，经济社会高质量发展迈上新台阶，“四个示范区”建设展现出令人鼓舞的现实模样。

坚定不移推进产业强区，让经济发展更强劲。毫不动摇把经济发展的着力点放在产业培育上，坚持先进制造业与现代服务业双轮驱动，一二三产协同发展，着力构建实体经济、科技创新、现代金融、人力资源协同发展的现代产业体系。加强产业链横向联合、垂直整合，做大做强电子信息、高端装备、新能源三大主导产业，打造规模优势明显、核心技术领先、产业配套完善的制造业集群，确保全区工业开票销售五年翻一番。坚持招商第一，突出项目为王，在更大范围内汇聚资源要素、承接产业分工，5年内新上投资超10亿元重大产业项目40个以上，其中超百亿元项目不少于5个。充分发挥国家高新区创新主阵地作用，加速集聚创新人才，营造创新生态，培育创新产业，提升核心竞争力，打造千亿级园区，确保“十四五”末综合排名进入全国50强。

坚定不移推进共同富裕，让群众生活更美好。坚持以人民为中心的发展思想，建立收入增长与经济发展联动机制，加快形成以中等收入群体为主的橄榄型社会结构，让共同富裕的梦想走进现实，到2026年全区居民人均可支配收入突破6万元，城乡居民收入倍差缩小到1.6以内。坚持尽力而为、量力而行，完善多层次社会保障体系，加大基本养老保险、基本医疗保险、失业保险保障力度，加强社会救助、慈善福利、优抚安置等工作，兜牢基本民生底线。着眼满足群众多层次多样化需求，全面改善城乡居民住房条件，加快提升教育现代化水平，进一步完善卫生健康体系、文体服务体系、养老服务体系，建成全国义务教育优质均衡发展区，争创全国智慧健康养老示范基地、全国健康促进县（区），让人人享有优质普惠均衡的全生命周期公共服务。

坚定不移推进绿色发展，让生态环境更优美。牢固树立绿水青山就是金山银山理念，强化国土空间规划和用途管控，统筹生态保护、城镇布局和产业发展，促进人与自然和谐共生，创成国家全域旅游示范区，充分展现美丽盐都建设的自然生态之美、绿色发展之美。加强生态环境系统保护与修复，统筹推进城乡环境综合整治，深入打好污染防治攻坚战，确保PM2.5平均浓度保持在30微克/立方米以下，地表水国省考断面水质全部优于Ⅲ类标准，创成“中国天然氧吧”。大力实施可持续发展战略，把碳达峰碳中和纳入经济社会发展整体布局，调整优化能源结构、产业结构、交通运输结构，加快形成节约资源、保护环境的生产生活方式，坚决守护好高质量发展的生态本底，打造美丽江苏建设的盐都样板。

坚定不移推进社会共治，让文明风尚更彰显。坚持政府治理、社会调节、居民自治良性互动，一体推进法治盐都、平安盐都、诚信盐都建设，探索组织网络、综治网格、智慧网络“三网融合”，不断提升社会治理科学化、精细化、智能化水平。坚持和发展新时代“枫桥经验”，落实风险防控“四项机制”，推进矛盾纠纷多元化解，真正把工作做到群众心坎上。深入开展全国文明典范城市创建，大力弘扬社会主义核心价值观，坚持以文化人、以文育人、以文培元，在全社会形成崇德向善、昂扬向上的强大正能量。用好红色资源，传承红色基因，赓续红色血脉，弘扬铁军精神，凝聚建设现代化新盐都的强大精神“内核”。牢固树立安全发展观，统筹抓好疫情防控、安全生产等工作，持续增强人民群众的获得感、幸福感和安全感。

2022年主要工作安排

2022年，是党的二十大召开的喜庆之年，也是新一届政府的开局之年，做好今年工作意义重大。我们将深入贯彻落实中央和省市委经济工作会议精神，按照区委全会部署要求，以“两重一实”为抓手，以“三争一创”为牵引，以“红黄旗排座次”为导向，重点重抓“四聚焦一统筹”，坚持稳字当头、稳中求进，继续做好“六稳”“六保”工作，确保经济平稳健康发展、社会大局和谐稳定，把“四个示范区”建设不断推向前进。

全区经济社会发展主要预期目标是：地区生产总值增长8%，固定资产投资增长10%，一般公共预算收入增长8%，城乡居民人均可支配收入分别增长7.5%、9%，全社会研发投入占GDP比重达2.77%，节能减排等指标完成省市下达任务。

一、坚持不懈做强实体经济，打造跨越发展新引擎。强化产业重中之重地位，在扩总量中提质量，在促增量中优存量，做大产业集群，为高质量发展提供硬核支撑。聚链成群打造产业地标。紧扣市“5+8+10”产业链布局，深入实施产业地标培强工程，全力建设3条优势产业链和5条潜力产业链，大力培育“链主”企业和科技型中小企业，加快建设制造强区。电子信息产业紧盯印制电路板、光电显示、集成电路、智能视听、5G设备、精密结构件等细分领域，开展产业强链行动，加快推进京泉华、长盈精密等重大项目建设，力争产业规模突破300亿元。高端装备产业在提升发展数控机床、涂装机械、节能环保装备等传统装备制造的基础上，加快发展电子信息、新能源装备制造业，不断提升产业链本地配套水平。新能源产业主攻动力电池、储能电池、研发运维检测、新能源输变电等领域，加速引进头部企业和关键项目，着力构建产业生态圈。鼓励支持汽车配件、纺织服装等传统制造业设备换芯、机器换人、产品换代，推动产业链向新能源汽车零部件、智慧家纺拓展，实现产业链再造和价值链提升。招商选资扩大项目投入。组织开展"重大项目攻坚年"行动，进一步选优配强招商力量，强化绩效评估和跟踪考核，全年招引亿元以上项目60个、10亿元以上项目10个、50亿元以上项目2个，实现百亿元项目新突破。加强招商动态研究，完善产业图谱，制定招商地图，综合运用驻点招商、委托招商、以商引商等模式，深化与商会协会、创投公司、驻外机构合作，切实提升招商专业化水平。聚焦"两重"项目，实行重大项目专班服务、全生命周期闭环管理，完善月度通报、季度观摩、半年督查考核制度，力促项目早开工、早竣工、早达产，年内新增规上工业企业40家以上。实施产业发展载体焕新三年行动计划，加大闲置资源盘活使用力度，全年腾退低效厂房和楼宇22万平方米，新建标准厂房40万平方米，为大项目、好项目留出发展空间。智改数转提升企业质效。实施制造业智能化改造数字化转型三年行动计划，对所有规上企业开展免费诊断，组织80家重点企业先行先试，三年内实现规上工业企业全覆盖；加强数字技术、互联网创新应用，促进数字经济和实体经济深度融合，年内新增省三星级以上上云企业70家；以应用为导向推进"城市驾驶舱"项目，提升城市治理效能，促进产业转型升级。继续实施智能制造赋能、专精特新提升和龙头企业扩容工程，培育开票销售超亿元工业企业达100家，创建省级以上"专精特新"小巨人企业5家、示范智能车间4个，确保市三星级以上企业总数达35家。

二、锐意进取重抓改革创新，厚植区域竞争新优势。持续推进高水平对外开放，突出重点领域改革，更好发挥创新驱动作用，培育更加活跃更有创造力的市场主体。向海图强扩大开放。坚定把向海发展作为战略取向，主动对接以上海为龙头的长三角城市群，在产业协同、文旅交流、农产品展销等方面建立更高层次协作关系。举全区之力建设国家高新区，强化与苏州、武进等高新区合作，加强与长三角一体化产业发展基地、黄海新区联动发展，力争今年综合排名进入全国前80名。以举办中国电子信息产业发展大会为契机，高水平搭建龙头企业、行业组织、高端智库交流平台，全力当好全市电子信息产业发展领跑者。组织企业参加进博会、广交会等经贸活动，鼓励开拓国际市场，全年外贸进出口突破15亿美元，培育出口超千万美元企业达8家。创新引领激发动能。持续实施科研平台提质、科创森林成长、"都智汇"优才三大计划，全面提升科技创新浓度，争创省创新型示范区。突出企业创新主体地位，加大科技型企业引培力度，培育瞪羚企业15家、准独角兽企业1家，年内国家高企突破330家。深化与大院大所产学研合作，推进国家超算盐城中心、中科院半导体所盐城研究院、盐城工学院研究生院和电子信息产业学院落地建设，加快组建黄海实验室，新增省级以上研发机构25家。深化与启迪数字、中科创投等知名机构合作，提升孵化载体运营效能，创成省级孵化器及众创空间3家以上。完善柔性化、市场化招才引智机制，改造建设汇文、新城等5个人才公寓，发挥科技镇长团后方高校资源优势，引进领军人才80名、高层次人才创业项目20个以上。深化改革释放活力。加强区镇村政务服务体系标准化建设，深化"一件事"改革，拓展"一网通办"服务，健全完善社会信用体系，强化信用场景应用，持续做优营商环境。全面落实国家减税降费政策，更大力度支持中小微企业、个体工商户发展，引导金融机构更好服务实体经济。加快提升产业基金运营专业化、规范化水平，充分发挥引导撬动作用，助力企业开拓市场、项目落地建设、产业转型升级。深化"一区多园"改革，完善园区管理体制，推动资源向招商选资和服务企业一线集中。调优区、镇财力结算体制，深化预算管理制度改革，建成全方位、全过程、全覆盖的预算绩效管理体系。完成国企改革三年行动任务，打造主责主业突出的三级管理架构，全面提升国企实体化运营质效。抢抓设立北交所等资本市场改革机遇，实施企业上市五年行动，支持企业利用资本市场直接融资。统筹好促发展与防风险的关系，实行政府债务限额和预算管理，重点在激发社会投资热情上下功夫，加快形成市场主导的投资内生增长机制。

三、精雕细琢建设现代城市，构筑产城融合新高地。持续放大国家级产城融合示范区效应，坚持以产兴城、以城聚产、产城共进，加速产业导入和人口集聚，全面提升城市承载力、吸引力和竞争力。优化城市发展格局。围绕"一城三区、主副协同"城市空间布局，编制完成盐都新城、大纵湖副中心、美好盐都2035等规划，以高起点规划支撑高水平建设。主城中心区，以提升城市品位、打造城市客厅为目标，加快实施科技广场中央商务区、合景悠方商业综合体等地标项目，精心打造高品质核心商圈，构建有形态、有韵味、有质感的现代新城。主城联动区，以有机更新老城、丰富城市内涵为重点，科学优化医院学校、社区商业、农贸市场布点，打造集休闲居住、商业服务、文娱体育等功能为一体的品质生活区。主城拓展区，以土地成片整理、基础设施完善为先手，加快张庄、龙冈融入大市区步伐，建设产业强、环境优、生活美的活力新城北。大纵湖副中心，坚持镇区、园区、景区"三区"联动，加快推动商业商务、创新创业、旅游休闲等功能提档升级，加速西部隆起。提升城市功能品质。回应群众期盼，深化城建惠民，年内建设安置房2900套以上。制定全区物业管理指导意见，以党建引领提升物业管理水平，整治老旧小区8个，完成前进城中村传承记忆活化改造，逐步清零无物业管理小区，争创省级美丽宜居城市试点县（区）。实体化运行区城管委，理顺主城区城管执法、环卫、市政、绿化管理体制，大力开展市容环境整治，不断提升城市精细化管理水平。实施公园绿地、景观廊道提升工程，新建及改造口袋公园、街头游园15个。全力服务大庆路西延、南环路西延、开创路北延、新洋港大道、高架四期等市重点交通项目，加快构建内畅外联、快速高效的交通体系。壮大城市经济规模。实施楼宇经济倍增计划，明确"一楼一特色"发展方向，积极招引科创文创、数字经济、金融保险、中介服务、总部经济等业态，打造一批服务产业、配套城市、助力创新的特色楼宇经济集群。统筹布局高端商业资源，加快引建青年路与开创路城市综合体，丰富腾飞路民国风情街等商业街区经营业态，积极发展夜间经济、首店经济和体验经济，有效释放居民消费潜力。充分考虑群众"家门口"服务需求，完善城市便民服务网络，打造15分钟便民生活圈，让城市烟火气更旺、生活味更浓。支持建筑业转型发展，争创国家和省级优质工程5项，总产值突破500亿元。加强房地产市场监测，促进房地产业良性循环和健康发展。

四、久久为功发力乡村振兴，展现城乡统筹新面貌。大力实施乡村振兴示范镇村培植行动，更富成效推进农业农村现代化，建设农业强、农村美、农民富的新时代鱼米之乡。发展现代高效农业。严守耕地保护红线和粮食安全底线，推进农田连片整治，新建高标准农田3.26万亩，增强农产品稳产保供能力。强化农业科技装备支撑，推动农业园区提档升级，不断提升绿色果蔬、精品花卉、特色水产等优势农产品市场占有率。大力发展农产品加工业，重抓食品未来科技园建设，新招引亿元以上项目5个。加强优质种苗自主攻关，通过国家、省审定稻麦新品种4个。启动世界草莓大会准备工作，优化"鲜之都·盐都"区域公用品牌运营模式，推进农产品质量品牌建设，争创全国农产品质量安全县(区)。加强乡土人才培养，鼓励返乡入乡创业，全年培训高素质农民4500人次。建设美丽宜居镇村。实施集镇提升项目26个，完善购物餐饮、文体娱乐、托幼养老等功能，增强人口吸附力。提升村庄规划编制水平，大力实施乡村建设行动，分类改造保留老村庄8个，创成省特色田园乡村3个、省传统村落2个。积极引导农民进城入镇，以规划保留村庄旧房翻建和新房插建为主要方向推进农房改造，促进新老村庄融合发展。接续开展农村人居环境整治提升五年行动，纵深推进厕所革命、生活污水治理、生活垃圾处理和村容村貌提升，健全长效管护体系。实施农村公路生命安全防护提升工程176公里，巩固"盐途美"品牌创建成果，争创全国城乡交通运输一体化示范县(区)。拓宽富民强村路径。探索承包地"三权分置"实现路径，开展"小田变大田"改革试验，推广"菜单式"农业社会化服务，不断提高适度规模经营水平，培植省级合作社示范社2家、省级示范家庭农场8个，打造"未来农场"3家。规范有序推进农村宅基地自愿有偿退出，加快集体经营性建设用地入市，开展农村集体产权制度"政经分离"试点，持续释放乡村发展活力。深入实施村集体经济发展三年行动计划，做足资产、资金、资源"三篇文章"，增强自身"造血"功能，年内村集体经营性收入全部达到32万元以上。

五、持之以恒擦亮生态品牌，树立两山实践新标杆。以中央第二轮生态环境保护督察为契机，深入推进减污降碳，绘浓生态底色，放大生态优势，让发展含绿量更多、含金量更足。改善生态环境质量。开展大气污染源综合治理，加强城市道路、建筑工地扬尘管控，抓好重点行业挥发性有机物减排，确保空气质量优良天数比例稳中有升。狠抓水环境治理，全面深化河长制、断面长制，加快推进污水接网纳管，强化农业面源污染防治，不断提升兴盐界河、冈沟河等重点河流水质。加强工业企业、污水处理厂和医疗单位危废监管，保障土壤环境安全，争创省级"无废城市"。加强生态湿地修复，建设生态河道55条，小马沟创成省级水利风景区。实施造林增绿行动，抓好朱沥沟、东涡河等河道绿化提升，推进绿美廊道、绿美村庄建设，保持林木覆盖率稳定增长。提高资源利用效率。准确把握"双碳"目标和能耗"双控"要求，从源头杜绝新上"两高"项目，推进整区屋顶分布式光伏开发试点，促进资源循环利用，坚决不搞"碳冲锋"和运动式"减碳"。牢固树立"亩产论英雄"导向，将亩均效益评价由企业向园区延伸，实行差别化要素配置政策，倒逼园区提升产出效益，年内亩均税收、亩均利润、亩均研发投入增长15%以上。开展绿色园区、绿色工厂、绿色学校、绿色社区创建行动，倡导绿色消费、绿色居住、绿色出行，形成绿色低碳良好新风尚。放大生态经济效益。坚持经济生态化、生态经济化，大力发展生态旅游产业，创成省级全域旅游示范区。以大纵湖景区为龙头，高起点建设湖荡风情小镇，丰富东晋水城业态，提升餐饮住宿、娱乐购物、游客集散等服务能力，争创国家级旅游度假区。加快完善草房子乐园配套功能，与三胡故里、龙冈桃花园等景区联动发展，打造以文学研学、书法研学为主题的精品文旅线路。放大乡村旅游"五朵金花"示范效应，大力发展赏花摘果、农事体验、民宿客栈等农旅融合业态，形成"百花齐放"格局。做大做强文旅产业集团，加大资源整合力度，创新宣传营销模式，打响"在盐都，遇见美"城市品牌。

六、凝心聚力办好惠民实事，谱写共同富裕新篇章。顺应人民群众对美好生活的新期待，高质量推进市、区两级民生实事项目，走好新时代共建共享、共同富裕之路。完善社会保障体系。加强创业扶持和就业援助，统筹做好退役军人、返乡人员、城乡失业人员等重点群体就业，支持疏浚打捞、高空维修等富民产业发展，全年新增城镇就业8000人、自主创业2000人以上。落实养老保险待遇调整机制，突出用人单位全员参保、灵活就业引导参保，新增企业职工养老保险参保1万人以上。加强医保基金监管，发展商业补充医疗保险，切实减轻群众就医负担。开展低收入人口动态监测，加大低保对象、特困人员、低保边缘家庭和支出型困难家庭救助力度，提高困境儿童、残疾人、失能失智老人等特殊群体兜底保障能力，让群众生活一年更比一年好。丰富公共服务供给。加快推进吴抬路中小学、智创小镇中小学、科创城中小学建设，大力实施名校名师培养工程，规范民办义务教育发展，严格执行"双减"政策，丰富课后延时服务内容，满足学生多样化发展需求。深化医药卫生体制改革，实施农村医疗卫生机构服务能力提升三年行动，完成上海九院盐城分院规划设计，加快区中医院建设，建成区老年医院，打造"家门口"的优质医疗。完善公共体育设施，全年举办群众体育赛事活动40场以上。深化农村敬老院公建民营改革，加快国投健康（盐城）长者公寓建设，完善兜底、托养、康养相结合的多层次养老服务体系。加快普惠型托育机构建设，推动新的生育政策落地见效。健全未成年人关爱保护服务体系，加强未成年人心理健康教育，争创全国未成年人保护示范区。深化精神文明创建。加强社会公德、职业道德、家庭美德、个人品德建设，持续开展道德模范、身边好人选树活动，推动全国文明典范城市创建走深走实。抓好新时代文明实践中心建设，开展形式多样的志愿服务活动，引导群众移风易俗，培育文明乡风、良好家风、淳朴民风。积极创作文艺精品，力争现代淮剧《宋公堤》、曲艺剧《盐阜往事》晋京献礼。完善区博物馆、图书馆、文化馆、群艺馆阵地功能，广泛开展全民阅读活动，全年送戏下乡500场以上，不断丰富群众精神文化生活。

七、精准施策防范化解风险，构建和谐发展新局面。统筹发展和安全两件大事，建设安全韧性城市，筑牢安全发展屏障，确保人民安居乐业、社会安定有序。织密疫情防控保护网。坚持"外防输入、内防反弹"总策略、"动态清零"总方针，落细落实常态化疫情防控措施，保障人民群众身体健康和生命安全。注重"人、物、环境"同防，加强中高风险地区来盐都人员全程闭环管理，严格进口货物逢进必检，从源头防范输入性风险。加强重点环节、重点场所和密闭空间防控措施，强化聚集性活动管控，规范发热门诊管理和运行，提升前端感知能力，夯实防控基层基础。深入开展爱国卫生运动，动态更新防疫物资储备，持续做好疫苗接种工作，巩固疫情防控成果。守住安全生产生命线。深化安全生产专项整治三年行动，全面排查消除烟花爆竹、建筑施工、城镇燃气等重点领域安全隐患，不断提升本质安全水平。加快应急管理综合保障基地建设，大力推广居民用户燃气预警系统，新建一级消防站5座。加强灾害天气预警分析，完善应急预案，备足救援物资，全面提升自然灾害防御能力。持续开展道路交通安全专项整治，建设盐都治超站和331省道、125省道服务区，打造智慧平安大道。开展安全生产巡查督导，强化安全生产监管执法，常态化开展应急演练，推动生产安全事故起数和死亡人数持续下降。构建社会治理大格局。全面开展"八五"普法，增强全民尊法学法守法用法意识。加强区镇村社会治理阵地建设，完善"大数据+网格化+铁脚板"治理机制，推进网格警格实体化融合。常态化推进扫黑除恶专项斗争，严厉打击各类违法犯罪行为，创建国家禁毒示范区。严格食品药品源头管控，强化市场流通环节监管，守护群众"舌尖上的安全"。从严抓好小贷公司、融资担保公司等地方类金融机构监管，加强企业经营风险监测预警，坚决防止发生区域性风险。开展"信访突出问题攻坚化解年"行动，完善人民调解、法律援助制度，畅通群众利益诉求表达渠道，争创全国信访工作示范县（区）。

加强政府自身建设

新阶段新征程新使命对新一届政府工作提出了新的更高要求。我们将主动担当作为，认真履职尽责，不断推动政府治理体系和治理能力现代化，全力打造人民满意政府。

加强政治建设，筑牢理想信念之魂。深入学习习近平新时代中国特色社会主义思想，更加主动从百年党史中汲取政治营养，树牢"四个意识"，增强"四个自信"，坚定捍卫"两个确立"，坚决做到"两个维护"。认真贯彻落实中央、省市决策部署和区委工作要求，始终胸怀"两个大局"、心系"国之大者"，不断提高政治判断力、政治领悟力、政治执行力。加强政府系统党的建设，严守政治纪律和政治规矩，严肃党内政治生活，严格落实意识形态工作责任制，切实把党的领导贯穿政府工作的全过程、各领域。

加强法治建设，夯实依法行政之基。严格执行重大行政决策程序规定，完善政府法律顾问制度，强化政府规范性文件合法性审查，不断提升决策科学化、民主化、法治化水平。严格规范公正文明执法，落实行政执法责任制，规范行政执法自由裁量权，做好行政复议和行政应诉工作。主动接受人大法律监督、工作监督和政协民主监督，坚持重大事项向人大报告和向政协通报制度，认真办理人大代表建议和政协委员提案。强化政府网站、政务新媒体建设管理，持续深化政务公开，让行政权力在阳光下运行。

加强作风建设，锤炼担当作为之能。自觉把盐都置身于全省、全国大局中来谋划定位，勇于争第一、敢于创唯一，在比学赶超、进位争先中凝聚发展力量。弘扬真抓实干、马上就办的作风，增强破解难题、善作善成的本领，全面掀起激情澎湃、勇立潮头的干事创业热潮。始终把抓落实作为政府工作的主旋律，强化项目化、清单式闭环管理，加大跟踪督查、行政问责力度，坚决杜绝"庸懒散拖"现象。大力整治形式主义、官僚主义，提倡开短会、讲短话、行短文，切实减轻基层负担，把更多的精力用在促发展、办实事上。

加强廉政建设，绷紧清正廉洁之弦。落实全面从严治党主体责任，聚焦政府投资项目、国有资产经营管理、招投标等重点领域和关键环节，加强财政监督、审计监督、纪律监督统筹衔接，着力构建"不敢腐、不能腐、不想腐"的长效机制。严格落实中央八项规定精神，牢固树立过紧日子思想，严控政府一般性支出和"三公两费"支出，腾出更多财力保障和改善民生。始终保持正风反腐高压态势，坚决支持纪委监委查处各类腐败行为，对群众身边的违纪违法问题保持"零容忍"，大力营造风清气正的发展环境。

文件选编

·重要文件摘要·

中共盐都区委　盐都区人民政府
关于全面推进乡村振兴加快农业农村现代化建设的实施意见

都发〔2021〕1号　2021年4月2日

“十三五”时期，全区农业农村建设取得重大进展，乡村产业优势凸显，美丽乡村建设成效显著，农村改革纵深推进，脱贫攻坚目标任务全面完成，城乡居民收入差距持续缩小，民生保障水平稳步提高，农村社会保持和谐稳定，圆满实现高水平全面建成小康社会目标。

“十四五”时期，是乘势而上开启全面建设社会主义现代化国家新征程、向第二个百年奋斗目标进军的第一个五年。党的十九届五中全会后，习近平总书记亲临江苏视察，赋予江苏“争当表率、争做示范、走在前列”新的重大使命。全区上下要以习近平总书记重要讲话指示精神为重大战略指引和根本行动遵循，坚持把解决好“三农”问题作为重中之重，真抓实干做好新阶段“三农”工作，促进农业高质高效、乡村宜居宜业、农民富裕富足，努力探索一条具有盐都特色的农业农村现代化之路。

一、总体要求

（一）指导思想。坚持以习近平新时代中国特色社会主义思想为指导，全面落实党的十九大和十九届二中、三中、四中、五中全会以及中央农村工作会议精神，深入贯彻习近平总书记视察江苏重要讲话指示精神，按照省委十三届九次全会、市委七届十一次全会和区委十四届十次全会部署要求，立足新发展阶段，贯彻新发展理念，融入新发展格局，瞄准农业农村现代化走在苏中苏北地区前列的目标，以争创农业现代化示范区为引领，以农业供给侧结构性改革为主线，以农村一二三产融合为路径，以改善农民住房条件、老村庄改造（1.0、2.0版本）为抓手，坚持农业农村优先发展，坚持共同富裕方向，坚持农业现代化与农村现代化一体设计、一并推进，统筹发展与安全，扎实开展乡村产业提质、乡村建设、富民强村帮促行动，全面推进乡村“五大振兴”，坚决守牢粮食等重要农产品稳产保供底线，大力推动质量兴农、绿色兴农、品牌强农，着力提升农村美丽宜居水平，着力推进农村社会治理体系和治理能力现代化建设，加快构建新型工农城乡关系，全面开启农业农村现代化新征程。

（二）目标任务。“十四五”时期，农业农村现代化取得重大进展，农业基础设施现代化迈上新台阶，农村生活设施便利化水平巩固提升，城乡基本公共服务均等化机制基本建立。粮食、生猪等重要农副产品供应保障更加有力，农业质量效益和竞争力显著提升，现代乡村产业体系基本形成。农村生产生活方式绿色转型取得积极进展，美丽乡村建设取得更大成效，乡村面貌发生根本变化，乡村发展活力显著增强。农村基层组织建设明显加强，乡风文明程度不断提升。城乡居民收入差距持续缩小，农民获得感、幸福感、安全感明显提高。积极开展率先基本实现农业农村现代化探索。

2021年，粮食播种面积97.5万亩、总产量9.42亿斤以上，生猪存栏6万头、出栏10万头以上，建设提升高标准农田11.1万亩，新上2个亿元、10个千万元以上终端食品项目，改善农房3600户，农村常住居民人均可支配收入增长8.7%，乡村产业高质量发展持续推进，乡村建设行动全面启动，农村改革创新不断深化，城乡融合发展步伐加快，乡村社会和谐有序，确保“十四五”全区“三农”工作开好局、起好步。

二、实施乡村产业提质行动，建设农业现代化示范区

（三）保障粮食等重要农副产品供给。落实重要农产品保障战略，压紧压实粮食安全和“菜篮子”责任制。合理布局优质粮食、绿色蔬菜生产基地，深入开展粮食绿色高质高效创建，持续推进园艺作物标准园建设，蔬菜播种面积40万亩以上。落实好稻谷补贴和粮食收购政策，积极开展虫口夺粮行动保丰收。统筹抓好粮食加工、储备、运输等重点环节，稳步提升收储调控能力，做到库存充实、储备充足、供给充裕。深入推进优质粮食工程和粮食节约行动。严格落实生猪稳产保供属地责任，推进规模猪场增栏补养、提档升级，加强非洲猪瘟等重大动物疫病防控，加快构建现代养殖体系，推动现代畜牧业育繁养宰销一体化。加强渔业基础设施建设，推行水产生态健康养殖，水产品产量11万吨左右。

（四）大力发展种源农业。加强种质资源保护与利用，抓好种业基地和企业培育，发挥区农科所、神农大丰种业等技术优势，推进省级优势特色种苗中心建设，做大做强稻麦、水产、草莓、花卉、蚕种等特色种苗产业。支持以企业为主体的商业化育种能力建设，加快优质稻麦品种选育，提升蔬菜园艺种苗自给率，有序推动畜禽水产遗传改良。强化种业治理体系和治理能力建设，健全种业监管队伍，加强种业市场监管，加大假冒侵权打击力度，营造种业发展良好环境。2021年，建成1家种质资源保护库。

（五）依法加强耕地保护。严格实行土地用途管制，采取“长牙齿”的措施，有

力有效保护耕地，坚守永久基本农田红线，严禁违规占用耕地和违背自然规律绿化造林、挖湖造景，严禁超标准建设绿色通道，严格控制非农建设占用耕地，严禁违规占用永久基本农田种树挖塘等，严格控制耕地转为林地、园地等其他类型农用地。永久基本农田重点用于发展稻麦生产，一般耕地主要用于粮油、蔬菜等农产品生产。坚持质量数量并重，规范耕地占补平衡管理，严格新增耕地核实认定和监管。加强耕地保护执法监督。深入推进农村乱占耕地建房问题专项整治行动，规范设施农业用地管理，坚决遏制耕地“非农化”、防止耕地“非粮化”。持续加强耕地质量保护和提升，推进受污染耕地安全利用。

（六）重抓高标准农田建设。坚持把高标准农田建设作为农业现代化示范区建设的重要抓手，按照“政府主导、多元投入、科学规划、合理布局，尊重民意、保障权益，建管并重、良性运行”的原则，集中连片建设与现代农业生产经营相适应、旱涝保收、高产稳产的高标准农田。将高标准农田建设规划与新型农村社区规划、国土空间规划、水利发展规划等统筹考虑，按照“先流转、后建设，先平整、后配套”的要求，推进土地流转和平田整地。高标准农田建设中增加的耕地，通过占补平衡、增减挂钩等土地指标流转收益全部用于高标准农田建设和农业农村现代化建设。

（七）强化现代农业科技装备支撑。开展乡村振兴科技支撑行动，做强现代农业产业技术体系，巩固提升农业科技示范基地建设，推广一批农业重大技术。高水平建设台创园、大冈两个省级农业科技园区，支持农业园区和龙头企业建设公共服务、种苗育供和研发检测中心。推进与高校、科研院所全方位合作，集聚农业科技资源要素，推动建设一批农业科技创新平台，引导建立产业技术创新战略联盟。加快推动农机装备转型升级，推进农业机械化向智能化、信息化、绿色化发展。实施智慧农业升级赋能行动，探索建设数字农业农村云平台，培育数字农场、数字牧场、数字渔场等数字农业应用典型。2021年，建成数字农业示范基地14个，农作物耕种收综合机械化率达89%以上。

（八）促进一二三产融合发展。大力发展都市精品农业，推进特色产业集群集聚发展，打造农业全产业链，建设农业产业强镇，让农民更多分享产业增值收益。按照“一镇一园一特”的思路，持续推进现代农业园区建设，加快老旧低效项目更新替换，重抓在园优质项目提档升级和产业链延伸，提升园区生产经营效益和示范带动能力。突破食品精深加工，以区食品加工产业园为主阵地，主攻功能性食品、方便快捷食品和特色休闲食品，打造全市领先、全省一流、全国有影响的大健康食品产业集群。深入推进农业接轨上海，加大农产品“直采直供”基地建设力度，改造提升一批盐都农产品上海配送中心和直销窗口。大力发展农村电子商务、休闲农业、手工文创、农业生产性服务等新产业新业态，推进农业景观化发展，创建一批休闲农业精品村、创意农业园和乡村旅游区。

（九）推进质量兴农品牌强农。着力构建现代农业全产业链标准体系，推进新型农业经营主体按标生产，积极发展绿色食品、有机农产品和地理标志农产品，高质量建设绿色优质农产品基地。加强农产品质量安全监管，压实政府属地管理、部门安全监管和生产主体第一责任，推行食用农产品合格证制度。深入推进品牌强农营销富民工程，深度推广“鲜之都·盐都”农产品区域公用品牌，打造一批农业企业知名品牌和农产品品牌。2021年，新增11个市级以上农产品目录品牌，新建省绿色优质农产品基地15.3万亩，创建全国农产品质量安全县。

（十）推进现代农业绿色发展。深入推进化肥农药减量增效行动，加强绿色防控示范区建设，探索建立化肥农药使用监测体系，农药经营单位探索推广农药集中采购统一配供，推动农药购买实名制、重要水体周边化肥限量使用制。鼓励发展种养结合农牧循环，推进龙冈镇兴福村省级生态循环农业试点村建设，科学合理开展耕地轮作。强化畜禽养殖污染治理，开展畜禽粪污资源化利用巩固提升行动，持续普及标准化生态健康养殖。试点推进秸秆离田，提升离田秸秆综合利用水平。加强废旧农膜及农药、肥料包装废弃物回收处置体系建设。实施河湖水系综合整治，强化河湖长制。严格落实长江禁捕退捕要求，坚决打击非法捕捞等违法行为。2021年，建设省级绿色防控示范区5个、化肥减量增效示范区5个，化肥总用量比上年减0.6%，农用农药使用量比上年减0.5%，统一配供农药包装废弃物全量回收，废旧农膜回收率达88%，畜禽粪污综合利用率保持在97%以上，实施养殖池塘生态化改造1.65万亩。

（十一）构建现代农业经营体系。完善家庭农场名录管理制度，加大家庭农场示范创建力度，探索家庭农场联合发展。开展农民合作社质量提升和规范化建设行动。鼓励符合条件的供销合作社、专业服务公司、农村集体经济组织、服务型农民合作社和家庭农场等服务主体，为小农户提供专业化社会化服务。大力培育高素质农民，加强新生代农民工职业技能培训，开展农业农村人才定向培养和农民中高等学历教育，加强新型农业经营主体带头人和“双新双创”人才培育。继续实施乡土人才“百千万”培育工程，发挥好“三带两助”作用。吸引有知识和技能的创业者投身农业领域，加快形成现代“新农人”群体。2021年，新培育星级农民合作社14家、市级以上示范家庭农场20家，培训高素质农民0.39万人次。

三、实施乡村建设行动，打造农村现代化样板区

（十二）加强乡村规划管理。有序推进镇村布局规划实施和动态更新，逐步优化城乡空间布局，引导村庄分类发展和整治提升。科学编制“多规合一”实用性村庄规划，对近期亟需建设的村庄，按照急需先编原则，整合原村庄规划、村庄建设规划、土地利用规划，加快编制能用、管用、好用的实用性村庄规划；对不进行开发建设的村庄，先明确国土空间用途管制、建设管控和人居环境整治等要求，作为村庄规划管理依据；对紧邻城镇开发边界的村庄，与城镇建设用地统一编制详细规划，统筹村庄发展目标，增强村庄与城镇的协调互补、整体联动和融合发展。系统加强乡村地区发展用地保障和规划引导。编制村庄规划要立足

现有基础，保留乡村特色，不搞大拆大建，逐步增强集聚提升类、特色保护类、城郊融合类村庄的人口和产业承载能力。加强乡村地区规划管理，确保各项建设依规有序开展，严肃查处违规乱建行为。加强村庄风貌引导，强化传统村落和传统建筑组群、历史文化名镇名村保护，加大农村地区文化遗产遗迹保护力度。严格规范村庄撤并，不得违背农民意愿、强迫农民上楼。2021年，完成国土空间规划编制。

（十三）持续改善农民住房条件。充分尊重群众意愿，用好用足政策，优先引导有条件的农民进城入镇，优化配置公共资源。坚持以特色田园乡村为“标杆”，落实好农房改善“十条原则”，加快推进2.0版新型农村社区提升和建设，打造一批高品质新社区。统筹新型农村社区建设和老村庄改造同步推进，促进新老村庄融合发展。加强产业支撑，推动就近就业创业。探索社区治理新模式，共谋共建共享新家园。以用作经营的农村自建房为重点，依法依规有序开展农村房屋安全隐患排查整治。探索建立常态化农村房屋建设管理制度。

（十四）加快农村公共基础设施提档升级。继续把公共基础设施建设的重点放在农村，着力推进往村覆盖、往户延伸。巩固“四好农村路”创建成果，重点建设特色田园乡村、旅游景区、农业产业园区、规划发展村庄的等级公路，加快推进美丽乡村旅游公路建设。推进城乡交通一体化示范创建工作。有序推进“路长制”，加强农村道路和桥梁安全隐患排查，全面推进农村公路安全生命防护工程建设，落实好管养主体责任。推进农村供水保障工程建设，持续提升城乡供水一体化水平。推动基础电信运营商在农村地区开展5G网络建设，持续优化农村互联网资源配置，全面实现农村家庭光纤宽带达到千兆接入能力。优化农村电网结构。实施乡村清洁能源建设行动，推进燃气城乡统筹建设，力争实现新型农村社区管道燃气全覆盖。启动公共基础设施城乡一体化管护体制改革试点，制定各行业农村公共设施管护实施方案。在农村基础设施建设领域积极推广以工代赈方式。2021年，新改建农村公路58公里，改造桥梁137座，建成美丽乡村旅游公路130公里，完成农村公路生命安全防护工程86公里，新建改造配电线路326公里，建立农村公共基础设施管护清单。

（十五）实施农村人居环境整治提升五年行动。扎实推进农村厕所革命，推动各地加强已改户厕维护。持续完善城乡统筹生活垃圾收运处置体系，行政村垃圾整治全部达到“五无”标准，推进农村生活垃圾就地分类和资源化利用，新增一批垃圾分类试点乡镇。实施农村生活污水治理提升行动，完成专项规划修订，加快推动城镇污水管网逐步向周边自然村庄延伸，并与农村改厕有机衔接。持续推进农村河道疏浚、生态河道和生态清洁小流域建设。深入开展农村黑臭水体监测、排查和治理工作，建立清单销号机制，消除农村黑臭河道。深入实施蟒蛇河风光带“十百千万”工程，全面提升沿线环境质量。推行专业化、市场化运行，健全农村河道、道路交通、绿化美化、环境保洁、公共设施“五位一体”综合管护机制。深入推进村庄清洁和绿化行动。组织动员百村妇女争创美丽庭院。深入开展爱国卫生运动。2021年，农村生活污水治理设施行政村覆盖率达100%、设施正常运行率达100%，新建农村生态河道74条，建设绿美村庄9个，新创“美丽庭院”示范户550户。

（十六）着力打造特色田园乡村示范带。全面提升新型农村社区建设品质，保护乡村自然肌理，注重历史文化传承，强化特色风貌塑造，增强乡村发展内生活力。持续推进省市示范项目建设，着力建设一批富有地域特色、承载田园乡愁、体现现代文明的特色田园乡村，打造首条特色田园乡村示范带。创新推进造林绿化，优化国土绿化区域布局，全面推行林长制，健全完善林权交易、林木砍伐、运营管护体制机制，巩固扩大森林蓄积量。2021年，建成省级特色田园乡村3个、市级特色田园乡村3个。

（十七）推进农村基本公共服务标准化。优化农村教育资源布局，加强农村学前教育优质普惠建设，推进城市优质学校与农村薄弱学校集团化办学。推行义务教育学校教师“区管校聘”管理体制改革，完善教师交流轮岗制度，继续开展乡村教师定向培养。支持农村社区教育中心建设，建设一批高水平产教融合基地。加快标准化农村区域性养老服务中心转型升级，积极拓展居家社区养老服务。完善农村困境儿童分类保障制度，健全农村留守儿童、妇女和老年人关爱服务体系。提档升级农村公益性骨灰安葬（放）设施。全面推进紧密型医共体建设，持续提升疾控机构应对重大疫情及突发公共卫生事件能力。推动符合条件的镇卫生院转设社区医院。全面实施卫生人才强基工程，推行“区管乡用”制度。健全覆盖城乡的公共就业服务体系，推进进城入镇农民均等化享受就业服务和就业援助政策。继续开展农村劳动力转移就业行政村定点监测，促进农民充分就业。2021年，新建、改扩建2所农村中小学幼儿园，建成2个农村区域性医疗卫生中心，提升4家农村区域性养老服务中心，建设1个省级儿童“关爱之家”示范项目。

（十八）提高农村保障水平。全面落实城乡居民基本养老保险待遇确定和基础养老金正常调整机制。完善统一的城乡居民基本医疗保险制度，统一筹资标准、待遇标准。完善特困供养人员认定办法，制定低收入家庭认定办法，推广“物质+服务”救助方式。健全低保标准和特困供养标准动态调整机制，形成适度增长、衔接有序的基本生活救助标准体系。切实维护被征地农民社会保障权益，严格审核报批程序，推动征地保障“即征即保、应保尽保”。2021年，城乡居民基本养老保险基础养老金最低标准提高到每人每月200元以上，医保财政补助最低标准提高至每人每年710元。

（十九）深化农村精神文明建设。深入开展习近平新时代中国特色社会主义思想学习教育，建强用好区级融媒体中心，推动党的创新理论在基层落地生根。深化拓展新时代文明实践中心建设，实现新时代文明实践中心（所、站）区镇村三级全覆盖。在乡村深入开展“听党话、感党恩、跟党走”宣讲活动。弘扬和践行社会主义核心价值观，深入推进文明镇村、文明家庭等创建活动，开展乡风文明指数测评，培育文明乡风、良好家风、淳朴民风。常态化选树道德模范、身边好人、最美人物、好婆媳等先进典型，办好道德讲堂，提振农民精神风貌。加大农村地区数字文化资源和服务供给，开展乡村志愿服务，结合新时代文明实践活动，深入农村基层开展送戏下乡、送法下乡、艺术普及进乡村等活动，深入挖掘、传承创新优秀传统乡土文化，赋予农耕文明新的时代内涵。持之以恒推进移风易俗，规范文艺演出参与婚庆和丧事活动，引导农民群众树立文明殡葬新风。依法打击农村非法宗教、邪教活动和违法犯罪活动。办好农民丰收节。2021年，区级以上文明镇村占比69%以上。

(二十)充分挖掘农村消费潜力。深化交通运输与邮政快递融合，提升农村物流服务网络节点覆盖率。实施"互联网+"农产品出村进城工程，试点推进特色产业数字化转型，推动城乡生产与消费有效对接。加快实施农产品仓储保鲜冷链物流设施建设工程，推进田头小型仓储保鲜冷链设施、产地低温直销配送中心、骨干冷链物流基地建设。促进农村居民耐用消费品更新换代。落实农村生活性服务业支持政策。发展线上线下相结合的服务网点，满足农村居民消费升级需要，吸引城市居民下乡消费。2021年，镇级、村级农村物流站点建设全面开展。

(二十一)深化农村改革创新。巩固和完善农村基本经营制度，为第二轮土地承包到期后再延长三十年奠定工作基础。深化农村承包地"三权分置"改革，规范土地经营权流转，探索承包地依法自愿有偿退出。加强农村产权交易市场体系建设。实施集体经济强村行动，巩固提升农村集体产权制度改革成效，试点探索"政经分离"，探索构建集体经济组织运行机制，发展壮大新型集体经济。积极探索集体资产股份抵押、质押、继承、退出制度。加快农村集体经营性建设用地入市步伐，建立健全市场交易规则和增值收益分配机制。规范开展城乡建设用地增减挂钩，健全完善审批实施程序、节余指标调剂及收益分配机制。制定宅基地管理办法，加强宅基地管理队伍建设，稳慎推进农村宅基地制度改革，探索"三权分置"具体路径和办法。基本完成房地一体农村不动产登记发证工作。依法稳妥有序推进乡村公共空间治理。深入推进"万企联万村共走振兴路"行动，构建村企对接常态化推进机制，推动村企合作项目落地见效，健全企业、集体和农户利益联结机制，引导资源要素向乡村流动。巩固深化农业水价综合改革成果，保障农田水利良性运行和长效管护。加快农业综合行政执法规范化建设。持续深化供销合作社综合改革，大力开展农业社会化服务、农产品现代流通服务和农村绿色生态服务。2021年，新型农村集体经济强村占比达25%以上。

(二十二)提升城乡融合发展水平。坚持产城融合、城乡融合发展导向，构建"一主一副"城乡空间布局，打造以盐龙街道为主阵地的盐都新城区，提升完善服务功能，做强现代服务业支撑，增强中心城区的引领力。深入实施乡镇功能提升工程，打造以大纵湖镇为主阵地的盐都副中心，建设常住人口近期5万人、远期10万人的国家级特色小镇，辐射带动西部板块崛起。鼓励有能力在城镇稳定就业和生活的农业转移人口自主自愿进城落户，加大居住证发证力度，推动居住证持有人口享有均等的基本公共服务，探索户籍制度和居住证制度并轨路径，持续推进人口服务管理信息化建设应用。统筹建立城市优质资源下乡长效促进机制，建立健全科技人员、教师、医生等人员干事创业的激励和利益分享机制。

四、实施富民强村帮促行动，实现巩固拓展脱贫攻坚成果同乡村振兴有效衔接

(二十三)巩固拓展脱贫致富奔小康成果。"十四五"期间，将农村低保对象、农村特困人员以及因病因灾因意外事故等刚性支出较大或收入大幅缩减导致基本生活出现严重困难等农村低收入人口和经济薄弱村作为重点帮促对象，定期监测评估，适时优化调整。严格落实"四个不摘"要求，继续实行党员干部结对帮扶和单位挂钩帮促制度，保持主要帮扶政策总体稳定并分类优化调整，工作重点转向加快推进产业、人才、文化、生态、组织等全面振兴，确保农村低收入人口可支配收入增幅高于全区农村居民可支配收入平均增幅，经济薄弱村集体年经营性收入增幅高于全区平均增幅。

(二十四)构建农村低收入人口增收长效机制。以现有社会保障体系为基础，加强对农村低收入人口动态监测，实行分层分类帮促。完善基础数据库，健全多部门联动的风险预警、研判和处置机制。对有劳动能力的农村低收入人口，坚持开发式帮促，帮助提高内生发展能力，发展产业、参与就业，依靠双手勤劳致富。对丧失劳动能力且无法通过产业就业获得稳定收入的农村低收入人口，按规定纳入低保、特困人员供养等救助政策保障，按照困难类型及时给予专项救助、临时救助。深化帮扶项目资产管理和监督，促进保值增值和长期稳定发挥效益。强化医疗教育住房养老等社会保障。

(二十五)构建经济薄弱村发展长效机制。对经济薄弱村进行帮促，实施村集体经济发展三年行动计划，做足资产、资金、资源管理"三篇文章"，拓宽服务、经营、分红增收"三条路径"，增加资产租金、资源发包、组织服务、实体经营、入股分红"五个收入"，全面实现村集体经营性收入稳定增长，村集体运转保障能力、自我发展能力、社区服务能力显著提升，集体经济良性发展机制基本形成。注重产业后续长期培育，深入推动一二三产业融合发展，在消费帮扶、农旅融合等方面，培育更多新模式、新业态。2021年，所有村集体经营性收入达到28万元以上。

(二十六)落实帮促重点任务和政策措施。优先支持经济薄弱村道路等基础设施提档升级、高标准农田建设、人居环境整治、物流体系建设，持续改善发展条件。坚持专项帮促、行业帮促、社会帮促等多方力量、多种举措互为支撑的大帮促格局。加强财政投入、金融服务、土地和人才智力等政策支持。

五、强化党的全面领导，为农业农村现代化建设提供强有力保障

(二十七)落实五级书记抓乡村振兴工作机制。深入贯彻落实《中国共产党农村工作条例》和江苏省实施办法，强化五级书记抓脱贫攻坚成果巩固和乡村振

兴，建立健全上下贯通、精准施策、一抓到底的乡村振兴工作体系。研究制定“十四五”农业农村现代化建设规划，统筹推进实施。建立区四套班子成员、镇（区、街道）党委、政府负责同志乡村振兴挂钩联系点制度。开展镇村党组织书记乡村振兴轮训。将乡村人才振兴纳入党委人才工作总体部署，加快建设政治过硬、本领过硬、作风过硬的乡村振兴干部队伍，对在农村地区、关键岗位工作表现突出的干部优先重用。

（二十八）健全党委农村工作领导小组和工作机构。充分发挥区委农村工作领导小组牵头抓总、统筹协调作用，推进落实领导小组会议制度化、规范化、科学化。各地要围绕“五大振兴”目标任务，设立由党委和政府负责同志领导的专项小组或工作专班。区委农村工作领导小组成员单位定期向领导小组报告涉农工作进展情况，出台重要涉农政策要征求领导小组意见并备案。强化区委农村工作领导小组办公室决策参谋、统筹协调、政策指导、推动落实、督促检查等职能，每年分解落实“三农”工作重点任务，定期调度工作进展。加强党委农村工作部门机构设置和人员配置。

（二十九）加强党的农村基层组织建设。发挥好农村基层党组织领导作用，探索构建“党委抓支部、支部管党员、党员带群众”的“抓管带”组织体系。持续开展农村软弱涣散基层党组织整顿工作，实行一村一策抓整顿，做到逐个整顿、应整尽整。高质量完成村（社区）“两委”集中换届工作，选优配强村“两委”班子成员特别是党组织书记，稳妥推行村党组织书记通过法定程序担任村民委员会主任。与换届同步选优配强村务监督委员会成员，基层纪检监察组织加强与村务监督委员会的沟通协作、有效衔接。扎实推进镇领导班子换届工作，按照“党政正职个个能干、班子结构个个达标、不提名干部个个满意”目标，努力选出堪当重任的硬核力量。坚决惩治侵害农民利益的腐败行为。实施村书记专职化管理，完善薪酬保障体系和选拔任用机制。继续选派驻村第一书记，鼓励机关企事业单位干部到村任职。持续实施“定制村干”培育工程，对高中及以下学历村“两委”成员开展学历提升教育。实施村庄综合服务设施提升工程，推动村党群服务中心提档升级。全面推行“四议四公开一监督”，提升村委会规范化建设水平，深入实施村务财务公开“阳光工程”。

（三十）推进乡村治理体系和治理能力现代化。健全党建引领、自治法治德治智治融合、村级集体经济充分发展的“1+4+1”乡村治理体系。抓好农村地区疫情防控，加强返乡人员登记管理，严格落实“四早”措施，坚决防止疫情在农村地区扩散蔓延。加强农村地区金融、诈骗等风险防控。完善群众参与基层治理的制度化渠道。推动政府和社会资源向农村社区社会组织和服务项目倾斜。加强乡村治理“积分制”、“清单制”、道德红黑榜、孝善基金等方法创新应用。推动社会治理镇级职能完善、村级阵地规范化设置。大力推进法治乡村建设，推广村（社区）“援法议事”活动，深化民主法治示范村建设。深入推进平安乡村建设，健全农村扫黑除恶长效机制，大力实施农村新一代“雪亮技防工程”，强化“平安灯箱”建设，加强农村特殊人群服务管理。扎实推进“四好村居”建设，深化应用农村网格“五化”社会治理机制，鼓励有条件的农村综合网格配备专职网格员，推动优秀专职网格员进入村“两委”班子任职。健全农村矛盾纠纷多元化解机制，确保90%以上矛盾纠纷在基层镇村及行业性专业性调解组织化解。持续推进标准化家事调解社区工作室及家事调解员工作。切实抓好渔业、农机、农村交通等安全生产，强化农业领域危化品使用监管。加强区镇村应急管理体系建设。

（三十一）强化农业农村优先发展要素保障。健全财政投入稳定增长机制，预算内投入进一步向农业农村倾斜，落实财政支农“两个高于”政策，确保财政投入与全面推进乡村振兴任务相适应。逐步提高土地出让收入用于农业农村比例。持续推进农业农村重大项目建设，完善重大项目推进机制，推动多渠道增加农业农村有效投资。健全完善涉农资金统筹整合长效机制。盘活农村存量建设用地，加强乡村产业发展、乡村建设用地保障。在省下达的专项债券额度内安排符合条件的项目支持乡村产业发展和乡村建设行动。健全新型农村金融服务体系，引导村镇银行进一步向基层延伸，推动农村金融机构回归本源。加大对乡村产业发展、乡村建设等重点项目工程的信贷支持力度。开展农户小额信用贷款，探索开展大型农机具、农业生产设施等抵押贷款业务，拓宽抵质押物范围。加大农业企业上市挂牌培育力度，推动优质农业企业在“新三板”、江苏股权交易中心挂牌融资，拓宽融资渠道。深入开展主粮完全成本保险，推进水稻收入保险试点，提高农户参保积极性，扩大农业保险覆盖面。2021年，三大主粮作物农业保险覆盖率80%以上。

（三十二）发挥乡村振兴实绩考核指挥棒作用。落实乡村振兴战略进展情况报告制度。把乡村振兴战略实绩考核作为对镇（区、街道）和区直部门年度综合考核的重要内容，考核结果作为干部选拔任用、评先奖优、问责追责的重要参考。对考核排名落后、履职不力的镇（区、街道）党委和政府主要负责同志进行约谈，建立常态化约谈机制。强化乡村振兴督查，加强对粮食生产、生猪产能恢复、农房改善、老村庄改造、高标准农田建设、农村人居环境整治提升、农业安全生产等重点工作的督促落实。持续纠治形式主义、官僚主义，切实为基层减负。按规定程序组织实施区乡村振兴工作先进集体和先进个人表彰。

中共盐都区委　盐都区人民政府
关于在全区开展“重大项目突破年”行动的实施意见

都发〔2021〕3号　2021年2月23日

为深入贯彻区委十四届十次全会精神，持续攻坚重大项目，加快推进产业集聚发展，经区委、区政府研究，决定2021年在全区开展“重大项目突破年”行动，现提出如下实施意见。

一、指导思想

全面贯彻习近平新时代中国特色社会主义思想，深入践行新发展理念，融入新发展格局，坚持“招商第一、项目为王”，聚焦主导产业，突破重特大项目，推行“专职、专业、专注”招商模式，发扬狼性精神，打造招商铁军，为实现“四个示范区”目标，全面开启建设社会主义现代化国家新征程，提供高质量项目支撑。

二、工作目标

全年签约项目100个，其中产业项目70个；新开工5000万元以上项目105个（产业项目75个），其中0.5～1亿元项目28个，1～5亿元项目57个，5～10亿元项目13个，10～30亿元项目4个，30亿元以上项目3个，全力突破50亿元以上特大项目；新竣工投产5000万元以上项目57个（产业项目45个），其中0.5～1亿元项目11个，1～5亿元项目39个，5～10亿元项目4个，10亿元以上项目3个；注册外资到账1.3亿美元。

三、工作重点

（一）明确招商方向，实现精准招商

1.突出主导产业。先进制造业突出智能终端产业首位度，加快推进高端装备、新能源产业集聚。智能终端产业主攻智能手机、智能家居、智能穿戴等终端项目；高端装备产业聚焦数控机床、成套装备制造等重点项目；新能源产业策应全市新能源汽车产业布局，积极招引新能源电池、智能网联车等产业链项目。现代服务业做强做优三大支柱产业，加速发展数字经济、科创研发、楼宇经济、直播销售等新兴业态项目。现代农业聚焦终端品牌食品，重点招引功能性食品、方便快捷食品和特色休闲食品等项目，加快形成一、二、三产齐头并进格局。

2.聚焦重特大项目。紧盯世界500强、央企国企、国内100强、上市公司、行业龙头，研究产业布局和投资趋向，捕捉转移、外迁、扩能等投资意向，靶向开展精准招商。高新区重点招引10亿元以上重大产业项目，全力突破30亿元以上重特大产业项目；两个市级工业园重点招引5亿元以上重大产业项目，全力突破10亿元以上重大产业项目；其他板块全力招引亿元以上产业项目。

3.主动挂大靠强。突出战略性重组，加强与国内外大企业、大集团和产业龙头企业合作，通过参股、控股等方式，以产权引资金和技术，以存量扩增量，促进企业增强规模实力。鼓励区内龙头企业通过“借壳”进入资本市场，支持企业主动挂靠行业头部企业、龙头企业优质产业链。鼓励企业技改扩能，采用新工艺，推广新技术，购买新设备，开发新产品，通过科技创新，塑创市场竞争新优势。

（二）丰富招商形式，提升招商实效

1.强化领导带头。高新区和两个市级工业园每月排出5亿元以上重大项目信息提请区委、区政府主要领导拜访洽谈；区分管领导牵头，分条线推进农业、工业、服务业、城建、科创、总部经济、外资招商工作，分线运作、条线结合、扎口考核。各板块和部门主要负责人切实承担起招商选资第一责任，制定保障措施，带头外出招商，确保招商选资工作有序开展。

2.抓实驻点招商。分别在北京、上海、苏州、深圳等重点城市设立区级驻点招商局，由高新区牵头落实办公场所、制定工作制度、落细保障措施，两个市级园区积极派驻招商人员与高新区联合驻点招商。驻点招商局由高新区统一管理，驻点人员要打足在外时间，每月汇报驻点招商工作开展情况和项目信息搜集情况，区相关部门定期督查驻点招商工作。驻点招商局要利用在外乡贤人脉资源，在重点城市建立盐都商会，与当地商会、行业协会保持密切联系，定期开展招商推介，广泛搜集项目信息，鼓励有实力乡贤回乡投资兴业。

3.深化基金招商。充分发挥产业基金在重大项目招引中的杠杆作用，深化“基金+产业”招商模式，推动产业链、创新链和资本深度融合，进一步放大康佳盐城电子信息产业基金和上海杨浦科创基金投资效应。优化全区产业基金结构，围绕主导产业、重点园区、孵化载体等领域，设立布局专项基金，“以投促招”、“招投结合”，助推优质项目落地。

4.突出活动招商。推行区级统筹，板块、部门联动，专业招商协同跟进模式。区级层面在北京、上海、深圳、苏州、杭州等重点城市举办较大规模招商活动，区发改委、工信局、农业农村局、文广旅局、商务局等部门承担相关活动牵头组织工作；境外招商活动视疫情情况而定；鼓励其他镇（区、街道）积极参加高新区和两个市级工业园举办的招商推介活动，各专业招商局自主开展形式多样的专题招商活动，通过高频次的招商活动，促成项目快速集聚。

5.活化招商方式。顺应疫情防控常态化形势，坚持线上线下招商相结合，广泛运用“屏洽谈”“云签约”等新模式，实现招商防疫两不误。强化以商引商，把落户企业推向招商一线，利用关联客户、上下游企业人脉资源，搜集高质量项目信息。借力会展招商，积极参与进博会、广交会等经贸活动，参加重点企业行业年会，接洽接识领军企业，深度挖掘项目信息。推行委托招商，加强与地区商会、行业协会和专业机构合作，利用市场化手段，引进一批重大项目。

（三）强化载体保障，提高承载能力

1.加快园区建设。充分发挥园区主阵地作用，积极承接重大项目。高新区发挥龙头引领作用，探索"一区多园"发展模式，优化招商选资、项目推进等机制，加快形成主体园区承接重大项目、大冈和郭猛基地提供上下游配套的发展格局。龙冈、义丰两个市级工业园加快推进空间和产业规划调整，进一步优化管理机制，加快推动厂房、道路等基础设施建设，不断提升园区承载能力，打造全省有影响的特色产业园区。

2.挖掘存量资源。牢固树立"以亩均论英雄"导向，持续推进"三项清理"，加大闲置资产盘活力度，加速"腾笼换鸟"，实现围墙内增长，不断提高园区开发强度和产出效益。抢抓农村集体经营性建设用地入市试点，创新园区土地供给方式，促进建设用地节约集约高效利用。积极探索园区建设合作新模式，全面破解园区载体制约瓶颈。

3.畅通落户渠道。研究制定操作性强、竞争力大的招商政策，打造最具吸引力的"政策洼地"。加快招商投促大数据平台建设，建立园区载体信息库，实施动态管理，为全区项目落户提供保障。高新区和两个市级工业园动态发布园区土地、厂房等载体容量信息和各类招商奖补扶持政策，实现全区共享。区重大项目服务中心每月汇总、梳理全区在手跟踪项目信息，力促项目早日落户。

（四）创新体制机制，形成工作合力

1.配强专职队伍。在全区范围内选拔优秀人才到招商一线，高新区和两个市级工业园充实招商力量，专职招商队伍人员要精干，其他镇（区、街道）配强招商人员，重点招商部门明确专人招商，形成板块、部门、专业招商局三支队伍共同招商。高新区和两个市级工业园招商局人员全部脱产专职招商；其他镇（区、街道）专职招商人员不得安排其他分工工作，打造一支精干、高效的专职招商突击队。

2.构建专业体系。提升园区专业化建设水平，强化园区功能配套，建立健全公共服务平台，强化园区综合服务和专项商务服务功能。提升招商人员专业化水平，定期对招商人员开展专业知识和业务能力培训，不断提高招商人员实战能力。提升招商管理专业化水平，利用信息化手段，对全区招商人员实行全过程动态管理，科学考评招商人员招商业绩。

3.保持专注态度。台办、发改委、科技局、工信局、财政局、农业农村局、商务局、文广旅局等区直部门专注产业、政策、信息等方面研究，准确把握国家宏观政策和产业发展趋势，协助完善全区制造业、服务业、科技、外资等产业扶持政策，为全区招商选资工作提供业务指导。专业招商局人员专注主导产业、重大项目和优质企业，持之以恒、锲而不舍，以狼性精神拼抢项目。

四、组织保障

1.强化组织推进。区领导定期听取各板块、重点招商部门、各专业招商局项目招引情况汇报，考察会办在手跟踪重大项目、督查驻点招商情况。区招商引资工作领导小组办公室定期组织项目评审，完善每月通报、定期集中开（竣）工、每季度项目观摩活动，压茬推进项目快开快建。发改委建立全区项目库，总投资5000万元以上的项目全部入库。区重大项目服务中心配齐配强人员，做好全区招商选资的指导和督查工作。

2.激发全员活力。最大限度调动全区各方力量参与招商的积极性，全员提供信息，专业队伍跟踪洽谈，板块和部门齐头并进，协同作战。第一组重点招商部门在原有21个区直部门的基础上，增加城镇化集团、盐高新集团、国投公司等三个国有平台公司，第二组一般区直部门下达提供有价值项目信息任务，实现重点部门和一般部门全覆盖。

3.优化营商环境。全面深化"放管服"改革，用好优化营商环境新政30条，积极推行"拿地即开工"、"交房（地）即发证"审批模式，常态化实现企业开办"全链通、半日办、零费用"，加快政务服务事项"一件事一次办"全覆盖，强化招商选资领域政务诚信建设，进一步叫响"都满意"营商环境品牌。

4.严格考核奖惩。区招商选资工作领导小组办公室负责招商选资考核，组织部、纪（监）委、财政局、税务局、审计局等部门配合，结果报区委、区政府审定。第二组区直部门根据有价值项目信息完成情况确定综合奖基本分。加大招商人员奖励力度，对招商选资实绩突出人员优先提拔重用。区财政设立专项奖励资金，专门用于奖励招引重大项目第一引资人、招商选资年度考核先进单位和先进个人，在全区营造重抓招商的浓厚氛围。

中共盐都区委　盐都区人民政府
关于印发在全区开展“优质品牌创建年”行动的实施意见的通知

都发〔2021〕4号　2021年3月17日

各镇(区、街道)党(工)委、人民政府(管委会、办事处),区委各部委办,区各委办局,区各直属单位:

现将《关于在全区开展“优质品牌创建年”行动的实施意见》印发给你们,请结合实际认真贯彻执行。

中共盐城市盐都区委

盐城市盐都区人民政府

2021年3月17日

关于在全区开展“优质品牌创建年”行动的实施意见

为贯彻落实区委十四届十次全会精神,动员全区上下紧扣建设“四个示范区”目标追求,持续强化创牌意识,进一步抬高定位、丰富内涵,加快实现由特色亮点向工作品牌、由单项品牌向全面品牌、由条块品牌向综合品牌、由省市级品牌向国家级品牌“四个转变”,用更多优质品牌彰显示范区建设的成效和风采。经区委、区政府研究,决定2021年在全区接续开展“优质品牌创建年”行动,现提出如下实施意见。

一、指导思想

以习近平新时代中国特色社会主义思想为指导,全面贯彻党的十九大和十九届二中、三中、四中、五中全会以及中央经济工作会议精神,紧扣“强富美高”总目标,坚持稳中求进工作总基调,贯彻“争当表率、争做示范、走在前列”总要求,立足新发展阶段,贯彻新发展理念,融入新发展格局,以推动高质量发展为主题,积极营造主动作为、勇于担当的良好氛围,把品牌创建作为提高工作标准、激发争先意识、倒逼担当作为的关键举措,作为提升发展内涵、促进转型升级、建设“四个示范区”的有力抓手,争创一批在全省乃至全国有特色有影响的品牌,充分彰显“品质盐都”魅力,展现进位争先成效,奋力开启盐都社会主义现代化建设新征程。

二、基本原则

1.坚持创新驱动。把创新摆在发展全局的核心位置,完善政策和机制,不断提升核心竞争力,争取上级更多的项目资源、资金政策等发展要素向盐都倾斜,以持续不断的创新铸就和巩固品牌,构筑高质量发展战略新优势。

2.坚持质量为本。始终把质量作为发展的核心理念和价值取向,以品牌创建促进工作品质提升和内涵丰富,梳理特色、打造亮点,努力形成新的品牌,以全省、全国更多的“金字招牌”推动高质量发展,以各项工作的争先领先凝聚建设示范区的奋进力量。

3.坚持求真务实。坚持实事求是,以正向激励为主、不急功近利,尊重品牌创建的周期性、过程性、阶段性特点,进一步放大国家产城融合示范区、全国“两山”实践创新基地等品牌优势,用高质量发展实际成效见证品牌力量。

三、工作目标

全区各条线、各板块均要奋勇争先,以区委、区政府名义在全国和省市创典型、树样本、放现场,争做高质量发展排头兵。争创国家级品牌不少于21项、省级品牌不少于21项;在党中央、国务院(含中办、国办)书面表彰奖励上有所突破;在省委、省政府书面表彰奖励上持续发力。

四、工作重点

鼓励全区上下围绕建设“四个示范区”创品牌、争一流、树标杆,持续强化创牌意识,推动各项工作当表率、做示范、走前列。

1.建设双创引领示范区方面。擦亮国家高新区“金字招牌”,建设一批国家级和省级科创平台,招引更多高层次双创人才团队,建成国家创新型产业集群,成为长三角知名的“创新乐园、创业福地”。引导企业加大研发投入,推动科技型企业“小升高”“规转高”,培育瞪羚企业6家、准独角兽企业2家、新增省级以上企业研发机构10家,创成国家高新技术产业化基地。实施“都智汇”优才计划,引培高层次人才80名以上,入选市以上人才项目150个以上。

2.建设智能制造示范区方面。实施制造业产业基础再造和产业链提升优化工程,打造智能终端产业地标,推动传统产业转型升级,推进“一区两园”专业化发展,国家高新区努力建设千亿级产业园区,龙冈工业园、义丰工业园建成百亿级特色产业基地。组织实施龙头企业扩容、智能制造赋能、“专精特新”提升工程,支持企业技改扩能、争星创优。引导企业开展智能化改造和工业互联网应用,加快推进技术、产品、管理模式创新,建成省级智能工厂、智能车间、互联网标杆企业4家,新增省级以上“小巨人”企业6家。

3.建设融合发展示范区方面。坚持产城融合、城乡融合发展导向,构建“一主一副”城乡空间格局,打造以盐龙街道为主阵地的盐都新城区,提升完善服务功能,做强现代服务业支撑,增强中心城区的引领力。打造以大纵湖镇为主阵地的盐都副中心,统筹整合要素资源,推动“镇区、园区、景区”联动发展,辐射带动楼王、学富、尚庄、秦南等板块协同发展,打造西部地区重要增长极。推进镇村形象出新,切实增强城乡发展的整体性和协调性,实现城乡互动并进、一体发展。

4.建设两山实践示范区方面。厚植高质量发展底色,推动生态环境持续向好、人居环境持续改善,美丽盐都美得更有形态、更有韵味、更有温度、更有质感。充分发挥绿水青山经济社会效益,做强大纵湖旅游度假区龙头,争创国家级旅游度假区和国家全域旅游示范区,成为长三角知名的湖荡湿地旅游目的地。加大资源整合力度，推动大纵湖与九龙口、马家荡联动发展，与兴化市共建“一湖一河”，实现生态共生共赢。继续举办各类文旅活动、体育赛事，进一步扩大“多彩盐都·欢乐水乡”品牌知名度。

全区上下在做好品牌创建的同时，要对照国务院办公厅《关于对真抓实干成效明显地方进一步加大激励支持力度的通知》（国办发〔2018〕117号）文件中的9项重点工作和省政府办公厅《关于对真抓实干成效明显地方进一步加大配套激励支持力度的通知》（苏政办发〔2019〕33号）文件中的33项重点工作，高度重视国家和省统一组织的重大督查，与省市主管部门加强对接、组织上报，抢抓政策机遇，积极向上争取，用足用好激励措施，狠抓落地见效，推动各项工作迈上新台阶。

五、组织推进

（一）加强组织领导。成立由区委书记任组长，区长任第一副组长，常务副区长任副组长的区“优质品牌创建年”行动工作领导小组，领导小组下设办公室，区发改委主任担任办公室主任，负责全区品牌创建的组织协调、情况通报、督查考核等工作。区委、区政府将定期听取各部门和各镇（区、街道）品牌创建情况汇报。各部门、各镇（区、街道）要始终保持“走前列、争排头”的劲头，主要负责同志切实承担起第一责任，主动牵头组织本辖区、本系统内品牌创建工作，细化阶段目标，狠抓组织实施，分层分类推进品牌创建。

（二）夯实创建举措。牵头部门和创建主体要加强协调配合，形成联创机制，按照项目化推进、清单式落实的要求，进一步细化创建计划，制定路线图、排定时间表、明确责任人，有力有序推进品牌创建工作。要加强与上级主管部门沟通对接，及时掌握最新政策要求、了解工作重点，争取最大支持，确保督查激励工作取得新突破，争取在更高层次上获得更多表彰。坚持“创建必创成”目标导向，以钉钉子精神，久久为功推动各项创建举措落实落细、落地见效。

（三）严格督查考核。区“优质品牌创建年”行动工作领导小组办公室要对各部门、各镇（区、街道）品牌创建和真抓实干成效情况实行全过程跟踪督查。将品牌创建工作列入区“红黄旗排座次”和区年度综合考核，对获得党中央、国务院和省委、省政府表彰的，在区“红黄旗排座次”和区年度综合考核中给予牵头部门和板块同步加分；对暂未列入年初创建计划，年内取得创牌成效且及时报备的，给予适当加分；对在“优质品牌创建年”行动中作出突出贡献的单位和个人予以表彰奖励；对已经创成的品牌要持续放大品牌效应，除上级规范清理外，如因工作不到位、考核不达标而被摘牌的予以扣分、问责。具体评估考核细则由领导小组办公室制定。

鼓励更多的部门和板块，立足自身职责，积极探索创新，加强政策研究，争创自主品牌，打造更多可复制可推广的盐都经验、盐都典型、盐都样板，确保“优质品牌创建年”行动取得实效，为建设“四个示范区”作出新的更大贡献！

盐城市盐都区人民政府
关于实施2021年为民办实事项目的通知

都政发〔2021〕6号　2021年2月20日

各镇人民政府、街道办事处，高新区、台创园、大纵湖旅游度假区管委会，区各有关部门、单位：

现将2021年我区承办的13件市政府为民办实事项目和区人大交办的10件民生实事项目任务下达给你们。请各责任部门和承办单位细化实施方案，制定详细计划和项目进度表，强化协同管理，确保实事项目全面完成。区政府将对为民办实事项目推进情况定期督查和每月通报，并将结果纳入红黄旗考核和年终绩效考核。

特此通知。

附件：1.2021年盐都区承办市政府为民办实事项目任务表

2.2021年盐都区政府为民办实事项目任务表

盐城市盐都区人民政府

2021年2月20日

附件1

2021年盐都区承办市政府为民办实事项目任务表

表20　　单位：万元

序号	项目名称	承办任务	2021年计划投资额	责任单位	承办单位	挂钩领导
合计13项			159834	—	—	—
1	建设幼儿园	新建盐都区高新嘉园幼儿园、盐都区科创城幼儿园、盐都区西璟文苑幼儿园等3所幼儿园，年内主体竣工	7200	区教育局	盐龙街道、潘黄街道	肖乐农

续表20

序号	项目名称	承办任务	2021年计划投资额	责任单位	承办单位	挂钩领导
2	建设中小学	新建盐都区智创小镇小学、盐都区智创小镇初中、神州路小学分校等3所学校，年内主体竣工	15000	区教育局	盐龙街道、盐渎街道	肖乐农
3	实施新四项教育惠民工程	实施中小学教室“增亮计划”，改善中小学普通教室照明条件445间；实施中小学课桌椅“焕新工程”，更换添置学生课桌椅18141套；实施中小学“厕所革命”，改建2个400平方米；实施学生饮水改善工程，安装240个直饮水机	1315	区教育局	区教育局	肖乐农
4	改善农民群众住房条件	改善农民群众住房条件3600户	86040	区住建局	各镇(区、街道)	李　益
5	改造城镇老旧小区	整治桃源居、派出所宿舍区、潘黄街道政府宿舍楼、宝才安置房、张庄街道政府宿舍楼、海韵花园、东升嘉园、惠民花园、齿轮厂宿舍区、碧水嘉园、教师公寓等11个小区34.36万平方米	7839	区住建局	盐龙街道、潘黄街道、张庄街道、龙冈镇	李　益
6	建设“口袋公园”	新、改建19个“口袋公园”	3880	区住建局	盐龙街道、盐渎街道、潘黄街道	李　益
7	建设“网红”街区	海洋路(西环路至开创路)、腾飞路(惠民路至开创路)、日月路(新都路至开元路)实施硬质景观、绿化景观、建筑提升、亮化等工程，打造3条丰富盐城市民业余生活的特色街区	13000	区住建局	盐渎街道、潘黄街道	李　益
8	增加健身设施	新建健身步道5公里；新、改建体育公园1个；为25个老旧小区安装新的室外体育健身器材；为2个口袋公园内嵌入体育元素增加休闲功能	1104	区教育局	盐龙街道、盐渎街道、潘黄街道、张庄街道	肖乐农
9	治理农村污水	新建61个行政村农村生活污水治理设施	11000	盐都生态环境局 区水务局	各有关镇(区)	王　珏 李　益
10	建设农贸(农批)市场	改造方向农贸市场、大冈农贸市场、鞍湖农贸市场等3个农贸市场	485	区商务局	盐龙街道、大冈镇、龙冈镇	高　翔
11	增加便民服务设施	新建18座遮阳挡雨棚；新建改造7座城市公厕；新建改造26座农村公厕	1032	区城管局	城管局、各有关镇(区、街道)	李　益
12	提升保障水平	城乡居民基本养老保险基础养老金最低标准从180元提高到200元；城乡居民基本医疗保险财政补助最低标准提高到每人每年710元，人均增加30元	4939	区人社局 盐都医保中心	人社局、盐都医保中心	吴　军 肖乐农
13	建设智慧安防	新建高清治安监控4650路	5000	盐都公安分局	盐都公安分局	于　宽
		建成智慧安防小区118个	2000	盐都公安分局	各镇(区、街道)	—

附件2

2021年盐都区政府为民办实事项目任务表

表21

序号	项目名称	承办任务	2021年计划投资额	牵头单位	责任单位	挂钩领导
合计10项			135817	—	—	—
1	新建幼儿园和中小学	新建高新嘉园幼儿园、科创城幼儿园、西璟文苑幼儿园、凤麟府幼儿园、开创家园幼儿园、吾悦和府沁园幼儿园等6所幼儿园，建筑面积分别为3440、5341、3240、3240、2430、1700平方米；新建智创小镇小学、初中等2所学校，建筑面积分别为3.5万、2.5万平方米	21800	区教育局	盐龙街道、盐渎街道、潘黄街道	肖乐农
2	▲实施新四项教育惠民工程	实施中小学教室“增亮计划”，改善中小学普通教室照明条件445间；实施中小学课桌椅“焕新工程”，更换添置学生课桌椅18141套；实施中小学“厕所革命”，改建2个400平方米；实施学生饮水改善工程，安装240个直饮水机	1315	区教育局	教育局	肖乐农
3	基层卫生服务能力提升工程建设	迁建盐渎街道社区卫生服务中心；盐都区第二人民医院改扩建现有发热门诊，总面积346平方米；盐都区中西医结合医院，新建发热门诊，总面积432平方米；盐都区大冈中心卫生院改建发热门诊，总面积400平方米	5400	区卫健委	城镇化集团、盐渎街道、楼王镇、秦南镇、大冈镇	肖乐农
4	就业创业保障工程	新增城镇就业6000人，援助就业2000人，扶持创业2000人；开展企业职业技能培训10000人，重点群体培训1000人；开发公益性岗位200个托底安置就业	3000	区人社局	各镇(区、街道)	吴　军
5	▲改善农民群众住房条件	改善农民群众住房条件3600户	86040	区住建局	各镇(区、街道)	李　益
6	增加全民健身设施	新建健身步道14公里；为25个老旧小区安装新的室外体育健身器材；改造提升4个县级体育公园	730	区教育局	各镇(区、街道)	肖乐农
7	农村危桥改造工程	对全区农村公路上的137座四、五类危桥进行改造提升	12500	区交运局	交运局	李　益
8	▲“智慧安防小区”建设	建设任务为118个智慧安防居民小区，全部为封闭式小区	2000	盐都公安分局	各镇(区、街道)	于　宽
9	“智能公交站台”建设	覆盖我区全部公交站台441处，安装前端监控摄像机，图像接入公安平台	2000	盐都公安分局	交运局	于　宽
10	▲增加便民服务设施	新建18座遮阳挡雨棚；新建改造7座城市公厕；新建改造26座农村公厕	1032	区城管局	城管局、各有关镇(区、街道)	李　益

注：带▲为列市项目

·主要文件目录·

表22

文　号	发文时间	文件标题
都发〔2021〕1号	4月2日	关于全面推进乡村振兴加快农业农村现代化建设的实施意见
都发〔2021〕2号	2月18日	关于下达2021年全区“三重”项目投资计划的通知
都发〔2021〕3号	2月25日	关于在全区开展“重大项目突破年”行动的实施意见
都发〔2021〕4号	3月24日	关于印发在全区开展“优质品牌创建年”行动的实施意见的通知
都发〔2021〕6号	4月29日	关于印发在全区开展“科技创新实破年”活动的实施方案的通知
都发〔2021〕9号	8月19日	关于印发《2021年度镇(区、街道)综合考核意见》《2021年度区级机关单位综合考核意见》的通知
都发〔2021〕12号	11月3日	印发《关于巩固提升“有事好商量”协商议事工作的实施意见》的通知
都发〔2021〕14号	12月3日	中共盐城市盐都区委常委会关于进一步加强自身建设的意见
都发〔2021〕15号	12月25日	关于印发《法治盐都建设规划(2021—2025年)》的通知
都委〔2021〕1号	5月27日	关于表彰2020年度“十佳”“双强”村(社区)党组织书记的决定
都委〔2021〕2号	1月25日	关于盐都区2020年度河长制湖长制工作的报告
都委〔2021〕3号	4月22日	关于调整区委常委、区政府部分领导工作分工的请示
都委〔2021〕4号	2月10日	中共盐都区委关于调整区委常委、区政府部分领导工作分工的请示
都委〔2021〕5号	2月10日	中共盐都区委盐区人民政府关于印发2020年度全区综合考核结果的通知
都委〔2021〕6号	2月10日	中共盐都区委关于区委常委工作分工的通知
都委〔2021〕7号	2月10日	中共盐都区委关于区四套班子领导挂钩联系镇(区、街道)工作的通知
都委〔2021〕8号	2月24日	关于市委第三巡察组对盐都区危化品安全生产专项巡察反馈意见整改进展情况的报告
都委〔2021〕9号	3月2日	关于盐都区2020年意识形态工作情况的专题报告
都委〔2021〕10号	3月2日	关于成立盐城市盐都区人民对外友好协会的批复
都委〔2021〕11号	3月5日	关于盐都公安机关管理体制调整工作情况的报告
都委〔2021〕13号	4月10日	关于选派省第十四批科技镇长团的请示
都委〔2021〕15号	4月29日	关于明确部分区委常委工作分工的通知
都委〔2021〕16号	4月29日	关于明确部分四套班子领导挂钩联系镇(区、街道)工作的通知
都委〔2021〕17号	5月17日	关于表彰“四好村(居)”建设先进集体、先进个人的决定
都委〔2021〕18号	5月26日	关于召开中国共产党盐城市盐都区第十五次代表大会的请示
都委〔2021〕19号	6月21日	关于中国共产党盐城市盐都区第十五次代表大会代表选举工作的通知
都委〔2021〕20号	6月28日	关于表彰优秀共产党员、优秀党务工作者和先进基层党组织的决定
都委〔2021〕22号	7月22日	中共盐城市盐都区委员会关于调整区委常委、区政府领导工作分工的请示
都委〔2021〕23号	7月26日	关于调整区国防动员委员会成员的通知
都委〔2021〕24号	7月26日	关于区委国家安全委员会组成人员任职调整的通知
都委〔2021〕25号	7月26日	关于区委常委工作分工的通知
都委〔2021〕26号	7月26日	关于区四套班子领导挂钩联系镇(区、街道)工作的通知
都委〔2021〕27号	8月12日	印发《关于在全区党员干部中开展“两在两同”建新功行动的实施方案》的通知
都委〔2021〕28号	9月1日	关于调整平安盐都建设领导小组成员的通知
都委〔2021〕30号	9月11日	关于确定盐都区出席中国共产党盐城市第八次代表大会代表候选人预备人选的情况报告
都委〔2021〕31号	9月15日	关于选举产生盐都区出席中国共产党盐城市第八次代表大会代表的情况报告
都委〔2021〕32号	9月3日	关于成立排查整顿农村发展党员违规违纪问题工作领导小组的通知
都委〔2021〕33号	9月29日	关于申请创建省级双拥模范城的报告
都委〔2021〕34号	11月22日	关于盐都区2021年食品安全工作情况的专题报告

续表22

文　　号	发文时间	文件标题
都委〔2021〕35号	11月29日	关于设立区委督促检查工作领导小组的通知
都委〔2021〕36号	12月7日	印发《关于深入贯彻落实中国共产党政法工作条例的若干措施》的通知
都委〔2021〕37号	12月20日	关于调整区委党的建设工作领导小组组成人员的通知
都委〔2021〕38号	12月21日	关于盐都区2021年度实施乡村振兴战略情况的报告
都委〔2021〕40号	12月27日	关于设立盐城市盐都区军民融合发展委员会的通知
都委〔2021〕41号	12月31日	关于2021年推进法治政府建设工作情况的报告
都委〔2021〕42号	12月31日	关于召开中共盐城市盐都区委十五届三次全会的报告
都政发〔2021〕1号	2月20日	关于实施2021年为民办实事项目的通知
都政发〔2021〕2号	1月16日	关于分解落实2021年政府工作报告主要目标任务的通知
都政发〔2021〕3号	1月14日	关于申请同意盐城高新区整合方案的请示
都政发〔2021〕4号	1月12日	关于报送2020年度实行最严格水资源管理制度自查情况的报告
都政发〔2021〕5号	1月13日	关于请求调整我区规划管理台账指标的请示
都政发〔2021〕6号	1月13日	关于请求申请追加土地规划流量指标的请示
都政发〔2021〕7号	1月19日	关于在市场监管和城市管理领域开展相对集中行政处罚权及相应行政强制权的的请示
都政发〔2021〕8号	1月26日	关于申请调剂盐龙体育公园项目房屋征收积存安置房源的请示
都政发〔2021〕9号	1月9日	关于印发盐城市盐都区国民经济和社会发展第十四个五年规划和二〇三五年远景目标纲要的通知
都政发〔2021〕12号	2月13日	关于开展农村宅基地有偿退出工作的实施意见
都政发〔2021〕13号	2月12日	关于上报我区国土空间规划近期实施方案的请示
都政发〔2021〕14号	2月14日	关于申报国家积极应对人口老龄化重点联系城市的请示
都政发〔2021〕15号	2月15日	关于区政府部分副区长工作分工调整的通知
都政发〔2021〕16号	2月26日	关于上报盐城市盐都区增减挂钩清理检查成果数据的请示
都政发〔2021〕17号	3月2日	关于印发盐都区开展“基层建设达标年”活动方案的通知
都政发〔2021〕18号	3月3日	关于印发2021年市政府工作报告涉及盐都主要目标任务分解表的通知
都政发〔2021〕19号	3月19日	关于盐都区2021年度第1批次村镇建设用地农用地转用的请示
都政发〔2021〕20号	3月19日	关于盐都区2021年度第2批次村镇建设用地农用地转用的请示
都政发〔2021〕21号	3月22日	关于印发盐城市盐都区政府投资项目审计监督办法(试行)的通知
都政发〔2021〕22号	4月20日	关于区政府部分领导工作分工调整的通知
都政发〔2021〕23号	4月25日	关于印发2021年盐都区民兵军事训练计划的通知
都政发〔2021〕24号	4月30日	关于确定张庄街道日升安置房选址的请示
都政发〔2021〕25号	5月6日	关于请求审批我区37个村庄规划的请示
都政发〔2021〕26号	5月8日	关于请求解决项目土地指标的请示
都政发〔2021〕27号	5月8日	关于上报盐都区2021—01号土地征收成片开发方案的请示
都政发〔2021〕28号	5月8日	关于申报全国农民合作社质量提升整县推进试点的请示
都政发〔2021〕29号	5月10日	关于申请创建第二批城乡交通运输一体化示范县的请示
都政发〔2021〕30号	5月25日	关于盐都区2021年度第1批次村镇建设用地农用地转用的请示
都政发〔2021〕31号	5月25日	关于204国道盐都治超站建设项目农用地转用和征收土地的请示
都政发〔2021〕32号	5月26日	对市八届人大五次会议第0144号建议的协办意见
都政发〔2021〕33号	5月26日	关于加快推进全区建筑业高质量发展的实施意见
都政发〔2021〕34号	5月29日	关于下达2021年度城乡重点项目建设计划的通知
都政发〔2021〕35号	6月7日	关于请求审批2021年度城乡建设用地增减挂钩(第一批)实施规划的请示
都政发〔2021〕36号	6月7日	关于请求审批2021年度工矿废弃地(第一批)实施规划的请示

续表22

文　号	发文时间	文件标题
都政发〔2021〕37号	6月7日	关于请求解决项目土地指标的请示
都政发〔2021〕38号	6月8日	关于下达2021年度盐都区国有土地上房屋征收计划的通知
都政发〔2021〕39号	6月9日	关于申报创建国家级县域节水型社会达标县的请示
都政发〔2021〕40号	6月15日	关于请求批准盐都区2021年度第1批次农村村民住宅建设用地农用地转用的请示
都政发〔2021〕41号	6月15日	关于请求批准盐都区2021年度第2批次农村村民住宅建设用地农用地转用的请示
都政发〔2021〕42号	6月15日	关于请求批准盐都区2021年度第3批次农村村民住宅建设用地农用地转用的请示
都政发〔2021〕43号	6月15日	关于请求批准盐都区2021年度第4批次农村村民住宅建设用地农用地转用的请示
都政发〔2021〕44号	6月15日	关于请求批准盐都区2021年度第5批次农村村民住宅建设用地农用地转用的请示
都政发〔2021〕45号	6月15日	关于请求批准盐都区2021年度第6批次农村村民住宅建设用地农用地转用的请示
都政发〔2021〕46号	6月15日	关于请求批准盐都区2021年度第7批次农村村民住宅建设用地农用地转用的请示
都政发〔2021〕47号	6月15日	关于请求批准盐都区2021年度第8批次农村村民住宅建设用地农用地转用的请示
都政发〔2021〕48号	6月15日	关于请求批准盐都区2021年度第3批次村镇建设用地的请示
都政发〔2021〕49号	6月16日	关于做好2021年度全区民兵组织整顿工作的通知
都政发〔2021〕50号	6月23日	关于请求审批2021年度工矿废弃地复垦利用(第二批)实施方案的请示
都政发〔2021〕51号	6月30日	关于对市政协八届五次会议第35号提案协办意见
都政发〔2021〕52号	6月30日	关于对市政协八届五次会议第180号提案协办意见
都政发〔2021〕53号	6月30日	关于对市政协八届五次会议第239号提案协办意见
都政发〔2021〕54号	6月30日	关于对市政协八届五次会议第302号提案协办意见
都政发〔2021〕55号	7月2日	关于请求审批我区学富镇等五镇控制性详细规划的请示
都政发〔2021〕56号	7月2日	关于请求审批我区周伙村等3个村庄规划的请示
都政发〔2021〕57号	7月6日	关于请求核实朱庄城中村改造6#地块(二期)项目样板房、安置房价格的请示
都政发〔2021〕58号	7月9日	关于请求审批2021年度城乡建设用地增减挂钩(第二批)实施规划的请示
都政发〔2021〕59号	7月9日	关于请求审批2021年度城乡建设用地增减挂钩(第三批)实施规划的请示
都政发〔2021〕60号	7月9日	关于请求审批2021年度城乡建设用地增减挂钩(第四批)实施规划的请示
都政发〔2021〕61号	7月9日	关于请求审批2021年工矿废弃地复垦利用(第二批)实施方案的请示
都政发〔2021〕62号	7月9日	关于请求审批2021年工矿废弃地复垦利用(第三批)实施方案的请示
都政发〔2021〕63号	7月9日	关于请求审批2021年工矿废弃地复垦利用(第四批)实施方案的请示
都政发〔2021〕64号	7月26日	关于恳请审查盐城市盐都区生态空间管控区域调整方案的请示
都政发〔2021〕65号	7月28日	关于印发盐城市盐都区赋予镇(街道)经济社会管理权限(第一批)的通知
都政发〔2021〕67号	8月6日	关于“大棚房”问题专项清理整治行动“回头看”工作开展情况汇报
都政发〔2021〕68号	8月27日	关于请求申请国土空间规划流量指标的请示
都政发〔2021〕70号	9月13日	关于申请列为江苏省创新型示范区的请示
都政发〔2021〕74号	9月17日	关于同意开通江苏创世纪置业有限公司商品房网签备案权限的意见
都政发〔2021〕75号	9月23日	关于请求批准盐都区城乡建设用地增减挂钩建新区2021年第1批次(18挂)建设用地的请示
都政发〔2021〕76号	9月23日	关于请求批准盐城市盐都区2021年度第5批次村镇建设用地土地征收的请示
都政发〔2021〕77号	9月24日	关于请求批准盐城市盐都区2021年度第6批次村镇建设用地的请示
都政发〔2021〕78号	10月18日	关于下达2021年度盐我国有土地上房屋征收增补计划的通知
都政发〔2021〕79号	10月25日	关于申请盐城经泰州无锡常州至宜兴铁路涉及盐城市盐都区土地用途调整方案暨永久基本农田补划方案省级论证的请示
都政发〔2021〕80号	10月30日	关于请求同意局部调整《盐都区大冈镇总体规划(2011—2030)局部调整》的请示
都政发〔2021〕81号	11月12日	关于印发盐都区2021年职业技能大赛实施方案的通知

续表22

文　　号	发文时间	文件标题
都政发〔2021〕82号	11月20日	关于贯彻落实周市长对兴盐界河水环境问题批示精神的情况报告
都政发〔2021〕83号	11月29日	关于龙学线改造工程项目农用地转用和土地征收的请示
都政发〔2021〕84号	12月4日	关于请求批准盐都区2021年度第9批次农村村民住宅建设用地农用地转用的请示
都政发〔2021〕85号	12月4日	关于请求批准盐都区2021年度第10批次农村村民住宅建设用地农用地转用的请示
都政发〔2021〕86号	12月4日	关于请求批准盐都区2021年度第11批次农村村民住宅建设用地农用地转用的请示
都政发〔2021〕87号	12月4日	关于请求批准盐城市盐都区城乡建设用地增减挂钩建新区2021年第2批次(21挂)建设用地的请示
都政发〔2021〕88号	12月4日	关于请求批准盐城市盐都区城乡建设用地增减挂钩建新区2021年第3批次(21挂)建设用地的请示
都政发〔2021〕89号	12月4日	关于请求批准盐城市盐都区工矿废弃地复垦利用实施方案2021年第2批次(21挂)建设用地征收土地的请示
都政发〔2021〕90号	12月4日	关于请求批准盐城市盐都区工矿废弃地复垦利用实施方案2021年第3批次(17挂)建设用地征收土地的请示
都政发〔2021〕91号	12月4日	关于请求批准盐城市盐都区工矿废弃地复垦利用实施方案2021年第4批次(21挂)建设用地征收土地的请示
都政发〔2021〕92号	12月4日	关于请求批准朝阳路东延(经二路—鹏程路)、义丰路(绿化大道)东延(经二路—鹏程路)新建工程项目农用地转用和土地征收的请示
都政发〔2021〕93号	12月4日	关于请求批次经二路(双龙路)南延(朝阳路—义丰路)新建工程项目农用地转用和土地征收的请示
都政发〔2021〕94号	12月4日	关于请求批准盐都区蓝海路、赶海路、致远路等道路工程项目农用地转用和土地征收的请示
都政发〔2021〕95号	12月6日	关于请求批准新界路(盐西路—开创路)段面新建工程项目农用地转用和土地征收的请示
都政发〔2021〕96号	12月6日	关于请求批准盐城市盐都区2021年度第8批次村镇建设用地的请示
都政发〔2021〕97号	12月6日	关于请求批准富民路(利民路—丰收路)段面新建工程项目农用地转用和土地征收的请示
都政发〔2021〕98号	12月6日	关于请求批准双元路新建工程项目农用地转用和土地征收的请示
都政发〔2021〕99号	12月6日	关于请求批准杨北路(双元路—青年路)段面新建工程项目农用地转用和土地征收的请示
都政发〔2021〕100号	12月6日	关于请求批准宝郝路(周游路—鹿鸣路)段面新建工程项目农用地转用和土地征收的请示
都政发〔2021〕101号	12月6日	关于请求批准龙尾路(盐西路—开创路)段面新建工程项目农用地转用和土地征收的请示
都政发〔2021〕102号	12月6日	关于请求批准聚龙路(204国道—开创路)段面新建工程项目农用地转用和土地征收的请示
都政发〔2021〕103号	12月6日	关于请求批准鹿鸣路(开创路—西环路)段面新建工程项目农用地转用和土地征收的请示
都政发〔2021〕104号	12月6日	关于请求批准盐城市盐都区城乡建设用地增减挂钩建新区2021年第4批次(21挂)建设用地的请示
都政发〔2021〕105号	12月6日	关于请求批准盐城市盐都区2021年度第7批次村镇建设用地的请示
都政发〔2021〕106号	12月6日	关于请求批准丰收路(奋进路—吴抬路)段面新建工程项目农用地转用和土地征收的请示
都政发〔2021〕107号	12月6日	关于请求批准潘黄路(青年路—双元路)段面新建工程项目农用地转用和土地征收的请示
都政发〔2021〕108号	12月6日	关于请求批准周游路(宝兴路—公园路)段面新建工程项目农用地转用和土地征收的请示
都政发〔2021〕109号	12月6日	关于请求批准景观路新建工程项目农用地转用和土地征收的请示
都政发〔2021〕110号	12月6日	关于请求批准何西路(腾飞路—青年路)段面新建工程项目农用地转用和土地征收的请示
都政发〔2021〕111号	12月6日	关于请求批准跃进路(盐西路—小马沟西路)段面新建工程项目农用地转用和土地征收的请示
都政发〔2021〕112号	12月6日	关于请求批准高旺沟路(双元路—卧龙路)段面新建工程项目农用地转用和土地征收的请示
都政发〔2021〕113号	12月15日	关于请求审批我区27个村庄规划的请示
都政发〔2021〕114号	12月17日	关于推动建立军地联合应急联动机制的实施意见
都政发〔2021〕120号	12月29日	关于成立盐城宾馆酒店管理有限公司的请示

统计资料

2021年全区国民经济和社会发展主要指标

表23

指标名称	单位	2021年	增幅(%)	指标名称	单位	2021年	增幅(%)
一、人口、村居、土地及耕地面积	—	—	—	工业增加值	亿元	—	15.9
土地面积	平方公里	1016.2	—	利润总额	亿元	23.36	23.4
年末总人口(户籍)	万人	70.04	-0.5	建筑业总产值	亿元	380.8	4.4
#城镇人口	万人	47.37	-0.6	六、批发零售贸易、外经	—	—	—
年末常住人口	万人	61.44	0.03	社会消费品零售总额	亿元	275.27	19.3
#城镇人口	万人	36.26	0.13	进出口总额	亿美元	13.54	9.3
居委会	个	80	—	#出口总额	亿美元	5.66	-10.1
村委会	个	170	—	实际到账外资(商务部口径)	万美元	12008	16.8
二、综合经济	—	—	—	七、人民生活	—	—	—
地区生产总值	亿元	682.59	7.7	从业人员平均工资	元	95815	9.2
第一产业	亿元	58.64	5.3	全体居民人均可支配收入	元	40054	8.9
第二产业	亿元	304.92	6.8	城镇居民人均可支配收入	元	47369	8.3
第三产业	亿元	319.02	8.8	农村居民人均可支配收入	元	28521	9.7
人均地区生产总值(按常住人口计算)	元	111125	12.1	八、农业产品产量	—	—	—
三、固定资产投资	—	—	—	农作物总播种面积	万亩	121.6	0.0
固定资产投资	亿元	—	13.8	其中:粮食播种面积	万亩	96.7	0.1
#制造业投资	亿元	—	14.6	粮食产量	万吨	47.1	0.0
#高技术产业投资	亿元	—	41.5	油料产量	万吨	0.6	1.1
房地产开发投资	亿元	58.5	16.1	蔬菜产量	万吨	44.7	1.3
商品房销售面积	万平方米	235.0	19.6	生猪饲养量	万头	14.7	6.0
四、财政	—	—	—	生猪存栏	万头	5.4	5.9
一般公共预算收入(同口径)	亿元	42.52	10.7	生猪出栏	万头	9.3	6.1
#税收收入	亿元	35.0	14.7	家禽饲养量	万只	614	2.3
五、规模以上工业、建筑业	—	—	—	家禽存栏	万只	288	2.7
工业总产值	亿元	426.3	23.1	家禽出栏	万只	326	1.9

2021年各镇(区、街道)主要指标统计表

表24

镇别	地区生产总值(万元)		服务业增加值(万元)		规上工业增加值(万元)		固定资产投资(万元)		社会消费品零售总额(万元)		城镇居民可支配收入(元)		农村居民可支配收入(元)	
	实绩	增幅(%)	实绩	增幅(%)	实绩	增幅(%)	实绩	增幅(%)	实绩	增幅(%)	实绩	增幅(%)	实绩	增幅(%)
高新区	1469107	8.2	210600	9.1	—	20.7	—	23.4	66370	19.7	56911	8.0	34238	9.6
张庄街道	314910	7.7	100000	8.9	—	10.1	—	5.7	25977	19.4	50583	8.1	30795	10.2
潘黄街道	1059345	7.8	738580	9.2	—	2.4	—	19.5	639550	19.0	59958	8.0	36626	10.6
盐渎街道	1098195	7.8	833800	9.3	—	5.2	—	20.7	1319988	20.1	58826	8.3	33512	9.9
大纵湖镇	294481	7.4	128000	8.8	—	9.7	—	12.1	56823	19.9	48458	7.9	29365	9.4
楼王镇	270246	8.0	76760	8.7	—	16.8	—	18.6	32979	19.6	41188	8.2	25234	10.3
学富镇	185081	8.3	75000	8.5	—	8.1	—	15.5	14643	19.5	42426	8.4	25727	9.9
尚庄镇	194904	7.7	76400	8.2	—	19.5	—	10.4	46188	19.6	41932	8.1	25424	10.5
秦南镇	400513	7.6	171700	8.6	—	11.2	—	10.9	38397	19.1	47137	8.5	28529	9.7
龙冈镇	690557	7.9	337200	8.5	—	20.0	—	19.5	248720	19.8	51275	7.9	30953	9.5
郭猛镇	294873	8.1	155000	9.0	—	15.7	—	6.7	187997	19.3	49177	8.3	29692	10.3
大冈镇	453618	7.3	228000	8.4	—	10.9	—	2.3	45570	19.2	48893	8.1	29362	9.3
大纵湖旅游度假区	61224	7.1	51480	8.3	—	—	—	8.4	20348	18.9	47166	8.6	27609	9.5
台创园	38867	7.0	7680	8.2	—	12.5	—	8.6	9452	18.8	47378	8.3	28730	10.5

注:表中"高新区"为"盐龙街道"指标,下同

人口及其变动情况统计年报表

表25

单位	年末总户数(户)	年末总人口(人)									本年度人口变动(人)									
		合计	城镇人口	乡村人口	性别		年龄				出生			死亡			迁入		迁出	
					男	女	0~17岁	18~34岁	35~59岁	60岁及以上	合计	男	女	合计	男	女	省内迁入	省外迁入	迁往省内	迁往省外
合 计	237370	700364	473744	226620	365106	335258	108067	130600	284763	176934	3664	1914	1750	6885	3673	3212	470	507	3075	1274
北 蒋	3536	9328	9328	0	5024	4304	1264	1727	3973	2364	42	26	16	73	44	29	3	4	49	32
大 冈	20470	58163	22811	35352	30510	27653	7878	9403	23938	16944	241	133	108	613	343	270	33	51	289	93
大纵湖旅游度假区	5006	15038	15038	0	7929	7109	1866	2934	6232	4006	68	37	31	192	105	87	4	6	88	41
大纵湖	15543	48134	21658	26476	25309	22825	5864	8838	19931	13501	216	113	103	609	327	282	30	22	230	93
葛 武	10691	33970	33970	0	18193	15777	5346	6205	13862	8557	155	90	65	300	173	127	21	27	191	87
郭 猛	9661	33127	23298	9829	17515	15612	5390	6278	13482	7977	169	77	92	236	143	93	8	14	132	52
龙 冈	26458	72597	47688	24909	37726	34871	9996	13632	29566	19403	367	190	177	833	431	402	31	43	243	114
楼 王	23542	65354	27084	38270	34404	30950	7092	11995	26799	19468	272	149	123	671	372	299	27	22	396	144
潘 黄	17413	52018	52018	0	26622	25396	12430	10693	20984	7911	378	206	172	256	150	106	51	45	233	103
秦 南	25192	70670	29122	41548	37134	33536	7511	12347	29648	21164	322	163	159	790	415	375	33	26	279	102
尚 庄	14615	42882	18812	24070	22827	20055	5950	7891	16930	12111	204	101	103	407	200	207	26	29	271	93
学 富	18161	47405	21239	26166	24794	22611	4888	7899	19208	15410	167	92	75	533	268	265	17	23	187	101
盐 渎	24168	71850	71850	0	36538	35312	18695	14677	27288	11190	552	271	281	539	265	274	145	141	245	117
盐 龙	13350	49858	49858	0	25209	24649	8944	9883	19813	11218	321	163	158	648	338	310	33	35	124	56
张 庄	9564	29970	29970	0	15372	14598	4953	6198	13109	5710	190	103	87	185	99	86	8	19	118	46

索　　引

◆说　　明

◆A B C……

说　明

一、条目索引采用主题分析法编制，按标引词第一个汉字拼音字母顺序排列。同音字按声调排列，音调相同按所在页码先后顺序排列。

二、区情总貌中的特载、大事记，附录中的荣誉栏、文件选编、统计资料，总目、分目、综述、概述和图照表格未编索引。

三、条目索引标引词后数字表示内容数字的页码，数字a、b、c表示左、中、右版面区域。

四、索引标引词一般采用中心词或简称。

A

B

C

D

E

F

G

K

L

R

S

T

W

X

Y

Z